R
索·恩
THORN BIRD

忘掉地平线

THE CRIME AND
THE SILENCE:
Confronting
the Massacre of
Jews in Wartime
Jedwabne by Anna
Bikont
Copyright ©2015
by Anna Bikont
Published by
arrangement with
Farrar, Straus and
Giroux, LLC, New
York.

罪行与沉默

直面耶德瓦布内犹太人大屠杀

by Anna Bikont

THE CRIME AND THE SILENCE

〔波兰〕安娜·比康特 著

〔美〕艾丽莎·瓦莱斯（Alissa Valles） 英译

季大方 汉译

Confronting the Massacre of
Jews in Wartime Jedwabne

社会科学文献出版社
SOCIAL SCIENCES ACADEMIC PRESS (CHINA)

Contents /

日　记

2000年8月28日—12月28日

2000 年 8 月 28 日

　　"说波兰人在耶德瓦布内杀害了犹太人，这是谎言，" 1941 年 7 月 10 日事件的目击者，一位退了休的华沙医生这样说道。此人名叫塔德乌什·S.。

　　我的老板亚当·米奇尼克，波兰《选举报》的主编，在他的办公室里接待了这位访客。亚当告知我，他有个朋友介绍他认识了塔德乌什·S.。根据这个人的证言，发生在耶德瓦布内的暴行是不能够怪罪于波兰人的。从他的声音中我听得出，他挺激动，似乎还松了一口气。我知道，对于扬·T.格罗斯在《邻人》一书中揭露的事实，他始终是耿耿于怀的。我们就此事谈论过多次。在格罗斯的书于 2000 年 5 月面世之前，我曾经在《选举报》的一次编辑会议上说，我们应该从过去的战争年代着眼来报道这个面临犯罪指控的小城。

　　格罗斯重构了当时发生的事件，他所根据的是以下三种不同的来源：由什穆埃尔·瓦瑟斯泰因提供的战后证词；战后审判法庭的文件，其中的被告被指控与占领军合作；以及《耶德瓦布内回忆录》，这本回忆录收集的是来自耶德瓦布内的美国犹太移民的故事。格罗斯得出的结论非常牢靠，所提出的假定则更加不容置疑。在耶德瓦布内，波兰人在一个谷仓里烧死了镇上所有的犹太居民，共计有 1600 人。"不论是从受害者的数量上来看，还是从他们的加害者方面来看，"格罗斯写道，"这无疑就是一场集体谋杀。"

亚当接连拒绝了我所有的去耶德瓦布内看一看的建议，他也不希望在格罗斯的书出版之前就刊登其中的摘录。现在，他想要我亲自听听到底发生了什么。他坚持要求在他与塔德乌什·Ｓ.会面时我也在场，尽管塔德乌什·Ｓ.想同他单独见面。我们的访客不允许我们进行谈话录音，也不让发稿时印出他的姓氏，但总算极不情愿地同意了我做笔记。1941年时，他才 15 岁。7 月 10 日那天他碰巧刚好在耶德瓦布内。他说他是在去看牙医的途中。

"上午有两个穿着黑色盖世太保制服的德国军人骑着摩托车进入了市场前的广场。我从阳台上看到的，他们命令犹太人集合起来。他们用棍子挑起了一个拉比（犹太教士）的黑帽，以此来嘲弄他。一路上我跟着犹太人去了谷仓。"

"在谷仓那儿你看到了多少德国人？"亚当问道。

"三个。德国人做事情喜欢有板有眼，所以他们先把谷仓的主人带了过来，用钥匙打开了谷仓，尽管他们原本可以把门给拆下来的。"

"所有的事全是由那三个德国人干的？"

"可能有更多穿便衣的人。穿制服的就这三个，都拿着手枪。我看到犹太人都是自觉自愿地进入谷仓，好像他们都被催眠了似的。"

"谷仓着火后他们没有试图逃跑吗？"

"嗯，他们没有。这太可怕了。"

"有没有哪个波兰人参与了这桩罪行？"

"没有，一个都没有。"

"每个社会里都会有一些犯罪分子。随便拿份报纸翻翻，你都会发现许多强奸、谋杀的报道。在占领期间还有些走私者，有人在暗中敲诈犹太人。"

"那种事情只会在大城市里发生。你不了解这些偏远省份。都是土生土长的波兰人，虽然穷，但有人品，他们就住在这里。他们不会因为犹太人背叛了波兰人转而投靠苏联人而想到要报复他们。他们在谷仓外面大声高喊：'犹太人，快自己逃出来！'只有三个德国人站在那里，手里拿着手枪，甚至连步枪都没有。在那里的一些上了年纪的人都认为这样做是错误的。之后一周内，他们在教堂里一直谈论着这件事。"

"他们认为他们自己一直是错误的吗？"

"不是他们，是犹太人。他们中间竟然没有一个人想到冲过去回击德国人。"

"波兰人认为那些受害者是有错的吗？"

"因为他们不敢保卫他们自己。"

"但是，假如有人在我面前被杀害，我应该去帮助他，不是吗？假如我不这样做，因为我害怕了，或是惊呆了，因为在当时的情况下我无能为力，我肯定会责备自己，而不是去责备受害者。"

"假如他们想反抗德国人的话，波兰人原本是会帮助他们的。当犹太人拿起步枪，在苏联人指挥下满城转悠的时候，他们是真正的硬汉；但是当德国人把他们带到谷仓去时，他们做了些什么？如果你让乡亲们卷入这样的情况中去，那他们最终都将完蛋。犹太人应该保护好他们自己。人们称他们为懦夫，是因为他们只想等波兰人来保卫他们，而自己却什么也不干。但是要说在那里有 1600 个人，那就是撒谎，是开玩笑。"

"你认为在那里到底有多少人？"我插进一句。

"1000 个，不会再多了，"塔德乌什·Ś.回复道。我看着亚当，发现他的脸色变得苍白。

谈话结束时，S.再次告诫我们："请不要提我的名字。我不想让那些犹太财迷守在我家房前等我。"

2000 年 9 月 1 日

波兰民族纪念研究会宣布它将针对耶德瓦布内大屠杀发起调查。当我在选举报报社走廊碰见亚当·米奇尼克时，他告诉我，与塔德乌什·S.的谈话一直在困扰着他。他建议我以此为基础写一个短篇故事，背景就定在战争期间的耶德瓦布内小城。但是，我是从不写虚构小说的。

我决定，如果我不能争取到为《选举报》进行采访的话，我就请一年的无薪假，自己亲自去一趟耶德瓦布内。耶德瓦布内城里肯定还留有关于这桩暴行的记忆，那里肯定还会有一些惨案的见证人。我将尽力重建事实，但还会借助 60 年来在那些事件上的记忆，查清过去所发生的一切。

2000 年 9 月 5 日

华沙的犹太历史研究所。我手中拿着页面很小的五页纸，上面的文字出自一只粗大的手，某些字被划掉了。这是什穆埃尔·瓦瑟斯泰因有关耶德瓦布内暴行的证词，从意第绪语翻译过来的。"婴儿们被杀死在她们母亲的怀抱里，人们遭受了毒打，还被迫唱歌跳舞。他们一个个鲜血淋漓，断胳膊瘸腿，都被赶进了谷仓。然后有人把汽油倒在谷仓上并点着了火。随后暴徒们又逐户逐户去犹太人的家，寻找病人和留下来的儿童。那些病人被他们扛到谷仓里去，而孩子们的一双双小腿则被用绳子捆住，倒挂着被拖到那里，然后再用叉子举起来投进像火炉一样正在熊熊燃烧的谷仓中去。"

2000 年 9 月 6 日

《耶德瓦布内回忆录》是由两位犹太教士编纂的，他们是朱利叶斯·贝克和雅各布·贝克兄弟俩，战前他们从耶德瓦布内移民到了美国。20 年来，此书留存于世的只有一百来本了。今天，我是在互联网上读到此书的。在这本书中，我发现了有关发生在犹太历 5701 年搭模斯月 15 日——公历 1941 年 7 月 10 日——这一事件的一些证词，如里弗卡·沃格尔所说的，"波兰人割下了茱卡·纳多尔尼克的女儿吉特勒的头，像踢足球一样把它踢得到处乱滚"。茨乔·纽马克所说的，"波兰人一边嘴里哼着小曲，一边把汽油倒在挤满犹太人的谷仓上"。阿维格多·柯乔说的，"一帮男孩子狠狠地打我，把我拖到市场前的广场上；他们追逐着、毒打着受尽折磨、又饿又渴的犹太人，犹太人在烈日下暴晒了一天，几乎快昏厥了"。还有赫歇尔，贝克兄弟中的老三，来自耶德瓦布内东北约 40 公里外的戈尼翁兹，他说："我的母亲 7 月 14 日到达戈尼翁兹后，已经完全筋疲力尽了；她穿过田野和森林，跑出了耶德瓦布内，逃离了大屠杀……在目睹了所见到的一切之后，她几乎发狂了，波兰人杀害了所有的犹太人。"

2000 年 9 月 28 日

一群朋友一起旅行去威尔诺，其中有伊雷娜·格鲁金斯卡·格罗斯。她说，几年前扬·格罗斯希望把什穆埃尔·瓦瑟斯泰因的证词收入他的论文集《可怕的十年》的波兰文版中。伊雷娜看了一遍，劝他不要这么做，怎么能够根据个别人的证言就相信这种滔天的罪行呢？

2000 年 11 月 17 日

在《选举报》采访历史学家托马什·斯萨罗塔时，他指责格罗斯甚至都没有试图解释一下，为什么"1500 个年富力强的人，会被不到 100 个只是手持棍棒的人处死，他们就没有试图保卫自己？至少也该设法逃跑呀"。

很难理解斯萨罗塔，这位写了一本有关纳粹占领下欧洲大屠杀的优秀作品的作家，怎么会说出那些话来。当时在人群中的都是些老人、抱着婴儿的女人、拽着母亲裙子的幼儿（犹太人往往都是大家庭），而年轻男子极少——从瓦瑟斯泰因的证词中可以看出，当天早些时候他们已经被杀死了。斯萨罗塔究竟是否知道在这群惨遭屠戮的人中有多少人曾经奋起反抗并攻击过他们的刽子手呢？

在 60 年代末 70 年代初进行的调查中，纳粹犯罪调查总局的检察官沃尔德马·蒙基奇斯声称由沃尔夫冈·伯克纳率领的一支由 232 名德国官兵组成的部队在 7 月 10 日那一天到达了耶德瓦布内。在提及这个说法时，斯萨罗塔指责格罗斯从未去关注德国人在这个暴行中所起的作用："我怀疑那位检察官是不是凭空扯出了那 232 名德国士兵，或为此而来的那些卡车，或沃尔夫冈·伯克纳这个人物。无论如何，在格罗斯的书中一次都没有提及伯克纳这个名字，这样做绝不可能是正确的。"

就个人而言，我会特别谨慎地对待 60 年代末进行的任何调查，那时候国家正精心策划着一场反犹活动。格罗斯手头有着 1949 年审判的证词。那些证人中怎么就没有一个人注意到一支卡车组成的车队呢？我不知道当时究竟有多少德国人在耶德瓦布内那个谷仓旁，但试图使亚当·米奇尼克相信波兰人是无辜的塔德乌什·S. 却说，他只看到三个德国人。

2000 年 11 月 21 日

我听说有个人打电话给《选举报》，说他愿意谈谈有关拉齐乌夫的情况。我给他回了个电话。扬·司克罗茨基现在住在格但斯克，但原先是从离耶德瓦布内 18 公里的拉齐乌夫迁来的。在耶德瓦布内大屠杀的前三天，拉齐乌夫的全部犹太人都遭到围捕，并且被烧死了。

1941 年 7 月 7 日，那时他还只是一个小男孩。当犹太人被驱赶着面临死亡时，他躲在窗帘后面看着。他没有看见德国人。他告诉我，"我觉得自己应对耶德瓦布内负责，对拉齐乌夫负责，对可能揭露出来的一切负责"。我们同意由我前往格但斯克去与他见面。

2000 年 11 月 23 日

在犹太历史研究所，我阅读了梅纳赫姆·芬克尔斯泰因就拉齐乌夫犹太社区被焚烧所做的证词。在那里——他证实——肇事者是波兰人。一幕幕强奸、殴打、孩子们被扔进燃烧着的谷仓、一个犹太女孩的头被用锯子割下的可怕情景令我不寒而栗，我愿意相信这种恐怖本身就使得幸存者言过其实，夸大了事实。

在试图了解残暴行为爆发的原因时，芬克尔斯泰因写道："仇恨的种子落在肥沃的土壤里，神职人员多年来一直在熟练地进行催芽。霸占犹太人的生意和犹太人的财富的欲望进一步激起了当地人的胃口。"

2000 年 11 月 24 日

在波兰科学院举行了一次历史学家专题座谈会来讨论格罗斯的书。从一开始，每个人都怀着一种沉甸甸的心情，在波兰的学术聚会中这是罕见的。

托马什·斯萨罗塔介绍了有关耶德瓦布内惨案研究的现状。他引用了不少出版物来验证当时由伯克纳率领的一支比亚韦斯托克突击队正在耶德瓦布内执行任务这种说法。但是，其来源只有一个，即蒙基奇斯检察官，只要一有机会，他就一遍又一遍地重复着，就像他在耶德瓦布内市特许状颁布 250 周年庆祝大会上所陈述的那样。

格罗斯在会上大唱反调。他说话尖锐、坦率，具有讽刺意味。他提醒斯萨罗塔在 5 月份召开的一次会议，在那次会上蒙基奇斯宣称，1941 年 7 月波兰人没有在比亚韦斯托克区杀害过犹太人，也没有在屠杀中出手相助，没有德国人迫使波兰人联手对付犹太人的情况，当时只有一个例外，那就是为了防止犹太人逃脱，让波兰人围成一条人链。

"我意识到我们可以驳回检察官的说法，"格罗斯说道，"像托马什·斯萨罗塔这样的学术权威竟然会广泛传播蒙基奇斯的观点，从而去证实在耶德瓦布内所发生悲剧的一个糊涂版本，这种事态是很可悲的。我们谈论过这一点，托马什，"他直接对斯萨罗塔说道，"我告诉过你，出现在耶德瓦布内的伯克纳是凭空捏造出来的，你应该忘掉蒙基奇斯的话。"

随后，有几个人把大家的注意力转移到格罗斯著作的学术缺陷上去。马雷克·埃德尔曼上前来到麦克风旁。"这里每个人都希望找到一些证据来证明格罗斯是一个粗制滥造的历史学家，证明他犯了一个错误，说某某先生先被杀了，某某夫人后来也被杀了。但这不是我们这次会议的宗旨，"这个活着的最后一位华沙犹太人起义领袖说道，"耶德瓦布内不是第一个案子，也不是一个孤立的案子。在当时的波兰，杀害犹太人的氛围已经酝酿成熟。已经不再是趁乱打劫那么简单了。人们内心深处的某种什么念头正在发酵，促使他们只想去杀人。"

主持讨论会的耶日·杰德基教授说道："对犹太人的仇恨、对犹太人的蔑视和嘲讽，是20世纪中欧文化的一部分，其中也包括了波兰。我这样说的意思并不是说每个人都已经准备好随时去实施各种暴行，但波兰当地人中确有相当一部分人对犹太人遭受的毁灭持幸灾乐祸的态度。这种幸灾乐祸，伴随着大屠杀的欢笑——我始终记得，因为当时我被关在牢里，雅利安人的监牢里。直到今天，我们的立场，我把自己也包括在其中，一直是躲躲闪闪、逃离主题的，对隐藏在我们集体历史中的黑暗、怯懦、恐惧，唯恐避之不及。格罗斯用他的书将我们从麻木中唤醒。而这恰恰是最重要的事情。"

这场座谈会持续了近五个小时，有时它就像一场集体治疗大会。位于华盛顿特区一家大屠杀纪念馆的一个年轻波兰籍工作人员，在谈起她在波兰查阅档案文献资料的那一年中她所接触的仇视犹太人的浪潮时，突然间痛哭流涕。

2000 年 11 月 25 日

在耶德瓦布内，如果不是因为感受到有那么多意气相投的人以及当局的支持，原本是不会有如此众多的普通人愿意去杀人的。一个心理学教授就此撰稿登在报纸上，他提到有研究表明，波兰人往往把他们自己民族遭受到的苦难看作是一种特殊贡献或投资，比起其他任何民族，我们这个世界亏欠波兰人的实在太多了。"我们将自己视为例外，归因于我们自己的道德成就，是对世界历史的一种独特贡献。研究表明，以这种方式思维的人更容易接受对无辜生命的杀戮。"

在亚采克·库仑尼家里，我告诉了他有关历史学家的会议的情况。亚采克的回忆与埃德尔曼的回忆是一致的：当地存在一种允许骚扰犹太人的社会氛围。在利沃夫，他目睹了年轻人是如何向犹太人居住区投掷石块的。旁人对此大都无动于衷，他还听到身边人不断重复着同样的说法："希特勒在为我们代劳。"

"即使是大屠杀也没有改变那种状况，"亚采克说道。他还告诉我有关在 1945 年夏天他与父母、祖父母以及弟弟费莱克一起住在克拉科夫的生活。有一天在散步的时候，爷爷用力拽了一把费莱克的手，孩子便哭了起来。即刻周围就聚拢了一群人，他们凶猛地把老人拖回去，冲他大声斥责。他们认为老人是一个犹太人，而那个男孩是个波兰孩子，眼看着也会变成一个小犹太佬。原因仅仅是费莱克长了一头金发，而他的祖父却戴着一顶小圆帽。不久之后，一场大屠杀就在克拉科夫爆发了。

"仇恨，"亚采克继续说道，"来自潜意识中具有某种负罪感的人。在一定程度上，他知道整整一个民族在这里被毁掉了，而他却从中受益，因为他得到了一所房子，或者至少拥有了一个原本属于某个犹太人的枕头。他绝不会勇敢地正视此事，仇恨已经在他内心深处扎下了根。"

他引用了一段刊登在《选举报》上的著名政治评论员亚采克·萨科

斯基写的话:"扬·格罗斯和我都各说各的话,各唱各的调。我们谁都没有权力就发生在他的同胞或先人身上的事情去指责对方。""一个不负责任的民族是干不出什么好事情来的,"亚采克评论道。

2000 年 12 月 5 日

卡齐米日·劳丹斯基给亚当·米奇尼克的一封信。卡齐米日·劳丹斯基是耶日·劳丹斯基和齐格蒙特·劳丹斯基兄弟俩的大哥,这两兄弟因在耶德瓦布内杀害犹太人而分别被判处 15 年和 12 年徒刑。信中,卡齐米日谈到了他对这些事件的看法。他认为,德国人是事件中的主角,主要演员,而犹太共产党人"伙同苏联内务人民委员会(后称'内务部')拟定了将要被放逐到西伯利亚去的波兰人家庭的名单"。

人们不禁要问:如果我们接受这项罪恶是由德国人犯下的这种说法,那么向苏联内务部告发波兰人又与犹太人有何关系呢?

为抗议对他的兄弟们的恶意中伤,卡齐米日·劳丹斯基称赞了他自己家人们的爱国热情。

在阅读了战后此案中指控耶德瓦布内凶手的文件之后,扬·格罗斯在其中发现了一封齐格蒙特·劳丹斯基写给共产党当局的一封信,信中描述了他如何在苏联占领期间成为一名苏联内务部的告密者,又如何在战争结束后加入了波兰工人党。"我们的劳工制度就是建立在这样的人的肩膀上的,"他写道,"这是一个在使用毒气室杀人的时代中试图迎合每一个后继政权的期望,并且每一次都全力以赴参与其中的人——首先作为苏联内务部的告密者,然后是一个残杀犹太人的杀手,最终又加入波兰工人党;这种人的冷酷无情和因袭盲从"令格罗斯大为震惊。

卡齐米日写给米奇尼克的信是以这些话结尾的:"我们过去和现在都时刻准备着为公众利益而效力于我们的祖国。"

这些话对于亚当来说显然是太过分了。对我的禁令被解除了。我给劳丹斯基打了个电话，为《选举报》安排了一次采访。

2000 年 12 月 9 日

小镇皮什位于耶德瓦布内以北 100 公里开外。卡齐米日·劳丹斯基在通往他家的小路岔道口等我。在我们还没有抵达他家之前，他就问我父母亲是哪里人，还问我母亲姓什么。我母亲的娘家姓应该没有什么问题，她本人的名字也没有什么特殊之处。至少后来有个爱上了她的波兰人得到了她的雅利安人的身份证件和洗礼证书，并娶了她。1942 年，莱娅·霍洛维奇这个名字就这样在利沃夫消失了。她消失得如此彻底，以至于我只是在成年后才碰巧获悉我的出身，那是在大街上。

我母亲并没有与她家人保持联系，没有哪个舅舅或表兄弟曾经到访过我们家。我承认我的母亲是一个有独立见解、内心叛逆的人，她认为家庭纽带和聚会是中产阶级的责任，十分枯燥乏味，她一点也不觉得从中会令人得到满足。只是当我完全长大成人，并从大学毕业之后，我才在我们华沙城外的乡间别墅里见到了一个 50 多岁的男人，我母亲介绍说此人是 1937 年大清洗时期在苏联被杀害的她亲爱的姐姐的儿子。当时我和朋友们在一起，所以我只是向他打了个招呼，然后就跑到河边去了。过了几年后，我才再次见到他。我告诉他，他是我所认识的我母亲这边的唯一一个亲戚——也许他了解我们家的一些情况呢。"我们的外祖父赫斯·霍洛维奇……，"表兄奥勒·沃伦开口说道。

我按照我的通讯簿上的字母顺序从 A 到 Z 打电话给所有朋友和熟人。"我是犹太人，"我郑重其事地宣称。不知为何，除了我本人之外，这个事实其实并没有给别人留下多少印象，尽管有个我认识的团结工会的顾问建议在《马佐夫舍周刊》（*Tygodnik Masowsze*）的编辑部里不要再增加任何一个有犹太血统的人，这是一份我与他人合伙创办的团结工会的地下报纸（"你们犹太人在那里已经够多的了，如果你被抓住的话，你们的事业很可能受到伤害，"他说道——但他完全出于善意和真诚的关心，绝非敌意）。最大的惊奇是我的绝大多数朋友早已经"知道了"。其原因很可能仅仅是他们中一个人的母亲在战前曾经和我的母亲在同一所著名的犹太体育学校或高中同过班。

"为什么没有人告诉过我？"我问他们。其中一位朋友确信我是知道这回事的，但决意要冒充是个百分之百的波兰人（我经常问他犹太人究竟长得是个什么样子）。另一位朋友认为该由我的母亲来决定是否揭示我的出身（他显然接受了这样的看法——对他来说是不言自明的——犹太人的特性是某种可耻的东西，必须予以"揭示"）。第三个人的结论是：如果我不知道此事的话，其实对我更好。

卡齐米日·劳丹斯基邀请我进了屋。这是一栋维护良好的别墅，位于小镇中心，桌上摆着典雅的瓷器。他为我准备了一幅小镇的地图，是1941年时的面貌，地图是绘制在坐标纸上的。街道名称、教堂和墓地都用蓝色钢笔做了标记，犹太教堂和谷仓的标记则用的是红色。关于发生在耶德瓦布内的大屠杀，他说这是来自德国人的命令。当我问到有多少德国人在那里时，我被告知每一个角落都有一个穿着制服的德国人。我让他在地图上指出德国人所站的位置。他画出了四个小十字。四个德国人。

"耶德瓦布内的犹太人，无论他们是否在那一天被烧死，他们的命运是已经被锁定了的，"卡齐米日·劳丹斯基说道，"德国人迟早会杀了他们。这原本是小事一桩，然而他们却不依不饶地怪罪波兰人，在那么多人里面怪罪于我的兄弟。我们原谅了德国盖世太保，我们原谅了苏联内务部，然而在这里犹太人和波兰人之间有了些小争吵，难道就没有人能够原谅吗？"劳丹斯基继续说道："这不是为我的兄弟辩解。他们受到了审判，无论是对是错，你总不能为同样的事情再次判他们有罪吧。我同你见面，是为了让你可以告诉米奇尼克先生，我们不应该再次揭开旧的伤口。把我们的人民视为罪犯，这是不对的。为这样的事情而指责波兰人，这是邪恶的。而且，当犹太人的金融正在攻击波兰的时候，此刻绝不是发起一场运动来教波兰人认识何为对错的正确时机。"

我说服了卡齐米日·劳丹斯基，为了给报纸写篇文章，我还需要约见他的兄弟们。我们约定了我还会回来。

2000 年 12 月 10 日

卡齐米日·莫卡斯基是一位退了休的学校主管，战前居住在离耶德瓦布内十公里的一个名叫纳德波利的村庄，他写了一封信给《选举报》的编辑。我到他所住的位于波罗的海的小镇拜访了他。

他在信中描述了战前的耶德瓦布内："日子过得很艰难，我们每一分钱都要算计着花。较富裕的犹太人的商店能够承担得起降价出售。波兰人做出的反应是撞倒货摊和打砸门窗。恶毒的反犹太主义，以及关于犹太人杀害基督徒的神话，驱使着一些怀恨在心的人们，使他们变得丧失理智。"

当时他才 14 岁。他记得，在屠杀惨案发生前两天，有一群犹太人经过他家住的房子。"我母亲正在烤黑麦面包，就拿了两个面包给他们。她告诫他们，'跑得越远越好，'因为我们已经知道拉齐乌夫的犹太人在前一天被烧死了。"

他从他母亲那里获悉，他们村里的一些农民给马套上了马鞍后去了耶德瓦布内，希望参与抢劫那里的犹太人商店和作坊，而少数不想参与大屠杀的人则逃离了耶德瓦布内，去投靠住在周围村庄里的亲戚。在火烧犹太人之后的几天里，有个朋友邀请他去做客，对他吹嘘说已经与家人搬进了一所原本属于犹太人的住宅。他听说了有关犹太人遭到殴打、围捕、被迫去念基督教祷告词的情况。

"我有时候会去耶德瓦布内，"他继续说道，"那不是一个令人开心的地方，非常落后，缺乏基础设施。人们没有工作可做，被生活压得透不过气来，他们觉得自己都是受害者。战前波兰国家党的口号之一就是犹太人是贫穷的根源。如今没有犹太人了，可贫穷还是一成未变。"

返回华沙时我走了一条迂回的路线——经过耶德瓦布内。我想去拜访一下莱昂·杰齐茨，他是耶德瓦布内附近的一个农民，曾经接受过几次媒体采访。这在耶德瓦布内是少见的，一般来说，当地居民总是拒绝同记者交谈。从杰齐茨的叙述中可以发现，波兰人不仅实施了杀戮，而且屠杀还是他们发起的。"他们说，第二天，德国警察局的指挥官听说波兰人主导了这场大屠杀后大发雷霆：'你们说你们要清洗犹太人，可是你们却不知道如何去清洗该死的东西。'他的意思是他们没有把尸体埋掉，他害怕传染病会迅速蔓延，因为天气炎热，野狗群也已经接触到了尸体，"杰齐茨解释道。

但是莱昂·杰齐茨已经离开了波兰。自从有关他的文章发表后，因为经他允许文章里刊登了他的一张照片，所以每当他骑着自行车去商店买东西时，总会有人刺破他的轮胎。于是他去了美国，他的妻子和四个儿子在那里已经居住多年了。

我找到了他的第五个儿子莱谢克·杰齐茨，他还留在农场里。这年秋天，他去美国探望了他的家人，而他的妻子则留在波兰照顾他们的孩子，10岁的托梅克和14岁的彼得。"我比原计划提前赶回来了，因为在我老爸说了那些话之后，我担心我的妻子和孩子的安全。在大街上人们都在说：'不要以为你可以逃脱，我们随时会找你算账的。'我们为孩子们提心吊胆。我们每天都接送他们上学。"

我去见了斯莱赞斯基的女儿贾尼娜·比德齐奇卡，犹太人被烧死在内的那座谷仓就是她家的。我早已知道她原先是怎么接待不速之客的。最初，她拒绝让一个电影导演进入家门，而第二次她却对那个导演说："我原以为你是一个犹太女人，但是牧师告诉我，你是一个福音派信徒。在德国人中间有一些很体面的福音派教徒。"在她与一位当地记者见面时，她说了这样一番话："你有什么身份证件吗？你没有起一个波兰人的名字。无论怎么样我都不在乎，因为不管怎样他们都愿意听犹太人的话，没有人想知道真相。"

　　"在耶德瓦布内有些房子原本是属于犹太人的，但是我住的房子是我自己的，"她开始同我交谈。"我没有从中得到任何东西。我知道犹太佬是有仇必报的。"

　　在用尖细的嗓音说话时，她无法准确发出"犹太人"这个词。关于杀人暴行，她说那是德国人干的。

2000 年 12 月 15 日

　　我去拜访了我的表兄奥勒·沃伦。格罗斯的书没能使奥勒感到震惊。犹太人是被他们的邻居杀害的，这个想法似乎提供了一种可信的情况。

　　战前，奥勒的母亲和父亲在共产国际中都很活跃，奥勒的人生中最初的几年都是在莫斯科度过的。当他的父母都沦为苏联大清洗的牺牲品时——两人都于 1937 年被枪杀——他被安置在一家孤儿院里，从那里他被送进了卢比扬卡监狱，然后又被关进古拉格劳改营。

　　"在西伯利亚我没有遇到任何反犹主义，"他说道，"我第一次听到反对犹太人的谈话是 1954 年在明斯克，仍然还是在苏联。在那家结束了我的流放生活的医院里，护士们在我的头顶上说笑着，她们的一个朋友即将嫁给一个犹太人。'如果我不得不与一个犹太人同床共枕，我是肯定会作呕的，'我听到其中一个护士说道。1958 年我被遣返波兰后，因为我患上了肺结核，我去了设在群山中属于扎科帕内警察署的假日宾馆一趟。在那里，我发现了同样出于本能的、充满激情的、发自内心的反犹太主义。人们不断重复着有关波兰广播交响乐团愚蠢的团长的一个故事。他从波兰移民到了国外：他想把贵重物品走私出境，因此他用黄金铸了一口锅，但是锅太亮了，于是他在锅里炒了一个鸡蛋，没洗就打了包。结果海关官员发现这口锅很脏很可疑。这个故事含义甚多：犹太人拥有大量黄金，他们态度傲慢，还不修边幅。"

　　奥勒习惯于借助书本使谈话顺利进行下去，他从他丰富的藏书中找出了齐格蒙特·克卢库斯基写的《占领期日记》。这位作者是个医生和社会活动家，曾经是什切布热申一家医院的院长，在战争期间每天都写日记。他描述了 1942 年 11 月 22 日在一次针对犹太人的突如其来的清算中波兰人的所作所为："他们急切地参与其中，到处追杀犹太人，把他们驱赶到地方法院或警察局，殴打他们，用脚踢他们。小伙子们追赶着犹太小孩子，警察当着众人的面杀死了这些小孩。我的眼前仍然闪现出这些情景：犹太人遭受着殴打，大群大群的犹太人被毒打致死，他们的尸体被乱七八糟地扔到马车上，伤痕累累，血迹斑斑。城里的许多居民趁机四处抢劫，见到什么就随手偷走什么，毫无羞耻之心。"

2000 年 12 月 16 日

我开车去皮什，这一次要见的是劳丹斯基家全部三个兄弟。我走的是一条稍微远一点的路线，经过沃姆扎，然后第一次在大白天穿过耶德瓦布内。大片大片的空地在两旁不断延伸，时不时地可看到一片片树林。马佐夫舍的地势平缓，这使我意识到，要想在这块地方躲避迫害者，希望是多么渺茫。但现在是冬天，当时却是 7 月，田野间还有尚未收割的庄稼。

当你从沃姆扎这一侧进入小城时，你就会看到犹太人居住区的遗址。最能感受到其氛围的位置是老市场外的一条小巷，狭窄的通道两边是一栋栋紧挨着的房子，铺在路面上的鹅卵石已经破裂了。路边的小木屋横七竖八地歪倒在地，窗户低矮，除了融化的雪水积成的大水坑之外，这里的一切都是微小的。为了避开邪恶的力量，你只能在门口挂上从《圣经》旧约中《申命记》里摘录的经文段落作为门柱圣卷（译者注：犹太人辟邪的习惯），你还可以在这里拍电影讲述发生在 60 年前的事件。

我走过集市广场，现在叫约翰·保罗二世广场，犹太人就是在 7 月里的那一天一起被赶到那里去的。靠着卡齐米日·劳丹斯基给我的地图，我开车到了罪恶发生的现场。广场上有一小片地被用栏杆围了起来，里面有一块石碑，上面刻着这些字：**杀害犹太人的现场。盖世太保和希特勒的警察在此地活活烧死了 1600 人。1941 年 7 月 10 日。**远处是浓密的灌木丛，但我的地图却标示着这些地带都是犹太人的墓地。我往深处走去，看到了从积雪中突出的残破的墓碑。

劳丹斯基兄弟三个在皮什等着我。我们面对面坐着，喝着茶，吃着自制的姜饼。卡齐米日·劳丹斯基和他的兄弟们是当地众所周知的养蜂人，客户会专程从德国远道而来购买他们自产的蜂蜜。兄弟三人泰然自若，应答从容，他们讲述自己的经历就像是在讲授一堂学识广博的课一样。

我们谈了三个多小时，在我吃下了第三块姜饼时，我们的话题转到了发生在 1941 年 7 月的事件上。

最年轻的弟弟耶日，是说话最少的一个。他的嘴角一直露着几分微笑。

根据什穆埃尔·瓦瑟斯泰因的证词："德国人下令消灭所有的犹太人，但接受命令的是波兰暴徒，并且以最可怕的方式予以执行。在第一次大屠杀时，以及在屠杀过程中，下列败类以他们的残酷行为而臭名昭著……"耶日·劳丹斯基就列在此处给出的几十个名字之中。

"我当时是在谷仓那儿，"耶日·劳丹斯基说道，"但是隔着大约 30 米的距离。有很多人在我的前面。"

我不知道究竟有多少这类人聚集在谷仓附近。我也不知道其中究竟有多少人会仅限于作壁上观。

谈话临近结束时，耶日·劳丹斯基讲述了一个故事。卡罗尔·巴登（战后被指控参与耶德瓦布内杀害犹太人一案而接受审判的犯人之一）是如何去见监狱当局的，他说他想要作证来指控那些烧死犹太人的参与者。"我是从一个狱警处听到的，"劳丹斯基说道，"巴登威胁说要让100 个人身陷囹圄，但是，当他们给他纸让他写出那些人的名字时，他的双手都麻痹了，话也讲不出了，就那样，他死在了监狱里。'奇迹发生了，'那个狱警如此评论道。"我怀疑，这是否意味着巴登可能已经写出了那100个行凶者的名字和姓氏。

但我没有提出任何刺激性的问题。

"我们和犹太人之间没有任何问题，但是你必须停止再次去揭开伤口，"分手时卡齐米日·劳丹斯基告诫我。"战后犹太人在秘密警察那里做了些什么？对此我又能说什么？这是一个耻辱，因此我们又何必去相互责备？"

听着他们的话，我无法回避这样一个印象，即1941年的那些情景在他们眼皮底下又在重演。我已经在皮什订了一家酒店，但是我决定还是开夜车赶回家。我驱车上路，路上空无一人，路面覆盖着冰，我只想尽可能地远离劳丹斯基三兄弟，越快越好。

2000年12月17日

格但斯克。出生在拉齐乌夫的扬·司克罗茨基到车站接了我，并把我带到一套整洁的公寓里，公寓位于一片树林边的堤岸上的街区。一只名叫"恰恰"的毛发蓬松的狗来欢迎了我，主人还用家酿的白兰地来招待我。

"干这事的不是德国人，是我们自己的人民，"他开口说道。

我给了他梅纳赫姆·芬克尔斯泰因的证词，这是我在犹太历史研究所影印的。其中所描述的情景是如此可怕，很难想象波兰人的记忆中会为此留出一块地方。但在司克罗茨基眼里，没有什么能让他感到吃惊——相反，他还增加了一些具体情节，填补了一些细节。我给他念了一段有关波兰人从一开始就加入了德国人残害犹太人的行动的描述。犹太人被绑着装上马车，然后被驱赶到小镇附近那条浑浊的河边。"德国人殴打着他们，波兰人殴打着他们。犹太人痛苦地哭喊着，但是他们，德国人和波兰人，却狂笑着。"

"他说的是玛特拉克河，一条窄窄的、浅浅的小河，"他解释说。

"沿着玛特拉克河有一片草地，农民们在那里放养鹅和鸭，在小河和纳德桑塔纳大街的楼房之间有一片泥炭地，还有挖掉泥炭后留下的沟渠。犹太人就是被他们赶到那里去的。"

他已经准备好给我谈谈大屠杀的事，并且同意被引用在《选举报》上。我们谈了9个小时，但我不敢问他一个太过明显的问题：你父亲1941年7月7日在哪里？

2000 年 12 月 19 日

皮什。在当地的博物馆，我约见了已退休的馆长米奇斯瓦夫·库仑高夫斯基。一连串的人指引着我去见他，每个人都接连为我做了介绍。我期待着他能告诉我有关劳丹斯基兄弟的情况——因为他本人就是来自耶德瓦布内的，显然他应该有很多话可说——但是在我们见面的时候，他非常害怕，这使我很难从他口中得到任何信息。我并不感到惊讶。在博物馆里，劳丹斯基兄弟中某一个的孙女正等候着我们，似乎是不期而遇。她是从何处得知我们这次会面的呢？很明显，同我联系的一系列人中肯定有人告诉了劳丹斯基兄弟。米奇斯瓦夫·库仑高夫斯基给我解释了他不想同我谈话的原因："也许我是带着恐惧离开那里的，但今天有朋友就我们的谈话警告过我：'你最好不要卷入是非之中。'"

他只给我回忆了这么一件事，1941年夏天，他同伙伴们一起经过犹太人的住宅："这些房子都被占据了，东西都被抢劫一空，但我一直在寻找挂在门柱子上的木板。我喜欢把藏在里面的东西展开来看，通常里面有写在皮革上的希伯来经文，我想是写在绵羊皮上的。战争结束后，当人们在皮什成立一家博物馆时，我就把我收集到的那些门柱圣卷移交给了博物馆。"

2000 年 12 月 20 日

晚上，我回到了皮什。未经预先通告，我就来到了位于小镇边缘的米奇斯瓦夫·库仑高夫斯基居住的一栋小房子门口，我敲了敲门。也许，此刻我能从他口里得到一些什么东西吧。最终，在喝了三杯茶之后，他不太情愿地开始说了："1941年，我才12岁。有些当妈妈的不让她们的孩子在那一天出门，就是7月10日那天，但我一直就是对什么都好奇，喜欢多管闲事。当波兰人挨家挨户追赶犹太人，把他们赶到集市广场去的时候，你到处都能听到尖叫声和哭泣声，因为他们还拽着儿童和老人。波兰人用棍棒强迫犹太人排成行，犹太人没有做出任何抵抗。他们没有1600人，顶多1000人。我当时在谷仓那儿。谷仓外面没有很多人，就只是一些男人，大概50个吧。我与我的朋友站在远一点的边上。我们很害怕，担心他们会把我们当作犹太人的孩子，把我们扔到火堆里去。那是一个炎热的夏天，只用了一点点汽油和一些柴火。当他们放火烧谷仓时，尖叫声不断，直到屋顶塌陷。约泽夫·考布什涅茨基把孩子扔进燃烧着的谷仓。我亲眼看到的。我听说这群暴徒中领头的就是考布什涅茨基，他也是打犹太人打得最狠的，他甚至还跑到犹太人家里去用刺刀刺杀藏匿在阁楼里的犹太人。我还听说了其他一些杀人犯的名字：卡罗拉克、劳丹斯基兄弟、泽耶等。当我长大后，我立即离开了那个小镇，从那以后，我再也不想和那个小镇有什么关系。"

他慎重地提醒我："请不要提我的名字，劳丹斯基兄弟们还活着，我的日用杂物都是到皮什去买的，有一次我在街上碰到他们兄弟中的一个，这使我毛骨悚然。我真的不希望再出现这种情况。"

2000年12月21日

米奇斯瓦夫·库仑高夫斯基告诉我，他以前有个叔叔住在离耶德瓦布内不远的赞克莱瓦，是个挺富裕的农场主，曾经给来自邻近一个小镇维兹纳的一个犹太人家庭提供了庇护，结果换来的是战后他的农场被波兰邻居纵火烧毁了。他给了我他叔叔的名字：叔叔已经不在人世，但他的孩子们还在，当时他们的年纪已经足够大，完全能够记住他们家的遭遇。我开车去那儿。

赞克莱瓦是一个很落后的村庄，位于从耶德瓦布内到维兹纳的路上。在一个管理良好、很兴旺的农场上，我受到了热烈的欢迎。是的，没错，叔叔的儿子说，他的父母掩护了从维兹纳来的一个裁缝——伊兹拉尔·勒温，以及他的妻子和两个孩子。他当时已经有十几岁了，记得很清楚。

"他们就藏在地板下面，靠近火炉。没有人知道这件事，只是在战争结束后才泄露了出来。"他提到了战后的反共游击队："1945年，游击队抢走了我们的衣服、牛和猪，烧毁了农场上的建筑物。我们变得一无所有。在那个时候，如果有人生活好一些，黑帮就会来抢劫，所以他们一定认为我们拥有犹太人的黄金。那些日子里大家都极其贫穷。在波兰游击队的控制下，人们都提心吊胆，就像生活在俄国人或德国人统治下一样，或者还更加糟糕。"

这种恐惧肯定还继续存在着，因为当我们互相告别时，我的谈话对象要求我千万不要提及他的名字。

2000 年 12 月 22 日

我决定，我的书从拉齐乌夫开始写起，趁在拉齐乌夫发生的暴行还没有变得像耶德瓦布内大屠杀那样广为人知。这样将更容易同那里的人们交谈。

我开车前往拉齐乌夫附近的克拉玛切瓦去拜访玛丽安娜·拉莫托夫斯卡，她的娘家姓是芬克尔斯泰因，救了她的正是斯坦尼斯瓦夫·拉莫托夫斯基。我来到一个背靠一条小河的小木屋前。在门槛边，拉莫托夫斯基宣称他是不会同我交谈的，但是，我还是设法进了屋子。

屋子里寒冷刺骨。他的妻子身上裹着几件毛衣坐着。她身材纤细，年老体弱，戴着厚厚的眼镜。和她丈夫相比，她更不愿意和我交谈。她耳朵失聪，无法行走。还是拉莫托夫斯基给我倒了一杯茶。我们开始交谈，但他却一直畏畏缩缩，躲躲闪闪。

"犹太人是被波兰人赶出去的。即使我知道是谁，我也无论如何都不会告诉你。我不能说。我们还得在这里生活。"

或者是："我不会告诉你我是怎么在战争时期在牧师安排下结婚的，当时我想娶一个犹太女孩为妻。一千匹马也无法把我拽回头，那些都是宗教问题。"

"什么都别说了，斯达西奈克，上帝保佑，"他的妻子抓住他的胳膊恳求道。因丈夫身材矮小，她把他称为斯达西奈克，而不是斯坦尼斯瓦夫。

我告诉她，我在犹太历史研究所阅读了梅纳赫姆·芬克尔斯泰因的证词，我问她这个芬克尔斯泰因是不是她家的亲戚。虽然他们有着相同的姓氏，但拉莫托夫斯基太太声称她不知道他是谁。这听起来并不令人信服；我得出的印象是，她对一切会使她想起她的犹太血统的事情都害怕得要命。

拉莫托夫斯基也一样固执地拒绝回答我的问题，"因为我同那些人一起住在这里，他们随时可能来找我的"。但是，当我告诉他们我会在新年里再来看他们时，他显然很高兴。看起来他似乎感到很孤单。当我直接问他是否如此时，他说他在离耶德瓦布内16公里的翁索什有朋友，一个犹太女人和她的波兰人丈夫，他们是在战争期间结的婚，但后来他们都死了。他接着说了一句题外话，在翁索什，波兰人对犹太人的所作所为和他们在拉齐乌夫和耶德瓦布内的所作所为如出一辙。

2000年12月28日

在图书馆里，我看到了一份30年代的区域性教区周刊，刊名叫《天主教伟业》（*Sprawa Katolicka*）。犹太人作为对波兰的最大威胁这个主题被过度地反复提起。对犹太人在一些村子里因为遭到经济上的抵制而正在饿死这个事实，文章里充满鄙视，并深表满意——这是令人感到惊讶的。我知道战前天主教会在很大程度上是反犹太人的，但是，在暴行即将到来这样的背景下看到这些可恨的文章则完全是另一码事。

一

主啊，让波兰摆脱犹太人吧

或，论三十年代耶德瓦布内的
波兰人和犹太人之间的关系

　　这一天是犹太教历 5699 年提斯利月的第十天，或者，根据公历，就是 1938 年 10 月 5 日：这一天是最重要的犹太节日——赎罪日（Yom Kippur）。在这一天，所有犹太人都要去犹太教堂。成群的人拥挤着穿过集市广场。第二天，耶德瓦布内或拉齐乌夫的犹太人孩子都不会去上学，所有犹太人开的商店都将关门打烊，直到日落。这一天将见不到信仰天主教的居民，这一天的傍晚到处都只能听到犹太人说的意第绪语。在耶德瓦布内，市长的母亲格朗茨基夫人不是特别喜欢犹太人，同往年一样，她站在位于学校大街上的犹太教堂里面，背靠着墙；她被他们的歌声所打动。她到来只是为了聆听她最喜爱的柯尔尼德拉（译者注：犹太人在赎罪日祈祷开始时吟唱的一段祷文），这段祈祷文为的是要赦免已经被遗忘了的誓言，不论这誓言是草率做出的抑或是被迫做出的。

　　年龄较大的孩子们都要去犹太教堂，并且整天都要加入斋戒，但年龄尚幼的孩子们——许多家庭的孩子都多达七八个——那天都托付给波兰人邻居看管。父母们给这些幼小的孩子每人一个煮得比较老的鸡蛋，

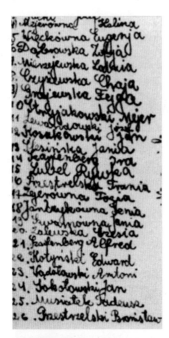

七年级毕业典礼。耶德瓦布内，1936 年。来自以色列的梅厄·罗内（以前被称为来自耶德瓦布内的梅厄·格莱耶斯基）告诉我："我姐姐法佳·格莱耶斯卡当时也在班上，她把这张照片带到了巴勒斯坦。照片上有几个犹太儿童，虽然大多数犹太孩子在被老师和同学骚扰后，都由他们的父母带回去不再上学了。我们一直是波兰人的孩子的朋友，但到了 30 年代末，他们就不再把我们当作朋友对待了。"（由梅厄·罗内提供）

还有直接从奶牛身上挤出来的牛奶，孩子们用他们自己的杯子来喝——孩子们被要求遵守犹太教规，对此邻居们都表示尊重。他们彼此间都能很好地相互理解——意第绪语是他们每天都能听到的一种语言：在商店里、在大街上、与犹太人一起干活时。有些波兰人也能说一口流利的意第绪语。在耶德瓦布内，意第绪语讲得很好的人中，有一位名叫布罗尼斯瓦夫·斯莱赞斯基，把谷仓献出来用于烧死犹太人的就是他。

1939 年 5 月 3 日，在这个波兰全国性假日里举行了盛大的圣餐游行。在教堂里面，唱诗班吟唱着："在您的祭坛前我们提出恳求 / 主啊，让波兰摆脱犹太人吧！"穿着礼拜日盛装的虔诚的信徒们在弥撒结束后走出教堂，与当地的国家党成员共同参加由教会组织的庆祝活动，这个党是由罗曼·德莫夫斯基创立的，他最痴迷不忘的信念就是犹太人对波兰的阴谋是永恒的。

游行队伍围绕着集市广场行进在街道上，街道两侧各有一队穿着白衣的女孩，手拿着花束，中间间杂着穿着白袍的小男孩，手持小铃铛。随后跟着的是大孩子们，他们属于青年男女天主教协会（the Association of Young Catholic Men and Women），成年人则走在游行队伍的后面，从头到尾塞满了大街。伴随着游行队伍的，有一支管弦乐队和骑着自行车的旗手。位于广场上的一座教堂的台阶上，有一个从较大的沃姆扎小城请来的国家党成员正在发表演讲。他谈到了波兰的今天，受控于外国因素，他也提到了波兰的明天，那时整个国家将把自己从国际犹太金融的奴役中解放出来，波兰人就只会从波兰人那里购买东西。站在那位来访者身边的是教区牧师，也是一个国家党成员。人们举着横幅聚集在一起，横幅上写的是：农民和工人们自己来做买卖——犹太人滚到巴勒斯坦或马达加斯加去；付给外来者一分钱你就伤害了国家；把犹太人从波兰赶出去。他们喊着口号并且高唱：

啊，我亲爱的波兰，

你的人民成千上万

可是在你的土地上

犹太人却四处霸占。

白鹰啊快展翅翱翔，

利爪将犹太人驱赶，

永远不能再让他们

还做我们的老板。

那大小镇里的犹太居民没有人敢走出家门，他们的孩子也不被允许出去玩耍。第二天，他们松了一口气说，总算不是太糟糕：一帮国家党党徒喝得越来越醉，伴着一架手风琴高唱爱国歌曲，还大声呼喊着"打死犹太佬"，一直闹腾到深夜，但只有几扇犹太人家的窗户被打破了。

1.

尽管拉齐乌夫和耶德瓦布内的犹太人居民和基督徒居民通常看起来并没有太大的差异（在这些地区，虔诚的哈西德教派是罕见的，大多数犹太人的穿着和普通城镇居民的穿着相同，老年人会戴上帽子），尽管他们的孩子们通常在同一所学校上学（耶德瓦布内没有单独的犹太学校，拉齐乌夫有，但那是一所私人学校，没有多少父母能够负担得起那所学校的费用），尽管犹太人和基督徒往往紧挨着一起住在同一栋公寓大楼里，在孩子们之间、邻里之间和商业伙伴之间有着友好的关系——但他们各自过着不同的生活，说着不同的语言。犹太人，特别是年轻人，波兰语都说的很流利，但在家里，他们说的却是意第绪语。他们按照犹太教规所保持的干净的厨房排除了邻里间的相互做客邀请。犹太人的孩子经常在放学后学习希伯来文和犹太历史，他们也到自家开办的商店或作坊去帮助他们的父母亲。波兰人的孩子往往到农场上去帮忙（即使住在小城镇里的波兰人也通常都拥有农田并饲养牛和猪），出于这个原因，他们往往读了几年书后就会离开学校。

社交和文化生活都在不同的轨道上展开。第一次世界大战后不久，在少量活动中，波兰人和犹太人仍然会一起参与——如野餐，由志愿消防队员、步枪手或预备役军人发起的庆祝活动等——但犹太人常常会遇到波兰人不友好的回应。在 30 年代后半叶，犹太人干脆就被拒之门外，与这些活动无缘了。天主教徒的生活是围绕着教区和教会世界展开的，同样还有国家党组织的活动，这类活动都公开地排斥犹太人。

在这个地区，不论是犹太人社区还是天主教社区，其中 90% 的家庭都很穷，或者是一贫如洗。拉齐乌夫的摩西·罗泽博姆于 1939 年 4 月移民去了澳大利亚，他在日记中回忆了 30 年代的艰苦生活。他写到，晚上他总是被饿醒，在课堂上他无法集中精力上课。冬天，他总是会离开屋子到院子里去，捧一大把雪吃下去，以此来骗一骗自己的肚子，解解饿。

然而，犹太人并不像他们雇用的波兰人那样贫穷——女人待在家里，男人在作坊里干活。犹太人的安息日炖菜常常是一道最富有营养的菜，他们的孩子每周都有机会吃，每当波兰人邻居在星期六晚上带着学校的笔记本上犹太朋友家去的时候，他们都会很羡慕。当信天主教的邻居被告知犹太人是他们贫穷的原因时，许多人自然而然地就相信了。

/ 025

莫里斯·阿特瓦斯，以前叫摩西·阿特拉索维奇，第一次世界大战前就离开了拉齐乌夫，在 20 年代后半叶写给他父亲的一封越洋信中，他问父亲是否应该在他年老力衰的时候回到波兰以便帮助他。他父亲的回答很简短："在哪里生活就最好留在哪里。这个国家不是犹太人呆的好地方。"

2.

天主教徒和犹太人所讲述的关于在战前他们的关系有多么好的故事可以被解释为天主教徒需要消除他们的负罪感，而犹太人则需要一种怀旧的理想化的青年时代。当反犹主义浪潮在 30 年代横扫欧洲的时候，耶德瓦布内的人们也紧紧跟随欧洲的标准。你甚至可以说他们是属于先锋派的。一个多世纪以来耶德瓦布内所处的沃姆扎地区一直是支持国家党右翼的一个堡垒。国家党是该地区最强大的政治力量，其主旨就是要与犹太人斗争，它将处在波兰贫穷和落后的这块土地上的犹太人村庄转变成了政治活动泛滥的地方。"打败犹太人"这一号召动员起了国家党内部的青年，并成立了具有法西斯倾向的大波兰阵营青年运动（the Youth Movement of the Greater Poland Bloc）。

"拉比家的院子紧挨着校长家的院子，校长的几个女儿是我的朋友，"来自拉齐乌夫的哈利纳·萨卢斯卡说道。"当他去外屋时，我们总是会从屋顶去看犹太教的拉比，我们会把门一直打开着，然后叫他的名字，不让他看见我们。他就像一只大老鼠，眼睛是黑色的，他的妻子出来说道：'哎哟，小姐，你们这样做可不太好，我会去找你们的爸爸，告诉他你们干了些什么。'我们喜欢作弄拉比。我们也会去作弄犹太女人萨克托瓦。她开了一家商店，因为视力不好，孩子们去她那买种子或水果糖的时候，会给她纽扣来冒充零钱。"

战前曾经在维兹纳生活并受过洗礼的扬·齐特雷诺维奇记得，在犹太人的结茅节（译者注：犹太教的收割节）之前，趁着他们家里的房子必须要敞开一间屋子的屋顶，男孩子们在教会青年组织的聚会上会策划如何让猫钻进犹太人家里去。扬·司克罗茨基回忆起他的那些年龄大一些的朋友们捕捉了几只乌鸦，然后在祷告进行到一半时在犹太教堂里放掉它们。那时没有电灯，犹太人是在烛光中祈祷的，乌鸦朝着灯光飞去，把蜡烛给扑灭了。战后出生在耶德瓦布内的斯坦尼斯瓦夫·普泽奇夫斯基听他母亲用厌恶的口吻告诉过他，一群群年轻人是怎样带着手风琴从正在过安息日的犹太人家门口走过，存心打扰他们沉思冥想的日子；犹太人戴的圆顶小帽是怎样被他们揭掉，然后不得不支付给他们一两个兹罗提（译者注：波兰货币单位），才能要回来。她说，劳丹斯基兄弟们就是干这种坏事的挑唆者。

在这些愚蠢的恶作剧中，原本是不会有任何可怕的事情的——不论在什么地方，孩子们这样去做都是得不到一点儿好处的——如果没人教他们去蔑视和敌视犹太人的话，这种感情在他们的成长过程中会不断被强化。

"我记得卡齐米日·劳丹斯基站在一个犹太人开的店铺前，阻止人们去店里买东西，"战前曾住在耶德瓦布内的亚科弗·格瓦，后来叫雅库布·佩泽诺维奇，告诉我说。

"在波兰人开的店铺里，你可能用五个格罗希（译者注：波兰货币单位，辅币名）买到两个质量较差的面粉制成的甜甜圈面包，然而在犹太商店里，他们只要你三个格罗希。"住在耶德瓦布内郊外普热舍拉的莱昂·杰齐茨回忆道。"但是当我走过犹太商店时，有两个人站在那里，手中拿着棍棒指着说：'波兰人的商店就在那里。'"

拉齐乌夫的查亚·芬克尔斯泰因在她的回忆录中描述了顾客们是怎样从后门进入犹太商店买东西的，这种情况一直持续到 30 年代末，因为他们太害怕了，不敢走前门。

扬·齐特雷诺维奇记得他父亲的一个熟人非常欣喜地给他讲述了一个关于犹太人的故事，这个犹太人来到他所在的村子挨家挨户的送货上门做买卖，结果当地的农民把一节不符合犹太教规的香肠强迫塞进他的嘴里，他拼命挣扎，鲜血四溅。

亚当·多布朗斯基教授，是一位专门研究比亚韦斯托克地区的历史学家，沃姆扎地区（包括耶德瓦布内和拉齐乌夫在内）是其中的一部分，他引用了一个关于国家党在该地区中一个村庄里宣布搞一场比赛的轶事：谁敢去踢犹太人一脚，就奖给他一头羊。

在逝世前不久，什穆埃尔·瓦瑟斯泰因在哥斯达黎加口述了他的回忆录，其中说到，就他而言，生活在一个"有一半的人口把你看作是一个卑鄙的犹太人，是一只老鼠，要你滚到巴勒斯坦去，侮辱你，往你家窗子扔石头"的国家里是多么艰难，在这个国家里"暴徒团伙随便找个借口就鞭打犹太人的孩子，逼他们跪下来，抢走他们的帽子"。他说，当他的父亲教导他，作为一个犹太人，当牧师或士兵在他身边经过时，他应该总是从人行道上走下来，这使他感到非常屈辱。

当我问耶德瓦布内的扬·索科沃夫斯基前波兰人和犹太人之间的关系如何时，他向我提出了他的观点："嗯，当犹太人让波兰人去干所有繁重的活，如木工和砌砖时，而他们自己却只做做帽子、管管磨坊，或做点什么买卖，你会认为这是怎样的关系呢？一个小圆面包在波兰人的店里卖五个格罗希，在犹太人那里只卖两个格罗希，那么你怎么能够在这里谈论竞争呢？星期天，你得把你的马鞭带到教堂里去，因为它可能会被偷走，穷人就是那样的。当你贫穷的时候，你到犹太人那里去。你可以在他那里借到钱，犹太人会用账本记下来，然后这个波兰人就被他掌握了。有时候，为了还欠犹太人的债，一个农民不得不要卖掉一头牛。"

3.

我采访的人中有几个在涉及 1933 年 3 月 23 日发生在拉齐乌夫的一场大屠杀时使用了"革命"这个词；他们都用这个词来表达一个积极的内涵，认为这是一场民族主义者的革命，是他们接管权力的前奏。

哈利纳·萨卢斯卡回忆起席卷整个小镇的那个事件："他们说这是'一场革命'。枪响了，窗玻璃被打破了，百叶窗关上了，女人们大声尖叫着跑回家去。"

另一个人告诉我说，"我父亲的一个堂弟正开车送陶器盆罐去市场，结果也在这场革命中受了伤。他躺在折叠床上，那是我们在那些日子里当作沙发床用的：白天当长椅，晚上可以把它打开来，里面有一个草垫。扬·玛祖卡医生试图帮助他，但他还是死了。"

"在集市广场上，窗户都被打破了，装鲱鱼的桶子被撞倒了，"另一位证人回忆道，"有四个农民遭到枪杀，很多人被关进了监狱。他们被关在沃姆扎的捷沃涅克，一所古老的沙皇监狱，然后又被带到主教那里无偿地去干活。"

只有斯坦尼斯瓦夫·拉莫托夫斯基，一个在战争期间拯救了一个犹太家庭的波兰人，毫不含糊地将其称为大屠杀："我看到一帮匪徒打破了犹太人家里的窗户。警察杀了一个撞翻犹太人的鲱鱼桶的人。民族主义分子不是小孩，他们是成年男子，同样的人站在市场上，手里拿着撬棍，就在犹太人的店铺前面。在后来的攻击中，我又再次看到了他们。"

这些都是大波兰阵营的成员，是农民和中产阶级之间联盟的产物，有其自己的行动小组。来自小村庄的农民们，在中产阶级的沃姆扎青年领导下，开着卡车从一个小镇到另一个小镇，到处去煽动反犹太人的骚乱。这个阵营的活动高潮出现在1933年3月。希特勒在当年1月的掌权开拓了新的视野：事实证明，直到那时只是由一个团体——纳粹——围绕着德国和波兰传播着反犹太人的口号，却也有机会成为官方国家意识形态的基础。这个阵营还在波兰的不同地区组织了各种运动，但这个地区最大的一次屠杀是在拉齐乌夫实施的。

多年以后，摩西·罗泽博姆也还记得那次大屠杀。首先，他描述了安排在每周星期四开放的集市。周边村庄的犹太商人带来了羊皮大衣、长筒靴子、腌制鲱鱼等。波兰农民则出售小麦、黑麦、荞麦和燕麦。犹太小商小贩买下了所有的粮食，然后再转卖到德国去。那天，当学校放了学后，摩西看到市场遭到了毁灭性的破坏，"来自附近村庄的农民入侵了拉齐乌夫，他们用铁棍和木棒武装了起来，攻击了犹太人"。查亚·芬克尔斯泰因记得一辆辆大车都朝市场涌去，就像以往每周出现的情况一样。但这一次车上没有装载农产品，取而代之的是满车的农民，配备着棍棒坐在车上。在这场大屠杀之后，没有一家犹太人的窗户是完好无损地保留着的。

执政党的官方周刊《沃姆扎纪事》（*Przegląd Łomżynski*）与民族主义者进行了激烈的辩论，不仅报道了这些事件，而且在下一期向读者通报说："查纳·索斯诺夫斯卡已经死了，她是大波兰阵营所犯下的罪行的受害者。"

查纳是来自耶德瓦布内的一个鞋匠的妻子，那时就住在什穆埃尔·瓦瑟斯泰因一家的隔壁，她也是什穆埃尔母亲的朋友。梅厄·罗内，当时叫梅厄·格莱耶斯基，战前生活在耶德瓦布内，还记得她："在从学校回家的路上，我看到一辆卡车，有个女人躺在上面，全身是血。这个女人就是住在谢杜尔斯加大街的查纳·索斯诺夫斯卡，她每周四都会去拉齐乌夫的集市卖鞋子。"耶德瓦布内的拉比雅各布·贝克也记得她。他有好几次在她那儿订购了鞋子，大屠杀后，他还去医院探望她。当时他是沃姆扎一所犹太高校的学生，所以被要求去看望她。他记得那年4月天气特别炎热，他到医院去给她扇扇子。不久之后，他参加了她的葬礼。他还回忆起耶德瓦布内一个更早的反犹太主义的受害者："那是在1932年。我们听到一声惨叫，然后我们发现摩西·洛什科躺在沟里。人们发现了是什么人干的这事，那些人也承认他们那样做是为了博取一笑。当时摩西正前往一个地方去做生意，结果是生意没做成反而换来了自己的葬礼。"

我们是从内政部设在比亚韦斯托克的一个机构起草的一份报告中获悉拉齐乌夫大屠杀的确切过程的。作为一项预防措施，警方将大波兰阵营的成员都关进了拉齐乌夫的监狱中。但是一群暴徒闯入了监狱，把他们都放了。结果，犹太人的货摊都被拆毁了，犹太人也遭受了殴打。暴徒用手中的枪开了火，受到攻击的警察也被迫使用了武器。大屠杀的两名参与者当场被打死，另外两人因受伤过重后来也死了。[1]

---

1 根据从比亚韦斯托克发出的内政部的报告，在3月20日事件发生后，大波兰阵营的成员在格拉耶沃打破了53户犹太人家房子的窗户，同样的情况也发生在什丘琴和拉伊格鲁德，虽然规模较小一些。作为一项预防措施，3月23日有9名大波兰阵营的成员在拉齐乌夫被捕。早晨，大波兰阵营的特别信差从拉齐乌夫骑马到邻近村庄的大波兰阵营办公室主任处，召集尽可能多的人，想把被捕者解救出来。一群组织起来的人向警察抗议，要求立即释放被捕的人。石头和铁棍开始像雨点儿般地落在警察身上。一群人拆毁了监狱，释放了被捕者。暴徒在集市上分散开来，开始捣毁犹太商店的窗户，把所有的货摊洗劫一空。有九个犹太人遭到了殴打。

有 17 个参与者被判处从三个月到两年半的缓刑。在沃姆扎出版的
《大波兰青年阵营》是这支攻击队伍的报纸，其主编约泽夫·普齐比斯
泽斯基被认定为是拉齐乌夫大屠杀精神上的煽动者，由此被判处两年监
禁，但华沙的上诉法院推翻了裁决，并宣布他无罪。

内政部设在比亚韦斯托克的办公室向华沙作了汇报，就拉齐乌夫发
生的事件作出了评论（着重标示为"机密特急件"）："大波兰阵营是对
公共秩序和安全的极大威胁。它得到神职人员的全力支持。在比亚韦斯
托克地区，大波兰阵营是国家党的一个重要组成部分，携带着国家党的
身份证件等，是国家党在意识形态上的急先锋。"

内政部长解散了该组织，但这并没有什么帮助。来自遥远的华沙的
行政决定顶多能够对民族主义运动造成一点阻碍；在该地区，当道的还
是他们。大波兰阵营的年轻活动分子强化了国家党的组织，将他们已经
正式解散了的基层单位转变成了国家党青年团队的分部，导致国家党进
一步激进，在政治上成为"犹太人问题的解决方法"。[1]

根据区域历史学家亨利克·马耶夫斯基的说法，正是国家党的青年
团队激发了 1934 年秋季发生在沃姆扎周围许多城镇中的所谓的学校罢
课。这些都是犹太教师所教班级的孩子们的抵制活动，他们的家长也聚
集在学校大楼前举行抗议集会。

在接下来的几年中，此类言论导致了越来越多的行动。1936 年 9 月，
其他城镇重复了在耶德瓦布内以北 65 公里的马佐夫舍地区维索凯发生
的情景："在当地集市上，犹太商人被拳打脚踢，还被用刀砍。许多人
逃走了，丢下了货物无人照管，结果货物被抢得一干二净。"

1　被解散的大波兰阵营在合并进国家党内之后，其效果在沃姆扎举行的一次全国党
代会上得到了说明——正如我们在 1936 年 9 月份内政部的一份报告中所看到的那
样——会上有 2500 人在会议闭幕时高声齐唱大波兰国歌："我们要为波兰带来重生 /
我们要消灭卑贱、谎言和污秽"。全体代表立正站着，伸出一个手臂，模仿着希特
勒式的敬礼。

在拉齐乌夫，每逢星期四的集市，攻击队伍都会拆毁货摊，殴打犹太人。

下面是1936年来自比亚韦斯托克地区内政部办公室提交的报告中的一些典型内容："在杜沃兴德瓦的一个集市，有51扇窗子被打破了，15个货摊被拆毁了，五个犹太人遭到了毒打"；"在韦桑基科希切南，有474扇窗户在晚上被打破了，17扇门被用斧头劈开，两家商店遭到破坏，商品被洗劫，有两个人被用石头砸成了轻伤"；"在沃姆扎举行的一次国家党会议上，来自华沙的一名代表下令设立一个特别小队，经过特殊训练后，专门用于打击犹太人"。

"村里的青年人，"有份报告说道，"在'消灭犹太人'的口号刺激下，都陷入了危险的会威胁到公共安全的精神错乱状态之中。这些口号到处传播，不仅在国家党的每一步行动中而且在教堂的讲道坛上都在大肆鼓吹。我们可以越来越频繁地看到针对犹太人的自发和自主的行动。"

每个月，内政部设在比亚韦斯托克的办公室都会将这类报告加以汇编，称之为"关于波兰的政治运动和少数民族的社会政治生活的报告"——这些报告可以在比亚韦斯托克的国家档案中找到。这些报告对于任何一个社会学家都极有价值，报告提供了该地区不断变化的民众情绪的绝佳画面。报告表明，国家当局不仅对大波兰阵营而且还对民族主义运动整体都持敌对态度。国家不仅受到民族主义者对犹太同胞的态度的困扰，而且遭到反对党对政府的每一步行动和议会的每一项决议作出的尖锐批评。这些报告毫无疑问地证明，波兰国家对其犹太公民是负责的，并试图保护他们，国家逮捕并审判了那些攻击队伍的成员。这些报告都强调这一点，犹太人试图表明他们是忠诚于波兰国家的。

4.

通过阅读当地的报纸，特别是针对农民读者的沃姆扎教区周报《生活与工作》（*Życie i Praca*），任何人都可以了解到该地区反犹太主义的深度和广度。这份读物的主编是安东尼·罗什科夫斯基神父。1935年，当这份周报被当局查封后，几乎马上在同一个教堂的旗号下，报纸以同一位主编的名字又重新出现了，只不过换了一个新的名称——《天主教伟业》。这份报纸由教区出版社印刷，并且处于主教的庇护下，从而在很多情况下，避免了报纸被没收的命运。伴随着有关清除杂草和害虫的建议，报纸的一个重要主题是"就犹太人的威胁不断提醒我们的兄弟"。

下面是一些头版通栏标题："随心所欲的犹太人"，"从犹太人手里夺回土地"，"波兰年轻人因犹太人的邪恶而遭受苦难"，"波兰是如何被犹太化的"。"波兰人已经成熟了，他们逐渐认识到不得不断绝与犹太人的关系，不是一两年后，而是现在，"我们从一篇题为"让我们与犹太人断绝关系"的社论中读到这样的内容。"没有人愿意承受那么多年来我们从犹太人那里承受的苦难。犹太人攫取了我们的商业和手工艺品的控制权。犹太人这个可怕的幽灵在我们眼前徘徊。我们不希望以恶报恶，我们的回应必须配得上一个基督徒和一个有教养的人。我们要与犹太人绝交。犹太人不适合成为年轻波兰人的朋友，与犹太人建立友好关系也不是一个基督徒该做的事情，所以必须要中断。我们应该发出警报。犹太人正在阻挠波兰人走向伟大。理性和良知要求我们停止与犹太人的交往。"

德国人给我们树立了一个榜样。他们发现了"处理犹太人过剩的一个好办法"。"国家社会主义者计划将犹太人赶出德国，对犹太人来说这不啻一个沉重的打击，"对纳粹的方案有人做出了如此评论。一篇名为"对犹太人的警告"的文章说："在波兰，如果犹太人敢于批评波兰人的话，他们能够轻易地去做。"他们写道："犹太人人口如此庞大，没有哪个国家能够忍受或承担。""不能再拖了，"一篇社论敦促道，作者认为，波兰不应该允许犹太人的存在。

犹太人被告知要保持理智："波兰就是这样的，但要由我们来整顿秩序，我想要让犹太人把这一点牢牢记在心头！""犹太人应该尽一切努力不要对我们的人民做出不必要的伤害。犹太人要明白，为了他们自己的利益，抑制他们对波兰的土地、建筑物、商业和我们城市里的工作的胃口，这对他们将是好事。"但人们对犹太人的理性或自我抑制胃口没有太大的信心，于是当地波兰人采取了更多的行动。波兰人中出现了这样的呼吁："当一个小孩子出门去买小面包或糖果、铅笔或笔记本，或者家里的一家之主出门去买东西的时候，他们应该只去波兰人开的商店。波兰人只买波兰人的货！"他们描绘出了一个"犹太人的波兰"的景象，其中"被从商业领域挤出去的犹太人"买下了全部土地，而"波兰人民，自古以来这片土地的监护人，却被迫去过悲惨的生活，四处流浪，与陌生人为伍"，因为"每一个犹太人的农场都是波兰农民身边的一根刺"，"看来现在已经到了该让犹太人明白波兰人才是波兰的主人的时候了"。

即使是牧师们也面临着这样的危险："有两名给牧师提供长袍制作材料的犹太人代理商出现在沃姆扎教区的范围里。他们出示了我们教区里各位牧师的名片，这使得他们更容易说服人们从他们手里购买东西。受人尊敬的牧师因此被告诫不要向这些犹太人发放他们的名片，因为他们这样做的话，就是毫无理由地支持了犹太人的贸易，由此违背了'我们的人民只从自己人手中购买商品，只做自己人的生意'这样的口号。"[1]

顺便说一句，人们被告知不要太过于轻信有关犹太人的流行说法：

1　对于神职人员中的反犹太人士来说，犹太人缝制教士长袍以及出售天主教祭奉物品肯定是一件特别令人愤慨的事。切怡克神父，一位著名的反犹太牧师，要求制定一项禁令，禁止从犹太人那里以及从犹太人手中进货的小贩那里购买祭祀用品："通过宣布任何直接或间接地从犹太人手中获取的宗教崇拜物品都不会得到祝福，也不会得到宽恕，这样就可以最有效地实现这个目的。"［出自《去犹太化：祭奉物品的制造和销售》，该小册子被安娜·兰多·齐哈卡引用于她的著作《他们同堂对峙：波兰新闻界解决犹太问题的想法（1933-1939）》，奈瑞顿，波兰科学院历史研究所，华沙，1998 年］。

"直到最近，很多人的言论中都极力贬低犹太人，人们经常可以听到这样一些话：'犹太人，是傻子，专门去买旧绳子'，'你干活就像一个犹太老农民'，'你看起来就像骑在马上的犹太人'。说这些话没有任何意义，只会减少我们对犹太人的谨慎和警惕……乡亲们嘲笑犹太人，而那些无能、简单、平凡的犹太人却一直在接管我们所有的贸易，控制手工艺品，成为土地所有者、工厂老板、医生以及律师。"

《生活与工作》以及后来的《天主教伟业》在抵制犹太人商铺中发挥了积极作用。"不管是谁，只要从犹太人那里购买了东西，或者利用了犹太医生、律师、工匠们的服务，都将为贫困和犯罪在波兰的增长，为共产主义、无神论和社会主义在波兰的兴起，而对上帝和人民作出交代。"人们被鼓励借助不光彩的手段来打击犹太人的竞争："在斯塔维斯基，波兰人开的面包店生意做的不是很好，但有人就传出话来，说犹太人之间流传着斑疹伤寒，他们相互之间正在用面包来打闹，这样波兰人开的面包店生意就好起来了。"

成功抵制犹太人的例子被四处引用，却丝毫未提及伴随着抵制而出现的对市场摊位的打砸抢。当时暴力尚未得到公开的鼓励，但已明确表明允许使用各种手段。报纸报道了在审判民族主义袭击小分队成员时律师所作的冠冕堂皇的辩护发言，即使指控中涉嫌打砸抢行为。

在 1933 年拉齐乌夫大屠杀之后，审查官没收了整整一期的《生活与工作》。该报纸的下一期却立即在评论中讽刺性地赞赏了大屠杀。"帮助邻居的一个好例子"一文提到有两兄弟因参与拉齐乌夫大屠杀而遭到逮捕，留下农田无人照管，他们的老母亲独自在家。"然而，被捕的两兄弟的朋友们，前大波兰阵营的成员，踊跃出手相助，照料老人和农地，齐心协力耕地播种。"

根据国家党的思想意识，波兰人不仅应该把犹太人从零售业和手工艺品行业里剔除出去，而且还应该拒绝把土地出售给他们或让他们进入学校或国家部门的办公室。

教区的报纸反复重申："基督徒的家庭绝不能把自己的孩子交到犹太人的手中。""坚决反对让犹太人进入波兰学校，我们天主教徒只按照我们的信仰要求去做……我们的天主教良心和民族自豪感命令我们摆脱犹太人老师。"如果一个国家机关雇用了一个犹太裔波兰公民的话，怒气冲冲的文字就会在"犹太人取代了波兰人"这样的标题下出现："我们曾经私下流传的谣言已经被证明是真实的，因为有个犹太人已经成为沃姆扎健康基金会的主任医师。波兰最突出的职位已经被异族人占据这个事实令波兰人为之痛心。"或者是："这样一件不可能的事却已经成为现实，一个犹太人，一个叫图雷克的人，成了农业工人工会的代表。一个在种族、宗教和国籍上都与波兰精神迥然不同的人竟然要去决定一个纯粹的波兰人的工会的命运，这难道还不是不同寻常吗？"

教区的报纸是当地人了解世界的一扇窗子。在"国内新闻"的栏目里，报纸报道了诸如"犹太人的高利贷"，"罗兹省的去犹太化"，"两名利沃夫犹太人买下了教堂失窃的黄金"，"犹太人教师在新斯维查恩传播共产主义"，以及"童子军的犹太化"这样的内容。在"世界新闻"的标题下，报道的是："有关祭祀杀牲的谣言"，"因星期天商店开张而遭到鞭笞的犹太人"（在的黎波里），等等。这些报纸大多数的精力都用在传播现代的经济上的反犹太主义，尽管传统的宗教上的反犹太主义也在这些出版物中占有一席之地。在向教区居民推荐阅读材料时，这些报纸赞扬了 J. 昂斯利贺特神父写的一本小册子，《耶稣基督的生命与教义纲要》，其中涉及"与耶稣有关的犹太人的邪恶"。

5.

在一个其 1/3 的居民为文盲而另外 1/3 的人顶多只读了两年书的地区，报纸的直接影响力究竟有多大？人们可以就此展开争论。读一读战后对大屠杀参与者的审判文件，人们可以注意到有些证人和被告签名时画了十字（扬·齐特雷诺维奇告诉我，维兹纳的农民如果买3/4公升的油的话，他们会分三次分别支付其中的1/4，因为他们不会做加法）。但是，小镇里的精英们，包括牧师在内，他们会读当地的报纸，确定基调的也正是他们。

在犹太人问题的处理方面，教区的报纸与波兰其他地区的报纸并没有什么不同之处，有时候其他地方的情况还会更糟。到20世纪30年代末，新闻界都痴迷于野蛮残忍的反犹太主义。[1]绝大多数的天主教报纸都坚定地认为，在上帝的眼中，与犹太人的战斗是一项美德，而不是一桩罪恶，他们呼吁人民把犹太人赶出波兰。

根据历史学家达里乌斯·利比亚卡的观点，沃姆扎地区之所以与众不同，其根本之处在于当地牧师高度参与国家党的活动。沃姆扎地区在这方面是相当突出的。[2]

/ 036

国家党在沃姆扎教区得到了大多数教区牧师的支持，比例最高的是在沃姆扎县（28个教区牧师中有23个）。当地主教斯坦尼斯瓦夫·卢科姆斯基是国家党领袖罗曼·德莫夫斯基的朋友和合作者，他组织了一次强有力的运动，反对"将不同信仰的教师和学生，特别是犹太人，介绍进入波兰的学校"。早在1929年的教长大会上，他就已经下令教区牧师需报告犹太教师和学生的数量，并且把马佐夫舍地区维索凯的罗金

1　在达里乌斯·利比亚卡的著作中，对这方面叙述得非常清楚，他引用了1936年波兹南每周的《文化报》上的言论："现在'犹太人是寄生虫'这个观点已经变得非常普遍，这绝非偶然。事实上，我们与他们的情感关系类似于我们对跳蚤或虱子的态度。杀死他们、消灭他们、摆脱他们。关键是犹太人与跳蚤有很大的不同。犹太人的问题可能始终存在，即使已经不再有犹太人活在世上。"利比亚卡表明，反犹太主义是天主教报纸的一个方便使用的工具，可用以描述现实，与社会习俗、社会主义和共产主义运动中的自由主义作斗争——用一个"牧师新闻"中的术语来说——去反对将"新鲜的斯拉夫人的灵魂暴露于过分复杂的犹太人的道德影响"之下的一切东西。

2　达里乌斯·利比亚卡：《沃姆扎教区面临反犹太主义和大屠杀的牧师》，国家纪念馆，华沙，2002。

斯基神父树为榜样，他已"成功地开除了一个犹太老师"。利比亚卡还指出，卢科姆斯基主教在上层教会势力中不遗余力地推广"将犹太人赶出生意圈"这个观点，成效特别显著，1935年在一次面向教区内神职人员的讲话中，他敦促他们去效法一位牧师，这个牧师促使教区居民发誓不在犹太人商店购买任何东西。

从内政部的报告来看，显然正是那些牧师们站在讲道坛上以及在全国节假日的演讲中传播了国家党的思想。代表国家党的活动主要是由天主教行动的各个教会团体的支部所组织的，在沃姆扎地区这些教会团体的支部实际上是国家党的附属物，活跃在该教区的大部分地区。牧师们对教区内的居民威逼利诱，迫使他们去参加国家党的活动。在耶德瓦布内和沃姆扎之间有个名叫皮安蒂尼察的村庄，村里的助理牧师扬·罗戈夫斯基每当去唱圣诞颂歌时总是会问居民们他们是不是国家党成员，如果不是，他就会威胁说不会再去听他们的复活节忏悔或为他们的复活节食物祝福。马里安·翁多沃斯基神父敦促附近莫斯梯村的人加入天主教行动会，因为这是第二个讲坛——在教堂讲道坛上不能说的话可以自由地在这儿说。

任何借口都足以引起一个反犹太人的声明：建一家基督徒的面包店或一座天主教馆舍、复活节或收获节、圣母升天节或为国家党旗帜祈福。

刊登在《天主教伟业》报上的一则通告如下："1936年5月3日的祷告仪式之后，在耶德瓦布内市内举行了一次游行，大约有1500名国家党的成员和同情者参加，同时伴有一支管弦乐队和骑自行车撑着旗帜的人士。组织了两次演讲，游行期间，人们高呼'伟大的波兰民族万岁'，'波兰民族贸易万岁'，'打倒犹太共产主义'。据说游行取得了成功，耶德瓦布内及其周围环境给人留下极好的印象。"

警报拉响了："有关教区牧师在宗教庆典上呼吁人们'将犹太人从全国贸易和产业中赶出去'的报告越来越多，在这些活动结束时人们都高呼口

号'打击犹太人','犹太人滚出去。'"[1] 在比亚韦斯托克地区的亚肖诺夫
加，神父赛普里安·罗佐夫斯基"在 5 月 3 日的学校大会上宣传反犹太
人的行动，并且让他的教会合唱团唱'主啊，让波兰摆脱犹太人吧"，[2]
内政部的一份报告中记载了此事。

教会教育波兰人从小就要敌视和蔑视犹太人。年幼的孩子们加入了
被称为耶稣骑士的圣体十字军；大孩子们加入了男女青年天主教协会，
在那里他们表演戏剧——"犹太人媒人"，这个名称令人无须想象；成
人们参加了诸如"论与犹太共产主义斗争的紧迫性和手段"这样的演讲
会。当一所学校聘请了一名犹太人教师时，教区里就会收集抗议者的签
名。在比亚韦斯托克附近的瓦佩，当地的一位牧师在《教区纪事报》上
自豪地描述了 1934 年一次成功的运动，他们把一个犹太教师从学校里
开除了。

扬·齐特雷诺维奇说道："在教会里，牧师们不断强调是犹太人杀

1　谁拥有控制灵魂的权力？当局对此是毫无疑问的，有关部门与神职人员进行了对
　话，目的是警告他们。"几乎在每个市场或集市上，都发生了过度的反犹太人的行
　为，"他们报告说。"与神职人员交谈后，这种行为减少了。发生抵制犹太人活动
　的城镇数量有所增加，但他们采取了无须警方干预的形式。卢科姆斯基主教向他
　管辖下的神职人员指出，不应该对犹太人采取积极的行动。然而，国家党的成员
　们却以极大的决心去实施抵制。基督徒商人奖励抗议者。但四人一组系着国家党
　肩带的示威者却已经被驱散了。神职人员也采取行动干预国家党成员，不让他们
　携带手杖和棍棒。"神职人员的教诲还没有达到将暴力攻击称为是应该受到谴责的
　程度，因为他们的话并不起作用。该报告引用了一位牧师在圣诞节聚会上说的话：
　"你们的战斗姿态和热情都是众所皆知的，但现在不是展示英雄行为的时候，其受
　害者往往会是民族主义者本身。"

2　在苏联人于 1941 年 6 月撤离后，来自周围村庄的农民聚集在亚肖诺夫加去抢劫犹
　太人的家园，同一个罗佐夫斯基神父"大声喊叫，训斥这些农民，不允许他们这
　样做"，并且还"用地狱来威胁他们，如果他们还继续做这种不公正的事情的话，"
　幸存者佩西亚·舒斯特·罗泽布拉姆在战后这样描述道。罗佐夫斯基神父很可能
　是个经济抵制的支持者，这种经济抵制应该是要迫使犹太人离开波兰的，但他不
　支持暴力和抢劫。然而，他无法阻止大屠杀。

了基督，几乎没有哪次布道不是以这个为主题的。维兹纳的神父罗格尔斯基总是在呼吁人们不要从犹太人那里购买东西，不要去看望犹太人。他反对我的已经改变了信仰的父亲，因为他与犹太人做生意，作为一种惩罚，他把我也从宗教课班级里踢了出去。这就是为什么我小学毕业后就停了学。在宗教课上得了一个不及格，你就不能通过考试升上高年级。"

根据内政部的报告中专门用于叙述翁索什和拉齐乌夫两地牧师的篇幅分量，可以看出这些牧师都是反犹太运动特别积极的支持者，在这两个镇里，天主教徒在1941年几乎杀害了所有的犹太人。

翁索什的神父皮厄特勒·克雷夏克不仅是国家党在地方一级的重要人物，他还经常访问德罗斯多夫，国家党的创始人罗曼·德莫夫斯基搬到了那里并在那里度过了他的余生。内政部的报告强调说，正是在克雷夏克神父在知识方面的领导下，国家党才成立了一个支持者圈子，也正是牧师本人出面组织了国家党党员大会，并呼吁在犹太人商铺附近安排示威者。即使当他在1937年9月出门去向一位即将退休的牧师告别时，他也在仪式上敦促他的教区居民在邻近的什丘琴组织一支示威队伍。

摩西·罗泽博姆有一些波兰的熟人，他们还记得拉齐乌夫教区的牧师亚历山大·多文高夫斯基神父，1933年他在国家党攻击队成员的葬礼上宣告："如果犹太人的血液不流遍世界上的每个角落，基督教将会灭亡。"也许他的原话不是那么残酷。但无论如何，我们从内政部的报告中获悉，多文高夫斯基神父在大屠杀一周年之际，专门为纪念攻击队成员举行了一次弥撒，并向聚集在市场上的5000人做了一次演讲。

在镇上波兰居民的眼里，多文高夫斯基神父首先被认为是一个极其吝啬的牧师。他拥有一些花园，有人为他忠诚地干活，但他一般说来都视付工资一事于不见。他的助理牧师都是些直言不讳的反犹太活动分子——就是他们领导了抵制活动。

首先是助理牧师瓦迪斯瓦夫·卡明斯基。我被告知，"他非常讨厌犹太人，当他喝醉酒时，就朝住在街对面的裁缝蒙高夫斯基家的窗户射击"。斯坦尼斯瓦夫·拉莫托夫斯基回忆说："我亲眼看到他是怎样带着国家党的男孩们一起去砸犹太商铺的窗户的。"我们从内政部的报告中得知，他聚集了出身于上层阶级的孩子们，然后敦促他们去打击犹太人的生意。正如一位内政部的官员所简单明了地表述的那样，"他提出了这么一个观点，即犹太面包师用肮脏的脚来和面，还往里吐痰。他强调，如果有哪个学生敢从犹太人那里购买商品的话，那么他的宗教课就会不及格"。另一次，卡明斯基神父在课堂上说，1920 年波兰与苏维埃俄国交战期间，犹太人用开水烫伤了雷兹·希米格维将军的头，使他秃了顶。因为这个原因，将军对犹太人怀有深仇大恨，并准备把他们赶出波兰。不知道助理牧师在多大程度上转达了雷兹·希米格维将军的情绪，但毫无疑问他借此表达了他自己的看法。1936 年在格拉耶沃举行了一次全县国家党大会，会上聚集了 2500 名与会者，助理牧师大声疾呼，要向犹太人和共产主义宣战，犹太人允许他们的女人嫁给波兰人，这是出于他们自己的目的，有些部长居然还娶了犹太人为妻。

拉齐乌夫教区另一个助理牧师的名字在内政部的报告中出现得更为频繁：约泽夫·乔罗曼斯基神父。1937 年 3 月，助理牧师本人亲自在犹太商店附近组织了示威人群。在他的宗教课堂上，他嘲笑那些父母亲与犹太人做生意的孩子，"那些学童们，一直受到助理牧师的影响，对反犹太言论和行为心怀内疚"。7 月 18 日在翁索什为国家党旗帜祈福的天主教仪式上，助理牧师向 700 人做了演讲，并且组织了示威活动。7 月 29 日，他在拉齐乌夫的一个警察局代表被逮捕的示威者与警察进行了交涉。8 月 12 日在拉齐乌夫，他派人出去抗议示威（1938 年当他被调往附近的科尔诺后，他在学年开始时组织了活动，让波兰人儿童阻止他们的犹太同学进入校舍）。

耶德瓦布内只是偶尔出现在报告里，尽管同各地一样，这里过度的反犹太人行为也引人注目："1937 年 8 月 25 日，耶德瓦布内的抗议者不让犹太人设摊营业。其中一个犹太人尽管被告知不允许但仍然摆摊卖帽子，于是示威者就掀翻了他的货摊。"同一年，马里安·斯苏莫斯基神父在耶德瓦布内的教区日志中写道："市场上所有商人现在都是波兰人了。没有人敢进入一家犹太人店铺，有个女人违反警告去一家犹太人面包店，结果遭到了毒打（用一根棍子）。"

随着民族主义者越来越多地受到审判以及其他限制，如停止某些群体活动，教会越来越积极地给他们提供庇护。从 1938 年 8 月起，安东尼·科查斯基神父担任了国家党沃姆扎地区支部的执行主任，这样一来——正如斯齐蒙·鲁道尼基教授，一位研究两次世界大战期间民族主义政党的专家，所告诉我的那样——恰好证明了当地教会上层与政党之间极其密切的关系。

波兰人和犹太人之间的冲突，更确切地说民族主义者和犹太人之间的冲突，并不能决定邻里关系的整个网络。波兰人之间的冲突也激起了强烈的情感矛盾。沃姆扎地区的教会禁止在命名日或毕苏斯基元帅的纪念日这样的场合举行弥撒，因为毕苏斯基元帅是波兰独立时期的国家元首，是一个对少数民族怀有友好倾向的政治家，因此受到民族主义者的憎恨。[1] 毕苏斯基元帅的追随者们，其中大部分是地方知识阶层、教师和官员，在政治上更接近受过教育的犹太精英，而不是加入国家党的波兰人同胞。

1　耶德瓦布内教区纪事在 1937 年记录下了以下内容："自从摄政者罗缪尔德·罗戈夫斯基与市长沃伦蒂·格拉德基合作，不顾教区牧师的反对，花 20 个兹罗提雇了消防员为毕苏斯基元帅的葬礼整天敲钟之后，这种做法遭到了整个教区居民的谴责，教会当局也因此针对耶德瓦布内消防队颁布了一道禁令，禁止它参加教堂庆祝活动。"在附近瓦佩的教区纪事中，我们也读到这样的内容："1938 年是天主教精神在瓦佩发展最快的一段时期。在这一阶段里，天主教行动硕果累累，一派生机。诚然，不信神的铁路工人工会与波兰社会党关系密切，一起与犹太人携手并进，他们的活动仍然还很活跃，但是他们的活动范围越来越小了。"

6.

在阅读内政部的报告时，人们可以很容易地想到，耶德瓦布内或拉齐乌夫的犹太人生活充斥着漫长的一连串羞辱和迫害。但值得记住的是，安全部门的报告通常会塑造出一个扭曲了的现实形象。

尽管对于犹太人来说，生活在充满敌意的环境中并不容易，尽管他们常常遭受贫困的折磨，但他们仍然过着一种那些设法逃到大洋彼岸去的人常常深深怀念的生活。与波兰人邻居的关系只是一个犹太社区生活的背景，这个社区凝聚着强大的联系和同样强大的对抗，并专注于其自身的梦想和争吵中。该地区的犹太人构成了一个强大而独立的现代社会。即使在最小的城镇里，也有着犹太人的机构、党派、互助团体、银行和协会。[1]

对意第绪语报刊实施监控的内政部在其报告中很好地说明了犹太人在多大程度上是过着一种他们自己的生活的，在犹太社区内的核心问题同他们的波兰人邻居耿耿于怀的事情又是多么的风马牛不相及。

让我们花点时间在拉齐乌夫的大屠杀上。1933 年 3 月，在比亚韦斯托克市柴门霍夫大街的犹太屠夫联盟的大楼里，比亚韦斯托克地区犹太屠夫公会的代表会议正在进行着，伊扎克·沃瓦赫和莱布·施拉巴克在会上发表了演说，抗议旨在限制仪式性屠宰（译者注：按照规定的仪

---

1 在沃姆扎地区的城镇和乡村拥有分支机构或附属机构的党派和协会包括各种类型的犹太复国主义者党派：普通的犹太复国主义党、右派工人犹太复国党、宗教米兹腊希（译者注：1902 年建立的宗教正统的犹太复国主义组织）、犹太复国主义者修正派、社会主义者同盟；教育、文化和体育协会有：犹太复国主义者塔布特、夜校协会、教育协会、犹太人田径运动协会、亲纳粹文化联盟；青年组织有：犹太复国主义的左派侦察组织（Ha-Szomer ha-Cair, He-Chaluc），该组织给年轻人提供在巴勒斯坦生活的训练，以及布瑞特·特朗坡多尔（Brit Trumpeldor），一个犹太复国主义青年修正派组织；互助组织有：犹太屠夫公会、犹太工匠中央工会、一家名叫根密路特·切斯特（Gemilut Chesed）的储蓄和贷款银行、犹太股东银行、房地产业主犹太合作银行、犹太全国基金（该基金为在巴勒斯坦购买土地而筹集资金）、巴勒斯坦工人援助联盟，等等。

式屠宰家禽家畜供食用）的一项法律。5 月在比亚韦斯托克，犹太纺织工人举行了罢工，犹太复国主义东正教组织米兹腊希创建了一个致力于在特拉维夫建立一家纺织厂的工匠和商人联盟。由于每天都有报道，这些事件很快就会成为众人交谈的话题。

在华沙、利沃夫或比亚韦斯托克，已经归化了的犹太人常常将犹太传统和犹太人组织的活动视为一种外来的民间风俗。但是在拉齐乌夫或耶德瓦布内，每个犹太人——甚至是那些喜欢说波兰语而不是意第绪语，并为参加了 1920 年波兰独立战争而感到自豪的人——都会去犹太教堂并从属于一些犹太人组织。

国家党的影响在不断地增长，而在犹太人群体中，犹太复国主义也相应地在增长，其中涉及相互竞争的犹太复国主义团体。他们都不喜欢犹太共产党人，在这一点上反之亦然。以色列正教党，这个东正教犹太人的组织，以同样的激情既反对犹太复国主义者又反对共产主义者。[1]

7.

"民族主义者砸毁了他们的货摊，直到警察不得不进行干涉，"卡齐米日·莫卡斯基回忆道，"这些摊位上的犹太人非常有礼貌：'日安，'他们对母亲说道，'你带的孩子真乖，'接着他们给了我一块糖。母亲只要说一句：'嘿，那种面料其他犹太人只要我 2 块 1，你却要我 2 块 2？'

1　一个内政部官员为我们保留了这些冲突的一个形象。1933 年 7 月 2 日，沃齐米日·亚博廷斯基，通过武装斗争争取在巴勒斯坦建立一个犹太国家的倡导者，访问了比亚韦斯托克，修正主义犹太复国党的两千名支持者聚集在一起，当他们扛着横幅动身去犹太教堂时，一群亲纳粹派和右翼的右派工人犹太复国党会员向他们投掷臭鸡蛋。亚博廷斯基也来到沃姆扎发表演说，在那里来自耶德瓦布内和拉齐乌夫的犹太人很可能有机会听到他的话。他在该地区非常受欢迎。什穆埃尔·瓦瑟斯泰因在他的日记中描述说，当他于 1941 年 7 月 10 日到达耶德瓦布内的警察局时，德国人就他或他的父亲是否属于亚博廷斯基的组织，以及那个组织是否在大屠杀期间帮助过他藏身而询问了他。

那个男人马上就会鞠躬，说：'我会给你一个特价，莫卡斯基夫人，你只要花2块零5就可以买下它。'"

犹太人不可能只是对善良的莫卡斯基夫人彬彬有礼。他们替换了被打破的商店橱窗，并继续同那些打破他们橱窗的国家党活跃分子做生意，还可以赊账。他们对波兰人努力做到行为得体，甚至还有点讨好他们，尽量去赢得他们的欢心。

从我与波兰人和犹太人的对话中所听到的故事里可以看出，良好的睦邻关系通常是基于犹太人给波兰人提供的一些服务；这种服务可能是代写一封信或者留下瓜果蔬菜的皮去喂猪。也许除了普通的睦邻友好之外，流传百年的传统也发挥了作用，教会了他们为了能在他们居住的社会中生存下去，必须付出些代价，对此犹太人不觉得有何奇怪之处。但是，当他们的邻居，那些从小在反犹太宣传中长大的波兰人，经历了这样的礼貌相待之后，他们的感受是什么呢？他们中的许多人肯定把这种经历看作是一种耻辱。

大多数波兰居民觉得犹太人不可信任，与他们有距离，并且还有一种优越感，根据的事实是他们属于"真正的信仰"。反过来，犹太人也鄙视"goys"（异教徒）（即使他们试图掩饰这一点），因为波兰人往往是文盲，或者因为他们酗酒并打老婆，或者不能确保他们的孩子接受教育。

"我的父亲是个裁缝，他为牧师缝制了他们穿的长袍，他的很多熟人是波兰人，但是我们这些孩子们不被允许和波兰人的孩子一起玩耍，"艾萨克·勒温告诉我，"我们可以在学校里或者还可以在院子里看到波兰孩子，我们在学校里是混合在一起的，但是在家里，大人们反复给我们灌输：'只有犹太人的东西才是好东西。'"

8.

1936年，议会通过了一项限制 *shehita* 或仪式性屠宰的法律，此举违反了《少数民族专项条令》(Treatise on Minorities)，该条令禁止国家干涉少数民族的宗教习俗。随后出台的在国家和地方两个层面上的法令将犹太人贬低到二等公民的地位。教授意第绪语的国立学校失去了办学资金，波兰学校被禁止在安息日放假不上课。在这些年里的内政部报告表明——可能没有什么意义——在毕苏斯基元帅的追随者们采取了一种适度形式的国家党反犹太思想意识来维护自己的权力之后，国家对犹太问题的态度是如何改变的。从 1936 年起，可以发现官方报告中的语调发生了一些变化。国家党正在赢得力量和自信，同时民族主义者也得到了更加正面的描述，有一些责任被归咎于他们的受害者。"国家党的不守规矩的支持者允许自己把过度的反犹太行为视为微不足道。犹太人因其傲慢和挑衅的行为也应该对此承担部分责任。"（1936 年 5 月的报告）

1936 年 3 月，《天主教伟业》报仍然怒气冲冲的在一篇题为"在奥斯特罗瓦卡举行的一次步枪爱好者会议上一位犹太司仪的厚颜无耻"的文章中提到，改革派人士允许一个犹太人当了司仪。不久之后，步枪手们不但拒绝让犹太人担任这一职务，而且还拒绝让他参加这类会议。

将社区连接起来的当地的纽带早已处于压力之下，这些纽带至少部分是由市议会会议期间举办的公民会议发展起来的，但现在这些纽带往往被彻底切断了。1938 年 1 月的一份报告披露，在比亚韦斯托克，当犹太教育资金被削减之后，议会中的犹太人议员离开了议会并退出了议会工作。1936 年以后，许多犹太人组织成立起来了，其中大多数是受到威胁的社区为保护自己而做出的努力。1936 年 9 月比亚韦斯托克的情况也是如此，一个援助委员会成立了，代表受到抵制的商店的业主去收集资金。我们从内政部的报告中获悉，这个组织帮助了拉齐乌夫和耶德瓦布内的犹太人。

1937 年 3 月 23 日，一个代表团从比亚韦斯托克地区的切哈诺维茨出发前往首都，准备向犹太议员提交一份请愿书："在集市日，有两三百人从农村进城，他们中五六个人一群去抵制每家商铺，不让一个顾客进门，破口大骂'笨猪'、'犹太人马屁精'，凭借暴力将顾客拖出去。有时候会发生这样的情况，某个不听劝阻的顾客被抓出来，扔到门外，甚至遭到殴打。两到三个月内，新的基督徒商人就在整个市场范围内建起了他们自己的商店，他们不断煽动小流氓闹事。我们向你，我们的代表，请求帮助。请拯救我们的城镇免遭毁灭。"

1937 年 8 月 15 日，比亚韦斯托克地区犹太小企业主协会发出了一份公告，其中乐观主义掩盖了绝望，公告说："鉴于目前的种族恐怖的表现是暂时的，我们呼吁所有犹太人不要屈服于绝望或冷漠，而是要以良好的心情紧守自己在贸易中受到威胁的立场。"同时，公告呼吁联合分配委员会——美国的一个犹太救济组织——扩大其对小企业主的信贷。

事情只会变得更加糟糕。

1937 年 8 月，比亚韦斯托克地区发生了 65 次暴力反犹太人事件。因此，"8 月 19 日在西涅多沃一个村镇里的集市上，一群人大喊'犹太人滚到巴勒斯坦去'和'波兰没有你们的空间'。他们赶走了商人。逃离的犹太人遭到了鞭打，其中一人被棍子打到了脑袋上。同时，犹太人的一篮子苹果被掀翻在地，八个装粮食的袋子被用刀割破了，一匹马的缰绳也被割断了"。1937 年 9 月的一份报告写道："尽管暴力事件的数量已经下降了（与 8 月的 65 件相比现在是 62 件），但人们可以感觉到整体上村子里对犹太人的仇恨大大加深了。"

摩西·罗泽博姆提到，犹太男孩已经不再到拉齐乌夫附近的河里去游泳了，因为他们一到那里就会遭到同龄波兰男孩的攻击。13 岁时，他自己也曾遭受严重殴打，他 11 岁的表弟，大卫·萨维茨基被一群男孩子困在一个马厩里，被殴打得非常厉害，两天后就死了。

1937 年 2 月，《天主教伟业》报上热情地写道："兴奋的情绪已经转变成了全县人都参与的一项系统性运动。农民拒绝向犹太人出售食物，一进入村庄，人们就能见到写着'不欢迎犹太人'的标识。犹太人的商店空空荡荡，水力磨坊和风力磨坊都一动不动，因为没有人往里倒麦粒去磨面粉。"1938年8月，教区报纸赞扬了扎尔比·科奇切内尔的情况："犹太人的货摊被仔细地盯着，不让农民靠近它们，有250个犹太人的家庭注定要挨饿了。"

饥饿越来越面对面地盯着犹太人。但任何一个人都应该记住，那是紧随着大萧条之后的一个时期，经济正在急剧恶化，抵制只是雪上加霜。

到20世纪30年代末，国家党的活跃分子改变了他们的战术。只要他们发动反犹太运动，国家就会出手进行干预，所以民族主义者开始与共产党人作斗争，这是与政府的政策相符的。国家党领导人委婉地呼吁举行一次"反共产主义"集会，实际上这只是反犹太集会的一个代号，但当局只看表面文章，没有进行干预。

犹太复国主义者是共产主义犹太人坚定的对手，但他们也同有共产主义倾向的犹太人完全一样，遭受到了无情的攻击。共产主义活动的每一项表现都在内政部的报告中有严密的记载。这些记录揭示了波兰共产党在该地区的活动是多么弱小。[1]

1937年10月3日，在拉齐乌夫举行了一个反共产主义集会，上千人聚集在市场上，集会由教会的祈祷仪式开始，接着在一个大波兰阵营

1　在拉齐乌夫，波兰共产党的活动达到顶峰是在1932年。以下是它的一些活动内容：3月，挂出了一条横幅——打倒血腥的法西斯独裁统治，波兰共和国议会万岁，波兰共产党万岁。4月，在分发共产主义传单时，乔纳·泽利格森和蔡德勒·罗泽博姆被警察逮捕。7月，在一场教会义卖活动中，乔鲁谢斯基和蔡德勒·罗泽博姆在人群中放飞了两只染成红色的鸽子，鸽子腿上系着写了反政府口号的带子。9月，亚伯兰·莫斯克·布尔什丹共携带了66份共产党传单给一个信徒去分发，还有100份传单给"农民同志"到牧场上去分发。要弄清楚拉齐乌夫本身有多少共产党员是很难的；现有数据涉及整个地区的委员会，其中涵盖了各个区域，有时候包括格拉耶沃，有时候也包括什丘琴，总共提到过好几十个人。转引自：约泽夫·科沃尔科齐克《沃姆扎地区的波兰共产党（1919-1938）》，华沙：PWN，1978。

阵亡成员的墓地上放置一个花圈（此人肯定是 1933 年大屠杀期间被警察枪杀的人员之一）。当时，拉齐乌夫是一个有着 1500 个居民的小镇，其中包括大约 600 个犹太人，所以这场"反共产主义"的集会吸引了几乎全部非犹太人居民，外加来自邻近村庄的人们。如此众多的人再次聚集在拉齐乌夫的市场上，这一天是 1941 年的 7 月 7 日。

在 1939 年 2 月 3 日的内政部报告中，我们读到："反犹太主义正在不可控制地蔓延。"在当时的气氛下，犹太人家中的窗户都被捣毁，摊铺都被推翻，犹太人也遭到殴打，这种事情每天都在发生。一起在 1939 年被提交审判的来自耶德瓦布内的案件涉及一项针对一个犹太妇女的指控。沃姆扎地区法院以亵渎十字架的罪名判处艾塔卡·赛勒沃达西 6 个月监禁。《天主教事业》报揭露，"尽管有人多次向她指出，但她仍旧将内衣裤挂在十字架附近晾晒，并倾倒垃圾和污水"。这无非是邻居之间的琐碎抱怨；那时候，犹太人和波兰人生活在恶劣的敌对状态之中，但仍然有着共同的庭院。

有一位波兰政府官员，在 30 年代开始时还认为犹太人享有完全的公民权，但到了这个年代末，却把犹太公民当作外国人对待。这一点在比亚韦斯托克内政部 1939 年的报告中有着清晰的阐述："这些地区的犹太人一直在寻求自己的优势和利益。这是由于他们的流亡者的心理状态，与世界犹太人和极端物质主义倾向相联系。"或者："在广泛的人群中，犹太人问题，特别是如何以对我们有利的方式来解决这个问题，是更加情绪化的紧迫课题之一。"（其中"对我们有利"这个词将民族主义暴徒的目标与国家的利益联系起来了）而当犹太人表现出公民的美德时，他们得到的只是在肩膀上被恩赐般地轻拍一下："代表对空防务贷款的认捐活动正在犹太社区广泛并积极地开展着，他们已经履行了其应有的责任，宣布捐款额为 625 兹罗提。"

除了越来越多的反犹太骚乱之外，犹太社区也担心着即将到来的战争。以前，犹太复国主义的活跃分子们不得不在年轻人中大力鼓动从而让他们前往巴勒斯坦，而现在当英属巴勒斯坦托管地规定配额之后，远比预期多得多的年轻人渴望前去。该地区几乎每个犹太人都梦想移民或至少将他或她的孩子送到巴勒斯坦去——或者送到美国去，那就更好了。但没有多少人获得成功。

日　记

2001年1月2日—2月6日

2001 年 1 月 2 日

我打电话给斯坦尼斯瓦夫·拉莫托夫斯基，祝他新年快乐。他刚刚从医院出院，医生给他开了某种药膏，但他的腿仍然很疼痛，令他晚上无法入睡。我打电话给我认识的医生们，尽管我的描述不那么清晰，但他们的意见都很一致，如果这个病人没能很快得到真正的医疗帮助，他的腿可能会发展成坏疽，导致截肢或痛苦的死亡。我必须为他在华沙找一家医院。

2001 年 1 月 4 日

比亚韦斯托克是波兰民族纪念研究会地区分会的所在地。我到这里是来查阅耶德瓦布内审判的卷宗的。在 1949 年的第一次审判中，有 22 人被起诉犯下了罪行，11 人被判处 8~15 年徒刑；卡罗尔·巴登被判处死刑，但后来被改判为 15 年有期徒刑。

数百页的法庭审理报告却出自一双笨拙的手，到处都是拼写错误。

安排审讯的时间也让我对此产生了怀疑。从阅读苏维埃审判中的证词以及从亚瑟·库斯勒所著的《中午的黑暗》中我获得了斯大林式的调查的第一印象。但是这里没有人试图将被告与任何颠覆性组织联系起来。

格罗斯写到，那次调查是特别草率马虎的，全部的过程与政治审判没有丝毫相似之处。确实如此，然而这些证词看上去是真实可信的。

嫌疑人瓦迪斯瓦夫·米丘拉列出了下面这些人名，他把他们称为猎捕犹太人的参与者：欧根纽什·斯利韦基、弗朗西斯泽克·洛耶夫斯基、约泽夫·索布塔和弗朗西斯泽克·卢欣斯基。"还有很多从农村来的农民，我不认识他们。他们中大多数都是年轻人，他们喜欢狩猎，对犹太人非常残忍。"

嫌疑人安东尼·尼布谢多夫斯基说道："有很多人站在那里守着。我要强调，当我们站在那里看守着犹太人不让他们逃脱时，他们都悲痛地哭泣着。"

在报纸上有关耶德瓦布内的讨论中，人们不断听到这样的观点，认为我们不能相信被告的证词，因为这类证词是在受到胁迫的情况下被榨取出来的。他们谈到了在调查过程中的刑讯拷打，没有理由不相信他们。嫌疑犯很有可能遭到殴打，当时被警方羁押的人遭受殴打已经成了"惯例"。奇怪的是，这些"被迫做出的"证词没有人去加以利用，事实上，这些证词都未得到重视，这一点是公开的。没有人企图去重构事件，提出的问题也都是些例行问题，当被告给出了新的凶手的名字时，没有任何情况——至少在法庭文书中——表明会有人不辞辛劳地要去找出他们。

再说，证人所说的和嫌疑人所说的是完全一样的。

罗曼·萨瓦祖基说："约泽夫·齐卢克拿着一根警棍来了，他带走了一个犹太人，这个犹太人在被杀害之前藏在磨坊里，但约泽夫·齐卢克找到了他并把他带走了，另一个犹太人也被带走了……接着约泽夫·齐卢克将上面提到的犹太人赶进了市场，后来所有的犹太人都被烧死了。"

朱莉娅·索科洛夫斯卡说："马里安·卡罗拉克是我提到的那次行动的领导人，他有一根警棍，他当时挥舞着警棍逼迫所有的波兰人去杀死犹太人。我亲眼见到卡罗拉克是怎样在集市广场上用他的警棍残酷对待犹太人的，他把犹太人从他们的家中赶到广场，然后用他的警棍毒打他们，那是一个非常可怕的景象，整个一个杀人景象。"

亚历克桑德拉·卡尔沃夫斯卡说："居住在耶德瓦布内的约泽夫·库布什涅茨基，用一把尖刀刺伤了18个犹太人，他在我家里告诉我的，当时他正在帮我们安装炉子。"

/ 050

约泽夫·格朗多夫斯基逃脱了大屠杀，但他当天是在广场上的，他看到两名盖世太保军官将犹太人拖入广场，只有波兰人除外："我坐在广场的中间，正在除草……那时候很多人都站在那里当看守，每个犹太人都可能被五个人看守着。没有哪个只是旁观者；在那里的人都在帮忙把犹太人围起来。波兰人的孩子正在广场四周游荡。我听到两个波兰妇女走在街上说：'要确保没有任何目击者离开这里。'"

在这些审判中，不论是调查人员或者法庭都没有丝毫兴趣去落实遇难者的个人具体情况。受害者的姓氏只是附带出现的。所以温切蒂·戈斯西基，一名嫌疑犯，在7月10日就犹太人被赶到谷仓之前发生的个别谋杀事件作证时说："我的妻子一早就把我叫起来了，说：'我感到很可怕，他们就在我们家外面用棍棒殴打犹太人。'我就往外面走去。我被乌鲁班诺夫斯基叫到外面，他说：'去看看发生了什么事，'他指给我看四具犹太人的尸体。它们是，第一具是，费兹曼；有两具，两具是斯特利亚考夫斯基家人；还有布鲁伯特。"

2001年1月5日

仍然在比亚韦斯托克民族纪念研究会集中精力阅读卷宗。

在审讯中，嫌疑犯和证人两者所说的都与调查期间他们所作的陈述相抵触。从事件的新版本中——以及从家人为提前释放所作的申请中——你可以在耶德瓦布内重现一个普通的日子。可悲的是,1941年7月10日绝对不是那样的一天。但是在这些陈述中,当地居民却完全是全身心地投入到他们的日常生活中。卡罗尔·巴登(被判死刑)整天都在修理他的车。瓦迪斯瓦夫·米丘拉(12年徒刑),受警察雇用在干木工活,整天都在使用着木匠用的刨子。斯坦尼斯瓦夫·泽赫尔(10年徒刑)根据市长的指令,正在田间收割三叶草。安东尼·尼布谢多夫斯基正在给土豆苗床除草,切斯瓦夫米·利平斯基也把"时间花在土豆地里"。约泽夫·齐卢克在他的花园里干活,费利克斯·塔纳基正在骑自行车,齐格蒙特·劳丹斯基正在厨房里搞修理,而博莱斯瓦夫·拉莫托夫斯基则在懒散地消磨时间。

每隔一分钟,我就不得不中断阅读这些文档,因为我正在试图为斯坦尼斯瓦夫·拉莫托夫斯基找到一家更好的医院(被判有罪的那个博莱斯瓦夫·拉莫托夫斯基不是他的亲戚,他告诉我)。

比亚韦斯托克的民族纪念研究会才刚刚成立,这意味着它被挤进了一栋办公大楼的三个房间里。我坐着,面对着检察官拉多斯瓦夫·伊格纳季耶夫,他正在对耶德瓦布内进行调查。他身材矮小,戴着圆形金属框眼镜,领子笔挺,领带系得很紧。他的姿势和态度都很僵硬。他住在瓦佩,就在比亚韦斯托克城外。

"我不能确定我是否应该来研究会。我正在处理一些谋杀案件,我手头在做的事使得我非常忙碌,我常常会干到深夜。我要拟定罪名,从而使凶手无法逃脱惩罚,我告诉你,这比恣意狂欢要好得多",他用枯燥、不带感情的声音告诉我。

与伊格纳季耶夫坐在一起对我是有用处的,因为我时常会就我所阅读的内容做出评论,从而吸引他与我交谈。镇里居民们写的信给我留下了深刻的印象:"我附上一份忠诚宣誓书",然后你会看到某某公民"是怎样的一个好人,是波兰国家的一个好公民,有很好的名声"。底下有几十个签名。但这些好人在1941年7月10日究竟在干些什么，这项调查是不会让人产生太多怀疑的。"当涉及杀害犹太人时，当地波兰人相互之间的忠诚真的能起作用，并且达到这样的程度？"我大胆地问道。"在第一次审讯中，嫌疑犯和证人都非常了解那次大屠杀，但一到审判他们的时候，他们都已经忘记了。这难道不可能是证人在翻供吗，是因为嫌疑人的家属要求他们这样做，还是因为他们是周围的邻居，以后的日子还要和他们在一起过？"我大声说出心中的疑虑。"这项调查如此草率，这是令人震惊的"，我不断地说着。

伊格纳季耶夫并不完全确定与记者的非正式对话不会违反某些职业操守，也可能只是老派的对妇女的礼貌使得他无法打断我的话。但是我毫不怀疑我们以同样的方式查阅了这个案件的卷宗。我很难想象，目前的调查没有受到"政治因素"的监督和影响，但这位检察官没有留下他是一个可以被人操纵的人的印象，特别是在涉及法律案件中的真相时。

2001 年 1 月 6 日

我开车把斯坦尼斯瓦夫·拉莫托夫斯基从他所在的可怜的省级医院送到华沙去接受会诊。

2001 年 1 月 7 日

收到一封电子邮件，来自我的朋友维也纳的诗人埃瓦·利普斯卡，她问我在格罗斯的书出版之后有关耶德瓦布内大屠杀是否还有更多的东西值得写。我回复说这是一个来自诗人的奇怪问题，然后我告诉了她到目前为止我的研究。"亲爱的，你说得对，"她回答说，"我没有考虑到生活不能沦为一系列的历史事实。几个月前，在关于耶德瓦布内事件展开整体讨论之前，沃姆扎的一位女士写信给维森塔尔中心（Wiesenthal Center）（译者注：西蒙·维森塔尔中心成立于1977年，是一个为了纪念在第二次世界大战中被纳粹杀害的犹太人而成立的国际人权组织）。

她读了维森塔尔的著作《正义而非复仇》，就向他描述了她的家人、她的城镇、她的邻居们在 1941 年用石头砸死一个犹太人的历史故事。最后，她问他要了一张照片。我以他的名义回复了那封信，我深深地被感动了。波兰人民开始谈论这桩惨案的前因后果了，这是件好事。"

2001 年 1 月 10 日

到华沙医院去探访拉莫托夫斯基，神奇的是，他已经被那家医院收治了。我们不会去谈论拉齐乌夫，因为每当我问他有关杀害犹太人的任何问题时，他都会紧张地盯着走廊看，以防有人在窃听。

2001 年 1 月 12 日

晚餐时与剧院主管欧文·阿克瑟谈话。他对把耶德瓦布内事件公之于众持怀疑态度。他告诉我，他已故的堂兄奥托·阿克瑟——一位美术设计艺术家（也是我父亲的朋友），听说过在战争年代发生在他父亲身上的事，就在他父亲死前几年里。我知道他在说些什么。我在报纸上看到过那个美丽的故事。就在犹太人被要求去报到然后被"遣送去劳改营"的那一天，来自普热梅希尔的保罗·阿克瑟，一位上了年纪的音乐老师，摘下了他的黄色臂章，招拢了他的猫，拿上他的折叠椅，然后步行出了门，最终到达了桑河河岸。在那里，他打开了椅子，凝视着河流的深处，一直坐到天黑。然后他被一对牧羊人兄妹发现了，他们把他带回了家，将他安置在不久前刚去世的祖父的房间里。他没有能够活到战争结束，但是他死在把他带回家的那些人中间。欧文·阿克瑟纠正我：老人带的不是一把椅子和一只猫，而是一个凳子和一把俄式三弦琴。

"在他整个一生中，奥托都非常憎恨农民的反犹太主义。他总是说在战争期间他们告发了犹太人。然而后来的事实证明，他的父亲就是农民救的，全村人都知道。此外，犹太人也会出卖犹太人的"，欧文·阿克瑟尖锐地给出了结论。

2001 年 1 月 13 日

我去医院看望了斯坦尼斯瓦夫·拉莫托夫斯基，我天天如此。只不过这一次比较短暂。"我很忙，"我解释说，"因为我必须带我的女儿奥拉去犹太教堂。奥拉正在为她的成人仪式做准备，她马上就要满 13 岁了[1]。这样的仪式你的妻子是没有过的，因为在她那个时代，人们只为满 13 岁的男孩举行成人仪式。奥拉在上希伯来语课，她要去见一个拉比，对摩西五经中的一段经文做出自己的评论，她将要在犹太教堂举行的典礼上就此发表自己的观点。"

"你真的是一个勇敢的女人，敢告诉我这些事情，"拉莫托夫斯基评价说，"因为你根本看不出是一个犹太人。"

2001 年 1 月 15 日

在医院里，和主治医生谈话。他们不能给拉莫托夫斯基的腿作截肢手术，由于他已经 87 岁高龄，还患有心脏病。他必须经受好几个月的治疗。

同时，他的妻子因身患骨质疏松症而无法行走，并且还几乎完全失明，只能留在拉齐乌夫。他们住的小屋非常破旧，寒风通过房梁缝隙和院子里的厕所直往屋里灌。我每天都打电话给斯坦尼斯瓦夫的侄女，让她代向他的妻子致以问候。我听说玛丽安娜已经不能起床，并且不再吃东西了。现在唯一要做的，就是要把她也接到和拉莫托夫斯基住的医院相同的医院去。她也真的需要做一次全身检查了。

2001 年 1 月 17 日

我安排了一个日子让玛丽安娜住进医院，并把这个消息作为一个珍贵的礼物带给斯坦尼斯瓦夫。她的侄女已经给她的行程做好了充分准

1　犹太女孩 13 岁时参加女孩成人仪式。

备。但是，他却变得身体僵直，说这是不可能的。他大发脾气。花了很长时间才从他嘴里弄清楚了究竟是怎么回事。在他的病房里有四名老抵抗战士（他是住在一家军队医院里，因为战争期间他在波兰家乡军里当过兵），他们不断地说笑着，开犹太人的玩笑。如果他的妻子出现，他们会发现她是个犹太人，就会给他难堪。

"他们怎么会知道？"我问道。

他没有回答，而是反问了我一个问题："她的长相和谈吐像是一个出生于拉齐乌夫的女人吗？"

2001 年 1 月 18 日

在犹太历史研究所的档案室中，我从标着耶德瓦布内和周边城镇的木盒中取出缩微胶片：科尔诺、拉齐乌夫、斯塔维斯基、什丘琴、维兹纳、蒂科钦、翁索什等。大屠杀幸存者的几十篇证词，除了描述了德国人的暴行外，还描述了波兰人邻居所实施的大屠杀。从这些证词中，可以得出一幅当苏联人离开之后，波兰东部各地发生的令人震惊的情景图。德国人命令犹太人到广场上去除草，为列宁或斯大林举行"葬礼"，换句话说，就是嘴巴里唱着歌去砸毁他们的雕像。在当地人的帮助和喝彩下，犹太人受尽了侮辱和殴打。犹太人被赶出城，然后在光天化日下被枪杀在道路上，波兰人帮着去追杀犹太人。在三起案件中，一些村庄几乎完全被毁灭，而这些居然都是——大屠杀幸存者写道——波兰居民亲手干下的，他们得到了德国人的批准，甚至是在德国人的敦促下。这些惨案不只发生在 7 月 7 日的拉齐乌夫和 7 月 10 日的耶德瓦布内，还有更早些的，7 月 5 日在翁索什。

在犹太历史研究所和纳粹犯罪调查主导委员会工作的知名历史学家斯齐蒙·达特纳战后为比亚韦斯托克地区的犹太历史委员会记录了一些目击者的证词，并把一部分证词编辑成册。关于翁索什他写道："这个安静的小镇第一个成为嗜血本能的受害者。警方和当地的流氓挨家挨

户闯入镇上犹太人的家中，效仿在基希纳乌发生的大屠杀，去执行一项
'神圣的任务'。"他指的是在 20 世纪初发生的最著名的俄罗斯大屠杀。
"在犹太人的家里和大街上到处都有人被杀害。妇女遭到强奸，乳房也
被割掉。如果孩子们被发现与父母一起留在家中，那么孩子们就会首先
被杀害。他们会被摔死在墙上。"

我应该把发生在翁索什的大屠杀也写进我的书内。

有一系列证词是来自拉齐乌夫的，其中之一是梅纳赫姆·芬克尔
斯泰因的证词，还有查纳·芬克尔斯泰因的证词，以及由达特纳编辑的
一份集体证词，这些证词都是有关一个逃离了拉齐乌夫的家庭的：芬克
尔斯泰因一家人，丈夫、妻子和四个孩子。梅纳赫姆和查纳肯定是姐弟
俩。查纳不仅描绘了大屠杀，而且还叙述了她们的躲藏时间。"农民们
在村长的纵容下，想把我们绑在一起带到盖世太保那儿去。我们逃脱
了，各自朝不同的方向，我带着弟弟……我们又饿又冷，浑身脏透了。
死神每天都盯着我们的眼睛。在这段时间里，我们不断变换藏身之地，
总共换了 52 个地方。"

达特纳写道：1945 年，刚一解放，农民们就杀害了两个从拉齐乌夫
来的犹太人，摩西·多罗戈以和他的儿子阿齐瓦，他们从藏身之处刚一
露面就被杀害了，因为他们是对那次大屠杀不利的证人。听到那个消息
后，芬克尔斯泰因一家都逃往比亚韦斯托克去了，那地方是他们的获救
之处。他们后来的情况怎样？他们还都活着吗？我怎样能找到他们？

2001 年 1 月 19 日

我的思维不断地回到耶德瓦布内的集市上。犹太人知道他们即将去
赴死吗？或者他们幻想着自己能够生存下去，直到火焰突然迸发的那
一刻？

我在犹太历史研究所查到的梅纳赫姆·图雷克的证词中，有这么一
个故事，是关于在比亚韦斯托克地区的一个小镇蒂科钦的犹太人的，他

们在 8 月 25 日被德国人押出城并杀害了。这桩惨案是发生在一系列德国人和波兰人对犹太人实施的大屠杀之后，但犹太人并没有放弃希望。"有人宣布，所有犹太人必须在第二天早晨 6 点在市场上集合，男人、妇女和儿童，除了老弱病残之外。许多妇女都变得歇斯底里。到处都有哭泣声，人们开始乱作一团，奔跑着去四处打探消息。他们捶胸顿足，仰首望着苍天，问道：到底发生了什么，我们该怎么办？人们自发地聚集在拉比家里。有些人认为应该逃跑，另外一些人坚持认为不会发生什么可怕的事情，而且，假如有一部分人逃跑的话，首先他们会被抓住，因为整个地区都对犹太人怀有敌意，其次，留下来的犹太人可能因为那些人逃跑了而更加遭罪。他们试图去打听一些消息，但波兰人保持着安静。经过长时间的讨论，他们决定全体一起去市场。那是一个漫长的夜晚，没有人能入睡。"

2001 年 1 月 20 日

在今天的《选举报》上刊登了一则采访手记，接受采访的是民族纪念研究会理事会主席斯瓦沃米尔·拉东。他得出了一个结论：格罗斯正在危害着波兰。在 12 月的一次新闻发布会上，他就已经说过《邻人》不是一本诚实、可靠的书，大屠杀是由德国当局组织的，并且是德国人提供的燃料烧毁了谷仓。这将成为民族纪念研究会的官方立场吗？

历史学家斯齐蒙·达特纳在他 1946 年的研究中写道："事实上，对于沃姆扎和什丘琴地区的全体人民来说（他们正处于极端民族主义者、国家党运动的反犹太人思想的蛊惑之下），最佳的时机已经到了——在德国人的最强有力的保护下——可以使自己摆脱与他们相处久远的邻居和竞争对手，那些外国侨民和讨厌的犹太人。"

梅纳赫姆·图雷克记得："在野蛮的威胁声中，复仇的喊叫声中和诅咒的喧嚣声中，一伙有着抵制犹太人商店丰富经验的民族主义分子率领着一帮醉醺醺的暴徒，肆意抢劫，从犹太人家里把一切落到他们手中的东西都抢了个精光。这是一个沉重的打击，不仅是因为家庭中聚集和保存了好几代人的财产一夜之间消失殆尽，连第二天给全家人煮一顿饭的锅也没有剩下，而且是因为这一切都是由住在同一个小镇里的居民干出来的。"

来自什丘琴的巴夏·卡茨珀作证说，这些大屠杀是由"有身份的波兰青年和流氓"组织的。她提到"扬盖泽斯校长"是他们的组织者。

我浏览了一遍斯齐蒙·达特纳后期写的一段文字，出自"比亚韦斯托克地区犹太人口的毁灭"一文，刊登在 1967 年的《犹太人历史研究所通讯》上。这段文字在波兰科学院历史研究所的会议上被引用，用以证明 1941 年 7 月的大屠杀是出自德国人之手。

"德国军队的入侵伴随着对犹太人的残酷和血腥的屠杀。"斯齐蒙·达特纳写道。翁索什镇"首先成为受害者"；在拉齐乌夫，"人们被活活烧死"；在耶德瓦布内，他们"在极其残酷的情况下死去"。只有非常细心的读者才会注意到文章中毫无人情味的结构，没有提到一个凶手，以及随后的一个句子："然而，在占领后最初几个月中，绝大多数的屠杀都是德国人自己干的。"

2001 年 1 月 21 日

同斯齐蒙·达特纳的女儿海伦娜·达特纳·施皮韦克进行了一番交谈。多年来我们一直是朋友；当她父亲还活着并和她住在一起时，我去拜访过她。

海伦娜告诉我，她了解耶德瓦布内有很长时间了，是从她父亲那里得知的，但直到现在她才意识到该罪行的规模。我问她为什么她的父亲在 1967 年写了一篇文章，拒绝直言不讳地指出那些大屠杀是当地居民干的，他是了解实情的，因为他手头掌握了幸存者的证词。1946 年，他在一本书中写了大屠杀是当地人动的手。那么，他用意第绪语写的那本书是不是并没有因为波兰读者而被拒绝出版呢？如果没有，那么 20

063

/ 057

年来究竟发生了什么事情，使得他不愿意或者不能够再重复他在战后就已经揭露过的真相呢？他是否认为只有将真相粉饰过的文字才能通过审查？他是否害怕一波共产党的浪潮——精心策划的反犹太主义会摧毁犹太历史研究所，其档案也会最终埋没在垃圾中？也许他是害怕了，他的这种心态并不为许多犹太历史研究所的工作人员所知，但绝不是没有理由的。

海伦娜说，那个研究所的生存在当时确实受到了威胁，但是她的父亲只是在1969年才成为其所长，而且任职也非常短暂。在她看来，她父亲也不是一个胆小的男人。在斯大林主义甚嚣尘上的时期，他被研究所解雇了，因为当时他写的一篇文章中被加入了某种对联合救济委员会的侮辱——按照强制性的党的路线，对此他提出了抗议。在1956年，他做过各种工作，当过一个泥瓦匠的助手，教过识字班。"在斯大林主义时期，表现正派反而更加危险，"海伦娜说，"我父亲为此付出了很大的代价。但后来，在反犹太主义运动期间，他加入了卡齐米日·卡空的团队，此人是当时名声欠佳的周刊《法律与生活》的主编，还是一些缺乏价值的文章的作者。1968年我父亲写的书《正义之人的森林》出版了，这本书是有关波兰人拯救犹太人的。"达特纳与卡空的合作使人们意识到对犹太人再度的仇恨会造成多么大的恐惧。当时出版这样的一本书意味着要采取官方路线——反犹太人运动的主旨之一就是忘恩负义这个主题：犹太人诽谤波兰，尽管许多波兰人曾经为他们甘冒生命危险。达特纳在前言中写到，这本书是为了"描述当犹太人在世人面前被连根拔除时，波兰人民所采取的立场"。

"我父亲一直强调，他在书中所写的每一个字都是真实的反映，"海伦娜说道，"每当有人开始说波兰人的坏话时，他就会说在他逃离犹太人区后，没有波兰农民的帮助，他就不可能生存下来。"达特纳描述了在比亚韦斯托克地区索库乌卡附近的迪沃谢斯加村中，当地人是怎样给他所加入的党支部提供食物的，还曾经警告他们要防备德国人。可是有一次他告诉海伦娜，他们是白俄罗斯人，不是波兰农民。

在有关比亚韦斯托克地区救过犹太人的波兰人的一章中，我发现了耶德瓦布内附近扬泰弗考的安东宁娜·怀赞考斯卡的名字，以及她所庇护过的人的名字：伊兹拉尔（斯鲁尔）·格朗多夫斯基（他肯定是我看过其庭审证词的同一个人）、扬凯·库勃赞斯基（后来他改名为杰克·库布兰）、贝雷克、埃尔克和摩西（莫斯泽）·奥尔谢维奇、莱娅·索斯诺夫斯卡（后来改名为莱娅·库勃赞斯卡或库伯兰）、什穆埃尔·瓦瑟斯泰因等。

2001 年 1 月 25 日

玛丽安娜·拉莫托斯卡住在夏赛茹夫医院。拉莫托夫斯基在她的房间里坐了几个小时。他告诉我，他的妻子曾经在一些审讯中作过证（我必须找到相关审讯的资料和她的证词），多年后检察官询问他，他是怎么救了他的妻子的。他告诉检察官，是波兰人犯下了暴行。"他开始对我大声尖叫，那是德国人干的。我感到很不安，便抓起我的帽子，说道：'如果你知道得更多，我们就没有什么可谈的了，'然后就离开了。"

询问他的检察官是沃尔德马·蒙基奇斯吗？他在拉齐乌夫也看到了满载德国人的卡车吗？

2001 年 1 月 27 日

《共和国报》上刊登了一篇文章，是著名的历史学家托马什·斯特泽博斯教授写的"合作在沉默中逝去"。作者引述了在耶德瓦布内地区的犹太人的故事，他们杀死了波兰人，还与苏联当局合作，并向他们检举告发，文章得出结论："犹太人，特别是青年人和城市贫民，全部加入了欢迎苏联部队的人群。手中还拿着武器。"

那些犹太人的武器应该是从哪里得到的呢？这太荒谬了。

这位教授，就像他于 1991 年在《加塔》杂志上登出的文章中所写的那样，研究了比亚韦斯托克地区的反苏维埃党派团体，它们集中在科比尔诺荒野地区，沿别布扎河畔有着大片沼泽地，每年大部分时间都几乎无法进入该地区。几十名游击队员就躲在那里，有时候会有几百人在那里露营，主要在那里躲避苏联人。现在斯特泽博斯提到的是他在几年前采访过的人，他同他们就科比尔诺的情况保持了通信。作为犹太人通敌的证据，斯特泽博斯引用了当地居民卡齐米日·奥迪妮克的一封信，卡齐米日写道："在科比尔诺战斗过的波兰游击队员的尸体被我叔叔瓦戴克·洛耶夫斯基的邻居搬走了，就是那个叫卡尔高的犹太人。"但这又能证明什么呢？波兰农民经常被迫将犹太人运送到犹太人区和行刑地点，但将其视为通敌合作则完全是一派胡言。

斯特泽博斯引用了耶德瓦布内的几名证人的证词。其中一个叫露西·乔杰瑙斯卡，是劳丹斯基家的一个亲戚："在耶德瓦布内，大多数人都是犹太人，当俄罗斯人来到这里的时候，只有三个家庭的屋顶上没有插上红旗。我们家就是这三家之一。"但是耶德瓦布内的犹太人只占40%左右。只有三座房子没有插上红旗的说法意味着几乎所有的波兰家庭都插了红旗来欢迎俄罗斯人。

另一个当地人，耶德瓦布内的耶日·塔纳基，描述了他是如何被逮捕的："由一个名叫库别斯基的波兰公民和一个名叫查皮尼克的犹太人组成的巡逻队来抓我和我的兄弟安泰克。"按此说法就是：一个波兰人和一个犹太人。

在引用了此类证词之后，斯特泽博斯站在道德的高度说道："即使犹太人没有把波兰看作是他们的祖国，他们也不必像占领军那样对待波兰，并且与波兰的死敌沆瀣一气，去杀死波兰士兵并谋害向东逃跑的波兰平民。他们也完全不必去参与从邻居中挑选驱逐对象这种集体责任的可怕行为。"

"驱逐出境"是一个充满着压倒性的情感的词；在整个家庭中，母亲、孩子、老人都成为被驱逐出境的受害者，他们的受害真相被压制了多年。就像在耶德瓦布内对犹太人的谋杀一样。但是这位教授肯定知道绝大多数读者所不知道的真相：同所有的波兰人一样，数以千计的犹太人也被驱逐出波兰（根据历史估计，波兰人占了被驱逐者中的50%，犹太人占20%~30%，尽管他们在全部人口中所占比例不超过10%）。在波兰殉教史上，驱逐出境所发挥的特殊作用该另当别论。与奥斯维辛集中营的毒气室相比，将犹太人放逐到俄罗斯内陆地区，甚至流放到西伯利亚，提供了被后来的事实所证明的最大的生存机会。

斯特泽博斯指责格罗斯，因为他的著作是基于"秘密警察在1949年和1953年的野蛮调查中收集的材料之上的。当时波兰主教因背叛波兰国家和为'帝国主义分子'充当间谍而受到谴责"。其实，只要他在审判卷宗上瞄一眼，就会注意到，尽管耶德瓦布内的杀人凶手受审的时候同时还有对牧师和主教的摆摆样子的审判，但是对耶德瓦布内惨案的审判是一次普通的刑事审判。去写什么欢迎红军的犹太人犯下了通敌罪和叛国罪，该作者似乎没有意识到替代苏联的不是一个自由的波兰，而是一个纳粹政权。使用"叛国"一词又内置了一个陷阱。对于在1941年6月以鲜花和凯旋门欢迎德国军队进入该地区的波兰人而言，这同一个词也应该是照样适用的。毕竟，他们这样做也是出于类似的原因——他们对波兰被外国占领感到不高兴，他们高兴的是讨厌的苏联人走了。

10~15年前，当斯特泽博斯正在该地区从事研究时，比今天更多的耶德瓦布内大屠杀的凶手和证人仍然还活着。他们中有多少人接受过他的采访？试想一下他手头掌握着多少宝贵材料啊。在他的研究过程中，难道会从未遇到杀害犹太人这个问题吗？在我看来，这是绝无可能的。另一方面，有可能他没有加以关注。他当时正在研究科比尔诺的活跃分子的命运，他们被告发并被苏联内务人民委员会当场杀害，或者被流放到俄罗斯，因此他不想被打扰去听其他什么事情。为什么他之前从未涉及过对犹太人犯下的罪行这个主题呢？斯特泽博斯就这个问题回答说，波兰人和犹太人之间的关系从来就不是他的研究领域。然而这并不妨碍他在格罗斯的书出版之后突然成为这一问题的专家。

2001 年 2 月 2 日

在《共和国报》上，奥斯维辛集中营国家博物馆的一名工作人员亚当·锡拉就奥斯维辛集中营和萨克森豪斯集中营的一名囚犯耶日·劳丹斯基发表了一篇说教文章。关于耶德瓦布内的罪恶，锡拉除了提到他笔下的主角因参与了犯罪而在斯大林的法庭上遭受了酷刑和审判之外，其他就没有什么可说的了。"卡齐米日，耶日·劳丹斯基的长子，热诚地为他辩护，相信历史会给他做出正确的判决"，锡拉写道，似乎在为劳丹斯基家人的命运感到惋惜。

《共和国报》刊出了这篇文章，但未加一个字的评论。或者更确切地说，加了一条视觉评论——耶日·劳丹斯基在集中营的照片。其内涵是显而易见的：奥斯维辛集中营的条纹囚服很可能是 20 世纪欧洲最清晰的受害人的象征。像这样的照片也起到了引起论战的作用：犹太人为自己保留了作为奥斯维辛集中营受害最严重者的权利，然而此处又有一个波兰人，一个遭到犹太人污蔑的波兰人。文本中清楚明白地表明：一个正义人士，一个英雄，正在受到攻击。好像被驱赶到奥斯维辛集中营去的只有正派的人士。

在医院里陪斯坦尼斯瓦夫·拉莫托夫斯基。玛丽安娜没有下床，但斯坦尼斯瓦夫已经把医院当作自己的家了；他认识周围的每一个人，并有着活跃的社交生活（主治医生向我抱怨，说他整天都马不停蹄）。当我到达时，他把我从病房里拉出来，我们找到一个他可以吸烟的地方，然后一起坐在硬木椅子上，聊了好几个小时。

斯坦尼斯瓦夫多次与凶手一起喝酒，从他们身上得到了犯罪细节。他没有孩子。没有哪个人能听他倾诉衷肠，说出真相。但他想要知道。现在，我正从他那里得到这些信息。

2001 年 2 月 4 日

在拉齐乌夫和扬·司克罗茨基在一起。我们首先拜访了他孩提时代的一个朋友，玛丽莎·科雷钦斯卡，并找到了她的姐姐、姐夫和丈夫。扬·司克罗茨基回忆起离小镇两公里左右的犹太人墓地，战后他在那里只见到被四处丢弃的墓碑。

"他们拿走那些石头去当磨刀石用，"玛丽莎的丈夫约泽夫·科雷钦斯基接上了这个话头说道，"我认为拉齐乌夫的每一户农民家里都会有一块用墓穴石头做成的磨刀石。他们把所有生长在那里的高大的松树都砍倒了作为柴火。我记得那些树，因为在战争期间，我们去那里收集乌鸦的蛋，这种乌鸦不像那种大乌鸦，它们不会在低矮的树枝分叉上筑巢。"

"当人们开始重建的时候，他们用手推车运送碎石块，然后同犹太人一起砌墙，"玛丽莎的姐夫约泽夫·K咯咯地笑道，"而且新当局也把没有被乡下人在夜间偷走的剩下的一切都用来修路了。酸模树在坟墓上疯长，高高矗立着，你总可以在这上面挣些零花钱。"

"你在唠叨些什么呀？"他的妻子打断了他的话。"长在那里的酸模里面泡沫太多，那块地上有很多油脂。谁会去吃长在墓地里的那样的酸模呀？"

"但它能卖个好价钱。"

在拉齐乌夫，扬和我一起住在他的家里。我们和他的表弟皮厄特勒·科斯莫切夫斯基一起交谈。战后，皮厄特勒赶车把那些正在接受"有关犹太人"的询问的人送到火车站，然后整天在车站附近的一个农场上等候，再把他们接回家。他还赶车送了扬的父亲——齐格蒙特·司克罗茨基。他还记得另一次审判，涉及"有关犹太人"的指控。在他看来，这不过就是个借口，用来询问与反共产党地下组织有联系的人，但至少这也就意味着，有关耶德瓦布内的审讯已经不止一次了。这是一个颇为重大的发现。

2001 年 2 月 5 日

我们一个接一个地访问了扬·司克罗茨基的老朋友。和我们交谈的人中有个人抽出了一本有关在该地区的波兰家乡军军事行动的书，是扬·奥奇霍夫斯基写的，他的秘密名字是"箭"（Strzata）。书中有来自拉齐乌夫的波兰家乡军成员的照片。我从梅纳赫姆·芬克尔斯泰因的证词中知道其中三个人的名字。从这本关于波兰爱国者的书里，有三名凶手的目光在凝视着我。

2001 年 2 月 6 日

回到了华沙，亚当·米奇尼克安排我与电影导演耶日·斯科利莫夫斯基交谈。亚当正在敦促他制作一部关于耶德瓦布内的电影。他认为肯定会有一部这样的电影，但是担心会是一部反波兰的电影，因此他想要引领潮流。我被要求提供其中的英雄人物。我的一个正在帮助我照顾拉莫托夫斯基的朋友认为，一部电影中的完美的主角应该是：一个犹太女人和一个波兰男人，一段非凡的冒险经历，一段延续了 60 年的伟大的爱情：换句话说，一部优秀的电影剧本中所有的全部成分。不过，我给斯科利莫夫斯基的热情泼了点冷水，他的热情无论如何只能是适度的。我向他解释说，耶德瓦布内不能够为一部亲波兰的电影提供最佳素材。

二

我想救她的命——爱情是随之而来的

或，拉凯拉·芬克尔斯泰因和
斯坦尼斯瓦夫·拉莫托夫斯基的故事

当斯坦尼斯瓦夫·拉莫托夫斯基看到道路上出现第一辆德国坦克时，他正在从克拉玛切瓦前往拉齐乌夫的途中。那一天肯定是 1941 年 6 月 23 日，因为他记得俄国人是在前一天从拉齐乌夫逃离的。安东尼·科斯莫切夫斯基当时坐在坦克上，他一看到拉莫托夫斯基就冲他大声喊道："把手从衣袋里掏出来！"拉莫托夫斯基想到，他这个人恐怕早就感觉自己像个大人物，已经高高在上，可以教训他人在新当局面前应该如何表现。他不可能事先知道，两个星期后科斯莫切夫斯基会卷入发生在拉齐乌夫的谋杀犹太人的惨案中去。

"我知道，在克拉玛切瓦，"拉莫托夫斯基告诉我说，"人们生活得很平静，没有人会去抢劫或者到处去杀害犹太人。直到有一天，我遇见了从捷沃旺基来的朋友马林诺夫斯基，他对我说：有些人从那个地区的各个村庄汇聚拢来，准备去干前一天他们在翁索什所干的同样的事。那么他们在翁索什干了些什么呢？农民们赶着马车从犹太人住的房屋旁经过，用斧头砍死了男人、女人和孩子们。街道上血流成河。我立刻跑去

玛丽安娜·拉莫托夫斯卡，原名拉凯拉·芬克尔斯泰因，和她的丈夫斯坦尼斯瓦夫。拉齐乌夫附近的吉文钦，20 世纪 50 年代。（作者的私人收藏）

玛丽安娜和斯坦尼斯瓦夫·拉莫托夫斯基在华沙附近的一个福音派养老院，于 2001 年辞世。（照片版权所有者：克齐斯茨托夫·米勒／《选举报》）

提醒芬克尔斯泰因全家。"

芬克尔斯泰因家在吉文钦有一个磨坊，紧挨着克拉玛切瓦；他们家的花园毗邻拉莫托夫斯基家的花园。他们有个女儿已经结了婚；他们的另一个女儿——拉凯拉——长期以来一直受到拉莫托夫斯基的宠爱。

"她很文雅，留着两条小辫子。她从小就一直戴眼镜"，他一边说一边用温柔和自豪的目光凝视着妻子。

自从拉凯拉第一次羞怯地偷看他一眼后，已经 60 年过去了，拉莫托夫斯基本人仍然是一个英俊的男子，身材高大，彬彬有礼，气质高雅，一双蓝色的大眼睛不断闪烁着光芒。但拉凯拉呢？我看着她的老照片，看到的是一个朴素的女孩，瘦瘦的，很警觉，戴着一副眼镜。

"你父母亲说了些什么？"我问道。

"他们对这个主意并不热衷。战前，当我们想要躲进玉米地里时，我妻子的母亲使劲追赶我们，结果玛丽安娜的一只鞋都掉了。"

"但是当时你叫她拉凯拉。你现在有时候还那样叫她吗？"

"在我们让她受洗之后，我就马上改口叫她玛丽安娜了。"

"为什么就叫玛丽安娜呢？"我稍后问拉莫托夫斯基夫人。

"我接受了他们给我起的名字。"

"他们全家以为他们是安全的，"拉莫托夫斯基继续说道，"他们不相信我，我不得不花一些时间去说服他们，然后他们才同意到我们家的土地上来。当人们开始赶着马车前往拉齐乌夫去同犹太人算账的时候，天还是黑的。他们途中经过吉文钦，所以他们停下来打碎了磨坊的窗户，并抢走了他们能够带走的一切。但他们没有抢走多少东西，因为那天晚上，我和我的姐夫一起去了，我们把芬克尔斯泰因家里的东西都装进了麻袋，然后把它们扔到阁楼上去了。那里储存了一些日用品：一箱伏特加，一箱肥皂。"

"那些人是从哪里来的？"

"来自翁索什和泽波瑞。所有奥利考沃来的人肯定都在那里。就像从苏契来的人一样。我认为我们克拉玛切瓦人或附近的捷沃旺基都没有一个人参加进去。我答应芬克尔斯泰因家人，我会去看看城里究竟发生了什么……他们正在把犹太人拖出家门，并驱赶到广场上。我看到一些犹太人的孩子们相互抱着，低着头。我没有看到谷仓被放火烧毁，我就想回去寻找一个好的方法以便把芬克尔斯泰因一家人藏起来，但是我朝周围仔细看了看。波兰人正守在大街上，因此犹太人无路可逃。当犹太人正在前往谷仓的路上时，波兰人已经开始在掠夺犹太人家中的财产了。"

"你见到德国人了吗？"

"有个警察。他站在阳台上拍照。当时整个拉齐乌夫大约有四个警察。德国人没有参与杀戮，不论是在翁索什还是拉齐乌夫，或是在耶德瓦布内。都是波兰人在到处追捕犹太人，把他们包围起来。他们立刻动手到犹太人的家里拿走他们能找到的所有东西。他们已经丧失了一切良知吗？人们都疯了，他们破门而入，扯开被褥，羽毛到处乱飞，风把它们吹向四面八方，他们肩扛手提，把大包大包的东西扛回自己的家，然后拿着空袋子又直接出了门。"

"男人？"

"大多数都是男人，但我也看到女人，人数很少。"

"有没有孩子？"

"那些能够扛东西的早就迫不及待了。成群结队的人挤在那里，我真不知道那一刻上帝在哪里。"

当我问斯坦尼斯瓦夫·拉莫托夫斯基为什么他认为所有这一切的结局就是一场暴行时，他的妻子插嘴道："这不是我们应该知道的。"

从我们的第一次相见开始，玛丽安娜·拉莫托夫斯卡就一直保持着距离，躲在假装出来的失忆之后，试图阻止我们去谈论暴行或任何涉及犹太人的话题。当我祝愿她犹太教光明节或者犹太新年快乐时，她总会开始念一句《玫瑰经》（译者注：《玫瑰经》是天主教徒用于敬礼圣母玛利亚的祷文）。当被问到她在娘家时所记得的光明节是怎样度过的这个问题时，她以一个问题作为回答："光明节是收获的节日，对吗？"她怎么能不记得呢？光明节几乎就是一个专门为儿童而创立的节日：孩子们能够得到礼物，桌子上摆满了甜点。

但是，拉莫托夫斯基接过了话题："有些人那么干很可能就是为了杀人本身，我们这里就有这种愚钝的基督徒，在他们眼里，犹太人的生命是一钱不值的。但大多数人这么干是为了抢劫，因为他们得到了德国人的许可。"

"你有没有这样的感觉，你是拉齐乌夫唯一正直的人？"

"哦，不是的，在拉齐乌夫正直的乡亲挺多的！问题是，另外一种人的数量更多。"

"那么，你是从哪里得到要去帮助犹太人的想法的呢？"

"我的全家都是体面的人。偷窃或杀人，我的上帝呀，这是不可想象的。我从小就受到很好的教育。我想，我有足够的智慧，我不怕任何东西，一个前怕狼后怕虎的人可能不会这样去做。而且，只要我能想得起，我就会记得我和犹太女孩和男孩一起玩的日子，去参加他们的舞会，听他们拉小提琴。"

"你是独自去参加的吗？"

/ 068

"也许就是我一个人吧。我一直喜欢和他们在一起。"

艾萨克·芬克尔斯泰因一家已经在这个地区定居了好几个世纪了。除了磨坊之外，他们有 8 公顷的农地；他们养了牛、马、鸡、鸭和火鸡。

"在我们家的磨坊里，"玛丽安娜·拉莫托夫斯卡向我解释说，"我们买了现代化的机器，用美元买的。一台轴向辐流式水轮机、各种长短尺寸的匈牙利产的甘孜牌滚子，用于加工黑麦；一台德国泽克牌压榨机，用于加工小麦。战争结束后，当他们抢掠各种东西时，他们无法将涡轮机从水中拖出来，这就是我们设法重建磨坊的原因。"

她母亲萨拉·扬季勒斯卡的家庭来自波兰中部的凯尔采。她母亲懂德语和俄语以及意第绪语和希伯来语。而且她的波兰语也非常好，邻居们因此常来找她代写书信。拉凯拉还记得她的母亲总是伏案写着同样的信头："赞美主耶稣基督。"

"我外公扬季勒斯基总是说，他永远不会让他的任何一个女儿嫁给村里人，因为他能负担得起更好的嫁妆，"她说道，"我妈妈的兄弟中有的是做办公室工作的。其中一位是卡季尼亚的一个铁矿矿长，另外一位住在凯尔采，是同一家企业华沙分公司下属的铁矿的总经理，另一位在建造桥梁，我母亲的姐姐嫁给了一位医生。我们家里还有一位教授，住在柏林。"

当拉凯拉还是个小孩子时，她的父亲就去世了，她的大哥也就成了一家之主。1930 年，她在拉齐乌夫完成了学业，然后被送到凯尔采的叔叔家，在叔叔家里——与她自己家里相比——大家都说波兰话。在那里，她获得了一张初中毕业证书，就到一家销售雪佛兰汽车的德国公司去做出纳。每当她回拉齐乌夫的家中时，她都会托一个波兰农工给拉莫托夫斯基送一张便条，告诉他她回家了——这是给住在马路对面的邻居的一种爱的表示。

拉莫托夫斯基去观看拉凯拉的姐姐玛蒂尔达的婚礼。是拉凯拉先告诉他的，但是她不敢上前同他见面或邀请他作为婚礼的客人。

"婚礼是在他们家门前举行的。来了一个犹太教士，那对新婚夫妇站在一个罩棚下，新郎打碎了一个玻璃杯。我是在场的唯一一个波兰人。我站在一旁。虽然玛丽安娜的表弟邀请我进门，但我没有进门，因为我知道拉凯拉的姐姐不会期望见到任何一个波兰人。"

"如果不是因为发生战争的话，拉凯拉的母亲可能不会把她的女儿嫁给你吧？"

"决不会的。"

"假如她把要求你改信犹太教作为她同意的条件呢？"

"那我是会答应的，甚至不用花时间去考虑。我从来没有任何波兰女朋友，我记得的。"

战争结束了拉凯拉在城市的职业生涯。1939 年 9 月，她在拉齐乌夫的娘家度假，就再没有回凯尔采。

她说道："苏联人一来到这里，他们就接管了我们的磨坊。"

一个波兰人被新当局任命为芬克尔斯泰因家磨坊的主管，但芬克尔斯泰因家人被允许作为雇佣劳动力在磨坊里生活和工作。

他说道："在苏联人统治下，我们在克拉玛切瓦的生活同往常一样。全村有 26 户人家，没有一家被驱逐离开。只有一个农民在会上站起来，就苏联的贫困问题发表了批评性意见——'我们一个集市上的猪都比你们整个俄罗斯的猪多'。第二天，就有人来把他带走了。"

我问拉莫托夫斯基，他是否还记得当时拉凯拉一家人的表现。

"上帝禁止他们喜欢共产党人！"

"但是，拉齐乌夫的人都说支持新政权的是犹太人。"

"最贫穷的波兰人立即尽他们的所能去为苏联人工作，但我没有看到任何犹太人这样做。至少在拉齐乌夫没有这样的人。"

要说斯坦尼斯瓦夫对犹太人没有偏见是有点保守。当我提醒他据说拉凯拉家里有人曾经和苏维埃当局合作过时，他突然大声叫起来："你在说什么？拉凯拉的姐夫莱布科·切尔文斯基是个共产党员，这没错，在俄国人统治下，他还扛着挺机枪到处招摇，但他在家里是一个败家子，全家人都不喜欢他，不喜欢，一点也不喜欢。"

拉莫托夫斯基不记得了，苏联人的占领正在改变犹太人和波兰人之间的一切关系。没有人对克拉玛切瓦的犹太人有过任何特别的抱怨，而拉凯拉的母亲和以前一样，一直看不惯他。

直到 7 月 7 日德国人来到之后，情况才有所改变。在确定芬克尔斯泰因一家已安全地藏在粮食堆中并给他们带去了食物之后，斯坦尼斯瓦夫才去看看他们家的磨坊究竟发生了什么情况。那时天已经很晚了。

"那里有抢劫犯，表现得好像那块地方归他们所拥有一样。我们一起喝完了四瓶我从楼上拿下来的伏特加酒。当他们都喝的有点醉了之后，我的姐夫和我把芬克尔斯泰因家里的东西，我们前一天隐藏起来的东西，都装到我们的马车上。这些东西可以让他们以后维持一段时间生计。"

"你把他们藏在哪里？"

"藏在黑麦堆里"。

她说道："我们听到尖叫声，看到从那里飘起来的烟雾。我们距离拉齐乌夫只有四公里。"

他说道："他们躲在粮食堆里，整整两天两夜。他们很渴，天气非常炎热。早晨，我手里拿着一只桶去追赶鹅，这是做给人家看我这是在给鹅喂水。我很担心周围的邻居。在我母亲的房子里，我为拉凯拉在炉子和墙壁之间用木板隔出了一间藏身的小间，在旁边另外还有一间是供她家人藏身的——她母亲萨拉、她哥哥绍沙、她姐姐玛蒂尔达以及她的两个孩子：瘸了一条腿的伊扎克和弟弟黑娃。我让他们在晚上搬进来的。妈妈没有对这些邻居说一句话，但是她去找了玛祖卡征求他的意见——玛祖卡是一个朋友，一个护理人员，在村里很受尊重。他的想法是让玛丽安娜受洗——当时还叫拉凯拉——然后让我们结婚。玛祖卡是个好人，尽管有点粗鲁，但是非常虔诚，你可以称他为一个虔信派教徒。他想把拉凯拉引入他的信仰。他想说服我，一旦她受了洗，我们就会太平无事了。'你结了婚，'他说道，'她就会和你一起登记注册的。'我们就这样做了。我没有为爱而结婚，那是后来的事。我只是喜欢她。我想拯救一条生命。"

她说道："在万圣节那天，我总会在玛祖卡的坟前点上一支蜡烛。"克拉玛切瓦是属于翁索什教区的，所以拉姆托夫斯基就去那里安排洗礼和婚礼。

他说道："我去了神父家——一张大桌子，五个点着了的炉头，每个上面都有一只准备烧烤的鹅。牧师问我：'你准备怎样付报酬给我？现在现金已经不值钱了。'我说，'我们什么也没有，神父。'他回答说，'戒指、耳环什么的都可以，只要是金子就行。'我告诉他，芬克尔斯泰因家在吉文钦的房子已经被抢劫一空，除了打破了的窗户和裂缝之外，什么也没有剩下。牧师说道：'我给你举个例子。我们这附近有个叫哈伊姆的，一个可怜的犹太人，背着一个包袱，但是当人们拿一把大砍刀搁在他喉咙边时，结果他又有美元又有黄金。'我开始全身颤抖，仿佛有一道火焰从我的头部直冲到我的脚跟。

"他告诉我要我出去到门廊等候。他没有再要我进去，他只是在门槛处把一张纸片交给了我，并告诉我把它交给拉齐乌夫的牧师，就在那里结婚。在回去的路上，我打开便条看了一眼，那上面说无论如何都不要让我们结婚。我把纸条揉成一团扔掉了。

"那个牧师肯定拿了翁索什凶手给的犹太人的金子。他可能对他们说过他会赦免他们的，于是某个愚蠢的农夫拿了些什么东西给他，由此来逃避麻烦。

"战后我母亲去世了，我哥哥去找那个牧师，他告诉我哥哥他会为我母亲主持葬礼，不会多收费，条件是我不能去参加。我当时太愚蠢了，我竟然因此而没有去参加我自己母亲的葬礼。

"我去了趟拉齐乌夫；我不得不提前同多文戈夫斯基神父先说几句，赶在他同翁索什的牧师会面之前。我发现他正在和邻居玩纸牌。他是一个好人，只是一张口就问我要六公升黑麦。我说德国人为一份伪造的文件要价要少很多，最后他让了步，降到三公升。当我和我的姐夫一起去他家的谷仓卸载时，我看到了神父家的宅邸，又长又宽，他家里存储的粮食任何人都不能从中受益，堆在那里就是被象鼻虫吃掉。一仓库的粮食足够让我们吃到春天，却只够象鼻虫吃三个小时。"

早年间，当拉莫托夫斯基还是一个男孩时，他父亲就去世了，当时翁索什的前任牧师问他母亲索要300个兹罗提才给他父亲办葬礼。

"我母亲所有的储蓄加起来也就是 150 个兹罗提，我们的邻居为我们支付了另外 150 个。后来我母亲还不起这笔债，一个讨债人成天逼着我们还。如果这些地方的牧师对基督徒女人都没有丝毫怜悯，难道他还会去同情犹太人吗？"斯坦尼斯瓦夫哼了一声。

拉齐乌夫教区纪事显示，拉凯拉是 1941 年 7 月 17 日受洗的，有两名证人在场：77 岁的约瑟法·布格拉法娃和 55 岁的扬·玛祖卡。

拉莫托夫斯基还记得带她去参加洗礼的情景。

"我开车带她去教堂，我们不得不在芬克尔斯泰因家的磨坊附近穿过一座小桥。那些霸占了磨坊的歹徒正站在那里，但他们只顾看着我们，没有采取任何行动。我没有去看洗礼；拉凯拉同玛祖卡和布格拉法娃一起进了教堂，布格拉法娃是玛祖卡的一位至亲老友，他请她当拉凯拉的教母。我在外面等候。这时费利克斯·莫达希维契来到我面前大声叫道：'我知道你身边有一个犹太女人。'我说：'现在她已经受了洗，只有你试图伤害她。'然后他说道：'如果不是你的话，我肯定会的。'"

婚礼在两个月后举行，时间是 1941 年 9 月 9 日早上 8 点，有两位波兰证人在场。

他说道："我们的婚礼是助理牧师主持的——是一个适度、不张扬的婚礼。出席者可能有十个人。我妈妈还是持反对意见，但她不再说些什么了。在婚礼招待会上有很多月光伏特加酒。我的一个朋友，费利克斯·戈德莱夫斯基，喝得酩酊大醉，朝窗户上开了枪。他自始至终对我们非常热情，我很难相信他也与杀戮有牵连。"

"新娘的家人出席了婚礼吗？"

"她的母亲坐在另外一张桌子上，不是坐在主桌上，因为食物不是适合犹太人的。一开始我的玛丽安娜几乎没有吃任何东西，她做不到。我对她说：'你会饿死的，老婆，这是你们的神所想要的吗？'"

她说道："当我们从教堂回来的时候，我妈妈摘下她的戒指套在我的手指上，说道，'你是唯一一个能够生存下去的人。'"

他说道："能活下去是她的命，而我不过是被派来确保她的命运得到实现。"

拉莫托夫斯基继续说道："我不知道因为那场婚礼我陷入了什么样的困境。我上了当，原本在任何情况下我都是很聪明的，但这一次我居然听从了比我更愚蠢的人的意见。有人把我的婚礼向上头作了汇报，他们也开始找我的麻烦。从那时起，我就被关注了，我们俩都不得不躲藏起来。有好几次警察来到我们家，但我们通过横梁上的一个缺口轮流去观察农场上的动静，一有情况我们就会蹲着藏在炉灶后面。有一次我看到亨利克·德齐科斯基向我哥哥的小孩询问我们的情况，有个德国警察就站在附近。那一次他没有问出任何头绪。但最后，出现了一个密探，是他欲置玛丽安娜一家人于死地的。芬克尔斯泰因一家人都被带走了，后来德齐科斯基来找玛丽安娜，说她的家人都被带走了，他知道玛丽安娜和我们在一起。我们无可奈何。玛丽安娜从藏身处走了出来。她跪在他面前，但没有任何用处。我可以杀死他，但我的家人都会死的。"

/ 073

"谁是那个密探？"

"我能猜到此人是谁，但我没有把握。在我们附近地区只有一个人在四处寻找犹太人，像狗一样把他们嗅出来——来自捷沃旺基的斯坦尼斯瓦夫·泽莱乔斯基。他告发了一名翁索什来的粮食商人，那个商人设法逃脱了广场上的围捕，跑到他所认识的一个农民家去了。泽莱乔斯基跟踪并在那里找到了他，把他关在猪圈里，逼他一下子喝下满满一桶水，就是要让他遭罪，然后把他移交给了警察。后来他自己笑着给人家讲这个故事。他们因此给了他两公斤白糖。德国人不是那么慷慨的，但对于某些人来说这就足够了。"

"你是怎么救玛丽安娜的？"

"德国人把大屠杀当天逃走的几家犹太人关在犹太教堂里，我跟在玛丽安娜和德齐科斯基后面，意识到那里就是关她的地方。我一直等到黄昏，这时一个警察转身离去了，我赶快跑到里面去。我点了一盏灯笼，看见玛丽安娜蜷缩在一个角落里，我示意她起来，然后我们就跑了出去。我无法让全家人都逃走，但至少我帮她逃出来了。"

她说道："看守我们的民兵军官是瓦谢维契。他知道我是斯达西奈克的妻子，当晚他给了我一个枕头。"

躲在家里的货架后面实在太危险，因此他们在一个邻居家里找到了一个藏身之处。1942 年，他们有了一个孩子。

"给孩子接生的女人说孩子生下没多久就死了，"玛丽安娜说着，泪流满面。"为什么会这样呢？刚出生时孩子挺健康的。"

"孩子生下几个小时就死了，这也许不是坏事，"斯坦尼斯瓦夫轻轻地解释说。"我们三个人的话永远都不可能一直隐藏下去。"

她经常回想起这件事，每次都会哭，有一次她对我说，她确信孩子是被用枕头闷死的。没过多久，她再次怀了孕。

"我的妻子又怀孕了，怀了相当长时间，但是她开始有流产征兆，她需要一名医生，否则她就不能生存下去。我带着她一直到了耶德瓦布内，当时是冬天，我把她放在雪橇上带走的。给她检查的医生是一个德国人后裔，不是本地人。"

"你的妻子看起来像犹太人吗？"

"不怎么像。她能讲流利的波兰语。但是有个住在耶德瓦布内附近的女人认出了我们，就告诉了医生。我把我妻子抱回到雪橇上，然后回去向医生道谢，恰好听到她在说，'刚才有一个犹太女人在你这里'。我没来得及道谢就匆忙赶着雪橇尽快离开了。我总是随身带着一把枪。如果他们抓住了我们，他们是不能让我们受苦的；首先我会打死他们，然后我会杀死我们两个人。"

拉莫托夫斯基加入了波兰家乡军。是玛祖卡的一个儿子邀请他参加的，就是这个玛祖卡告诉拉凯拉她应该接受洗礼。

"在这个地区，大多数人都加入了 NSZ[1]，或者叫国家武装部队，这是一支憎恨犹太人的地下武装"，他说道。"多米尼克·格拉博斯基和我在波兰家乡军中都是来自克拉玛切瓦的人。有时候我接到命令到某个地方去分发武器。有一次我拿到了一堆机关枪，全都是些破旧的老古董。我不得不沿着什丘琴和比亚韦斯托克之间的道路开车，在那里我看到一辆接一辆的德国车。我在想，为了一车垃圾拿一条人命冒险值得吗？但命令就是命令。我做到了。后来在捷沃旺尼·博尔附近有一次军事行动，有许多德国人被打死在那里，所以，也许是我运的枪中的一支发挥了作用。玛丽安娜也来与我一起参加行动，她说她再也不想离开我独自生活了。"

他们有三次遇到了拉凯拉的某个家人。拉莫托夫斯基第一次遇到的是他妻子的姐夫，就是那个家里的败家子。

"我们在拉什科夫斯基家的村庄附近，有一次他们要求我渡过河去，帮助他们在河另一边收割庄稼。就在那边，突然有两名男子从黑麦地里钻出来，都穿着德国制服，端着枪。我几乎要吓死了，因为其中之一是莱布科，她的姐夫，同一个朋友在一起——他们根据我的嗓音认出了我。那位朋友是赞德勒的儿子，战前赞德勒在拉齐乌夫有一家干货店。大屠杀之后，凶手之一，亚历山大·戈德莱夫斯基，搬进了赞德勒的家。他们俩杀死了两个德国人。他们说，'今天我们要穿越战线到苏联那边去。如果我们活过了今晚，我们就能继续活下去了。'他们想去找苏联游击队"。

有一天，拉凯拉的姐姐出现在拉姆托夫斯基的母亲家。她曾经在拉齐乌夫的犹太教堂里，但后来同其他犹太人——大屠杀的幸存者——一

1　NSZ：Narodowe Siły Zbrojne，或称为国家武装部队，是一支波兰地下武装部队，与波兰家乡军意见不合，国家武装部队认为波兰家乡军对待苏联和苏联红军的立场过分柔和；国家武装部队不仅公然持反犹太主义立场，而且认为纳粹的威胁比苏联更小，在战争结束后还继续进行反苏联的党派行动。

起被带到格拉耶沃附近的米勒沃庄园。一个德国人在那里负责，但没有人真正严密地看管他们。

"他们在那里饿极了。晚上，她总是会大老远地跑过来找我们，路上要经过一条狭长的车道，大约有20公里长，来为她的孩子要点吃的东西。她和玛丽安娜完全不同，强壮得像头牛一样，非常高傲，以前从来没有跟我说过话。只是因为穷困到如此地步，她才会来找我们，并对我们说，'斯坦尼斯瓦夫，帮帮我'。我七拼八凑，找出了一些食物，有猪油、面包和黄油。但是我还不得不送她回去。多米尼克·格拉博斯基，当时我们就躲在他家里，把他的马车借给我用。我往车上装了一些泥炭，把她和食物藏在下面，然后赶着车走了。在克拉玛泽有一座小桥，桥上有一个民兵把守，但他没有阻止我们通过。

另一次，当拉莫托夫斯基在给他们藏身的一些农民的地里干活时，有人大声从谷堆中向他喊叫。"我抬头一望，看见一个人，大脑袋上头发很长，胡子拉碴，这人是她的堂弟，莱布科·芬克尔斯泰因；在被转送到特雷布林卡的路上他逃了出来。他全身爬满了跳蚤，于是蹦蹦跳跳地想把跳蚤甩掉。我给了他几件衣服，回头又带了一把剃刀给他，帮他剃掉了长发和胡子。后来他同镇上的一些小偷搅和在一起，晚上出去偷鹅吃。我试图跟他讲道理，但他就是不肯听。有人就去告诉了警察，警察就过来抓他；结果他被抓住了，然后被杀掉了。"

我问他有多少人帮助过他们，有多少人知道他们。

他说道："起初，在克拉玛切瓦有四家人知道。他们没有帮助我们，但他们知道。当玛丽安娜的家人被带走后，我们要费更多周折才能找到更合适的藏身之地，当时我都不敢相信任何人。恶魔可能会进入任何人的内心。我们住在战前就关系很好的老朋友家里，来自克拉玛切瓦的拉什科夫斯基一家和来自捷沃旺基的卡宾斯基一家。我在科诺普基有一个姑姑，当我们路过去她家的时候，她总是叫我'亲爱的、我最亲爱的'，但是在她家的第一个晚上，她就已经对我们说要我们走，她无法忍受整天提心吊胆的日子。她甚至都没有给我们一块面包带在路上吃。另一个伯父原准备让我们躲在他家里，但他的儿子是村长，为此对他大发雷霆。我们在平基和父亲的一个妹妹住在一起。在那里一切都好，罗戈夫斯基也住在那个村子里，我们有时就到他家里去过一晚。在格林基有兄弟两个，弗朗西斯泽克·姆罗齐基和约泽夫·姆罗齐基，他们都在躲避德国人。在他们家地板下有一个能够藏身的地方，我们可以去那里睡觉。来自波兰家乡军的朋友知道如何与我联系。白天，我在农地里为我认识的农民干活，晚上我给玛丽安娜带些吃的回去。"

她说道："有那么多的夜晚我们不得不睡在树林里、峡谷里、沙坑里，和老鼠做伴。"

1944年，德国人从这些领土上撤离后，前线转移了，对那些躲藏起来的犹太人来说这是最关键的时期。

"但是我们留了下来。我在野外挖了一个洞，用一块石板盖住。德国士兵从克拉玛切瓦退经此地，在黑麦地里踩出一条路，就在我们藏身的地方。有个德国兵用脚踢开石板，发现了我们，我们面对面看着。玛丽安娜用德语对他说话。他告诉我们他在战争中遭受的苦难，然后继续走了。"

晚上，又来了一辆汽车，载着德国人，他们到远离前线的一个安全地方去了。

"战争快结束了，德国人自己也动摇了，"他继续说道。"他们来自斯大林格勒，可怜的家伙们，都被打惨了，我们就此判断出这一切几乎快要临近结束。有一次捷沃旺基村的村长碰巧经过卡宾斯基家住的地方；他注意到了我们，就去找了一个德国人，告诉他有个犹太女人住在卡宾斯基家里。有个德国人过来了，询问情况，但他没有坚持，也没有搜查房子。"

战争一结束，他们就搬进了曾经是芬克尔斯泰因家的房子，但现在只剩下残垣断壁。

她说道:"斯达西奈克的母亲起初反对我,但战争结束后,她每天都从克拉姆祖沃来看我们。我想她意识到了我还是个挺不错的儿媳。"

他们重建了磨坊。他是磨坊主,她管账目。

"有句话是该要说的——是他们同意让我们重建的,"拉莫托夫斯基夫人点头说道。

起初,我以为她是指共产党当局,共产党是能够把磨坊从他们手中拿走的,但她指的是邻居们。

我问他们是否有人谈起过镇上的杀戮。

他说道:"私下里或喝酒的时候人们会说起的。多文戈夫斯基神父曾经来和我们一起唱颂歌,他非常胖,胖的你几乎不能把他拉出雪橇。我问他,'当一个凶手穿着犹太人的皮大衣来到教堂时,你不会对此不安吗?'大家都知道德齐科斯基杀死过犹太人,还穿着沃尔夫·什拉巴克牌子的外套到处招摇。他没有回答。玛丽安娜害怕了,她用力拉着我的袖子。"

我接着问她,她那个扩大了的大家庭中是否有人幸存了下来。

她回答道:"他们都死在特雷布林卡。只有我的姐夫幸存了下来。他设法跑到苏联那边去了,结果被关在一个集中营,但最终从集中营里活着出来了。战后,他去了瑞典。他从那里写信给我,问他的妻子和孩子是否还活着。我没有给他回信。"

"为什么不给他回信?"

她说道:"我不想回,这样的情况下你也不能回。多罗戈依一家,拉齐乌夫的一个犹太人父亲和儿子,躲藏着活了下来,战争一结束却立刻被杀害了。有人要科斯莫切夫斯基和他的弟弟去同他们一起喝半升伏特加酒,以此同他们和解,但是在走廊上他们却拿着斧头朝犹太人砍去。如此一来,就不会再有任何目击者了。我们生活在恐惧之中,他们经常来偷走我们的东西。各种各样的事情都在发生。"

他说道:"他们中有几个人强行进入我们刚刚重建的磨坊,命令我伏在地板上，用枪指着我的头。早些时候，他们留下了一张落款为'老虎'的便条，要求我们交出20袋面粉。他们把粮食扔得到处都是，并且威胁说下次要炸掉磨坊。那时候，已经不再是因为藏匿犹太人了，纯粹就是抢劫。后来有一次，是在战争结束两年后，玛丽安娜想买回原本属于她家的橡木碗柜。柜子在吕载沃村的赫罗斯托夫斯基家里——他甚至还从芬克尔斯泰因家的花园里挖树拿回自己家。有人不愿意让她要回碗柜。"

她说道："他们在我们家的门上贴了一张判处死刑的告示。因为我想买回我自己的橱柜。我用这笔钱可以买一个更好的柜子，但这是一个家庭纪念品。柜子是深色橡木做的，分三截，边上有小门，里面有两层隔板。"

他说道："是从吕载沃来的两个人把那张告示挂在我们家门口的，他们是涅图普斯基和司克罗茨基。国家武装部队在我们这块地方签发了许多这样的告示。他们偷东西，行凶打人，还杀人。我去找了我们自己人，是在波兰家乡军里的。他们收回了对我们的判决。不管怎样，我们活了下来。但是我们一直承受着压力。"

"你们之后要回了柜子吗？"

"噢，没有；后来我再也不想要了。"

在那张告示被钉在他们家门上后不久，玛丽安娜就流产了。从此以后，她再不能有孩子了。

"你还有什么从你家祖上留传下来的东西吗？"

"我们有一整套奇梅卢夫瓷器餐具。有一个邻居还给了我们两个汤盘。另一个邻居还给了我们一个洗衣盆，也是他们自愿的。好人啊。"

拉莫托夫斯基打断了她的话："你这是太可笑了。去还给别人本不属于他们自己的东西，这样做他们并不是有善心。他们稍后还会再来的：'借给我这样东西，借给我那样东西。'不只是他们，还会有别人的。"

"他们认为因为你讨了一个犹太人老婆，你就必须付出代价是吗？"

"可以把它归结为这个原因。"

我问斯坦尼斯瓦夫，他是否因为娶了一个犹太人妻子而受到责怪。

"你真的不能这么说——她是受到尊重的。"

玛丽安娜插话进来："他们因为我受过洗而尊重我，当我经过时，他们都会朝我点头。"

他说道："有一次木匠维希涅夫斯基，也是一个凶手，在饭店里的酒吧喝啤酒。他喋喋不休地谈论着我的妻子是个犹太人。我回头朝他走去：'你还没有杀够他们吗？'并狠狠打了他一拳。他闭上了嘴，然后离开了，从此再没有讥笑我。当时我和几个朋友在一起，其中一个对我说，'你很勇敢，不错，斯坦尼斯瓦夫'。我说我只是在说实话。法比安·莫达希维契来到我们的桌旁，威胁我说：'也许你应该把真相留给你自己。'"

我问玛丽安娜·拉莫托夫斯卡，战后是否发生过这样的事：某个什么人到她身边来对她说，他们为波兰人的所作所为感到羞愧。

"没有，但是他们对我们来说也不是那么坏；他们知道我们不会指责他们。相反，不管在什么情况下，只要他们受到怀疑，我们都会代表他们去作证的。我曾经为参加过民兵组织和波兰家乡军的瓦迪斯瓦夫·瓦谢维契作证。有一次他在路上遇到斯达西奈克时，便对他大喊：'快躲进马铃薯地里去！'片刻之后，整整一支侦察兵部队就从那儿经过。"

我阅读了玛丽亚娜·拉莫托夫斯卡在审判费利克斯·戈德莱夫斯基时的证词，他被指控杀害犹太人："我是受过洗的犹太人……我从犹太人那里听到他们对戈德莱夫斯基看法特别好。在事件发生之前和之后，他总是乐于帮助他们。"

尽管其他证人都给出了有罪的证词，埃尔克法庭最终决定免除对戈德莱夫斯基的指控。在裁定无罪的理由中，法庭指出："我们必须强调犹太人出身的玛丽安娜·拉莫托夫斯卡对本案所作证的重要性，她把被告戈德莱夫斯基描述为在犹太人中享有特别同情心和良好声誉的人。因此，如果被告戈德莱夫斯基曾经参与过任何迫害犹太人的行动或对他们怀有敌意的话，他肯定不会在犹太人中赢得这样的同情。"

"我还在另一个人的审判中为他作过证，后来他来到我身边，跪下来，双臂搂着我的双腿，吻了我，"她补充道，眼眶里充满泪水。

每当我试图找出这个第三者是谁的时候，玛丽安娜都会突然爆发出抑制不住的啜泣声。最后她向我承认，此人是莱昂·科斯莫切夫斯基。

我说："科斯莫切夫斯基据说是最残忍的凶手之一。你知道他们做过些什么，戈德莱夫斯基、瓦谢维契和科斯莫切夫斯基？"

"我不知道前两人在那天做过些什么，但后来他们真的帮助过我们。每个人都知道科斯莫切夫斯基。我们愿意去帮助任何一个凶手，不然的话我们也不会活下来。"

他说道："对他们来说，杀死一个人就像杀了一只苍蝇。我们生活在这里就像麻雀生活在丛林里一样。这就是为什么没有有罪判决。我们不得不去为他们辩护。"

她说道："有一次，亨利克·德齐科斯基来到磨坊，他就是当时把我带到犹太区去的那个人。'我没法再忍受了，我要杀了他'，斯坦尼斯瓦夫说道。但是我说：'再给他倒点面粉出来吧。我们必须以德报怨。教会他应当怎样生活在这个世界上。'"（这是玛丽安娜·拉莫托夫斯卡多次告诉过我的故事之一，每次她都是流着泪讲的）

1955年，秘密警察在拉莫托夫斯基同意的情况下，在他的农场附近安装了窃听器。他们正在监视他的一个邻居，名叫雅德维加·东布罗夫斯卡，此人是活跃分子斯坦尼斯瓦夫·马尔海夫卡的亲戚，又名"鱼"，两年后死掉了，那是1957年，是被他的同伙出卖给了秘密警察。

"晚上，我们去了拉莫托夫斯基家，"秘密警察部队的一名少校因公务出差回来后报告说，"我们和他讨论了向他的农场派出一个工作小组的话题，之后他把此项提议告诉了他的妻子，既然他们不能够在别的方面做些什么，他们也就应该表示同意并保守秘密，对此她也表示同意，并强调她能够理解保守秘密的重要性。拉莫托夫斯基的兄弟以同样的方式接受了我们的提议。在他们承诺保密之后，拉莫托夫斯基告诉了我们，他家猪圈里有个地方可供我们的人员安顿自己，然后他回家休息了。”

我从来没有和斯坦尼斯瓦夫谈过此事。他自己也没有告诉过我，这些文件是在他去世之后才公开的。

在我们进行过的几十次谈话中，拉莫托夫斯基回想起了越来越多的凶手。

“亚历山大·戈德莱夫斯基，噢，他是一个凶手，但他从未接受过审判。当我在拉齐乌夫四处走动的时候，他一看见我就会躲进小巷子里去。有一次我对他说，‘来吧，一块去喝一杯；你为什么要回避我呢？’听到我这么一说，他如释重负，甚至没有让我付啤酒钱。

“米奇斯瓦夫·斯特策尔莱基也是一个凶手，他是一个暴徒，一个恶棍；莱昂·帕科斯基，温切蒂·皮厄特罗斯基。我看到扬·席曼诺夫斯基和扬·克雷斯卡驾着他们的马车从泽波瑞去拉齐乌夫杀人。席曼诺夫斯基是在翁索什第一批动手杀人的人，但对他来说这还不算什么。从翁索什来的还有卡尔沃夫斯基，他后来在国家武装部队里成为他们的上司。从科诺普基来的有亚古迪考，他是个很可怕的人，然后是来自姆西希斯基的维希涅夫斯基，他在拉齐乌夫娶了一个姑娘。我不时地想起他们中的每一个人。

“还有很多像费莱克·锡德尔基一样的人，他们自己没有真正参与，而是看着别人并鼓动别人去杀人。或者还有博莱克·锡德尔基——你不能说他参与了围攻，可是他当时确实在广场上。但是当时有很多人在那里杀人。上帝保佑你永远不要遇见他们中的任何一个”——他不安地看着我，说出了一些已经死了多年的凶手。

“费利克斯和米耶泰克是真正的屠夫”，他说的是莫达希维契兄弟。“他们还有第三个兄弟，叫扬，和他两个哥哥一样心狠手辣，都是职业暴徒。但是那些杀人者后来都不得好死。我的一个朋友，在医院住院时病床就在费利克斯·莫达希维契旁边，他告诉我说，费利克斯在床上叫唤着被他杀死的犹太人的名字。死亡正在临近，被害人全都回来缠绕着他。他的家人试图让他闭嘴，但是他还是在病床上大喊大叫，'他们有很多人在粮堆里，把他们赶出去'。"

我把我所收集的有关耶德瓦布内和拉齐乌夫的所有报纸文章都带给了拉莫托夫斯基。我还没有离开，他就当即翻阅了起来（玛丽安娜告诉我，他曾经把拉齐乌夫公共图书馆的书每本都借了五次）。有一次，我们正在看一份 60 年代拉齐乌夫的报纸，看到一场葬礼上的一支乐队的照片。

"拍的很不错，"他评论道。"看，他就是一个凶手，那里还有一个杀手。那个家伙的儿子曾经找过我，问我的妻子是否会原谅他父亲的行为。还有一次扬·赫罗斯托夫斯基生病躺在床上。他和他的妻子出售月光伏特加。我去买一些伏特加。他吩咐为我端来一把椅子，然后向我承认他对犹太人所做的一切。'如果你和你的妻子能够卸掉我的精神负担，哪怕只是一小点，我就感激不尽，'他说道。我对他说，'老兄，我们可没有什么要反对你的，但是要说宽恕嘛，你还得到其他地方去找。'"

在 60 年代，村民们不再把谷物送到磨坊去加工，拉莫托夫斯基不得不依靠他们的农场过日子。农场处于一片贫瘠的地区，那里的土壤条件十分恶劣，但是他们农场上那种贫穷和荒凉是我几乎从未见过的。房子在破旧的地基上摇摇欲坠，寒风透过房梁之间的空隙吹进屋里，厕所在院子里，厕所的门已经脱落下来，没有再被固定到铰链上。我不知道为什么会这么糟糕。是不是因为玛丽安娜整天整天都紧张地坐在凳子上，不知道该怎么操持一个家？斯坦尼斯瓦夫告诉我，她不喜欢打扫卫生和做饭，她也不擅长，所以只好由他来做。我想，他的家务做的实在不够好。是因为斯坦尼斯瓦夫是一个酒鬼吗？因手指冻伤过，他的一双手成了半残疾；有一次下大雪他在大车上睡着了，手指被冻僵，后来不得不化冻。全靠他家的马老马识途把他带回家，挽救了他的生命。

但是，在我看来，他们家贫穷的主要原因是玛丽安娜认为，她必须不断给斯坦尼斯瓦夫的家还债，这样才能被他们接受。当我遇到他们时，他们正养着两个家——两对有孩子的适龄劳动夫妻——靠的是斯坦尼斯瓦夫被以色列承认作为一个国际义人，一个帮助挽救了犹太人生命的非犹太人，而从以色列犹太大屠杀纪念馆领取的一笔不太多的钱。我曾经告诉拉莫托夫斯基我的假设。

"你的眼力不错。"他用赞赏的眼神看着我。"我在家里想到了很多藏钱的地方，但是无论我把钱藏在哪里，我的妻子总是能够在她家人来访的时候及时把钱找出来。"

没有哪个来自拉齐乌夫的人曾经出过哪怕是一点点力气来帮助这两个患病的老人。但是，当耶德瓦布内惨案突然间引起轰动时，拉莫托夫斯基这个名字就几乎立刻在大家的嘴里传开了。

"他给自己找了一个小个子犹太女孩。不过，还挺漂亮。他是看中了她家的磨坊，想得到它。"

"当德国人在追捕犹太人时，拉齐乌夫的人是想要出手相助的。就像那个和犹太女人结婚的拉莫托夫斯基一样。她皈依了我们的信仰。大家没有回避她，都愿意跟她说话。"

你可以听到人们老是在这样说，说她又漂亮又富有。其实在那个婚姻中，斯坦尼斯瓦夫才真正是个英俊的小伙子，而芬克尔斯泰因的家却遭到抢劫掠夺，被清洗一空，磨坊也被夷为平地，这个情况当地人肯定是很清楚的。他们显然不得不给自己一个解释，为什么他们中的一个会去娶一个犹太女人为妻。

"当战争结束时，"拉莫托夫斯基说道，"我对我的妻子说：'现在，亲爱的，你自由了；你想去哪里就可以去哪里。'她说她哪儿也不想去。'好吧，'我说，'如果我们的生活就该这样，那我们今后就永远在一起。'从那以后我们就一直这样生活着。"

在以后的 60 年里，他们一直没有分开，哪怕是一分一秒。当我第一次看到他们时，他们看上去似乎是为了要画一幅肖像画而摆着造型。他坐在她身边，握着她的手。后来我看到这是他们每天打发大部分时间的常见姿态。"斯达西奈克，"每当他离开片刻，眼睛近视的玛丽安娜就会叫他。"我来了，玛丽安娜，"他回答道，语气中没有丝毫不耐烦的痕迹。

"你们有没有想过离开波兰？"我问道。

他回答说："我随时准备去美国，她的堂兄弟们总是在邀请我们去，但玛丽安娜无论如何都不愿意去。我一次又一次地跟她说：'老婆呀，让我们离开这个鬼地方吧。'"

她说道："我出生在此地，我就属于这个地方，我的祖先在这里都住了 300 年了。"

他说道："她是害怕我到别的地方去会对那里的女人着迷。但即使我到别的地方去，我也永远不会离开她，无论如何都不会长时间离开的。我和女士们在一起一直是很幸运的，但是我会始终喜欢我已经有的女人，何况我不是那种朝三暮四的人。假如我回家晚了一些的话，我就会亲吻她，表达我的一些爱意，那么事情就会过去了。在拉齐乌夫，像她这样的女人现在没有，将来也不可能有。别人是不可能和她相提并论的。"

日 记

2001年2月7日—3月10日

2001 年 2 月 7 日

我在黎明时分飞往耶德瓦布内去出席一个居民会议，会上检察官伊格纳季耶夫准备把他进行调查的原则告知大家。会场设在一个已经遭到破坏的庄园主住宅里，在共产党执政时期，这里曾经是一个文化中心和电影院。在入口处，我向一小群男人介绍了自己是《选举报》的记者。顿时响起了一片回应声：

"你听说过驱逐出境吗？你知道是谁在背后主使吗？"

"是你们的人，犹太人。当苏联人在这里的时候，犹太人想在我们的教堂里建一个电影院和厕所。"

我试图插话进去，犹太教堂也被改成了电影院和库房的。

"在谷仓里有 1600 个人？你一定是在开玩笑。"

我问道，为什么早些时候没有人对纪念碑上的铭文提出质疑——碑上明确地给出了这个人数，被盖世太保烧死的。

"你是在朝我们和我们的孩子身上吐唾沫。我们不再和你说话了。"

教区牧师爱德华·奥尔沃夫斯基同贾尼娜·比德齐奇卡（就是这个女人的父亲把自己家的谷仓贡献出来用于焚烧犹太人的）一起进入大厅，然后在讲台上的桌子边就座。大厅里可能有 200 个人左右，大多数人的年龄都在 30~50 岁之间。当检察官反驳反犹太人的言论时，他遭到了一片来势汹汹的反对声。可是只要说到有犹太人把波兰人出卖给苏联内务部时，则会赢得一阵阵掌声。

"他们写的全是谎言。即使是你把他们捆成鲱鱼一样装进桶里，你也不可能在那里装下 1600 个犹太人。"

"我们不是反犹太人的。我常和犹太人孩子一起玩耍。但是有件事必须要说：当波兰人被遣送到西伯利亚去时，有两个犹太人站在门口守着。"

"是谁在指责耶德瓦布内的人？我们甚至都不必问，我们知道有钱能使鬼推磨。"

"格罗斯在撒谎，让研究所送他去接受审判。"

大厅里有一个人，他没有告诉我他的名字，后来对我说，"右边那个大声喊叫的人，说犹太人害得波兰爱国者被驱逐出境，其实他很清楚他的父亲告发了我的父亲，当内务部的队伍来逮捕我父亲时，他父亲甚至还加入其中。后来他父亲在我父亲面前跪下来，恳求我父亲保密"。

我是第一次看到奥尔沃夫斯基神父是如何活跃在现场的。他看上去是个快乐、坚强、精力充沛、嗓音洪亮的人，圆圆的脸因秃顶而变得更加圆滚滚。会议结束后，他离开讲台，站到摄像机前边——第二频道正在拍摄关于耶德瓦布内的报道——他把身上的教士长袍拉直，然后慷慨激昂地说道："他们想让我们相信我们是凶手。在苏联占领期间，犹太人和波兰人之间的和平共处被犹太人破坏了。1939 年当波兰被征服时，没有任何一个城镇能像耶德瓦布内那样迅速组织起抵抗运动。波兰人在奥斯维辛集中营中死去。他们所说的不仅仅是对耶德瓦布内的诽谤，而且是在反对波兰人民。我们必须保卫我们自己。"

我同检察官一起去市政厅，并向克齐斯茨托夫·戈德莱夫斯基市长作了自我介绍，他邀请我们一起喝茶。

"在这样的事情中，过分地斤斤计较是有失人的尊严的。"市长说道。"也许没有1600个受害者，而是1300个或更少。但这又有什么关系呢？我们必须要对这桩罪行的事实做出妥协——以基督徒的谦卑。耶德瓦布内的犹太公民遭到了残酷的谋杀。这桩惨案被揭露出来公之于众是件好事。关于犹太人与苏联内务部合作的事情整个就是一条红鲱鱼（译者注：转移人们注意力的东西）——我们应该来谈一谈怎样把纪念碑上的铭文改动一下。"

我问市长，在一个牧师呼吁教区教友不顾真相而捍卫自己的小城里，他打算如何去做这件事。

"只有一小撮人参与了犯罪。然而谴责却落到了全体城内百姓的头上，这使居民们都感到十分愤怒。许多人都相信是德国人实施了暴行。这是他们以前所听说的，要改变他们的看法也是很难的。也许可以告诉人们，在1949年有一些无辜的人被定了罪，这样做可以让人们知道，民族纪念研究会想要得到真相。城里的居民们已经陷入了非常困难的境地。他们需要时间来消化这件事。选择更容易的事实是很自然的事情。但是从市议会的角度来看，我觉得我们正在逐渐陷入越来越困难的真相之中。"

就在这个时候，有个议员进来了。

"即使你把1600个犹太人减去3/4，也不能把他们都塞进那个谷仓里去。我出生在1950年，但我从父母和邻居那里知道犹太人是被希特勒杀害的。不论是谁只要说是波兰人干的就一定是拿了别人的钱才这样说的。波兰人把他们围起来是出于耍乐还是受到胁迫，我不知道，但有个德国人拿着枪正在那里。"

我打断了他的话，问他那么他认为纪念碑上的铭文应该写些什么。

"这里没有烧死1600个犹太人。那个谎言必须得到纠正。"

　　戈德莱夫斯基——一个留着八字胡的身材高大的男人，一个有天赋的演员——站在他的后面，朝我做出绝望的鬼脸，掩盖住他的眼睛和他的耳朵，双手高举，指向天空。

　　我到牧师家去拜访牧师，我彬彬有礼地开始了我们的谈话："很多你们教区的教友都来同检察官见面，我知道是您组织的。"

　　"我是在教会里宣布的。我告诉人们要去，他们回应了我的号召，"他满意地说道。"每个人都同意，波兰人和犹太人的社区原本相处得非常和谐，就像一个有爱心的家庭。但俄国入侵波兰后，这一切就出了毛病，当时许多犹太人加入了内务部，与波兰人的友谊被打破了。我们必须仔细看看格罗斯写的东西。耶德瓦布内只是冰山之一角。"

　　"您是在说什么？"

　　"如果耶德瓦布内的事件是以格罗斯想要的方式来处理的话，那么就像是在船体上凿出一个洞，然后等着它下沉。事实上是德国人杀了犹太人，而不是波兰人。但犹太人却以那样的方式行事。"

　　"您这样说是什么意思？"

　　"在我们的查经班上，牧师告诉我们，'一个犹太人会用手杖挑着一顶帽子然后告诉你："当心点，这里有我们两个人。"'这就是犹太人的性格。在纽约，我遇到了一个犹太人千万富翁，他对我吹嘘在战争期间他把他的巨大的工厂出售给了德国人：'他们给了我们很多黄金，开车把我们送到汉堡，从那里我们乘船去了美国。'在这里他的同胞正在死去，而他却做了那样的事——一个彻头彻尾的骗子。"

　　"在您的教区里您听到过反犹太人的言论吗？"

　　"我们这里没有反犹太主义的问题。"

　　"你认为纪念碑上的铭文应该怎么写呢？"

　　"纳粹在这里屠杀了犹太人。这样写是一种妥协，不仅犹太人而且波兰人都应该可以得到安抚。否则，小城就不得不进行自卫。"

　　"你觉得会发生什么情况？"

"也许我们不得不组织起来，我们这里有很多爱国者。我正在考虑成立一个委员会来维护我们这个小城的良好名声。"

在同检察官见面的会场上，我找过莱谢克·杰齐茨，但没有见到他，所以我顺便去他家看看，他家在距离耶德瓦布内大约 3 公里的普热舍拉。

"我是不去参加牧师的聚会的，"他说道，"但请你告诉我发生了什么事。"

他坐在椅子上一动不动地听了我的叙述，然后评论道："同样的牧师，同样的波兰人。他们唯一的问题是，再没有一个犹太人可供他们杀戮了。"

2001 年 2 月 8 日

报纸上有一些关于耶德瓦布内的文章，在这些文章中我找到了几个人的名字，然后从电话簿里查到了他们的地址。

首先，我想去见见居住在这里的一个犹太妇女，报纸上登出的名字是海伦娜·奇。在战争期间她受了洗，然后嫁给了一个波兰人。我读了一段关于她的话："黑黑浓密的眉毛，一双活泼的蓝眼睛，一条绚丽的围巾遮住了她的头发。在厨房的桌子上，打开放着一份《星期天天主教周刊》（*Tygodnik Katolicki Niedziela*）。'不要写我的名字，你为什么要写呢？那个名字已经没有了，那些人都走了。他们都死在谷仓里，这是神的旨意。我的心中没有丝毫怨恨。是波兰人给了我生命。这么多年来已经非常平静了，为什么还要再旧事重提呢？不要写出我的名字。我不担心自己，我担心的是我的孩子。当我的儿子在比亚韦斯托克上学时，他开始蓄胡子。我不得不要求他刮掉胡子，否则人们可能会有不好的联想。后来他想给我的孙子起名叫大卫，但我向他解释说，人们可能会生气的。我不想伤害任何人。我想安安静静地死去。平和地，安宁地。'"

　　我顺道去了她家，但是海伦娜·赫扎诺夫斯卡（我已经知道了她的全名）低声地和我说，让我不要打扰她和她的丈夫。他病得很重，他们需要平静和安宁。

　　另外一个耶德瓦布内的居民，名叫亨利卡·亚当奇科娃，告诉一个记者，"我仍然可以听到被逼上死路的人们发出的尖叫声。我仍然可以闻到焚烧人体的气味"。

　　她住在一栋公寓楼里；我透过门跟她说话。在我读过的那篇文章发表后引起的不愉快过去之后，她不想再跟任何记者交谈。下一个我尝试去见的人名叫哈利娜·波皮奥韦克。她记得她的父亲约泽夫·布考斯基在1941年7月9日说，镇里的人们正在策划针对犹太人的阴谋。她目睹了犹太人被驱赶，被用棍棒殴打。她看见"我们自己人"迫使年轻的犹太人扛着一座列宁的塑像。

　　她让我进了屋，但不愿和我谈论那些暴行。

　　"多年来，每到大屠杀周年纪念日和诸圣节，我都会点上蜡烛。"她解释说。"今年7月10日，当我拿着蜡烛又到那儿去的时候，有记者在那里，还有摄影师和一些电视摄像机，我的照片被登在当地的报纸上。牧师大声训斥我，我的邻居都拿背对着我。我听到到处都在说我从犹太人那里得到了报酬。我再也不会提这件事了。"

　　我表示遗憾，海伦娜·赫扎诺夫斯卡也不愿意和我说话。

　　"你必须理解她。作为一个犹太人，她被人侮辱的次数已经太多了。我是绝不会去拜访叫这样名字的人的，"她明确地对我说道。

　　我去拜访阿林娜·祖科斯卡。我从齐格蒙特·劳丹斯基——此人也是一名凶手——口中得知1941年7月10日那天她在耶德瓦布内。到她家时我发现她在劈柴火。她住在一栋摇摇晃晃的公寓里，没有集中供暖系统。28年来，她一直在织袜子。在整整延续了两个小时的谈话中，她一分钟也没有停止过手头干的活。那天天气十分寒冷，我的手都冻僵了，很难握笔记。

　　"那么齐格蒙特·劳丹斯基先生是否告诉过你，因为他不想参加对犹太人的追杀，所以他逃到野外去了？"

　　"这种话一句都没有说过"，阿林娜·祖科斯卡说道，她似乎忘记了在1949年的审判中她代表几名被告出庭作的证，其中包括齐格蒙特·劳丹斯基。"我已经向检察官伊格纳季耶夫作过证。他以前没有和我取得过联系，那么他现在想要从我这里得到什么呢？去年我在皮什，那时他们已经开始写有关耶德瓦布内的文章了。我遇到了耶日·劳丹斯基，就问他，'你看过这些文章吗？'他说没有。他在撒谎。每个人都在撒谎。"

　　祖科斯卡对格罗斯所引用的卡罗尔·巴登的审判材料嗤之以鼻，此人是被定罪的人之一，后死于监狱。"我读过格罗斯写的东西，巴登告诉法庭他没有参与围捕犹太人，因为他是警察局的一名修理工，他整天都在修汽车。什么车？他们顶多有辆摩托车，甚至是一辆自行车，其他什么都没有。如果他们想去某个地方时，他们就在当地搭一辆马车。巴顿被判处死刑，然后被赦免了，他在监狱里吃我们波兰的面包。即使他是来自西里西亚，他也是一个德国人的帮凶，根本不是修理工。在格罗斯的书里还有一个犹太人，名叫伊塞克·诺伊马克，他也在撒谎，他说他从谷仓里逃了出来，但是他根本就不在那里。我看到前一天他就躲了起来。那个该死的犹太人瓦瑟斯泰因逃到国外去了，却让耶德瓦布内背上了黑锅。

　　"那天晚上，在烧死犹太人之后，我碰到了劳丹斯基家的邻居格涅克·卡利诺夫斯基。他说市长已经命令大家整个晚上各家各户都要放哨，因为犹太人可能会报复。我在我们棚屋前面和劳丹斯基家人坐在一起。现在，劳丹斯基一家人却玩起了大牌，他们的照片登在报纸上，他们想要粉饰自己，装出一副十分无辜的样子。那么为什么他们会被定罪呢？我没有看到他们在干那个事。但是两公里外你就可以听到尖叫声。"

　　"你之后是否听到过有人说，'真遗憾，他们都死了'？"

　　"在格罗斯的书出版之前，没有人提到过犹太人。"

　　昨天和我交谈的人中有个人给我介绍了一个女人，她目睹了屠杀暴行。她同意和我面谈，但不允许我印出她的名字的缩写。她当时才10岁。

　　"我看到什穆莱克全家都被赶走了。赶他们走的人他们全都认识，都是波兰人。那里没有任何德国人。战前，我母亲为郝奈克一家干活，在他们进入集市广场的时候，他们对她说：'我们的时候到了。'瞧他们是多么冷漠，满不在乎，多么逆来顺受，他们的孩子甚至都没有哭泣。别莱茨基骑在马背上追逐一个年轻的犹太女子——基瓦里科娃小姐。他在苏维埃时期坐了牢，她却照顾着他的孩子。"

　　我在笔记本电脑上查询这个名字。查到了。瓦迪斯瓦夫·别莱茨基，骑在马背上追逐犹太人，是被安东尼·尼布谢多夫斯基提到的，此人也是1949年受到审判的嫌疑犯之一。

　　"天气十分炎热，"这个女人继续说道，"有个犹太人，年纪不轻了，想到集市广场上的一口井边去取水，过来一个小男孩，年龄还不到12岁，上去打他，还把他推开。波兰人手里拿着棍棒和一条条轮胎，他们怒不可遏。他们肯定提前就割下了那些轮胎条，是吧？当犹太人被一行行排成队时，我跟在他们后边。在那里有年轻的女孩和妇女，长得非常漂亮，有些怀了孕，有些抱着裹在婴儿毯子里的孩子。我看到12岁的男孩子们在追赶犹太人，很多参加追赶的孩子不过10岁刚出头。有些在追赶着自己的同学。他们怎么能看着他们的眼睛，去杀死他们呢？我害怕靠谷仓太近，以免他们也强迫我进去。他们在谷仓的四个角落浇上从油罐里倒出来的汽油。谷仓立刻就起了火。晚上我睡不着觉。想起这一切仿佛就像是昨天刚发生的一样。当时参与犯罪的人比后来被定罪的人要多得多。那是一个充满仇恨的人间地狱。令人恐怖的尖叫声可能还没有持续两分钟，但是现在还在我的脑海里回荡。今天早晨，我又在四点钟醒来了，因为这声音又回到了我耳旁。我为什么去那里，一个小女孩，我不知道。也许就因为现在我可以成为一个事实真相的见证人吧。"

　　战前，她的父母都为犹太人干活，她母亲总是说他们的好话。她还记得她的犹太邻居的名字：波夫罗伊尼克一家，他们家开了一个杂货店，普拉夫季维克家有一个粮仓，基瓦耶克家有一个农场，费兹曼家有一个锯木厂。

晚上，在杰齐茨的家里，莱谢克给我讲述了海伦娜·赫扎诺夫斯卡的情况。

"你不能够去跟她谈她所经历的事情，她无法再忍受回忆过去。她不停地在说：'愿上帝原谅他们，这不是由我来判断的。'有一次有个邻居女人跟她说，让她的儿子约佐克去竞选市议员。她回答说，'上帝不允许的，他不能去竞选，如果出了什么问题，他们会说这是犹太人的错。'当我试图说服她，说情况可能不会那么糟糕，她承认有个邻居，一个老头，隔着栅栏威胁过她：'我们还没有干完哪，我们还可以去结束我们开始干的事。'我认识这个人，他的家人参与了杀戮。他现在几乎站不稳了，但他仍然可以设法去害死一个人。最近，我去了一趟药店。海伦娜小姐也在买东西。有个邻居进来，一看见她就开始抱怨犹太人，就是这样，完全是故意的。"

在谈话中，杰齐茨突然插话进来："因为你的宗教信仰……"昨天与伊格纳季耶夫检察官见面的会议上，出席会议的人都很清楚，我肯定是个犹太人，因为我为《犹太时报》工作，这是当地人对《选举报》的叫法，这还算好，他们还没用上他们的标准措辞"苏联人的帮凶"、"犹太人的共谋"和"格罗斯的谎言"。但为什么莱谢克·杰齐茨会断定我是犹太人呢？很可能他无法想象，一个自己不是犹太人的人，会希望去发现真相，或去同情那些被谋杀的人。经验告诉他，这不会发生。他对受害者的同情一直是完全孤立无助的。

2001 年 2 月 9 日

沃姆扎。在国家档案馆里，我想查阅战前小镇议会的会议记录，当时这个议会必定是由波兰人和犹太人组成的。档案管理员解释说，那些文件很有可能随着苏联红军一起被运到东方去了，在那种情况下，这些文件很可能被留在明斯克或格罗德诺；也有可能随德国军队一起向西运走了，在这种情况下，比如说，文件就可能留在格但斯克。否则，也有可能会意外地运到其他什么地方去了。也许它们都已经被毁于一旦。有人向我透露，这个档案管理员本人是来自耶德瓦布内的。我问她是否知道镇上在说些什么。

"这个星期我是在我母亲家里。牧师在讲道中警告人们不要向陌生人透露任何可能损害波兰的事情。"

她抽出了一份非常宝贵的材料——"耶德瓦布内地区德国人和犹太人战后被遗弃的房地产清单"。这份清单是 1946 年 9 月 3 日列出的，其中包括数十名犹太房屋和土地原先所有者的名字。

我开车到耶德瓦布内去寻找我的下一个采访对象，但是他也不让我印出他的名字。"在 60 年代，当时我还不满 10 岁，我无意中听到喝醉了酒的邻居吵了起来。谁拿的黄金最多，谁强奸了一个犹太女人。有个家伙尖叫着：'你混蛋，我知道你的毛皮大衣从哪儿来的。'另一个人回骂道：'你在磨坊后面毒打那个犹太女孩，还割破了她的喉咙。'我记得那是谁，但我不想说出任何一个名字，我只是告诉你。另外有一次，我听到大人在谈论几个暴徒，他们冲进一家犹太人的房子，其中一个用铁棒击打一个孩子——结果孩子的脑浆溅到那个人的衣服上，他还逼孩子的母亲把他的衣服清理干净。还有一次，一个朋友的母亲讲了一个故事，我也在场，但是她没有看到我，说当地人去波兰人家里，结成一伙以便去'收拾犹太人'。这个女人用绷带把她丈夫的脑袋裹上，让他看起来像是生病了，起不了床。当然，是德国人煽动了波兰人，但是有些当地人早就已经和德国人达成了共识。这一切不全部是强加的。城里所有的老年人都知道这一点。没有哪个波兰人因为没有去焚烧犹太人而受到德国人的骚扰。换句话说，是波兰人挨家挨户找上门去，要求别人都加入他们的行动。有时候，如果有人不愿意同他们一起去，他们就真的会斥责这个人。"

　　回到沃姆扎去看望扬·齐特雷诺维奇。他在战前受过洗礼，战争结束之后，他便在耶德瓦布内住了下来，在那里他经营着一家皮革作坊，直到退休。他住在一栋很小但很整洁的房子里，位于沃姆扎市中心。他、他的妻子和一条小狗住在底楼，他们的儿子住在楼上。

　　我给他念了从 1949 年的审讯卷宗中摘录的笔记。齐特雷诺维奇展示了他在这个话题上广博的知识。他的妻子，佩拉贾，说话声音越来越大："他在告诉你一些什么废话嘛？我们也为此一直在争论不休。要不是德国人拿着枪站在身后，会有哪个波兰人敢去做这样的事情？"

　　齐特雷诺维奇是俄罗斯战争中的幸存者，我问他第一次听到这桩杀人暴行是在什么时候。

　　"战争刚一结束。我那时干的活是鞣制用来做皮大衣的羊皮，他们会付给我粮食和咸猪肉。我是一个单身汉，喜欢喝酒。跟我一起喝酒的伙伴起初不知道我的背景，毕竟，我不是从耶德瓦布内来的，所以在喝了几杯伏特加酒后，他们就会吹嘘：'我在整个镇子上到处追赶他'，'我狠狠地刺了他一刀'。他们很高兴杀死了几个犹太人。但是在清醒的时候，他们什么也不会说。就只是说犹太人是自觉地去被烧死的，因为他们的宗教告诉他们去这么做。农民们一般都只会穿自制的短外套。如果有人穿一件毛皮外套去教堂的话，你就知道这件外套原先是属于某个犹太人。"

　　"当你的朋友发现你是犹太人后，他们对你的态度是否改变了？"

　　"我受洗的时候还是一个小男孩，因此作为一个天主教徒，我被认为是一个波兰人。姑娘们会同我搂搂抱抱，她们中没有人会管我叫犹太男孩。但是我还是觉得有点儿陌生感。如果我当时遇到任何一个犹太人的话，我原本是会离开波兰的，就像许多犹太人在战后所做的那样，但是我同他们没有任何联系。战后你能到哪里去找一个犹太人呢？即便是那里有一个犹太人，他也不敢承认。"

在普扎斯内什曾经有一个男人来找扬，低声对他说："你或许是一个犹太人吧？"他否认了，但是那个男人不相信，然后说如果他去如此这般一个地方，他就能够为他安排移居国外。那是在1956年以后，当时犹太人在很短的一段时间内被允许合法地移民。可是，那时他已经有了一位信天主教的妻子。

途经一条路面积了冰的道路，我回到了耶德瓦布内。克齐斯茨托夫·戈德莱夫斯基邀请我晚上去他家。他有一座漂亮的大别墅，一位甜美的妻子（是个教师）和三个孩子。他出生于1955年，他不是耶德瓦布内本地人，而是该地区的人。他于1992年当选市长，现在已经是第三任上了。在看完了格罗斯写的《邻人》之后，他同市议会议长斯坦尼斯瓦夫·米查罗斯基一起于7月10日到纪念碑前献上了一个花圈。在下一次议会开会期间，议员斯坦尼斯瓦夫·扬奇克提议为市长戈德莱夫斯基和议长米查罗斯基购买圆顶小帽，将他们描绘为"服务于犹太人的利益"。

2001年2月10日

在沃姆扎，我的一天又开始了，我到当地的图书馆去查找资料。我找遍了瓦戈学会、公共图书馆和北马佐夫舍区博物馆的阅览室。我阅读了《自由沃姆扎》的每一期，这是苏联占领时期的一份报纸。"每个人都应该揭露那些高傲的奴才，战前他们在批发店里和专卖店里卖掉了波兰大多数人民的利益。"在同一期里，登了一篇鞋匠哈依姆·卡茨写的短文："解放为我而来到了，我能够在合作社里工作了，我再也不会生活在贫穷之中了。如果不是因为波兰人对我的态度，我本来是可以接受穷的身无分文的生活的。"在一份占领期间的报纸上刊登的这类文字是不可能引起对犹太人的同情的。

根据1949年法庭审判文件中提到的一串名字，以及在报纸上已经发表的人名缩写的识别，我开始在耶德瓦布内及其周围地区寻找证人。

我找到了一个与人交谈的策略。最主要的原则是：不要询问大屠杀的情况。那种问题会使人感到恐慌。作为替代，我会打开我的笔记本电脑。我说："你参加了同检察官见面的会议吗？那不过是一场戏。我念给你听我的笔记好吗？"或者："我在档案中发现了1949年调查的证词。你还记得劳丹斯基兄弟俩都被定了罪吗？我来念给你听他们说的话。"

我谨慎地记下他们的评论。例如："瞧瞧这个，欧根尼斯斯·斯利韦基被指控搞了不少犹太人！他是一个邮递员，总是很温顺很友好。没错，他和自己的女儿们都瞎搞，你想他还不会搞犹太女人吗？""切斯瓦夫·斯切尔杰克是熟悉内情的。他是个血腥的虐待狂，打他自己的老婆时都会用上干草叉。他在政治上很活跃，俄国人来了他站在俄国人一边，德国人统治下他又站在德国人一边，波兰人民共和国成立后，他搭建起讲台，并发表演讲。""库布什涅茨基家共有弟兄三个，都是歹徒。即使在战前，他们的名声也很臭。当周围地区的人来赶教区集市的时候，库布什涅茨基家三兄弟就会拦在路上，抢他们的钱财。他们总是去酒吧，用伏特加酒灌醉自己，他们以盗窃为生。约泽夫·库布什涅茨基是一个炉灶装修工，但是他就是喜欢抢劫和打架，他的老婆在各方面都是跟他一路货色。"

很显然，在耶德瓦布内的老一辈人中，谁都很清楚哪个人杀过犹太人，哪个人又在犹太人身上发了财——我一遍又一遍地听到相同的名字：耶日·劳丹斯基、费利克斯·塔纳基、欧根尼斯斯·卡利诺夫斯基、约泽夫·库布什涅茨基、切斯瓦夫·米尔泽耶夫斯基、斯坦尼斯瓦夫·锡拉瓦、约泽夫·索布塔，以及米哈尔·特萨斯卡。

我问每一个和我交谈的人，他们本人是否记得或者从家庭故事中获悉耶德瓦布内任何一个犹太人的姓氏。"同犹太人在一起，你只知道他们的名字，真的"，他们告诉我说。

我开车前往耶德瓦布内过去几公里的扬泰弗考，去看一看怀赞考斯基家农场的房子，这是当年什穆埃尔·瓦瑟斯泰因的藏身之地，并且去

打听一下农场原先的住户——我已经知道怀赞考斯基一家不再住在此地
了。有个当地人指给我看那栋房子，但不想同我说话。穿过废弃的农场
院子，我遇到了一个男人，他原来是怀赞考斯卡的外甥弗朗西斯泽克·
卡尔沃夫斯基，他住在耶德瓦布内，但他的儿子在这里拥有一块地。

"在乡下，只有我的家人知道犹太人藏在这里，没有别人知道。有
一次，四个警察骑着马来找他们。他们用刺刀捅开地板，但是他们没有
找到。战争结束后，波兰家乡军的士兵把我的姑姑打得昏了过去，因为
他们认为姑姑拿了犹太人的黄金。当我听说其中的一个——翁多沃斯基，
给自己弄到了一份退伍军人证书，这就像有人往我的心口上插了一刀。"

然而，奇怪的是，既然《邻人》已经出版了，对于残忍折磨他姑姑
的那些人，他并没有感到极大的愤恨。

"瓦瑟斯泰因是怎么向我的姑姑表示感谢的？他怎么能去写波兰人
杀死了犹太人呢，既然他自己就是被波兰人救的？凭借这个证词，他就
毁了她为他所做的一切善事。那七个犹太人中没有哪个出头讲这种胡
话，就只有他。犹太人在拉齐乌夫被烧死，在什丘琴被屠杀，但无论你
怎么说，我们是帮助了犹太人的，并且因此而树了敌。我本来应该去美
国的，但朋友们告诫我：'不要去：如果犹太人发现你是从耶德瓦布内
来的，他们会杀了你。'"

我在《选举报》的网络档案中搜索，想看看我们是否在扬·格罗斯
的书出版之前发表过有关耶德瓦布内的任何文章，结果我在 1999 年 4
月的比亚韦斯托克增刊中发现了一篇，标题是"让我们去找些乐趣：我
们要烧死雷谢克"。这篇是关于一个庭审案件的，有人因在耶德瓦布内
将犹太人投入火中而受审。凶手们作证时说他们这样做是开个玩笑。在
我途经普热舍拉时，我去拜访了莱谢克·杰齐茨，他的父亲帮助隐藏了
什穆埃尔·瓦瑟斯泰因，杰齐茨告诉我，"那个雷谢克孤身一人，性情
有点古怪，但是他是一个有文化的人。他的朋友喝醉了酒把他拖出房
门，往他身上倒汽油，放火烧他。他们的所作所为恰恰重复了两代人之

前对犹太人的恶行"。

　　在回华沙的途中，我顺便拜访了齐特雷诺维奇一家——来自耶德瓦布内受过洗的犹太人扬，和他的非犹太人妻子，佩拉贾——去喝杯咖啡。家里的女主人热情地欢迎我，但是从踏入房门时就跟我讲清楚，虽然她当时并没有在耶德瓦布内，但她确信，只要她丈夫说波兰人烧死了犹太人，他就是在胡说。我问她，她的故乡在哪里。

　　"我住在格拉耶沃。市场上有一个木制的储物箱，和我们喝茶的桌子差不多大。他们抓住了犹太人，强迫他们钻进箱子里去，然后毒打他们。"

　　"谁打了他们？"

　　"我不得不说，我亲眼看到是格拉耶沃的波兰人打的。其中有一个用铁锤打在一个犹太人的头上。我躲在厨房窗户上看着，全身颤抖。有个犹太人来到我们家躲在地窖里，妈妈把他藏在那里。但是她害怕他会留下来。

　　"还有一次，我正在犹太教堂旁边散步，这时犹太人被迫从上面一层楼跳下来。他们躺在那里，摔断了腿。不幸的是，这是波兰人干的，但是命令是德国人下的，他们端着枪站在那里。"

　　"你看到那些德国人了吗？"

　　"他们肯定就站在旁边下命令。波兰人会自己跑来干这事吗？那么没心没肺？"

　　"佩拉贾小姐，"我问道，在她的话里我能察觉出那种连苍蝇都不会伤害的危险人物，"如果那时有个拿着枪的德国人让你去殴打一个和你同龄的女孩，然后跑到别的什么地方去了，那么你会怎样做？"

　　她没有回答。她也没有再打断我和她丈夫的谈话，即使我大声念出从1949年调查材料中摘录的笔记，我以前一直是避免这样做的。在这些材料中，他们女儿的公公似乎是嫌疑犯之一。

　　我同他们待在一起的时间太长了，只能再次在天黑后开车回华沙，回程的高速公路上都结了冰。

耶德瓦布内的玛丽亚·K.写道（摘自 80 年代当地一份周刊上发表的一篇文章）："这么多人驾着他们的马车出去抢劫！……我不怕说出这件事，因为我没有从焚烧事件中得到过好处。我只有一床鸭绒被子、两个枕头和一个橱柜，是我母亲拿给我的。把这些东西都搬回家是多么费劲呀！"

在《大众周刊》中，扬·格罗斯用他的文章《马克斯夫人的枕头》来提醒我们，第一个对他的书《邻人》做出反应的是著名反犹太人记者耶日·罗伯特·诺瓦克，他在最大的天主教报纸《我们的日报》上刊出一篇文章，文章中说，整个事情的目的就是为犹太人失去的财产骗取赔偿。格罗斯说："这个论点并没有让我感到意外，因为在意识形态上靠近《我们的日报》的作者的那些人中，把犹太人与金钱相联系是一种常见的反应。"他继续描述了——紧随研究大屠杀的学者索尔·弗里德兰德之后——发生在水晶之夜的一个场景，当时德国和奥地利各地成千上万的犹太人商店和住宅的窗户被打破，有时还伴随着抢劫和殴打。马克斯夫人，维特利希镇上的犹太人屠夫的妻子，出来与她的德国人邻居见面，说道："我们曾经做过什么伤害你们的事吗？"多年后，马克斯夫人的邻居的孙子在一次演讲会上露面，他说，他的祖母一直经受着良心上的痛苦折磨，但仍然保留着那天晚上在她的小房间后面得到的枕头。

/ 097

格罗斯写道，将沃姆扎教区的教会募捐用作维护耶德瓦布内的犹太公墓的资金，这可以被看作是一个重要的姿态。他也指出了一些仍在困扰着我的事情：公众普遍关心在国外的波兰人会受到怎样的对待。毕竟，在《邻人》出版半年之后，一种相对的宁静占了上风。直到那个时候，人们才意识到那本书会在美国出版。在别人眼里急切地寻找我们的映像是不会有帮助的，格罗斯写道。这是件有关与我们自己的历史达成妥协的工作。

2001 年 2 月 12 日

波兰民族纪念研究会会长莱昂·基尔斯在纽约的美国犹太人会议上说："在耶德瓦布内，犹太人死于波兰人之手，这是确切无疑的。这个事实，即使是令人难以置信，也必须谦恭地予以接受。"

我看了我在沃姆扎的瓦戈学会买的第二次世界大战回忆录。

亨利克·米尔斯基，曾经被放逐到西伯利亚，从 1989 年起担任沃姆扎的西伯利亚流放者协会的会长，在他的回忆录中出现了一个犹太人——赞布鲁夫的亚伦·什瓦尔贝。在流放途中，这位同行者成为作者鄙视的一个对象，被称为一个"投机分子"。什瓦尔贝是个批发商，善于在鞣制皮革买卖上玩弄各种各样的花样。很自然，波兰爱国者不能够忍受苏联工作场所内发生的骗局。"犹太人认为欺诈是一种积极的行为，"他评论道，"而最重要的他就是一个犹太人。犹太人这个词本身就能说明一切。"

斯坦尼斯瓦夫·加夫雷霍夫斯基是战前村长的儿子，是《同波兰家乡军一起巡逻（1939~1945）》一书的作者，他也表达了自己的看法。"波兰人对犹太人的态度——在维兹纳有 500 个犹太人——是光明正大的。对犹太人你就不能这样说了。"后面他写道，苏联人的占领对犹太人来说是天堂，但对波兰人来说则是地狱："1939 年在苏联入侵之后，大多数犹太人对波兰人的所有的一切都表现出敌意。他们逐步相信他们是这些土地的领主，而波兰人对失去他们熟悉的土地感到非常痛苦。犹太人高叫着'好极了'，而受到蔑视、无权无势的波兰人看着那些叛国者和占领军，眼睛里充满着眼泪和仇恨。"然而，接下来，就会觉得说战前波兰人对犹太人的态度是光明正大的这种说法并不令人信服了。当一个波兰人通敌的话，他是一个叛徒，但是当一个犹太人通敌的话，就成了一项证据，证实了犹太人的真实面貌。

这两本书都证实了我与耶德瓦布内的人们谈话中所显露出来的某种意识。在这个地区，反犹太主义是一种默认的立场，没有人会觉得丝毫的可耻。

耶日·斯马齐因斯基是《沃姆扎土地上的黑暗年代：1941~1945 纳粹大屠杀纪实》一书的作者，他复原了纳粹受害者的姓名和日期。只有种族上不同的波兰人。在那段时期，该地区几乎所有拥有波兰公民身份的犹太人都遭到杀戮。难道他们不值得一提吗，哪怕只提一次？

2001 年 2 月 14 日

在华沙附近拜访拉莫托夫斯基一家，他们在那里住进了一所属于福音教派的养老院。很高兴又见到了玛丽安娜，她住在时尚的带阳台的两房公寓里，窗外是一片桦树林，景色优美，这使她恢复了精力。她从一个要紧紧裹上四件毛衣的老奶奶，又变成了一位优雅的女士。我带了一条绿色格子裙子和棕色高领毛衣给她。她把轮椅转向窗户，透过厚厚的眼镜片仔细打量衣服的颜色。"真好，毛衣是棕色的；如果是酒红色的话，我就不能用它配绿色裙子穿了。"

我已经为拉莫托夫斯基准备了一些剪报。我给他念了历史学家耶日·杰德基发表在《政治》杂志上的文章，文章反驳了那个我反复听到的论点，即格罗斯的书所造成的争论只会激起反犹太人的回应："我们也不能用幻想来治愈自己。几乎没有引起注意的是，波兰的年轻一代已经感染上了反犹太主义；他们对此既无知识又无经历，但其中一些已经对常见的征兆和口号做出了反应。他们至少应该知道他们在说什么，他们也应该明白他们该相信什么。现在已经到了应该据实而言的时候了。"

斯坦尼斯瓦夫点头表示肯定，但几乎不相信波兰会有什么期刊能发表这类文章。我去卡尔塔中心查阅有关当代历史的文献资料，从中找到了一个历史学家在 90 年代进行的采访，他的采访对象是比亚韦斯托克地区战后与共产主义所作斗争中的活跃分子。

"同我们一样，对犹太人的敌意来自战前时代，"来自杜戈文卡的约泽夫·斯坦基奇斯告诉他，此人的代号为"科米奇兹"，斯大林时代坐过牢。"对于当地居民来说，宗教问题是非常重要的，耶稣基督的受难也同样重要。国家党的成员来到我们村子里，到处搞宣传。年轻人受到很大影响，特别是在那个失业率很高的年代。我在我们家大门上写道：犹太人、吉卜赛人或恶魔不准入内。一个犹太女人对我母亲说：'路德维卡，你是个好人，但是你的儿子是个恶魔。'德国入侵后，一位朋友敦促我加入国家武装部队。'约泽夫，你愿意为一个自由的波兰而战斗吗？''我愿意'，我回答说。'瞧，波兰家乡军同政府在一起。他们也想为那个自由的波兰而战——同犹太人一起。犹太人或者波兰人，对他们来说都是一样的。'"

2001 年 2 月 16 日

与伟大的波兰作家塔德乌什·康维茨基一起共进午餐。话题转到了耶德瓦布内，尽管不是由我提起的——我自己很注意，因为常识告诉我，这不是我们谈话的唯一话题。

"在维尔纽斯地区，我们从没有发生过那样的事情，"康维茨基说道。"犹太人是被德国人杀害的，立陶宛人帮了德国人。如果以前有人问我，像这样的事情是否会发生，我肯定会问心无愧地回答：不，波兰人不能够去犯这样的罪行。这并不是说我对波兰社会有如此高的评价。出于职业习惯我自己会关注其弱点和失败，但我曾经相信我们已经摆脱了残忍的标记。我原以为那样的事情只会发生在巴尔干地区。这使我震惊，使我痛心，这是毁灭性的。"

作为对 1968 年的反犹太人运动的回应，康维茨基虚构了一位犹太祖父，与他的祖母有一段浪漫恋情，并将这段浪漫史作为他的一部小说的背景。他在书中写道："犹太人，这是多么奇怪的一个词。在说出这个词之前，你总是会有一瞬间的恐惧。"

另外一封信来自卡齐米日，即涉嫌参与了大屠杀的劳丹斯基三兄弟中的一个，信在选举报社的办公室里等候着我。信里标的日期是 2 月 12

日。劳丹斯基受到成功的鼓舞，胆子变得越来越大了；他的语调也越来越尖锐。"波兰人受到反犹太人的指控，但是，当他们叛国时还要求我们去爱我们的邻居，我们很难做到。格罗斯教授敢于自由地发表这种胡言乱语，这个事实恰恰证明了我们的宽容。在伊朗，他很可能就不会有这样的勇气。格罗斯先生要求波兰人在耶德瓦布内给遇难者建造一座纪念碑，在墓碑碑文中承认罪行，并要波兰全部社会名流，包括神职人员在内，都去参加纪念碑揭幕式。但是，有谁会为我们波兰人，西伯利亚流亡者，从乌拉尔到科雷马寻踪觅迹去建立数以百计的纪念碑呢？因为邻居也是有不同种类的。闭上嘴不是更好吗？难道我们必须要把埃及、西班牙或德国流放者阻挡在以色列人前面吗？处方很简单：改变你对邻居以及对……金钱的态度。"

在《共和国报》上刊登了乌普萨拉的一位历史学家约泽夫·勒万多夫斯基对历史学家斯特泽博斯的文章所作的回复。他反对两次战争之中没有人在波兰杀害犹太人的论点。他提醒读者，在波兰独立后的几个月里，发生了大规模屠杀的事件：在利沃夫，共计给出了 40~200 名受害者；在维尔纽斯，提到了有 55 名死者。在平斯克，卢金斯基少校命令枪杀了 35 个犹太人（他们被认为是共产党人，尽管后来事实证明，他们属于一个犹太复国主义团体，聚集在一起分发配给的粮食援助）。他回忆起他在以色列与一位来自平斯克地区的波兰老画家的谈话，曾经满腔热情地迎接了波兰独立的老画家告诉他，在听说了有关平斯克的事件之后，老画家的满腔热情全都烟消云散了。

我记得我和我的一位上了年纪的姑妈（她出生于 19 世纪）的一次谈话，当时我去海法城外的一个集体农场探望她。她同我说话用的是俄语，即使她会说波兰语；她拒绝使用这种语言。她告诉我，波兰军队在 1918 年是如何入侵她住的小镇的，波兰就是在那一年获得独立的，醉醺醺的士兵们建议在市场上闲逛的犹太男孩们去面包店，能拿走多少面包就拿走多少。然而当孩子们在他们的外套下面塞满面包跑出来时，士兵们就像打鸭子一样向他们射击。

与伊格纳季耶夫进行了电话交谈。我告诉他，当我在耶德瓦布内时，一阵反犹太人浪潮吞没了我，我以前从来没有遇到过这种情况，这是很伤人的。通常保持距离的伊格纳季耶夫突然出人意料地从牵涉个人的话题开始和我说话。以前他从来没有仔细想过在波兰有犹太人这个事实，他也不记得听到过任何反犹太人的言论。现在他不确定他是否有可能忽视了，因为他现在到处都能听到这种事情。"我已经到了开始怀疑的地步，"他开玩笑地说，"波兰人是否在吸他们母亲的奶时就把这一切都吸进去了。但我的背景是白俄罗斯，我的曾祖父和祖父为躲避革命而逃离了，他们留在了波兰。"

晚上，去医院探望我的朋友亚采克·库仑尼，医院是一个他不能忍受的地方，但他现在到医院去的频率却越来越高。我们谈论了记忆消失的情况。我告诉他，在7月10日之后，还有几十个犹太人奇迹般地幸存了下来，他们生活在耶德瓦布内所谓的犹太人区里的两栋特定的房子。我找不到任何一个人能记得最后一个犹太人从镇上消失是在什么时候——根据犹太历史研究所的证词，那个时间是1942年11月——似乎不仅是波兰大屠杀的记忆已经被抹去了，而且连希特勒的种族灭绝也被清除干净了。

在战争中，每个人都是大屠杀的见证人，亚采克说道，当时他在利沃夫。他不时地中断他的故事，从氧气罐里吸一口氧气（除了可能的各项器官衰竭之外，他还正在与慢性肺炎作斗争）。他还记得，在叶诺思加集中营里，剃了光头身穿条纹囚服的犹太人四人一组排着队穿过城市去干活。他们被逼着边走边唱歌（亚采克用沙哑的嗓音哼着："希米格维·雷兹元帅没教我们一件事，但光荣的希特勒来了我们都得去做事"）。他记得在院子里玩耍时听到一声枪响，接着看到一个犹太男孩的尸体躺在血泊中。他还记得犹太人区的景象，孩子们饿死在街头——他是坐着电车去游泳池穿过犹太人区时看到的。在战争期间，当他与也是孩子或少年的朋友交谈时，他听到的最多的词是"没有"，他们没有注意到大屠杀，因为犹太人是生活在犹太区的高墙后面。

"我们生活在死亡的旋涡中，可是他们竟然没有看到一桩罪恶的事"，亚采克感到很惊讶。

2001 年 2 月 18 日

我挑出了一堆有关波兰人和犹太人关系的书，留给伊格纳季耶夫看。但是，这位检察官自己也在不断获取知识，因为当我打电话给他时，他说："我一直在看有关大屠杀的资料，发生在敖德萨的，还有发生在基希纳乌的。我告诉你，这是真正的反犹太主义！所谓的同波兰母亲的奶一起吸收的说法在这里完全无须解释。这种情况不仅仅发生在波兰。"

2001 年 2 月 19 日

我正在寻找某个人到我女儿奥拉的犹太女孩成人仪式上来领舞，并提供娱乐。她的成人仪式正巧落在苏萨普洱节，即普洱节的第二天，是犹太人最欢乐的节日。根据传统，人们应该兴高采烈，纵情歌舞，并饮酒作乐。但是，奥拉的同学们开始打电话来，说如果聚会上有跳舞的话，他们将不能来参加：原因是今年的犹太普洱节正巧在基督教的大斋节期间。因为我会把所有的一切都与耶德瓦布内联系起来——我知道这有点近似于强迫症了——我立刻想象到天主教徒正在禁食的那些城镇，想起基督被钉在十字架上，与此同时，一向安静的犹太人却在犹太教堂里吹口哨和跺脚，他们的孩子们正在敲打着乐器高声喧闹。

2001 年 2 月 23 日

回到耶德瓦布内。我列出了一份在 1941 年至少有十岁的出生于耶德瓦布内的居民名单。途中在沃姆扎，我顺道去拜访了泽耶先生，此人是个退了休的水管工，他的父亲因在耶德瓦布内犯下暴行而被囚禁，并死于监狱。这个做儿子的当时年纪已经足够大，能记得一些事情了。但他的家人不让我进门。

在当地的一份月刊刊出的一篇有关耶德瓦布内的文章中，出现了安东尼娜·纳鲁斯卡这个名字。她回忆起她与犹太女孩在战前的友谊，以及她如何怀念她的已经移民到巴勒斯坦去的犹太同学杜维恰·洛耶夫斯卡。"后来，当'它'在我们镇上发生的时候，"她说道，"我感谢上帝拯救了她的生命。"对于"它"是谁干的，她没有吐露一个字，但是我听说洛耶夫斯卡小姐被软禁在家——她的家人不让她出门。

我敲了敲她家的门。"我的丈母娘不会和你说话的"，里面传出气势汹汹的声音。

我在一栋别墅大门上敲了敲，这栋别墅属于一个年纪较大的绅士，我听说此人在童年时代见过犹太人被赶入市场。一个看起来40岁左右的男人打开了门。

"你不能到这里来多管闲事，女士！"

当着我的面，他使劲"砰"的一声关上了门，我及时跳开了，差点被门撞上。

至少，那些独居的老人还是愿意和我说话的，虽然同他们的谈话并不是很有成效。如果年轻一代住在同一个屋檐下的话，情况就更糟了，连跨过门槛都很难。下一站的谈话也是非常简洁：

"我父亲不在这里。"

"他什么时候会回来？"

"今天不会，我确定。"

"那么我明天再来。"

"他明天也不会在这里。"

在沃姆扎的齐特诺维奇家。我一进门，佩拉贾小姐就激动地开始和我说："我当时就在耶德瓦布内。他们所谈论的全是犹太人把多少波兰人出卖给了苏联人。这是唯一的话题。耶德瓦布内没有道理用这种方式来保卫自己！他们试图说些什么？这是不是因为其他什么东西而付出的代价，居然连那样的种族灭绝都会得到允许？我告诉了我的外孙，他爷爷在 1941 年 7 月 10 日究竟做了些什么？应该让他知道些事实，我这样做是对的！"

2001 年 2 月 24 日

在耶德瓦布内。同一个老太太，一位虐待和杀害犹太人的目击者见面，这已不是我第一次见她了。每次见面时，她都会想出些新的细节。"苏联人刚离开，我经过一家面包店，看到一个男孩躺在那里，他被人用石头砸伤了；他个子很高，也挺胖，体重应该超过一百公斤。他还有呼吸。"

很可能，这个男孩就是卡罗尔·巴登从监狱中发出的一封信中所提到的那个。就在德国人入城的那一天，巴登被耶德瓦布内的居民维希涅夫斯基召了去。"他指着一个犹太人出身的名叫莱文的年轻人，大约 22 岁，躺在地上，被害死了，他对我说：'我们用石头砸死了那个狗娘养的。'"

后来，维希涅夫斯基给他看了一块 12~14 公斤重的石头，并说："我们就是用那块石头砸他的。我想他再也起不来了。"

同我说话的女士也还记得，在烧死犹太人的前一天，很多年轻人从周围的乡村涌来，把犹太人赶到犹太教堂里去，在那里他们强迫犹太人唱歌并毁掉他们的犹太圣经。

2001 年 2 月 27 日

华沙。位于莱什诺大街上的法院大楼，第八刑事司法庭。我正在寻找有关在拉齐乌夫发生的罪行的战前法庭判例。但是此地没有重要案例登记处，我不得不去查地方法院的档案。要了解某个特定的审判，你必须知道被告的姓名。我从司克罗茨基处获知，在拉齐乌夫审讯中，被告人有莱昂·科斯莫切夫斯基、瓦迪斯瓦夫·瓦谢维契和亚历山大·戈德莱夫斯基，他们都是在埃尔克法庭受审的。

我打电话给埃尔克的地方法院，发现这些卷宗可能都在地方检察官办公室里。在那里我又被介绍到埃尔克的国家档案馆去。到了国家档案馆，我又听说那次庭审很可能是在城外进行的，我必须要到比亚韦斯托克或奥尔什丁去看看，更不用提那些文档很可能已经被销毁了。

在往埃尔克打过几个电话后，我意识到，没有检察官伊格纳季耶夫的帮助，要想找到拉齐乌夫案件的调查案卷可能需要我花费好几个月的时间。但我也知道新闻界应该与司法机关保持距离。当我在为《选举报》从事经济事务工作时，我从来没想到过会与检察官一起合作。在咨询了报社之后，我拜访了伊格纳季耶夫，并给了他一份我与司克罗茨基一起列出的拉齐乌夫惨案中凶手的名单，标明了哪些人是我所知道的调查对象。他告诫我说，如果他找到了那些案卷，在未经上级许可的情况下，他是不能够给我看的。

2001 年 2 月 28 日

出席了玛丽安娜·拉莫托夫斯卡的生日宴会。她已经 86 岁了。拉莫托斯基夫妇都被他们的华沙新牧师西科拉神父吸引住了。"一个牧师会对我们如此友好？"斯坦尼斯瓦夫感到惊讶，"也许因为他是福音派的。"

我打电话给米哈尔·克萨杰科斯基神父。我听到他在电视中谈论战前教会的教义："那时教会教人们认识什么是耻辱。然后我们感到惊讶的是，人们失去了良知。就是耻辱为此铺平了道路。对我来说凶手是一个巨大的道德和宗教问题，但是那些即便能够施以援手却没有去做的基督徒，那些无动于衷的人，也同样是道德和宗教问题。我们对上帝的回应，竟然就是这种消极忍受。"我个人并不认识他，但我想要感谢他。他刚刚接到耶德瓦布内的奥尔沃夫斯基神父打来的一个愤怒的电话，他在红衣主教斯特凡·威索齐因斯基大学里找到了克萨杰科斯基，克萨杰科斯基在这所大学里是个教授。这所大学里的某位高层人士向他保证，克萨杰科斯基神父并不代表这所天主教大学的观点。

2001 年 3 月 1 日

在卡尔塔中心的东方档案馆里，我读到了斯坦福大学胡佛研究所保存的证词复印件，这里面的故事都是来自被放逐到苏联的比亚韦斯托克地区的人们。历史学家托马什·斯特泽博斯在我之前阅读了这些证词（我在文档中发现他最近的借阅记录），他利用这些文档来证明在苏联占领期间犹太人的勾结和告密行为。

这些在战争中记录下来的往事有着特别的分量。当我和现在的耶德瓦布内居民谈话时，我能相信，他们对罪行被揭露所做出的反应是试图往受害者头上扣屎盆子。但是没有理由认为，那些在屠杀实施之前就离开了波兰的人，以及那些甚至根本就不知道屠杀事件的人（没有哪个耶德瓦布内的人曾经把杀害犹太人的情况写信告诉亲戚），他们的证词是以做假证为目的的。

我阅读了一些调查问卷，主要出自沃姆扎地区，其中包括耶德瓦布内，以及什丘琴地区，拉齐乌夫也包括在这个地区内。看起来，可能斯特泽博斯和我都看了相同的文档。但是，在看待同样的东西的时候，两个人的眼光也有可能非常不同。事实上，这些证词确实提到了喜欢发号施令的犹太人，但是可以发现，最集中地阐述犹太人与苏联内务委员会的勾结都是在一般综述中。当描述具体情况时，其数量就会急剧下降。这就是偏见的本质。

将这些证词与各种官方机构中涉及犹太人的参与数据进行比较将是有益的。只有这样做，我们才能评估它们所反映出的现实的程度，以及它们在多大程度上能反映证人们的主观感受。在有关耶德瓦布内问题的讨论刚一开始的时候，边疆地区（波兰东部和苏联交界地区）的历史学家克齐斯茨托夫·贾西奇斯就在《选举报》上就这个问题写道："认为犹太人与苏联内务委员会相勾结这种看法是相当普遍的，也许这就是发生在耶德瓦布内的暴行的一个原因。即使有关消息的来源表明，产生这种看法的基础是非常不牢靠的。"根据苏联有关民族统计的文件，他表明犹太人没有与苏联占领当局进行过大规模合作。在耶德瓦布内地区，与苏联公开合作而被提拔任职的人，或当地有野心的人，共有126个是波兰人（占70%），45个是犹太人（占25%）。犹太人中被提拔任职者占该地区犹太人口的3.2%，在波兰人口中，被提拔任职的人占0.34%。确实，从人口比例上看，与苏联人合作的犹太人比波兰人数量要多得多，可是犹太人仍然只占全国人口的一小部分。

斯特泽博斯大量地援引证词中丑化犹太人的内容，以此作为对格罗斯的书的反驳。不知何故，看来没有人会记得，这些证词正是被伊雷娜·格鲁金斯卡·格罗斯和扬·格罗斯所发现、所曝光，并以此为基础写了一本书的，书名是：《1940年，圣母呀，他们把我们流放到了西伯利亚》。我在卡尔塔的东方档案馆读到的是副本——格罗斯他们读到的是原件。伊雷娜告诉我在70年代这些文档是如何被存放在胡佛研究所的，以及她和扬是如何将手稿从箱子里拿出来的。其中有许多文档都被大段大段修改过了，但是他们偶尔也能够设法读到隐藏起来的充满反犹太主义的片段。被流放到苏联内陆去的波兰公民的证词是由波兰东部军文献情报局为移民当局收集并编辑的，以便在与盟国谈判波兰未来边界时可用。其意图是为苏联的镇压、驱逐、选举舞弊等提供证据。显然有人认为，他们应该把不能展示波兰人最光彩的一面的东西统统抹掉，比如被流放的波兰人的反犹太主义等。

尽管有这种审查制度存在，在大部分的证词中反犹太主义仍然不时地冒了出来。当塔德乌什·尼特基奇斯，一个来自维兹纳的药剂师，描述犹太人是如何"以残忍地虐待我们的士兵和人民的方式来欢迎红军的到来"时，他的这种胡说八道是绝对不能相信的。

在《选举报》的档案中，我看到了《天主教新闻社公报》上登出来的东西："格罗斯的全书以及其中包含的结论都是基于什穆埃尔·瓦瑟斯泰因的证词而来的，而此人却是安全局的一名雇员；这就是托马什·斯特泽博斯教授——他长期以来一直在研究这个时期的波兰历史——所得出的结论，他的这个结论的根据是在二战过后被瓦瑟斯泰因质疑过的两个可靠的证人的证词。"

我从杰齐茨家人处得知，战争一结束，瓦瑟斯泰因就离开了波兰。

按照《天主教新闻社公报》重新构建的事实，大屠杀看起来像是这样的："德国警察包围了耶德瓦布内。他们放出狗来迫使波兰人参与大屠杀。犹太人没有试图保卫自己或逃跑，而是被动地服从了命令。"那份公报引用了约翰·保罗二世的话，他呼吁要使真相大白于世。《天主教新闻社公报》的观点得到了卡齐米日·劳丹斯基的佐证。他发给了我一封信件的副本，原件是他写给奥斯维辛博物馆的亚当·锡拉的（日期是 2 月 24 日）："一直到 1968 年，什穆埃尔·瓦瑟斯泰因始终是安全局的一名能干的官员，这就是为什么格罗斯教授，作为一名富有经验的历史学家，会如此信任他。他到处都去过，耳闻目睹了一切。就像另一个披着隐身外衣的夏洛克·福尔摩斯。他看到犹太女人伊布拉姆被强奸致死，犹太男人的胡须被烧，婴儿在母亲的怀里被杀害，而且这一切都伴随着管弦乐队的旋律。对于一个小男孩来说，难道他看到的和听到的不是有点太过分了吗？"

我认为，劳丹斯基兄弟确实能够提供比受迫害的人更可靠的信息，受害者的观点必然是有限的。对于他们来说，令他们极其沮丧的肯定是：明明知道他们自己观察到的细节可能会削弱瓦瑟斯泰因的证词的可信度，但又不能在不泄露他们自己的情况下澄清事实。

2001 年 3 月 2 日

我写的关于劳丹斯基兄弟的文章将在下周六发表，我正在做一些补充。亚当·米奇尼克把这篇文章的最后一稿归还给我，敦促我通过与当地的历史学家和社会学家交谈，尝试去把握生活在那个特定的地区和时代的镇上居民的心态。我已经进行了几次这样的对话，但是从中得到的收获并不多。耶德瓦布内这个话题总是会令人紧张不安。今天，一位著名的社会学教授干脆就挂断了我的电话。

晚上，与剧作家塔德乌什·斯洛博将内克会面，他计划写一部戏，一本小说，也许是一个故事；无论写什么，背景都将是耶德瓦布内。在他看来，整个现状都被"犹太人对波兰人"这种简单的二分法歪曲颠倒了。取而代之的，应该是我们来谈谈犹太教徒和天主教徒，因为两者都是完全合法的波兰公民，只是宗教信仰不同。这个观点还确实值得一提。

2001 年 3 月 3 日

晚上，往耶德瓦布内打了个电话。亚历山大·克瓦希涅夫斯基总统在以色列报纸《新消息报》（*Yediot Akhronoth*）上发表的声明中说："这是耶德瓦布内的波兰人针对他们的犹太邻居实施的种族灭绝事件。因此，我们必须低头鞠躬，请求宽恕。此后，波兰人作为一个民族可能会变得更好些。"总统宣布，在耶德瓦布内大屠杀 60 周年之际，他将以所有波兰人的名义向犹太人道歉。总统的这一番表态之后，镇上充满着一种惊慌失措的气氛。

亚采克·库仑尼的生日聚会。我在聚会上与马雷克·埃德尔曼交谈。我说在战争爆发前几年，我未曾充分认识到反犹太主义的范围和强度。

"战前，"埃德尔曼回忆道，"我遭受的殴打比起在德国人统治下更多；1939 年 9 月之前，民族主义者的准军事部队的小分队到处追杀犹太人，很容易撞见他们。我也记得，在战争爆发后的头几个月里，我去一些办公室登记，有好几十个人站在那里，我不得不大声说出我的姓，当时心里充满着一种混杂着害怕与耻辱的感觉。"

我告诉他有关那个来自拉齐乌夫名叫多罗戈依的鞋匠的情况，他设法与他的儿子在战争中幸存了下来。但是，当他们于 1945 年从藏身之处出来后，他们两人都被人用斧头活活砍死了。

"我在凯尔采发生大屠杀之后立刻就去了那里，在每一个车站我都看到了几具尸体；他们都是犹太人，被拖下火车然后杀死了。战后犹太委员会收集的资料显示，在'铁路行动'中有1500名犹太人遇害。"

我把有关斯坦尼斯瓦夫·拉莫托夫斯基的情况告诉了他，拉莫托夫斯基在大屠杀的当天救了整整一个犹太人家庭，把他们与他的母亲一起藏起来，并且没有要求任何回报。

"那又有什么关系呢？"埃德尔曼反驳说。"在华沙大概有10万波兰人参加了拯救犹太人的行动；他们那样做是出于种种原因——去羞辱德国人，但也有为钱的。一点不假，没有钱是很难找到藏身之处的。我知道一些从中赚钱的人的例子，那又怎么样呢？他们每次都要的更多，但是当犹太区被切断，接着整个犹太区又消失之后，他们看到再也不能从中获得任何东西了，但他们仍然凭着完全的忠诚继续给犹太人提供庇护。"

我接着告诉他，芬克尔斯泰因全家只有一个人在战争中幸存了下来：就是拉凯拉，现在改名叫玛丽安娜·拉莫托夫斯卡。在耶德瓦布内还住着另一个犹太女人，她也在大屠杀中幸存了下来，并且也嫁给了一个波兰人。这两个女人从未相互走动过；她们想融入当地居民之中，毫无疑问，她们希望她们身上作为犹太人的"原罪"能被人们忘记。

埃德尔曼告诉我伟大的波兰诗人克齐斯茨托夫·卡米尔·巴克齐因斯基的母亲的故事，这位诗人牺牲在1944年的华沙起义中。埃德尔曼战后在华沙找到了诗人的母亲，她生活在贫穷之中，他从联合分配委员会那里为她申请到了一笔钱，但她却不愿意接受，"这跟我没关系"，她说。她儿子是作为一名波兰家乡军士兵倒在波兰人起义的战场上，她害怕她的犹太人背景会玷污她儿子身后的荣耀。

/ 109

2001 年 3 月 4 日

在自由主义的天主教月刊《纽带》（*Więz*）上，登出了大主教约泽夫·齐辛斯基的一篇文章："如果有人认为，在谷仓里烧死大量人的这种行为有其一定的理由，那么这种想法是极其疯狂的。因此，我们不要去寻找虚构的历史文献，那些历史文献有可能将耶德瓦布内的悲剧转变成一个微不足道的小插曲。那样的文献是不存在的，因为你不能将无辜人民的死亡降为一个小插曲。今天，我们需要为大屠杀的受害者祈祷，并展现我们的团结精神，这种团结精神是他们从所居住的祖辈的土地上离开的那一刻所缺少的。"

与此同时，有个沃姆扎大众基督教联盟的代表抵达此地与耶德瓦布内居民见面。他给居民们念了一封他带来的公开信："为了应对世界范围内诽谤波兰本身的恶毒的运动，下列签名人声明，发生在他们城镇里的暴行是德国人犯下的。"由此还成立了一个捍卫耶德瓦布内声誉的委员会，现任市长克齐斯茨托夫·戈德莱夫斯基担任委员会的主席。

当然，有些政治家肯定会借机利用耶德瓦布内居民的情绪。我对成立一个委员会并不感到惊讶。但是为什么由市长出任委员会的主席而不是牧师呢？当我们的记者发回一段对戈德莱夫斯基的简短采访时，我恰好就在编辑部。我看完之后简直不敢相信自己的眼睛。他所操的语言是当地居民中反对犹太人的那部分人的语言，尽管略有些缓和，还使用了"犹太人的利益"这样的措辞。现在，耶德瓦布内持否定意见的人已经形成了一个主要倾向，就是要大声地去说整个故事都是由犹太人凭空虚构出来的，他们想要求波兰支付给他们数十亿美元的损害赔偿。在几次访问耶德瓦布内的过程中，我逐渐认识了这位市长，也喜欢上了他，尽管我还怀疑他可能存在一个问题，就是不能够坚定地站在这一边或另一边。他不适合担任孤独的警长这一角色。相反，他是一个开朗、有同情心的家伙，是那种不想去冒犯任何人的人。这并不是因为他生性胆小，而是因为他相信，为了让大家开心有些事情总是可以做到的。

我打电话给市长。他告诉我有人是怎样在市政厅里站起来，然后以一种威胁的语调说道，"市长有机会恢复他自己的名誉，他应该领导

委员会"。他轮流以两种不同的口吻来同我谈话。首先，他解释说，如
果他没有加入委员会，他们将为一封以仇恨的语言写成的信件去征集签
名，这样做的话，小城和国家两者都将受到伤害。然后，他解释说，耶
德瓦布内的居民有理由感到愤慨，因为只有一小撮人参与了大屠杀——
那帮社会渣滓——然而现在当地所有的波兰人都受到指责，这就很可能
成为经济索赔的一个基础。接着他对总统也感到非常愤慨，因为他毫不
怀疑谁在这项罪恶上是有罪的，并且当调查还在进行的时候，就在新闻
界发表了一个结论。我反复重申，他其实和我一样明白，委员会的目标
就是要粉饰真相。在几乎延续了一个小时的谈话之后，戈德莱夫斯基要
求我向他复述一遍他对《选举报》所说的话，以便他能够删除某些会令
人遗憾的措辞。

2001 年 3 月 5 日

我打电话给戈德莱夫斯基。他的声音很低沉。委员会成员要求那
封信的措辞写的更强硬些。我给他引述了格莱姆普大主教昨天在约泽夫
天主教广播电台上说的一段话："把犹太人赶进谷仓并将他们活活烧死，
这种大屠杀是不容抵赖的……去承认我们的代际责任，就是要请求上帝
宽恕我们先辈的罪恶，并请求受害者的后代给予宽恕。"最后，他提议
波兰人和犹太人携手共同祈祷。

戈德莱夫斯基的嗓音立刻发生了变化："既然大主教说了这样的话，
我会说服委员会起草一封不同的信。"

事实上，我念给戈德莱夫斯基听的只是采访格莱姆普大主教的一个
片段，其中提供了一丝希望。从整体上说，他的讲话听起来并没有做出
什么承诺。大主教撇清了自己同教会应该出席 7 月 10 日耶德瓦布内纪
念仪式这个看法之间的关系："这不是某种轻率的、歇斯底里的赎罪。"
他还暗示了某种犹太人的阴谋："兄弟姊妹们！一年前，一位重要的犹
太人就曾告诉我，耶德瓦布内发生的事情很快就会被公之于世。"换句

话说，犹太人已经为耶德瓦布内准备好了一项计划。

在提到波兰犹太教士迈克尔·舒德里奇写的一封关于在耶德瓦布内举行纪念仪式并邀请大家参加集体祷告的信件时，大主教回忆起这位犹太教士从经文中引用了一段文字。《选举报》的编辑要求我核查一下那段引文是出自《圣经》中的哪一篇。我给舒德里奇的手机打了个电话，他恰好在纽约。我听到他讲的波兰话口音很独特："耶德瓦布内是很重要，但其他的事情也非常、非常重要。我本来是要打电话给你的。"原来在他的另一部手机上，他女儿阿里安娜正在和他通话：她是从布鲁克林的一家商店打来的，说店里只卖带"男孩成年礼"字样的纸巾，而没有带"女孩成年礼"字样的。但他们卖的纸巾很可爱，有着金色的大卫王之星图案（译者注：犹太人的标记，两个正三角形叠成的）。他们应该给奥拉的晚会带什么样的去呢？在我挂电话之前，我提醒他那段引文，并且记下了参考出处：申命记21：1-9。

奥拉的女孩成人仪式在我们家庭里是一个盛况空前、激情洋溢的节目，我一直不停地在谈论着它。不久之后，我意识到，因为我决心不隐藏我的犹太人身份，由此会给耶德瓦布内的人造成多大的困惑。其中一人向我保证，"我向你承诺。我不会把你的背景告诉任何一个人。"但真正使我吃惊得说不出话来的，是直到某个民族纪念研究会的人起誓，在工作中他绝不对此透露一个字之时。我很清楚，很多有犹太背景的人都害怕他们的出身会被众人知道，但是从中我能看清，其实更多的还是心理受到创伤留下的痕迹，这种创伤是他们自己的或者是从他们的父母那里继承下来的，结果导致他们以为发现了威胁，实际上却是什么都不存在。此时此刻我才意识到，有多少波兰人就是因为对方是犹太人而认为他们本质上就存在过错的。

2001 年 3 月 6 日

早上，与克齐斯茨托夫·戈德莱夫斯基谈了一阵子话（他的语气是确定的）："我将根据大主教的意见提交这封信的我自己的版本。我们必须接受事实，哪怕是最令人痛苦的事实。我正在考虑采纳一个壮观的、惊人的姿态，就是组织一大群人在大屠杀的现场祷告，大家一起跪在那里。"

这听起来像是一种积极思维的运用。我问他，放弃这个委员会然后去成立一个新的委员会，以便去支持举办纪念惨案 60 周年的仪式，这样做是否会更好。这似乎将他带回了现实之中。他叹了一口气。"现在我是看不到有谁会志愿参加的。"

晚上，与戈德莱夫斯基进行了另一次谈话（现在他的口气已经低落了）："我已经听到了大主教在城里布道的一个完全不同的解释：我们应该站出来反对犹太人对波兰的迫害。或者是委员会接受一项根据我对大主教旨意的理解做出的声明，或者是我辞去职务。我只能希望主教大人会出来给我们一个明确的训诫。"

沃姆扎的主教将于 3 月 11 日星期日在耶德瓦布内做一次布道。捍卫耶德瓦布内声誉委员会的成员们，像戈德莱夫斯基一样，都期待着一个能在道德上解疑释惑的讲道，只是每一方的期待都有所不同。

2001 年 3 月 7 日

我打电话给戈德莱夫斯基，他已经从委员会里辞职了。

"怀着我们能达成一项共识的希望，我走了进去，"他说，"我想缓和一下那些使得这个城市的坏名声一直持续下去的人的态度，而不是在大斋节期间在他们的头上撒灰（译者注：旧时人们撒灰于头上以示悔恨或悲哀）。你们可以通过认罪来捍卫此地的名声。我不想放弃这里的人们，听任他们遭受歇斯底里的摆布。但我不能单枪匹马和他们全体作斗争。"

同时，耶德瓦布内事件明显在加速发酵，没有哪天会平静地过去而见不到新闻媒体发出的文章或某种声明。布泽克总理宣称，"波兰人卷入了耶德瓦布内的罪行中是毫无疑问的"。但住在芝加哥、在耶德瓦布内享有盛名的美国波兰联合会主席爱德华·莫斯卡尔，则公开指责针对波兰人的谴责，他解释说："犹太人判定波兰不应该是波兰的，而应该是以色列的郊区"，而民族纪念研究会会长莱昂·基尔斯则正在效力于"一些走狗，对犹太人的要求怀有一种奇怪的同情……他们所想的就是要满足自己贪得无厌的胃口"。

被相互矛盾的言论所困惑，耶德瓦布内的居民们正在紧张地等待着他们主教的表态。同时，小镇已经为总统所宣布的仪式选定了一条口号："犹太人来对犹太人道歉。"

在华沙，有个传闻已经到处都在扩散，大家都在议论大主教出尔反尔的原因，为什么他事先表明自己不会出席纪念仪式，但不久之后又宣布将参加悼念受害者的弥撒。人们都在说他遭到了教皇的警告。

2001 年 3 月 8 日

去探望拉莫托夫斯基夫妇。玛丽安娜不时地说着流利的波兰语，跟我谈论政府里最近发生的一些小冲突，然后又不知不觉地说起了当地方言，都是些用词不合语法规范的说法。她和当地人说话必须用那种方式才能适应他们。我问她亲戚的姓名，但她没有听到我的问题。一般情况下，她听力不太好，但她的听力也是很有选择性的。当我们谈论政治上和世界上发生的事情时，因为玛丽安娜整天都收听广播，她就能相当准确地听懂我的话，但是当我询问她发生在拉齐乌夫的暴行时，她的听力就会急剧地恶化。然而，当我转过来与斯坦尼斯瓦夫去谈论那种犯罪行为时，玛丽安娜的听力又恢复了，而且会去提醒她丈夫不要说太多。

2001 年 3 月 9 日

我的朋友纳沃杰卡将从慕尼黑带来琼脂以取代做鱼丸冻时要用到的不符合犹太人食物要求的明胶。但是她的飞机被延误了，而安息日即将到来，届时就不可以再做饭了。这时候，鱼已经烧好了，就等着往鱼肉上浇一层琼脂。我该四处打电话看看有谁能借给我一些琼脂应急。但是，此时我正在《选举报》的编辑部办公室，我的关于劳丹斯基兄弟的四栏文章《耶德瓦布内的我们》即将定稿。其中包含一些涉及当代耶德瓦布内的段落。由于本周在耶德瓦布内发生的事情比过去 60 年内发生的还要多，所以我在不断添加并证实一些事情。现在我必须选择：要么我去寻找明胶，要么我打电话给戈德莱夫斯基，看看捍卫耶德瓦布内声誉委员会是否已经宣布了其成员。幸运的是，其实报纸的第一版是在安息日开始之后 20 分钟才结束编辑的。我设法打通了耶德瓦布内的电话，核对了所有的事实。

2001 年 3 月 10 日

奥拉的女孩成人仪式。犹太教堂里座无虚席。在我们的客人中，有来自格但斯克的波什娜和扬·司克罗茨基，还有斯坦尼斯瓦夫·拉莫托夫斯基。整整好几百人，包括奥拉班上几乎所有的同学，许多孩子是和他们的父母一起来的，毫无疑问是首次参加犹太教堂的宗教仪式。

奥拉给大家讲述了她对摩西五经的心得，并告诉我们她为什么选择了莱娅，战前我母亲的名字，作为她的犹太名字："我选择这个名字，并不是因为想到了《圣经》里的利亚，而是我的外祖母。我的外祖母三年前已经去世了，她希望在我们面前隐瞒她是个犹太人这个事实。她担心一旦泄露出去可能使我们的生活像她所经历的一样困难。事实上，这是我外祖母做出的一个巨大的牺牲：与家人分离，去开始一种新的生活。我爱我的外祖母，我现在仍然非常爱她，这一次，能使我永远保持对她的记忆的，将不是鲜花和关于她的故事，而是我的新名字，莱娅。"

按照传统，大家把糖果——当然是犹太人的糖果——朝奥拉抛去。

现在轮到我说话了。我提到了我朋友玛尔戈夏和科什特克·格伯特家里的逾越节晚餐。作为最小的孩子，当时只有四岁的奥拉，问了这样的问题，"为什么那天晚上和其他晚上都不一样？""为什么今天晚上我们要吃苦草（译者注：逾越节家宴凉拌菜）？"格伯特的女儿佐西亚，当时是 11 岁，是桌子上最大的孩子，回答说："我们吃苦草是要记住我们在埃及遭受 40 年奴役的痛苦生活。"那天晚上快要睡着时，奥拉轻轻地耳语，"妈妈，还记得我们在埃及的沙漠中走了 40 年，我当时哭得那么、那么伤心吗？"我记得我有一种得到慰藉的感觉，奥拉已经能够从某种传统中汲取力量，而我的母亲却从来没有告诉过我有关我出身的情况，以及她战前的生活，但她也从来没有让我去受洗，因此我总是感觉好像缺少了某种精神支柱。

斯坦尼斯瓦夫·拉莫托夫斯基对这个仪式、这个犹太教堂，还有拉比舒德利赫感到非常高兴。

三

我们受够了苏联人、德国人和波兰人的欺压

或，劳丹斯基三兄弟的故事

在 1949 年的审判中，因谋杀耶德瓦布内犹太人而被定罪的共有 10 个人，其中齐格蒙特·劳丹斯基和耶日·劳丹斯基是仅有的仍然活着的两个人。他们住在耶德瓦布内以北 80 公里的皮什，他们的大哥卡齐米日·劳丹斯基也同样住在那里，毫无疑问，这位大哥是一家之主。1941 年 7 月，他是否也在耶德瓦布内，我们都不清楚；所有的记述都是相互矛盾的。他本人声称，他是三天后才去的，目的是想知道在他两个兄弟身上发生了什么事。但是有一个证人坚持说卡齐米日·劳丹斯基在大屠杀的前一天和他一起去了耶德瓦布内，并且还记得他们两人旅途中的细节。无论如何，在屠杀暴行之后，的确是卡齐米日将他的两个兄弟带出了耶德瓦布内，而且在战后，他还给他们找到了工作和居住的地方。"他们总是和我在一起，"他说道，"我给他们提建议，他们总是听我的。"

在 1949 年的案件卷宗里，人们可以在一份黄色表格上找到关于被告的基本信息，其中的空白处是由谁填写的已难以确定。卷宗是由沃姆扎县安全局提供的，归类在"危害国家罪嫌疑人档案"之中：

艾塔卡·罗克拉·普拉夫达（婚前姓什塔宾斯卡）和她的丈夫哈依姆·约泽夫·普拉夫达。他们与他们的孩子瓦尔瓦尔和巴里于 1941 年 7 月 10 日在耶德瓦布内被波兰人杀害。（由何塞·古斯坦提供，www. radzilow.com）

耶德瓦布内新市场的一家杂货店店主亚伯拉罕·亚伦·伊布拉姆的女儿们。从左到右依次是：蕾佳、洛齐凯和尤姿。耶德瓦布内，19 世纪 30 年代。尤姿设法在 1941 年 7 月 10 日的大屠杀中活了下来，但是 1942 年犹太人区被大清洗后，波兰人发现了她的藏身之地，强奸并杀害了她。（由犹太教士雅各布·贝克提供）

姓名：齐格蒙特·劳丹斯基

出生日期：1919 年 1 月 12 日

受雇于国家机关工作的亲属：哥哥卡齐米日·劳达斯基，皮什县议会秘书

职业教育：泥瓦匠

教育与语言程度：小学五年级

习惯与嗜好：不吸烟

犯罪嫌疑：在沃姆扎县耶德瓦布内市杀害犹太人

成员资格：波兰共产党（PZPR）皮什支部

体位：直

眼睛：蓝色

牙齿：全部健康

语言：纯波兰语

    1949 年的案件卷宗里也有他的弟弟耶日的档案，耶日比他哥哥小三岁并完成了七年级的学业。在"职业"一栏里填的是"鞋匠"。他与"耶德瓦布内的德国警方"有着"特别重要的联系"；他的语言一栏除了"纯波兰语"外，还加了"粗俗的"一词。

    尽管他们年龄已经不轻，这兄弟俩的站姿仍然是笔挺的，说话时嗓音洪亮。

    在齐格蒙特 1949 年 1 月 16 日的供词中，他说："是的，我参加了在耶德瓦布内杀害犹太人的行动……有人从耶德瓦布内来，告诉我耶德瓦布内的市长号召我们到那里去，把犹太人赶到市场上围起来。当我到达那里时，波兰人已经在市场上围捕了大约有 1500 个犹太人。随后卡罗拉克市长要求我确保不让一个犹太人逃离市场。犹太人扛着列宁塑像围绕市场走着。后来，我们将所有的犹太人连同塑像一起驱赶到城外布罗尼斯瓦夫·斯莱赞斯基家的谷仓里，然后把他们烧死在那儿。"

在 1949 年 1 月 16 日耶日的供词中，他说："当时，我参与了把犹太人驱赶到市场上去的行动。欧根纽什·卡利诺夫斯基和我……迫使大约 8 个犹太人进入市场。当我们把犹太人全部赶出家门又回到市场上去的时候，市场上已经挤满了犹太人，他们扛着列宁塑像，一边还唱着一首歌，'战争是我们的错'。我不知道是谁命令他们唱的歌，但是我们波兰人要确保犹太人逃不出去。我要强调，那里还到处都有德国人。后来，耶德瓦布内的市长马里安·卡罗拉克向我们下令，将所有的犹太人都赶到布罗尼斯瓦夫·斯莱赞斯基家的谷仓里，我们照办了。我们把犹太人赶到谷仓边，赶他们进去，他们被迫进去了，当他们全部都进去之后，谷仓门被锁上了并点着了火。我不知道是谁点的火。火烧着后，我回了家，犹太人都被烧死了。总共有 1000 多人。"

可以证明他们是有罪的，不仅仅有劳丹斯基兄弟自己的供词；还有其他证人和嫌疑犯的证词也同样可以证实他们的罪行。

嫌疑犯切斯瓦夫·利平斯基说："欧根纽什·卡利诺夫斯基、耶日·劳丹斯基和一个德国人来到我身边，我们把一个犹太人和两个小个子犹太妇女带到了市场上。当我们与德国人一起把上述犹太人包围起来时，我看到路上有一根棍子，就把它捡了起来。"

证人朱莉娅·索科洛夫斯卡说："耶日·劳丹斯基拿了一根橡胶棍参与了谋杀犹太人。他把他们驱赶进市场；他殴打犹太人，又把他们赶进谷仓去，前面提到的那些犹太人就在那里被烧死了。我要强调，劳丹斯基是耶德瓦布内的 Schutzmann（警察）头子。我看到此人在猪圈里毒打一个犹太女人。"

证人布罗尼斯瓦·卡利诺夫斯卡说："镇上的居民开始杀害犹太人。你是不会忍心去看他们折磨犹太人的方式的。当时我站在谢杜尔斯加大街上，住在耶德瓦布内的耶日·劳丹斯基顺着大街跑来，告诉我们说他已经杀了两三个犹太人。他非常激动，又继续跑过去了。"

证人斯坦尼斯瓦夫·锡拉瓦说："耶日·劳丹斯基、耶日·卡利诺夫斯基和一个俄罗斯人在烧了谷仓之后殴打犹太人艾露恩。他们把他摔倒在地，用棍棒打他，当我上前质问他们时，他们告诉我马上也要轮到我，就像对待那个犹太人一样。我要强调，前面提到的犹太人在被殴打之后，两个星期不能起床。上述事实我是亲眼看到的。"

齐格蒙特·劳丹斯基被判处 12 年徒刑，实际服刑 6 年；耶日·劳丹斯基被判 15 年徒刑，实际服刑 8 年。

我从耶德瓦布内原先或现在的居民那里听到的这些描述中，不论是直接听到或者是间接转述的，劳丹斯基这个名字几乎总是会被提出来，作为特别积极参与犯罪的例子。

甚至连那些坚决否认波兰人犯下了这种暴行的人也提到了劳丹斯基兄弟的名字。比如贾德维加·科尔多斯，一个目击者，说道："也许，耶日·劳丹斯基是在报复"，这是她在欧根纽什·马西尼亚克神父写的《证人眼中的耶德瓦布内》一书中对他说的。"斯特泽博斯教授问我有关他的情况，我说：'因为他的父亲被逮捕了，他们来抓他的母亲去西伯利亚，但是她逃脱了。'教授回应道：'以眼还眼，以牙还牙。很可能事情就是这样发生的。'"她补充说，耶日·劳丹斯基"有一根鞭子，但他并没有用鞭子来打人。我没有看到他抽打任何一个人。他只是把他们赶出家门，并维护秩序"。

卡齐米日·劳丹斯基愤怒地说："庭审是在罪行发生 7 年半后才进行的。秘密警察对人非常粗暴，但是当时没有人提起过，那些犹太小崽子、小孩子们被扔进正在燃烧着的谷仓。60 年过去了，现在人们却在说这些事情。等我们这些人全都不在世的时候，人们还会说犹太人的眼睛都被人挖出来了。"

齐格蒙特·劳丹斯基说："再没有比这一切更可怕的事了。人们现在为了报复正在捏造事实。说我兄弟和我杀死了 1000 个犹太人，这完全是胡说八道。我们的家庭过去是现在也是诚实的家庭。我们的诚实不能被这场悲剧给淹没了。"

卡齐米日怒斥他的兄弟："现在是我在说话。你闭嘴，齐格蒙特。我叫你说话时你再说话。"他继续说道："我们生长在一个真正爱国的波兰家庭里。我们的家庭遭受了巨大的损失，坐过牢，遭过难。我们三兄弟都活下来绝非偶然。我们不抽烟，我们不喝伏特加。他们怎么能把我们兄弟称为暴徒？我们所做的一切，都是出自爱国主义：自古以来，我们家中没有一个人与我们民族的敌人有过关系。"

在一封给亚当·米奇尼克的信中，卡齐米日提到了他自己和他的兄弟们："就像所有波兰人民一样，我们在苏联人、德国人和波兰人民共和国的统治下深受其害。"

"我们的人组织了对犹太人的包围，但是没有去放火烧他们。他们的表现是和爱好和平的人一样的"，卡齐米日·劳丹斯基说道。据说那天他不在耶德瓦布内。"那里充满恐惧，那里充满同情，在300米的半径范围内，那里弥漫着可怕的恶臭。受到震惊的波兰人不断地在说：'这是上帝的惩罚。'这个恶魔般的暴行是由德国人组织的。是德国人当的导演，把波兰人当作舞台上的演员来加以利用。但是说波兰人想要烧死犹太人，那就完全没有这回事。"

我们谈论起战前的年代。夏天，犹太人从农民手中租了园地，于是卡齐米日·劳丹斯基说他决定做同样的事情，去和犹太人对着干。当地国家党的一位活跃分子，药剂师米哈尔·亚沃谢斯基给了他500个兹罗提去开展他的生意。

"我投资了苹果和旅行服布料行业。波兰人总是从犹太人那里购买，因为他们卖的更便宜。为什么呢？因为犹太人有资本。他们有矿山，有仓库，他们控制着一切。我越来越生气，因为我没有工作。"

在给米奇尼克的信中，劳丹斯基继续说道："莫希奇茨基总统亲自把我推荐给沃姆扎区的区长，去担任独立的波兰的行政管理工作。"我问他伊格纳齐·莫希奇茨基，两次大战之间的波兰总统，是怎样知道他的存在的，他告诉我他给总统写了一封信，因为他害怕在毕苏斯基的时代，作为一个民族主义者他将无法找到一份政府的工作。"我的信是这样开始的：'您，国父，是波兰民族的安全守护者……'接着写道：'尽管我们是民族主义者，可是我们的祖先在为波兰而战的起义中倒下了，我们现在处于不利地位……'我一直很幸运，但是你必须为我打开幸运的大门。我把我的生意留给了我的兄弟和父母，感谢莫希奇茨基总统，我成了一个职员的助手。当战争爆发时，我能挣176兹罗提——比一个学校老师还挣得多。"

卡齐米日·劳丹斯基告诉我有关他父亲的事："他积极参加教会建设委员会，他和牧师走得很近，这使他受到共产党基层组织的憎恶。"

劳丹斯基兄弟的父亲切斯瓦夫是当地的国家党活跃分子，他曾经针对耶德瓦布内的一名犹太教师领导了一次抵制活动。同我谈过话的人还记得，当哈克洛娃小姐走进教室的时候，孩子们却走出了课堂，直到董事会最终屈服并解雇了她。

劳丹斯基兄弟们最喜欢的话题是苏联人的占领。

卡齐米日·劳丹斯基说道："苏联人来了，把我父亲投入监牢。我的母亲和我的两个兄弟逃到树林里躲藏了起来。人人都知道驱逐出境的间接原因是谁：犹太共产党人。晚上，当他们上门来把一家一家的人带走时，来的人中总是会有一个内务部军官，一个波兰共产党人和两个犹太人。内务部的人不认识我们，但犹太人是我们的邻居。"

"是谁来抓你父亲的？"

齐格蒙特插嘴说："我当时不在家，但是奶奶说有两个俄罗斯人和一个波兰人。"

"为了给你证明这是犹太共产党人干的好事，"卡齐米日打断了他弟弟的话，毫无疑问，他意识到弟弟的话中落掉了犹太人，"我会告诉你，耶德瓦布内有很多富有的犹太人；他们中没有哪个人被驱逐出境或者是他们的店铺被夺走。犹太人中只有雅库布·锡特里瑙维奇被驱逐出境，他是因为皈依了天主教而受到其他犹太人的报复。"

/ 121

然而，事实真相是——这是卡齐米日不能无视的——犹太人商店曾遭到每个人的哄抢，而且锡特里瑙维奇甚至远远不是唯一一个被驱逐出境的犹太人。

我问他们在苏联占领期间是怎样藏身的。

"你得不停地在这个地区从一个地方搬到另一个地方，整整5个月就这样搬来搬去。"齐格蒙特·劳丹斯基回答说。"我是一个石匠，我会睡在我干活的地方。在我曾经干过活的一个村子里有一个姑娘，在另一个地方我也有别的认识的人。我的表兄弟们会让我留宿，我的舅舅也会。他有一栋很大的木头房子，他给房子建了一个双层屋顶，我母亲有时候会带着我和我的兄弟一起在那里睡觉。但那里不是一个非常好的藏身之地：我舅舅对梦非常迷信，他常常会在午夜把我叫醒，说，'快跳上你的自行车！我做了一个梦，有条黑狗被碾死了！'那就是一条狗的生活。我很想写信给斯大林。如果情况是相反的话，我肯定会写信给希特勒，并对希特勒表示赞赏。这点是很清楚的。给斯大林的信是这样写的：当我还在四处躲藏的时候，我发现俄国人正在组织开会，会上他们将解释他们的目的，那就是解放我们，他们同时散发了斯大林主义的宪法。我借了一份，仔细查看了一下，我看到第四段里说，在苏联，没有人需要对别人负责，父亲不必为儿子负责，儿子也不必为父亲负责。晚上我去找牧师要纸笔，我要写信给斯大林。我直截了当地写道，斯大林已经把我们从资本家和法西斯主义者手里解放出来了，我现在拿着的不是武器而是笔，而且我是站在宪法的立场上的。我是这样开始写的：'波兰人民非常感谢红军把他们从法西斯主义和资本主义手中解放了出来，感谢由此带来的共同富裕……'你不会用一支神圣的笔给恶魔写信吧，小姐。我继续写道，因为我父亲的被捕，我不得不躲起来，他们可能来找我，惩罚我，因为他的原因。'如果发生了这样的事情，'我勇敢地宣布，'有一半的人口都会躲到树林子里去的。'"

1949年7月，齐格蒙特·劳丹斯基在奥斯特罗文卡监狱向内政部长提出申请时写了以下信件：

"那时候我没有加入在我们那儿正在组成的帮派团伙，而是向斯大林大元帅提交了一份请求信，这封信由位于普希金大街15号的莫斯科检察官办公室转交给了耶德瓦布内的内务委员会，并附上了要仔细加以研究的命令。他们询问了我并在当地进行了一次调查，之后他们发现我受到了不公正的伤害，我被豁免了，不必因害怕遭到流放而躲藏起来，并且得到了赔偿。在研究了我的观点之后，耶德瓦布内的内务委员会允许我参加清算反苏联罪行的工作。那时候，我与耶德瓦布内的内务委员会联系工作（我不会把我的代号写出来的）。在联系的时候，我的上级命令我采取反苏维埃的立场，这样做会使我的工作更有效，并且不会把我出卖给反动派。"

"他们把我的信从莫斯科送到耶德瓦布内的内务委员会"，齐格蒙特·劳丹斯基告诉我。"一个月过去了，他们让我的表弟告诉我，如果我去报告我的情况，我就会被证明或宣布是无辜的。我以我父亲的名义向苏联最高苏维埃主席团主席米哈伊尔·加里宁写了一封申请信。我之前参加了一个应征士兵俄语学习课程，下一封我以父亲的名义写给斯大林的信就是用俄语写的。有一个俄罗斯军官与我们住在一起，他为我纠正了一些错误。1941年5月，我去内务委员会报到，请他们把这封信转交给我父亲让他签名。我到达那里后，委员会的头说道：'匪徒杀死了我们的一个好人，'他们刚刚杀死了耶德瓦布内内务委员会的副主任舍韦廖夫。我说了句，'Zhalka'（太糟糕了）。他说：'如果你愿意，你能帮助我们找到那个土匪。'我问他，'怎么找？'他说，'你认识人。当你在城里看到新面孔，就告诉我们。''怎样告诉？'我问。他说：'我们在车站有一个邮箱。在那里留下一张便条并签上名，但是不要签你的姓，就签你自己的名字波波夫。'我说，'Kharasho'——俄语中的'行'——'我相信我会保持联系。'他不过问一问，并不是保证要做到。我要的那个花招对我来说还挺起作用。我得到了斯大林的答复，我的父亲应该被释放或受到审判，因为他们不能让他长期处于调查之中，他们会通知我的。但是战争爆发了。活跃分子来到了此地，树立在舍韦廖夫墓地上的木制纪念碑被推倒了，我想他们把他的尸体也从坟墓里拽了出来。"

卡齐米日·劳丹斯基在给亚当·米奇尼克的一封信中也写了有关舍韦廖夫被害的情况，但没有解释他的兄弟如何成了内务委员会的一名特工。相反，杀害舍韦廖夫倒是符合劳丹斯基一家和其他耶德瓦布内人的爱国传统的行为："现在，爱国主义……活跃分子的存在、我们家阿姨在与苏联人斗争中的死亡，以及许许多多其他波兰人的死亡足以说明问题。就像波兰人在华沙杀死了库什拉一样，所以他们也杀死了舍韦廖夫，此人在耶德瓦布内同样是个折磨人的凶手。"

德苏战争期间，卡齐米日·劳丹斯基留在耶德瓦布内南面大约 80 公里的马佐夫舍地区奥斯特鲁夫。"当德国人来的时候，"他说道，"他们烧毁了犹太人住宅区，围捕犹太人，沿着道路追逐他们，逼迫他们挖洞，然后把他们杀死在洞里。我的一个朋友就在那里，他不得不看着德国人射杀他们。当他返回时，他的脸色苍白，全身颤抖。那就是一个波兰人的命运。"

"你说了犹太人兴高采烈地去欢迎打进此地的红军，"我说道，"但是当德国人抵达时，一些当地人难道没有出去迎接他们吗？"

"在德俄战争爆发之前，波兰人处于一个可怕的境地——不断地被逮捕、被驱逐到西伯利亚去。人们向上帝祈祷：'只要这个魔鬼能离开，情愿让撒旦来。'"

"那么当德国人到达时，波兰人都很高兴了？"

"当德国人袭击俄国人时，监狱大门打开了。大伙儿兴高采烈。成千上万个一直躲藏在森林里的人回家了。每个人都很高兴：学校校长回来了，还有邻居，还有一个躲在森林里的儿子。父亲从监狱里回家了，母亲从森林里回家了，我的兄弟们怎么会不高兴呢？"

从德国人侵引发的喜悦里，我们转入了事件的核心部分。

"为什么？"我问劳丹斯基兄弟中的每一个，"耶德瓦布内的犹太人会被烧死在谷仓里？"

"这是德国人的报复"，每一个兄弟都轮流回答。

他们指的是发生在 1940 年冬天至 1941 年的那些事件。

在战前，大约有 15 个德国家庭生活在耶德瓦布内，其中多数人在苏联占领期间按照 1939 年"斯大林—希特勒协定"都迁回了德意志帝国，这项条约将波兰领土的未来控制权在苏联和德国之间作了瓜分。那时候，从德国来了一个委员会，对留下的财产的价值做出了评估，以便进行赔偿。

"穿着光鲜大衣的官员从两辆黑色轿车里走了出来，"耶日·劳丹斯基告诉我，"犹太人拥在这些轿车周围，朝他们身上扔潮湿的雪球，犹太人如此挑衅，德国人不得不把苏联民兵叫来帮忙。"

/ 124

在监狱的院子里，耶日·劳丹斯基从卡罗尔·巴登嘴里听到了这件事，在同一次审判中巴登和他一样也被判了刑。据说巴登告诉他，1941 年 7 月来到耶德瓦布内的德国人之一就是那伙人中的一个，他威胁说："他们给过我们难堪，我们会还给他们一个教训。"

"这可能就是那个原因，"齐格蒙特·劳丹斯基解释说，"犹太人那样做是不对的，为什么要扔雪球？"

卡齐米日·劳丹斯基承认，苏联人一离开之后，犹太人就受到了暴徒的惩罚。

"后来发生了很多报复行动，"卡齐米日说，"但是他们杀的是谁？是共产党人和告密者，他们遭到了暴民的审讯并被处以私刑。他们是罪有应得。犹太人居住区是一回事，共产党帮派是另一回事。我们的人采取的是自卫行动，就像在所有其他起义中一样，我们不会感到羞耻。但是当你制作一个煎蛋卷时，你必须打破一些鸡蛋。由于那里有一些未受过教育的人，他们很可能造成了很多无辜的人的死亡。但是同苏联内务委员会合作，在这方面波兰人和犹太共产党人是错误的。反叛者们把他们的喉咙割断了。"他做了一个割喉咙的手势。

卡罗尔·巴登是因耶德瓦布内大屠杀而获刑最重的人，在他的证词中他描述了德国军队进城后的第一天就清算了旧账："有些人穿着便衣，手中拿着拖车把那么粗的棍子，站在德国人的面前，德国人对他们大喊：'不要立刻杀死他们！''慢慢地收拾他们，让他们多吃点苦头。'在遭到殴打后被德国人射杀在附近树林里的六个人中，有三个是波兰人，另外三个是犹太人。"巴登提到了耶日·劳丹斯基，他是殴打的参与者之一。

1941 年 7 月 9 日，在镇里和周边地区流传着这样的消息，第二天，他们将在耶德瓦布内除掉犹太人。这一点在许多人的描述中都有重复。当地的农民们为那天准备好了工具：木棒、棍子等；他们自己削好了所谓的警棍，或者准备了一截一截的粗电缆。7 月 10 日上午，一批身穿制服的德国人乘着一辆或两辆车出现在耶德瓦布内。市长派报信的人到波兰人家中告诉大家去治安官办公室报到。在那里，他们被命令去把犹太人赶进市场，很可能还有人告诉他们要去哪些人家里或者哪些居民区。

斯坦尼斯瓦夫·丹诺夫斯基是 1953 年审讯中的证人，那次审讯是 1949 年耶德瓦布内第一次审讯的一个组成部分："卡罗拉克把人们召集在一起，给他们喝伏特加，然后就找到了那些愿意去干的人——愿意干的人非常多——去把犹太人从他们的家中赶出来。"

犹太人被赶出家门，借口是要他们把市场上长在鹅卵石之间的杂草拔掉，并清除干净。当犹太人被赶入市场的时候，刚来到镇上的德国人也在那里。一名嫌疑犯斯坦尼斯瓦夫·泽赫尔作证说，耶日·劳丹斯基和一个邮局职员博莱斯瓦夫·罗盖尔斯基"手上拿着棍子……去赶了六家人进入集市广场，这六家人是科萨茨基·孟德尔（一家四口），申博尔斯基·亚伯兰（一家六口），古特科·约瑟尔（一家四口）——我，泽赫尔，不记得其他几个家庭的姓名了。"

一大群来自耶德瓦布内和周边地区的人围绕着犹太人站着。几乎在所有的证词中都重复了这一点，即"聚在一起的犹太人被一群暴民包围了"。那里还有几个德国人，穿着制服，拿着武器。在那些把犹太人从家中驱赶出来的组织者中，这些名字是一再出现的：巴登、瓦西莱夫斯基、索布塔、欧根纽什·卡利诺夫斯基和耶日·劳丹斯基。

当地人从犹太人中分出了几十个男子，并带领他们朝离市场不到100米的一个小广场走去，那里有一座列宁的塑像。他们迫使犹太人打碎了塑像，然后强迫他们用木杆抬着列宁塑像的躯干碎片，边走边唱歌。一名拉比，上了年纪的阿维格多·比亚沃斯托茨基，走在游行队伍前面。他们要他一手举着一面红旗，另一只手用一根杆子挑着他的帽子。当这群人扛着列宁塑像绕着市场转圈时，已经到了中午时分。他们遭受了各种花样的凌辱，被殴打、被逼唱歌和做下蹲动作（"我看到瓦西莱夫斯基和索布塔在那里挑出了几十个犹太人，然后逼他们去做一种可笑的体操动作"，罗曼·戈尔斯基说道，此人是1949年犯罪调查的一名嫌疑人）。

市场中充满着大声呼喊和哭泣声。首先，一大群男人被带出市场，接下来，妇女、年轻人和孩子被赶进了谷仓。

/ 126

1949年和1953年的证词："他们正在把犹太人赶出来。我在人群中没有看到任何德国人。"（温切蒂·戈斯西基，嫌疑人）"我们波兰人站在一边，犹太人站在另一边，四人一组，这样他们就逃不掉了。我没有接到德国人追捕犹太人的命令。"（约泽夫·赫扎诺夫斯基，嫌疑人）"警察帮着在镇上追捕犹太人，但在谷仓那边大多数都是波兰人。"（斯坦尼斯瓦夫·索科洛夫斯基，证人）"我被命令去拿烧谷仓用的汽油给欧根纽什·卡利诺夫斯基和约泽夫·尼布谢多夫斯基。他们接过汽油，总共有八升，然后浇到谷仓上面，谷仓里面已经挤满了犹太人。"（安东尼·尼布谢多夫斯基，嫌疑人）

三兄弟都认为，镇上没有一个人真的期望去烧死犹太人。是否有可能，我问道，三天前附近的拉齐乌夫烧死犹太人的消息还没有传到耶德瓦布内？"我当时没有听到任何类似的消息"，耶日·劳丹斯基回答。

卡齐米日·劳丹斯基给出了他的说法："当我到达耶德瓦布内时，仍然可以闻到烧焦的肉体发出的可怕的恶臭。我弄清楚了刚发生的事情。德国人发现在桥的那一边，沃姆扎方向，有一座谷仓。他们想要从约泽夫·赫扎诺夫斯基那里征用这座谷仓，他正在德国军队中服役，他用德语乞求德国人不要这样做。他们就在犹太公墓附近找到了另一座谷仓。'我们来烧掉这座谷仓，'德国人说，'在原地再建一个新的。'"

齐格蒙特·劳丹斯基说："就在那一天，我们穿过市场。我们看到犹太人用铲子在除草。那里长满了杂草。犹太人悄悄地在干活，好像什么都没有发生一样。波兰人在旁边看着。卡罗拉克家的房子就在集市的广场上，他要我来修理一下他家的厨房。他的妻子说，'劳丹斯基先生，我很抱歉在这样的日子里要你来'——因为就在那一天犹太人被围了起来，也许她知道在他们身上会发生什么事情，她是一位值得尊敬的女人——'但是我的市长丈夫必须要接待一些德国人，因为炉子坏了，我们家里就准备不了茶点。'我清理了炉子，掏出了灰烬，用黏土盖住了灰烬。我干完活后，就朝谢杜尔斯加大街走去，但是那里有个站岗的德国人，对我说，'Zurück'（回去）。我就朝沃姆扎走去，但那里也有一个德国人，对我说同样的话；我只好朝维兹纳方向走——又是同样的情况。于是我穿过一个后院朝着11月11日大街的方向走去，我的朋友博拉斯基就住在那里。我们聊了一阵儿。没有人想到会发生恐怖的事件。我继续走，在一块玉米地里坐了一会儿，当我回到自己的院子里时，我看见了烟雾。"

在监狱里就他的有罪判决提出上诉时，齐格蒙特·劳丹斯基做出了有关1949年发生的事件的这一陈述。不过，当时他还补充了一个细节，恰恰是这个细节证实了有人事先就知道会发生恐怖事件这个事实。在一个盖世太保官员的陪同下，卡罗拉克市长领着一个犹太人穿过一个院子："一个裁缝，几天前苏联人还在掌权的时候，我拿了一些裤子让他给改一下；当他看到我时，就叫我过去把裤子交还给我，还没改完，他解释说不知道他还能不能回来。"

很难想象，一个犹太人裁缝，被盖世太保赶出了家门，意识到他可能回不来了，会在他人生最后一段行程中随身带上了他还未完成的一件活。此外，为什么劳丹斯基会去"坐在一块玉米地里"，而当时的情况是"没有人想到会发生恐怖的事件"，这一点也不清楚。

耶日·劳丹斯基说："是市长发出的指示，但首先提议的是德国人。我当时站在面包店附近，混在人群里面。"

"你是怎么来到那里的？"

"好奇心。当你的车出车祸时，你知道会有多少人站在周围旁观。有大事发生了，德国人正在围捕犹太人，强迫他们扛着列宁塑像。没有哪个波兰人会因为他们扛着列宁像而感到遗憾，除非他们是列宁的狂热的信徒。"

"波兰人当时打了犹太人吗？"

"在市场上有波兰人，但是我没有看到任何一个犹太人遭到殴打。犹太人在轻轻地说话，静静地在石头之间的土地上除草。德国人喜欢干净整洁，于是犹太人就被叫了去在市场上除草。然后他们就全都主动地走了，看上去是自发的。"

"你说'自发的'是什么意思？"

"犹太人听从了命令就自发地走了，波兰人自发地跟着他们，因为没有人预料到会是这样的悲剧。如果有人说是波兰人杀死了他们，这对波兰来说会是一个耻辱。这不是真的。"

"波兰人做出了什么反应？"我问耶日·劳丹斯基。

"有些人喜欢所发生的事情，也有人不喜欢，但每个人都很好奇。人们开玩笑说不久前，在苏联人占领下，犹太人是不会去清理市场的。"

"你呢？"

"我在谷仓附近，但是在 30 米开外。在我面前有很多人。"

"那你在那里干什么？"

"我在和朋友说话。"

"没有一个人愿意去帮助犹太人吗？"

"谁能去帮助他们呢？"

耶日·劳丹斯基求助于一个名叫马克西米利亚·科尔贝的人，此人是个波兰天主教圣徒，当他被囚禁在奥斯维辛集中营的时候，他选择绝食而亡，以替一个被定死罪的狱友而死，那名狱友也是一个波兰人。"曾经有一个伟大的英雄，科尔贝神父，但他知道他有结核病，不可能再活着离开集中营。但是不管怎样，他都是一个英雄，因为许多人都可能知道自己的大限将近，却都不愿意把自己的生命留给别人。"

"那德国人呢？"

"我想德国人是在后面拍照。"

在几个小时的谈话过程中，我从耶日那里听到了同样的描述：犹太人走在前面，然后是波兰人，再后面是德国人。

"他们的军装是什么样的？"我问道。

"我不能告诉你。"

齐格蒙特·劳丹斯基将谈话的话题从德军制服转为德国人的罪行。

"德国人是借波兰人的手来达到借刀杀人的目的。"

"那么那些波兰人干了些什么呢？"

但是他没有回答这个问题。作为替代，他给我编了一个故事，说有许多犹太人逃脱了，最终住在沃姆扎的犹太人聚居区。突然间，他变得更加活跃了，记起了他在那里做的事，买进大量的衣服和鞋子。

我问齐格蒙特·劳丹斯基：你知道什么是抢劫吗？波兰人去占据犹太人的家园凭的是什么原则？

"有人去接管犹太人的家园是因为他们中有些人还住在地下室。他们自发地搬进了犹太人家里，治安官也没有把他们撵出去。有人说他们的东西被掠夺了。然而警察没有设法把所有东西都拿走，也许有人会把有些东西拽出去，床单啦或者衣服啦。但是，是德国人在拍卖场上卖东西呢：他们把一些破衣服举得高高的，嘴里说着这样那样的一个价格——是卢布，因为战争开始时还没有人用德国马克。"

"德国人卖掉犹太人的衣服来换卢布？"

"他想多赚点钱买啤酒喝。"

"你还记得那些尖叫吗？"我问耶日·劳丹斯基。

"当他们被锁在谷仓里面时，他们用意第绪语在喊叫着。我不知道喊的是什么。这是一种自发的呼喊，也许是要打开门，或者也许是他们在祈祷。然后他们就被烟雾呛得窒息了。当他们突然沉默下来时，就好像世界末日来到了一样。"

"你有没有在半夜被那种尖叫声的回忆惊醒过？"我问齐格蒙特·劳丹斯基。

"年轻人是不会有这种反应的。我从来没在晚上因这事睡不着觉。"

"你对整个事件是怎么看的？"

"我还能怎么看？事情发生了，一切就是那样。"

"你一生中有什么后悔的事吗？"

"你可以去问任何一个人：我一个敌人也没有，也没有任何人在工作上说过我任何坏话。"

"我明白你已经圆满地尽了你的责任，但是，你是否为已经做过的事情后悔过？"

"什么都没有。"

过了一会儿，齐格蒙特·劳丹斯基补充说，由于他身居两百米开外，不管怎样，他都是听不到尖叫声的。

德国人到来后，一个德国警察局建立起来了，耶日·劳丹斯基去那里找了一份工作。在1949年的审判中，他承认了这一点，并指控他的兄弟齐格蒙给他介绍了那份工作。耶日·劳丹斯基现在却说他从未在警察局工作过，他只是去过几次，因为市长要他把警察的鞋子带给他的表弟，他表弟是一个鞋匠。在耶德瓦布内，有人告诉我耶日在第一协警部队，然后他成为一名警卫。无论如何，警方起初并没有使用信使或通讯员，而是要犹太人去做他们吩咐的事情。

"我来是找我弟弟耶日，告诉他赶快逃跑的"，卡齐米日·劳丹斯基给我解释说。

"为什么要他逃跑呢？"

"因为德国人需要像他这样的年轻人当警察。我们原先是从俄国人手中跑掉的，现在又不得不逃离德国人。"

这一点也是不清楚的，为什么卡齐米日·劳丹斯基认为当时在德国警察局工作是会有问题的，要知道他自己也在为德国人工作。他是一名为行政机关工作的文员，该机构旨在消灭在波伦巴·拿德·布根的犹太人，是属于中央政府的一部分。

在后来与耶德瓦布内居民的谈话中，我经常会遇到突然爆发的对犹太人的仇恨。劳丹斯基兄弟却没有表现出这样的情感。他们很平静，也很有自信。在简单地叙述了他们自己对 1941 年 7 月的事件的看法之后，这三兄弟精力充沛地转向了其他话题。

卡齐米日·劳丹斯基声称，在波伦巴他属于波兰家乡军，常去分发地下刊物。但与此同时，他毫不尴尬地告诉我，他是德国政府的一名官员，在大屠杀这部机器里工作，而且他在战后受审时被问及"关于来自布格河畔波伦巴的犹太人的情况"（可惜的是我无法找到这个案件的法庭笔录以便确定指控他的罪名是什么），他告诉我，1942 年 2 月 10 日有一道命令送到了波伦巴，命令要求把犹太人送到特雷布林卡（鉴于这个日期比较早，这个集中营可能是特雷布林卡一号劳改营，而不是后来建立的死亡营）。他被要求去列出一份所有犹太人的名单，在规定的时间内没有离开的人将要支付 50 兹罗提的罚款。下面是他对大屠杀的叙述："5 月收到了另外一道命令，所有犹太人都要去特雷布林卡。嗨，不是所有，因为其中有一个幸存了下来，后来还当了奥斯特鲁夫的秘密警察局局长。"

他还告诉我他的弟弟在占领期间的生活："我认为耶日是一个英雄。他在德国集中营中度过了三年，从来没有出卖过任何人。这里有一张他在集中营里的照片。尤雷克，给这位女士看看。"

手上拿着自己在集中营里的照片，耶日·劳丹斯基说道："我是一个家乡军的成员。他们派我去分发地下传单。有一天，在奥斯特鲁夫县展开了一次大规模的搜捕，我们中有几十个人在森林里被抓了。我被关在华沙的帕维克监狱里审问了四个月。有两次他们把我带到位于苏哈大街上的盖世太保总部。我是一个集中营囚犯。"

我问耶日·劳丹斯基，他是否可以给我一个与他一起在家乡军里共事过的任何一个人的名字，他告诉我他不知道任何人的名字，他们都使用化名。这是很奇怪的，因为当我和来自该地区的其他家乡军成员谈话时，他们说这个地区很小，每个人都相互认识。在耶德瓦布内，我也听说过耶日·劳丹斯基因走私犹太人的黄金而被抓。这并不意味着我倾向于立刻就相信那种说法，因为用"犹太人的黄金"来发财致富是当地交往和神话中常见的主题之一。

我打电话给奥斯维辛集中营博物馆。他们介绍我去华沙，去帕维克监狱博物馆。如果耶日·劳丹斯基确实是从那里被放逐的，那么他的档案卷宗就应该在那里。但是，那段时间里的文件都被焚毁了。我们该继续做下去的唯一一件事就是去查证劳丹斯基自己的证词——是他在90年代提供的——他说他在一次突然袭击中被抓，当时他和家乡军的一支小分队躲在树林里。目前没有证据证实这一点。

战争结束后，这三兄弟非常热情地着手去帮助建立共产党的新秩序。卡齐米日非常积极地参加了党的各个下属机构的活动。齐格蒙特·劳丹斯基说："在耶德瓦布内，我们有两个党派团体，家乡军和国家武装部队。有些人以为我是在家乡军里，别的人认为我是在国家武装部队里，但我从来不属于其中任何一个。战争结束后，这两支部队都在耶德瓦布内的军事法庭受审，新当局宣布我们必须去接受审判。有个农民告诉他们，他的最后一头母牛是怎样被抓走并遭到毒打的，导致牛耳朵被打出了血，直到那一天，牛的耳朵上还有脓肿，而且还聋了。1947年，我很快就离开了耶德瓦布内，不想留在那个是非之地。波兰人民共和国成立后，我哥哥当了比亚瓦皮斯卡市政府的秘书，他在那里的一家商店给我找了一份工作。后来，就是在那家商店里他们把我逮捕了。"

他在监狱里有很多次诉说了他的战后生活："我去了偏僻的比亚瓦镇，是为了国家利益而去那里工作，也为了养活我的家人，同时还可以摆脱我们地区的反动派团伙。"他于1949年7月4日写信给华沙的公共安全办公室，提出把他视为一个提供消息的人："作为波兰统一工人党原先的一名党员，以及我原先居住的地方的党的基层组织的监督员，我曾经在会议上发出要求享有我们今天所享有的社会正义的呼唤，现在我在为自己寻求正义，我想要亲身感受一下，我想让反动派睁开眼睛，他们最高兴的是与这个体制合作的工人被扔进了牢房。"（致华沙最高法院的判决复核申请，1949年11月8日）

耶日·劳丹斯基的哥哥也给他找了一份工作，在区政府的办公室管理物资福利。"农民们必须按定额交公粮，我们要下去检查每个市民交了多少。我们要确保他们足额缴纳，因为他们都有抵制情绪。有谣言说俄国人正在用飞机将粮食运回俄罗斯去。"在档案中提到了耶日·劳丹斯基在1947年被判处在米耶莱琴劳改营服刑9个月。

"我该怎么说呢？在做买卖时，你可以按一定的比例打个折扣，我就拿了这个允许的好处，"他向我解释道，"然后我在国家农业资产管理局工作，之后又在卡利什基的一个集体农庄工作，管理仓库。他们开除了我。他们在我工作时逮捕了我。"

卡齐米日·劳丹斯基的专业和政治生涯没有受到他兄弟被捕的影响。他继续担任政府的秘书，在政治上依然很活跃。

"在斯大林逝世周年纪念日那天，一大群人聚集在比亚瓦。我站起来，称颂了伟大的斯大林。"

他从椅子上站了起来，开始背诵多年前的演讲，他的声音听起来显得格外年轻力壮：

"'伟大的斯大林是个领袖。胜利的波兰人民永远不会忘记。他的事业是后继有人的。他督促我们要做到批评和自我批评。如果斯大林今天问你，你为波兰民族做了些什么，你会怎样看着他的眼睛？'我边说边伸出拳头暗示：这里是胡说，那里也是胡说。秘密警察和党员们给我鼓掌喝彩，但是人群中大多数人与我心心相印，因为他们看出我正在刻意模仿。我一直是挺有胆量的。"

齐格蒙特·劳丹斯基也向当局提供了他的服务："我希望就目前仍然存在的非常重要的证据向秘密警察作证。我迫切地要求这样做，这将澄清这个案子。"（从奥斯特罗文卡监狱发出的给总统的信，1949 年 6 月 4 日）但当局没有做出回应。

劳丹斯基兄弟们告诉我在受审期间他们遭到了殴打。他们在审判中说了这个情况，并撤回了他们的证词，他们在监狱里也写明了这个情况，就他们的判决提出上诉。他们说他们之所以招供是因为遭到殴打。他们的父亲，切斯瓦夫·劳丹斯基，也遭到逮捕，但他没有供认，就被释放了。

"为什么他们放了你父亲？"我问道。

"噢，他们没有发现他的犯罪证据。"

"那你为什么被发现有罪？"

"我们都受到了怀疑，因为我们在苏联占领期间一直躲藏着。"

他们的话表明，他们的父亲不是新的波兰共产党政权的一个眼中钉，尽管他在苏联占领期间坐过牢，然而与苏联内务委员会合作过的齐格蒙特则是，这一点是毫无疑问的。但是，总而言之，劳丹斯基兄弟们对我的问话所做的准备是非常充分的，令人印象深刻。他们对每个问题都对答如流。

齐格蒙特·劳丹斯基在 1955 年离开了监狱。

"出狱后人们是怎么看待你的？"我问道。

"非常好。比亚瓦牛奶场的场长来看我并对我说：'来我们这里工作吧。'他们知道我是可以信赖的。"

1956 年，耶日·劳丹斯基从谢拉兹监狱写信给司法部长，整整四页方格纸上写满了整齐的克制的文字："我在年纪那么轻的时候就成了战前政治遗产的受害者，因为在那个时代，年轻人接受的全都是民族主义精神的教育。随着我逐渐长大，并成为祖国的一个公民，这一切愈演愈烈，那时，最残忍的反犹太战斗正在到处肆虐。人民，年轻的人民，受到的教育全都是各式各样的反犹太口号……1945 年我们被苏联解放后，有些人鄙视他们遭到毁灭的祖国，沉迷于西方奢华的生活，后来返回时却成了间谍或颠覆分子，我没有走那条路。我毫不犹豫地回到了我饱经蹂躏的家园，回到了我在 20 岁前就为之献出我的青春的人民身边……我是一个劳动者，是劳动人民的儿子和孙子，我的生活中没有遇到过什么好事；我遭受了命运的无情打击。现在，从生活中学到了这么多东西之后，我有充分的证据证明，是谁让我这么一个年轻人遭受了如此可怕的苦难：它们就是法西斯主义、资本主义、战前政府的意识形态，就是它们使得我在监狱里遭受如此长时间的折磨。"

1956 年，谢拉兹监狱提出了关于"在押犯人劳丹斯基"的最后意见："总体观察和面谈没有揭示出此犯人对波兰人民共和国怀有敌意。犯人认为对他的判决是公正的，只是有点过分苛刻。"

耶日·劳丹斯基于 1957 年被释放。

这些日子里，劳丹斯基兄弟们经常会面，谈政治，分享共同关注的事物。"我们兄弟都是民族主义者，我们的立场都是正确的，"卡齐米日·劳丹斯基说道，"就像他们所说的那样：这个世界必须要有秩序，*Ordnung muss sein*。"

日　记

2001年3月11日—3月28日

2001 年 3 月 11 日

　　在犹太女孩成人仪式招待会结束后，我还在睡觉，这时沃姆扎的主教斯蒂芬内克向耶德瓦布内一群忠实的信徒发表了演说："很久以前，我华沙的朋友就在他们的高级政府办公室里私下告诉我：'耶德瓦布内将会受到一次攻击，这一切都是为了金钱。'"在这一点上，我也听到了大主教格莱姆普的回应，他说有"一个重要的犹太人"给他提出了会发生攻击的警告。如果连主教大人的宅邸都弥漫着这种耸人听闻的声音的话，你还能从一个贫穷的小城里的居民身上期待些什么呢？

　　"在攻击的背后，有人想挑起一波新的仇恨，"主教大人继续说道，"同样的这种仇恨使得尼禄烧掉了罗马却嫁祸于基督徒。"他试图揭示有关耶德瓦布内事件的真相，用他的话来说，就是"一场浩劫"的一部分。

　　晚上，我打电话给几个耶德瓦布内的人，询问他们有关主教来访的情况。他们告诉我：

"他们在神父的住宅里用了午餐，然后牧师和主教一起去了大屠杀的现场。他们甚至都没有点蜡烛。他们就是站在那里，谈论着德国人所犯下的这桩罪行。"

"主教大人会见了捍卫耶德瓦布内名誉委员会的成员，对他们说：'他们想要从你们身上得到什么呢，亲爱的教徒们？他们想要从你们的牧师那里得到什么呢，他可是正在以坚强的尊严来反对不公正的要求呢？'"

"莱谢克·布贝尔，他的反犹太破烂货在耶德瓦布内颇受欢迎，他正在教堂外面分发《锡安长老议定书》（译者注：19世纪末20世纪初出现的一份所谓的犹太人准备征服世界的计划书，后来被证明是伪造的）的副本，人们纷纷伸手去取。作为主人，我们的牧师早就应该把他赶出去，除此之外，你还能期待什么呢？在他的讲道中，他把劳丹斯基一家称为波兰爱国者家庭。在小城镇里，牧师掌控着每一个人，这是很典型的。现在他的声音已经被主教大人给强化了。"

"当主教走下教堂的台阶时，他的身边围着捍卫耶德瓦布内声誉委员会的成员，其中一人向记者们大喊：'就在这集市广场上住着一个改变了信仰的犹太女人。她在战争中幸存了下来。去问问她是怎么回事。'但是她什么都不会说，她已经被吓坏了。"

以前我听说过，至今还拒绝跟我谈话的海伦娜·赫扎诺夫斯卡是城里的人质。牧师禁止她与任何人说话，而他自己则利用她作为小城的一个托词：我们在这里有我们自己的犹太人，是波兰人救了她。

"情况越来越糟糕。耶德瓦布内已经成为极端民族主义团体的一个培训场所，"市议会主席斯坦尼斯瓦夫·米查罗斯基告诉我，"他们用病态心理的产物来陷我们于困境。当他们与我们的一些同事组成联合战线时，那将会发生什么情况呢？"

2001年3月12日

在《选举报》的头版上，登出了一张弥撒之后耶德瓦布内教堂的台阶的照片。主教站在偏后的位置上；在他面前，站着捍卫耶德瓦布内名誉委员会的代表；一个体形矮壮的中年男子站在突出的位置上。此人名叫斯坦尼斯瓦夫·扬奇克，是委员会的负责人。

早些时候，我核对了一下奥尔沃夫斯基神父为委员会选出的关键人物。其中有一个打老婆打得很厉害，以至于老婆都离家出走了。"如果他不向他老婆和孩子道歉，你以为他还会向犹太人道歉吗？"告诉我这个消息的人说。另一个人的工作是教师和基督教义导师，但还在神职人员的保险公司兼了一份职。当牧师要他参加时，他无法拒绝。第三个人因参与了一次特别残忍的轮奸行为而坐过牢。他们把一个酒瓶子塞在那个妇女的阴道里。

这个犯下强奸罪的人是议员扬奇克，照片中站在主教身边。此人在一次议会会议上斥责市长和议会主席不该在去年 7 月 10 日去祭扫纪念碑。我打电话给他，问他"委员会什么时候能正式成立并宣布其成员"。

"我是当然会参加委员会的。我同执事谈了一下。他甚至还接到了华沙的教授们打来的电话，他们也想加入"，扬奇克说。

"总统、大主教和总理全都已经说过波兰人参与了大屠杀，所以有必要进行道歉"，我回答。

"当他们都在胡言乱语的时候，我是不能接受的。那样做就是针对自己宣布一项判决。是针对我也是针对你，如果你觉得你是波兰人的话。斯蒂芬内克主教说得对：'让他们去说出事情的真相吧。'总统宣誓要捍卫自己的祖国，现在他却做出了这么一个白痴行为。大主教格莱姆普应该等待调查结束之后再行事的。"

"但是教区牧师在调查结束之前也公布了一项裁决，说是德国人干的。"

"神父所说的是真正发生的情况。他们在试图玷污我们的名字。那些人是在说谎，他们不是我们耶德瓦布内的青年。市长不是本地人。如果我们改变纪念碑上的铭文，我们将不得不离开波兰，因为耶德瓦布内的任何一个孩子，无论他到哪里去上学，都会逃跑的。瓦瑟斯泰因想要修改碑文是因为他想要得到波兰的赔偿。"

"有人说你被裁定犯下了特别残忍的强奸罪。"

"我是被卷入这个案子的，因为战前我父亲是村里的村长。"

"但你被判刑了吗？"

"那个女人一个月后去世了，她因怀孕但没有服用正确的药物而受到感染。"

"你判了什么刑？"

"10 年徒刑。我服了 7 年，我，一个无辜的人。20 多年过去了，所以我现在的记录是干净的。"

"但是你不认为你可能不是维护耶德瓦布内好名声的最合适的人选吗？"

"我想要为波兰多做点好事，不仅仅是为耶德瓦布内，但是如果某个混蛋非要把那桩无聊的事给挖出来，我就只好下台了。"

我给《选举报》的编辑部留下了一份我同扬奇克的谈话记录。我明天要去耶德瓦布内。《选举报》的律师证实，扬奇克的判决期限已经过期，所以他的记录真的是"干净的"。《选举报》的编辑决定要发表这篇谈话纪要。一个公众人物的生活必须是透明的，它不应该因诉讼时效的限制而遮遮掩掩。

2001 年 3 月 13 日

我来到了耶德瓦布内，这次逗留的时间更长，我要亲自体验一下在一个面临着为暴行举行纪念活动的地方将要发生的事。我顺着谢杜尔斯加大街走着，手上拿着一份我在沃姆扎档案馆中找到的 1945 年以来的名单，上面有耶德瓦布内居民的战前地址。在大捆的办公用纸上手工绘出的表格显示，在这条通往市场的谢杜尔斯加大街的两侧，几乎所有的房屋都属于犹太人。

　　我念出了这些房子、广场和花园的主人的名字，就像在给一个消失了的犹太人小镇唱着挽歌：卡尔卡·瓦泽尔斯滕、梅赫尔·格朗多夫斯基、扬凯·皮卡斯基、赛姆哈·格拉耶斯基、扬凯·布鲁默特、莫西克·卡缪诺夫斯基、阿尔特·马尔海夫卡、丹尼尔·什克拉盖维基、莫西克·洛什科、乔尔·西诺维奇、B.戈芬凯尔、亚伯兰·萨堡罗夫斯基、奥赫特·布鲁默特、奥西耶·希沃诺斯、法伊巴·德雷亚斯基、尤特凯·齐姆尼和沃尔夫·齐姆尼、布劳谢恩·古特曼、基维、什穆埃尔·瓦希泰因、亚伯兰·宰登西达特、艾利·佩泽诺维奇、伊塞克·斯托勒斯基、扬凯·塞伯斯基、贝雷克·斯穆尤、梅谢克·萨堡罗夫斯基、莫希·比亚沃谢夫斯基、伊奇·卡普斯涅克、扬凯·约瑟尔、贝雷克·耶德瓦宾斯基。

　　3号是一栋木头房子；5号，一栋砖房；而7号，又是一栋木头房子，就像在那份旧的名单上所列出的那样。此时，一个约40岁的人骑自行车经过。

　　"我注意到你昨天以来一直在这里东张西望的。"

　　我给他看了这份房屋清单，并问他是否听说过战前居住在这里的人。

　　"你是犹太人，对吧？我可以从你的口音听出来。这里没有什么东西是你想要的。这些民房是属于德国人的。"

　　这名男子曾经是一名卡车司机，他说现在他生活没有任何依靠，没有得到任何社会帮助。

　　"也许有人曾经对犹太人过度疯狂，所以他必须要对他们做点什么来补偿。不管怎么样，这种事情不只发生在耶德瓦布内，还有斯塔维斯基、翁索什、维兹纳、拉齐乌夫等。"他一口气点出了一堆地名，因此他肯定知道60年前这里发生的一些事情。"为什么他们平安地活了下来？因为我们的市长让犹太人留了下来，而在拉齐乌夫，村长是不会让他们入内的。我母亲对犹太人看法很好，她说他们给了她工作。"

　　我挨家挨户地走。也许某个住在这里的人小时候曾经同谢杜尔斯加大街上的犹太孩子一起玩耍过呢。

一栋在双数门牌这边的房子。在一个堆满垃圾的院子里，靠近一个破旧的棚子，有个老妇人正在劈柴火。我问她是否还记得战前犹太人朋友的名字。

"你不要试图吓唬我。那些占有了不属于他们的东西的人，不管是谁，可能都会吓得发抖，但这座房子在战后被遗弃了。我不知道原先是谁住在这里的。我才不关心是谁杀死了谁。我又不是这里的人，我为什么要关心呢？现在人们来到这里，给你买一瓶伏特加，给你钱，他们总会找到什么人来告诉他们一些他们想听到的东西。然后他们就指责波兰人。"

"那么为什么大主教说，波兰人参与了在耶德瓦布内的犯罪行为是毫无疑问的呢？"

"他没有说过这样的话，这是谎言。"

我到单数门牌的那一边去碰碰运气。

谢杜尔斯加大街 1 号这栋砖瓦房是空的，院子里堆放着垃圾。这里曾经是所寄宿学校。从 3 号门里出来一位老太太。我被告知这栋房子曾经属于德国人，她是 60 年代从维兹纳搬来的："神父曾经去过翁索什找粮食，那是在 1941 年，但是德国人还没有来，他遇到了两个小犹太人。他们给他看樱桃树叶，那年夏天樱桃树叶是褐色的，扭曲的，这是一个预兆，表明主耶稣已经颁布法令'血会流到你身上，流到你的孩子身上'。他们在犹太法典里读到了神的旨意：他们即将灭亡，他们就接受了。"

她以一种友好的语调，不含任何我通常会遇到的怒气，给我讲述了事情的真相。从一个看似亲切的老太太嘴里听到满口反犹太人的胡言乱语可能要比从一个公开反犹太人的无情的牧师嘴里听到的更加令人不安。

在 5 号门见到一个男人："我出生于 1931 年，但我在战后来到这里。格罗斯写了一堆谎言。当我搬到这里来时，很多人都还活着，他们告诉过我德国人是怎样围捕犹太人的。"

在 7 号，一位穿着考究的 30 多岁的男人，是个企业主，隔着栅栏对我说："犹太人在政府和教会里都有职位。你为什么要把这些东西全部都挖出来？因为这是一座金矿。犹太人现在想要从我们这里拿到钱。那些来到这里的记者，他们都是犹太公民。格罗斯看起来像个流浪汉。犹太人的所作所为好像把这里当作了他们自己的家，可是当我在外国时，我是不会为所欲为的。耶德瓦布内当局不该让记者来挖掘犹太人的真相。这不是我们的真相。"

波兰人的真相，犹太人的真相。对于很多居民来说，很明显这里存在着两种不同的真相。

9 号是间皮革加工场。一个 40 多岁的男人探出身来。像之前的那个男人一样，他对我说话时也没有打开门。"我对政治事项不发表评论"，他冷冷地说，并随手关上了房门。看起来，齐特诺维奇家的女婿（并且是大屠杀参与者之一的儿子）就是这样的腔调。

我没有再往前走，贾尼娜·比德齐奇卡就住在隔壁房子里。我早已经熟悉了她那令人生厌的观点。

也许，拿着一张显示以前的犹太人财产的地图在耶德瓦布内到处转不是一个最好的主意。我把这些文件放进我的背包里。我在原先的旧市场前面拦下了几位居民，问他们那个神庙在战前矗立在哪里，他们礼貌地回答我说他们不知道，这点你是可以预料到的，近来，到此地采访的记者们向他们提出了数以百计的问题，已经令他们望而生厌了。电台记者在市场上跑来跑去，把麦克风伸向每一个遇到的人，摄像机不停地拍摄着，西方电视台的工作人员将车停在市政厅外。

晚上，返回酒店后，我看了《选举报》上登出的周日在罗兹举行的 SLD（民主左派联盟）选举大会的消息。"在耶德瓦布内的问题上，我们再怎么表达我们的痛苦也永远不可能是充分的，'抱歉'这个词再怎么使用也不会多"，党的领袖莱谢克·米勒说道。在新闻发布会上有人问，他所知道的耶德瓦布内发生的真实情况是什么，他回答说，他建议每一个人都读一读《选举报》上刊登的安娜·比康特的文章。

2001年3月14日

在酒店，我读了晨报。克拉科夫耶稣会的斯坦尼斯瓦夫·穆夏尔神父评论了斯蒂芬内克主教为《选举报》作的讲道。他说他是"怀着悲伤和惊讶"的心情看到的。"在人类历史上很难找到更加卑劣或更加残酷的犯罪行为了，"他说，"耶德瓦布内给我们和全世界揭示了关于我们人民的一个新的真相（毕竟，耶德瓦布内的凶手都是我们教会的成员）。我希望天主教会的牧师们不要浪费时间去寻找能减轻发生在耶德瓦布内的罪行的规模和重要性的细节，而是去帮助波兰天主教徒们，他们的同胞的双手沾满了无辜犹太人的鲜血，去帮助他们并同他们一起去寻找一条通往神、通往公民社会和通往和平的道路。不幸的是，波兰的教会没有在战后立即执行这项牧师的任务，后来也没有这样做。"

没有人像穆夏尔神父一样那么清晰地指出反犹太主义实际上是波兰教会的一项罪恶。我知道，由于这一点，他受到教会当局的种种骚扰和辩驳。我曾经和他谈过一次话，为他所写的话向他表示感谢。他问我是否知道有一个被遗弃了的犹太教堂，如果重建的话，将可以被波兰犹太人用于祷告。他想在他的教区居民中为这样的重建进行募捐。后来我听说因为他在耶德瓦布内事件上的立场，他在他的教区居民中遇到了很多敌意。我怀疑他是否能够筹集到这笔款项。

耶德瓦布内。一家位于谢杜尔斯加大街上的商店挂着标有西部服装的招牌，门上贴着半价出售的海报。这家店昨天已经关闭了。

"我不是这里的人，"一位好心的年龄较大的女售货员告诉我，"但是我听说这座房子是战后建造的。"

我问这家店的销售情况如何。

"不好。只有有钱的人才进来。"

我亲眼看见过有人买了一条领带——之前，领带要价是1个兹罗提，打折后是50个格罗希。

一个旅行推销员走进了位于集市广场上的一家杂货店——从前他应该是个犹太人——然后在店里展示一个小小的梳妆盒：里面有一个卷尺、一把剪刀、一个针线包，内有12种颜色的线，一起要8个兹罗提。女装店主将盒子翻来翻去看，很感兴趣。"如果你明天再来，我可以准备好钱，从你那儿买下来。"

参观市政厅。

"今年我们的预算削减了，"社会保障中心的工作人员说，"我们去年得到的用作临时福利的资金将成为我们的救星。我们能够去帮助最需要帮助的人清偿他们的债务。"

从他们的故事中可以看出一座正在衰败的城市的景象，这座城市没有在新的现实中找到它的位置。曾经，这里有一家针织厂，生产女式短裤和胸罩，但在后共产主义时期开始时就垮掉了。这里以前还有过一个农业合作社，现在却只剩下了房子。你可以在合作银行、城里和学校寻找工作。这里有商店、医生诊所、一个兽医站、两家美发厅、一个邮局，就这些。这里还有几家私人企业，但是它们不会雇用很多人：克鲁谢瓦公司供应沙石、鲍尔布鲁克公司生产铺路砖、舍奈罗尔公司安装门窗、维嘉是一家经营范围无所不包的公司。去年，家具制造商意塔尔·博尔芬开展业务才两年就歇业了。

"人们继续在这里生活很可能纯粹是出于习惯，"我的对话者如此说，"何况，如果你打算离开，你也很难卖掉你的房子，很多房子都是空置没人住的。"

我在《选举报》上登出的关于劳丹斯基兄弟的文章收到了意想不到的效果。在市政府工作的一名妇女说："大家都知道，这一切都是劳丹斯基家这几个人渣干的，之后他们又很快就溜了。难道因此就要责怪这个小城吗？"

我顺便拜访了市长。

"我们这个市的失业率约为 40%，"戈德莱夫斯基说道，"除此之外，还有农村的隐性失业率，在那里几公顷土地上就有好几个成年人在干活。人们感觉到他们比 1989 年以前活得更加糟糕了。贫穷正在蔓延。在共产党统治下，你很难挤进去沃姆扎的早班巴士；光是棉花厂就雇用了 3500 人。这里也有过很多虚假的就业，就像在国营商店，那里从来没有什么东西可卖的，但你总是可以生活下去。也许这就是耶德瓦布内的一部分人反应那么好斗的原因。他们的运气不好，很难期待着凄惨生活的人们会有很高尚的情感。"

接着走访下一个办公室。"只有上帝才会禁止你告诉任何同你谈话的人"，"最好把你的笔记本收起来，我们会对你坦诚相待的"。

"女士们，你们都是本地人吗？"

"我是的，很遗憾。"

"我的父母是战后来到此地的，那是 1951 年，或者像他们现在所说的，是烧死犹太人的第十周年。"

"我是 1974 年来到这里的，所以我的父母不可能围捕过任何犹太人。"

"假如跳台滑雪运动员亚当·马维斯是耶德瓦布内人就好了！"第一位女士说道，并叹了口气。

"我和我的朋友正在努力想办法解决如何改变这里的出生记录这个问题，因为承认你是这里的人是很丢脸的事。我可能会要求把科萨基作为我的出生地，我是在那里长大的。它是耶德瓦布内的一部分，但是你不会一眼就看到那个地名。"

"我女儿在为她的硕士论文答辩，"另一位女士回答说，"在问了她是否来自耶德瓦布内后，他们降低了她的成绩。镇上的人们早就在谈论签证时遇到的新麻烦。"

"我们的孩子们很尴尬，"第三个女士说道，"我的儿子有一支钢笔，笔上有公司的名称索纳洛尔—耶德瓦布内。我在比亚韦斯托克打电话给他，他告诉我他已经把笔藏起来了。他24岁，是一个学生，他为他的笔而感到羞耻，因为笔上写了'耶德瓦布内'。因为有不同的宗教信仰就去杀死一个邻居，现在再也没有人会有这样的念头了。"

其中一个女士的丈夫进来了："格罗斯从酒吧里三个酒鬼嘴里听到了所谓的在这里发生的事情，他给他们买的啤酒越多，发生的事情也就越多。"

"你确定事情就是这样子的吗？"我问他。"格罗斯遇到了一大群醉鬼，然后总理、总统和大主教一起出面，都来说波兰人参与了大屠杀？"

"犹太人为了向内务委员会告发波兰人而做出道歉了吗？"

"弗拉涅克，你最好走开。"他的妻子抚慰他。

我想给哈利娜·波比奥韦克带去一份《选举报》，上面刊登了我写的关于劳丹斯基一家人的文章，多年来，在耶德瓦布内，她每年在惨案周年纪念日都会去烧死犹太人的地方，点上一根蜡烛。她的侄女来开了门。

当她一看到我时，就开始尖叫："她不在这里。你知道我姑姑有多大年纪了吗？你知道她是在撒谎吗？请不要再到这里来了！"

我试图有礼貌地提出异议，我不是来打听什么信息的，我只是给她我的文章。

"请立即离开。我不会让记者进入我家的房子，不然我不得不去应付以后产生的后果。"

一个30多岁的男人从街道的另一边呼唤我，并邀请我进他家。

后来才知道，他是波比奥韦克女士的亲戚，名叫亨利克·巴金斯基。是他开车送她去大屠杀现场的。

"我的妻子失业了，我也失业了，但是在这里，他们说我们因为不时地去点蜡烛而得到很好的报酬，说我们靠犹太人的钱为生。有人打电话给我姑姑说他们会烧死她。现在，晚上往窗户里面倒汽油还会很难吗？有谁还会去追查是谁干的呢？”

我已经习惯于在每两次访问耶德瓦布内之间开车前往普热舍拉去看望杰齐茨一家，即使要开上很长一段路。我认识耶德瓦布内的几个人，他们和莱谢克·杰齐茨一样敏感，但是我不知道有什么人的声音能和他一样清晰：对就是对，不对就是不对，不管他是在同我交谈还是在同他自己的邻居交谈。结果，他的生活过得不轻松。他告诉我人们是如何不断地诽谤他的。

“我不知道他们在准备对我们采取什么行动。我认为他们不会去烧掉我们的房子，但是他们能够使我们的生活变得更悲惨，只要一个邻居往牛奶罐里放上些什么东西，就足以使我们不符合救济要求了——那时我们该靠什么来过日子呢？”

我问他是否考虑过永久性地移民去美国，既然他的家人都早已经在那里了。

“我的兄弟和我的母亲，他们都可以随遇而安，但是我不是一个可以四处为生的人，我只能生活在自己的一片土地上。我热爱在这片土地上耕作。无论我在美国赚到了什么，我都会投入到我的土地上，每年我都希望这片土地能够给予我回报，尽管为了这个目标我可能必须等到经济复苏。我的土地就在这里，没有人能把我赶走，没有人能禁止我说我想说的话。”

深夜，在克齐斯茨托夫·戈德莱夫斯基市长家。令人高兴的是，他给我引证了拉比雅各布·贝克接受一个波兰记者采访的摘录，他在孩提时代就从耶德瓦布内移民到了美国：“我可以举出很多例子来证明在耶德瓦布内犹太人和波兰人和平地生活在一起。我们之间相互信任。”“我同波兰人一起长大，和他们一起做朋友，我们就像一个大家庭一样。”“你们作为一个民族是宽容的。但令人遗憾的是，有些波兰人屈服于希特勒的政治宣传。”在戈德莱夫斯基的眼里，拉比贝克的话中特别重要的是，他认为耶德瓦布内大多数居民都没有参与屠杀暴行，参加的只是"一群来自周边村庄的败类和暴徒，受到掠夺犹太人财产的欲望的驱动"。

"多么好的一个人，我非常想握握他的手，"戈德莱夫斯基说，"现在人们会明白，犹太人并没有指责每一个人，只是少数几个罪犯。有一些无能之辈同德国人搅和在一起，我们不得不为他们而低头赔罪，但这绝不是整个波兰社区干的。我敬重格罗斯，但在这种情况下他有点夸大其词了。"

"可是究竟有没有希望，"过了片刻，他焦急地问我，"在7月10日，代表遭到屠杀的人民的拉比贝克，和说了那是'一场浩劫'的我们的主教大人，能肩并肩站在一起吗？"

我随身带了一本打印出来的网络版《耶德瓦布内回忆录》，是由两个拉比，雅各布·贝克和他的兄弟朱利叶斯·贝克编辑的，但是我不敢把它拿给戈德莱夫斯基看，以免击碎他的幻想。在这本书里，拉比雅各布·贝克的表述完全不同："经纳粹当局的许可，他们的基督徒邻居对他们实施了一系列可耻的残忍行为，此后，遭受到残忍对待的耶德瓦布内犹太人社区，共计有1440人，被活活烧死。我们很清楚，耶德瓦布内的犹太人肯定与同样残忍和不人道的邻居一起已经共同生活了好几个世纪了。那么这里就出现了一个问题：他们是如何生存了这么久的呢？"

把耶德瓦布内波兰人和犹太人之间的关系看作是生活在残忍的邻居之中长达数个世纪的噩梦，这未免有点夸张，尽管很容易想象，如果整个家族中大多数亲人都遭到波兰人的残害，那么这个人是会这样认为的。在整本书中，只有少数几段表明这两个民族之间的关系有时是好的，就像格罗斯所引用过的关于一位牧师和一位拉比手挽手一起走路那样的描述。

现在拉比贝克近乎180度地改变了他的观点，转而赞同田园诗般的回忆。难道是他被波兰准备好去面对犯罪遗产而深受感动？也许是他认为通过说出戈德莱夫斯基所称的"不那么令人尴尬的真相"，他就会触动波兰人的心灵？抑或是这样做对犹太人会更好些？我必须在适当时候请教他这些问题。

午夜后我回到酒店，继续熬夜去读《耶德瓦布内回忆录》。在1660年，第一批犹太人从蒂科钦迁居到了耶德瓦布内。耶德瓦布内犹太教堂里最古老的记录是从1771年开始的，但是这些记录叙述了教堂的扩建，因此教堂肯定是更早的时候建成的。1913年9月教堂被焚毁。起火原因被归咎于一个农妇，她在煤气灯旁挤牛奶，结果把灯撞翻了。当稻草被烧着时，那个农妇跑去取水，而不是直接用牛奶来扑灭火。结果，大火吞噬了犹太教堂以及3/4的附属建筑物，这把火对于耶德瓦布内犹太人的后代而言，似乎是可想象到的最可怕的不幸，有可能这个不幸就会落到他们虔诚的小城头上。

这本书充满了怀旧的回忆，绝大部分都是用意第绪语写的。"虽然15年前，意第绪语是纽约州耶德瓦布内社区开会时使用的主要语言，"贝克兄弟伤感地写道，"今天，我们社区中有近70%的人已经不懂这门语言了。因此，我们不得不将此书的主要部分复制、翻译和修订为英文和希伯来文。"

赫什·西诺维奇的回忆追溯到遥远的过去。他的祖母马尔克告诉她的孙儿们，拿破仑的军队在向莫斯科进军途中，士兵们曾经寄宿在耶德瓦布内的犹太人家中。有些作家在他们的作品中回忆了19世纪到20世纪之交时的生活。他们描绘了村子里的裁缝编织、修补和改制衣服；因为要离家几个月，他们就随身携带厨具以保持犹太教的饮食。孩子们由犹太小学教师来教他们怎样祷告以及用意第绪语读和写，这些教师使用的是试错法——用作教具的是皮带和戒尺，知识就伴随着这样的教具被灌输进孩子们的大脑里。这样的小型学校通常设在老师及其家人住的房子里的厨房内。耶德瓦布内也有些设备更好的学校，有书桌和墨水瓶，由受过良好教育的教师进行管理，但这样的学校并不是每个人都能上得起的。

茨波拉·罗斯伊德记得，在第一次世界大战前，耶德瓦布内是靠近俄罗斯帝国边缘的一个安静的地方。当它收到了有关工人抗议的消息之后，只引起了一个人起来罢工："纳赫姆·摩西·皮亚考斯基的儿子阿里出面反抗他的父亲。纳赫姆·摩西用一条铁环来打他，阿里痛苦地尖叫，大喊道：'我是一个社会主义者，晚上，或是下班之后，我是不会去加班的！'他的父亲不得不把他送到美国去，以防止其他工人都被传染上社会主义。"

此地的后人还保留了一个关于约泽夫·斯齐蒙·马库斯的故事，他是唯一一个敢于批评社区的精神领袖拉比约泽夫·乔尔的人。事情发生在 1850 年前后，在做柯尔尼德拉祷告仪式时（译者注：犹太人在赎罪日祈祷开始时吟唱的一段祷文），拉比提出了在普鲁士边界从事走私货物从而避免向政府缴税的犹太人的问题。坐在最富有的社区成员中的马库斯站起来，打断了拉比的话："如果情况是这样的话，请告诉我为什么你接受在边境城镇的拉比位置？"那时候，耶德瓦布内就像其他边界城镇一样，其繁荣——在很大程度上——都归因于走私。

2001 年 3 月 15 日

在沃姆扎，我顺道走访了《交际周刊》（*Tygodnik Kontakty*）的编辑部，这是以前在 80 年代第一份发表了有关暴行报道的期刊。我和主编瓦迪斯瓦夫·托茨基有个约会。

"我初次听说此事是在 20 年前，"托茨基告诉我，"我当时在写一篇关于掠夺者的文章，这就是我找到了耶德瓦布内的公墓的原因。在那里，我遇到了一个历史老师，耶日·拉莫托夫斯基，意外的是，他开始同我说话了。才说了几句话，他又突然住口不讲：'你从我嘴里再也得不到什么东西了，如果你写出来，我会否认的。你不明白。此地被遗弃的犹太人的房屋有两百栋。他们失踪了，他们的财产被遗弃了。几乎每个人都有牵连。这就是城里没有人会告诉你这里发生过什么的原因。'

我试图和当地人交谈，但到处碰壁。如果这个惨案是德国人干的，我相信他们是会谈论的。他们行为的方方面面都证实了他们的犯罪事实。关键证据就是他们的沉默。"

1993年，《交际周刊》刊登了一篇关于拉齐乌夫大屠杀的文章；1995年，一篇关于翁索什大屠杀的文章；2000年5月，另一篇关于耶德瓦布内大屠杀的文章。没有任何反响。什么都没有，一片沉寂。"我得到的唯一回应，"托茨基说，"是在2000年的夏天，访问我们网站的客户写道：'托茨基，那个编辑，肯定是个犹太人。'"

"我的研究表明，当地与苏联人合作的规模很大。战前的民族主义运动中的积极分子只要被苏联人抓获，苏联人就会对他们说：'要么你们合作，要么我们驱逐你们全家。'而犹太人只要和苏联人合作，他就会到处吹嘘。他梦想着穿着制服扛着枪四处炫耀。但波兰人只有在他被揭露出来时你才会发现他与苏联人合作。"

中午时分，我在耶德瓦布内。我获悉有一台挖掘机早上开到纪念碑前，移除了刻有犹太人被盖世太保和纳粹警察杀害的碑文的石碑。这次行动似闪电一般的迅速，没有告知任何人，"为的是防止发生任何事件"。

开车到犯罪现场去几乎是不可能的。拖拉机来回驶过留下的沟渠造成了很大的障碍。在曾经是谷仓的地方，地面遭到了践踏。周围全是田野，现场的对面是一片榛子树林，遮住了东一块西一块冒出来的破碎的犹太人墓碑——你必须仔细看才能见到。

我顺便拜访了亨利克·巴金斯基和他的妻子埃尔兹别塔，发现波比奥韦克女士和他们在一起。她的侄女禁止她在家接待任何人。

"人们什么东西都没有看见，但是他们却在不断尖叫，'这全是谎言'，"她说道，"如果他们看到了我所看到的……"

"你认为这个城里有很多人对遇难者感到同情吗？"

"不是很多。因为牧师不断地在叫，'这不是真的'。我最介意的事情是在我自己家里的敌意，真让人感到痛苦和蒙羞。如果再转变成暴力的话，我就会去警察局。起初我很高兴，一切都暴露出来了。我祈祷，'主啊，让善良战胜邪恶吧。'而现在我只能哭了。如果他们试图杀了我，那就太糟糕了，就让他们杀了我吧。"

"没有人来为我的姑姑辩护，他们全都吓坏了。"巴金斯基说。"记者来听了她的叙述，给她录了音，然后不问问她是否会游泳，就把她留在深水处。最后总该有人上电视去说，任何阻碍调查的人是不会有好结果的。"

像这里的其他人一样，巴金斯基从一个频道转到另一个频道去寻找关于耶德瓦布内的报道。是有线新闻——因为在城里能看到带有标识的摄像机。频道1——因为他们已经预告了一次演播室讨论。新闻节目有威德莫希契（Wiadomości）频道，"全景"频道和比亚韦斯托克电视台——因为他们已经安排了报道。我看着巴金斯基美丽的女儿西尔维娅的笑脸，西尔维娅几年前就离开了学校，现在在家里学习，因为她患有退化性疾病——当她看到比亚韦斯托克电视台的摄像机给了她几秒钟镜头后，她非常兴奋。

我们在一起看报道。一位记者读了一封信："我们抗议针对我们小城的诽谤。"我的主人们紧张地给出了评论。"为什么他们不把这封信给我们？"巴金斯基对此信感到很惊讶。"他们知道我们不会签名？他们怎么会知道？"

"等一下，等一下，"埃尔兹别塔说，"他们昨天拿来了一封关于在柯斯丘什科大街上的建设工程的信。他们说：'我们需要你们的签名，这样他们会让我们修建这条路，而不是为犹太人修一条路。'他们总共拿了三封信函。也许第三封就是那封信？"

其实那封信不是的。屏幕上的世界与现实世界很容易混淆在一起。比亚韦斯托克电视台播放的报道是几周前拍摄的，内容早已是旧新闻了——那是正在组成的捍卫耶德瓦布内名誉委员会起草的一封信，信中抗议"使用粗暴的方法来诽谤委员会和整个波兰的全球性运动"。镇上到处流传着谣言,说镇里某人写的一封信被送到议会去了,但没有签名。事实上,所签的名是假的。

另外,接待我的主人昨天收到的信是女议员塞诺纳·库尔科夫斯卡的一个倡议。她想出了这样一个主意,当用于修复集市广场和通往谷仓的道路的资金到位时,镇上应该将这笔资金转用于改造能便利居民的道路,或者以沥青路面来取代镇中心柯斯丘什科大街上的鹅卵石路面,从而改善小镇的交通。她开始收集签名来支持这项计划。

我对市政厅已经非常熟悉了;我常去拜访市长,坐在他的办公桌前,喝上一杯加了柠檬的茶,用打字机记录下刚才的对话,即使市长不在我也照样去。拥有这样的一个我自己的场所是非常宝贵的。可惜的是,办公室只开放到下午 4:00。在耶德瓦布内或拉齐乌夫,我没有地方可以享用一杯茶,除了一个酒吧之外,但是在那里我会成为一大群酒鬼男人中唯一一个女人。如果我在拉齐乌夫听说我想与之谈话的人将在两个小时后回来,我会开车先去耶德瓦布内然后再开回拉齐乌夫,因为在那里绝对没有别的地方可去。现在天气转好了,但是在 2 月份,我有时一天之内要在沃姆扎、拉齐乌夫和耶德瓦布内之间还未清除掉积雪的道路上开上两百公里。

我敲了敲耶德瓦布内租赁公寓楼的一扇门,然后和一连串当地人聊了一会儿天,话题是有关以安东宁娜·怀赞考斯卡的名字命名一所学校的提议。对于那些从没有听说过她的人,我给他们解释说怀赞考斯卡在战争期间庇护了七名犹太人。他们的回应是不适合印成文字的。其中一位居民给了我一张卡片,上面印了一首诗,题为《关于耶德瓦布内的真相》,署名是波伦迪的扬·吉特克。

> 是德国人干的,格罗斯先生已经获知,
> 你该来亲亲我们波兰人的鼻子。

帮忙的是犹太人，你这虚伪的邻里，

把波兰人流放到东方去做苦力。

在那时，犹太人早已忘记

犹大是如何被银子收买的。

因此如果有什么方式可以道歉，

犹太人，快去跪在耶稣受难十字架前。

　　这首令人讨厌的打油诗的复印件在耶德瓦布内到处流传，就像在戒严期间团结工会散发的宣传册一样。

　　同住在耶德瓦布内的一个大约 40 岁的妇女进行了一次意外的交谈，她名叫克里斯蒂娜·N.："从我打小起，我就知道波兰人在谷仓里烧死了犹太人。在我家里没有人曾经去围捕过犹太人。我记得母亲谈论过人们如何在他们的酒窖里藏匿犹太人，直到他们的金钱和财产都耗尽时，然后就杀死他们。大约两年前，我和我的妹妹去看犹太人纪念碑。有人在碑上用油漆喷了一个纳粹卍字符号。我读了你写的关于劳丹斯基一家人的文章，凶手们仰首挺胸到处走着。生活在这个小镇里是不容易的。人们分成了两个阵营。如果你能进入我们内心深处来看看，那么你会看到对受害者感到同情的人是多数，但是在外表上看，你看到的全都是反对举行纪念仪式的，因为他们发出的噪音最大。

　　"我的妹妹，她住在一百公里以外，一听说要举行纪念仪式就打电话给我，说她也要去参加，但是听我讲了在我们镇上发生的事情之后，便吓得立刻打消了参加的念头。"

　　我问她，如果人们看问题都像她那样的话，是否就都不会来参加，也不会为纪念仪式成立一个委员会了。

　　"我为什么应该去参加什么活动呢？该让那些嗓门大的人去成立组委会。每当我想到这件事，我就会开始哭泣。"

　　在沃姆扎的齐特诺维奇家里。我向扬和佩拉贾提出了更多的问题，以便更深入地了解这么多年来他们如何能忍受生活在杀人凶手之间。但是，显然我是唯一一个想到这个问题的人。在耶德瓦布内，没有人将那些参与杀戮和抢劫的人与那些不接受这么做的人这两者之间区别开来。

扬回忆道："战争结束后，我一搬到耶德瓦布内，就聘请了斯坦尼斯瓦夫·锡拉瓦到我的工场来安装一扇门。如果我知道他的所作所为，也许我是不会请他来干的。但我来自维兹纳，我在耶德瓦布内是个陌生人，我认识他是因为战前他是兽医的司机，那时兽医必须要去维兹纳的屠宰场。当你还年轻时，这种事情就不会给你带来很多烦扰。这一切已成往事了，你明白——是战争造成的。"

当齐特诺维奇因为某种行政犯罪而被捕时，他与罗曼·戈尔斯基住在同一个牢房，罗曼·戈尔斯基是在 1949 年审判中被定罪的男子之一。"他在我面前没有表现出丝毫反犹太主义，没有和我谈论犹太人，"他的狱友称赞他，"当他出狱的时候，他从我这里买了半副马具。"

晚上，在酒店，我读了分发给沃姆扎政府一个办公室里可信任的工作人员看的一篇文章。这是本印刷精美的小册子，题为"耶德瓦布内事件的真相及原因"，是美国波兰人代表大会从大西洋彼岸送来的。文章一开始就声明："在波兰历史上，没有什么罪恶是犹太人不曾犯过的。"接下来列出的罪状首先是杀害亚伯和基督被钉死在十字架上，最后以"1946 年莫斯科—犹太人—共产党人挑起的凯尔采大屠杀"作为结尾。

托茨基主编给了我《交际周刊》上发表的有关大屠杀的所有文章副本。借助我最近获得的知识的棱镜，我再次仔细阅读了弗龙尼谢夫斯基夫妇 1988 年发表在《交际周刊》上的文章。他们提到了瓦瑟斯泰因的证词，但发现它不可靠。他们不加怀疑地接受了蒙基奇斯检察官的调查结果，说那里有"两百多个德国暴徒"。尽管如此，这仍是一个非常宝贵的来源，因为弗龙尼谢夫斯基夫妇与当时仍然活着的许多证人交谈过。受访者中有两个是我听说过的参加过杀戮的人。他们引用了其中一个名叫欧根纽什·斯利韦基的话，指出纳粹是罪恶行为背后的驱动力，并且还利用了几个当地的流氓恶棍来帮助他们。由此可以看出其中肯定存在着某种保持缄默的协定，因为没有人告诉过弗龙尼谢夫斯基他是屠杀的参与者。

加布里埃拉·什切斯纳发表在《交际周刊》上的文章是关于附近翁索什发生的暴行的，题为"壕沟里的良心"，此文清晰无误地指明了谁是杀人凶手。"这是我们永远的耻辱，"来自翁索什的人说，"鲜血从运输尸体的干草车上不断涌出，大街上如同下了一阵血雨，标示着通往村外一条壕沟的犹太人生命中的最后一段旅程。他们被随意地扔在那里：还有气的压在断了气的上面，断了气的又压在还有气的上面。凶手们把泥土填在他们所有人的身上，然后用脚踩紧，他们用棍棒、铁锨和斧头结束了犹太人的生命。暴行过后两天，是个星期天，凶手们去了教堂。许多人穿的衣服立即被他人认出来了。他们也没有试图去隐藏他们刚刚获得的手表。很多年过去了。有一次，牧师宣称：'凡从犹太人那里得到过东西的人都必须为教会买一些东西。'他们就是这么干的。"

2001 年 3 月 16 日

耶德瓦布内。教堂入口处的第一排长凳上放着一堆报纸。粗体黑字头条标题跃入眼帘："什穆埃尔·温特夏兹，犹太人，秘密警察告密者，波兰工人党一元首的武装秘密警察，就耶德瓦布内大屠杀事件不实地指控波兰人！"此内容出自《最宁静的波兰联邦》报（*Najjaśniejsza Rzeczpospolita*）。我也在教堂对面的报刊亭里发现了这份报纸，是玛丽亚·马祖尔杰克摆放出来的，他是捍卫耶德瓦布内名誉委员会的积极分子。

在耶德瓦布内，什穆埃尔·瓦瑟斯泰因是头号公敌。攻击他的路线很简单：在苏联占领期间瓦瑟斯泰因是内务委员会的人，战后加入了联合兄弟会。托马什·斯特泽博斯，作为扬·格罗斯的主要对手已经在波兰成为最著名的历史学家，3 月 3 日在《声音》（*Głos*）周刊题为"秘密警察回忆录"的访谈中说："我知道,在特定的案件中,瓦瑟斯泰因以中尉军衔担任调查官。这个信息被大家所确认,那个卡尔高,也被称为卡尔卡,就是瓦瑟斯泰因,他是战后沃姆扎秘密警察的一名官员。"为什么这个信息会被大家证实呢?原因是耶德瓦布内的居民们,感觉得到了斯特泽博斯权威的支持,迫切地想要诋毁瓦瑟斯泰因。

二号公敌是格罗斯。他怎么胆敢如此撒谎并给出 1600 个受害者人数呢?即使格罗斯自己并没有提出这个数字,而是从一些未曾有人研究过的档案中得到的,那也没有什么区别。战争刚一结束,耶德瓦布内的新任市长就向治安法庭委员会报告说,有 1642 名犹太人遇害,其中 1600 人死于谷仓内,42 人死于枪杀。这个数字是由波兰证人和大屠杀的参与者给出的("我参加了在广场上看守犹太人的行动,"嫌疑犯瓦迪斯瓦夫·东布罗夫斯基在 1949 年的调查中供认说,"那里有超过 1500 个犹太人,被当地波兰人围了起来")。这个数字实际上也得到了波兰纳粹犯罪调查主体委员会的确认。主体委员会为什么会夸大犹太人受害者的数量呢?直到昨天,你都可以在纪念碑上看到这个数字。居民们原本有 40 多年的时间可以建议做出修改的。此外,如果是德国人犯了这个罪行的话,为什么人们突然想要减轻德国人所犯下的这个罪行的程度呢?

我安排好去会见雅努什·O.,他是一名教师并兼职向牧师卖保险,他也加入了维护耶德瓦布内名誉委员会。现在看来他已经离开了,尽管委员会的成员名单仍然是保密的,因此要弄清楚可并不容易。人们说他之所以改变了主意是因为他的妻子与凶手之一有关系。我按响了门上的门铃,却听到熟悉的门被"砰"的一声关上的声音。

"我的丈夫不在家,我不知道他什么时候回来。"

我坚持说我电话里已经安排了来见他的。我在车里等着。

"请不要把车停在我们家门前",大约一个小时后,雅努什·O.的妻子大声对我说。

在讨论那些参与了成立维护耶德瓦布内名誉委员会的人士时,我听到有两名男子不止一次被提到，一个叫戈什琴斯基，另一个叫斯莱赞斯基（和谷仓主人博莱斯瓦夫·斯莱赞斯基不是一家人），据说他们是"出自纯粹的家庭"。换句话说，就是没有家庭成员参与过大屠杀的家庭。因此尽管有那么多的否认，对于真相的记忆是依然存在的。然而，这种真相一代代传下来所借助的语言代码却只能被最初使用者所理解。一方面，有着那种"出自纯粹的家庭"的人；另一方面，也有着那种"靠犹太人的黄金发财"的人。和我对话的一些年轻人记得有人就用这样的话来说他们的一些邻居。在格罗斯的书出版之前，他们没有过多地思考这句话可能的含义是什么。

"上帝的惩罚"这种说法也是很普遍的。邮递员欧根纽什·斯利韦基的两个十几岁的女儿在一场婚礼中吃了香肠而食物中毒，结果都死了。在葬礼上，人们低声地说，这两个女儿是替父亲犯下的罪恶偿命去了。大屠杀的另一个参与者有两个儿子都酒醉身亡。还有一个生下的儿子患有残疾。

"你可以在沃姆扎人经常停车的广场上找到他"，莱谢克·杰齐茨告诉我。杰齐茨是来自耶德瓦布内附近普热舍拉的一个农民，他越来越成为我的亲密朋友。"他在那儿帮人家看车，一次收人家一个兹罗提。他的胳膊是畸形的，外加一双罗圈腿。有时候他对我说：'老爸对犹太人是这么干的'，同时做出一个割喉咙的姿势，'天堂里的上帝就给了我这样的报应，'边说边给我看他的畸形的手臂。"

/ 154

有一些我打电话安排了见面的人嘱咐我不要把车停在他们家门前。于是我步行穿过夜幕降临下的小镇去寻找我能停车的地方。当我在车门上转动钥匙时，一个大约 60 岁的男人向我走来。

"我一直在留心看着你的车，确保你的车不出问题，"他说道，然后不加置疑地又继续说，"我当时只有一岁，所以我记不得太多。我在西里西亚的一个矿山里度过了我的成年生活，但是当我上学的时候，我听说了有关我们的人杀人的故事，他们还在附近的黑麦地里结果了受伤的人的性命。如果我们不是全体都一起去纪念碑的话，整个镇上都会因此而蒙羞的。"

在回华沙的路上，我很想知道在耶德瓦布内像这位老人一样的人会有多少。

2001 年 3 月 17 日

我一分钟后就出门去拉莫托夫斯基家。我要给斯坦尼斯瓦夫带去一份胡佛研究所的证词，这份证词出自一个来自捷沃旺基村的农民斯坦尼斯瓦夫·姆罗采科夫斯基口中。在拉莫托夫斯基居住的克拉玛切瓦，有一个苏维埃时代当地政府的候选人，是来自扎克谢沃村的齐特考夫斯基，"一个贫穷的农民，一个小偷，他在选举后几天里杀死了扎克谢沃的农民安东尼·格林斯基，他没有为此而受到惩罚"。拉莫托夫斯基不仅不记得他是否投票给了齐特考夫斯基，而且几乎不记得他是否在苏维埃选举中投过票。已经有一年半以上的时间，他是另一个国家的公民，现在我不得不说服他，他必须接受苏维埃公民身份，当他得到新的身份证件时，他必须宣读以下誓词："绝不努力恢复一个独立的波兰国家。"现在我们是很好的朋友，我知道他不会在我面前试图隐瞒这个信息。他只是从记忆中抹去了。迄今为止，各种战争时期的经历全都被强行湮没在遗忘之中，再也没有进入公众的意识。而其他人似乎将其铭刻在石头上。很难在耶德瓦布内或拉齐乌夫的老一辈中找到任何一个人，他不能够生动地记得某个犹太人从卡车上跳下来，用步枪指着去监督一个波兰家庭被驱逐出境的情景，仿佛就像发生在昨天一样。但这是他们想象中的一个幻影。苏联人逮捕人通常是在晚上或黎明时分。在黑暗中，很难从窗帘后看出究竟是谁正站在一辆卡车上或他的鼻子长的是什么样子。这些犹太人的名字很少被提及，尽管他们本来是很熟悉的邻居。显然，苏联人的占领已经趋于神秘化，厚厚的一道成见已经湮没了个人的经历。

　　我很担心斯坦尼斯瓦夫。就拉莫托夫斯基的健康状况，或者不如说是病情，我咨询了马雷克·埃德尔曼。埃德尔曼答应会去探望他。

　　每隔几天我都会打电话给检察官伊格纳季耶夫，如今他似乎已经习惯了。尤其是我已经不再就某件事不断盘问他了；我只是和他分享我的观察结果。我们曾经谈论过雅库布·卡茨，耶德瓦布内第一批受害者之一，俄罗斯人一离开后就被当地人活活打死了。卡茨当时已经是一个老人，大约70岁。那些凶手们还会想要些什么呢？在苏联人统治下，他曾经在取代了天主教俱乐部的青年俱乐部担任门卫；是否就是这一点就足以让他被害？我在耶德瓦布内不止一次听到"卡茨对着教堂撒尿"。我告诉伊格纳季耶夫，对我而言，这听起来像一个古老的反犹太人的寓言，有点像哈利纳·萨卢斯卡，扬·司克罗茨基的表弟，说多拉·多罗戈依被杀是因为她"站在十字架上恶言亵渎"。伊格纳季耶夫问我，是否可以给他指出一些来源，用以说明缓解自己反对教会的立场属于反犹太人的胡思乱想的保留节目。

　　于是，我翻阅了一遍阿林娜·蔡娃写的书——《波兰民间文化中的犹太人形象》。70年代，阿林娜动身前往波兰各省进行研究。她原以为这是一个困难的课题，但人们热切地接待了她，并同她进行了丰富多彩的交谈。她了解到，犹太人的形象在民间文化中并没有被边缘化，而是一个不可分割的组成部分。"如果硬要将世界划分为'我们'和'他们'这两大块，那么犹太人就是必需的。"有一个调查对象引用了比亚韦斯托克地区一首战前的歌曲："不要从犹太人手里购物，要买只去自己人开的商铺 / 带上一根结疤多的棍棒 / 把他们赶出波兰国土 / 为什么让犹太人骑在我们头上作威作福？ / 让他们到巴勒斯坦给阿拉伯人去当牲畜！"但是书中没有例子能证明我的论点。我打电话给阿林娜。

　　"一个犹太人缓解自己反对教会的立场？"对这个问题她沉思了一会儿。"不，我从来没有听说过那种说法。"

2001 年 3 月 18 日

"当我写下这些话时，我感觉患上了精神分裂症：我是一个波兰人，我对耶德瓦布内大屠杀感到的耻辱是波兰人的耻辱。同时，我知道，如果我当时在耶德瓦布内的话，我会被当作一个犹太人而被杀死。"今天，《选举报》和《纽约时报》刊登了亚当·米奇尼克的文章——《令人震撼的耶德瓦布内》。"我不会对被谋杀的人感到内疚，但我确实感到负有责任……在他们死后，他们再次遭到谋杀，他们得不到体面的埋葬，没人为他们流眼泪，没人会承认这个可怕的罪行的真相，而一个谎言却重复了数十年……为什么当时我没有去寻找关于耶德瓦布内被杀害的犹太人的真相呢？也许是因为我潜意识地害怕那个时期犹太人命运的残酷真相。"

亚当提醒人们在战争中波兰人表现得是多么勇敢，他们是如何战斗的，他们是如何战死疆场的，那里有过多少正义的非犹太人。"对于那些为了拯救犹太人而失去他们生命的人来说，我也感到负有责任。当我经常在波兰和外国的报纸上看到有关杀害犹太人的凶手时，当我注意到那些挽救了犹太人性命的人是那么默默无闻时，我感到非常愧疚。"

亚当说的是什么样的默默无闻呢？那些在以色列犹太大屠杀纪念馆为纪念帮助了犹太人的国际友人而种植的树以及题词"任何人只要救人一命，便是拯救了整个世界"是最响亮的普世象征：即使在最坏的年代，在充满邪恶和耻辱的年代，也有人在做善事。

2001 年 3 月 19 日

我试图为扬·司克罗茨基去寻找犹太人科诺普卡的某个后人，科诺普卡曾经警告过司克罗茨基的父母，说他们即将被流放至古拉格集中营。司克罗茨基只知道他是一个粮食商人。当我们一起去拉齐乌夫时，司克罗茨基急切地想要打听他的下落，但没有人记得他自己的名字。司克罗茨基不停地说着："我欠了那些救过我们的犹太人的情。如果他们为纪念大屠杀在石碑上刻上真实的铭文的话，我想要在旁边还放上一块小的纪念碑：犹太人科诺普卡曾经住在这里。他挽救了我的生命。"

我在互联网上搜索拉齐乌夫犹太人的谱系列表。我访问了网站 *jewishgen.org*，并点击"犹太人家族搜索"，在这个网站上，出生于同一个城镇或有着共同祖先的人士可以彼此相遇。在输入搜索关键词"拉齐乌夫"后，我发现有 20 个电子邮件地址，其中有乔斯·古特斯坦和他的网站 *radzilow.com*。我很快就打开了回忆往事的照片栏目，这里是拉齐乌夫的一个"虚拟村庄"——由一位生活在迈阿密的美国人复活的完整的一个世界。

在这个网站上有一个特别的见证：出于亚德瓦西姆大屠杀纪念馆的需要而对查亚和伊兹拉尔·芬克尔斯泰因进行的一次采访。他们是查纳和梅纳赫姆的父母，我在犹太历史研究所读过他们的叙述，从那以后我也一直梦想着找到他们。7 月 7 日，整个芬克尔斯泰因家族都被赶入拉齐乌夫的集市广场。"我目睹了德国人把当地波兰人组织起来，"查亚·芬克尔斯泰因作证说，"然而，整个行动都是波兰人实施的。"她的三个兄弟都死在拉齐乌夫的谷仓里。查亚不停地说她不能够再谈论此事，这一切都包括在她的 360 页的回忆录中，那是在 1946 年写的，她献给了以色列犹太大屠杀纪念馆。要读这本书我必须到以色列去。查亚出生于19 世纪末，所以她不会还活在世上，但也许我可以找到她的孩子们。芬克尔斯泰因家人住在以色列海法市尤坦姆大街 32 号。的确，那已经是40 年前的事了，不过我毕竟得到了一些下一步调查的线索。

2001 年 3 月 21 日

去了一趟《选举报》，我查阅了档案中收录在题为"综合材料 / 历史 / 波兰犹太人。凯尔采大屠杀·艾雪斯基·耶德瓦布内"文档之下的文章。但其中的文本实在太多，因此又创建了一个单独的子文件夹，题为"犹太人在波兰 / 历史 / 耶德瓦布内"。在这一星期中，我没时间去看其他文件，因此积压了让人咋舌的一大堆采访、声明和文章——主要是攻击格罗斯的。

莱赫·瓦文萨总统在 ZET 广播电台与记者莫尼卡·奥勒尼克交谈："因为有人写了一本书赚了一些钱就大惊小怪是毫无意义的。战后有多少犹太人为安全部门工作并谋杀了波兰人？没有一个犹太人因此而对我们道过歉。"

波兰家乡军士兵世界协会主席说："要求在全国范围内为耶德瓦布内大屠杀而向犹太人道歉，至少可以说，在目前还为时尚早，而且是过分夸张的。"

华沙天主教大学学生自治会在给斯蒂芬内克主教的公开信中表示："对于阁下关于耶德瓦布内大屠杀的立场，我们表示支持。"信中他们继续说犹太人通过诽谤波兰人民而谋求利益。

民主左派联盟全国委员会是一个后共产主义政党，它声称："在这个镇里几乎全部犹太人都死在他们的波兰邻居手中。耶德瓦布内大屠杀是痛苦和耻辱的原因。"

这是痛苦和耻辱的原因，只有后共产主义者才能说出这样的话来。

2001 年 3 月 24 日

耶德瓦布内。我听说镇上玩弄权力的主要人物除了牧师之外，还有沃伊切赫·库布拉克，一个职业医生，现任沃姆扎区区长。他发表了"沃姆扎区议会关于耶德瓦布内犹太人大屠杀的宣言"，其中区议会拉开了与参加纪念仪式之间的距离："尽管国家纪念研究所的调查仍在进行中，但结论却已经公之于众了。"

耶德瓦布内生活在众目睽睽之下。记者和政客根据镇上居民发表的言论大做文章，但是其逆向过程产生出更大的力量。居民们现在用记者、历史学家和政治家的语言来谈论发生在他们城里的事情。所以从托马什·斯萨罗塔接受《选举报》的采访开始，耶德瓦布内的居民就把

"比亚韦斯托克突击队"说成是故事中明显的、无可辩驳的一个部分。同样，"几卡车德国人"这个词也已经进入了常用的流行语之中。

当我着手进行最初的采访时，年轻一代中有些人惊讶地发现，1949年曾经对耶德瓦布内事件进行过调查，还有些人因此而被定罪。他们告诉我，"那些人是因为参加地下党派而受审的，不是因为杀害犹太人"。被遗忘的事实可以轻易地重新进入记忆的潮流。现在斯大林时期的调查已经属于众所周知的信息的主体。"我们知道曾经有过审判，他们已经找到了有罪之人并给他们定了罪。既然他们已经审判了一次，为什么还要审第二次呢？"这就肯定意味着犹太人想要钱。

在穿过集市广场的时候，我突然间想出了一个简单的联系：那些说犹太人把波兰爱国人士放逐到西伯利亚去的人，同时又是那些说他们看到——或者他们的家人看到——7月10日有很多德国人的人。而其他人在集市广场上只看到个别德国人，一个警察在拍照，且只是在广场上，并不在通往谷仓的路上。我打电话给伊格纳季耶夫检察官与他分享这个发现。他未加评论。我知道他不会向我透露他的调查结果，但如果是我出错的话，他就很可能会反驳我，说我对这个案子的态度太过于感情用事。我已经有好几次听到他的这种回应了，而且很难否认。

我去拜访莱谢克·杰齐茨。

"他们最害怕的，"他说道，"是犹太人会拿回被他们偷走的东西。人们不断地在说，非常生气地说，'犹太人会来拿回他们的东西'。不是'我们的东西'，而是'他们的东西'。如果东西是'他们的'，那么这些东西就应该物归原主。"

我向他解释说，把恢复对往事的记忆与恢复原先犹太人的财产联系在一起的话，只会加剧在城里居民中传播的恐惧，而且我相信耶德瓦布内犹太人的后代是不会回来认领一些已经摇摇欲坠的村舍的。

"但是他们应该回来收回他们的东西"，他坚持说。

事实是，由于犹太人将他们的财产遗留在此地，因此耶德瓦布内、拉齐乌夫和周边地区的波兰人从中占了便宜。来自比亚韦斯托克地区附近城镇的幸存犹太人的证言证实了这一点。"波兰人的口号是'没有犹太人的瓦西尔库夫'。"绘画和照片都被撕毁了,羽绒被子被扯破了。在大屠杀期间,为首的曾大声疾呼:"不要打破任何东西,不要撕坏任何东西。一切都属于我们的。"(孟德尔·米尔尼茨基的证词,1945 年)

"来自扎尔比·科奇切内尔的波兰人希望接收犹太人的财产,他们向沃姆扎的德国当局发出请求,也要去清算扎尔比的犹太人。当地的社会名流签署了这些要求,扬·高泽医师是其中之一。"(拉凯拉·奥尔萨克和明德尔·奥尔萨克的证词,1945 年)"犹太人被带走之后,有个躲起来的人听见基督徒们的谈话。有人说他看到的景象十分可怕,另一个女人告诉他:'别担心,我们会习惯的,没有他们我们会生活得更好。'然后她盯着附近的房屋看,长久以来她一直梦想着拥有那样的房子。每个波兰人都用他们从犹太人家里拿来的东西来布置自己的家。他们感觉他们现在都财大气粗了,他们的好日子来到了。"(佩西亚·舒斯特·罗泽布拉姆就亚肖诺夫加犹太区大清洗作的证词,1945 年)

杰齐茨说话冷静、坚定,但是只要他的孩子一从他的视野中消失,他就起身在院子里寻找他们,呼唤他们。我给他念了他所说的话,我想把他的话插入我在《选举报》上评论耶德瓦布内近况的文章中——我要确认他是否还愿意保持匿名,但他同意以他自己的名义发表他所说的一切。他是我所与之谈过话的人中唯一愿这样做的榜样。

由于镇上的形势正在恶化,几个星期前刚同我谈过话且不要求隐瞒他们名字的人(不是谈犯罪的事,而是谈关于耶德瓦布内目前的情况),在我要求他们授权让我引用他们的话时,现在却对我说,"我们已经有了这么多麻烦。对不起,但我不想让你写出我的名字"。目前,耶德瓦布内有一部分人在吵吵嚷嚷,指责犹太人该为一切负责,嗓门极大,叫声极响,尽管他们只是少数,然而在这个小城里却占了上风。他们感觉很强大。他们得到了奥尔沃夫斯基神父的支持。他们有自己的学术权威——在我的对话者中，即使是头脑最不清醒的人，那些谁都不会去怀疑他们曾经看过历史书籍的人，也会援引斯特泽博斯教授的话。

此前，他们都是生活在失意沮丧之中，所居住的城镇看不到前景或希望。现在，不少杰出人物——政界人士、议员、参议员——都把时间花在了他们身上。连一些知名人士，如电影导演博丹·波雷巴也来拜访了他们。博丹·波雷巴不仅因电影而知名，而且他还属于80年代一个反犹太人的共产主义组织，名为格鲁瓦尔德，这样的事实也没有使这里的人感觉不适。他们不喜欢共产主义者，除非他们反犹太人。当这个地区的人移民去美国的时候——来自在美国工作的亲戚的汇款是这些地区的主要收入来源之一——他们确信他们会被作为受到犹太人不公正指责的波兰受害者而被芝加哥波兰社区所接纳，而且在寻找工作中也会得到帮助。

当我想到这一切的时候，我有一种荒谬的感觉，好像历史正在重演。在战前，当地的教区牧师也是围绕着对犹太人的仇恨来组织社区的。国家党的活动家们，不辞辛劳，从更繁华的世界——沃姆扎，甚至华沙——来到这些穷乡僻壤看望本地人，小城镇的生活展现出了新的魅力。

对波兰人应为大屠杀负责这种观点持最激烈的否定立场的都是些40多岁的人，通常他们在战争期间就居住在此地。现在第二代人在守护着一个虚假的记忆。

晚上，我在酒店看了一份天主教报纸《我们的日报》，其中包含了一篇来自耶德瓦布内的报道——今天人们在镇上正在谈论这件事——涉及与历史学家托马什·斯特泽博斯有关的一个事件。事件发生在教区办公所。贾尼娜·比德齐奇卡，就是她父亲把自己家的谷仓用作焚烧犹太人的场所的那个女人，把聚集起来的人群看作是在为她加冕一样。她回顾了德国人在沃姆扎的暴行："他们杀死了仅有的真正的波兰人。"被她忽视的是，德国人在那里消灭了所有犹太人，占城市人口的1/3。随后她总结道："因为已经不再有人记得我们这些波兰人了，所以这个国家再也不是我们自己的国家了。"

2001 年 3 月 25 日

莱谢克·布贝尔是个出版商，出版了一系列以"了解犹太人"为专题的反犹太人期刊和书籍。他说服了一些市议会议员相信爱德华·莫斯卡尔应该被授予耶德瓦布内荣誉市民的称号。莫斯卡尔是波兰美国联合会的主席，他刚刚发表了一个声明，对于指责波兰人犯下了耶德瓦布内大屠杀惨案表示强烈的愤慨。

在波兰，布贝尔原先是一个完全被边缘化的人物，但现在已经逐步成为耶德瓦布内的一个本地英雄和永久性的不可或缺的人物。他参加议会会议，与教区牧师共进晚餐，并拜访议会议员。

"他打电话告诉我有关名誉市民的事，"当我去戈德莱夫斯基家拜访他时，他告诉我，"如果你说些人们喜欢听的话，那么你就可以成就一番事业。你就有机会成为名人，光芒四射，并创造历史。"

要不是议会主席斯坦尼斯瓦夫·米查罗斯基要求布贝尔离开议会会场的话，布贝尔的倡议很可能会被通过。

我继续同戈德莱夫斯基保持着同样的对话。我向他叙述了他的一个议员发表的反犹太主义观点，他说和我说话很困难，因为在我眼里一切都是非黑即白。

"耶德瓦布内的居民正在受到攻击。他们被指控犯下罪行，尽管现在住在这里的人并没有犯过那种罪。这就是为什么他们很难接受凶手出自这里的观点。他们必须要逐渐成熟才能承担起这个负担。这就需要时间，但我还是看到了一种缓慢的转变。"

但是要看到任何转变都是很难的。议会不喜欢现在所发生的一切，最不受待见的是市长在他的办公室接待西方记者和电影摄制人员——犹太人。换句话说，戈德莱夫斯基试图说服议会议员在曾经矗立着犹太教堂的地方放置一个标记物，也许干脆就把这块土地再卖给犹太社区。他不敢建议把这块土地作为礼物交给犹太社区。即便如此，还是有人说他正在试图把整个耶德瓦布内都送还给犹太人。议会副议长皮厄特勒·纳鲁斯基说："市长是受过教育的，所以他想问题的方式与我们不一样。"

我浏览了市长最近收到的信件。最上面的是一封来自华沙一个名叫安杰伊·卡缅斯基写的信，他提议耶德瓦布内设立一笔奖学金，为受到恐怖袭击的以色列孤儿在波兰就读中学高年级提供资助。其他信件的语气则完全不同。"白痴市长，把那个犹太人渣赶出城去。你没有荣誉或民族自豪感。你拿了犹太人的好处，你是波兰的敌人。"支持他的信件来自仍然将他与捍卫耶德瓦布内名誉委员会联系起来的人："我们与你站在一起。耶德瓦布内事件是戈培尔式宣传的一个例子，犹太人类型。""不要在这里建立任何一种墓地，甚至连福音书上都说犹太人是毒蛇的一个分支。请务必不要让少数人变成大多数人。波兰爱国组织开放一体化小组。"

我去看望了一个一直对我很好但又拒绝以自己的名义见报的人。此人对我说："我接到一些打来的电话：'你这个狗娘养的，你这个犹太人马屁精，我们知道怎样对付你。'"

那个组织紧密、咄咄逼人的凶手们的家庭群体和那些住在以前是犹太人的住宅中的人在主宰着其他人。那些其家人参与过屠杀和抢劫的人觉得他们必须要保卫他们自己。凶手们的家庭在恐吓着别人，唯恐犯罪真相会被揭露出来。战争使人们变得残酷无情，一旦没有更多的犹太人可杀时，波兰人便开始了自相残杀。

甚至连莱谢克·杰齐茨也失去了在我们原先会谈中所表现出来的乐观态度，他相信与事实真相的对抗将会引起一场精神上的宣泄，至少对于一些当地人来说会是这样。

"总统宣布他会来这里道歉，大多数人对此都感到非常愤怒。他们想阻止他进城。这里没有人打算出席纪念仪式。他们不断地说，当地人应该不敢露面，每扇窗户的窗帘都应该拉上。但我肯定会和我的家人一起去那里的。我们必须要说出'道歉'这个词。如果那些杀人犯不想道歉的话，那么我准备代替他们道歉，为我出生的这片土地上居然产生了如此嗜血的毫无人性的怪物。"

2001 年 3 月 26 日

在华沙国家档案馆举行了一次新闻发布会，由馆长达丽娅·纳文奇博士主持。沃姆扎市法院提交了相关案卷。这些是 1947 年民事案件的卷宗，其中有耶德瓦布内房产的犹太继承人要求宣布战前房产所有人的死亡声明，以便使他们可以出售这些房产。这些继承人证明犹太人是死于德国人的手中。看来非常明显，如果他们想要在镇上平静地生活，他们也不可能说别的话。为什么这个肯定受过培训能批评性地阅读文件的人却不能明白这一点呢？除了吸引媒体关注的欲望之外，我不怀疑她还有什么不诚信之处，但是我早已经能想象到，在这件事情上将会有多少无谓的争论。

2001 年 3 月 27 日

两天来，斯坦尼斯瓦夫·拉莫托夫斯基一直在咳血，感觉太虚弱了，以致无法下床。通过作家塔德乌什·康维茨基联系到了与他有良好个人关系的杰出的心血管外科医生沃伊切赫·诺斯杰克博士，我把拉莫托夫斯基送到了这个医生的医院，并安排了一次由该医生亲自参加的会诊。诊断结果表明，拉莫托夫斯基的病情非常糟糕，正是因为诺斯杰克医生及时干预，他才能够幸存下来。

在达丽娅·纳文奇的新闻发布会后，从报纸登出的报道标题上就可以看出发布会取得的成果："烧死犹太人是德国人干的……"[《生活报》（*Życie*）]，"证人纷纷指责德国人"[《华沙生活报》（*Życie Warszawy*）]，"波兰人完全没有参与"（《我们的日报》）。

我打电话给耶德瓦布内和沃姆扎的熟人。市议会主席斯坦尼斯瓦夫·米查罗斯基告诉我，战后，有中介人前往原先的犹太人居住区寻找住在犹太人房产中的波兰人，只要他们出一笔小额费用，就能使他们的任何房产交易合法化。他们找到了一些有犹太血统的居民，承诺会让他们发一笔小财，然后要他们宣称他们的家人原先住在耶德瓦布内谢杜尔斯加大街多少多少号，而且他们是唯一的继承人。

　　另一个与我谈话的人说："我原以为，如果你是从耶德瓦布内来并且你知道我们所知道的一切的话，那么你就会有一个非常不同的观点。那些都是民事诉讼，他们开始认识到房主都已经死了，所以他们的房地产可以被出售。那么卖给谁呢？波兰人。因而这些交易都已经被谈妥了，现在只差往上盖一个橡皮图章而已。犹太裔波兰公民已经证明，德国人才是凶手。60年过去了，如果人们现在还受到威胁，那么战后几年里的气氛肯定又会是怎么样的呢？那时可是帮派势力肆虐乡村，几乎没有哪个月不发生几起杀人事件的。脑瓜子清醒的人是绝不会说那些杀人放火的事件是波兰人干的。他们为什么要去干呢？波兰甚至还没有摆脱战争的冲击，没有哪个家庭没有丧亲之痛。整个氛围都是反德国人的，法西斯分子被指责犯下了所有这些邪恶罪行。当时的政府当局和人民都不在意去揭露真相。现在这些谎言却像回旋镖一样又飞回来了。"

　　我记得在卡尔塔（Karta）中心发行的一期刊物中，汇集了关于在那些边境地区的秘密警察活动的一系列文件，其中有一份描述了假借名义出售房屋的情况，涉及比亚韦斯托克的秘密警察。耶德瓦布内的埃利亚什·格朗多夫斯基描述了这种房屋交易的程序，他之所以能幸存下来是因为他在苏联占领期间曾被驱逐出境，回国以后，他卷入了以前犹太人房产的秘密交易。相关的契约被卖给了已经占有这些财产的人。其中有些人肯定参与了大屠杀，因此他们才会拥有战利品。在法庭上他们说是德国人杀的人，现在他们的说法正在变成客观事实，得到了真实文件的证实和支持。

　　我从打给耶德瓦布内的电话中获悉，议员扬奇克，就是参与了轮奸的那个人，自从我采访了他之后，就再没试图以捍卫耶德瓦布内名誉委员会的名义发表声明，而是向《选举报》提起诉讼，要求100万美元的名誉伤害赔偿。至少这是他自己所说的。我提醒和我谈话的人，如果要提起诉讼，扬奇克首先就必须支付一笔约10万美元的押金。

2001 年 3 月 28 日

扬·司克罗茨基从格但斯克来,明天我们一起开车去拉齐乌夫。晚上,我带扬去塞罗茨克附近的司法部培训中心。我想把他介绍给伊格纳季耶夫检察官,他在那里参加一项专业培训课程。在听司克罗茨基讲述关于拉齐乌夫大屠杀的故事中途,伊格纳季耶夫突然转向我:"这是你们的人被杀。听到这些事情你肯定会很难受。"

伊格纳季耶夫的关注特别令人感动,因为他似乎并不是那种能轻易地从他的官方角色外形中走出来的那类人。

我试图了解在苏联占领期间究竟发生了什么。

历史学家达里乌斯·斯托拉请我注意,1939 年 9 月最初的几个星期里此地有德国人,这个事实使得我们能够比较 1939 年和 1941 年当地人对待犹太人的行为上的不同(在 1939 年,德国人以一种温和的外表出现在公众面前,但是其差别不足以解释 1941 年 6 月下旬到 7 月初发生的事件)。1939 年 9 月,当犹太人为了躲避行军路过的德国军队离开自己的家园后又返回时,他们发现自己的家都被波兰邻居洗劫过了。1941 年 6 月,甚至在德军到达之前,就发生了屠杀、抢劫和杀戮。在 1939 年 9 月,大部分当地人感觉到与犹太人疏远了,并对他们怀有敌意。在 1941 年 6 月,随之而来的仇恨爆发了。换一种说法便是:敌意演变成了暴力。在这苏联占领下的两年中究竟发生了什么事情使得邻居们变得如此相互憎恨呢?

在这个问题上没有很多可信的见证人。尽管当人们只要一提起犹太人与苏联人在耶德瓦布内的合作我就会生气(借助对受害者的指责来开脱自己的罪行是一种卑鄙的手法),但最终我还是确信,除了战前的反犹太主义之外,要找出 7 月 10 日所发生事件的根源,关键还是苏联人的占领。这就是整个事件的导火线。

四

在犹太人身上你见不到那种忧伤

或，波兰人和犹太人记忆中苏联对波兰的占领

此时此刻是 1940 年的元旦前夕，恰巧是星期六，在已经被改为文化会堂的原天主教会堂里，一场舞会即将开始。自从苏联红军入侵这个小城以来，时间已经过去一年多了。这座小城不再是位于波兰境内，而是属于白俄罗斯的西部。这是城里居民们自己投票赞成的，并且他们还拿到了苏联的护照。因为拒绝投票就可能意味着被放逐，重压之下，他们难道还能有别的选择吗？除了恐惧和强制的征税之外，苏联当局也带来了一些诱惑人的东西：星期六的舞会、放映电影，还有各种各样的庆祝活动，尽管可能令人乏味，但有时会提供免费啤酒。除此之外，这些活动毕竟能给大家提供一些事情干干。由新政治秩序的代表带到镇上来的俄罗斯妇女盛装打扮，粉墨登场。他们的波兰邻居们从隔壁的窗户里往外望着，看见她们穿着睡衣却错以为是穿着舞衣而不禁发笑。犹太女孩们也打扮得漂漂亮亮的，而她们的母亲们则斥责她们，因为那天仍然还是安息日。许多年轻人要去参加今晚的聚会，其中大部分是犹太人，但不是全部。直到晚些时候，波兰人才说只有犹太人才参加了这类

拉齐乌夫的犹太人塔尔布特学校，20世纪30年代。该学校在苏联占领期间被关闭。（照片由何塞·古斯坦提供）

哈卢茨（译者注：Halutz，犹太拓荒者组织）青年组织。耶德瓦布内，1930年。他们中大约有15人在战前设法进入了巴勒斯坦。该组织在苏联占领期间被解散。（照片由拉比雅各布·贝克提供）

活动。

如今，拉齐乌夫和耶德瓦布内的居民都愿意说，首先是犹太人加入了内务人民委员会，也正是他们曾检举过别人并用枪对着被驱逐到西伯利亚去的波兰人。从他们的故事中，你可能会产生这样的想法，在现实中苏联人的占领实际上是当地犹太人实施的。他们还记得犹太人是如何嘲笑他们的："你们想要一个没有犹太人的波兰，现在你们有了犹太人却没有了波兰。"

犹太人对此有着不同的看法。他们掰着一个手的指头就点出了他们所认识的与苏联人合作的犹太人，并解释说，由商人和工匠组成的宗教社区中绝大多数人都不可能对苏维埃制度感到高兴，因为这个制度是宣扬无神论的，并剥夺了他们的私有财产。事实上，虽然大屠杀是后来发生的，但苏联的占领已经摧毁了好几个世纪才建立起来的社会生活的整个结构：犹太人的市政府被清算了，希伯来语学校被关闭了，赎罪日变成了正常的工作日，政党被解散了，犹太复国主义分子和亲纳粹分子被列入了流放名单。

1.

"1939 年 9 月，许多犹太人的家遭到了抢劫，"梅纳赫姆·图雷克在 1945 年向比亚韦斯托克区犹太历史委员会就蒂科钦镇作证时说，"在镇上，很快就令人觉得，这里的一切都处于无主状态，不仅仅是人们积累起来的物质财富，甚至还有人的生命。就在赎罪日的前一天，当人们开始吟唱柯尔尼德拉（译者注：犹太人在赎罪日祈祷开始时吟唱的一段祷文）的时候，当犹太人聚集在犹太教堂要求上帝赐予怜悯的时候，五辆卡车开进了镇里，车上满载着根据同苏联签订的条约正在撤军途经附近主要道路的德国士兵，他们用斧头砸开了犹太人商铺锁住的大门，把一切货物都装上汽车，然后驶离了小镇，他们为自己设法抢到的战利品而兴高采烈。"

"德国人没有时间去犯更多的杀人罪"，查亚·芬克尔斯泰因在回忆录中写道，在听到有关战争的消息后她就将家人和财物装到了一辆货车上。他们朝着19世纪的城堡奥索维治方向前进，希望波兰军队能够在那里阻止德军。当她于9月16日返回拉齐乌夫时，她发现她家的房子被邻居洗劫一空。"在赎罪日那天，德国人去了犹太教堂，把在那里祷告的男人赶了出来，吩咐他们脱下外衣去给波兰人。"这一天是1939年9月23日。

2.

耶德瓦布内及其周边地区的犹太人和波兰人没有共享相同的命运，也自然不会共享相同的回忆。

对于犹太人来说，1939年9月1日德国军队入侵波兰是一场真正的噩梦。来自德意志帝国的令人恐惧的报道已经传到了他们身边，这些报道被德国国防军的行为所证实，他们存心羞辱犹太人，并怂恿当地居民也同样去干。对于大多数犹太人而言，苏联人的占领也意味着一段艰难的时期，但毕竟还提供了一些生存的希望，也给了他们些许淡淡的被掩饰起来的满足：现在波兰人同他们一样，日子也都不好过。

对于波兰人来说，苏联的占领意味着独立的丧失。确实，德国军队在1939年9月初曾经向东行军，但是此刻人们有一个强有力的信念，即德国人很快就会被打败，就如同战前宣传所强调的那样。人们被告知苏维埃俄国要比希特勒更可怕。正是斯大林和希特勒所签订的协定，使得该地区的居民才意识到他们都是俘虏。除此之外，人们还害怕被放逐以及因苏联人强加的赋税所引起的生活条件不可避免的恶化。

根据德国军队撤军的协议，苏联红军于9月29日进入耶德瓦布内地区。苏联内务人民委员会是军队的先头部队，给当地的共产党人发布了指示；因此，所有欢迎红军的场合都是一模一样的：在用海报和红旗装饰起来的市场上，苏联人受到等候在那里的当地居民代表的欢迎，按照古老的波兰习俗，在覆盖着红布的桌旁，向苏联人献上了面包和盐。

　　谷仓主的女儿贾尼娜·比德齐奇卡还记得，苏联人受到两对犹太夫妇的欢迎，索谢尔·莱温诺维奇和他的妻子，以及基勒夫斯基夫妇。但是当我进一步询问她的时候，结果她还记得有两个波兰共产党人，以及一个波兰人致的欢迎辞。除了欢迎仪式的"官方"主持人之外，还聚集了一大群伸长脖子看热闹的人、小孩子和青少年。保留在胡佛研究所里的被流放到苏联去的许多波兰人的证词反复地说犹太人在其中占多数。来自格拉耶沃的一个锁匠描述道："个别犹太人和少量共产党同情者出面欢迎红军，给红军献上了面包和盐，还有一面红色的横幅，上面写着：'追随斯大林向法国和英国前进。'因为这些帝国主义国家挑起了战争，而斯大林同志不须经过战争就能解放我们。"

　　很难说欢迎俄罗斯人的人群中是否绝大多数都是犹太人。这个事件对于这个城镇里的许多居民而言都是非常重要的，所以他们都想看一看（毕竟，贾尼娜·比德齐奇卡能记得欢迎红军的仪式，因为她也在那里）。但在欢呼的人群中，除了几个波兰共产党人之外——共产主义运动在这些地方很薄弱——犹太人毫无疑问是大多数，因为他们有理由感到宽慰。在犹太人的叙述中，情况看起来是这样的：

　　"犹太人能更加自由地呼吸了，但并不完全，这是因为镇上出现了各种抢劫者，还有一些同情德国人的反动分子，德国人正在逃离即将来到的红军，"梅纳赫姆·图雷克在介绍蒂科钦的情况时说，"那些人传播着疯狂的谣言，都是些我们已经非常熟悉的，比如说在格罗德诺和其他城镇里，犹太人把滚烫的开水浇在波兰士兵的头上，他们说所有的犹太人都应该被杀掉。这种煽动性的行为没有产生任何效果，因为在赎罪日的第一天，苏联的坦克就隆隆地驶入了城里，并且在相当长的一段时间内，坦克的轰鸣声压掉或盖住了恶毒的反犹太主义的声音——在战前的最后几年里，右派民族主义政权滋养的反犹太主义在此地占据了主导地位。蒂科钦的犹太人以特别的同情迎接了红军，并向他们表达敬意，他们感觉自由了，呼吸到了新鲜空气，他们心怀感激，非常恭敬地向苏联当局提供服务，苏联当局根据爱人类、爱国家、平权、自由和平等这些原则开始整治秩序。"

在一本以犹太人聚居区战士命名的以色列集体农场的回忆录中，梅厄·帕帕勒回忆道："当苏联人来的时候，我们都非常高兴，我的兄弟沃尔夫·贝更是高兴得忘乎所以。苏联士兵来问他要些什么，他甚至都不会从他们手里拿钱，他开心极了。整个城里对苏联军队的到来都感到兴奋。"1941年时，帕帕勒15岁，住在耶德瓦布内，被戏称为耶德瓦宾斯基。

图雷克，一个维尔纽斯巴托里大学毕业生，早在战前就已经是个共产主义的同情者。梅厄·耶德瓦宾斯基的三个哥哥也是共产党人（在耶德瓦布内，还有这样一个家庭，五个儿子中有四个是共产党人——就是信仰天主教的克里斯托弗齐克家）。但即使是远离共产主义的犹太人，在红军开进城时也感到松了一口气。就像查亚·芬克尔斯泰因，一个犹太复国主义活动家的妻子，出生于拉齐乌夫最富有的家庭之一，她的回忆录表明她根本就不爱共产党人。"我们从收音机里听到我们这块地区正在落入苏联人手中，我们认为我们也许能够生存下去，"她写道，"许多人希望，当苏联人来到后，他们会让波兰人把他们从我们身边抢走的东西归还给我们。"

3.

在苏维埃政府成立之前，许多城镇都组织了联防民兵。苏联人将其更名为辅助民兵部队。波兰人的叙述中一再重复说，这些民兵部队都是由犹太人组成的。而犹太人自己却说在第一阶段有些犹太人确实是自己主动为苏联人服务的，但他们强调，他们只是例外情况而绝不是规定。

耶德瓦布内的梅厄·罗内曾经被驱逐到哈萨克斯坦，战后去了巴勒斯坦，他告诉我说："有五个犹太人，都是流氓无赖，整天在耶德瓦布内称王称霸。他们在苏维埃当局成立之前的头几个星期里掌管着小城。还有一个波兰人，名叫克里斯托弗齐克，是个共产党员。"

"在拉齐乌夫，犹太共产党人为所欲为，还有一些拍马屁的，人数还不少，就是他们挑起了所有的不幸"，查亚·芬克尔斯泰因回忆道。她很多次抱怨过"犹太恶魔"，或者是那些热切地勾结新当局的人。犹太复国主义者和共产党人相互之间在战前的敌意现在找到了一个发泄口：犹太人合作者只是在寻找欺骗她家人的方法。

"在维兹纳，也许有五个犹太人追随着共产党人，"艾萨克·勒温在以色列告诉我，他还记得他父亲告诉他的事情，"其中有一个老裁缝，他说，'20年来，我一直去犹太教堂，就是为了祈祷共产党人快来。'大家都嘲笑他。另一个是阿维格多·恰皮茨基。当他移民去以色列时，他试图和我父亲见面，我父亲说：'我不想认识他。'在维兹纳幸存下来的犹太人太少了，然而我父亲却还不想认识他。这一点肯定可以说明犹太共产党人在犹太人中间是非常令人厌恶的。"

一个遭到苏联人流放的波兰人，名叫卢茨扬·格拉博夫斯基，在胡佛研究所保存的回忆录中如此描写了狂热的犹太人："三个手持步枪系着红臂章的犹太人从蒂科钦来到卡皮萨。他们与人见面打招呼时不再说 *dobry dzien*（波兰语'日安'），而是说 *zdrastvuyte*（俄语'您好'）。当我仔细看着他们时，我认出了其中的一个，那人是菲斯卡，是收旧货人的儿子。他的父亲经常来卡皮萨收旧货。在国家党号召的抵制犹太人期间，我们不止一次地扔石头把他赶出村庄。"

/ 172

那些年轻的犹太人一门心思梦想着要报复最近迫害过他们的人，这是很容易想象到的。但凡遭受过羞辱的人，当他们进行报复时，是绝不会露出他们最富有同情心的脸的。扛着步枪在镇上到处耀武扬威对他们来说肯定看上去给人留下相当深刻的印象。他们会毫不犹豫地把国家党活跃分子的名单交给苏联当局，那些人既是共产党人的敌人又是犹太人的迫害者。

在苏联占领此地后最初的日子里，犹太人转向新政府，希望新政府能帮助他们收回失去的财产。德国人刚到此地，他们的波兰人邻居就从犹太人的住宅和商铺里抢走了财产。"由于犹太商人指责波兰人在他们离开时偷走了他们各种各样的货物，结果对很多波兰人的家进行了搜查。应当地犹太共产党人的要求，许多波兰人遭到了逮捕"，耶德瓦布内的一名锁匠马里安·洛耶夫斯基这样说道，他的话保存在胡佛研究所里。

"当苏联军队开进城里时，犹太人中爆发出一阵欢乐，"耶德瓦布内原先的一个犹太人居民米奇斯瓦夫·K.回忆道，"有些青年开始戴上红色的臂章，加入了警察队伍。但这样的日子没有持续很久，苏联人把他们一脚踢开了；他们更喜欢由他们自己来处理事情。比较穷苦的犹太人还继续保持着扬眉吐气的感觉；以他们的观点来看，苏联人给他们带来了解放。而那些较为富裕的人却像波兰人一样也感受到被驱逐流放的威胁。"

4.

1939 年秋天，苏联当局开始组织公民投票，欲将其在波兰东部所占领的领土并入西白俄罗斯，同时选举议会代表。

他们的宣传机器非常奏效。一个来自距耶德瓦布内约 50 公里的唐纳雷的证人描述了这场预选活动："他们让一个由他父亲带来的小男孩说，'上帝，给我糖果'。然后他不得不说，'斯大林同志，给我糖果'，这时一名士兵过来，给男孩一把糖果。"拉齐乌夫附近苏契村的一个农民记得，在投票之后，你会被允许买两百克糖果、两包香烟和两盒火柴。

被选定为西白俄罗斯议会候选人的是切斯瓦夫·克里斯托夫齐克，他是来自耶德瓦布内的一个波兰共产党员，以及一个被耶德瓦布内的塔德乌什·凯乌切夫斯基称为"来自平基波洛维村庄的一个文盲"。

苏联当局没有大量任命比其他民族更多的犹太人到当地的政府部门

工作，尤其是不让他们参与市政管理，很可能他们认为犹太人已经比波兰人更加同情他们了，而且波兰候选人会得到更多的尊重。在这方面，发生在哈依姆·沃莱克身上的情况就是一个明证，在耶德瓦布内地区党委会的一次会议上对此进行了审查。在地区代表委员会上沃莱克当选为附近洛耶阿维莎村的代表，但在村里的一次预选举会议上，他"因是个犹太人而受人嘲笑"，并被取消了候选资格。

耶德瓦布内的卡尔沃夫斯基记得有这样一个故事，说的是当地有个犹太人扛着步枪来逮捕某个叫波尔考夫斯基的人。"波尔考夫斯基要求他放他走，但那个犹太人说：'你知道你是在同谁说话吗？我就是政府。'波尔考夫斯基给了他一拳就跑掉了。后来大家都开玩笑说波尔考夫斯基已经把政府给推翻了。"

"一开始只让犹太人担任民兵，"来自耶德瓦布内附近的卡齐米日·莫卡斯基叙述道，"苏联当局明白他们犯了一个错误，因为犹太人不适合这个角色。乡村的环境是反犹太人的，犹太人无法使村里人服从他们。有一次，三名犹太人警察出现在我的村庄纳德波利，因为有人向他们告发有个居民（与上述证人无关）拥有一支枪，他们接到命令去收缴他的枪。他的兄弟把这把双管霰弹枪藏在他的外套里面。他们搜查了房子，却没有勇气去搜身，只好空手而返。"

从 1939 年 10 月起，当西白俄罗斯成立时，临时民兵组织被工农民兵武装所取代。在苏联民兵或行政部门中，没有给当地人留出多少位置，不管是波兰人还是犹太人。苏联人从白俄罗斯东部带来了自己的干部——所谓的 *vostochniks*（东部人）。这一点得到了苏联方面的资料和胡佛研究所档案馆的一致肯定，这一时期比最初几个月在时间上要长很多。

/ 174

5.

在苏联占领下普通人的日子是什么样的呢？在胡佛研究所的证词

中，苏联人的占领被描绘成野蛮人的入侵。新当局进行了一项人口普查和财产清查，以此作为掠夺的手段。他们把房屋设备和家畜占为己有，还大量砍伐森林。晚上的突然来访可能意味着被驱逐出境，也可能是来抢夺首饰和衣服。除了抢劫和流放之外，同我谈话的人还强调了另一个主题：占领军的贫穷和粗俗。他们喜欢描述苏联军官怎样去挑选留在野地里的腐烂的大白菜，以及他们如何宰杀猪，然后就在市场上当场烧肉吃。

查亚·芬克尔斯泰因在她的回忆录中描述了苏联占领下的日常生活："苏联军队携带着它们的整台宣传机器来到了我们的小镇。他们说他们不会再让工人们步行走路了，他们将开车代步。实际上却是到处都是买面包和买其他任何东西排的长队。人们都在商店前面排队等着，甚至都没人知道将有什么东西出售。他们给我们什么我们就拿什么。这就是所谓的：*dayoot*（俄语，意思是'他们给的'）。当苏联人来到时，一开始基督徒还同他们保持距离，并且不去参加要求我们去庆祝的节日。但他们很快就接受了这样的形势，也参加了一切组织起来的活动。苏联人组织了一个叫做 *sielsowiet* 的村务委员会，既有犹太人又有波兰人。基督徒比犹太人更容易随遇而安。要犹太商人过一种有节制的生活是不可能的，而这又意味着大多数犹太人都是如此。基督徒可以拥有一块两英亩半的土地，然后在街头卖农产品，甚至卖肉，但犹太人被禁止这样做。于是犹太人与基督徒建立了合作伙伴关系，把东西卖给他们。"她描述了穷困的犹太人的作坊是如何被征用并转为合作社的，犹太儿童宗教学校和希伯来语学校是如何被关闭的，以及孩子们是如何被迫在星期六也上学的。

居住在佛罗里达但原籍是耶德瓦布内的赫舍尔·贝克告诉我，"共产主义确实入侵了我们的家园：有几个苏联人破门而入，抢走了我们的鞋子。那个时期可以说是段好时光，但只是对于那些没有什么东西可失去，也不想买任何东西的人而言。我们不得不为他们工作，而不是为自己工作，而且我们几乎连买面包的钱都不够。但是我们觉得更安全，因为当地的流氓全都吓坏了。我必须承认苏联人对待每个人都是一样的，那是件好事；但是他们拿走了你所拥有的一切，当然那就是坏事了。我早已经和我的家人住在戈尼翁兹了。那里的警察部队里有几个犹太人，他们也许很高兴。我记得我们犹太人对苏联人不满意，波兰人也不开心。每个人都穷困潦倒，包括富裕的犹太人，所以我们全都和波兰人处于同等水平，他们在战前要更为贫穷些。很难说犹太人的地位升高了，实际上更像是我们大家全都被降低到相同的贫穷水平。我自己则不得不躲起来，因为我是一个'剥削者'——我在战前雇用了30个人——他们正要把我驱逐出境。"

6.

"没有那种解放我也能对付，我希望这是最后一次了。"来自卢茨克的一个挤奶工孟德尔·斯鲁勒的这些话被伊雷娜·格鲁金斯卡·格罗斯和扬·格罗斯引用在《十九世纪四十年代，亲爱的圣母呀，他们把我们赶到西伯利亚去了》一书中。许多老一辈的人肯定想过同样的事情，至少是那些想为自己建造一些东西的人。对于年轻人来说则是不同的。

他们并没有因为生活条件恶化而感到厌烦，也没有把坚守安息日作为最大的担忧。在他们看来，在西白俄罗斯，他们终于可以有了在家里的感觉，作为一个犹太人并没有比其他人更加糟糕，他们经常提起，在苏联人之间，犹太人甚至被提拔为将领。苏联教师没有去区分犹太学生和其他学生，也没有让犹太孩子坐在后排。不久之前，犹太人没有机会继续接受小学以上的教育，现在却鼓励他们回到学校继续上学，不仅如此，他们还被邀请去苏维埃俄国的许多工厂附属学校继续学习。这是大部分犹太复国主义青年的梦想，因为当他们在巴勒斯坦建立新的国家时，这种教育将会派上用场。

梅厄·帕帕勒的父亲是耶德瓦布内的一个鞋匠，在苏联人占领时期当了一家医院的守夜人。他可能更喜欢拥有自己的小作坊，即使当个鞋匠只会使他一直处于贫困之中，这样的话他就不会被迫在安息日还要工作了。但对于他的儿子们来说，苏联的占领是他们一生中可以在社会上得到提升的好机会。"我弟弟沃尔夫·贝加入了俄国军队，"帕帕勒写道，"他在耶德瓦布内服役，在那里的街道上巡逻。我的另一个兄弟鲁文也加入了俄国军队。我和其他一些犹太人和波兰人男孩一起报了名，要去乌拉尔的斯维尔德洛夫斯克工厂工作。"

年龄是决定对苏联占领所持态度的一个重要因素，而且不只限于犹太人。电影院放映的电影和跳舞对当地一些波兰青年也很有吸引力。在战前受过洗的耶德瓦布内犹太人扬·齐特雷诺维奇回忆说，在维兹纳，波兰人也开小酒馆卖啤酒和葡萄酒，在那里按品脱出售的葡萄酒和啤酒价格很低廉，所以不论是波兰青年还是犹太青年，都喜欢聚集在那里。

"苏联人一来到此地，"一个拉齐乌夫的原先的居民告诉我，"市场上就挂上了电影屏幕，公开放映，谁都可以看，此前在拉齐乌夫有谁曾看过电影呢？我记得那些有关革命的电影，是著名女演员奥洛娃主演的。在溜冰场还组织了比赛活动。"

我问道，随着苏联人的到来，波兰儿童和犹太儿童在学校里相互之间的关系有什么变化。"犹太孩子在班上很有自信心，他们喜欢出风头，"我听一个在拉齐乌夫长大的男人这么说，"他们感到自信，是因为就像他们喜欢说的那样，斯大林的夫人是'他们中的一个'。哦，他们不是圣人。他们在苏联人面前出我们的洋相。有些波兰男孩子也带着红旗，但人数没有那么多。在所有的共产主义青年组织（Komsomol）的成员中，有一个犹太女孩，她对波兰人态度最傲慢，我们叫她胖萨拉。她把波兰人叫做'波兰狗'，然后把波兰人小孩子叫做'波兰小狗'。我有一个俄语老师，名叫玛露霞，她让我坐在第一排，就在犹太女孩旁边。她躲开了，说她不会坐在'波兰小狗'旁边。不管在学校里还是在大街上，你都要为犹太人让路。"

"怎么让路？"

"一个犹太人小孩会站在那里，大声嘲笑，'你们的政府已经没有了，你们的政府已经完蛋了'。"

"我们同他们相处的很好，"拉齐乌夫的另一个人还记得，"苏联人一到此地，他们就自豪地说'我们的同志来了'，但他们很快就清醒了。有个教师试图让他们加入苏联童子军组织、少先队，但他们不想加入，至少我认识的人都没有参加。"

"苏联式的教育毁了孩子们，"查亚·芬克尔斯泰因叙述道，"他们有很多节日，到处都张贴着宣传海报和令人震撼的标语口号，还有跳舞、唱歌；所有这一切就像磁铁一样吸引着孩子们。年龄较大的孩子有共青团组织，年龄小的有少先队。他们戴上了红领巾，所以个个都很开心。我的孩子说谢谢，但不愿戴红领巾，尽管波兰老师清楚地表明，不戴红领巾很可能会让他们遇到麻烦。我不想让我的孩子们去参加那些校外参观实习，但老师们找到我们，把他们强拉到耶德瓦布内的苏联当局那里去。我的大儿子受了很多苦，因为他没有加入共青团，就被人称为犹太民族主义者。在学校里，有人在墙上写了一条非法标语：'耶路撒冷阿，我若忘记你，情愿我的右手忘记技巧。'（译者注：此句出自圣经中'诗篇'：137：5。此处引用强调勿忘民族仇恨，不向异教徒让步）从比亚韦斯托克内务委员会派来的犹太人主管怀疑是梅纳赫姆·芬克尔斯泰因干的。"

7.

犹太人往往就是这样热情有加地欢迎苏联人，可是苏联人却使他们的生活变得痛苦不堪。犹太人可能与苏联人合作得比较频繁，但我们是否知道这的确是事实呢？尽管犹太人在苏维埃的权力结构或苏维埃的镇压制度中没有发挥主导作用，可是波兰人却相信在对波兰人的迫害中犹太人是负有责任的。犹太人该独自为他们众多的波兰邻居记忆中所承受过的全部苦难负责，这种想法是什么造成的呢?

查亚·芬克尔斯泰因说道:"在排队时犹太人和基督徒之间经常爆发争吵和打斗。有很多犹太人都说过这样的话,'你们发号施令了20年,现在这样的日子已经结束了'。波兰人记住了这句话。"

事实上,在每个小城镇里,那些热衷于为苏联当局效力、揭发检举还恫吓他人的并不限于少数几个犹太人。有些波兰人也干了同样的事情,这是每个人都知道的,即使后来他们从他们的集体记忆中消除了这一点。犹太人就是用"你们的时代已经结束了"这样的话来回敬给他们最近的民族主义迫害者的,以此来出一口恶气。

在华沙犹太人区,有个被叫做林根布鲁姆档案馆的地下档案馆,其中有份档案描述了鲁特基的一所学校,波兰教师在这所学校里长期任教;之后来了两名犹太教师,他们均是逃离德国占领下的中央政府(或德国占领区)的难民。当地的医生和兽医也在他们的诊所里雇用了犹太难民。难民们处境困难,睡在陌生人的房子里,不知道第二天是否会颁布新的法令,将对他们居住的场所加以限制。从他们的角度来看,他们是脆弱的,他们的未来无法确定;从波兰居民的角度来看,新来的犹太人教师、医生和兽医占据了优秀的职位——他们抢夺了被驱逐到西伯利亚去的波兰当地人的位置。

学校里大部分时间都被用于宣传、周年纪念,以及吟诵赞颂与苏联的友谊的诗歌。波兰人和犹太人教师在课堂上都做这样的事情。但是根据查亚·芬克尔斯泰因的说法,波兰人教师"组织了精彩的庆祝活动来掩饰他们真正的同情心,并且扮演了新政权的忠实臣民这一角色"。在学校里为十月革命准备庆祝活动的波兰人教师很可能早已备好午餐,待放学后去送给躲藏在别布扎河边沼泽地里的反苏维埃活跃分子。

博莱斯瓦夫·尤绪考夫斯基记得当他不得不去投票时,他发现苏联士兵在选举大厅里随着乐队的舞曲声"与犹太姑娘翩翩起舞"(胡佛研究所的证词）。

这就造成了恶感，犹太女孩与苏联士兵一起跳舞，而波兰人却被迫露面去投票抛弃他们自己的祖国。

另一篇林根布鲁姆档案馆的证词叙述了在瓦西尔库夫发生的事情："此地欢乐宁静；经常放映电影，一家犹太剧场频繁举行音乐会或上演戏剧；有一个管弦乐队，还有一个曼陀林乐队。犹太人感觉很好，非常自由。他们可以漫步走在任何一条街上，甚至是以前会被人扔石头的那些街道上。你不会再听到有人骂'肮脏的犹太鬼'。"

然而这些不再惧怕上街的快乐的犹太男孩却激怒了波兰人。

"波兰人在败给入侵者之后感到极其悲愤，然而在犹太人身上你是看不到那种忧伤的，"查亚·芬克尔斯泰因写道，"你甚至可以看到大多数犹太人都很高兴。'犹太人管事了'，波兰人说道。大多数年轻的犹太人过着逍遥自在的日子，很多人结婚办婚礼，在苏联人统治下结个婚你只要花3卢布就可以了。你可以看到很多新婚夫妇，显得又幸福又满足，许多婴儿接连出生，夫妇们带着婴儿车坐在公园里，而这些地方不久前都还只是供波兰人知识分子消磨时间的。"

苏联的占领几乎迫使每一个人——除了那些躲起来的和参加了武装抵抗部队的人——都必须同他们进行某种程度的合作。如果他们想免遭逮捕或驱逐出境，拉齐乌夫或耶德瓦布内的居民们就不得不参加许许多多的会议，用列宁和斯大林的肖像和红旗来装饰他们的谷仓，去参加选举闹剧，并接受苏联公民身份。这肯定是一种耻辱，但这种耻辱后来却被付诸最深刻的遗忘。用"犹太人的合作"这样的成见来替代现实是多么地容易，如果你知道那些很可能会纠正这种误解的人已经死去了，那么要澄清事实就愈发困难了。对于民族主义者而言，这种认知上的不一致肯定是特别难以承受的，他们理所当然地自认为是特别爱国的。在民法中赋予了"犹太佬"相对的平等，这种奇怪的新形势肯定是对那些战前在反犹太主义影响下长大的邻居们的一种挑衅。

"如果在苏联人统治下犹太人像战前那样也保持安静的话，那么结局就会大不相同了"，耶德瓦布内谷仓主的女儿贾尼娜·比德齐奇卡说道。为了证明这一点，她告诉我她的邻居们在战前很有礼貌地和她家人打招呼，但是在苏联人统治下就不这样做了。比德齐奇卡的父亲在战前组织了反犹太活动，但即便如此，他的犹太邻居也一直不敢不彬彬有礼地迎接他。现在他们再也不害怕了。何况，突然间这里冒出来这么多犹太人官员、犹太人警察、犹太人老师。对于拉齐乌夫和耶德瓦布内的大部分人来说，这肯定令他们非常吃惊，并且加重了他们的脆弱感和沮丧感。

8.

当耶德瓦布内现在的居民说——这样说的人还真不少——决定将谁从波兰境内流放到苏联去的人是犹太人，他们这样说是完全错误的。下达流放到苏维埃俄国去这一镇压策略的绝不会是当地的犹太人。就拿发生在 1940 年 2 月 9 日至 10 日那个晚上的第一次大规模流放来说，被带走的都是军事和平民 Osadniks[1] 以及林木工人。就此根本不需要犹太人的告发。

"俄国人想要把裁缝莱文和我爸爸驱逐出去，就因为他们在第一次世界大战结束时曾经为波兰独立战斗过"，塔德乌什·多布科夫斯基告诉我，他是耶德瓦布内和维兹纳之间一个名叫赞克莱瓦的村庄的人。

"起初，他们驱逐那些属于被指定要驱逐出境的某些类别的人，如林木工人或教师，或者是因为犯下了流氓行为的人，"扬·齐特雷诺维奇对我解释说，"我的一个来自维兹纳的朋友也被驱逐了，原因是在一次共产党开会时喝醉了酒，然后往一个水罐里撒尿。"

1　Osadnik（波兰语：移居者、殖民者），这个词是苏联人用来指给予土地安置在克雷西或边疆地区（现为白俄罗斯西部和乌克兰西部）的波兰军队退伍军人的，这块领土是根据 1921 年签订的波苏里加和平条约割让给波兰的（1939 年被苏联占领）。

"年轻的犹太人都很开心。他们满脸笑容，走来走去，我亲眼看到的，"他的妻子佩拉贾说道，她是在格拉耶沃度过的苏联占领期，"他们对波兰人感到厌恶。他们觉得他们一直受到压迫，现在在苏联人占领下，他们摆脱了身上的锁链。但是，我们不知道有哪个高兴得那个样子的人真的去对波兰人作出过投诉。"

第二波大规模驱逐行动发生在 1940 年 4 月，目标是之前遭到逮捕的那些人的家属：警官、高级官员、政党领导人和当地知识分子。第三波发生在 1940 年 6 月，涉及所谓的"难民"——逃离德国占领下的中央政府的人员。犹太人在这一波驱逐行动中占了 80% 以上（其中有相当数量的人表示希望返回德军占领下的中央政府，所以并不是所有的犹太人都对苏联人感恩戴德）。

犹太复国主义活跃分子也被驱逐出境。当地内务委员会的负责人报告说（1940 年 9 月 16 日）："本地区充满暴乱分子、各种波兰和犹太政党以及反苏联组织：国家党、犹太人联盟、犹太复国主义者，因此远近闻名。"

对于犹太人来说，1940 年 6 月应以发生在那时的大规模放逐而载入史册，而波兰人则记得这是苏联内卫军袭击别布扎河边科比尔诺荒野地区的时间，在那片难以接近的沼泽地带，躲藏着游击队员和逃避监禁或逃避被选中驱逐出境的人们。袭击伴随着许多人的被捕。被捕的人中有一些被送往耶德瓦布内，在苏联统治下，耶德瓦布内被提升为区域首府；在一家药房的地下室里建立了一座临时监狱。[1]

1　"来到耶德瓦布内的俄国人数量特别多。白俄罗斯共产党区域委员会、劳动人民代表区域执行委员会、苏联内务人民委员会地区分部等机构都将其总部设在这里。所有这些机构内的最高职位都被新来的人所占有［根据 Michał Gnatowski, "Dokumenty radzieckie o postawach ludności i polskim podziemiu niepodległościowym w rejonie jedwabieńskim w latach 1939-1941"（《关于民众态度和耶德瓦布内地区地下波兰独立运动的苏联文件 1939-1941》），收于 *Wokół Jedwabnego*（《耶德瓦布内现状》）卷 2,eds. Pawet Machcewicz 和 Krzysztof Persak, 华沙：民族纪念研究所，2002］。

　　但是，该地区的拘留所和监狱也关满了试图进行某种经济活动的犹太人，换句话说，就是买卖某种在官方的国家经济之外的东西；他们被当作投机分子而遭到囚禁。[1]

　　最后一波驱逐发生在 1941 年 6 月，其目的是从根本上切断在该地区颇为强大的独立运动。为了达到这个目的，波兰天主教徒告密者所起到的作用比起波兰犹太人远超百倍以上。由于犹太人从未被耶德瓦布内地区波兰地下组织所接纳，所以依靠他们获取情报几乎没有可能。

　　1941 年 6 月 22 日，这个星期天的清晨，大批卡车驶向耶德瓦布内和周边村庄的许多户家庭，内卫军包围了早期被驱逐者的亲属。"波兰人责骂犹太人，清晰地表现出敌意"，查亚·芬克尔斯泰因写道，她描述了 6 月最后一次放逐所造成的仇恨心情。"我亲眼看到那天一大清早，有几辆卡车停下来，等着运送一大批被捕者和内卫军军官。有几个年纪较大的犹太人恰好朝犹太教堂走去做晨祷。他们停下来看发生了什么事情。突然间，我们听到一个波兰女人的痛哭声：'犹太人，你们看见他们把我们的人送到西伯利亚去！我诅咒你们！' 但是犹太人做错了什么呢？难道苏联人没有将数以千计的犹太人也流放到西伯利亚去吗？但是

1　1940 年 6 月 19 日，耶德瓦布内白俄罗斯共产党地区委员会书记马克·提莫菲耶维奇·吕达钦高在写给比亚韦斯托克共产党书记的信中描述道：比亚韦斯托克的"敌对势力试图渗透贸易与合作机构以抬高价格并出售产品给投机分子，引起了劳动群众的不满"。许多犹太人受到这类指控而被投入监狱或被驱逐出境。犹太人受雇在自己曾经拥有的商店里这个事实本身就使得他们怀疑每一个人。1940 年 9 月 16 日 的 "Informacje o sytuacji polityczno-ekonomicznej w rejonie jedwabieńskim"（耶德瓦布内地区政治经济状况信息）中写道："劳工团体、销售点、区域食品合作社和杂货店全都充斥着原先的商人和投机分子——例如，销售员赫什·邓博维奇曾经是一名投机商人，女售货员德沃耶勒·康曾经拥有一家手套店，基勒夫斯卡·汉娜曾经是一名投机分子……"［出自米哈尔·格纳托夫斯基所著 "Niepokorna Białostocczyzna. Opór społeczny i polskie podziemie niepodległościowe w regionie białostockim w latach 1939-1941 w radzieckich źródłach"（《不顺从的比亚韦斯托克：比亚韦斯托克地区广泛的抵抗和地下波兰独立运动，1939-1941》），比亚韦斯托克：比亚韦斯托克大学，2001］。

我们一直听到这种责骂，而且越来越经常。我们感到暴风雨前的乌云在聚集。"

苏联人已经准备好了在同德国人开战情况下的撤退计划。那些被关在沃姆扎的囚犯将被转移到古拉格。但是苏联人没有设法去转移他们。6月22日，苏德战争爆发的第一天，当部队开进镇里时，有2000多个被释放的囚犯返回了他们自己的家园。几乎就在同时，他们的已经遭到逮捕的妻子、父母和孩子们，却都被赶上火车，向东方驶去。

1941年6月底至7月初，该地区数十个村庄都发生了屠杀。大多数证词表明，那些刚刚获得自由的囚犯——战前国家党的活跃分子——参与其中。

日 记

2001年3月29日—5月12日

2001 年 3 月 29 日

　　扬·司克罗茨基和我动身一起前往拉齐乌夫。刚一进入镇里，我就再也没有去注意四周房屋墙上剥落的灰泥和弯曲不平的路面——我的眼睛立刻被一栋栋匍匐着的陈旧的犹太住宅所吸引，这些住宅的简单的木结构中蕴含着一种美。只有在古斯坦的网站上看到过相关介绍之后，我才能够在现实生活中欣赏它们的美。

　　扬和我一同回去拜访他童年时代的朋友，上次我们曾经与她见过面。这一次，扬直截了当地告诉她，我们此行的目的是来了解大屠杀的真相。"动手杀人的；不是别人而是波兰人"，他宣称。70 年来都未曾离开过这个城镇的欧根尼娅·K. 表示出一种有礼貌的惊奇："不是德国人干的吗？我的老天爷！"然后就换了话题。

　　我马上意识到，在拉齐乌夫，尽管扬·司克罗茨基将我作为他的表妹介绍给别人，但是如果我们同那些与犯罪没有直接关系的人谈话，他们仍会保持不温不火的情绪。这种冷漠通常会以这样或那样的方式，或者是友好地或者是敌意地，隐藏在他们的面容后面，且这种冷漠甚于其他任何一切。只有在耶德瓦布内，在这个正处于媒体狂轰滥炸而我在其中扮演的是一个记者角色的小城里，看来整个社区的确已经分裂成两半，其中一半人把60年前的那场仇恨带入了当今世界，而另一半人则在他们的睡梦中仍然还能听到受害者的尖叫。

那些会令居民们争得脸红脖子粗的话题主要涉及的是战后时期。他们可以连续数小时把时间花在老调重弹上：何人遇害，何时、何因，以及何人下的命令。实际上，在这些地区正在发生着一场内战。不仅新共产主义秩序的代表惨遭毒手，此地还有许多人在各种地下派别之间发生的自相残杀中丧生。各党派互不买账，你争我斗，有时候，一些妇女和儿童也在这些争斗中失去性命。在周围的村庄里，居民们仍然坚持在夜间站岗放哨，以免惨遭不幸。

这是一段令居住在这片土地上的波兰居民特别痛苦的历史，恐惧铭刻在他们心中。而燃烧的谷仓则不过是他人的历史故事。

有两个英勇的故事脱颖而出。

一个是关于地下武装分子接管格拉耶沃的故事，发生在1945年5月8日。两百名地下武装士兵杀进城里，从监狱中释放了囚犯，捣毁了当地秘密警察拥有的所有文件，占领了金库和地区行政当局的办公楼。

第二个故事发生在四年后的一天，1949年9月23日，这一天耶德瓦布内摆脱了共产党政权的统治。一个地下组织接管了市政府，然后将全体居民召集起来，在集会上呼吁他们共同打击共产党人。

齐特诺维奇记得非常清楚："他们从正前往市场的肉贩手中抢了一辆车。他们将车开进市场。一起共有12个人，穿着英式军服。他们宣布英国军队已经开进波兰，华沙正在发生一场革命，共产党政府已经下台。人们冲进合作社，主要是去抢夺伏特加酒。"

在《卡尔塔》杂志上，我读到了有关"维鲁斯"的故事，也被称为"疯狂的斯塔谢克"，又名斯坦尼斯瓦夫·格拉博夫斯基，此人是领导该行动的国家武装部队司令。格拉博夫斯基的部下捣毁了两家商店和市政府办公楼，然后召集了一次会议，号召与共产党人作斗争。警察被吓坏了，不敢出手干预，集会结束后，这支队伍静静地离开了城镇。1951年，地下武装分子袭击了一辆开往耶德瓦布内的公交车，车上有一个带着钱出门的出纳。他们命令车上乘客大声念一份传单，传单上说斯大林"想要让人们饥寒交迫"。

该地区的每个人都知道这些最后的地下武装分子的化名。"七月"一直战斗到1952年，"槽沟"直到1954年，"鱼"则坚持到了1957年。他们之所以被杀是因为他们的同党出卖了他们，而且往往是被他们自己弟兄的子弹所击毙。

"白天你会害怕秘密警察登门，他们是来逮捕你的，理由是你帮助了地下组织，无论真假，而晚上你会害怕那些地下武装分子"，这是我们在夏斯基拜访司克罗茨基的亲戚爱德华·博拉斯基的时候，他告诉我和扬·司克罗茨基的。

"来自国家武装部队的那些家伙主要是为了参与抢劫，"斯坦尼斯瓦夫·拉莫托夫斯基告诉我，"附近有很多人都加入了国家武装部队，他们不是来自克拉玛切瓦和基利亚那，那两个地方一直都是讲究体面的城镇，而是来自泽波瑞和科夫纳塔基，这是可以肯定的。"

在我们的谈话中，有几次我都听到谈话对象提及"体面"的村庄，那里的人们加入的是波兰家乡军，而那些民风不好的村庄则是由国家武装部队控制的。

一个拉齐乌夫的居民告诉我："国家武装部队在这里很活跃，但我从来没有听说过他们对德国人采取过任何行动。他们被人称为'盗贼团伙'。"

这两种叙述，英雄和恶棍，并非完全互不相干。往往正是这些由地下英雄率领的部队干出了明抢暗偷、夺人财物的勾当；其领导人无法对他们的部下予以纪律约束，何况在时机合适的情况下，他们自身也会参与其中。

后天，我的论述耶德瓦布内现状的文章"请勿回归"，即将刊登在《选举报》上。从清晨起，我便在拉齐乌夫和耶德瓦布内两地之间穿梭，在拉齐乌夫我暂时离开了扬·司克罗茨基，而在耶德瓦布内我仍然还需核对事实并就引用内容获取授权。稍后，我开车前往拉齐乌夫郊外的一座小山头，那里能更好地接收手机信号，我就可以通过电话来口述一些修改意见。

在从拉齐乌夫到耶德瓦布内的路上，我收到了来自诺斯杰克医生的一则信息，说拉莫托夫斯基的行为几乎让人难以容忍，要求他尽快出院，尽管他的病情十分严重。我向医生指出，如果不是因为拉莫托夫斯基如此固执，令人难以容忍，他原本绝不会为救他的犹太人妻子而甘愿与整个城镇作对的。

2001 年 3 月 30 日

扬·司克罗茨基和我开车前往距离拉齐乌夫约 30 公里的格拉耶沃，为的是去见扬·J.，此人是扬的一位老校友的哥哥。他的妻子脾气很暴躁，说了一大堆反犹太人的笑话。我们听说莱昂·科斯莫切夫斯基肯定还活着，并且拿到了他在埃尔克的地址。

"他是个养蜂人，生性平和，连苍蝇都不会伤害"，扬·J. 是这样介绍科斯莫切夫斯基的。扬·J. 不可能不知道他所说的人是 1941 年 7 月 7 日那天的主要凶手之一。就像劳丹斯基兄弟一样，是另一个养蜂人。

/ 186

我们立即动身去埃尔克，那地方离格拉耶沃很近。但是我们发现科斯莫切夫斯基两年前已经去世了，我们只找到他的女儿。

我们继续去寻找克利马谢夫斯基，他就是在拉齐乌夫的谷仓放火的那个人。我们听说他后来加入了波兰家乡军，并且在埃尔克的退伍军人协会里活动很积极。我们从电话簿里查到了他的地址。我们开车去那里：一栋破破烂烂的公寓楼，连开门的人都没有。司克罗茨基从邻居那里获悉楼里的租客两年前就已去世。但是，他同往常一样，和邻居聊了很长时间，从而了解到，居住在那里的克利马谢夫斯基确实曾经加入过波兰家乡军和退伍军人协会，但他不可能是我们正在寻找的那位，因为此人的年纪要大很多。我们会继续寻找。我们知道有个同我们谈过话的人不久前在疗养院见过他，所以我们可以指望他还活着。幸运的是，司克罗茨基没有对我们的寻找显现出任何厌烦的迹象。在找到证人之前，这种到处碰壁、走一大堆弯路的情况，他已经习以为常了。

明天，《选举报》会将我的有关"今日耶德瓦布内"的文章付印，文中大量引用了斯坦尼斯瓦夫·P.的原话。他给我叙述了他的关于大屠杀的故事，同时，就像同我谈过话的其他人一样，表达了希望保持匿名的愿望。他的家自19世纪中叶以来，就一直住在耶德瓦布内的集市广场边上。

"7月10日那天，"他告诉我，"父亲先是躲在花园里，然后藏身在位于11月11日大街上的祖母家房子的阁楼里，那条街现在叫做萨多瓦街。我必须明确地说明，他要躲避的是波兰人，那样他们就不会强迫他去杀死犹太人。我的父母亲不知道犹太人被驱赶集中的地方就在他们藏身处附近。我的母亲一看到那支朝着死亡行进的队伍，就立即带着我的姐姐向沃姆扎方向逃去。母亲直到临终前几天都一直记得那种尖叫声，当时她听到尖叫声时，她已经离谷仓很远了。如果我的居住在飓风眼中的父母亲能够不受阻碍地逃离市场，这就意味着人们有可能不参与大屠杀。说什么波兰人是被德国人用枪逼着去干的，这绝不是真的。没有人去强迫任何人。也许有些德国人站在旁边什么地方，但是母亲没有看到一个。她和她的孩子一起自由地穿过了耶德瓦布内。那里可能有十来个警察在观看着所发生的情况，但是没有大部队开到镇上来。干那事的人就是劳丹斯基兄弟们，还有其他同伙。在大屠杀的当天，他们从波兰人家门前走过，大声叫道：'跟我们一起来。你们要么支持我们，要么反对我们。'整个小城都知道他们扮演了什么角色。我的家人没有告诉我有关暴力的场面。有一次，母亲在给我看她上七年级时的一张照片时，用手指点出了她的一些犹太人朋友：'她被烧死了，她也被烧死了，这个女孩的喉咙被人割开了。'我是逐步逐步了解到这些情况的，直到70年代，当我开始自己询问目击者时，才了解到许多事件的真相。1980年起，我开始在沃姆扎省长办公室工作，那里的一名同事曾经在耶德瓦布内做过教师，他告诉了我有关焚烧谷仓和发生在其他地方的谋杀事件。他给出了名字和细节。他给我讲述了有关库布什涅茨基的所作所为——他是如何从被围起来的犹太人中挑选受害人的。后来我从另一个目击者口中听到，他说他去了一趟厕所，在那里发现了一个犹太人，喉咙被割开了，但还活着，喘着粗气。有关谷仓里究竟能装进多少人的讨论是荒谬的。几乎每条街道上和许多场地上都有人被杀害。在池塘边又发生了什么情况呢？那里的玉米长得非常密实，人们像梳头发一样一丝不漏地搜索，如果找到一个犹太人，他们就会淹死他。犹太人还被淹死在水井里。谁是谁杀死的，大家都知道，他们不是悄悄杀人的凶手，一切都发生在光天化日之下。'只要有一个犹太人在野外被抓，他就会被当场埋在那里'：这就是耶德瓦布内的人们亲自告诉你的。当谷仓还在燃烧时，一些当地人就迫不及待地开始攫取犹太人的财产了。当一个女人偷走一床仍然还留着体温的羽绒被，或者抢走可怜的邻居的衣服时，她还会有什么良知呢？他们现在说是德国人抢了东西并且运走了。就只剩下了那些残垣断壁和废墟吗？德国人从华沙的律师和企业家的住宅里抢走了古董和毛皮。"

我决定要尽力说服他以他的全名出现在文章里。在耶德瓦布内城内，我不会鼓励任何人透露他们自己的个人资料，但是斯坦尼斯瓦夫·P.与众不同。他在80年代就已经离开了这个城镇。那些取得了实质性的成就、接受了良好的教育，并且在自己的行业中享有很高地位的人只是少数，他就是其中之一。他的声音对小镇里的居民而言肯定意味着相当的分量。但我无法再打通他的电话了。就在我把我的文章付印之前，在第一稿和第二稿校对之间，我打电话给报社，告诉他们从文章中删除掉他的全部陈述。我将要求他为《选举报》单独接受采访。也许像这样的采访会给耶德瓦布内的某些人一些值得好好去想一想的道理。

斯坦尼斯瓦夫·P. 曾向我指出，60 年来这么严重的暴行却并没有成为公众的共识，被这样的事实而激怒是没有任何意义的。"1945 年以后，甚至谈论俄国人把人驱逐到西伯利亚都成了禁忌，不仅在正式场合，而且在家庭圈子里也一样。我记得，当我告诉我的同学们我来自什么地方，是沃姆扎附近，从 1939 年到 1941 年我们都处于苏联占领之下，他们都不相信。当然，他们知道斯大林占领了利沃夫和维尔纽斯，但是他们却不愿意去相信斯大林的手还远远地伸到了比亚韦斯托克或沃姆扎。苏联人歪曲了那个时期的所有历史，不仅仅是耶德瓦布内的历史。"

今天的报纸上登了一则消息，说是在谷仓的地面上发现了四颗毛瑟枪枪子弹壳。

"这就证实了那些人是被枪杀的"，普热沃兹尼克部长宣称。和我交谈过的那些说有很多德国人在现场的人中，没有一个曾经提到过枪杀。我打电话给伊格纳季耶夫，告诉他此事。他没有反驳我，显然他的目击证人也没有提到过枪杀。

2001 年 4 月 1 日

早上回到华沙。当我正在转动插在公寓门锁里的钥匙的时候，电话铃响了起来。另外一个充满着崇高意图的人向我解释说，将耶德瓦布内置于众目睽睽之下，会给当地人带来不应该受到的伤害，特别是那些其家人参与过屠杀的人。必须要做些什么去帮助他们——理疗师、牧师。我感觉到那个打电话来的人很不情愿听我说我必须要说的话：那些其家人参与过屠杀的人他们的感受其实还是挺好的，至少要比那些其家人曾经帮助过犹太人的人更好，也许正是后者才更需要得到支持。

在波兰最大的天主教报纸《我们的日报》上，切斯瓦夫·巴特尼克神父写道："在波兰，少数民族仍然在使伤口化脓，尤其是犹太人。波兰这艘船正在下沉。"

2001 年 4 月 2 日

波兰民族纪念研究会开始着手对拉齐乌夫的大屠杀展开调查。"终于动手了！"拉齐乌夫网站的作者何塞·古斯坦从迈阿密给我发了一封邮件。"由此，我可以向你提个请求吗？你能帮助他们吗？我写了封信给民族纪念研究会凯雷斯会长，表示愿意提供我的帮助。我请求他们把拉齐乌夫也包括在纪念仪式里。很可能正是拉齐乌夫大屠杀使耶德瓦布内的人们受到了'启发'。如果将拉齐乌夫排除在纪念活动的计划之外，那将是一件憾事。"

《选举报》正在印刷我对斯坦尼斯瓦夫·拉莫托夫斯基的采访，题为"坏事补遗"。文章一开始，我就问了他一个问题，他是否认为研究会开始展开调查是一件好事情。拉莫托夫斯基叹了口气。"哦，我的上帝，这真是太好了。"但他仍然对我的催促不予让步，不愿意向检察官伊格纳季耶夫作证。我无法理解，如果他不想在给民族纪念研究会的证词中阐述历史真相，为什么他又毕生都在试图复原事实，比起我的报道来说，研究会的证词显然具有更大的历史重要性。反过来他又不能理解为什么在这件事上我会使他如此为难。他从来没有告诉任何人他所知道的一切——从来没有，任何人都没有告诉。在其他受访者身上我能得到一种感觉，我使他们摆脱了独自承载历史真相的负担。斯坦尼斯瓦夫声称，他告诉了我他所知道的一切，就因为他开始喜欢上了我。

历史学家托马什·斯特泽博斯写了一封信给《选举报》，说我指责他试图利用犹太人与苏联人的合作来解释耶德瓦布内的大屠杀。他将其称为一种暗示。

我坐下来给他写回复："如果我所写的使您感到不舒服，对此我深表歉意。我从来没有想到去写某个历史学家在解释某件事上是一个暗示。相反，我认为去解释某些现象是学者的基本责任之一。如果在耶德瓦布内的背景下您所触动的重要主题是犹太人与苏联内务人民委员会的合作，我就会认为您正在以这种方式试图向您的读者解释犯罪。就如我在写有关耶德瓦布内事件时一样，我会广泛引用战前反犹太教区的选举报道，而不是随机的。我试图找到对大屠杀的一些有偏见的解释。"

在《我们的日报》上刊载了一些莱奥卡迪亚·布瓦什恰克有关战争时期的耶德瓦布内的回忆录，她现在居住在华沙。她阐述了苏联占领时期发生的情况，当时"犹太人给苏联人提供了波兰'人民的敌人'的名单——战前的警察、军人等——后来就没收了他们的房屋和财产"。我从来没有听说过在耶德瓦布内有过这样的情况。这里，你可以看出最纯粹形式的弗洛伊德投射效应（译者注：所谓投射效应是指以己度人，认为自己具有某种特性，他人也一定会有与自己相同的特性，把自己的感情、意志、特性投射到他人身上并强加于人的一种认知障碍）。在耶德瓦布内接收了犹太人的财产的正是波兰人。

根据她的说词，1941 年 7 月 10 日那天，警车出现在集市广场上，身穿制服的德国士兵从车里跳了出来。随后她和她的弟弟一起去看正在发生的情况。她看到德国人手里拿着桦木条鞭子把波兰男孩们围了起来，"手无寸铁、受到惊吓的小男孩们被手持步枪的德国人逼着去站岗"。她和犹太人一起走到了谷仓，在那里押送他们的德国人赶走了非犹太人孩子。

她认为，整个故事中最恶劣的事实是："什穆埃尔·瓦瑟斯泰因，一个长期的秘密警察侦查员，就像最坏的犹大一样，没有因曾经折磨过波兰爱国者并以'参与屠杀犹太人'的罪名将无辜的波兰人交给秘密警察而承受任何后果，还竟然在 1968 年 3 月悄悄地移居到以色列去了。但是 19 岁的耶日·劳丹斯基，一个好人，一个狂热的爱国者，一个家乡军的士兵，一个曾经分别在帕维克监狱、奥斯维辛集中营和萨克森豪森监狱坐过牢、虽遭受过酷刑而未出卖过任何人的囚犯，在返回祖国后却遭到逮捕，并在秘密警察地牢里遭受了可怕的折磨……扬·格罗斯，那个不配给像耶日·劳丹斯基这样的与希特勒作斗争的英雄和集中营中的烈士舔靴子的家伙，自以为是地在一本只能与黄色小报媲美的可悲的小册子里诽谤了劳丹斯基的名誉，还有耶德瓦布内其他高尚的波兰人的名誉。”

莱奥卡迪亚·布瓦什恰克是大屠杀的参与者弗朗西斯泽克·卢欣斯基的女儿——他的名字出现在1949年的证词中（其中也提到了她的哥哥，当年刚满16岁，与他父亲同名，也叫弗朗西斯泽克，是那些将犹太人赶入市场的参与者之一）。我本人在采访中也多次听到卢欣斯基的名字：

“卢欣斯基从一群被带往谷仓去的犹太人中拽出了其中一个，并将他当场杀死在他自己的铁匠铺前。”

“弗朗西斯泽克·卢欣斯基吹嘘说，当他用铁锤或钢模击打那个犹太人时，那个犹太人被打得飞了起来，足足有一米高，然后才掉在地上，死了。”

2001 年 4 月 3 日

在一次主题为“文学和文化的另一侧面”的学术会议上，我听到了文化人类学家乔安娜·托卡斯卡·巴基尔的一次演讲，题为：“视犹太人为女巫，视女巫为犹太人，或如何阅读审讯笔录”。托卡斯卡·巴基尔描述了根据16、17、18世纪在现在的下西里西亚省施行的审判，犹太人是如何被妖魔化的，以及巫婆是如何被犹太化的。她分析了当时这两种类别是如何被混为一谈的，女巫被指责为亵渎圣体并诱拐基督徒婴儿（用其血液来制作软膏 *maści*，用以代替逾越节薄饼 maca），而犹太人则被指控为主持秘密宗教仪式，以及参与鸡奸、同类相食和人与猫之间的变形等。

无论我去哪里，我所选择的主题都会为我提供新的探究途径。特别是在犹太人和他们的习俗盛行于耶德瓦布内及其周边地区这个问题上存

/ 191

在着一种奇怪的混乱的看法，在好几个世纪之后，人们似乎仍然认为，很明显犹太人还在用基督徒的孩子去做犹太逾越节薄饼。

下午，斯坦尼斯瓦夫·拉莫托夫斯基和我一起动身去克拉玛切瓦——他想坐在他家的门廊上，去观看门前小河里的河水在他的小屋旁边哗哗流过。

2001 年 4 月 4 日

早上 7 点钟，我被电话铃声唤醒了。是拉莫托夫斯基打来的，告诉我我们必须马上返回华沙。我钻进车里开车去看他。他从他的侄子那里听到了城里人们背后说他的话，也知道了牧师一直在找他，大概是为了让他闭嘴。他已经知道的够多的了。我提醒他，我们仍然还要把他涉及银行和保险的事项清理出头绪来。

白天我先是去了一趟沃姆扎。我已经成功说服了斯坦尼斯瓦夫·P.，答应让我以他自己的真名发表对他的一次采访。斯坦尼斯瓦夫·普泽奇夫斯基是波德拉谢地区公共卫生中心的主任。我早些时候把文稿发给了他，并且希望在上午 9:00 得到他的授权。文稿将刊登在明天的《选举报》上。但现在我们之间还存在着一个僵局。在与我的谈话中，普泽奇夫斯基对各种一般性的话题都陈述了他的意见，例如尊重他人和信仰的必要性等。现在他已经重新写过了采访内容，保留了这些一般性的观点，但是把涉及情感的内容和对犯罪事实的描述都给删除了。新的采访修改稿根本就没有任何意义。最后，我们还是回到了我的原稿上来。

我在克拉玛切瓦顺便拜访了拉莫托夫斯基，把他拉出家门，以便让他能够指给我看以前犹太公墓的位置。之前司克罗茨基和我都未能找到。他指着城外的一块野地，很不以为然地说道："在墓地里种庄稼也是不会打扰他们的。"

晚上，我在耶德瓦布内市内戈德莱夫斯基家里。我获悉今天市议会同省长就有关修建一条通往大屠杀现场的道路的融资问题举行了一次闭门会议。省长说，根据公共财政制度规定，出自最高级别政府的拨款不能超过预计成本的 75%，所以耶德瓦布内必须支付剩余的 25%。克齐斯茨托夫·戈德莱夫斯基向我解释说，这是一个很大的机遇：仪式结束后客人们将离开，而这条沥青路将保留下来，此外小镇也将能够铺平市场的路面并将排污系统现代化。但是，向市议会议员们提议"为犹太人"投资剩余的 25%，就像在公牛面前挥舞一条红布一样。

2001 年 4 月 5 日

开车去接拉莫托夫斯基，途中我把车停在拉齐乌夫的一所学校旁。我问到，联系到最近所有的媒体关注，他们是否已经弄清楚应如何和学生们一起讨论耶德瓦布内的事务。

"有关我们是否应该在学校里讨论整件事情的是非，学生和老师们都没有给我任何表示"，一位漂亮的年轻女校长说道，她似乎对我的问题感到吃惊。该所学校有一个网站，你可以看出学校网站管理员已经投入了很多精力。我点开了"拉齐乌夫的历史"，看到了这样一段介绍："德国党卫军第八别动队驻格拉沃部队的一队凶手，以卡尔·施特罗哈默为首，有一天坐卡车来到此地，他们把犹太人赶到一个谷仓里，然后放火焚烧。"其中甚至连日期都没有写明。

我开车前往克拉玛切瓦。今天我要把斯坦尼斯瓦夫·拉莫托夫斯基带回华沙。此时此刻，他正躲在他侄子的房间里，离厨房较远。昨天，阿格涅斯卡·阿诺德拍摄的有关耶德瓦布内和拉齐乌夫的纪录片（其中包括我对他的采访）都在电视上播出了，清晨，有两辆车出现在院子里——当地的广播电台和一家外国电视台的报道组。他侄子告诉他们他的叔叔不在家。我们开车穿过耶德瓦布内去拜访住在普热舍拉的莱谢克·杰齐茨夫妇。莱谢克的妻子埃娃因她的丈夫也出现在纪录片中，就非常担心她们家的房子会被人纵火焚毁，结果整整哭了两个晚上。大屠杀已经过去了 60 年，然而国际义人拉莫托夫斯基，以及其祖母曾经庇护了什穆埃尔·瓦希泰因的莱谢克·杰齐茨，在电视上露了面之后，却感到他们被迫要躲避自己的邻居了。

回到华沙，在睡觉之前，我读了刊登在今天的《选举报》上的我对斯坦尼斯瓦夫·普泽奇夫斯基的采访。看着已经印刷出来的文字，我对他的勇气有了更加深刻的印象。

"首先，德国人给予了许可。其次，战前国家党的影响力强大，各种形式的反犹太暴行猖獗一时。再次，由卡罗拉克市长领导的一群活跃分子已经准备好拿起屠刀，他们制订了一项计划，并煽动其余的小镇居民，说：'瞧，拉齐乌夫已经成功了，他们已经摆脱了麻烦。'最后，魔鬼撒旦已经进了城。也许，这就是人性发挥作用的方式，当一个人看到他周围充盈着大量的流血、痛苦和受难时，他会因此而变成一个更加恶劣的人。今天遇难者的问题已经销声匿迹了。被命令去埋葬尸体的莱昂·杰齐茨讲述了那些尸体是如何像树根一样相互缠绕在一起的，根本无法将它们分开。死在那里的多数都是母亲，她们的孩子紧紧抓住她们的胸脯！对此没有哪个人的良心感受到不安，因为在他们眼里那些不是人类，而是犹太人。除此之外，还有犹太人叛徒，他们向苏联内务人民委员会告发他人。以前我从来没有听说过，"普泽奇夫斯基强调说，"被流放到西伯利亚也被归咎于犹太人身上了。在耶德瓦布内，绝大多数的检举告发其实都是波兰人干的"。

"遮遮掩掩是没有用的，我们这里仍然存在着反犹太主义。我一直希望那种暴行能被暴露于光天化日之下。但是我从来就没有怀疑，这个案子会像现在这样在一定比例上转变成了一项政治博弈，一种民族主义团体的驱动力。"

普泽奇夫斯基对通常出现在右翼出版物中的证人的证词（也被历史学家托马什·斯特泽博斯加以引用）做出了评论："在《我们的日报》上，理夏德·马尔君斯基告诉我们，他从教堂塔楼上看到德国人包围了犹太人。那么马尔君斯基先生到塔楼上去干什么呢？他说牧师要他去修一块塔顶的瓦。当时是 1941 年 7 月 10 日上午 10 点，牧师会要他去修补塔顶吗？弗朗西斯泽克·卡尔沃夫斯基在同一篇文章中声称：'7 月 10 日上午，我父亲听说德国人当天将在耶德瓦布内消灭犹太人。所以他就套马前往，因为他想收回他借给（犹太人）科萨茨基的一杆秤。'由此可知，卡尔沃夫斯基的父亲，虽然身处距离耶德瓦布内几公里开外的一个村庄里，也知道他们要杀死犹太人，难道牧师却不知道？并且还认定那一天是修理塔顶的恰当的日子？贾德维加·科尔多索瓦，婚前姓翁索夫斯卡，当时才十来岁，在烧谷仓之后的第三天去了大屠杀的现场，她到了打谷场。她记得：'在西北角，高高的一大堆尸体就像一座金字塔，几乎触到了天花板。'这么一个年轻的女孩，她会在那么多人死后到谷仓去？到那种地方去，还完全出于自己的意愿，那该需要有多么强大的精神恢复能力呀！被迫去那里的莱昂·杰齐茨说过，当他们在搬运尸体时，他们每个人都呕吐了几十次。那么那个小女孩为什么去那里呢？我们知道耶德瓦布内有一些人去过谷仓，目的是掠夺死人财物。"

/ 194

普泽奇夫斯基继续说道："有人让我回想起 1949 年的审判，以及证人是如何受到威胁的。有人威胁他们，如果他们拒绝撤回他们的证词，他们将在棺木中看到自己的身体。秘密警察远在沃姆扎，而邻居们就在隔壁。他们对自己邻居的害怕，远远超过了对任何其他人的恐惧。证人在作证之后都要回家，并且想要在第二天早上还能活着醒来。然而战后却发生了什么？大量的暗杀，许多家庭盼着秋后算账，还有一些人到处打劫犹太人的财产。今天，耶德瓦布内仍然弥漫着同样的恐吓气氛。难道这还没有让你看清犯罪的规模，如果 60 年来这里依然还存在着恐吓？这就意味着有些证人并没有把所掌握的资料交给民族纪念研究会，或者是他们提供了虚假的证词。我认为试图恫吓证人的那些人应该意识到法律后果。在我看来，一个在像耶德瓦布内这样的城镇里的牧师的作用应该是告诉人们，'这不是你干的，而是你的父辈那代人干的。这笔账在他们那代人手上没有得到清算，所以这就落在了你们身上。如果你说谎，你将如何站在上帝面前？'现在，为凶手辩护以及伪造事实将使你成为犯罪活动的共犯。参与撒谎，我会觉得似乎我本人也参与了那次屠杀，因为死者是不可能再站起来告诉我们他们是如何被谋杀的。"

2001 年 4 月 6 日

昨天各家报纸纷纷刊登出一条重大选举报道，指出耶德瓦布内的暴行是德国人犯下的。今天这也成了所有报纸的通栏标题。这一切都是因为比亚韦斯托克民族纪念研究会的埃德蒙·德米特罗夫教授说，他在德国的档案馆里发现，耶德瓦布内的犯罪行为很可能是由来自切哈努夫的突击队长赫尔曼·沙佩尔指挥的，因为他当时就在拉齐乌夫。

我读了查亚·芬克尔斯泰因在以色列犹太大屠杀纪念馆所作的证言中有关沙佩尔的内容。她的证言是对沙佩尔提起诉讼的依据。查亚当天在市场上看到过他，20 年后，她从一张照片中认出了他。但是她清楚地表明，那天早上有两辆车抵达市场，车上坐着德国人，沙佩尔就在其中，不久德国人坐的车就离开了，听任城里的居民们自己去对付犹太人。不了解这一点的话，我可能很轻易地会去相信一切都是某个叫沙佩尔的人造成的。我痛苦地想到，没有人会去相信普泽奇夫斯基，因为现在有人提供的事实更符合众人的胃口。

2001 年 4 月 7 日

位于华沙霍德纳大街上的一座教堂的地下室里特意为耶德瓦布内举办了一次活动。"这是关于波兰人民的殉难史的，"历史学家安杰伊·莱谢克·什切希尼亚克说道，"他们正在试图把这部殉难史从我们这里夺走。这是一种盗窃我们受过的苦难的行为。围绕着耶德瓦布内的歇斯底里，其目的在于震慑波兰人，并在纪念大屠杀这项事业的框架内从我们的人民手中提取 650 亿美元。"

我对什切希尼亚克很了解。他是一位历史教科书的作者，他垄断了教科书上有关共产党执政时期的话语权，他打着民族主义的幌子，巧妙地为他自己开辟了一条从共产主义时代通向今天的波兰的道路，仅仅是在他的教科书中变换一下形容词而已（例如，"欣欣向荣"这个词，在波兰人民共和国时期是属于"革命运动"的，现在则用来形容"独立运动"，原先的"勤奋又谦虚的"列宁，现在被一个"无情且狡猾的"斯大林所取代）。我和我的姐姐玛丽莎·克鲁奇科夫斯卡一起在《选举报》的页面上与他交过锋，除了其他方面之外，我指出在他的书中充满了反犹太主义。在我们的文章发表之后，有两百多名学者、艺术家和作家向教育部提出抗议，反对用他的教科书来教年轻人。但是，一个人数同样多的群体立刻站了出来，他们提交了一封信件，为他的教科书以及其中包含的"波兰价值观"进行辩护。

博丹·波雷巴是一个以反犹太主义观点而闻名的电影导演，他自称是耶德瓦布内的奥尔沃夫斯基神父的朋友："那个为七个犹太人提供了藏身之处的女士说她遭受了殴打。这七个人中的大多数都去为共产党秘密警察工作。因为站在秘密警察一边，她被人毒打了（大厅里响起了掌声）。那个时候，到处都在发生屠杀事件。让我们来清点一下冻结在西伯利亚的尸体和遭受过犹太秘密警察酷刑的人们。和解是可能的，但不能是让我们去舔他们的靴子。让我们来谈谈犹太人犯下的罪行（掌声）。我们不是在讨论60年前发生的事情。我们是在讨论我们是否还能够呼吸。人民受到了羞辱。没有波兰人的波兰国家这样的想法又卷土重来了。"

在博丹·波雷巴看来，全世界犹太人的行为构成了一个连贯的进程，其目的是要"征服波兰人民"。这就是为什么替耶德瓦布内实施的宣传和"把波兰人视为猪的著名反波兰漫画册《毛斯》"的出版会按计划同时进行。

在20世纪90年代初，我当时的丈夫皮厄特勒·比康特在劳伦斯·韦斯勒的鼓励下，翻译了《毛斯：一个劫后余生的故事》，作者阿特·史比克曼在这本漫画书中描绘了他的父亲在犹太人大屠杀期间的经历。

当时韦斯勒是为《纽约客》杂志写作的作家，他把我们介绍给了史比克曼。一家主要的波兰出版商购买了该书的版权，然而在长达十年的时间里都无法决定是否予以出版。有几位受人尊敬的人士被请来征求他们的意见，显然，他们对书中的"反波兰倾向"提出了批评。尽管《毛斯》这本书中的主要故事发生在波兰，但该书已经被翻译成了多种语言，当时有两位在克拉科夫创立了珀斯特出版社的年轻人意外地联系了皮厄特勒，说他们想出版此书。所以，完全出于巧合，《毛斯》的出版恰好与轰轰烈烈的有关耶德瓦布内的讨论同一时间。

"对安娜·比康特的邪恶的讽刺加以驳斥是没有意义的，"专家小组成员之一大声疾呼，"在耶德瓦布内没有发生任何事情可以被用来证明亚当·米奇尼克的手下对国家党所进行的卑鄙的谴责是正确的。我们将捍卫自己，并揭露犹太沙文主义者的谎言。"

出席会议的人士决定成立一个委员会来捍卫波兰民族的荣誉和尊严，最后大家以齐唱爱国歌曲"罗塔"（誓言）的方式结束了会议。

2001 年 4 月 9 日

在总部设在华盛顿的《新共和》周刊上，刊登了莱昂·维瑟提尔对亚当·米奇尼克所写的一篇文章的回应："我的朋友作出了一项扭曲的道德计算……米奇尼克的文章一开始便提醒他的读者波兰人也是受害者……并且，米奇尼克也常常去探望那些在战争期间拯救了犹太人的波兰人……'难道凶手应该比正直人士得到更多的认可吗？'米奇尼克问道。嗯，是的，他们确实应该，因为他们在此地人数太多（我这样写是作为一个得到过波兰人救助的犹太女人的儿子，怀着一颗感恩之心）……他在对待耶德瓦布内问题上吹毛求疵的语气使我感到困惑。"

2001 年 4 月 10 日

在《选举报》的编辑部里，我看到了几封在我的有关耶德瓦布内的文章今天刊登之后发给我的信件："女人，是什么原因使你一直待在波兰？但愿你因为你的邪恶和谎言而被地狱之火吞噬掉。波兰是波兰人的"；"比康特小姐，被疯狂的反波兰主义控制的犹太女人，我们会很快见面的。一个神风突击队员已经被指定来对付你"；"你已经在你的报纸上成功地挑起了一场波兰人和犹太人之间的战争。在你们的报纸上再刊登几个这样的故事，我就将成为一个反犹太主义者，我已经把犹太人同谎言和欺骗联系在一起了"。

还有一封信是以截然不同的语调写的，也是唯一一封署名的信："看完你的报道之后，我禁不住要狂喊并哭泣。对其他民族的仇恨已经太多了。当我 5 岁时，我就失去了我的母亲，而我是我们家中的第五个孩子。处于那种困难的境况下，伸手来帮助我们的不是牧师，而是伊塞克·博伦施泰因——这个名字我是永远不会忘记的。我要让你知道 7 月 10 日我将会在耶德瓦布内。安娜·马祖尔凯维奇，写于弗罗茨瓦夫。"

2001 年 4 月 12 日

神父亨利克·扬科夫斯基来自圣布里吉德教堂——在团结工会和戒严期间，这座主的坟墓被用来传达大胆的政治声明，他也加入了关于耶德瓦布内的讨论，这已经不是第一次了，并且充分发挥了他的反犹太作用，他提供了一座部分烧毁的缩微谷仓作为主的坟墓，上面树立着一副骨架，还有这样的题字：犹太人杀死了耶稣和先知，并且还迫害我们，波兰人，解救波兰吧。

2001 年 4 月 13 日

我正在前往格但斯克的路上，扬·司克罗茨基和我安排好了在那里同来自拉齐乌夫的安东尼·奥尔谢夫斯基会面。他知道的很多。在我们谈话时奥尔谢夫斯基一直不停地在说，"这个邪恶的事情发生在一个基督教国家"，从他的话中我们了解到克利马谢夫斯基已经死了，就是在拉齐乌夫谷仓纵火而我们正在埃尔克寻找的那个人。

2001 年 4 月 18 日

耶德瓦布内。留在教会里的一家很小的右翼出版社印出了发给奥尔沃夫斯基神父的一些信件："在苏联和犹太人掌权的那两年期间，耶德瓦布内的犹太人有系统地驱逐了数百户波兰家庭，却没有一户犹太家庭。那些名单都是在犹太教士监督下在神庙中制定的。"证人继续写道，他的家人于 7 月 10 日藏匿了一个犹太人。

这是很经典的。在耶德瓦布内几乎不可能找到一个反犹太人士会拒绝承认他的家人曾经藏匿过犹太人。而当时真正藏匿过犹太人的波兰人到现在还害怕说出这样的话。

自从我在《交际周刊》中读到耶日·拉莫托夫斯基所说的"从 1941 年 7 月 10 日起，作恶者的名字就是一个公开的秘密"这句话之后，我曾多次尝试与他见面。《交际周刊》的总编托茨基就是从他口中听到了在过去的 80 年代中耶德瓦布内的残酷的秘密。

这位现在已经退了休的当地的历史老师，是一个一直对多年前犯下的罪行感兴趣的人，他收集了许多人的叙述。他与格罗斯见过面。从那时起，他有时候会在休闲吧中被人打一顿之后才回家。因为耶日·拉莫托夫斯基知道的太多，酒又喝得太多。听说他在酒吧被人殴打后，他也开始用耶德瓦布内事件的否认者的口吻来说话了。我仍然决心要同他见面。我已经和他约了好几次，并且在约定的地方等他，但他从来没有露过面。这一次同样未见他的身影。

我顺道去见戈德莱夫斯基，他很紧张。一段时间以来，与亨利克·别杰茨基的谈判一直在继续，他是谷仓和周边土地拥有人布罗尼斯瓦夫·斯莱赞斯基的继承人。在 60 年代，当政府部门准备建一座纪念碑时，由财政部门出资购买了这块土地。调查显示，犹太人的胡乱安葬的坟墓延伸出了当时所标明的地带之外，因此就必须购买额外的土地。

省长办公室对这块地价的估值为 3 万兹罗提。同时，反犹太出版商莱谢克·布贝尔也愿意出价 10 万美元。显然，无论是在价格上还是他们共有的政治观点上，别杰茨基都比较中意布贝尔。不过，他向政府提出他可以把这块地出售给他们，但他要价 10 万兹罗提，很自然，他为什么要吃亏呢？而且他更愿意在另一种条件下出售给政府，即一年后，这块土地的拥有权移交给捍卫耶德瓦布内声誉委员会。该项计划是建立一个相邻的纪念碑，纪念被犹太人杀害的波兰人。布贝尔毫无疑问地深信，此项计划将很容易被市议会接受。

同样的事情不断地在耶德瓦布内重复着：一切都归因于金钱；格罗斯和记者，虚假证人和世界犹太人正在以损害市民利益为代价来给自己谋利。同时，似乎唯一一个能借此机会发一笔横财的人，就是建了谷仓被用于焚烧犹太人的那个农民的孙子。

我设法跨过贾尼娜·比德齐奇卡家的门槛去问她有关德国人重建她父亲的谷仓的事。但我毫无进展。

"这全是胡说。焚烧是德国人干的，波兰人被流放到苏联去是犹太人告发的。是我亲眼看见的。我对这一切非常不安，因为我极其讨厌撒谎。"

不仅比德齐奇卡所亲眼看到的犹太人写的告发信根本就不存在，而且 1941 年 7 月 10 日上午在集市广场上她亲耳听到的德国人用扩音器向犹太人喊话也根本就是子虚乌有。他们所说的话都是她的一个犹太人朋友告诉她的，她曾经把这个犹太人朋友藏在她家的阁楼上：犹太人将被押上一辆劳工运输车并且被编成四人一组。她看到他们很顺从，组成了很多小组。

我获知我对普泽奇夫斯基的采访所产生的效果与我所希望的完全不同。诋毁他父亲的谣言一直在四处传播，说他父亲如何参与抢劫，并且如何占有犹太人的黄金而致富。与杰齐茨夫妇的遭遇完全一样。当莱谢克·杰齐茨与记者谈了有关大屠杀的情况之后，消息一传开，人们就开始说他的父亲从骨灰中挖出了金牙。一旦有人将这道秘密面纱揭开哪怕一英寸，他或他的家人就会立即被指控参与了犯罪。

一个熟人告诉我有关与克里斯蒂娜·N.的谈话情况，她说没有人会去参加纪念仪式，因为这桩事情整个儿就是钱的问题。当我在3月与她交谈的时候，她声称小镇已经分裂成两个阵营，但是有更多的人为谋杀受害者感到遗憾。现在看起来她已经不再感到抱歉了。

在返回华沙的路上，我中途在普热舍拉停了下来。

"我们最终作出决定离开波兰，"莱谢克·杰齐茨说，"但我们会留下来参加纪念仪式。我们要离开的原因不仅是对我们的攻击，而且在于整个的氛围。"

我不惊讶。抹黑行动的另一个目标是市长，他也越来越多地在考虑移民。

2001年4月19日

与我的女儿奥拉和马纽哈以及一些朋友一起，我们动身去五湖谷的塔特拉山脉玩几天。我们刚刚到达营地前的最后一段山路时，我的手机铃响了起来，这地方本来就没人指望能有电讯信号的。电话是斯坦尼斯瓦夫·拉莫托夫斯基打来的，他感觉身体状况非常糟糕。我不知道借助了什么奇迹，我竟打通了我的妹妹玛丽莎·克鲁奇科夫斯卡的电话，她答应立即赶去看他。

2001年4月22日

回到华沙。在我妹妹带拉莫托夫斯基去看病的医院里，我听说斯坦尼斯瓦夫心脏病发作了一次。更糟糕的是，他的X光片显示有块斑点，表明患有肺癌。而两个月前，片子上什么都没有显示。

2001年4月24日

在保存国际义人档案的犹太历史研究所的房间里，我在寻找有关扬泰弗考的怀赞考斯基夫妇的文档，他们庇护了七个犹太人。我发现了一封 1963 年的信，是摩西·奥尔谢维奇写的，信件内容有关授予怀赞考斯基夫妇国际义人奖章。还有一封来自安东宁娜·怀赞考斯卡的信："我把七个人藏在我家猪舍里的猪粪下面，长达 28 个月。我要强调他们没有一分钱。对我来说，这不是有关钱的问题，而是有关救人的生命，这也不是有关宗教信仰，而是有关人。解放后，我不止一次遭受殴打，他们也受到威胁，所以我不得不离开我的出生地。"

/ 201

还有来自维兹纳的莱文夫妇的信件，涉及对赞克莱瓦的多布科夫斯基夫妇的认可。他们全家人在以色列犹太大屠杀纪念馆都有记载，有多布科夫斯基夫妇的父母和三个儿子，其中包括去年 12 月我拜访过的赞克莱瓦的农民和他的兄弟们。他们获得了奖章；他们的父母亲早已经过世了。这里有一封来自他们兄弟的信："1945 年 5 月，我们的家庭因庇护了莱文一家人而遭到身份不明的党派组织实施的报复。这项行动包括殴打和辱骂我们的父亲，夺走我们所有的财产，使得我们全家丧失了所有生活来源。"

我在信件中找到了温切蒂·多布科夫斯基的地址，他是三兄弟中的一个。晚上我在埃尔克打电话给他。"现在这种乌七八糟的东西、这种闭着眼睛瞎扯的谎话在到处流传。为什么会这样？"多布科夫斯基焦虑地说道。"所以在耶德瓦布内肯定有一些歹徒。他们把 12 个人押上法庭审判，这些人都是德国人派来并且被强迫去看守犹太人的。我尊重以色列人，但是你也必须要说说犹太人在苏联占领下所做的事情。他们怎么能说是波兰人干的呢？我们各族人民应该和解，反犹太主义不应该再次被煽动起来。"

我告诉他我将要去以色列，在那里我将去拜访莱文的兄妹，我是从他在赞克莱瓦的兄弟处得到他们的地址的。当他一开始说起艾萨克和艾达——或雅内克和泰瑞斯卡，这是他们在隐藏时改的名——温切蒂·多布科夫斯基的声音变得温和起来了。

"你必须与他们分别见面，因为他们相互之间不说话。他们在继承他们母亲的遗产问题上发生了争吵。太遗憾了，在这世界上他们家就只剩下他们两个人，而且他们还一起经历了那么艰难的岁月。"

2001 年 4 月 25 日

在一份有着引人注目的名称 "Nasza Polska"（《我们的波兰》）的反犹太垃圾小报上，我看到了一篇对一个出生在耶德瓦布内目前住在多伦多的女士的采访。"当时我的兄弟姐妹和我躺在家里地板上，全都呕吐起来"，她说的是在犹太人被焚烧之后的情况。"一阵令人恶心的烟雾随风弥漫在耶德瓦布内的上空，渗入每家每户，毒害一切。"那时她才 10 岁，家在谢杜尔斯加大街上。下午 3 点，她和母亲一起出门去拜访一个住在克门塔纳大街的阿姨，她们看到了正在行进中的犹太人队伍，领头的是个拉比，用一根棍子挑着他的帽子。

她们为什么要在如此准确的时刻出门去看住在犹太人行进路线上的阿姨呢？显然她们是想亲眼看一看。这是我又一次听到父母亲让他们的孩子去看犹太人被围困在集市广场的景象，同样的说法我已经听到无数次了。这无疑是把大屠杀视为一场好戏。

2001 年 5 月 4 日

"为了你我犯下的罪"——《选举报》的头版头条完美地转达了大主教在光明山修道院的演讲的意义。约泽夫·格莱姆普宣布将于 5 月 27 日在华沙对耶德瓦布内进行正式道歉。在仪式上，他强调圣公会会议将会祈祷——不仅为耶德瓦布内的犹太人受害者，而且还"为曾经降临到信仰天主教的波兰公民身上的邪恶，其中有犹太信仰的波兰人参加了……波兰人，"大主教继续说道，"也有过冤屈……遭受了犹太人所犯下的罪恶，包括在波兰引进共产主义的那段时期。我期望犹太人方面以其良知做出清算，并为这些罪行向波兰人做出道歉。"

2001 年 5 月 9 日

在亚采克·库仑尼的家。当我最近一次去医院看望他时，我们谈到了《选举报》对新波兰国家党运动的幕后操纵者、现任司法部部长维斯瓦夫·赫扎诺夫斯基的采访。对于居住在耶德瓦布内的犹太人的死亡是否应该压在两次战争期间民族主义运动的良知之上这个问题，赫扎诺夫斯基回答说："怎么又是这种问题？为什么这种东西要使我们的良心始终不安？那里甚至都没有一个国家党党员。"谈话的这部分激怒了亚采克。他给我看了一段赫扎诺夫斯基写的文章，其中有这样的文字：在第一次世界大战之前和两次世界大战之间，民族主义运动的堡垒是波德拉谢地区。

"可是耶德瓦布内和拉齐乌夫恰好就是在那个地区呀，"亚采克很愤怒，"他说就是在那个地区国家党创建的教育机构的活动取得了最大的成果。难道他没有看到这些成果是什么？"他给我念了他为《选举报》准备的针对赫扎诺夫斯基的论文"关于国家党教育工作的有益影响"所写的文章："民族纪念研究会目前正在着手调查耶德瓦布内的大屠杀，并且试图判断德国占领军在这方面起的作用。他们肯定起到了一定作用，但对于长达百年的波兰民族仇恨的教育运动而言，那只能是一个边际因素。"

我给了亚采克一份我在该地区战前教区报刊上读到的东西的流水记录，并且告诉了他关于国家党控制的一系列游行，那些游行最终导致了犹太人商店的被毁。亚采克仔细地记下了此类极端暴力行为发生过的城镇的名字：翁索什、拉齐乌夫、耶德瓦布内、什丘琴、格拉耶沃、蒂科钦、科尔诺、苏霍沃拉、维兹纳、扎尔比·科奇切内尔等。他想把这些地方添加到他的文本中去。亚采克多年来为西方媒体提供了有关共产党国家镇压保卫工人委员会（KOR）的详细资料，他很清楚，建立在事实之上的概括论述听起来更为有力。

2001 年 5 月 10 日

我看了针对拉齐乌夫凶手亨利克·德齐科斯基的诉讼案件中的文书，这是在比亚韦斯托克民族纪念研究会取得的。我尽力试图辨识记录证词的那个人的笨拙笔迹。

"我们收到了盖世太保的命令，把市场上的犹太人围困起来并折磨他们，"一开始被告这样说道，"我们急不可耐地响应了这道命令，不折不扣地按照命令去做。"他对他们如何迫切地去执行该命令的详细阐述肯定让比亚韦斯托克的法庭感到震惊，以至于法庭把他送去做精神检查。

2001 年 5 月 12 日

同扬·司克罗茨基在一起，好几个月以来他手头的主要工作就是一直在帮助我寻找拉齐乌夫大屠杀的证人。我开车去靠近海边的瑞达去见一个他查出来的证人。扬的追踪能力不亚于一头牛头犬。他在一份格但斯克的报纸上看到了一篇文章，其中出现了一个来自拉齐乌夫的匿名目击者，他马上用只有他自己才知道的方法将这个目击者挖了出来。

安杰伊·R.是一个非同寻常的证人。他当时只有 13 岁，就从一个地方到另一个地方四处去记录下所发生的事，因为他梦想成为一名记者。他曾见到过在苏联人进城后的头几天里犹太人遭到毒打的情景，实际上他亲眼看到了大屠杀是如何被执行的。

"在每一天的末尾，一切都已结束时，我就立马赶回家，在烛光下记下笔记。"

可惜这本日记本遗失了，安杰伊·R.也没有成为一名记者，但是许许多多的场景都仍然保存在他的记忆中，其中包括谁被杀害了、什么时候以及怎样被害的。在被围困起来的人群中，他认出了不少他的朋友，有男孩也有女孩。他记住了他所看到的一切。一小时又一小时，他不露声色地讲着。现在他正在尝试重新描述整个事件。他给我展示了他的努力。他把这一切都仔细记录在一个有内衬的笔记本里，环环相扣的句子里没有任何我们从他那里得到的具体细节。他想以化名发表他所记录的故事。

　　在绝大多数家庭里大屠杀都被作为一项禁忌，这很容易理解。但是同样的禁忌为什么会适用于——而且现在仍然适用于——那些帮助过犹太人的人，这是非常令人困惑的。安杰伊·R.虽然说出了那些凶手的名字，却犹豫了一阵才告诉我多罗戈依父子俩所藏身的那个小土屋是在谁家的地里："那个农民的女儿们还活着。我必须先求得她们的许可。"

五

我告诉你是谁干的：是我的父亲

或，扬·司克罗茨基的私下调查

扬·司克罗茨基是一个从格但斯克造船厂退休的工程师，当他还是个小男孩时，他透过在拉齐乌夫的父母家的一扇窗户看到了犹太人被波兰人驱赶到了刑场上。在他十几岁时，他离开了这个城镇，发誓永远不再回来。不论是在与家人还是与朋友的聚会中，他总是公开地说明在拉齐乌夫烧死犹太人的就是当地人。尽管这样的聚会总是以争吵告终，但司克罗茨基却固执地继续坚持说，没有哪个德国人用枪逼在任何一个人的头上，而反犹太主义和贪婪的掠夺是造成该暴行的真正原因。

他有着惊人的记忆力，一谈起他童年时代发生的事情，就仿佛一切都还在眼前闪现。他描述着从窗帘后面所看到的情景，似乎就像在看一张照片：

"当时我才六岁七个月零十四天。首先，我看到犹太人被迫在市场上拔除杂草；市场的地面是铺过的，但石缝间长出了杂草。然后从另一个窗口，我看到了皮耶克纳大街上有一队人。后来我看到很多电影，其中的画面显示犹太人在别的地方被围困起来。党卫军、枪械、狼狗：但

扬·司克罗茨基和他的狗查查，在格但斯克的家中，2002。（扬·司克罗茨基提供）

希玛、本奇扬和弗鲁姆，谢伊纳和摩西·多罗戈伊的子女。拉齐乌夫，1922。

本奇扬于战前移居巴勒斯坦。德国人一进入拉齐乌夫，弗鲁姆就逃走了，并在苏联的战争中幸存下来。希玛也被称为多拉，于1941年7月被波兰人残忍地杀害了。扬·司克罗茨基的父亲齐格蒙特是行凶者之一。（由何塞·古斯坦提供，www.radzilow.com）

这里没有同样的情景。聚集在这里的都是来自拉齐乌夫和周围村庄的我们的人。他们肯定早已策划好了——就在这样的一个日子里，我们来杀掉他们——不然他们怎么会碰巧全都聚集在这里呢？干这事的不是任何下层阶级。人群中有很多是年轻人，他们手上拿的不是小木条，而是沉重的棍棒。

"我经常听说波兰现在没有反犹太主义。我总是说：'我家里，还有我认识的人里面，就有不少反犹太主义者，每两人中就有一个，或者也许每三个人中就有一个人是反犹太主义者，而我本人也很容易成为反犹太分子。'我们的反犹太主义是从哪里来的呢？是来自神父在布道坛上的说教，就是那个胖神父多文戈夫斯基。而拉齐乌夫的波兰人把神父说的照单全收了，因为他们没有受过教育或者完全不识字。因为犹太人生活更富裕，就嫉妒他们。其实犹太人干活更卖力，工作也组织的更好，并且能相互支持。"

扬·司克罗茨基谈到他父亲时心中既尊重又痛苦："他是一个很受欢迎的裁缝，他还聘请了好几个熟练的工匠。这么一个明智、诚实的人，还是一个杰出的裁缝，怎么会是那么一个反犹太主义者呢？"

他知道，为了和犹太人竞争，他的父亲开了一家面包店，从附近的蒂科钦聘请了一位很了不起的面包师奥德涅茨先生，此人也是一名国家党成员。仿佛这还不够，他别出心裁地挂出了一块招牌，上面写着：基督徒面包店。

"为什么叫基督徒面包店呢？"扬问道，接着又回答了自己的问题："就是为了惹恼犹太人。"他肯定一直是个很好的裁缝，因为在战争结束后，当我们搬到华沙附近的米兰努韦克时，工业设计院聘请了他，那是波兰最好的设计院。他也非常勇敢，在战争期间，他加入了家乡军，他还在炉灶和地板之间给自己建了一个藏身处，并且留了一台收音机在里面。

"当宣布大赦的时候，我父亲和他所在的部队一起出现了。然后这些家伙用卡车把他们的所有武器全都带到车站。他们太幼稚了。两个月后，当局来抓我父亲，把他关进了监狱，坐了 9 个月的牢之后，才开始审判他——是在埃尔克法院。我母亲留在家中照顾所有的孩子。我当时在沃姆扎上八年级，不得不辍学一年来帮助家里。与此同时，他们开始起诉杀害过犹太人的罪犯。我父亲又被再次关进了监狱。他们没有设法以他加入家乡军而将他定罪，也许他们可以以参与大屠杀的罪名将他定罪？没有任何证据能证实他的罪。"

司克罗茨基提议同我一起去拉齐乌夫。他非常清楚要找谁去谈并且怎样去谈。他准备帮助我从那些不想和我谈话的人口中挖出一些有用的信息来，在此地我是一个陌生人，此外还是一个记者。而且他还可以在我们为此忙碌的时候捎带着进行他自己的调查。他想要知道那些他从小就十分怀念的人那一天干了些什么。

我们第一次去是在 2001 年 2 月。扬准备得非常充分。他列出了一份 1941 年时在城里居住并且现在还住在拉齐乌夫的人的名单。另外他还准备了一份名单，这份名单上的人参与过谋杀，但他们所说的情况与他自己听到过的以及与梅纳赫姆·芬克尔斯泰因的证词完全不一样。在那些毫无疑问的人的名字旁边，他打上了一个加号，而在他不确定的人的名字旁边，他打上了一个问号。

我们经过他表兄妹的家。是个富裕的农家，有个维护得很好的农庄，门前路上还停了一辆有年份的奔驰车。当我们来到门外，刚刚跨上前面的台阶，司克罗茨基突然将对我的称呼从正式的 *pani*（小姐）改为非正式的 *ty*（你）："我告诉他们你是我的表妹，"他解释说，"否则，他们不会跟你说话。"

不知怎的，和他表兄妹们的谈话进行得不那么顺利。健谈的司克罗茨基回忆起了他的童年。他父亲在苏联统治下是如何不敢在家里睡觉，怕遭到流放，他躲藏了起来。当消息传出，各家各户都会被流放时，他母亲把扬交给亲戚藏匿起来，她自己和两个最小的孩子就在附近找到了一个藏身处。

接着我们的女主人开口说话了："只要有人谈到苏联时代，我总是会联想到过去这里人们常常讲起的有关犹太人怎样把人打发去西伯利亚的事情。"

司克罗茨基表示反对："就我们来说，救了我们性命的是一个犹太人，因为他告诉了我母亲苏联人哪天晚上会来抓我们。我被人带到夏斯基的博拉斯基家里去，是坐卡车去的。只要有人来，他们就把我藏在衣柜里或旁边搭的小屋里。那地方没有犹太人居住，明确地说，我的房东把我藏起来防的是周围的波兰人邻居。假如那个犹太人没有透露给母亲有关驱逐的消息的话，我们就不可能现在聚在这里谈话了。妈妈带着她的三个孩子也会死在去西伯利亚的途中。"

"这是真的，"他的表弟承认，"犹太人事先知道一切，因为哪些人将要被驱逐是他们点的名。"

司克罗茨基解释说，每个民族都有其败类，一个体面的犹太人会像一个体面的波兰人一样，是不屑于同苏联人合作的。

"你说的对，"他表弟媳妇说道，"当我在美国当清洁工的时候，曾经为犹太人工作过，我也曾经为德国人干过活，他们带着的家庭照片里有人还戴着纳粹党标记。这两种民族的人都是体面的人。"

司克罗茨基试图将谈话转向大屠杀这个主题。他从回忆扎莱夫斯基开始，此人是他们的舅舅，一个非常正派的人物。他讲到，他从他的女儿哈利娜那里听说，有个犹太妇女被莫达希维契殴打后，跑到扎莱夫斯基家寻求帮助。

"你说的对，"他的表弟插嘴说，"因为这个莫达希维契兄弟的母亲被流放去了西伯利亚，还带了一个小孩。如果某人的家人没有被流放的话，他们那天就不会到那里去。不管怎么样，我们为什么要谈论这个问题呢，他们中没有一个人还活着。"

"如果你知道凶手已经没有一个还活着，那么这是否意味着你知道他们是谁？"我脱口而出。

"我不会对死人还说三道四，特别是由于他们已经遭受过不公正的对待。"

谈话就这样结束了。

我们拜访了不少扬的童年朋友。由于我习惯于亲自引导谈话，所以我必须得耐心一点，因为我现在的身份只是他妻子这边的表妹，几乎是偶然陪他一起来的。要把扬的名单上的每个人都拜访到需要花费很多天的时间。所有的谈话都持续了好几个小时。每次都是扬开启话题，我则在旁边焦躁不安地等候着，等他开始询问有关大屠杀的情况。我想，他们肯定会猜测我们到这里来的目的是什么。毕竟，有关附近的耶德瓦布内，已经有了太多的说法和太多的文字记述。

"你还记得吗，"司克罗茨基问一个打小就认识的朋友，"我父亲拥有过一台功能最强大的德国百福牌缝纫机，他还是拉齐乌夫第一个拥有钻石牌自行车的人之一？"

"你舅舅扎莱夫斯基有一台百福牌，还有一台'胜家'牌，就是用膝盖去顶踏板的那种。那时我是一个为他打工的熟练工，但是只有你舅舅使用了一台百福，而且只有那个最有能力的安东尼·莫达希维契被允许操作那台机器。"

我已经从斯坦尼斯瓦夫·拉莫托夫斯基那里听说，这个莫达希维契不仅是一个能干的熟练工，而且是一个凶手。然而在那里，我只能听着他们继续谈些关于缝纫机的事情，关于赫尼奥的妹妹看中了扬，而赫尼奥又喜欢上了瓦迪娅。他们也可以没完没了地谈论战后的党派团体，"凹槽"是如何被杀的，马尔海夫卡是如何被害的，等等。只有在这些话题说厌烦了之后，扬才流露出了他来这里的目的："我必须要搞清楚所有的事情，因为民族纪念研究会正在审查耶德瓦布内事件，他们一定会来拉齐乌夫，他们会向我询问我父亲的事，所以我必须做好准备。安娜表妹，你来做笔记。"他面朝我的方向一口气说完这句话，这样可以

/ 210

让我用笔记下来而不会引起怀疑。

我很快就明白这个策略会使我们掌握宝贵的信息，而这些信息靠我自己是永远都得不到的。恰恰正是这样一种谈话，这种关于往日时光的闲聊，才给了我们这个机会。

"你应该还记得有个家伙，绰号叫 Dupek（驴）吧，"约泽夫·K. 叙述着，"你知道，就是那个放火烧谷仓的家伙，寡妇的儿子，约泽夫·克利玛施。"

当我们的谈话对象是 70 多岁的老人时，很难不会去怀疑他或她是否参与了暴行。所以当我们去拜访弗朗西斯泽克·埃克斯朵维奇，扬的父亲一手教出来的裁缝时，我仔细打量着这个寡言少语的男人的一张高尚、轮廓分明的脸，心里想：不，不会是他，我敢肯定。

那天，弗朗西斯泽克·埃克斯朵维奇在放牛，傍晚才回到镇上。我问他那些在哄抢被遗弃的房屋里的财产的他的那些朋友是否未曾叫他也加入他们。

"我去过一家人家的住房，住在那里的犹太妇女的女婿科焦乌是个受过教育的人，他拥有大量书籍。我的朋友们搬走了椅子和桌子，但我拿走了犹太人的书。后来他们嘲笑我说：'愚蠢的家伙，他就知道拿走些破书。'"

当我问他这些都是些什么书时，他很快就退缩了，好像我要求他做出赔偿似的。一分钟后，也许并非无意，他引用了波兰诗人亚当·密茨凯维奇和亚当·阿斯尼克的诗句。但是我不敢直接问他从科焦乌家里拿走的是否都是些"后犹太书籍"。

在我们来拜访的第二天，我们意识到扬的表妹肯定搜查过我们曾睡过觉的房间。她对扬的评论表明，她已经读过他的笔记，在标题为"1941 年 7 月 7 日可能的杀人凶手"的笔记内容中，他用清晰的笔迹写下了她舅舅的名字，旁边打了一个问号。从她朝我的方向看过来的眼神中，我推测她也熟悉了我的记事簿，其中我写了好几次"打电话给司克罗茨基先生"。

我们在下午晚些时候离开了拉齐乌夫，天色已经很黑了，其实第二天一早再离开会更明智些，但是，说得婉转些——我们住的地方气氛很紧张。我开车回华沙，路面结了冰，还有积雪，通常三个小时的路程，这次花了我七个半小时。

在我们赴拉齐乌夫的探险之旅结束后不久，司克罗茨基收到他家人的一封信，指责他带我一起去那里："你肯定是魔鬼附身了，扬。"

他把订正后的我给他的历史学家斯齐蒙·达特纳写的文章《发生在拉齐乌夫的大屠杀》的文稿寄还给了我，很多名字在文稿中的拼写往往错得离谱，他都给予了纠正。文稿中还有几个含义模糊的片段。例如，在下面的这句话里："第一个受害者倒下了，一个名叫司康茨基的裁缝，还有安东尼·科斯塔切夫斯基残忍地杀害了一名17岁的少女，还是一名共青团员，弗鲁姆·多罗戈侬，说她的命不值一颗子弹。他们在科帕斯加定居点附近的森林里砍下了她的头，把她的尸体扔进了沼泽地里。"再次读这段内容，我感觉这段文稿编写的很糟糕，那个裁缝不是第一个受害者，而是暴行的犯罪者，还有科斯莫切夫斯基（我早已经知道这才是真实的名字，不是科斯塔切夫斯基，我也知道那个被杀害的女孩实际上是叫希玛，而不是弗鲁姆）。当司克罗茨基告诉我他的父亲是个裁缝时，我很想知道是否另外还有别的名字给混淆了；毕竟把司克罗茨基错拼成司康茨基并不难。

雅内克肯定有同样的想法，因为当他把订正后的芬克尔斯泰因的证词还给我的时候，他已经用铅笔把斯康茨基划掉再写上司克罗茨基，还打了一个问号。然后我提出，如果他担心那个裁缝是他父亲的话，我会带他去见斯坦尼斯瓦夫·拉莫托夫斯基，拉莫托夫斯基对大屠杀的记忆是非凡的。

早些时候，当我告诉拉莫托夫斯基我之前拜访了格但斯克的齐格蒙特·司克罗茨基的儿子并且我们打算一起去拉齐乌夫时，他极力反对：

"阿尼亚小姐，你不能交那种朋友。"但是当我从拉齐乌夫直截了当地问他司克罗茨基的父亲是否是杀手之一时，他拒不开口。他说他没有去过谷仓，他怎么能知道有谁在那里呢？他只相信他自己亲眼看到的，战前，当卡明斯基牧师率领一支民族主义分子攻击队伍打破犹太人窗户时，齐格蒙特·司克罗茨基就在他身后。

"在那些事情上，他是镇里最好的人。"他又加了一句："他是犹太人的敌人。"

但是当我和扬·司克罗茨基一起去拜访他的时候，他不想再回忆其中任何一个人。

"不，不，我们不是在谈论你的父亲，那人很可能是欧根纽什·斯科姆斯基，住在仓库前马路对面的裁缝，他曾经参与过"，他解释道，然后把话题转为他仍然还穿的一件剪裁精美的黑色皮夹克，那件夹克是半个世纪前由齐格蒙特·司克罗茨基为他制作的。

我们离开后，扬又从我手中拿回了他订正了的芬克尔斯泰因的证词，欣慰地把司康茨基改成了斯科姆斯基，这一次用的是钢笔。

在华沙，我们拜访了他的一位表姐，她是住在布拉格区的一个退休女裁缝。73岁身体虚弱的哈利娜·扎莱夫斯卡步履蹒跚地绕着房子走着，一眼看上去就会引起同情。不幸的是，这种同情并没有延续很久。她对犹太人的事情知道一些，她整天都会听反犹太极右翼天主教玛利亚电台。

她亲眼看到她的波兰朋友驱赶她的犹太朋友，有些还推着婴儿车，将他们逼上死路。她怜悯那些受害者，并且抨击杀人凶手，但同时又在她的叙述中夹杂着"肮脏的犹太人"，"该死的苏联奴才队伍"，"那些犹太乞丐，现在他们想要回他们的财产"等此类话，并且轻率地把暴行归咎于受害者。

"拉齐乌夫有800个人被烧死了。犹太人有那么多是因为他们像兔子一样繁殖。犹太人骑在我们头上，对我们称王称霸。他们到处扩张，支持他们自己人。犹太人毫无顾忌地巧取豪夺，使波兰变得越来越贫困，并阻止其发展。我们已经忍气吞声很多年了。这里对犹太人没有任何偏见，波兰人只是对犹太人在苏联统治下所干的事情感到愤怒。犹太人加入了苏联内务部，制定了驱逐名单。我记得在苏联统治下他们晚上是怎样出现在床头，用枪指着：'Ublyudok（混账东西），告诉我你父亲藏在哪里。'"

"当地的犹太人用俄语骂人？"我问道，以便确认一下。

"不是的，不是的，用俄语骂人的是那些从俄国来的人。但是在警察部门有很多当地人，普通的共产党人和波兰民族的叛徒，犹太人莱泽·格林加斯，纳古勒卡、皮耶霍塔，还有我们的女佣哈琳卡的姐夫，不管他到底叫什么名字——他是一个波兰人，而不是一个犹太人。《圣经》告诉我们，犹太人是毒蛇的一支，是堕落的民族，他们是不忠实的，不值得信任。他们欺骗了主本人，因此主不得不降下灾难。主让他们在旷野中游荡了 30 年。主以他自己的方式惩罚了他们，这是绝非偶然的。战前，我从宗教研修中就了解到这一点。我记得所有的事情，我已经 73 岁了，但是我还没有患上任何硬化症，尽管我不吃人造黄油，只吃黄油，因为制造人造黄油的是犹太人开的公司。"

司克罗茨基试图打断她的话："旧约是我们与犹太人分享的信仰的源泉，耶稣就是一个犹太人。"

"你在说什么，他是上帝的儿子，那个部族跟他没有任何关系。他不会讲多少希伯来语，也根本不懂意第绪语。"

雅内克给她引用了芬克尔斯泰因就裁缝司康茨基所作的证词，司康茨基与科斯莫切夫斯基一起共同犯下了谋杀一个年轻女孩的残忍的罪行。

"哦，那是鞋匠多罗戈依的女儿，她家住在仓库附近。黑发，她留的很短，"扎莱夫斯卡立即想起来了，"她向十字架扔石头并且出言不逊。我并不是说我赞成他们在沼泽地里杀了她，还把她的头砍下来，但她是个共青团员，这是应该要说的。"

雅内克问她他的父亲是否可能参与其中。

"我很想知道真相，哪怕是最糟糕的，"他督促道，"作为他的儿子，我有权知道我父亲是否参与了暴行。"

"这是令人震惊的事，但在你母亲和我的记忆中，我发誓没有人知道究竟发生了什么事。你父亲是一个年轻人，乐于去打架斗殴，"他的表姐有点紧张不安地说道，"你父亲是个民族主义者，提醒你这一点我感到很荣幸。那些身强体壮的年轻人往往会去撞翻犹太人的鲱鱼桶，拆除他们的货摊，告诉波兰人不要从犹太人那里买东西。犹太人记得你老爸是一名活跃分子，这就是为什么他们把他列入驱逐出境的人员名单。"

在我们拜访哈利娜·扎莱夫斯卡期间，我低声要求他去询问她对我们在拉齐乌夫谈过话的每个人的看法。"瓦尔戴克·K. 没有卷入其中，是吗，涉案的只是他的兄弟？"扬问道。

瓦尔戴克·K. 是扬的表哥的岳父，他表哥在我们第一次拜访以及后来的拜访时都给了我们热情接待。"哦，没有，你怎么能这么说，他心中有着上帝。他可能趁乱抢了一些东西，不论是谁，只要身体强壮还碰巧在那里，都会顺手牵羊的。那天在市场上，父亲遇到了一个他雇用的工匠，此人来到镇上想从犹太人家里搬张床走，因为他家非常贫穷，晚上都睡在地板上。凡是参加了杀戮的波兰人都是家中有亲人被苏联人流放了的。"

"那么约泽夫·K. 也没有参与其中？"我想确认一下我们在拉齐乌夫会见过的扬的朋友的姐夫，他家里没有一个人被驱逐出境；这一点我知道的很明确。他是一个坦率、很有同情心的人，但是当他一而再再而三地突然发出一种紧张的傻笑时，我不禁产生了怀疑；每次他发出怪笑，都是我们在谈论杀戮和强奸的时候。

"约泽夫参加了针对犹太人的大屠杀，他们是晚上到各家各户去的。他家里没有人被驱逐出境，他那样干只是为了他的那帮朋友。"

在华沙近郊的奥特沃茨克，我们去见博莱斯瓦夫·齐谢夫斯基，他曾经是扬的父亲的裁缝助手。那时他 15 岁。他看到犹太人被赶入市场，婴儿被扔进燃烧的谷仓。他口中说着，脸上没有露出怜悯的表情。扬直截了当地问他他的父亲是否参与了屠杀暴行。

"你的父亲是一个硬汉子，但我们不要忘记犹太人干了些什么。他们把多少波兰家庭流放到西伯利亚去了？人们有理由对犹太人怀恨在心，但现在我不知道犹太人为什么还有怨气。"

当我们又返回拉齐乌夫时，我们没有再去见扬的表兄弟们。扬从他们的信中明白，他们之间已经情断义绝了。作为替代，我们去见他童年的朋友欧根尼娅·K.和她的丈夫。当我们和他的家人在一起的时候，形势一度很紧张，但是现在我们受到了热情款待，被挽留过夜，床都早已经为我们铺好了。然后，我们的主人开始说道："我在市场上遇到了你的表弟。他说你曾经带着一个犹太姑娘来见过他。我只是耸耸肩，说：'我不相信扬还会糟蹋自己的老窝。'说完我便转过身去不再理他。"

当我们回到旅馆时，我拿了一份 1945 年对拉齐乌夫的凶手之一莱昂·科斯莫切夫斯基的审判文书给扬看。我只是刚刚收到这些案卷，还没来得及抽时间去仔细查看。我最喜爱的侦探系列片《神探科伦坡》正在电视上播出。在插播广告期间，扬念给我听一些调查摘录。

科伦坡说道："现在我可以告诉你谁是凶手。"此时插入了商业广告。扬开始念 1945 年 12 月 3 日梅纳赫姆的父亲伊兹拉尔·芬克尔斯泰因的审讯笔录："科斯莫切夫斯基召来了几个人组成一个团伙，然后动手去拆毁犹太人家的房子。他们把犹太人拖出家门，殴打他们，直到他们失去知觉。他们还强奸了很多年轻女孩，应该特别注意他们对博罗卓维茨基家中的母亲和女儿的强奸，她们后来都被杀害了。那些发生在夜晚的暴行持续了两个星期，直到 1941 年 7 月 7 日。"他列出了这个团伙成员的名单："司克罗茨基，裁缝，也是团伙首领之一。"

"不知何故，我知道这个结果"，扬说道。他的声音很平静，但是他的手指在翻页的时候有点神经质。

尽管有了这个新的和痛苦的认识，他仍然继续与我一起探索。

"这是一个正派的家庭，"扬说道，一边带我走进拉齐乌夫的另一所房子，"他们住在皮耶克纳大街。亚历山大还活着，他肯定见识过很多事情。"

见到我们，亚历山大·巴格罗夫斯基不太高兴。他不知道战争中发生了什么事，也不记得战前的那段时期。但是当扬开始谈起国家党的活动的时候，他不由自主地开始哼起一首他小时候就记得的歌，曲调借用的是一首柯斯丘什科（译者注：19世纪波兰民族英雄）时代征募农民新兵的歌曲：

> 向前走，小伙子们，加快步伐，
> 现在收获在等我们拿回家。
> 让我们收回所有的买卖，
> 犹太人赚的钱全归我们啦。

我没有去费力记下第二节歌词，他唱歌的声音压得很低。当我让他重复一遍时，他似乎意识到这样唱很不恰当，因为后来发生了那样的情况。他变得心慌意乱，突然沉默了下来，不再愿意回忆任何事情了。这时扬直言不讳地问他一个问题："是谁干的？"

"我什么也没看见。我知道是德国人干的。"

"我来告诉你是谁干的：我父亲就是其中之一。是波兰人干的。"

他又陷入了沉默，但最终我们的对话者无法再继续忍受。压低了嗓音，他轻声地赌咒发誓："他妈的，你是对的，发生这样的事情实在太令人恶心。"

然后他开始说话了。

"前一天，犹太人已经开始躲藏在谷堆里了。他们在谷堆里发现了犹太人，就把他们拖拽到谷仓去。那天我在奥克拉辛附近挖泥煤。我听到了尖叫声，也看到了烟雾。那个收破烂的犹太人莱泽的妻子躲在我们家的鸡舍里，她的儿子有一大家子人。我看见她就对她说：'你就藏在这里别动，女人。'但后来她控制住了自己的情绪就离开了。那天邮差亚当·卡明斯卡来了，革命期间他人在俄国。他说：'不要去那里，不要去抢劫。'我们家没有一个人去，我们谁也没有染指任何不属于我们的东西。出于好奇，人们纷纷跑过去看热闹。我要是也到那里去，或者去拿任何东西，我是会觉得很羞耻的。我之前和什拉巴克家的男孩子一起上学，他爸爸开了一家商店。难道期望我去偷他们家的东西吗，去我朋友的家？不管怎样，妈妈会用她的织布机给我做衣服，我在美国的阿姨会寄东西给我，我没有必要去攫取他们家用过的旧东西。那些成群结队从乡村来的，从翁索什和利舍来的垃圾才会去干那种事。就是那帮渣滓干的，他们玷污了整个波兰的声誉。"

回到华沙后，我给斯坦尼斯瓦夫·拉莫托夫斯基带去了审判莱昂·科斯莫切夫斯基的案卷；拉莫托夫斯基承认在大屠杀当天见到了齐格蒙特·司克罗茨基，就站在他家门口，还说他不得不参加。拉莫托夫斯基在与我和司克罗茨基谈话时并不想这么说，因为他不想让我感到不舒服。

扬和我又一次一起去了拉齐乌夫，我们试图找到安东尼·O., *Dziennik Bałtycki*（《波罗的海日报》）曾经提到过这个名字。他亲眼看到波兰居民用棍子和木棒围捕犹太人。后来发现确实有这样一个人，他的姓名的缩写正好对得上；整个战争期间他都住在拉齐乌夫。扬·司克罗茨基甚至还记得一点以前的他。我们在院子里同他说话，因为即使天气很冷，他也没有邀请我们进屋去。他强烈否认他曾经告诉过任何记者任何事情。

显然，我们要找的安东尼·O.是另外一个人。眼前的这个人告诉我们，"犹太人把大批波兰人出卖给苏联内务人民委员会。如果不是我几天前在收音机里亲耳听到这个消息的话，我本来是不会说的"。

他的岳父在翁索什藏了一个犹太女人（这件事已被证实——我从斯坦尼斯瓦夫·拉莫托夫斯基口中听说过瓦迪斯瓦夫·瓦金斯基），"后来，（他们的）女儿萨比娜在美国为犹太人工作并向他们透露了这件事，他们非常崇拜她"。当我要求提供进一步的细节时，刚好有人正沿着这条小街走过来，安东尼立即改变了话题。

很快，我们设法找到了我们真正要找的安东尼·O.。

他是来自格但斯克的安东尼·奥尔谢夫斯基。奥尔谢夫斯基的母亲亚历克桑德拉，在大屠杀的那天把两个犹太儿童藏了起来。可是她因为害怕邻居报复，很快就把他们打发走了，但在20世纪80年代，她所救过的孩子们找到了她，并邀请她和她儿子一起去以色列。

"战争结束后，孩子们有时会被告知，'到坟墓那里去取一些沙子来'，因为那里有很好的黄沙可用以抹墙面。我也在那里取过沙子"，他继续说道，还说在他们房子的地基上有些石块是从焚烧过的谷仓里取来的。"每个人都去取。有一次，我发现了一块骨头，一怒之下就把它扔出去了，我的一个朋友把一块头骨扔进了河里。现在想起来真是太可耻了，但是当时我们缺乏想象力，意识不到。"

他还记得与志愿者消防队乐队一起一个村庄接一个村庄地去举办音乐会。有时候他们会听到有人喊："你们是从拉齐乌夫来的，在那里你们烧死了犹太人。"回到拉齐乌夫后，没有人再提这件事。

"尽管从斯切莱茨卡那里或从当时回售伏特加酒的布罗尼亚·帕胡斯卡那里你只买了半升伏特加酒，但很多人就会在背后乱嚼舌头。后来我了解了很多，因为在我们家里，这种事情是可以随意交流的。犹太人被赶到磨坊附近的沼泽地，然后淹死了，母亲总是说：'不要去那里，有人在那里被淹死了。'当邻近的妇女来我家时，妈妈会给她们酿啤酒喝，她们到最后总会又议论起同样的那些事情。我记得我母亲对一个凶手的行为大发雷霆：'我不知道这个无耻的狗崽子怎么会有胆量在游行队伍中扛着华盖'，这句话使得那些凶手的母亲们受到极大的打击。奥列克·德罗兹多夫斯基的母亲会上我家来哭诉：'亲爱的，我该怎么办？他是一个成年人，他还曾经威胁要劈开我的胸膛呢。'"

不论是出于恐惧、串通，还是需要忘记，凶手们都重新融入了社区。

安东尼·奥尔谢夫斯基的母亲毫不犹豫地送他去给他们中的一个名叫费利克斯·莫达希维契的当学徒。

"他教我打铁——他是一个很好的工匠，我父亲不得不卖掉一头母牛来付他学费，"奥尔谢夫斯基回忆道，"一群暴徒常常聚集在他的铁匠铺回忆往事。他们会把我赶走：'滚开，你这个臭小子。'我姑妈曾经在我面前无意中吐露了一些话，当时我还没有意识到其中的含义，所以我就重复了她所说的话：'师父，那些犹太人在你睡觉的时候曾经来找过你吗？'他回应道，'你这个婊子的儿子'，顺手朝我扔过来一把铁锤。"

我记得拉莫托夫斯基告诉我他去找过莫达希维契，因为当地没有另外一个铁匠钉马掌能钉得跟他一样好。"但是我不愿意看着他，他也不看我；他一直低着头"，斯坦尼斯瓦夫说道。岂知奥尔谢夫斯基还记得那些场合："莫达希维契为他的磨坊制造了刀片。拉莫托夫斯基的妻子一直同他一起进城，但她拒绝踏进铁匠铺一步。每次当她经过时，她都会绷紧身子，加快步伐。"

在我们的调查过程中，司克罗茨基和我不止一次地回到拉齐乌夫及其周边地区，并且探访了马祖里、卡苏贝、波莫瑞和马佐夫舍等地区——每到一个地方，扬都能设法找到一些线索。他总是能用他的技巧来使采访顺利进行，每次都有令我感到吃惊之处。他耐心地等待着他的谈话对象说出他想得到的一切，然后突然间，他会让谈话对象去面对事实真相："是波兰人干的。那里一个德国人都没有。"

"但他们很可能穿着便衣在那里！"他们会提出异议。

"那里一个都没有，"司克罗茨基反驳道，"德国人来过又走了。他们断定，他们可以相信波兰人为了他们自己能干好这件事。"

　　"这就是所发生的事情的真相"，他的表弟皮厄特勒·科斯莫切夫斯基说道，他原以为犹太人自己应该承担责任的。

　　在格拉耶沃，我们去见了扬·雅布翁斯基，他是司克罗茨基一个童年朋友的兄弟。1941 年时他刚满 10 岁，他记得当天在玛特拉克河对岸放牧的牛群。他似乎对我们的谈话怀有戒心。

　　"是德国人干的"，他声称。

　　"你看到他们了吗？"我问道。

　　"这只能是德国人，那个时代是他们的。"

　　在我们来访快结束的时候，我们的谈话达到了高潮，扬·雅布翁斯基记起了他终究还是去过谷仓。那里有德国人，穿着蓝色的军装，戴着钢盔，佩戴 SS 徽章。几十挺机关枪都对着谷仓。德国人用轮子堵住了大门，所以没有人能打得开，他们用枪口对着约泽夫·克利马谢夫斯基，命令他去放火烧掉谷仓。然后他们带来了氯气或是生石灰，去撒在周围，以防止传染。

　　司克罗茨基打断了他："你应该说实话，不要这样满口喷粪。如果我们得不到真相，谎言就会流传下去，我们的子孙后代就会一直受骗。"

　　扬·雅布翁斯基承认有几个凶手。他还记得波兰人的掠夺行径。"当他们从翁索什来的时候，我们这里的人们就会说，'Pashol von'，俄语意思是'从这里滚开'——'你们不能偷我们这儿的犹太人的东西。'拉齐乌夫到翁索什的距离有 25 公里。但是，如果劫匪从 5 英里远的地方来的话，他们就不会掉头回去了。"

　　扬和我试图描绘出一幅大屠杀后镇上的日常生活情景图。那些和我们交谈过的人告诉我们：

　　"他们说，因为我们欢迎了德国人，他们会表示感谢，还会除掉犹太人，以便让我们平静地生活。"

　　"但是后来比苏联时期更加糟糕了"，安杰伊·R.说道。

　　"那么战后呢？"

"战后一切都很正常。就好像从来没有过犹太人一样",扬·
C.说道。

"在教堂里,从来没有人提到过屠杀犹太人的事情。事情已经发生
了,那就不要再说了",博莱斯瓦夫·齐谢夫斯基说道。

"多米尼克和亚历山大·德罗兹多夫斯基兄弟俩在杀人事件中都非
常活跃,解放后立即就出现在市场上,摆出他们掠夺来的物品。那可是
件大事,每个人都去他们那里购买",安杰伊·R.说道。

我们问道为什么战后没有人出来指责凶手。

"他们都吓坏了。"

"你为什么这样想,是为了维持和平。"

"我告诉你,他们很害怕",玛丽莎·科雷钦斯卡说道,支持第一
位说话者,"有一次费利克斯·戈德莱夫斯基喝醉了,他站了起来,做
了一个用镰刀砍掉一个人脑袋的姿势,一边说道,'对我来说,一个人
不过就是一阵空气的呼啸而已'。"

"我必须查明真相来弥补我父亲的过错",在我们再次动身寻找证
人时,扬·司克罗茨基说道,这次是去波莫瑞和卡苏贝。他没有找到能
理解他的人。有个名叫安杰伊·R.的调查对象带来了一份为高等神学
院作捐献的表格。"为什么要把钱都花在围绕着波兰开车上面?捐钱为
你的父亲做一次弥撒吧,你的良心会因此而变得敞亮。"

在埃尔克,我们找到了莱昂·科斯莫切夫斯基的家人。一栋宽敞的
别墅坐落在湖边的一个斜坡上,科斯莫切夫斯基的女儿和20岁的孙女
就住在那里;他本人两年前去世了,享年88岁。直到临终,他身体一
直很健康。她们无意与我们交谈,但司克罗茨基没有给她们机会把我们
赶出去,他说他母亲的娘家姓是科斯马切夫斯卡,所以他小时候就把所
有叫科斯莫切夫斯基的人都叫做"舅舅"。

"他们指责他在市场上强奸了一个犹太妇女,但是事实上他救了
一个犹太妇女,"他的女儿尖声叫道,"一个德国人指着那个女人问他,

'裘德?'他说不是,这样就让她逃跑了。几年后,一个犹太妇女出现在城里,询问他的情况,我确定这就是他救下来的那个人,想要来感谢他。我们知道父亲曾受审,但是那次审判是由一个恶毒的谣言引起的。他被人揭发是因为一笔交易出了错,附近的一位妇女和父亲结了仇。"

那个孙女插话说:"奶奶说,爷爷救了一个来自克拉玛切瓦的犹太妇女,现在他们却乱写一气。但还是有一位历史学家你可以认真对待的,是斯特泽博斯教授。我们再也不会听任何人的胡言乱语了。"

司克罗茨基和我都知道那位来自克拉玛切瓦的犹太妇女只会是玛丽安娜·拉莫托夫斯卡。我们也知道她在法庭辩护中提供了虚假的证词,因为她担心自己的生命。

司克罗茨基试图打断她的话,但他是一个脾气温和的男人,可是这个女人却不断提高她愤怒的嗓门。最后,他从椅子上站起来。

"我不想再听这种话了。现在责任落在我们身上,也就是他们的孩子们身上。如果你不能承认这一点,那么对你来说就愈发糟糕了。安娜,我们走吧!"

我们便离开了。

雅内克似乎像个很满足的人。他在他的人生道路上取得了很大成功,是六个兄弟姐妹中唯一一个接受过高等教育的人。他成了一名被大家认可的职业工程师。他把他的两个女儿送进了医学院。60年代当他必须要加入共产党的时候,他就加入了,然后到1980年一旦可以退出,他就退出了。就像许多党员一样,他也欣慰地欢迎波兰团结工会。他在格但斯克的圣布里吉德大教堂中为团结工会合唱团唱过歌。他重视秩序和纪律。他喜欢早点到火车站,计划好自己的时间,这样他就从未匆匆忙忙地赶路。他认为惩罚是教养孩子的一个很有必要的组成部分。他喜欢谈论他的狗,还有帆船。他喜欢讲笑话。我很想搞清楚为什么在所有的人中,他,一个"普通的波兰人",会决定用他的一生来承担记忆的负担。

日　记

2001年5月13日—6月1日

2001 年 5 月 13 日

　　一星期后我将去以色列。我想同格罗斯在《邻人》一书中引用过其证词的大屠杀目击者谈一谈。我已经打了好几次电话给阿维格多·柯乔，试图安排一次会面，但我总是得到同样的答复：他身体不适，他不想与人谈话。我觉得他对我有些敌意。我担心，对他来说见到来自波兰的人可能使他心情波动。于是我让我的舅舅什穆埃尔·霍洛维茨去见他——什穆埃尔是特拉维夫一座养老院的创始人和名誉院长，也是我所见过的最热心的人之一。结果起作用了。当我到达特拉维夫时，什穆埃尔还会再打电话给他。柯乔答应了他会接待我们。

　　在《共和国》报上刊登了托马什·斯特泽博斯写的一篇长文：《撒旦的进入抑或盖世太保的抵达？》（请参看我登在《选举报》上的对斯坦尼斯瓦夫·普泽奇夫斯基的采访，标题引用了普泽奇夫斯基的一句名言："撒旦进入了耶德瓦布内"）。这位受人尊敬的历史学教授采纳了劳丹斯基兄弟，耶德瓦布内的凶手（他们嘲笑瓦瑟斯泰因："对于一个十几岁的小孩来说，难道他看到的和听到的不是有点太多了吗？"）的讽刺风格，对阿维格多·柯乔的证词发表了评论，柯乔逃离了他的家人都死在其中的谷仓："他还会回到谷仓去偷听凶手们的谈话吗？"

斯特泽博斯是指两名指证德国人在耶德瓦布内犯下这一罪行的目击者。第一个是斯特凡·博奇科夫斯基，1941 年他住在格朗迪马维；他给教授写了一封信："我们两个和许多其他当地人一起隔着一定距离走在犹太人队伍的尾巴后面。当他们全部被迫进入谷仓时，一辆运送部队的军车飞快地开到了，一部分士兵从卡车上跳下来，剩下的士兵开始迅速地将汽油罐递给那些站在地面上的士兵，他们立马就把汽油倒在谷仓的各个角落，也是以闪电般的速度。"一辆军车，士兵们从车上跳下，一个闪电般的行动，这些画面我也看到过，只要看过那么多战争电影，这些场面就已经很熟悉了。

斯特泽博斯并没有深入了解为什么"许多其他当地人"会跟随在犹太人的队伍后面，还有住在格朗迪马维的 15 岁男孩斯特凡·博奇科夫斯基那天究竟在耶德瓦布内做什么。格朗迪马维距离耶德瓦布内有 4 公里；7 月 10 日早晨，周边各个村庄满载着用棍棒武装起来的农民的马车向耶德瓦布内进发，这个村庄就是其中之一。

第二名证人是来自罗斯基村的阿波利纳里·多米契，其证词在《华沙生活》（*Życie Warszawy*）的采访中被引用。多米契现在居住在绿点，这是位于纽约布鲁克林区的一个波兰社区。他说，他和两个朋友一起在罗斯基和耶德瓦布内之间的草地上放牛，距离谷仓大约半公里。当火焰突然燃烧起来的时候，他们马上朝耶德瓦布内跑去。"我们很快穿过市场。那里很平静，所有门窗都被关闭了，街上空无一人。谷仓里大火熊熊。所以我们就向克门塔纳大街走去。德国人正在退出火热的现场。"

"其他人呢？"

"什么其他人？那里只有德国人。我们在那儿没有看到一个波兰人。就只有我们。"

关于格罗斯的书，他说："整个一个弥天大谎，先生。他怎么能编出这么一套东西出来呢？当一个朋友和我一起看了后，我们都难以相信居然会有人说出这样的谎言。"

采访了多米契的《华沙生活》记者反驳说，克瓦希涅夫斯基总统并不质疑波兰人犯下的罪行。

"那么克瓦希涅夫斯基在场吗？或者在其他什么地方？当时我在那里，而不是他，我亲眼看到发生了什么事。"

斯特泽博斯认为所有这些都是非常可信的，然而却忽略了这两种陈述其实是相互矛盾的这个事实。如果像多米契所说的那样，在犹太人被烧死的时候谷仓旁边"只有德国人"——那么按照他的看法，顺便说一句，那就是因为他们出卖基督致死而受到的惩罚，而仅有的波兰人就是阿波利纳里与他的两个朋友，那么斯特凡·博奇科夫斯基就无法看到他所看到的情景，因为他不可能在那里。更何况，你只需要看一眼地图，就会发现多米契的故事在地形上是不可信的。罗斯基位于耶德瓦布内以南两公里，而谷仓位于小镇东北角，离市场直线距离约为半公里。到目前为止，针对格罗斯所累积起来的白痴行为和不公正指责已经泛滥成灾，达到无所顾忌的程度。

托马什·斯特泽博斯教授是一个公认的历史学家，他写的有关二战期间华沙地下武装的书很受欢迎，他也是一个社会活动家。他感到有责任去捍卫波兰家乡军和波兰人民的波兰。"耶德瓦布内事件唤醒了这位波兰传统爱国者心中的恶魔。"他的一位历史学家朋友解释说。

这点恰恰就是斯特泽博斯的所有荒谬言论让我感到如此痛苦的原因。耶日·罗伯特·诺瓦克是一个著作颇丰的反犹分子，他现在正在写一本关于"格罗斯的谎言"的书，此人却不能使我感到如此烦恼——我已经做好准备去接受，在任何这类情况中，总会有一个疯狂的极端分子。无论如何，根据高斯的概率论（他发明了贝尔曲线），如果没有耶日·罗伯特·诺瓦克，在曲线的另一边我们就不会有那些波兰天主教徒，他们从自己的深切需求出发，着手去清理 70 年代的犹太人的坟墓。尽管如此，认识斯特泽博斯的历史学家们说他不是一个反犹太主义者，而且他的人生成就激发了人们对他的尊重和赞誉。在我眼里，当他的祖国和他的同胞的形象受到威胁时，他的身上可以体现一个正派的波兰人能够对犹太人做出的反应。

2001 年 5 月 14 日

在康斯坦钦。斯坦尼斯瓦夫·拉莫托夫斯基的生日。他不停地说着："上帝禁止任何人发现我们之所在。"但同时，他是一个善于交际的人，当我带客人来的时候，他非常高兴。他特别喜欢我的妹妹玛丽莎。这次我带来的是我的朋友海伦娜·达特纳·施皮韦克，事实证明这是个好主意。几分钟后，他们说话就像老朋友似的。海伦娜告诉拉莫托夫斯基有关她父亲斯齐蒙·达特纳的情况。他是如何从比亚韦斯托克犹太人聚居区逃出来去打德国人的。他成功地加入了一个俄国犹太人的党派团体，但在他和一个朋友射杀了两名卫兵之后，他不得不逃走了。他杀过人，这使他一生为之痛苦不已。比亚韦斯托克解放后不久，他就出任该区犹太人委员会主席，也曾短暂地成为共产党市议会议员。他提出过一项永久禁止在学校教授德语的法案，议会通过了该项法案。但他不打算留在波兰，他去了巴勒斯坦。后来他又回来了，原因是他恋爱了，而海伦娜未来的母亲不想离开波兰。"就像我的妻子一样——她也不会离开"，斯坦尼斯瓦夫说着，同情地点点头。

2001 年 5 月 15 日

对天主教新闻局的大主教格莱姆普的采访令人震惊。大主教说，长期以来教会一直受到一个诽谤运动的攻击，目的是要让教会为针对犹太人的犯罪行为做出道歉；很清楚，格罗斯的书是受人委托写的，耶德瓦布内的大屠杀根本没有任何宗教意义上的潜台词。之后，他抛出了一大堆反犹太的陈词滥调，包括这样的精彩警句："犹太人更聪明，知道怎么利用波兰人"，"犹太人因他们奇怪的民俗而遭人厌恶"。当然还有："犹太人难道不应该承认他们对波兰人是有罪的，特别是在与布尔什维克合作期间，他们共同把波兰人流放到西伯利亚去，以及他们把波兰人送进监狱的方式？"最后，大主教说，反犹太主义是不存在的；然而，反波兰人的确是存在的。《选举报》对此采访所加的一则评论提醒大主教，教会的反犹太主义不是格罗斯的一项发明，因为教皇此前已经就此向犹太人道过歉。

2001 年 5 月 17 日

莱谢克·杰齐茨打来一个电话，问我是否能够去一趟，因为他的父亲莱昂已经从美国来参加纪念仪式。我跳进车里，三个小时后，我就到了耶德瓦布内。

莱昂·杰齐茨——个矮、瘦小、腼腆——坐在厨房里，戴着一顶有檐军帽，听见有人来便转过身子。当他被选中去埋葬在谷仓中烧死的犹太人的遗体时，他才 14 岁。他对这项罪行了解很多，但是跟他谈这件事并不容易。他的嗓音时断时续，他试图隐藏他的眼泪。我问他怎么给他自己解释这项罪行。

"他们需要内衣，所以他们就从犹太人那里拿走了。"

莱谢克打断他的话说："告诉她，爸爸，就像你告诉我的那样：他们为了一件劣质犹太人的长睡衣而出去杀人。"

莱昂·杰齐茨说，掠夺他人财物的欲望被学校宗教课上灌输给他们的反犹太主义强化了："有些人是教会的支柱，他们在宗教游行的队伍中扛着旗帜，然后去撕开犹太人的肚皮。有个邻居，无论人们在说什么话题，他总是会插进几句骂犹太人的脏话，我提醒他说：'你自己都在向一个犹太人和他的犹太母亲祈祷。'那个邻居回答说，'莱昂，你是个白痴。'他的兄弟是一个神父，碰巧在场，也出面支持了他。难道我还

/ 225

不知道耶稣直到 30 岁才受洗，而且他的使徒都是犹太人吗？但是在这周围的人们对宗教根本就是一无所知。战前，我会吃我朋友们带到学校里来的犹太逾越节薄饼。人们说在那个薄饼里面有基督的血，战后，我鼓起勇气向海伦娜·赫扎诺夫斯卡询问此事。而她回答说这些全是胡说八道。"

莱昂·杰齐茨继续说道："战后，海伦娜小姐在这里生活，吃了很多苦，虽然她已经受过洗并且嫁给了一个波兰人。然而，她从来不抱怨，尽管她曾经有一次突然伤心得流了眼泪，并且说如果她早知道人们的偏见有如此强烈，她就永远不会结婚，那样她就不会生孩子了。"

我想知道回去之后我会怎样同海伦娜·赫扎诺夫斯卡取得联系。莱谢克·杰齐茨建议他先去造访她，尽量说服她同我谈话。如果她同意他就会回来找我的。

我问莱昂·杰齐茨，他是如何被选中在 7 月 10 日以后去处理尸体的。

"大屠杀过后的几天里，他们下令城里和郊区的每条街道都要派出一个人来报到接受调遣。他们挑选了像我这样的年轻人。我们试图辨认出谁是谁，被烧焦碳化的尸体都在上面，而在底下的尸体只是轻微地被烧焦了。当凶手放火烧谷仓的时候，人们全都冲到了东边的一个通风口那里。他们全都挤成一堆。要说清楚那里到底有多少人是不可能的，因为我们用耙子一会单独扒出一只手臂，一会扒出一个头颅。我们把那些零零碎碎的尸体埋了起来。有三名警察站在旁边盯着我们。有一个略微烧焦的鞋盒，有人拾起它，从里面掉出一些金币。许多人动手去捡，但是一名警察下令收回那些钱币；只有一个家伙把一枚硬币塞在靴子里面才保留了下来。我捡了一块手表，然后又把它扔进了坟墓，因为它不是我的。"

莱昂·杰齐茨看见谷仓对面路边有新鲜的刚挖出的泥土，就在犹太人公墓的地面上——这是犹太人被埋在那里的一个迹象，那些犹太人是被分别杀害的，不是集体屠杀。

他曾经帮助过什穆埃尔·瓦瑟斯泰因两次，第一次是在 1941 年 6 月底，就在大屠杀之前："俄国人已经离开了，德国人还没来得及接管，而恶棍们已经在加紧策划谋杀了。犹太人正在把他们的财物清理出来去埋在某个地方，或者找个他们认识的农民委托他们保管。什穆埃尔把他的东西藏在野外的一个马铃薯地窖里。几天之后，看起来形势正在逐渐平静下来，他可以把财产安全地带回家了。我同什穆埃尔相处的很好，所以他向我求助。我们赶了一辆马车去，但是在集市广场上被三个人拦住了。他们殴打什穆埃尔，仔细搜查他的衣服，解下马具，用鞭子抽马，我也被鞭子抽了好几下。那三个人后来参加了把犹太人赶进市场的行动。"

尽管有些困难，莱谢克还是让他的父亲告诉了我那三个人的名字：博莱斯瓦夫·拉莫托夫斯基、拿破仑·皮霍茨基和耶日·塔纳基。

杰齐茨家人第二次帮助什穆埃尔是在大屠杀之后。

"我到谷仓去贮藏喂马的草料，我的干草叉几乎要叉住他。我听到叫我的声音：'莱昂，原谅我，这是我，什穆埃尔。'我说：'别说话！'因为隔墙有耳。隔壁那位女士和一个德国人同居，常常会过来偷我家养的鸡……黄昏时分，我母亲在她平时穿的衣服外面又套上了另一层衣服，在不会引起别人注意的情况下去带给什穆埃尔，因为他身上没穿什么能保暖的衣服。她说她要出去喂狗；我们家有八个孩子，其中一个可能会落掉什么东西。后来，克莱门斯舅舅把他带到扬泰弗考去，藏在怀赞考斯基家里。"

战争一结束，什穆埃尔·瓦瑟斯泰因立刻就搬去了比亚韦斯托克，他给莱昂的母亲写了一封信，邀请她去他那里做客。他送给了她可供她五个儿子做皮鞋的皮子，还有给她女儿们做裙子的一块布料。

按照莱昂·杰齐茨的记忆，他们是在 1941 年 7 月 10 日之后就给什穆埃尔·瓦瑟斯泰因提供藏身之处的，但是在我复原他的人生轨迹时，我清楚地看出什穆埃尔是在 1942 年秋天发生的追捕犹太人事件之后才藏在他们家的，这样一来，就晚了整整一年。而拉莫托夫斯基却坚持认为，拉凯拉的家人是在1943年被带到了拉齐乌夫犹太人聚居区的，但是这事情肯定是发生在更早的时候，因为到了1943年，拉齐乌夫已经不再有犹太人居住区了。就日期和数字而言，看来你不能依靠任何人。

莱昂的心很受伤，因为他的表嫂，已故克莱门斯的妻子，在这次来访时和他打招呼用了这样的一句话："你从犹太人那里得到了很多牙齿吧。"她很清楚当地人已经习惯于从被杀害的犹太人的尸体上寻找金牙。每当有人感到犹太人值得同情时，立刻就有人嘲笑他爱犹太人是因为爱他们的财富，这样的情况已经习以为常了。

"我直截了当地告诉她我的表哥克莱门斯当时做了些什么，因为是我亲眼看到的，"莱昂·杰齐茨继续说道，"他没有杀死任何一个人，但他确实抢了一些财物。就在德国人快来临之前，有个犹太家庭用马车装了他们拥有的所有财产正准备逃离，然后他和一个朋友上前强迫他们下车，把他们的东西全部抢走了。这家犹太人流着眼泪，徒步继续往前走。"

莱昂·杰齐茨告诉我说，有些人因他们的同胞犯下的罪行而感到不安："在墓地附近开着一家铁匠铺的雅内克·卡利诺夫斯基，为来自普热舍尔斯加大街上的一个铁匠什穆尤保留着一个铁砧和一些铁钳。雅内克与杀了犹太人的那个卡利诺夫斯基没有任何关系。当地的凶手告诉雅内克去接管工场里的设备。他们来找卡利诺夫斯基，要他经营一家铁匠铺，因为德国人曾经说过，波兰人可以杀死所有的犹太人，只要所有的工场以后都有人干活就行。那时我在街对面的一家肉类合作社那里当看守，雅内克·卡利诺夫斯基和我多次提起那个设备的故事。"

莱谢克白跑了一趟。海伦娜小姐表示很遗憾，可是她病得很重。

"她很害怕，你必须要理解这一点，"莱谢克说道，"我父亲也是，因为他在电视上露过面，他一直在担心他们会烧掉我们家的房子。我再次向他保证：'爸爸，如果有人愚蠢到往我身上扔钱的地步，那么就让他们继续下去吧，我是买了保险的。'我对任何事情都不觉得遗憾，至少我对我所生活的地方没有抱任何幻想。"

2001 年 5 月 18 日

来自耶德瓦布内的消息。经过长时间的谈判，别杰茨基同意把纪念碑下的土地卖给政府，价格是布贝尔开给他的一半。也就是说，5 万兹罗提。

致电伊格纳季耶夫检察官。我再次仔细查看我从耶德瓦布内的审判记录中记下的笔记，但仍然无法弄清楚为什么有些人被定罪，而另外一些人则被洗脱罪行，尽管指控他们的一切表明他们都是有罪的。是不是他们中的一些人同意与秘密警察合作——在这些地方某种内战还在进行着——所以他们杀害犹太人的罪行就被刻意掩盖了起来？伊格纳季耶夫回答说一个记者可以提出任何假设，而一个检察官则必须有证据。但我从他的声音中听出了一定程度上的认可。

2001 年 5 月 22 日

特拉维夫。我请什穆莱克叔叔帮我在海法的电话簿里寻找芬克尔斯泰因一家。70 年代他们就住在那里了，当时以色列犹太大屠杀纪念馆曾经派人去记录他们的证词。查亚和伊兹拉尔那时已经上了年纪，但也许他们的孩子们还活着？电话簿里有几十个芬克尔斯泰因。什穆莱克耐心地一个接一个给他们打电话，邀请他们参与某种谈话，但是每一次他都表明不是要找的人。最后，在打了大概七个电话之后，我们放弃了。

2001 年 5 月 23 日

耶路撒冷。我穿过一个空空荡荡的城市，因恐怖袭击游客消失得无影无踪。我想去见见战前住在耶德瓦布内的梅厄·罗内。我从摩根·泰·罗杰斯那里得到了罗内的联系方式，摩根是纽约的一位年轻律师，他为《耶德瓦布内回忆录》一书制作了网络版。罗内是他的一个远亲。

梅厄是一个非常优雅、敏锐而又脆弱的男人，我的来访使他感到震惊。他在过去 60 年里一直没有讲过波兰语；他提议请他住在附近的女婿来为他将希伯来语译成英语。但是他只用了一刻钟的时间就回到了似乎已经不可挽回地深埋在他记忆中遥不可及的角落里的语言。我在耶德瓦布内从来没有听过有谁能把波兰语说得那么漂亮的。在他的记忆中他保存了所有波兰国王和他班上所有孩子的姓名。还有许多痛苦的回忆，比如在 30 年代末期，老师将犹太儿童的座位调到教室的后排，波兰人孩子们不再跟他们说话等。我不必问他很多问题。因为他一口气就给我讲述了好几个小时有关他那个时代的耶德瓦布内。我听着并想象着只幸存在他记忆中的犹太人小村子。他能记得他很小的时候，他的曾祖父纳赫姆·拉齐科还活着（就是他和泰·罗杰斯的共同的祖先），给他们讲述他自己的曾曾祖父参加了一个代表团，出发去觐见叶卡捷琳娜大帝，恳求赐予耶德瓦布内城市的地位（事实上，这个城市的权利是于 1736 年授予的，但也许这位曾曾祖父曾经参加过前往沙皇宫廷的其他某个代表团，而在家族的传奇中保存了在叶卡捷琳娜大帝亲自参与下他帮助创立那座城市的故事）。在分手时他说："晚安，女士。"

2001 年 5 月 24 日

早晨，我在浏览互联网，看到《选举报》上刊登了一篇关于墓地开挖准备工作的文章。

我记得在我离开之前伊格纳季耶夫征求过我的意见：对于犹太人来说，发掘尸体是不是被允许的。我回答说实际上这是不会被允许的，但是这个规矩也有例外。而且，如果他能找到一个支持发掘并准备参与的拉比，那么就更不会有什么问题。他肯定能找到一个这样的拉比的，因为在这个问题上，就像在绝大多数问题上一样，拉比都有其与众不同的看法。

以色列犹太大屠杀纪念馆。在档案中我找到了拉齐乌夫的查亚·芬克尔斯泰因的回忆录，以及来自维兹纳的伊兹拉尔·勒温和阿维格多·柯乔所作的关于附近耶德瓦布内所发生情况的证词。不幸的是，没有找到来自翁索什的任何资料，在这个村庄里，波兰人杀死他们所有犹太人邻居的事件要比耶德瓦布内早五天发生。

我花了一整天的时间寻找和复印材料。使用该档案花费挺大，但最糟糕的是我必须自己动手。技术性工作始终是我生命中的祸根。而此地的复印机每复印 30 页左右就会卡纸。这令人很憋气，我把取自不同的文档里的页面混在一起，这些页面往往还没有编号。我试着用俄语询问——在档案室工作的年轻女性彼此交谈时都用俄语——在每一页的最后一行和另一页的第一行写的是什么内容，以便检查它们是否相符。但她们帮不了我——她们不懂意第绪语。

查亚·芬克尔斯泰因的证词和她所存放的回忆录一直躺在耶路撒冷的以色列犹太大屠杀纪念馆的档案中，无人问津，就像她儿子梅纳赫姆的证词躺在华沙犹太历史研究所内无人阅读一样。没有多少波兰历史学家懂得意第绪语，懂得意第绪语的当代以色列历史学家可能也屈指可数。记录大屠杀证词所用的语言本身也在大屠杀中消亡了。

晚上，斯穆勒克叔叔把维兹纳的伊兹拉尔·勒温的证词翻译给我听；勒温同他的妻子和两个孩子在藏身处从战争中幸存了下来。去年 12月，我在赞克莱瓦时去看过他们曾经藏身的那些房子。在埃尔克时，我拜访了给他们提供藏身之处的那个农民的儿子维特克·多布科夫斯基。在以色列此地，我已经安排了去会见伊兹拉尔的孩子们。他本人已经不在世上了。

/ 230

勒温描述了苏联人离开维兹纳后的第一天。维兹纳村长的兄弟约泽夫·加夫雷霍夫斯基听说了策划中的大屠杀，于是来找他们，目的是带他们回他家。"他是我的好朋友，"伊兹拉尔·勒温写道，"苏联人曾经要把他送到西伯利亚的北极熊那里去，除非他支付 6 万卢布。他半夜来到我们家，痛哭流涕。我是那种总是有钱的犹太人。我打开柜子，拿出钱，没问他要收据。"

德国人来的时候，维兹纳遭到轰炸，人们都睡在大街上。"村长命令维兹纳的犹太人都搬到耶德瓦布内去，"勒温写道，"波兰人知道，来自小城镇的犹太人都聚集在耶德瓦布内。一天，是犹太历10月的一个星期三，就是大屠杀的前一天，非犹太人从耶德瓦布内来到维兹纳，手里都拿着棍子，挨家挨户地说：'你家有两个孩子，派一个去耶德瓦布内，带上一根结实点的棍子。'"但是，加夫雷霍夫斯基警告莱文一家不要去耶德瓦布内，并开车把他们送到沃姆扎。当勒温全家搬到沃姆扎的犹太人聚居区时，他们听说了有关犹太人，包括许多来自维兹纳、拉齐乌夫和斯塔维斯基的犹太人，都被烧死在耶德瓦布内谷仓里的惨剧。

"有些人逃脱了，"他继续说道，"其中有一个是来自我们小镇的妇女，名叫蕾佳·莱亚·苏拉斯基，她跑到耶德瓦布内的一个医生家里，乞求医生的妻子：'救救我。'医生的妻子把她藏在马厩里，在她身上扔了一大堆稻草，并用破布盖上，蕾佳躺在那里直到天明。她的丈夫和他们的孩子一起被烧死了。有一天，蕾佳出现在我们所住的犹太人居住区。'我的孩子在这里，'她说着，一边从她的罩衫里取出几根白骨。'这是扬凯和摩西。'冒着生命危险，她去了谷仓，掏出了这些小骨头。她躲在某个地方，但她常会出现在犹太人居住区，给每个人看她孩子的骨头。"

勒温一家最终在犹太人聚居区落下脚，并在犹太人聚居区遭到清洗之前，试图找到一个藏身之地。伊兹勒尔·列文去敲战前他认识的波兰人家的大门。其中有一栋房子是属于多布科夫斯基家的。

"'如果你做不到，'我对多布科夫斯基说，'我不会责怪你的。我会把我所有的财产都交给你，因为我们的末日即将来临，我不想让德国人得到这一切。'我给了他几枚金戒指、几颗宝石、一根金针、一块金表和几段衣料。我吻了他的手。那个异教徒在地下室给我们收拾了一个藏身处，加了些伪装。那个异教徒在冒很大的风险，因为这里就在市中心。几个星期后，他认为我们应该呼吸一些空气，他让我们熟悉他的狗——这些狗都是令人恐惧的狗，但它们学会了不对我们狂吠……他不会免费接待犹太人的。他非常刻薄地剥削我们。我的妻子照顾他家刚出生的孩子，我做缝纫活，所有厨房里的活也都归我们去做，包括为猪准备泔水。所有的事情我们都是在晚上做的。"

有一次，德国人在星期天弥撒之后出来，吓坏了当地居民，他们也几乎被赶走。

"他们说：'我们到你们的国家来，是帮你们摆脱犹太人。当你需要一夸脱汽油的时候，他们拿走了你的一只鸡。现在事情开始在改变。但教区里仍然有很多犹太人。你们是在保护你们自己的敌人。当我们找到一个犹太人的时候，我们会烧掉收留他的人家的房子并射杀所有的人，所以任何隐藏犹太人的农民都会和他们一起在一个坟墓里腐烂掉。'那个收留了我们的女士回到家，冲着她丈夫大喊大叫：'你这个混蛋，当我们一看到他们，我就说，关上门，再拴上链子！'她还真打了她丈夫。我们听到了每一个字。孩子们也能听懂一切，都哭了起来。然后，他的母亲走了进来，说：'当你把他们带进来的时候，问题就已经解决了。'她说希望已经有了，因为前线正在逼近。她一直是我们的支持者。她总是说：'如果你们让他们走，德国人会抓住他们，他们将不得不坦白说出他们藏在哪里，那样的话，我们全家人都会失踪的。'如果死后还有生命的话，我们祝他的母亲可以永远受人尊重。"

1944年，前线靠近了维兹纳，整个村庄都撤离了。假装自己不是犹太人，这个家庭中的每个成员都独自出门到该地区每一个农场去找活干。伊兹拉尔留了八字胡，到农场上去做裁缝。俄国人已经到达纳雷夫河的对岸了，勒温知道这不过只是一个星期的问题——如果他能活过那么长的时间，他知道他就能渡过难关。他被带到另一个农场去。"有个女人拿出她的面料。我告诉她，我会先把每个部位裁好，然后再缝起来。我在想：她是否会怀疑我是犹太人，但是所有的布料都已经裁好了，她可能会认为把我赶走是件可惜的事情。缝纫的活足足要干一个月。当我完工时，已经为她丈夫做好了一件衬衫，为她做好了一件背心，她并没有去想我是不是个犹太人，而是在想我的活干的有多好。"

伊兹拉尔的妻子卡胥佳·费加也参加了以色列犹太大屠杀纪念馆的采访。她讲述了战争结束后他们是如何返回家园的。"我去见一个我认识的非犹太女人，问她要回一个煎锅。她的丈夫在家乡军里。她对我说：'如果你想活下去，快逃走，他们会来找你的。'我的丈夫想留在维兹纳，但是我说：'绝对不行。我们已经经历了这么多，我们总算还活着，难道现在我们打算让一个家乡军士兵上门来把我们的一切都拿走？'所以我们就离开了。"

2001 年 5 月 25 日

我在互联网上看到，耶德瓦布内谷仓所在地周围的土地已经被覆盖上了一层绿色网纱，并置于警察守护之下。禁止有人靠近或拍照。一些考古学家、检察官伊格纳季耶夫和拉比舒德利赫都在现场。拉比的评论被引用如下："犹太教禁止掘尸，但我理解这项决定。"他的开放态度令人印象深刻；我知道他是发掘的反对者之一。

在国际义人这一部分中，我寻找来自耶德瓦布内、拉齐乌夫、翁索什的证词。又一次没有找到任何来自翁索什的文字。

在特拉维夫度过一个下午，我在那里安排了去会见伊兹拉尔·勒温的女儿，以前叫泰瑞斯卡。艾达·萨尔纳现在是一位退了休的银行董事。

她告诉我她从犹太人聚居区逃脱了。"父亲不想走。他说：'就让会降临到每个人身上的命运也降临在我身上吧。'母亲的想法是你不能带着一个生病的孩子（我患有慢性关节炎）一起去一个未知的地方。但是我拽着父母的袖子，乞求他们，发誓我会足够坚强的。我是我们家中一个想要活下去的人。我记得在战争中我甚至一次都没有想过我会死。"

她告诉我那段东躲西藏的日子:"我们一旦跨过博莱斯瓦夫·多布科夫斯基家的门槛,你马上就可以感觉到这是一个高尚的家庭,因为家里面没有任何一件物品是从犹太人那里偷窃来的。我怀疑我是否会有他所具有的掩护我们的勇气。他们的孩子们不知道我们是犹太人,他们以为我们是美国来的表姐妹,而且他们不能让任何人知道我们,因为美国已经向德国宣战。大斋节来临了,从阁楼上我听到全村子的人都聚集在多布科夫斯基家附近,唱着:'耶稣被犹太人钉在十字架上,耶稣被出卖换了30块银币,叛徒犹大背叛了耶稣。'战前,你可以到处都听到:'他们杀死了上帝,然后确保他们比波兰人生活得更好。'父亲一直牢记着什么时候是逾越节,还有犹太人的赎罪日,每逢节日他一定会纪念。可我不想这样做。我对我是个犹太人而感到非常气愤。"

艾达·萨尔纳·勒温继续说道:"1944年,前线越来越靠近了,村子里的人也疏散撤离了,从那时起,我们不得不依靠自己设法生存下去,没有了藏身之地。我去为德国人工作。我像一个波兰农妇一样在头上披着一条围巾,因为我的头发是红色的。但至少我的眼睛是蓝色的。德国人认为犹太人都离开了,因此他们没有怀疑,我们没有听说过奥斯维辛或特雷布林卡,所以我们并没有怕得要命。"

战后的这段时期内,"父亲在罗兹继续做裁缝,他的店开在绍德涅大街27号。我们是1950年离开的。我们害怕生活在苏联占领下的波兰。战争初期,我们在维兹纳和俄国人一起度过两年,我们早已知道他们是什么样的人"。

艾达·萨尔纳·勒温从此再未返回过波兰,因为她总是害怕在那里她会发生什么意想不到的事。

"我去参加一个减压训练班,当我们被指示去想象一些令人非常愉快的东西时,我想象到的是从多布科夫斯基家的阁楼上看到的景色,有时候我们被允许爬上屋顶去呼吸新鲜空气——眼前是田野、绿地、湖泊和蓝天。我多么想再次看到这个景色呀，但我仍然害怕。我的祖母在维兹纳的一场大屠杀中遇难了。那里没有盖世太保也没有党卫队，就只有几个德国国防军士兵和从德国人手中得到过伏特加的波兰人。波兰人在战后究竟杀掉了多少犹太人呢？"

我自己家里的几个成员，他们从位于波兰东南部布格河边的村庄斯克黑钦来，多次告诉过我他们对波兰景色的喜爱和渴望。

我的叔叔莫尼奥，或叫做摩西·阿纳夫，战前在位于凯尔采和华沙的基布兹（以色列的集体农场）待了四年，准备移民去巴勒斯坦，他多次造访斯克黑钦，并鼓励他的表兄弟们去移民。

他们不断地告诉他：看看我们的布格河，看看我们的森林，在巴勒斯坦，除了黄沙、沼泽和山脉，其他什么都没有。"如果不是因为他们喜欢斯克黑钦，他们本来是能够活下来的"，几年后，莫尼奥悲伤地对我说起。当他在加利利山丘上的一个小镇罗什平纳定居下来后，他把从波兰带回来的覆盆子嫩枝、野草莓和铃兰种到他的花园里。在他的花园中，无花果、柑橘、橙子、鳄梨和各种橄榄的枝丫相互缠绕，交织在一起。

来自基内雷特集体农场的阿维诺·哈达斯叔叔有一次把我带到了约旦河畔，在那个地方朝圣者们从停在路边的公共汽车里涌出来，然后在三百米高的桉树下洗脚。"这片土地属于以色列集体农场，"阿维诺告诉我，"在这里我们卖瓶装约旦河水，因为基督徒相信基督是在这里受洗的。小时候父亲总是把我带到这里来。我们到这里游泳、抓鱼、进行重要的交谈。我父亲种了这些树，我也帮了他。父亲选择了这处河弯，因为这让他回想起斯克黑钦附近布格河的一段河弯。"

2001 年 5 月 26 日

我已经安排好了去见艾达·萨尔纳·勒温的兄弟艾萨克·勒温，一个退了休的军队司机。

　　他告诉我维特克·多布科夫斯基，就是给他提供了藏身之地的那个农民的儿子，现在是他最好的朋友。"他每年会来这里陪我几个月。我也会去拜访他们。在以色列，维特克有时会同我一起去犹太教堂，当我在波兰的时候，我同他一起去教堂。"

　　我问艾萨克，听到他的亲密朋友说德国人在耶德瓦布内杀死了犹太人，以及犹太人向苏联人告发了波兰人，他怎么能够忍受。

　　"我很难堪地告诉他那是波兰人干的。这会伤害他，毕竟，没有他父母帮助的话，现在我就不会和你谈话了。"

　　他告诉我，他是如何在 1945 年 2 月 17 日偶然发现了在耶德瓦布内举行的一次会议的。

　　"我正要徒步前往维兹纳。人们聚集起来准备开会，因为他们要选一个村长。他们互相间高声大喊：'他不行，他同德国人合作过！''他不可以，他与苏联人合作过！'他们相互间激烈争吵。没有人站起来，没有人提起这里发生过的可怕的惨案。我想到，既没有我要的车，也没有我要的马，就尽可能快地跑开了。"

　　战后，勒温一家搬到了罗兹。在一辆电车上艾萨克听到有人说："真该死，这里还有那么多犹太人。"第二天，一辆军用吉普车在他旁边停了下来；他们在向路人打听什么事情。他突然意识到这些穿着英国军装说着波兰语的士兵肯定是巴勒斯坦旅的犹太人。他向他们跑过去。他们正在组织 Bricha——帮助犹太人从东欧非法移民到巴勒斯坦去的一种秘密团体。1946 年前，他也成功地去过巴勒斯坦。

　　像大多数幸存者一样，他没有谈起过他在波兰的经历。"我们很高兴生活在这个国度。我没有告诉我的孩子任何事情，因此他们会健康并正常地成长。直到维特克来访之前，我都不知道我还可以说波兰语。只有当我把孩子带到波兰去，那时他们已经长大了，我才会告诉他们我是如何幸存下来的。"

　　他每年 7 月 10 号都会来耶德瓦布内，已经连续 6 年了。

当我第一次回到维兹纳的时候，我站在原先有一座古老的神庙的所在地前。现在那里有一栋房子。房主走了出来对我说："我买下了这栋房子，我可以给你看房契。"他以为我不是去那里看看，而是想把房子从他那儿拿走。当我去耶德瓦布内的时候，我会清除纪念碑上的杂草，我会带上油漆，在栏杆上重新刷上以色列国家的颜色——蓝色和白色——并且我还会祈祷，虽然我不那么虔诚。

莱文兄妹们所讲述的关于他们隐藏起来的那段时间的故事在基本细节上是不相同的。

艾萨克说，他是维特克的朋友，和他一起玩耍。艾达说，他们没有和任何人玩，只是在黑暗中静静地坐着，双腿笔直。当他们走进任何一个房间的时候，那都是要去干一些家务活，而不是玩耍，而且总是在晚上，要等多布科夫斯基的孩子们睡着之后。

按照艾萨克的说法，牧师是知道他们藏在哪里的。他认识他们的父亲，战前，牧师穿的袍子就是他父亲缝制的。当博莱斯瓦夫·多布科夫斯基去做忏悔时，牧师告诉他："那些人必须生存下去"，每次他都会代他向他们致意。根据艾达的说法，牧师在他的讲道中提醒他的全体教徒不要去隐藏犹太人，因为德国人不仅要杀死全家人作为报复，还要烧毁整个村庄。多布科夫斯基的妻子从教堂回来后，眼泪直流，全身颤抖。

艾达声称，比她小几岁的艾萨克太年轻了，他还没有自己完整的记忆，当他来到以色列时，他记忆中的一切都被抹去了。很多时间里他都是和维特克在一起，他知道的都是维特克告诉他的。看来艾达保留了犹太人的记忆，而艾萨克则获得了波兰人的记忆。

下午，什穆莱克和我开车去耶胡德同阿维格多·柯乔会面。一见面，他就因他发表在《纽约时报》上的文章（同样的文章也登在《选举报》上）而抨击了我的老板。他能说一口相当不错的波兰语，有时候也插入几个英文单词。

"我在互联网上看到米奇尼克先生把波兰称为英雄国家，并赞扬波兰人帮助了犹太人。难道关于耶德瓦布内他所要说的就是这些吗？"

我试图抗议，那不是米奇尼克或《选举报》关于耶德瓦布内的唯一说法，但是柯乔不让我说完。

"我原本不会同意见你的。只是因为我不想得罪你的叔叔，所以我们才会在这里谈话。"

两个小时之后，柯乔的亲切的妻子坚决要我们停止谈话。柯乔患有喉癌，正在接受化疗，他现在是在第一次和第二次放射治疗之间。记忆的痛苦又加上了讲话带来的肉体痛苦。

2001 年 5 月 27 日

回头去见耶胡德的柯乔。这次我是一个人去的。什穆莱克给我指明了一条捷径的方向，并告诉我要遵循标记。然而，在路上碰到一个岔路口，地名只用希伯来语和阿拉伯语显示。我迟到了，这是我实在无法忍受的。

柯乔好几次把话题转回到有关郝奈克·库布赞斯基的一个故事上，此人 7 月 10 日在市场上勇敢地站出来反抗折磨他的人。他拒绝去扛列宁雕像，结果遭到棍棒殴打，直到被打得失去知觉。

"不是每个人都像温顺的绵羊，就像人们说的那样"，他评论道。他精气十足自豪地告诉我他在战争时期的生活，但似乎在回应某种不言而喻的责备，好像受害者应该为自己逆来顺受不加抵抗而感到羞耻。在犹太人大屠杀之后，这是许多犹太人与之抗争的问题。我自己也记得同我在海法的叔叔皮尼奥或平恰斯·罗滕伯格对此问题的讨论，他是在战前移居到巴勒斯坦的。他认为犹太人拽着自己的母亲或抱着孩子毫无抵抗地去赴死是非常不值得的，对他的观点我感到非常愤怒。

我告诉他，耶德瓦布内的发掘工作正在进行中，但是当我打电话给那里的时候，我听说他们可能因为犹太教士们的抗议而取消该工程。

"为什么会听由这些 *Moshki* 来决定是否挖掘呢？"柯乔怒火中烧。

271

/ 237

"我把拉比叫做 *Moshki* 是因为我在波兰所接受的犹太复国主义教育，在维兹纳的一所世俗的犹太复国主义学校。*Moshki* 是一个贬义词，是波兰人用来骂犹太人的，我则用它来骂拉比。"

晚上，什穆莱克和我开始拨打电话簿中余下的叫芬克尔斯泰因的人。再次徒劳无功。

"这里的'黑人'总是在抗议发掘尸体"，什穆莱克告诉我说，他像柯乔一样不想掩饰自己对信东正教的犹太人的厌恶。"如果我们去听他们的话，我们在这个国家就连一条高速公路都不能建成。"

2001 年 5 月 28 日

早上五点半。我要和艾萨克·勒温一起去一个与他有友好关系的农业合作社，共同庆祝五旬节。

"瞧，"他自豪地指着我们路上经过的以色列国民银行大楼，"我母亲在拉齐乌夫去犹太教堂的时候，会往蓝色的小罐里放一个戈比，用来购买巴勒斯坦的土地。那笔钱被用来建造这家银行上了"。

他给我讲述了他母亲的经历。自从德国人从沃姆扎犹太人聚居区带走了他的两个兄弟去枪毙起，她就一直在说上帝是不存在的，但她吃的食物仍然是符合犹太教规的。在他们逃离犹太人聚居区的路上，他们去见了克拉姆科沃的一个很友好的农民。那个农民不想让他们留在那里，但当他的母亲给那个农民看了一枚金戒指时，那人就改变了主意。但就住了一个晚上；第二天早上，那个农民要他们继续走路。"什么，这么大一个戒指就换来住一晚？"他母亲怒吼道。当那个农民拒绝还戒指时，她朝他脸上狠狠地掴了一掌，然后把戒指从他身上拿走了。1944 年 11 月，当前线转移后，她被当作波兰人拉去给前线部队烧饭。有个乌克兰人了解到她是犹太人。她警告他，"如果你告发我，我会告诉他们我们彼此认识，因为你有一个情人是犹太女人，这样他们就会杀了我们两个。"之后，他就离她远远的。1944 年底，她同撤退的德军一起到了克罗列维茨。她找到了一个雪橇，往雪橇里装上衣服、棉被和食物，然后徒步前往维兹纳，她独自在雪中拉着雪橇走了一百多公里。

我们经过了海法，很快到达了我们的目的地，一个 moshav，就是农业合作社。喇叭里传来震天动地的以色列迪斯科音乐。每个人都打扮了一番，就连拖拉机也披上了各种装饰：它们在舞台前表演了一个"拖拉机的舞蹈"。"在过去的一年里，"我们听到麦克风的声音在说，"我们的 moshav 从 1100 头奶牛身上挤出了 1100 万升的牛奶，还提供了 145 万只鸡蛋。"

艾萨克："我们的农业每公顷生产率居世界第一，我们也有太空计划。波兰有许多人无法想象我们在这里的生活是如何好。看看我们的年轻人有多健康啊！犹太人的孩子再也不像战前那个样子了。战前我们能算什么呢？一钱不值。然而现在我们正在创造一个健康的、纯种的民族。"

对于任何形式的民族主义，我都无法拥有太多的热情，但是勒温全身洋溢着乐观和热情，我不能给他泼冷水。

在回去的路上，我告诉艾萨克我和柯乔见面的情况。

"阿维格多不喜欢波兰，"艾萨克评论道，"当我谈到波兰的时候，我会说一些批评性的意见，所以这里的人不会把我当成一个叛徒，但是我说的大多数还是好话。我的朋友们想知道我为什么去那里。我向他们解释说，我喜欢那里的河流、森林、河道，以及犹太人过去居住过的房屋。我向他们介绍了吉耶辛森林中具有象征意义的纪念碑，那个纪念碑是为了纪念沃姆扎犹太人聚居区 3000 个遇害的犹太人的，其中两个是我的哥哥，另外还有 1600 个在这个地区死于战争时期的波兰人。他们不相信。'既然波兰人帮助德国人杀害了犹太人，那么德国人为什么又去反对波兰人呢？'他们问我。我的心被撕裂了。我同情波兰，尽管她伤害了我，但是我仍然向往她。我们和波兰人一起生活过，我的童年是在那里度过的。我认识一些善良的波兰人：加夫雷霍夫斯基，战前的村长，在他眼里，我父亲是一个和其他人一样的公民。如果有更多像他这样的人的话，就会有更多的犹太儿童生存下来，再想想这些孩子又会生出多少个他们的孩子！我自己有 17 个孩子和孙子。但是我也看到了波兰人做了些什么。我从小和波兰人一起玩耍一起长大，但是在 1941 年，我们的好邻居帕尔纳斯来找我们的父亲，要杀他并接管房子的另一半。当某个犹太人在森林中迷路时，波兰人会抓住他，把他带到盖世太保那儿去或自己将他杀死。爸爸拿了很多布料给他最好的波兰熟人，也可以说是朋友，请他代为保管。当我们躲起来后，有一天，我们坐着多布科夫斯基的马车，去取回那些布料。结果是本能拯救了我们——那人花了太长时间去取这些东西，所以我们就在最后一刻赶着马车离开了，当时试图抓住我们的人已经把我们包围了。"

艾萨克告诉我几年前他去过维兹纳。

"那里的每一个人都对我说，'我们掩护过犹太人'，'我们帮助过'，'我们给过食物'，可我心中想的却是，但是没有人幸存下来，那么你们救下来的人在哪儿呢？我不愿意再去想这件事，人们也不应该再去写这些。"

下午，我的表弟伊加尔·布尔什丹的妻子鲁塔带我去同一个朋友见面，是来自纽约的一位老太太。安·凯勒曼记得 30 年代她在维也纳学习的那所学校。有一天他们把犹太女孩的座位调到后排。一开始，她们的朋友们不停地从前排转过头来看她们，结果遭到严厉的斥责。当斥责也不起作用的时候，老师们就用尺子敲打她们的指关节，然后在犹太女孩和奥地利女孩之间留下了一排空桌子。三天后，奥地利女孩就不再关注她们的犹太朋友了。当她们撞上休息时候正在跑动的犹太女孩时，她们不再说对不起了；当她们在街上相遇时，也不再和犹太女孩说话了。

"我们不再为她们而存在了。"

我告诉她，几天前我在耶路撒冷听到一个类似的故事，也是座位被调到后排，以及有一种被以前的朋友疏远的感觉。那是发生在耶德瓦布内的一所学校内。

75

2001 年 5 月 29 日

出发到耶路撒冷去见梅厄·罗内。

"你来访之后我连续三个晚上都睡不着觉，因为一切都又回到我的脑海中来了，"在向我打招呼时他这样说道。那些日子他都是在电脑旁度过的，他试图用电脑为我制作一份 Excel 表，列出谁死在耶德瓦布内以及他们曾经住在什么地方。他给这份表起名为"耶德瓦布内被邻居烧死的犹太家庭名单"。列在表格最前面的地方是新市场，第一个人是亚伯兰·伊布拉姆，他同他的女儿和女婿住在新市场的正面。在沃姆金斯卡大街有哈瓦·阿伦贝格，在谢杜尔斯加大街有索莱姆·阿特拉索维奇。总共有一百多个名字保留在罗内的记忆中。

"你很惊讶我能记住这么多人？"罗内说道。"我记得耶德瓦布内的每一块石头。"

/ 240

2001 年 5 月 30 日

我早上打电话给斯坦尼斯瓦夫·拉莫托夫斯基，想听听他的感受。他告诉我三天前那个星期天在格鲁兹伯夫斯基广场上的华沙圣徒教堂里为耶德瓦布内犹太人所说的一句祷告词。他在电视上观看了报道，肯定非常感动，因为他抱怨说，假如我在波兰的话，我们是会一起去那里的。当我在离开之前向他提出我的一个朋友可以带他去时，他哼了一声说，他这一生中已经去过足够多的教堂了。

我在互联网上只看到一篇报道，但是我可以很容易想象到由大主教格莱姆普率领着 50 位身穿紫色长袍的主教这个场面所造成的效果。还有戈登茨基主教的发言，作为对忏悔仪式的开场白："作为波兰教会的牧师，我们希望在上帝和祂的子民面前，尤其是在我们的犹太兄弟姐妹面前，能够把持真理，以悲痛和懊悔的心情去对待 1941 年 7 月发生在

/ 日记：2001 年 5 月 13 日—6 月 1 日 /

耶德瓦布内和其他地方的罪行。这些受害者是犹太人，而作恶者中有波兰人和天主教徒，曾经受过洗的人。在耶德瓦布内，以及任何地方，任何人只要对另一个人施加残忍的暴力，受到最大痛苦的伤害的还是上帝。"

回到以色列犹太大屠杀纪念馆。在走廊里，我遇见了以色列现任驻波兰大使谢瓦克·魏斯教授，他多年来一直担任以色列犹太大屠杀纪念馆的董事会主席。我们谈起刚刚公布于众的耶德瓦布内纪念碑上的铭文：纪念耶德瓦布内和周围地区的犹太人：男人、女人和孩子，这片土地的共同经营者，1941 年 7 月 10 日在这个地方惨遭杀害，被活活烧死。以此告诫子孙后代：德国纳粹主义煽动的仇恨之罪绝不应该再次使这片土地上的居民相互对立。

对这样的铭文魏斯教授尖锐地表示反对："这是什么意思，'相互对立'？这意味着受害者也是有罪的。我对这个铭文的内容也感到震惊——其中遗漏了犯下这个暴行的凶手是谁，因为民族纪念研究会还没有完成它的调查，这点倒还是可以讲得过去，但是第二个句子听起来完全是在故意回避问题。"

我拜访了伊兹拉尔·古特曼教授，他是以色列犹太大屠杀纪念馆国际大屠杀研究所所长。我告诉他关于我跟柯乔的谈话，提到了他是如何在承受回忆的折磨。

"我在报纸上看到他的一张照片，"他告诉我，"在他的客厅里，墙上挂着一张波兰东部某个地方的犹太教堂的照片。我绝不会在我家里挂这样的照片。对于一些以色列人来说，过去的阴影在他们生命中的每一刻都沉甸甸地压在他们的心头。对于其他人来说，为建设国家而劳动也是一种治疗方法，尽管他们会回忆起过去的苦难，但他们还是尽量使自己高兴。这方面我自己就是一个很好的例子。20 年来，我一直是一个集体农场的成员，最大限度地感受到我是生活在自己的国家里。这就给了我力量。"

我问他在看到格罗斯的书之前他是否知道发生在耶德瓦布内的大屠杀。

"我原先不知道。我们是有保留地看待幸存者的证词的；通常他们只能看到他们所描述的事件的一部分，其余部分是他们从传闻中添加的。我以前信赖斯齐蒙·达特纳 1966 年写的文章，在他的文章里我看到是德国人于 1941 年夏天在这片土地上犯下了罪行，当地的暴徒也与他们同流合污。当我最近再重读同一篇文章时，我感觉你可以很容易从字里行间看出惨案的真相。我们犯了一个错误，我深感内疚。我之前不相信一个小城镇上的人可以有这样的犯罪能力。我认为冷漠和告发犹太人的意愿是大城市所特有的，"古特曼继续说道，他在战争期间曾住在华沙的犹太区，然后在奥斯维辛集中营，"我原先认为这些都不适用于小城镇，在这种小地方，扬凯和摩西（译者注：泛指波兰人和犹太人）是彼此相识的邻居。结果事实证明，正是在这样的小城镇中，战前灌输的反犹太主义达到了其最极端的形式。"

在以色列犹太大屠杀纪念馆中的咖啡馆，我遇到了阿隆·魏因教授，他是纪念犹太社区多卷本丛书百科全书（*Pinkas Hakehillot*）的主编。我问魏因教授为什么他的百科全书没有明确说明在耶德瓦布内和其他城镇究竟发生了什么。

"从我阅读过的证言中可以清楚地看出，当地居民在 1941 年 6 月和 7 月参与了杀害犹太人。在我编辑时我写了'暴徒'，因为我不能确切知道在波兰那一部分地区是否有白俄罗斯人或立陶宛人，我不想侮辱波兰人民。"

/ 242

我听说这里有一个原先的耶德瓦布内居民，他是在苏联占领期间离开的，现居住在海法附近的一个以色列集体农场，名叫犹太人区战士集体农场。

什穆莱克打电话到该集体农场。不幸的是，梅厄·帕帕勒两年前就去世了，他的女儿对她父亲的家乡一无所知。还好什穆莱克有一套四卷本的集体农场创始人的回忆录，他承诺为我去找帕帕勒的故事。

2001 年 5 月 31 日

在耶胡德，我先拜访了柯乔，然后拜访了雅科夫·科芬维尔·盖瓦，他住在另一条街上一栋带花园的漂亮房子里。他的原名叫雅库布·佩泽诺维奇，但是和许多波兰犹太人一样，在抵达以色列之后他把名字改成了希伯来文。佩泽诺维奇在耶德瓦布内拥有一家磨坊，在柯乔一家被从维兹纳赶走之后，是他们收留了柯乔全家的。他说波兰话断断续续的，边说边找词。

1939 年 9 月 1 日，在德国军队到来之前，佩泽诺维奇全家逃离了小城。当德国人越过纳雷夫河并包围了这个小城时，他们已经成功抵达蒂科钦方向的扎瓦达。德国人把难民——其中包括来自耶德瓦布内以及维兹纳、拉齐乌夫、什丘琴、格拉耶沃的许多波兰人——赶进教堂。德国人虐待犹太人，拔他们的胡须，逼他们用手清理粪便，把巧克力扔进垃圾里然后用枪毙来威胁他们去吃掉。他们把所有人全部赶到一片用围栏围起来的空地上。犹太人被命令去建造一个可躲避风雨的棚子，但只有波兰人被允许站在棚子里面。犹太人通宵都站着——不准他们坐下，而当时正在下雨。黎明前，德国人命令波兰人执行大屠杀。连骨头都快冻僵的佩泽诺维奇走近一些他认识的波兰人，想暖一会身子。他听到有个波兰人在争论，说他们不应该去参与大屠杀，其他人则仍未做出决定，只是聚在他身边。

"但是其他一些波兰人动了手，他们抓住我们的胳膊和腿，脱掉我们的鞋子和裤子，然后那些犹豫不决的人也加入进来。一个犹太人不让波兰人脱掉他的外套，这时一个德国人过来帮助波兰人脱他的衣服，用一把刀顶住犹太人。"

当他回到家时，邻居们早已经设法搬走了他的所有财产。

"那个瘸腿家伙斯坦尼斯瓦夫·锡拉瓦把我们大多数东西都拿走了。

我的哥哥去找他：'你就还给我两个锅，要不然我们没法烧饭吃。'然后苏联人来了。"

在他们的磨坊被收缴之前几个星期，他们以小米、大麦和荞麦的形式向新当局的代表支付税赋。雅科夫·盖瓦认为这就是为什么他们没有被列在驱逐出境名单上。但是他们如何能想象到这样做可以挽救他们所有人的生命呢？

"我是唯一幸存下来的人，我还有一个姐姐，她生了十个孩子。他们让我去当兵，这样我就活了下来。在俄罗斯，我收到一封家信，说他们一切都很好。我跟着苏联军队去过了格鲁吉亚和阿塞拜疆那么远的地方。除了我以外，连队里还有19个波兰人。他们能收到包裹，然后他们能一起分享，但我从来没有得到过这样的待遇。"

1945年，当他乘坐一列从俄国遣返回国的列车回到波兰时，站台上有犹太人警告他不要回家，因为波兰人会杀了他。他们还被告知，他们必须团结在一起，因为如果有犹太人独自行动的话，就会有人把他从火车上扔下来，然后开枪打死他。

"在耶德瓦布内我不敢朝四周看。我不敢和朋友分开。我们到了什切青的海边。当我们下了火车的时候，有人向我们投掷石块，但是有个以色列集体农场的代表团很快出现了，我们被告知可以和他们一起移民到巴勒斯坦去。"

他走了一条迂回路线，几乎穿越了半个欧洲，就在眼看就要到达巴勒斯坦的时候，英国人在海岸边抓住了他。他被送到塞浦路斯的一个集中营，在那里他被关了两年。就在集中营里，他听说了耶德瓦布内发生的屠杀事件。他在那里干的活是在花园里养花种草。最终他搬到了他今天所住的地方：比亚韦斯托克的基亚特。这个定居点是战前来自比亚韦斯托克地区的犹太人移民所建的，可供大屠杀之后从比亚韦斯托克地区来的犹太人居住。

2001 年 6 月 1 日

耶胡德。我最后一次与柯乔见面。每次会谈的方式都基本相同。先是柯乔说话，直到他的妻子打断我们。一次又一次，在细节上总是略有不同，他告诉我有关维兹纳的犹太人的情况，他们是如何被屠杀的，部分在维兹纳被害，部分在耶德瓦布内被害，还有他如何冒充波兰人以便逃生的。听着他的叙述，我仿佛觉得他已经把他的回忆记录在一个存储环中，并且已经给自己回放了好几百遍了，所以他现在正在给我朗读早已铭刻在他大脑中的一段文本。他说话时非常紧张，以至于我都不敢用问题打断他。只有当他停下来时，你才会看到他有多么疲惫。

什穆莱克和我再次给一大堆叫芬克尔斯泰因的人打电话。最后我们找到了梅纳赫姆·芬克尔斯泰因的遗孀。她波兰语讲得很好。我了解到她丈夫在这里的一所理工学院毕业，是一名建筑工程师。不，她不能告诉我任何关于他在战争中的经历。当我竭力劝她告诉我的时候，她打断了我的话：

"我什么都不知道。你以为我很笨吗？我也是在波兰的战争中幸存下来的，曾经在壕沟里、森林里藏过身；我是见过世面的。这种事情我们从来都不会互相告诉对方。我们彼此之间从来没有说过波兰人一句坏话。我们的儿子和我们的两个女儿都丝毫不知道，因为我的丈夫从来没有跟他们谈起过这件事。"

我听说她的嫂子查娜，就是查亚的最小的女儿，现在还活着，但是这两个女人之间没有联系。

我告诉什穆莱克有关我在耶路撒冷遇到梅厄·罗内的情况，他对耶德瓦布内记忆犹新，尽管他在战后再也没有回去过，他还能讲一口漂亮的波兰语，尽管他在战后再也没有讲过。

"我对斯克黑钦记得太清楚了，"什穆莱克说道，"我很想忘记它，但我忘不掉。那里有我的家人和朋友——波兰人、犹太人、乌克兰人。当我们的表哥皮尼奥在 80 年代组织一次旅行时，我不想去。也许有人会认为我来是要夺走他的土地。近年来，有很多波兰人开始来以色列。他们在这里非法工作，在街上你能听到有人在说波兰语，我总觉得同他们很亲近，我喜欢听他们说话，虽然他们讲的波兰语与我所知道的语言有些不同。当一个人远离他出生的地方时，他总是会感觉自己像一截树枝被嫁接到了另一棵树上。即使移植是成功的。"

六

假如那时我在耶德瓦布内

或，梅厄·罗内的故事，被放逐到哈萨克斯坦

"我，梅厄·罗内，1926 年 2 月 20 日出生于耶德瓦布内，1941 年 4 月永久地离开了这个小镇。我曾在一所以波兰大诗人亚当·密茨凯维奇名字命名的小学上过学，他在诗中写道：'许多人会演奏铙钹 / 但在扬凯面谁人敢玩。'我们家在谢杜尔斯加大街上有一间木屋。周围全是森林，纳雷夫河和别布扎河在旁流过。风景非常秀美，可惜的是，这里唯一好的方面就只有风景……

"我们家在这里生活了好几代人。我还记得许多第一次世界大战之前家里发生的故事。那时耶德瓦布内的纺织业很发达，我的两个叔叔都在干走私这一行；他们总是在科尔诺穿过边界，走私手套和帽子。

"我父亲名叫赛姆哈·格拉耶斯基，第一次世界大战前他毕业于一所高级中学。他的波兰语非常棒，此外，俄语、希伯来语和德语也都不错。他在波兰军团服役，在 1920 年的战争中，他为波兰的独立而同布尔什维克作战。他拥有一家卖铁器的五金店，并提供文书写作服务。他还可以为孩子们提供任何他们所需要的课程教育。他帮助组织了耶德瓦

小学班级合影。耶德瓦布内，1933 年。该校招收波兰和犹太儿童。梅厄·格莱耶斯基（即后来的梅厄·罗内），坐在第一排，右起第三个；他的姐姐法佳穿着圆点连衣裙坐在他后一排。最后一排中，有三名男孩在战争中躲在安东尼娜和亚历山大·怀赞考斯基家中得以幸存下来：左二什穆埃尔·瓦瑟斯泰因；左三，摩西·奥尔谢维奇；左四，扬凯·库勃赞斯基。照片中还有：肉贩诺恩伯格的女儿，坐第二排，左起第四。梅厄·斯特雷伊科夫斯基，耶德瓦布内拉比阿维格多·比亚沃斯托茨基的孙子，站在后排右边第二。照片上还能看到宰登西达特、齐姆尼、耶德瓦宾斯基和卡缪诺维奇等家庭的孩子。（由梅厄·罗内提供）

布内预备役人员联合会的阅兵仪式，并和他们一起在树林里野餐。他们的活动丰富多彩，有跳舞、唱歌、行军练习、伴有消防队乐队的演奏，由一个风琴手指挥，这个风琴手也是一个教堂司事。

"父亲给人代写书信以及向法院和当局提交的各种申请文书。后来在德国人统治时期当了卡罗拉克市长助理的瓦西莱夫斯基也开办了类似业务与他竞争。他挂出了一块招牌：波兰书信代写社。在卡耶坦诺夫，米尔泽耶夫斯基和戈尔斯基正在打官司，瓦西莱夫斯基代表他们写信给斯塔维斯基法庭。被告和原告带着同样的信件来到法庭。相同的墨水，相同的风格，内容也几乎相同，不同的只有一样——他们的名字而已。法庭直截了当地拒绝了他们，并嘲笑他们。然后他们回去找我父亲。他们在诉讼上已经花了很多钱，所以米尔泽耶夫斯基的女儿来找我们，让我父亲给他们调解。父亲见了古尔斯基，问他愿意给米尔泽耶夫斯基多少钱作为让步。他的回答是不肯让步。然后父亲又问米尔泽耶夫斯基同样的问题。他被告知，一文不给。他们向我父亲支付了5个兹罗提，但谁能够给他们提供忠告呢？在这些案件中，米尔泽耶夫斯基夫妇失去了一切，他们欠了亚伯兰·宰登西达特很多钱，是他借钱给他们的。

"战前很多波兰人都欠犹太人的钱，所以他们要确保他们不必还清债务。

"在市场的中间有市政厅、两口井和几棵板栗树。5月里，我们常常去捕捉蜉蝣。学校先是在萨多瓦大街上，后来搬了。在磨坊后面建造了一所新的学校，全部都是现代化的，配有中央暖气和镶木地板。人们驾驶卡车从华沙和柯尼斯堡来到耶德瓦布内购买农产品，这里还有两个出售家畜的广场。每逢周三是集市日，做买卖的人非常多，市场上挤得水泄不通。

"每到周二晚上，人们就开始赶鹅赶猪到市场上去卖。许多犹太人都做粮食买卖生意，把粮食一路卖到东普鲁士去。比亚韦斯托克犹太人来买卖面粉。鞋匠、修桶匠、车匠都是犹太人，但在铁匠中也有波兰人。

"我们中没有一个是哈西德派教徒。只有犹太教士会留鬓发，没有人在晨祷时会披披巾。在那个地区，立陶宛的犹太人非常虔诚，他们会留胡须，戴帽子，但是我记得他们中没有任何一个曾经住在耶德瓦布内。在犹太节日期间，您可以感受到城镇里的庆祝气氛，全家人——当时有六个孩子都不算很多——步行穿过集市广场去位于什科尔纳大街上的犹太教堂。市场上有一个永恒的巴别塔，波兰语和意第绪语混杂在一起，而在赎罪日，这里安静的就像坟墓。当天主教节日来临时，犹太人都尽量不在街上露面，因为有很多人从乡村进入城内，往往喝成了醉鬼。

"11 月 11 日是波兰的独立日，波兰人和犹太人会共同庆祝这个节日；在教堂里会举行特别的弥撒，在犹太教堂里也会有特别的祈祷。在独立后的波兰第一任国家元首毕苏斯基元帅的生日，学生们会聚集在市场上，市长沃伦蒂·格拉德基会站在讲台上发言。我们带着小旗子到神庙去为元帅祈祷，我记得市长和警察司令别莱茨基参加了犹太教堂的祈祷。

"有不少犹太人组织在城里很活跃，但犹太共产党人并不多。晚上，他们会挂出红旗，有一年的五一，他们放出了涂成红颜色的鸽子。与我父亲关系挺好的别莱茨基司令会观察谁在安息日没有去犹太教堂，然后以参加共产党活动而逮捕他们。因为还会有什么样的犹太人在安息日不去犹太教堂呢？

"毕苏斯基元帅一生都是一个坚定的民族主义者，因为他具有良知。当他于 1935 年 5 月 12 日去世时，耶德瓦布内的每一个犹太人家里都挂出一面红白两色旗；许多波兰家庭也是如此，但远不是所有波兰家庭都这样做。后来，他们在新市场树起了一座毕苏斯基纪念碑，然后被苏联人拿走了。元帅死后，我父亲在预备役人员联合会中的同事对他说：'我们联合会中不需要犹太人。'我仍然可以想起我父亲把军团的帽子扔进火炉那个画面。他同一些波兰人还保持着朋友关系：科沃尔科齐克博士、屠夫科兹洛夫斯基、科德尼茨基、比亚沃谢夫斯基，以及斯莱赞斯基，就是他后来交出谷仓用来烧死犹太人的。

"1937 年，一场大屠杀正在耶德瓦布内紧锣密鼓地策划组织中。拉比比亚沃斯托茨基和我的舅舅约纳·罗斯柴尔德去面见牧师，他承诺不会有任何大屠杀。我舅舅有一家五金店，他们在他的店里廉价购买了在耶德瓦布内建造教堂所需的建材，他有时候也拿出一些东西给教堂当作奉献物。不久之后，他去了巴勒斯坦，并带走了我的妹妹。

"我们的波兰邻居是波尔考夫斯基一家和奥斯特洛夫斯基一家。理夏德·奥斯特洛夫斯基是个警察的儿子，他曾经经常来我家看望我，而我姐姐也有不少波兰朋友，大多数都是斯莱赞斯基的女儿。还有一个是普鲁索瓦庄园司机的儿子，他的口吃毛病很糟糕；但是在我们家里他说话不口吃，因为我们对他很热情。放学后我去希伯来学校，司机的儿子就在我们家等我回来帮他做作业。我五岁时父母就把我送到犹太儿童宗教学校上学，但在那里教书的拉比会随身带一根马鞭，有一次他用鞭子抽了我，我就再也没有回去了。然后，我的一个叔叔从沃乌科夫斯克请来了一位老师阿尔特·维斯基，他成立了一所私立的现代化学校，在波兰学校放学后我们就去这所学校。

"新学校里有一排排的桌子，不像犹太儿童宗教学校里共用一张大桌子，在这所学校里我们学习写希伯来语。我们犹太人的孩子周六不去波兰学校，这完全不符合斯库普涅夫斯基老师的喜好。但最让他恼火的是我们总是在星期一才做完家庭作业。在安息日之后，波兰孩子们会到我们家里来玩——他们喜欢我们的招待，给他们分享安息日白面包——同时把他们的笔记本带给我们。如果我在星期六去玩雪橇，我的叔叔会拽着我的耳朵把我拖回家。

"我去上学都不戴帽子，但是在耶德瓦布内有些犹太孩子头上不戴帽子绝不出门。毕苏斯基去世后，人们开始把那些戴着圆顶小帽的犹太孩子赶出校门。当我们的学校开学的时候，总共有三四十个犹太孩子，当我在 1939 年读完六年级的时候，我们却只剩下了五个人。1935 年以后，只要我们相互间说意第绪语，校长斯卡尔津斯基就会说：'滚出学校去，你们又在叽叽喳喳地说意第绪语。'

"一开始我们在学校和波兰孩子们坐在一起。我坐在第一排，否则我看不到黑板；当时耶德瓦布内没有人戴眼镜。有一天，一位老师大惊小怪地对待一个坐在前面的犹太男孩。接着，所有的犹太人孩子都被告知要坐到课堂后面去。桌子都是供两个孩子坐的，但我们却不得不三个人共用一张桌子。老师们全都用同样的方式对我们说：'莫谢克到黑板前来。'有一次我没有站起来，老师就对我说：'我在对你说话。'我回答说我的名字是梅厄，不是莫谢克，他就把我赶出了教室。

"上六年级的时候，我们都是坐在后面，老师们不给我们改正作业，也不把我们叫到黑板前面，除非是为了把我们严词训斥一顿。在班上我们成了陌生人。波兰孩子们不跟我们说话。如果看到我们的耳朵脏了，或者在我们中的一个人身上看到了跳蚤，老师们就会把我们赶回家。在那个年代，孩子们身上都会有很多跳蚤，波兰孩子身上也不会少，但他们从来没有因此而被赶回家。

"放学后，我们不得不走路回家，路上并不总是很太平的。村里的男孩们会在半道上等着我们，对我们发起攻击，殴打我们。我们在附近又找到了一条路，在那座庄园后面，要经过一个池塘、沼泽地和草地。你不得不在狭窄的小路上快速行走，以免陷入沼泽。有一次，波兰男孩们看到了我们，就来追赶我们，但是其中一个掉进了沼泽。他开始沉陷进去，但我们转回身拿来一根长杆子来救他。此后他们就不再骚扰我们了，因为我们救了那个男孩，不然他会溺死在沼泽中的。

"1939 年春天，他们在教室天花板上新铺了一层石膏。当时轮到我站在那里看守着，斯莱赞斯基家年纪最小的女孩拼命地用力砸门，结果石膏掉了下来。班主任斯库普涅夫斯基对我叫道：'莫谢克，这是你的错。去跪在角落里。'对我来说，这意味着要去跪在挂在那里的十字架

前面。于是我回答说:'我信的是犹太人的信仰,我不能跪在十字架前面。''滚出这所学校!'他喊道。'不要再回来!'

"在1938年到1939年那最后一个学年里,没有一个犹太儿童收到过成绩单。

"当德国人在1939年9月到达此地时,波兰人和犹太人之间的关系非常冷淡。年轻的男孩抢劫犹太人,殴打他们,跟在德国人屁股后面,在圣经新约的《犹大书》上指指点点,但他们没有杀死任何人。

"俄国人来了之后,所有的东西都开始短缺了:盐、汽油、糖等。有的只是配给卡。在新当局禁止任何人拥有商店并引入合作社之前,俄国人会闯入犹太人商店,拿走他们所需要的一切,但分文不付。战前,无论波兰人多么坏,他们仍然允许我们在安息日去神庙,犹太人的商店也可以在那天歇业一天。但俄国人命令我们去工作,并要孩子们安息日也去上学。他们威胁我们说,如果哪个犹太人的孩子在星期六不上学,他的父亲或母亲就会被关进监狱。在苏联人统治下犹太人只好忍气吞声,因为他们都很害怕。

"在苏联占领期间,有五个犹太蠢家伙指手画脚,仗势欺人。

"第一个家伙叫艾利·克拉维茨基,他开了一家制鞋作坊。他会把皮子缝起来供鞋匠制皮鞋。他是鞋匠中最聪明的人,至少他有一门手艺。在苏联统治下,他没有任何官方职务,但是他在背地里领导着一切。波兰人后来残酷地整死了他:在俄国人逃跑之后,波兰人挖出了他的舌头,让他在痛苦中死去。

"哈依姆·科萨茨基,他的父亲是一名屠夫,但他是个流浪汉,整天游手好闲,无所事事。当德国人来到时,波兰人就把科萨茨基交给了他们,他们当天就开枪打死了他。

"亚伯拉罕·达维德·库布赞斯基后来死在谷仓里。

"沙伊恩·宾斯坦因在战前因为强奸一名女孩而坐了三年牢。他是一个真正的歹徒。在犹太教堂里,他只被允许站在炉子后面,而且只是几乎没有人在那里的时候。当他们需要十个人凑成一个举行正式礼拜仪式所需整数的时候，他们才会要他去。

"梅卡伊考·瓦因斯坦是这五个人里唯一在战争中幸存下来的人。他们在苏维埃政权建立之前的头几个星期里管理着这个小镇。他们的老板是一个真正的共产主义者，波兰人克里斯托弗齐克。这个波兰人当了市议会主席，而宾斯坦因是警察头子。

"那五个人实际上都是文盲。他们想要我父亲为他们写写抄抄。但父亲对他们说：'你们想干什么？战争才刚刚开始，谁知道今后会发生什么？'其他人也同样告诫他们：'你们在干些什么，我们生活在波兰，为什么你们要搬弄是非，挑起不和？'他们告发了波兰人，这是真的。但是，我们的波兰邻居因为极少数犹太坏人所干的坏事而指责了所有犹太人。

"我不记得其他犹太人与俄国人有任何联系。有时候某人在战前曾经是共产党员，但是他宁愿避开俄国人的那种方式。在耶德瓦布内有一个犹太人，名叫摩西·列夫，因为信仰共产主义而被逮捕，后来去了巴勒斯坦，也许是在 1934 年离开的。作为一个共产党人，他在那里非常活跃，结果英国人把他赶走了，他就只好回到耶德瓦布内。他在蒂科钦结了婚，就在俄国人刚来到之后，他去走访耶德瓦布内的朋友，请求他们不要出卖他，他非常害怕苏联人。毕竟，波兰共产党是在 1937 年被斯大林解散的，苏联人宣布波兰共产党人是内奸，把他们押到俄国，然后在那里把他们全部枪杀了。

"苏联人开始制定名单并逮捕一些人。更多的波兰人遭到逮捕。他们于 1939 年 12 月 10 日逮捕了我的父亲。我和我母亲从此再也没有他的音信。战争结束后，我通过红十字会寻找他的踪迹。也许他是在监狱里被枪杀的，虽然传言说有人曾看见他病倒在白海附近的一个集中营里。

"母亲和我在 1940 年 3 月被驱逐到哈萨克斯坦。那时我才 14 岁。路上花费了整整一个半月，我们同四个波兰家庭一起挤在一节火车车厢里。每隔几天，他们让我们下车，给我们水喝。他们手持自动枪，站在旁边随时准备射击。车厢里有一扇高高的小窗，从窗子里进来大量的空气。我们进了车厢后，我在靠近窗户的地方找了一个位子，这时一个波兰女人，人们叫她比亚沃谢斯基太太，揪着我的领子把我拽到地板上，说：'你就坐在那里，犹太小崽子。'然后她让波兰孩子坐在我曾经坐过的地方。

"我们被带到哈萨克斯坦的克科舍套，从那里到伏龙芝的苏联集体农庄的距离是 60 公里。那里位于西伯利亚和哈萨克草原之间，在地平线上我们可以看到深蓝色的高山。司机把我们从车里丢弃在苏联集体农庄办公室附近的街道上。我们又饿又脏。成群的跳蚤在我们全身袭扰，令人难以忍受。后来，我们中乘坐同一个交通工具来到此地的人都住在一起，住的地方是土屋。那里有两间小屋，没有厨房；在两间土屋之间，我们生了一堆火。我们没有床也没有椅子。我们中有个 80 岁左右的老奶奶，名叫格朗茨卡。她不喜欢犹太人，但她喜欢听他们的祈祷，尤其是科尔尼德拉（译者注：Kol Nidre 是犹太人在赎罪日祈祷开始时吟唱的一段祷文）。她是我们市长的母亲，市长对犹太人很友好。只有格朗茨卡对我们说话时把我们当人一样对待。她手上拿着念珠不停地在做祈祷，她吃得很少。有一天，她对我说：'梅耶泽克，拿一些淡水给我。'她喝完了水，双手交叉着，就死了。那里还有贾德维加·布朗诺维佐娃和她的女儿达努塔。布朗诺维奇是格拉德基市长的女婿。布朗诺维佐娃同她丈夫一样不喜欢犹太人；她丈夫在耶德瓦布内有一家面包店，每当他喝多了伏特加时，就到处去打犹太人。还有比亚沃谢斯基太太，就是不让我在火车上呼吸空气的那个女人。在那段时间里，她是最鄙视我们的人。还有一个是希曼斯卡，带着七个孩子。她家在耶德瓦布内有一个乳品店。她的四个孩子饿死了。总之，她跟犹太人相处得还不错，你可以和她交谈。

"同我们一起流放的共有 15 个波兰家庭——男人们都被关进了监狱，他们的妻子和孩子们在这里。只有我妈妈和我是犹太人。我们都被迫过上了同样的苦难生活，然而说起在整个流放期间是否有哪个波兰人同我们的关系变得更加密切，那却是绝无可能的。

"当哈萨克族的孩子们去游泳的时候，我们却只能在沼泽里洗澡。他们注意到我割过包皮，波兰孩子则没有，那些小哈萨克人去告诉了他们的父母。有一天，我在村子里走着，有一家哈萨克人正坐在门廊上，旁边放了一张矮桌子，桌上有一盘肉，他们用手抓肉吃，一看到我，他们就招呼我。不与哈萨克人一起吃饭是最严重的侮辱。他们问我来自哪里，我说来自波兰。'好呀，但你同其他波兰孩子不一样。你自己一个人走路，而他们会打你。'我说我是一个'yevrey'人（译者注：耶夫莱，苏联坐落于远东地区的一个犹太自治州），一个犹太人。'我们想看看你长得是什么样子，'他们说道。我试图逃跑，但他们抓住了我。我尽力摆脱他们。他们要女人们离开。就在那里，我的裤子被脱下了，他们则高高举起手并喊了起来。他们接着问我是否吃猪肉。当我说我不吃猪肉时，他们很欣慰，然后喊叫的声音更加响亮了：'你是我们中的一员，你是我们中的一员！'他们向我解释说，我说的 yevrey 同他们语言中的 musulmanin 是一样的，都是'穆斯林'的意思。

"从那时起，哈萨克族男孩就会去打波兰男孩，但他们知道不应该打我。他们帮助了我们，并且他们总是先要我给他们帮点忙，这样我就不会感到受辱了。对于我的帮忙，他们会给我一些面粉、谷物、牛奶等。哈萨克斯坦人几乎都不会说俄语，我很快学会了说哈萨克语。我敢肯定，如果没有哈萨克人的帮助，我母亲和我绝不可能都活下来。

"他们不喜欢俄国人的程度就像波兰人不喜欢犹太人一样。在耶德瓦布内，当某个孩子不想去睡觉的时候，大人们就会吓唬他说，'犹太人会来抓你的'。而在那儿，为了吓唬一个孩子，大人们会说，'俄国人抓你来了'。

"这里天气很恶劣，零下四十摄氏度，还常有暴风雪。我又去上学了，但是我只能上到九年级——他们不再给我提供食宿，因为我父亲是人民的敌人。我到卡拉干达一家兵工厂去当了一名技工。他们没有把我送到前线去，只是让我修理损坏了的武器，因为他们没有充足的武器供应。后来我在巴尔喀什湖边的一个铜矿干活。他们不给我们吃饱饭。我离开那里时看上去就像一个骷髅。

"私下里，俄国人会说：'俄国是我们的母亲，斯大林是我们的父亲。可是我宁愿成为一个孤儿。'但是在苏联集体农庄的集会上，每个人都站起来说：'荣耀归于斯大林。'

"他们从耶德瓦布内驱逐了四家犹太人：我们家、萨拉·库罗帕兹瓦、查娜·贝尔布德和她的孩子们，还有库勃赞斯卡，她的丈夫是修理自行车的。我和我母亲以及萨拉·库罗帕兹瓦一起幸存了下来。库勃赞斯卡被分配到西伯利亚，她去磨坊磨麦子，碰上了一场暴风雪，她迷了路，被冻死了。查娜·贝尔布德收到丈夫的一封信，说他已经出狱，即将来到哈萨克斯坦与她们团聚。他没能做到；半路上，他因为投机罪名而被捕，并被再次判刑。当她知道这个情况后，她崩溃了，死于心力衰竭。萨拉·库罗帕兹瓦结了婚。1945 年，她丈夫回到波兰去找她，但没有找到，就于 1947 年带着一个新娶的妻子设法去了巴勒斯坦。在那里，他发现萨拉还活着，所以他拥有两个妻子。她直到生命结束也一直没有原谅他，也一直不想再和他说话。

"在从西伯利亚回来的路上，我遇到了曾经驻扎在位于我们地区前线阵地的苏联士兵。他们告诉我，我再也找不到任何我认识的人了，因为德国人和波兰人已经杀死了所有的犹太人。我坐上了一列遣返火车到了白俄罗斯西南部城市布列斯特·立陶夫斯克。在边境处，迎接我们的不是鲜花而是石头。在火车上其实并不是所有人都是犹太人，也有一些波兰人的，但是出于对犹太人的愤恨，他们并不介意殴打一些他们的自己人。有人告诫我，最好不要在耶德瓦布内露面。

"当我回到波兰，并且听说了所发生的事情之后，我问道，'亲爱的上帝啊，你在哪里？'一时间，我不再相信上帝了。这是一个残酷的话题，最好不要去谈论它。如果在你的身上流的不是犹太人的血的话，我绝对不会对你说这些话。

"我很想知道，假如那个 7 月 10 日我也在耶德瓦布内的话，什么样的事情将会发生在我身上。我的一些波兰朋友会将我藏起来吗？我对此表示怀疑。毕竟，我的犹太朋友全都死了，没有人把他们藏起来。1938 年后，波兰人不再是我们的朋友了。雷希·奥斯特洛夫斯基在街上甚至都不跟我打招呼了——他为什么要救我？也许有些朋友还会烧死我？杀死了我的朋友的人也正是我的朋友。

"我明白我想要尽快离开波兰。国家遣返办公室把我们送到了什切青郊区。然后我又听说了凯尔采大屠杀。我经常听到人们说，'怎么还剩下这么多犹太人？难道希特勒还没有把他们消灭光吗？'如果他们看到一个孤身一人的犹太人，他们就会殴打他。我曾经在俄国接受过金属加工的培训，于是我去国营工厂找工作，但是那里的人告诉我，'我们不需要犹太人，去秘密警察那里找工作吧。'但是我不想要那样的工作。

"我加入了地下组织 Bricha，我们在没有任何法律文件的情况下离开了波兰。我步行到了捷克斯洛伐克，从那里到达奥地利，再继续走，几乎步行穿越了半个欧洲。然后英国人在巴勒斯坦北部海岸抓住了我们，他们逮捕了我们，殴打我们，然后把我们送到了塞浦路斯的一个集中营。[1] 我设法逃离了那里。妈妈早些时候就到了巴勒斯坦。她是 1947 年到达这里的。她的两个兄弟姐妹在战前就搬到这里来了，我的舅舅们收养了我的妹妹，因为我们没有得到移民许可。在这里我遇到了我的妻子。她来自沃姆扎，她的父亲战前在市政厅工作。苏联人逮捕了他，把他和他的家人发配到了哈萨克斯坦。他们在 1946 年逃脱了，就像凯尔采大屠杀之后成千上万的犹太人一样。

/ 255

1　英国政府于 1946 年 8 月至 1949 年 1 月在塞浦路斯设立了一些拘留营，专门用来拘押违反英国政策企图移民英属巴勒斯坦托管地的犹太人。

"梅卡伊考·瓦因斯坦，就是为苏联人效劳的那五个笨蛋之一，是随被调动的红军一起行动的。他在那场战争中幸存了下来，并于1947年来到巴勒斯坦。他竟然有胆量去拜访我的母亲，告诉她告发我们的不是他，而是别人。我和几个小伙子做好了准备，要把他的脑袋给拧下来。在此之前，我从来没有伤害过任何人，但这次我准备杀了他。我母亲说服了我，并请求我放他一条生路。她告诉我，他的妻子，耶德瓦布内的内海姆·霍洛维茨，已经怀了孕，我不能再增加一个犹太人孤儿。

"从把我带到巴勒斯坦海岸的那艘船上，我直接就去了前线。在军队里，我负责武器维修。1962年，德国总理阿登纳给了以色列总理本·古里安武器，他们派我去德国的一个防空炮兵学校学习。本·古里安给我们介绍的原则是，如果你有一本国家护照，那么上面就必须有一个希伯来文的姓名，所以从那时起我就把我的姓从格拉耶斯基改为罗内了。我和德国士兵生活在一起，我经常想，一个犹太人得到如此体面的对待，这在波兰是绝不可能的。

"我绝对不会重返耶德瓦布内，在那里我不可能生存下来。教会毒化了人们的心灵，使他们变成了野兽。你用你的十根手指就可以点出耶德瓦布内幸存下来的犹太人。神父们知道，沃姆扎的主教也知道，但是没有人说过一个字，他们紧紧地闭上了嘴唇，他们没有对他们的教民说些什么来约束他们。这是令人痛苦的。

"请看看这张1938年的照片，这是我父亲为CENTOS（帮助耶德瓦布内儿童的全国犹太人组织）组织的犹太人夏令营的照片。照片幸存了下来，因为我们把照片寄给了在巴勒斯坦的叔叔，这是他死后我在他的孩子家里发现的。第一排右起：他被烧死了，他被烧死了，她也被烧死了。这个是约斯帕·勒温，约泽夫·勒温的妹妹，德国人一来，她就在市场上遭到了波兰人的折磨，然后与其他人一起被烧死了。在第二排中，莫法·法勒鲍维奇，右起第二个，战前移居到南美洲去了。剩下的：他被杀了，他被杀了，他被杀了……"

日 记

2001年6月3日—6月14日

2001年6月3日

从以色列回来后，我浏览了一遍已过期的《选举报》。针对莱昂·维瑟提尔的文章，亚当·米奇尼克回复说："战后多年来，波兰人为他们遇害的同胞感到悲痛，却没有承认他们的犹太邻居的命运更加悲惨，无可类比——这是人类历史上一场极其特殊的悲剧。另外，正如拉比克莱尼茨基所说的那样，在犹太人中盛行着一种'痛苦的必胜信念'……当然波兰人也有权利去牢记他们自己的痛苦。他们有权期待犹太人也会意识到这一点。"

我看了一些有关墓地发掘的报道，结论是惊人的。已经发现了两个坟墓。在较小的坟墓里，他们发现了列宁纪念像被烧焦的残缺碎片。这意味着扛着列宁半身像的那个人所在的第一群犹太人被赶进谷仓后，接着被打死在里面。另一个坟墓在谷仓外边，挨着谷仓。

2001年6月4日

由于虔诚的犹太人的抗议，发掘工作将不再继续下去。如此一来，我们将永远不会知道耶德瓦布内谷仓里究竟死了多少犹太人。

在耶德瓦布内所发生的事件不仅仅是一场有组织的大屠杀，而且是一场具有种族灭绝性质的大屠杀，历史学家达里乌斯·斯托拉在《共和报》上写道。他引用了发生在乌克兰的 1800 多起大屠杀中的数据：即使在一个城镇中死亡人数达数千人，其中犹太人社区也只是有部分人死亡。他指出，发生在耶德瓦布内的罪行其组织和实施都是非常有效的，人们扮演了不同的角色：一部分人去围捕犹太人，另外一部分人去搜查躲藏在阁楼和地窖里的犹太人，还有一部分人则骑在马背上去追赶已经逃到小镇边缘地带的犹太人。斯托拉还提请人们注意犹太人被打死的顺序——首先是强壮的男人——以及注意杀人的分工——一群凶手用铁棍木棒击打，一个人去放火烧谷仓，还有些人则插手相助，往往是来自附近村庄的外来者，剩下的就是无处不在的围观者。在 1949 年的审判中，当受到指控的那些男人在法庭上撤回他们在调查期间所作的陈述时，他们声称他们就是上述最后一类人中的一部分。

斯托拉认为，这种规模的犯罪不可能是由某种"共同冲动"或某种未经协调的一时间爆发的仇恨所造成的。在他称之为"耶德瓦布内状况"中有着一种权力结构，这种结构有其不同的层级：德国人在最上层，然后是卡罗拉克、索布塔、瓦西莱夫斯基、巴登和最初那些日子里的市政当局，再然后是劳丹斯基兄弟和其他杀人帮凶。人们知道那天当局会允许对犹太人实施暴力，这种暴力是大家所预期的，并且会以分享战利品的形式得到回报。

2001 年 6 月 5 日

安东宁娜·怀赞考斯卡即将来波兰，她曾经救了七个犹太人，现在居住在美国。我是通过一连串的熟人获知这个消息的，消息的源头是玛丽亚·西科尔斯卡，安东宁娜来到后将住在她家里。安东宁娜是玛丽亚·西科尔斯卡多年的家政助理。怀赞考斯基夫人马上要到达了。我问玛丽亚·西科尔斯卡从怀赞考斯卡口中得知的藏匿犹太人的情况。

"她什么也没有告诉我。然后有一天我去看一部电影——在那些日子里他们会先放一部新闻纪录片。我观看着，突然看到在左边……我认出了她穿的红裙子，即使电影是黑白片……我不禁叫起来，'那不是我的安东宁娜吗！'他们给她戴上了正义奖章。要不是我亲眼见到她在那里的话，她永远都不会告诉我这件事的。尽管我和她关系很亲近，还资助她。她一直写信给我，说她每天都带着我的照片，还每天都为我祈祷。我已经 88 岁了，由我照顾的姐姐已经 95 岁；很可能我们都是因为安东宁娜的祈祷的力量而继续活着。"

我知道玛丽亚·西科尔斯卡是卢家四姐妹之一，是战前出名的四大犹太美女，其中两位嫁给了两个著名的波兰诗人。

我说道，"拯救了七个犹太人的怀赞考斯基夫人肯定喜欢这样的想法，就是说正是你身上所表现出来的善良，一个来自犹太家庭的人所具有的善良，影响了她去做善事"。

"哦，你知道，我们是不会说这样的话的，"西科尔斯卡女士回答道，"安东宁娜没有什么想法，当她从耶路撒冷回来的时候，她给我带来了玫瑰经念珠。"

怀赞考斯卡到了。穿着整洁，漂亮，热情，喜笑颜开，或者说是有几分神经质地大笑。对我的问题她回答的很简要，然后西科尔斯卡女士再加以补充。西科尔斯卡告诉我，怀赞考斯卡现在仍然由她拯救过的那些人照顾着。

"你是否记得，当你从美国回来时，带来了一百张照片，其中有一张你躺在日光浴床上，然后库勃赞斯卡女士用托盘递给你一杯饮料？"西科尔斯卡女士说着，对她管家的生活中的角色转变明显流露出几分兴趣。

我问怀赞考斯基太太，为什么这么多年来，有关她庇护过犹太人这件事，她甚至都没有告诉过西科尔斯卡女士。

"哦，你知道，我们是不会说这样的话的"，她回答道，一字不差地重复了我刚刚从西科尔斯卡口中听到的话。

民族纪念研究会就有关已流产的墓地发掘的结果发布了如下令人震惊的消息：在一具遇难者的遗骸中，他们发现了一枚从毛瑟枪中射出的带有焚烧痕迹的弹壳，表明此人在谷仓入口处遭到了枪击，而且弹壳内部有融化的黄铜。

除了没有人开枪之外，这一切都能讲得通。这不可能是个意外，在拉齐乌夫，目击者提到了有人开枪（这并不意味着德国人在场，因为波兰人用他们从苏联仓库里抢来的枪支开了枪），然而在耶德瓦布内，即使那些说除了看到纳粹党卫军制服之外其他什么都没看到的人也没说他们听到过枪声。那么为什么民族纪念研究会要制造这场闹剧呢？

不管怎样，我们知道在 20 世纪耶德瓦布内至少有两次曾经成为前线。第一次成为前线是 1915 年的第一次世界大战期间，然后是 1945 年 1 月，当时紧挨着小城附近发生过战斗，到处都是苏联人和德国人的尸体。我从耶德瓦布内当地人口中听说过这些，他们说，"当时遗弃的尸体多的就像海边的沙粒"。所以这就是为什么地下会有如此之多的弹壳。

德国人没有枪杀任何人，但他们起到了什么作用呢？我毫不怀疑，发生在耶德瓦布内的屠杀犹太人事件，以及在此之前发生在拉齐乌夫的屠杀犹太人事件，都是德国人在一片广阔的土地上执行的一次行动的一部分。很难去想象，得到酒精和枪支供应的波兰人——就像在拉齐乌夫那样——会主动去杀死犹太人，而警察则安闲地坐着旁观，丝毫不担心他们自己可能也很快就成为攻击目标。我们知道那份 1941 年 6 月 29 日由当时的帝国安全总局局长莱因哈德·海德里希发出的指令："在新占领的领土上，任何反共或反犹太圈子中的自我清除的愿望决不允许受到阻碍。相反，这样的愿望应该予以激发，但不能留下痕迹，如果需要的话，应该予以强化并引导到正确的轨道上来，然而，所采用的方式应能阻止当地'自卫团体'之后去引用授予他们的任何命令或政治担保……

其目的是要挑起当地普遍的大屠杀。"

但是，在翁索什、拉齐乌夫和耶德瓦布内所发生的事件远远超出了我们习惯称为大屠杀的内涵；此外，随着所采用的各种新的方式，整个大屠杀的实施变得更快、更有效。在翁索什，杀人是挨家挨户进行的。晚上，当地人闯入家中，用斧头和棍棒杀死受害者，然后将尸体运到城外的某个地方。在拉齐乌夫，所有的犹太人，无论老幼，都被赶进谷仓，许多人逃跑了，追捕持续进行了两天，逃亡者被带到一个地方并当场杀害。如此一来，个别杀戮成为大屠杀的必要补充。在耶德瓦布内，那些本来最容易逃离或者实施自卫的人被强迫去扛列宁塑像，然后被带出城，首先遭到杀害。那几十起个别的谋杀是犯罪的结局，而不是犯罪的序幕。

7月7日上午，德国人乘坐两辆汽车来到了拉齐乌夫，从那天拂晓开始，该地区农民的马车就已经上路了。这是确切无疑的。斯坦尼斯瓦夫·拉莫托夫斯基亲眼看到了他们，就在前一天晚上，有人告诫他说大屠杀已经在紧锣密鼓展开中，否则他绝不会去设法隐藏芬克尔斯泰因一家的。从我与目击者的谈话中，似乎7月7日早上有几个德国人出现在市场上，并命令波兰人杀死所有的犹太人。这是否意味着当地居民当天正在组织一次大屠杀，而德国人听到这个消息后，就来到城里来指挥他们的行动，由此暗示了一起集体谋杀？从耶德瓦布内居民的叙述中，人们不断听到相同的一小队德国人——乘坐一辆或两辆车来到此地——他们很可能在前一天同卡罗拉克市长和临时市政府见了面。换句话说，德国人敦促了城里的领导层去实施一场集体谋杀。但什穆埃尔·瓦瑟斯泰因记得，在那次会议上，是小城的代表们一致提出必须要杀光所有的犹太人："当德国人提议从每个行业里饶恕一个犹太人家庭时，布罗尼斯瓦夫·斯莱赞斯基回答说，'我们有足够的自己的专业人员'。"在耶德瓦布内这个案例中，是否有这种可能，德国人只是表示了赞同，并指示了波兰人如何最有效地去实施这个罪行，然后帮助了波兰人把犹太人集中

/ 260

到市场上？这种说法似乎得到了这样一个事实的支持，即那些不愿意参与谋杀的人，那天不是留在家中未出门，就是离开小城去探望住在该地区的亲戚或朋友去了。人们只能寄希望于检察官伊格纳季耶夫，期待他能够查实所有这一切。

2001 年 6 月 6 日

我开车去耶德瓦布内，在那里我安排了要和两位老师会谈。一位来自一所高级中学的老师告诉我，在课堂上，当他们正在探讨一部其中有一个可怜的犹太人角色的 19 世纪小说时，孩子们说用石块砸死他会是个好主意。当这位女教师的一个朋友有一次问他们，他们是如何想象其他民族的，孩子们笔下所描述的犹太人让人看了会觉得简直是耻辱。

"在这里唯一被接受的生活模式是星期天把钱放在托盘里，然后整个星期饮酒作乐，殴打你的老婆，并抱怨犹太人，"一位中学老师这样说道，"你应该听一听在教师休息室里谈论的事情。气氛非常紧张，以至于争论的内容不能被流传给其他人听。学校里的孩子们总是在讲犹太人的笑话。他们甚至在课堂上站起来，问为什么波兰有这么多的犹太人。有一次，我试图把这个话题转过来，我说他们感到受到威胁是因为他们对犹太人一无所知，不懂犹太人的历史和犹太人的文化，他们需要知识，因为这会让他们生活得更加轻松，听我这么说后，一个学生站了起来说道，'如果一切都由犹太人做主的话，我为什么要学习呢？'在我的老家，我听不到这种针对犹太人的持续不断的抱怨。这里一直就是这个样子，甚至在格罗斯的书出版之前就这样了。也许是因为波兰人在这里杀了他们，然后靠夺取来的犹太人的家产增添了他们自己的财富？"

这位女教师本人不是耶德瓦布内当地人。当她 60 年代来到这里的时候，她常常听到有人说，"是波兰人干的"，但是当她和一个在耶德瓦布内出生的女士交了朋友后，她才了解了这里所发生的具体情况。在战争期间，这位女士住在那个矗立着列宁塑像的小广场边上。她告诉我她透过窗户所看到的一切：扛着被砸碎的大块列宁塑像碎片的犹太人摔倒了，波兰人当场就结果了他们的性命。那位女士的母亲当天在她家阁楼里藏了一个犹太人，也经常回忆起这项罪行，甚至还提到了一些细节，但是还不敢提起那些凶手们的名字，除了一个人之外，就是那个早已死掉了的库布什涅茨基。她父亲告诉她，有一天，某个为她父亲工作了多年的当地人是怎样来到她家的。此人穿了一件新外套，手指上戴着一枚印章戒指，他宣称他不会再来上班了，因为他和他的妻子已经得到很好的"照顾"。她父亲对这个人说，"我不会每天都穿着一件礼服到处招摇，我只穿一件破旧衬衫，但我的衣服不会发出臭气"。

这位女士是 Z 女士，她现在仍然住在她当时所住的同一处房子里，我可以尝试去拜访她。"但是她现在可能头很疼，她只听玛利亚电台的广播，一直说她看到一群穿着深蓝色制服的德国人。"我试图提出异议："但是你妈妈从来没有提到他们。"

这位教师还告诉我一位上了年纪的 B 女士的情况，大屠杀时她居住在克门塔纳大街。

"她正要向窗外望去，因为她听到了哭声和尖叫声，但此时母亲拉上了窗帘，把她塞进被子里。她直到深夜才出门，这时她和她的朋友们在谷仓里辨认出了她们认识的孩子们烧焦的遗体。有一位邻居夸口说他刚从犹太人的房子里拿走了一些乐器——他知道哪些犹太人喜欢演奏音乐，因为他们是他的同班同学，还曾邀请他和他们一起玩。他把乐器埋在花园里，因为有传言说德国人正在让人们退还所抢劫的物品。当他后来把手风琴挖出来的时候，手风琴已经毁坏了。"

我马上去见已退休的教师 Z 女士和住在克门塔纳大街的 B 女士。Z 女士什么也不知道，也什么都没看到，此时她患病在身。而 B 女士则拒绝同我谈话。

我走进教堂去观察一番。教堂内的靠背长椅上散放着一堆反犹太主义的小册子，其中都包括了对奥尔沃夫斯基神父的采访。这位神父非常善于把自己推向前台，在与媒体打交道时也长袖善舞。他周围的人在这些方面则大不如他。捍卫耶德瓦布内声誉委员会似乎在举行过几次会议之后便解散了，至少我没有再听到它的任何动静。牧师的想法是在7月10日组织一次针锋相对的仪式——为一座纪念碑奠定一块基石，以纪念被"犹太人出卖"而被驱逐到西伯利亚去的波兰人，这个想法颇受赞赏，但是却发现没有任何人乐意将其付诸现实，尽管芝加哥波兰社区已经承诺他们准备资助整个活动。他们甚至还草拟了碑文供牧师参考：纪念为保卫犹太人而献出自己生命的波兰人，以及那些落入与红军和内务部以及德国占领军合作的犹太帮凶之手的受难同胞，他们因此而被流放到西伯利亚，在那里遭到酷刑或在纳粹死亡营中丧失生命。

我在城里获悉，牙医露西·普日斯杜帕，当地的谈判专家，告诉人们那些骨头是在发掘之前被带到谷仓里去的，以色列情报机关摩萨德还试图毒死她的狗。在活跃的否认者中有城里受过教育的精英：一位医生、一位牙医和一位教师。

我经过普热舍拉。事实证明，莱昂·杰齐茨曾经去见过那个医生，也曾经去见过邻居们，在听取了足够多的意见后决定不等到7月10日的仪式就返回美国。埃瓦和莱谢克坐着，就像热锅上的蚂蚁一样；埃瓦不停地走到窗前，去查看是否有人在房子周围闲逛。

"我们的朋友已经完全抛弃我们了，"莱谢克说，"没有人打电话给我们，就好像我们是陌生人一样。"

"你的女性朋友或熟人的表现如何？"我问埃瓦。

"我再也没有朋友了。全都失去了。假如我的丈夫不是一个猎手没有在家里放一把枪的话，我连一个晚上的觉都睡不好。我常常晚上醒来哭泣。牧师诽谤我们，说莱谢克不再是个天主教徒了，因为他说出了他所做的事情。人们当面叫我们：'喂，你是以色列人吗？''喂，你是拉比（犹太教士）吗？'走在大街上，听到人们说你是'犹太走狗'，这滋味真叫人难受。在商店里，邻居们都避开我，把我当成麻风病人一般。在城里，无论我去哪里，无论是在药房还是商店，我都会感到敌视的目光在盯着我。我进入教师休息室，里面的沉默令人难以忍受。我们的孩子们不断地受到指责。在皮厄泰克接受他的坚信礼（译者注：只有被施坚信礼后，年轻人才能成为教会正式教徒）的那天，托梅克坐在教堂里的座位上；其他人的父母亲不知道他是我们的儿子，就说了我们很多坏话。我们不再去教堂了，有人可能会把我们赶出教堂。总的来说，我们尽量避免一切，尽量不出门。我有一个朋友，她的儿子以前常来看我的孩子，但是他的同学指责他，'你和那些犹太走狗一起出去玩。'他就再也不来我家玩了。"

杰齐茨夫妇的儿子皮厄泰克告诉我有关学校的事情："班上有个男孩说波兰人犯了一个错误，他们应该杀死所有的犹太人。对此，老师什么也没有说。我班上的一个男孩在他的活页夹上写了两行打油诗：'昔日的犹太人哪里去了？他们全都顺着烟囱上天了。'"

"大家都认为这很好笑。而且每个人都一直在讲关于犹太人的愚蠢笑话。在托梅克的班上，英语老师问道，'谁喜欢犹太人？'只有托梅克说他喜欢。老师问他为什么，托梅克回答说，'因为我们都是亚当夏娃的子孙。'班上大家全都哄堂大笑起来。"

莱谢克通知我："我们决定在 6 月 14 日迁往美国。我们无法再忍受下去。很难确保男孩子们不会无意中说出我们在做的什么事。他们出门在外的时候我们很担心。"

我问皮厄泰克和托梅克，"你们有没有离开之后会想念的朋友"。

他们都摇摇头，表示没有。

2001 年 6 月 7 日

晚上在戈德莱夫斯基夫妇家，谈话围绕着墓地发掘展开。

"那时我正坐在牙医的候诊室里，"克齐斯茨托夫回忆说，"有个受过教育的人进来了，是个大学生，他愤愤不平地对我说，'你倒好，坐在这里不动，他们都在外面用卡车运骨头呢。'"

他们很可能在用卡车把骨骸从别处运过来，这样一来，"死在这里的犹太人就会像格罗斯所想要的那样尽可能地多"。目前还不清楚是不是那位牧师自己提出的这个想法，还是从别人那里听到后重复了这个想法，但是有一种谣言却像野火般迅速蔓延，说是犹太人组织了这次墓地发掘，目的是从谷仓中取出列宁塑像的碎片，从而掩盖他们是以共产党人身份而死的这个事实。

戈德莱夫斯基试图说服我，提议中的纪念碑碑文是一个明智的妥协，市议会能接受这个碑文这应该是一个奇迹——这是他自己和米查罗斯基所付出的努力的结果，加上他们在晚上去议员们的家收集到了足够的票数。

我很钦佩戈德莱夫斯基为了保持人们的信仰所做出的英雄般的努力。他曾经告诉过我他的一个朋友的两个姑妈的故事，她们住在皮什附近，1941 年 7 月 10 日那天，她们整天在家做油饼，然后把油饼拿到庄园后面的池塘那里去——那地方杂草丛生、无人涉足，用来藏身是非常完美的。她们想为那些设法逃避屠杀的犹太人做些事情。油饼被送掉了。

"我想说服她让她的姑妈公开讲述这个故事，由此就很清楚耶德瓦布内确实有人对犹太人抱有同情之心。"

但是，想让她们对记者讲述这件事，谁都没有办法做到。

直到最近，戈德莱夫斯基说，议会议员们仍坚持着，"没有犹太人，没有神庙，没有墓地；我们将铺一条路直接穿过那个地方"。但是"在最后一次会议上某方面作出了让步"。原来是在 6 月 4 日的最后一次会议上，市议会宣布它将"远离追悼仪式，不同意市议会议长和市长代表市议会作出声明和发表意见"。站在小城这一边组织纪念仪式的全部努力都落在他一个人的肩上，这是不够的，但现在议会却禁止他在工作时间内去处理其中任何一件事。

小城计划在 7 月 10 日接待客人，但至今什么事情都还没有眉目，因为议会议员们抵制了每一项动议。戈德莱夫斯基设法从"上层"去争取获得更多的资金，以便修复市场和通往公墓的道路（我在这件事情上插了手，我要亚当·米奇尼克向政府高层通报，纪念仪式很可能根本就无法举行，因为没有一条道路能通到现场，而且议会也不会"为犹太人"支付一个兹罗提去修建道路）。最终，留下的钱用在体育馆的建造上已经绰绰有余，那座体育馆的建造已经拖了近 20 年了。但问题已经堆积如山，而且每走一步都像拔牙一样困难。土地开发计划需要修改——一种形式，但没有它就建不成纪念碑。在 6 月 4 日的市议会会议上，一项决议被通过了，这是一个奇迹，或者说是完全出于偶然。有 16 名议员投了弃权票，没有人投票反对。他们只是在提案获得通过后才意识到这个事实，实际上有一个人，而且只有一个人投了赞成票——斯坦尼斯瓦夫·米查罗斯基——但在这种情况下，一票就已足够了。

谈话一直持续到凌晨两点。我们分手时戈德莱夫斯基叹了一口气，告诉我议会投票表决的下一个问题："我告诉你，议会投票表决的是关于在耶德瓦布内组织纪念仪式的问题。2 票对 17 票。这两票是我和米查罗斯基。我们输了。我们被完全孤立了。我现在最想做的就是跳上一列火车去别的任何什么地方。无论如何，我不会再留在这个城里了。"

2001 年 6 月 8 日

耶德瓦布内。我试图与海伦娜·赫扎诺夫斯卡的儿子约泽夫会面，海伦娜是当时唯一一个同她的波兰丈夫住在耶德瓦布内的犹太妇女，但是约泽夫极其害怕，甚至都不敢和我通电话。当我到达普热舍拉时，莱谢克·杰齐茨告诉我在市场上他与赫扎诺夫斯基擦身而过："和我说了一句话，他就走了。他同我们一样，也受到了迫害，但他不能够逃亡美国，而且，他害怕如果人们看见我们在一起，他们会使他日子过得更艰难。"

这次访问我也没能设法联系到哈利娜·波比奥韦克，她的侄女仍然不肯让她离开家门。但是有两个人在同我通电话时突然哭了起来，说他们再也无法忍受不断受到的嘲弄和深夜打来的侮辱电话："肮脏的犹太人。"

我回到华沙，正好赶上出席《目击者眼中的耶德瓦布内》一书的发布仪式，由农牧出版社出版（此书付印"经教会当局许可，由欧根纽什·马西尼亚克神父编辑"）。其中我读到："瓦瑟斯泰因加入了秘密警察，并写了些纯属诽谤的东西。一个波兰家庭为救他冒了生命危险，作为回报，我们却成了一场抹黑行动的对象"。

这次活动是在华沙圣徒教堂的一个大厅内举行的——也就是最近举行过赎罪仪式的同一座教堂。那家臭名昭著的爱国书店安泰克书店就位于此地，你可以在这家书店里得到你想要的任何反犹太人的出版物。我没想到这意味着数以百计的书籍和小册子。在等待发布仪式开始的时间里，我浏览了即将发布的这本书。贾尼娜·比德齐奇卡提供了德国人犯罪的证据——否则她的父亲是绝不可能把他的谷仓交出来的："因为假如有人来找我父亲并且说，'把你的谷仓交给我们'，我父亲肯定会从他的病床上起身，回应道：'把他们烧死在你们自己家的谷仓里！'"

大厅里挤满了人，充满着集会的激动气氛。仪式的主持人欧根纽什·马西尼亚克神父介绍了来宾，首先是耶德瓦布内的牧师："这位是我们勇敢的奥尔沃夫斯基神父。"（一阵雷鸣般的掌声）"这位是贾尼娜·比德齐奇卡，就是那个谷仓被用来烧死犹太人的谷仓主的女儿。"（雷鸣般的掌声更响了）马西尼亚克神父说："瓦瑟斯泰因是沃姆扎秘密警察的一个官员。后来他逃到了华沙，在那里他担任了工会的头头，直到1956年，我们手头有文件可以证明这一点。"尊敬的来宾奥尔沃夫斯基神父说道："如果存在着像有关什穆埃尔·瓦瑟斯泰因那样的文件的话，我们又怎么能加深与犹太教的联系呢？"

直到最近，我还以为1945年是天主教会生活中的一个转折点——当然在战争之前，教会基本上是仇外的，但是在战后，这种仇外淡化成了背景，而教会变成了保卫社会抵制苏联化的堡垒。我认为那家爱国书店安泰克是非常不正常的。当然，需要考虑的还有玛丽亚广播电台。但是直到现在，耶德瓦布内教区这个例子才使我深刻地意识到，至少在这个领域里面，教会是如何持之不懈地维系着其战前的反犹主义的。

1945 年，耶德瓦布内的教会是由安东尼·罗什科夫斯基神父领导的，他在战前曾编辑过《共同事业》以及随后的《天主教事业》两本书，这两本书都是以与犹太人的斗争为其主题。这意味着教会在暴行发生之后立即派遣了一名牧师到耶德瓦布内去，他的工作部分是要负责使犹太人被杀害这事不至于引起良心上的折磨。自 1988 年以来，奥尔沃夫斯基神父一直控制着耶德瓦布内；在那之前，他是附近德罗斯多夫教区的牧师，那地方是民族主义的温床，国家党领袖罗曼·德莫夫斯基在那里度过了他一生中的最后几年。一切都似乎毫无改变。

2001 年 6 月 11 日

我拜访了安东宁娜·怀赞考斯卡，她住在位于华沙郊区米拉努韦克她儿子的公寓里。

"现在耶德瓦布内大屠杀的真相已经被揭露了，你们感到满意吗？"

"为什么我会满意，我只是感到害怕。"

"你能来耶德瓦布内参加纪念仪式吗？"

"绝不可能。我再也不会在这附近露面了。亲爱的，我真的已经受够了。我以前常常去那儿看看，但我很害怕，上帝啊，我总是很害怕。"

她没有看过格罗斯的书，因为她也不看书。她读完二年级之后就辍学了。

2001 年 6 月 12 日

我去康斯坦钦把斯坦尼斯瓦夫·拉莫托夫斯基带回我的家，检察官伊格纳季耶夫将在我家里同他面谈。最终，我设法说服了斯坦尼斯瓦夫来我家与检察官见面，尽管他发了十几遍誓，说他"这么做只是为了我"。他的健康状况正在恶化。他不时昏厥，发高烧，还咳血。在从康斯坦钦回我家的路上，我告诉他我和扬·司克罗茨基一起去拉齐乌夫考察时所发现的情况，包括莫达希维契兄弟是凶手这个事实。斯坦尼斯瓦夫打断了我。

"你必须要确认你所写的是拉齐乌夫的一个完全不同的莫达希维契家庭。斯坦尼斯瓦夫·莫达希维契仍然还活着，他是一个非常好的人。"

同样，拉莫托夫斯基这个名字在该地区也很常见。在耶德瓦布内，有一个拉莫托夫斯基在市场上帮助了围捕犹太人，而在拉齐乌夫生活着另一个拉莫托夫斯基，与斯坦尼斯瓦夫一点都不沾亲带故，此人参与过掠夺犹太人的家产。在耶德瓦布内，我发现有两家人姓洛耶夫斯基，都是波兰人，都参与了暴行，还有一个犹太人铁匠也姓洛耶夫斯基，他的家人则全都被烧死了。这种情况丝毫都不会使我的工作更为轻松。我必须保持警惕，因为同样的问题会反复出现：某些人被杀害了，另外一些人获救了，另外还有一些人是共产党人，还有别的一些人则什么都没有做过，然而他们都有着同样的姓氏。

2001 年 6 月 14 日

在莱谢克·杰齐茨率全家前往美国之前，我同他进行了最后一次谈话。如果他们能设法拿到必要的证件的话，他们就不会再回来了。在耶德瓦布内原本有三个家庭，我可以随时造访并得到食物：乔安娜和克齐斯茨托夫·戈德莱夫斯基、贾德维加和斯坦尼斯瓦夫·米查罗斯基、埃瓦和莱谢克·杰齐茨。现在只剩下两个了。

七

总有水落石出的那一天

或，莱谢克·杰齐茨的独白

"格罗斯的书一问世我就读了一遍。有一次，一个朋友来我家，用了整个晚上看这本书。他说，'我必须知道我家有没有人手上沾了血。'书中所附的文件中有些姓名存在拼写错误，我想要好好查对一下。我父亲不在家，当我问我母亲时，她突然泪流满面，什么也不肯说。

"7月10日，一群暴徒杀害了犹太人。但是，如果那时牧师能挺身而出挡住去路，并说，'你们这样做是会下地狱的，魔鬼是会找你们算账的，'他们就会听他的话，然后就会退缩，除了可能有少数几个已经陷得太深的打手之外。

"从战前开始，我父亲就同什穆埃尔·瓦瑟斯泰因交上了朋友。有一次什穆埃尔把他带到神庙去，虽然爸爸的朋友们曾经说过，当你走进神庙时，你必须跨过十字架。爸爸有一次也带他去过教堂。我一直知道从一开始什穆埃尔就藏在我们家。但我也知道这件事我不应该告诉任何人。80年代有一天，一辆菲亚特125开到我家门前，一个陌生人出现在我家门口台阶上。我的祖母莱奥卡迪亚·德莫赫已经去世了，我的父母

2012 年，莱谢克·杰齐茨在马萨诸塞州梅休因市的家门口。（由莱谢克·杰齐茨提供）

亲也不在家。但是我记得祖母说过，什穆埃尔有双尖尖的突出的耳朵，所以我马上就认出了他。'我奶奶叫你斯塔谢克，但你是什穆埃尔'，我欢迎了他的到来，我给他看了我家影集里祖母的照片。他吻了这些照片，并放声大哭，我从未见过哪个孩子会哭得那么伤心。他说，'我的母亲给了我生命，但她不能够救我的命，这个女人冒着自己的生命危险和她的八个孩子的生命来救了我这个可怜的犹太人的生命。'

"屠杀犹太人本来就全是冲着他们的财产去的，但是自从格罗斯的书出版以后，我一直听到人们在说是犹太人自己惹祸上身的，因为他们出卖了波兰人。当我们的邻居们被包围起来并被驱逐出境时，我奶奶跑出去拿面包干给他们路上吃。在那里她没有看到任何犹太人。在我们曾经居住过的普热舍拉，是一个波兰女人把她的邻居出卖给了苏联人，在另外一个村庄，也是一个波兰人干了那种事。我知道这个地区的五个人的名字，他们出卖了别人。我确信有些犹太人也这样干过，因为在任何民族中都有些卑劣之徒。

"当我和家人一起穿过市场时，我看到一家西方电视台的工作人员正在安装设备。我儿子的朋友指着摄影师说：'那个高个子是个犹太人。'我问他，'你怎么知道的？''他穿得很漂亮，还背着一个照相机。'因为他有值钱的东西，所以他肯定是个犹太人。那个男孩肯定在家里听人说起过。当人们要去市场时，如果一个小孩吵闹着也要去的话，这里的人们就会说：'我不会带你去的，因为孩子们要在入口处亲吻犹太女人的胡须。'如果哪个孩子晚上不愿上床睡觉，他的父母就会说，'犹太人会把你变成一块薄饼。'即使在战后，他们也是这样教育孩子的。你能期待这样教育出来的孩子会尊重别人吗？当我读到一篇对拉比雅各布·贝克的采访记时，我在想，我们助纣为虐杀害了他的教民，他却能够以这样的感情来谈论波兰，而我们该如何谈论犹太人呢？

"我一直喜欢同我父亲一起到处走走，去听成年人的谈话。在我们家犹太人都能受到尊重。奶奶告诉我们战前她没有钱去埋葬她的丈夫，有八个孩子留给了她。她去找斯苏莫斯基神父，神父说，'如果你没有钱，就把他埋在白菜地里吧。'当时是一个犹太熟人把钱借给了我祖母，不要利息也不限定还钱时间。战争爆发前，奶奶设法把借他的钱全部还清了。战争结束后，你可以获得土地的永久租赁权，但是我家没有受此诱惑，因为这些土地原先都是属于犹太人的。

"看看那些小报上的口号吧：'如果你是波兰人，你就跟我们在一起'；'请购买波兰人的产品，务必牢记，从波兰人那里买东西就意味着波兰人能生活得很好'。当斯蒂芬内克主教正在主持庆祝弥撒时，有人在教堂前面散发这些小报。如今我们又看到了跟30年代同样的事情正在重演，这就是民族主义者又在播撒仇恨。他们甚至都不能提出些新鲜东西。他们用一种奇特的方式来展示他们的爱国主义：消灭和谋杀其他民族。

"我不记得什么时候我才意识到犹太人占了我们城市的一半人口。我确信我了解到城里只剩下了一个犹太女人，她曾经受过洗，是海伦娜小姐。以前当我们开车进入耶德瓦布内时，我们往往把卡车停放在她家院子里。我也知道犹太公墓所在地，尽管那里没有用围墙封闭起来。有一次我开车经过，有人操作着一辆挖掘机在那儿挖掘。我说道，'你开着挖掘机在这里干什么，这里都是埋了人的。'他也知道这一点，但显然他并不在乎。

"大屠杀的那天，我祖母没有让她的孩子出门去看。她总是在说，那一天迟早总是会来的，到时候人们会说出谁该为卡廷惨案负责，是谁杀了犹太人。但是她也没能活着亲眼看到这一天。

"他们播放了一段关于耶德瓦布内的电视报道，其中有一个名叫达玛斯·凯乌切夫斯基的市民高呼：'让他们从以色列来，带走他们的骨灰。我们会帮助他们装车的。'在一个加油站，我也听到类似的话。我为耶德瓦布内的市民感到羞愧。波兰共和国是许多民族的家园，这场大屠杀是针对波兰国家的一个行为，是波兰人杀死了波兰人——不过只是有些人有犹太人的信仰而已。犹太人有自己的物质和文化成就，他们像波兰的其他人一样纳税。他们不是在苏联占领期间出现的'空降伞兵'，尽管我最近也听到了城里有人在这么说。我的曾祖父原先居住在边疆地区，当革命来临时，他们逃走了，他们手头的钱够在普热舍拉买栋房子。我们在这里已经住了 80 年。许多被杀害的犹太人的家庭都是在这里住了好几百年的。

"战后发生了很多杀人事件，晚上人们都害怕有人敲门，怕他们进屋、砸东西、偷东西、杀人。父亲说你必须有很好的判断力，判断出来人是谁；他们晚上来了后会问，'你支持谁？'如果他们是国民军的，而你却说你支持家乡军，他们可能会杀掉你。国民军正在进行战斗，但只是强奸妇女并抢劫她们的丈夫。如果波兰人不仅向犹太人道歉，而且为在这些国土上被掠夺的一切财物而向全体波兰人道歉，这会是很有帮助的。

/ 272

"在这里某种民族成了出气筒。无论发生什么坏事，结果总是犹太人应该受到指责。从我出生那天起，我就一直听到这种说法。无论是糟糕的政府，还是恶劣的天气，或者是一头牛死了，总归都是某个犹太人的错。爸爸有钱，因为他是一个很好的供应商并且他很节约，妈妈半夜就起来去采摘草莓，然后早上拿去卖掉。当我从学校放学回家后，我会去邻居家为他们劈柴挣一块兹罗提，或者为他们挑选黑醋栗，我所赚的钱都给了父亲。有趣的是，他们总是羡慕我们的钱，而不是我们的辛勤工作。他们说，'杰齐茨家有犹太人的钱'。在他们眼里，任何有钱的人不是犹太人就是拿了犹太人的钱。在我一生中，就像这里的人说的那样，拿了一次犹太人的钱：为我的儿子从什穆埃尔那里拿了一百美元。这里的人们依靠他们父母的养老金生活，他们的农场一代一代地传承下去。这里有一种说法：'主啊，给我一个有四个养老金领取者和一头牛的家庭。'牛可以干活，而养老金则会流到你的口袋里去。

"多少年来，我经常会向父亲打听大屠杀事件，但他总是避而不谈。

他会说，在这件事情上最好保持沉默。有时候他会在门廊上坐一会儿，悄悄地哭泣，家人就会说，'爸爸在怀念犹太人了'。

"现在，这里的仇恨氛围很浓厚。似乎上帝给了我们关于犹太人的种种不同意见来考验我们。你找不到其他话题——无论你是在医院里还是在政府办公楼内。我到沃姆扎去，在报纸上刊登一则广告，我要出售青贮饲料——在这里犹太人是人们想谈论的唯一话题。有一个家伙，甚至都还不是城里最愚蠢的，我听他说教皇是个犹太人。我回答说，'他们戴着来自上面的主教大人的圆顶小帽并不是平白无故的。'我来到一家商店里，老板的母亲进来说：'我们应该把所有到这里来采访的犹太人都赶走。'

"我一直在试图把偶然听到的对话拼凑起来。战后，我祖母无法原谅她的儿子娶了一个出自'那样一个家庭'的老婆。我没法告诉你，我是在什么时候才意识到她称之为'那样一个家庭'是因为克莱门斯舅舅的妻子的父亲和兄弟都牵扯进了屠杀犹太人的事件之中。

"当有人告诉我是德国人杀了犹太人时，我会问他们：'当一个犹太人躺在篱笆边上，被棍棒打得快死的时候，难道也是德国人这样干的吗？'当他们谈到驱逐流放的时候，我甚至都不愿意再次说波兰人也出卖了别人。我只是问道：'孩子们做错了什么？'

"我在路上从一个邻居身边经过，他的叔叔是凶手之一。他认出了我的车，说道，'我觉得我要吐了'。然后他吐了一口唾沫。但我从来就不害怕任何事情。这就是我能够在耶德瓦布内坦率地谈论波兰人对犹太人所做的事情的原因。

"有些人的名字老在我的心头萦绕。首先是劳丹斯基一家，接着是瘸腿斯坦尼斯瓦夫·锡拉瓦，他非常令人厌恶，然后是马里亚克、格涅克·卡利诺夫斯基，他战后就被打死了，切斯瓦夫·米尔泽耶夫斯基、约泽夫·考布什涅茨基、索布塔、特萨斯卡、皮耶霍夫斯基、马里安·齐卢克、玻璃匠博莱斯瓦夫·拉莫托夫斯基，一个用同一根棍子抽打他的马和他的父亲的醉鬼，还有瓦迪斯瓦夫·卢巴，这个人从被他淹死的犹太人那里继承了铁匠工具。他们想要隐瞒是很困难的，因为很多人看到了他们杀人。犹太人不仅死在谷仓里，他们还遭受了私刑，死在池塘里，或在他们自己的庭院里。凶手们从他们那里学到了手艺，现在他们想要接管他们的工场。

"真相永远不会被完全埋葬。总有一天，一切都会水落石出。我经常在想，如果在耶德瓦布内和该地区的每个村庄，都有一个人有勇气给他的孩子们讲述这个故事，那就够了。如果下一代中至少有一个孩子长大后把这个故事传递下去，那么真相将会永存。

"如果一个波兰人做了好事，我们赞美自己，把自己捧上天，但是当一个波兰人干了坏事，他就不再是我们中的一个了。我们不能改变这样的事实，这是我们从过去继承来的遗产。德国人负有部分责任，但关键点在于不要把我们的责任推到别人头上去，德国人的良心上已经有够多的东西供他们反思了。

"我无法理解此刻斯莱赞斯基的孙子老在那块土地上就他想要的价格讨价还价的做法。他的祖父自愿让出他的谷仓用以烧死犹太人，然而现在他们却为这块地付钱给他的孙子？我很想知道他是否会在临终前意识到他拿这笔钱作何用途。这块土地是属于躺在那里的人的。有些游击队员在我们的土地上遇难了。有个人来找我们，问他是否可以买下我们土地上的一个角落，以便为他的岳父立一块墓碑。我告诉他，'这块地是你们的，他们已经用鲜血作了证明。'

"我与邻居们持续不断地争论。在商店里、垃圾场、加油站、教堂里，无论在哪里，只要被我碰到，我都会说出我的想法。我在教堂里遇见了一个朋友，同我一起在唱诗班里唱歌。他给了我一张传单，说犹太人的大屠杀是自己造成的，并让我传给别人。我告诉他我对此的想法，我说他父亲是一个正派的男人，加入过波兰家乡军，而且没有参与大屠杀。另一个人跟我说政府里充满了犹太人。我说，'当犹太人在

读书的时候，我在踢足球——为了在政府里找一份工作你又做了些什么呢？'"确实如此，'他承认，'我受过的教育不多。'

"一个手上沾满了血的人是不会告诉你他做了些什么的。但他会谈论别人的杀戮罪行。那些暴徒之后会有一个难题：如何把他们从犹太人手里抢来的东西进行分赃。因分赃不均而导致了太多的争斗和指责。在每一次争吵中，邻居们都会提醒对方：你杀了那个犹太人，后来你又从那个犹太人那里偷了东西。在格罗斯的书出版之前，谁曾经杀过人这种事情对任何人都不是秘密，尽管没有人大声说出来。只是在那本书印出来之后，人们才保持沉默，结果是突然间变得谁都一无所知了。

"我以我一己之力正在努力重构在普热舍拉发生过的事实。这里每八户人家中就有两户中的家人参与了杀戮。后来他们却回想起那天他们恰好在耶德瓦布内。有两个普热舍拉的男人杀害了海伦娜·赫扎诺夫斯卡的叔叔和堂弟。经过是这样的：有四个犹太人藏在一起，在干草堆里过夜。当其中一个犹太人在野地里走动时，德国警察正好开车在旁边路过，他们看到了谷物在移动。他们开枪打死了他，然后他的父亲走向他们，他不在乎了，对他们尖叫，要他们也杀了他。后来他们在干草堆里又发现了另外两个犹太人。德国人要农民去挖一个坑，然后把尸体扔进坑里，他们告诉农民可以用铁锹把另外两个人打死，然后把他们一起埋掉，或者把他们带到警察局去。那两个犹太人试图说服他们放他们走，说：'你不会认为德国人会来检查坑里有多少人的吧，是吗？'于是那两个犹太人就被放走了，这时他们的邻居从街对面过来，告诉他们必须抓住那两个犹太人，否则如果被德国人发现的话，他们会烧毁整个村庄。他们中的两个人，多米契和埃戴克·科滕因斯基，立刻骑马追上了那两个犹太人，并把他们带到警察局去了。

"'一个爱国者是不会这样说的'，他们这样告诉我。我回答说我不是凶手的爱国者，而是我的国家的爱国者，我不会背叛我的祖国，我只会背叛那些凶手。

"有一次，我父亲的一个熟人见到我，对我说：'你是犹太人的奴才，如果我有枪，我会开枪打死像你这样的人。让你的父亲从美国回来，他们会在普热舍拉找到他的脑袋的。'我跟他说：'只要你能确保把尸体埋好就行，我不希望像上次那样杀死了那个犹太女孩还让野狗把她的尸体撕成碎片。'我又补充说：'像你这样的人已经让我们经历了1941年，而你却还在继续干同样的勾当。'听了我的话他就消失了。他知道我在说什么，因为就是他的姐夫强奸、谋杀并埋葬了一名犹太妇女。事情经过是这样的：那个凶手米尔泽耶夫斯基的兄弟在卡耶坦诺夫的家里藏着一个犹太女人。她本来想要搬到另一个地方去，结果两个普热舍拉的家伙抓住了她，强奸了她，杀害了她，然后把她埋掉了，但没埋好，就在岸边。春天里她的尸体浮在水面上。

"他们不停地诽谤造谣。他们问我：'接受一次采访你父亲能从犹太人那里拿多少钱？'我对其中一个人说：'你父亲从杀害犹太人中得到了什么？'他的脸一下子变得比甜菜还要红。他们父辈手上的鲜血刺痛了他们这些下一代。我听到有个家伙说我父亲在灰烬中到处寻找挖掘金牙，现在他倒成了一个多么理直气壮的犹太人的捍卫者。我反唇相讥，'是的，是的，然后他和你爸一起在你们家的地下室里把金牙融化了'。有人嘲笑说他们在挖掘墓地时没有发现1600具尸体；他说，'现在让犹太人告诉我们他们被埋在哪里。'我回击说，'他们不能告诉你们，因为你们把他们都杀了'。对他们到处瞎扯的胡言乱语我忍不住要作出反应，但是你又能对他们反击多少次呢？

"好吧，如果被害的犹太人不到1600个那又怎么样呢？他们杀掉了全部犹太人。假如那里的犹太人的数量是三倍之多，他们也还会杀掉那三倍多的犹太人的；显然那里没有那么多。难道较小的数字就会使罪恶变小吗？不，那是一样的。那样的大屠杀是很难想象的。焚烧本身就意味着可怕的痛苦，还要加上窒息。而那些人对任何人都没有做过什么不好的事情。每当我想到这，我脑海中总会出现这样一个景象，一个父亲带着一个小孩子往火里走去。孩子相信他的父亲会救他，但是他无能为力。

"有一次，有几个认识但不太熟悉的人在市场上遇到了我，同我握了手。还有一次斯坦尼斯瓦夫·米查罗斯基在一家商店里大声地祝贺我。耶德瓦布内所有正派人士都感到害怕。60年前，居住在耶德瓦布内并且同我们一样都是波兰人的犹太人被他们自己的邻居夺走了生命。现在，凶手们的后代因为我们说出了真话而骚扰我们。

"有人曾经嘲笑我，说我没有一个波兰人的姓，因为我的姓不是以'斯基'结尾的。我舅舅克莱门斯的儿子管我叫犹太教士的儿子，还问我为什么不戴一顶圆顶小帽。显然他认为这是一种侮辱。我的态度是，我从来没有害怕过任何人。在迪斯科舞厅我会说，'不要突然撞我，否则你会受伤的'。对我来说，一拳头通常就够了。但是，最近我的脑子受到了所有这些喋喋不休的噪音的影响，以至于每当我走进一家店铺的时候，我就会本能地背靠着墙，这样就没有人能够从后面打我。他们威胁要放火烧我们。我觉得他们太胆怯，不敢对我们下手，但是我会走到门廊上去，对房子前面射击，以此表达某种意思。我妻子和我最操心的是孩子们。

"我不会在这里留下任何朋友。当我最需要他们的时候，结果发现他们原来都是些假惺惺的朋友。如果我在美国的孙子问我对祖国有怎么样的记忆时，我能说些什么呢？耶德瓦布内不是一个宜居之地？"

日 记

2001年6月18日—7月10日

2001 年 6 月 18 日

我把拉莫托夫斯基带到我家。今天马雷克·埃德尔曼从罗兹来，他答应给拉莫托夫斯基做个检查。我给他们做了午餐。埃德尔曼说，他发现拉莫托夫斯基身体状况还不错。

"对他来说，最主要的是不要让自己喘不过气来，"埃德尔曼说道。

我坚持要他告诉我对拉莫托夫斯基病情的预测。

"现在这个状态他可以继续保持几个月，或者半年，甚至更长时间。"

《共和国报》上刊登了一篇对费利克斯·特斯教授的采访报道，他是犹太历史研究所所长，以及《大屠杀的漫长阴影》一书的作者。根据对数百篇日记（大部分未发表）的解读，他声称至少有10％的波兰社会——偶然或相当长一段时间内——参与了帮助犹太人的活动，大多数人对大屠杀漠不关心，至少有20％到30％的人认为德国人在帮助波兰人解决他们的犹太人问题。"这是一个痛苦的结论，但作为一个历史学家，我不能不公开地说出来，即使很多年我自己都甚至不想直面以对。"

直到最近，这样的采访都可能完全没有机会出现在主流报纸上。我还记得针对 1987 年登在《大众周刊》(*Tygodnik Powszechny*) 上扬·布温斯基写的《贫穷的波兰人眼中的犹太人区》一文的反应，其中谈到冷漠之罪。这种观点引起了一场抗议风暴，而我并不是在谈论民族主义者和反犹太主义的圈子，而是自由的天主教徒。格罗斯的书开辟了一个全新的讨论层面。

特斯回忆起一个真理，这个真理在世界其他地方都不言而喻，然而在波兰却难以被人接受。在战争时期，犹太人和波兰人没有共同的命运。每个犹太人都被判处死刑，甚至连儿童都不能幸免。身处德国人占领下的地区里，波兰本民族中只有 5% 到 7% 的人被杀，而波兰犹太人中被害人数则高达 98%。

晚上，我给亚采克·库仑尼总结了特斯的采访，他告诉我战争期间他在利沃夫第一天去上学时的情况。他家刚刚搬来，所以他在班上谁都不认识。老师说，"犹太人全完蛋了，这是好事。"班上的孩子们听了全笑起来，他不敢做出任何反应。

"当时我不敢大声说出不同意见，对此我深感愧疚，这促使我此后终生都要大声说出我的看法"，库仑尼说道。

2001 年 6 月 20 日

同样不愉快的事情已经无数次发生在我身上了。但是，当我的一些朋友和熟人直接对我说或者至少暗示我，因为我的背景，我是"不客观"的，这令我感到非常惊讶，或者我应该说这确实使我感到痛心。我有一种感觉，我一直如坐针毡（我正在重复好几代已经融合了的犹太人的经历，尽管我的祖先早已经历了这个过程）。同时——如果你不相信有关挑起耶德瓦布内事件的目的是犹太人可以就此要求波兰赔偿数十亿这样的胡说八道的话——我不清楚为什么我会被认定我更愿意相信是波兰人杀死了耶德瓦布内的犹太人，而不是德国人。事实是，针对波兰人的犯罪问题进行的调查是由民族纪念研究会的波兰人主持的，他们的血统是毫无问题的，比如基尔斯或伊格纳季耶夫，而那些相同的朋友和熟人对此却丝毫也没有看出有任何主观之处（说得明确些，我并不指责他们怀有偏见，我只是指出在这件事上存在着某种程度的不平衡）。

2001 年 6 月 25 日

/ 279

比亚韦斯托克。我已经来此好几天了，目的是查阅战前和战后的文件。在城里档案馆，我遇到了就在隔壁的民族纪念研究会当地分会的工作人员。其中一人开始说道，"就像检察官伊格纳季耶夫可能告诉过你的那样……"带着几分隐藏起来的敌意暗示，比起其他人，伊格纳季耶夫更喜欢一个记者——而且是《选举报》的记者。

在这种情况下，我忍不住会直截了当地说，"你想要知道我的文章在多大程度上是来自检察官的泄密？这里我不得不让你失望，我在工作上非常努力，不需要检察官为我查明事实，更不用提伊格纳季耶夫是一个模范官员，他绝不会透露有关一桩正在调查中的案子的任何机密信息。如果在这方面存在某人在帮助某人的情况的话，那么是我在帮助他，让他去接触我所找到的证人。另一方面，检察官对我是支持的，他有点像是一个理疗师。"

因为我们两个都明显沉迷于耶德瓦布内，因为我们早上、中午和晚上都在想着耶德瓦布内，所以我总是可以打电话给他，把最近的谈话叙述给他听，并发泄自己的强烈情感。我后来终于能够理解伊格纳季耶夫的固执态度，他习惯叫我 *pani redaktor*（编辑小姐），这让我感到有点难堪。我们现在都已经直呼其名了，我甚至可以说我们已经是好朋友了。有时候，我都会在他面前大声叫喊，我再也忍受不了了，我已经受够了，我要移民。伊格纳季耶夫听着并使我平静下来："但是你知道他们不全是那样的，你看看他的生活因为这一切而变得多么糟糕。你正在和一个不快乐的病人谈话——仇恨是一种疾病。"

2001 年 6 月 28 日

耶德瓦布内。斯坦尼斯瓦夫·米查罗斯基召集议会开了一次特别会议，因为纪念仪式这件事情现在处于千钧一发之际。一条乡村公路通向大屠杀现场，两旁是犹太公墓，只要下雨，这条路就泥泞不堪。一个建筑公司本应该在最后一段路面上铺设沥青了，但是持反犹主义观点的出版商布贝尔说服了"他的"议员们不要让铺路工程在最后一段路上完工，这就意味着来宾们无法前往纪念碑所在地。

"市政府停止了为通往纪念碑的小路铺设沥青路面的招标工作，"戈德莱夫斯基告诉我，"所有的工程都早已雇用了相关公司去做，对此却无人在乎。省长发来了一封电报，说他们将抽走我们的资金，那样我们就不得不从我们自己的口袋里掏钱来支付在集市广场上已经完工的工程费用。这是我们这个小城永远无法负担得起的。主要理由如下：'给我们资金，我们就会去做，并且按照我们喜欢的方式去做。我们会修好集市广场，但不是通往墓地的道路。'有一个议员喊道，'我们不会同意为犹太人修路的。'另一个议员则提出为举办仪式需要给城市提供补偿。他们不惜任何代价想要使工程无法完工，如此一来，实际上就使得前往这座纪念碑所在地成为不可能的事。我提议我以辞职来换取这条道路的完工。我说，'我认为我犯了一个错误，我会提出我的辞呈，但是让我们完成我们已经开始的工程，因为这个城市将不得不为此支付工程费用。'而议员德莫赫却说，'现在就辞职，你还在等什么？'"

就修路工程所投的票数是 7∶7。修路工程将会完成，因为投票在出现平局时，议长斯坦尼斯瓦夫·米查罗斯基投的票可作为两票计算。

"那七个投票支持继续修路的议员，"戈德莱夫斯基接着说道，"很可能比其他人更明智，他们担心这么多钱会被白白浪费掉。其中一个议员之所以签名是因为他发现我被邀请出席美国大使馆的招待会，他希望

/ 280

我能为他的几个女儿安排签证。但是我想要相信这七个人会出现在纪念仪式上，那差不多是这个议会的一半人数了，所以也许会有一半的市民也会来呢。"

但是当地人也看了布贝尔写的东西。最近，他发表了他和耶德瓦布内的一位居民的谈话，内容是有关格罗斯的那本书是如何写出来的："他们是在普热舍拉写的，就在杰齐茨家里。市长戈德莱夫斯基也在那里，同其他一些人一起，边喝酒边写。"

在布贝尔写文章披露米查罗斯基的公司绕过了正式的招标程序接下了替换市政府办公大楼窗户的工程并从中得到了一笔利润丰厚的佣金之后，伴随着十多项虚假的指责，整个小城到处流传着有关这些"骗局"的流言蜚语。从华沙的角度来看，布贝尔的小伎俩并非举足轻重，但是在耶德瓦布内，它却决定了人们的思维。

"我再也忍受不了他对我的污蔑造谣，"米查罗斯基气的暴跳如雷，"没有一句话是真实的，但是认识我多年的人却去看这些白痴写的东西并且还相信它们。早些时候布贝尔接近过我，让我和他一起工作，他想见我，来我家看我，但我没让他进门。他不知羞耻地去参加议会会议。他开始用拳头砸桌子。我警告过他。他向我宣战。他想方设法暗算我，想让我看起来像一个骗子和一个坏蛋，他试图威胁我。他还派人跟踪我，很可能是他的手下，他们甚至还拍了我家的房子的照片。"

"我们在院子里铺了鹅卵石，因此有人说我们是用犹太人的钱做的事，"斯坦尼斯瓦夫的妻子雅德维加补充说，"这种说法真够疯狂的。我对一个家伙回答说，没错，我们还打算用鹅卵石铺一颗大卫之星呢。"

我安排了一个耶德瓦布内的朋友在黄昏时——这样就没有人会看见他——坐上我的车，同我一起开车在城里转一遍。让他来指给我看哪些房子是战前留下的——我想逐门逐户地在脑海中重建战前耶德瓦布内的实况。我们好几次开车穿行在街道上，我蜷缩在后座。我的向导也告诉我波兰人住的房子，整个小城里充满了凶手。

"库布什涅茨基住在这里，他用一把刀杀死了犹太人。齐卢克住在这里，不是那个杀人魔王，而是他的弟弟，也参与了杀人。博莱克·拉莫托夫斯基住在这里。喏，这里就是那个砸碎了一个小孩的脸还让小孩的母亲给他清洗衬衫的人住的地方。我们来到了谢杜尔斯加大街上，有很多暴徒都住在这里——锡拉瓦、斯利韦基。普热舍尔斯加大街——也一样，一条凶手街，斯莱赞斯基、戈斯西基……"

我们又一次绕过来，他继续说道："整个耶德瓦布内就是一块墓地。这里曾经有一口井，有两个犹太人被淹死在井里。这里曾经是一个铁匠铺，卢欣斯基把一个犹太人从队伍中拉出来，用斧子把他杀死在这里。这里……"

2001 年 7 月 2 日

克瓦希涅夫斯基总统在接受《明镜周刊》采访时说："对耶德瓦布内的访问是我担任总统一职期间最大的挑战。"

在沃姆扎，两年前破产的沃姆金斯卡棉花厂的员工召开了一次新闻发布会，宣布 7 月 10 日他们将封锁通往耶德瓦布内的通道。他们强调，这与反犹主义毫无关系，而是因为他们被欠了两年的工资。

我给在纽约的拉比雅各布·贝克打电话，安排在波兰与他见面。我们用英语进行了长时间的热烈交谈，尽管我只问了他可能的见面日期。他谴责了凶手们："我听说有人在谈论有多少人遇难。去听这种言论是不对的。他们尽可能多地杀害了他们身边的犹太人，如果他们能找到更多犹太人的话，他们是会杀掉更多人的。"然而在一定程度上他也维护波兰："凶手们的行为不仅反对了犹太人，而且也反对了波兰。你们战前的波兰总理决不会同意屠杀犹太人的。当然，他曾经呼吁过抵制，但是杀人——他绝对不会。"

这位拉比正在准备在纪念仪式上的演讲。"我相信凶手的孩子们和孙子们会来祈祷。我不会去握凶手的手，因为它上面有血迹，但如果他为自己的罪过感到悔恨，我就准备和他交谈。我们不想报复，我们想要的只是永久的纪念。"

我打电话给克齐斯茨托夫·戈德莱夫斯基，我平时常给他打电话，这样我就可以摸清小城的脉搏了。"天在下雨，工程已经开始施工，没有人在帮我们。这是长时间的压力，只好用一包接一包连续不停地抽烟这种方式来化解。我的朋友们平时不来见我，要来就会带着我不能拒绝的提议：放假一天。谁会来参加这个仪式？我知道我母亲会来。女人的感情更多些。"

2001 年 7 月 6 日

早上，艾萨克·勒温带着孙子从机场直接来了。我们要去犹太教堂做祷告——根据犹太历法，今天是屠杀暴行的纪念日。我的女儿奥拉和马纽哈从她们的假期中返回，特地来此参加祈祷仪式。我带来了斯坦尼斯瓦夫·拉莫托夫斯基。他被要求在仪式上说几句话，他神气十足、情感充沛地讲述了有关救助他妻子的故事，并且很自然地接受了雷鸣般的掌声，好像这不是他第一次公开露面。如果他被邀请去学校告诉孩子们，为挽救一个人的生命去勇敢地面对暴徒，这样做是非常值得的，这样他是能够发挥很大作用的。

在《共和国报》上登了一篇采访民族学者阿林娜·蔡娃的报道，题为"分开的街道，共享的楼房"，内容是关于几个世纪以来居住在同一片土地上的两个社区交织在一起的习俗。哈西德（译者注：犹太教的哈西德派教徒）风格的服装，阿林娜说，是在 18 世纪受到波兰贵族高领长衫 zupan 的影响而成型的。剪纸，波兰民间艺术的骄傲，很可能来自犹太文化，圆形的沃维茨卡剪纸是犹太人的 rozejle 的一种变体，犹太人在收获节那一天会在窗户上贴上这种五颜六色小玫瑰形状的剪纸。阿林娜描述了犹太复国主义如何强调波兰的浪漫主义传统，波兰犹太人在他们老师讲述的波兰争取独立的故事的影响下，是如何积极参加犹太复国主义组织的。她引用了一个听到波兰爱国歌曲情不自禁流下眼泪的年轻人的话:"为什么我们犹太人不能唱歌来赞美祖国呢?"

我记得梅厄·罗内,在与波兰中断接触达 60 年之久后,仍然能够一口气如数家珍般地告诉我所有有关波兰起义的历史。

2001 年 7 月 7 日

我已经无数次地试图联系上主管设立纪念碑的那位部长了。他负责邀请遇难者家属参加纪念仪式。我刚刚从以色列回来之后就给他打过电话,当时我听说波兰政府会邀请他们。我想把我拥有的地址转交给他。看来似乎没人对我的主动姿态感兴趣,但是不管怎样,我还是把一份地址列表传真给了他们。三个星期后,当我再打电话给以色列时,我从雅科夫·盖瓦的女儿那里发现没有人联系过她们,我再次联系部长办公室。他们待我像踢皮球一样从一个官员处又踢到另一个官员那里,把我看作是一个令人讨厌的请愿者。

当我联系负责组织纪念仪式的总理办公室的其他官员时,也发生了同样的事情。在他们身上,你就能体会到什么叫恶意。我打电话给官员办公室,给他们想要参加纪念仪式的人员姓名;我知道安排了很多巴士去那里。在念到第三个名字时我听对方说:"这位女士是谁? 好吧,但她必须是最后一个。"

2001 年 7 月 8 日

今天有两个人来访——一个是来自一家荷兰周刊的记者,另一个是来自奥地利电台的记者。最近,接待两名外国记者已经成为常态。他们都在准备有关 7 月 10 日的文章或广播节目。他们去过耶德瓦布内。他们试图与当地人交谈,但当地人很勉强;他们大多听说是犹太人出卖了他们的邻居。他们会见了奥尔沃夫斯基神父,这个神父很喜欢接受采访。他们所持的波兰是一个反犹的落后的天主教国家这个观点得到了证实。他们去了市政厅，在那里他们与戈德莱夫斯基谈了话。与他的一次对话可以证实他们在波兰团结工会的第一个阶段期间来访时带走的那个看法，即波兰是一个有着未打上共产主义标记的勇敢的人民的国家（往往是我把他们送到市长那里去的，因为我也希望他们能够见到波兰更好的一面）。

他们每个人都有着自己看问题的视角，我也总是有机会尝试着了解一些有趣的事情。当我向一位美国记者指出，大屠杀的主要见证人什穆埃尔·瓦瑟斯泰因已经在 2000 年去世，也就是格罗斯的书出版的同一年时，他提出了他的"最后证人理论"。当全世界各地在分析罪行的时候，如果该罪行是被掩盖多年之后才发现的，那么结果就会是这些罪行的揭露恰恰是在最后的证人死亡的那一刻。有家日本电视台计划拍摄一个长达一个小时的关于耶德瓦布内大屠杀的纪录片，以此联系到在他们国内正在播放的涉及他们国家在二战期间针对中国人的罪行进行的讨论。这部纪录片是为了显示波兰面对其历史上的黑暗篇章的勇气。

2001 年 7 月 9 日

在选举报社，我们正在准备明天纪念大屠杀 60 周年的特刊。我带来了梅厄·罗内在以色列给我的照片。我必须给照片配上解说，但照片上很难看清谁是谁。最后，我发现有时候照片上的人的名字是从左到右写下来的，也有时候是从右到左的（显然用希伯来语指出照片上的人时，你就会从右向左，就像你阅读时一样）。我打电话给罗内。他能确定什穆埃尔·瓦瑟斯泰因是在最后一排有一双突出的尖耳朵的小男孩吗？在他的两边真是雅库布·库勃赞斯基和摩西·奥尔谢维奇，他同他们两人一起隐藏在怀赞考斯卡的谷仓下面活了下来吗？是的，就是他们。

我看着明天报纸的大样。大号字体标题是"一个发出尖叫的地方"，一张耶德瓦布内初级中学的班级照片，一篇题为"与真相同在"

的社论，以及兹比格涅夫·赫伯特的一首诗《科吉托先生寻求忠告》[译者注："科吉托"这个名字为拉丁语的 Cogito，出自笛卡尔的名言 "Cogito, ergo sum"（我思，故我在），兹比格涅夫·赫伯特虚构了这位科吉托先生，并围绕他写了不少诗]：

> 那么多的书和词典
> 还有厚如砖头般的百科全书
> 却没有一本能提供忠告
>
> 他们研究了太阳
> 还有星星和月亮
> 他们却丢失了我
>
> 我的灵魂
> 拒绝来自
> 知识的安慰
>
> 所以我晚上徘徊
> 在我们父辈的路上
>
> 而此地就是
> 布拉茨瓦夫小镇
> 在黑色的向日葵中
>
> 这地方我们已经废弃
> 这地方在发出哭泣

今天是安息日

一如既往的安息日

一个新的天堂出现在天际

——我正在找你，先生

——他不在这儿——

哈西典人说道

——他在阴曹冥府

——他死得很漂亮

哈西典人说道

——非常漂亮

仿佛他穿越了

从这一边

来到另一边

他全身漆黑

手中握着一本

熠熠发光的摩西五经

——我正在找你，先生

——超出了什么天际

你隐藏了你睿智的耳朵

——先生，我的心很痛

——我碰到了麻烦重重

/ 日记：2001年6月18日—7月10日 /

犹太教士纳赫曼

可能会给我忠告

但我怎么能找到他

在这么多灰烬之中

我想引起责任主编的注意，他要的是一张耶德瓦布内的犹太人的照片，但是他为报纸头版选择的却是一张 1936 年的班级合影照片，那时波兰人的孩子已经占了多数。但是在照片旁边，他亲手抄录了学生和老师的名字。学生们那时的年龄是十四五岁。到 1941 年，他们应该是 20 岁。其中三个波兰男孩的姓和名与后来的杀手们的姓和名相同。但他们是同一个人吗？我倾向于认为这是一个不错的选择，这张照片显示了未来的大屠杀的遇难者、行凶者和目击者肩并肩坐在一起，对着摄影师微笑。

一位朋友晚上打电话给我，告诉我去收听天主教玛丽亚电台。今晚全部广播节目都是有关耶德瓦布内的专题。

"克瓦希涅夫斯基总统将要斥责一个错误的对象，"我听广播里说，"是我们，不是他本人，不是一个具有共产党背景的罪犯，犹太人在共产党里发挥着自己的作用；他就是被那帮子人捧起来的。克瓦希涅夫斯基在使波兰人蒙受耻辱。"他们宣布，已经有五千人签署了一份呼吁书，说克瓦希涅夫斯基以他们的名义所作的道歉损害了他们的个人利益。在不到一个小时的时间里，玛丽亚广播电台好几次提到了我，把我归类于"犹太人和祖国的叛徒"之列。我把收音机关掉了，因为这个电台越说越变得无聊——这些仇恨言论无休止地在老调重弹。

2001 年 7 月 10 日

我同斯坦尼斯瓦夫·拉莫托夫斯基一起搭乘了一辆双层巴士，车上大约有 20 人；有 8 个车上的人在我们的旁边。在不停旋转着警灯的警车的护送下，我们坐的车夹杂在一列部分是空的政府的客车车队中，快速地驶向即将举行的耶德瓦布内的纪念仪式会场。

斯坦尼斯瓦夫坐在公共汽车前排，打着瞌睡，我坐在后排，靠近雅科夫·盖瓦，原先在耶德瓦布内时他的原名叫雅库布·佩泽诺维奇，还有他的三个女儿，蕾佳、查亚和拉赫尔。

雅科夫·盖瓦比他的三个女儿都要矮小，他静坐着，神情有点紧张。我们的车开到了离耶德瓦布内还有一公里的地方，此地有个每周一次的集市。我们在雨中三三两两地徒步在泥泞的道路上继续走着。

预定留给来宾的区域由警方围了起来。市场所在的广场上飘荡着肖邦的《葬礼进行曲》。在一面以色列的蓝白国旗之后，我看到了艾萨克·勒温和他的几个女儿、女婿和两个孙子。他们都穿着白衬衫，戴着白色的小圆帽，白色是犹太人表示哀悼的颜色。他在这儿。家庭、旗帜和大字印在一块木板上的在耶德瓦布内谷仓里被害死的维兹纳犹太人的名字。我认出了阿维格多·柯乔在以色列口述给我的那份名单，今晚那份名单将在整个欧洲的电视上播出。

克齐斯茨托夫·戈德莱夫斯基紧张地对遇害者家属发表演讲："我有幸以市政府和居民的名义向你们致欢迎辞。我欢迎你们来到耶德瓦布内这片好客之地。我们今天在这里见面，共同见证真相，这让我深受感动。"

克瓦希涅夫斯基总统致辞说："因为这项罪行，我们应该乞求那些死者的阴魂和他们家人的赦免。因此，今天，作为波兰共和国的公民和总统，我表示道歉。我以那些良心受到这种罪行震撼的波兰人的名义道歉。"

以色列驻波兰大使谢瓦克·魏斯用波兰语和希伯来语发言："那些一起住在这里并彼此熟悉各自名字的人，拉凯莱、扬凯拉、莱亚、德亚瓦、莫舍拉——我们知道每个人都有一个名字，而且这些名字都有着其意义——被他们的邻居谋杀并焚烧。"

我唯一感到遗憾的是，没有人用意第绪语说过一句话，这种语言在这个市场上已经流传了好几百年了。

斯坦尼斯瓦夫·拉莫托夫斯基俯身对我说："总统说得很好。如果即使是只有一个人说了实话，那也代表着很多人。今天那么多的善良人都来到了此地，他们不断地向我走来，握着我的手对我说一些亲切的话。我只是希望这种良好的愿望不会消亡。发生在耶德瓦布内的事情同样发生在拉齐乌夫和翁索什，现在最重要的是不要忘了那些被谋杀的人。"

在来宾区周围的障碍物后面，有些人认真听取了演讲，但大多数人只是伸长着脖子呆看着。他们来看看犹太人长得模样，来见见总统。也有一些人的行为公然表现出敌意，他们大声说话，愚蠢地做鬼脸，也许想表现出他们眼中的犹太人的怪癖举止。

我们大家一起默默地向犯罪现场走去。拉比贝克从轮椅上起来，靠着一根手杖站着说道："我作为一个受害者和凶手的同胞站在这里。我们站在这里是因为犹太人和其他信仰的人在流泪。这给上苍留下了深刻的印象。总统说波兰——我们的波兰——要求宽恕。那些他请求宽恕的人应该给予宽恕。愿这些泪水能够净化这片仇恨的土地，以此作为波兰最重要的时刻之一载入史册。"

天气寒冷刺骨，雨不停地在下，看起来风也似乎会把身材瘦小的拉比卷走。一群群年轻男子站在通往墓地的道路上，先前当我们走过时便高喊"犹太佬"！现在他们试图用扩音器播放的音乐来淹没他的讲话，一边还伴随着节奏做出快速的动作。

由世界著名的纽约独唱歌手约瑟夫·马洛瓦尼演唱的赞美诗是整个纪念仪式的高潮时刻。他的歌声，他的呼喊，是那么的强有力，似乎他想要把死者的遗体收集起来并覆盖上一层赞美诗的外衣，他的呼喊就像60年前在这同一片土地上的呼喊一样，响彻云霄。

在来宾区内，来自政界或文化界的客人少得可怜，牧师也只有三位。没有高层次的教会代表。我的朋友罗莎·沃伊尼亚考夫斯卡－图恩倾身对我说道："我很震惊。我原来担心我不能按时到达，怕这里会有大量人群。现在这里没有什么人，我的精神向导在哪里呢？"

我填写了那些不在场的人的名单：安东宁娜·怀赞考斯卡因害怕而不敢来，瓦瑟斯泰因家族没有人来，阿维格多·柯乔也没有来——他是唯一活着的那天在集市广场上的犹太人目击者。

八

你唯一的机会是冒充非犹太人

或，幸存者阿维格多·柯乔

　　他们被驱赶着走在黑麦田间的一条乡间小路上。他想到，无论如何他们都会杀了我的，所以我要设法逃跑。他突然从人群中窜出来，低着头，全速冲入黑麦地里。他跑了一段路，然后伏倒在地，屏住呼吸，一动不动。

　　他知道只要稍微碰一下，农作物就会开始摆动。他听到有几个小伙子一边喊叫着一边踩踏着谷物在寻找逃跑者。附近有人喊道："该死的，闭嘴！"然后传来一声呜咽或压抑着的抽泣。他意识到他们在附近强奸了一个女孩。

　　他又屏住呼吸，仔细地听着。他期望听到枪响，甚至还可能有手榴弹的爆炸声。他认为波兰人正在把犹太人带往行刑地，德国人会等候在那里——就像之前他们所干的那样，在他的出生地维兹纳他们就是那样干的。但他一个士兵也没有看到。吵闹声停了下来，他继续低低地卧在地上。突然间，他听到远处传来一阵嘈杂的声音，像是嗡嗡声或空气震动的声音，然后是一个烟柱射向天空。

维兹纳的犹太塔布特学校，五年级。阿维格多·涅瓦维茨基（后来的柯乔）坐在第一排的左边。（由艾萨克·勒温提供）

维兹纳的迪娜和伊扎克·涅瓦维茨基。1941年7月10日，他们正在他们的表兄家里，那是耶德瓦布内的一个磨坊主家庭，他们在那里被波兰人杀害了。他们的儿子阿维格多从谷仓附近逃跑了，因此得以幸存下来。（由拉比雅各布·贝克提供）

一场火灾爆发了，他自言自语道，叹息着松了一口气。城里的房子都是木头盖的，消防队员都是志愿者。他们会急忙赶去灭火，犹太人就该没事了。

他躺在谷物上，脑海里都是些自我安慰的想法：那里会有多少德国人？不会有太多，当波兰人都赶回家时，德国人就无法去处置那么多的犹太人。或者：没有听到枪声，这是好事，也许就不会有受害者了。只是，为什么有焚烧肉体的恶臭呢？但有可能是某家人家的牛舍或者谷仓着火了，牲畜还在里面。

他想让自己相信这一点，所以他不停地感到疑惑，为什么就在他看到那柱烟雾之前先听到了一阵尖叫声。他躺在麦地里，直到太阳下山。当一切都平静下来，天色已黑时，他就出发去查看耶德瓦布内的亲戚佩泽诺维奇一家，在他全家人逃离维兹纳之后他就去了他们家。在半道上，他遇到了一个在大屠杀期间被藏在一个波兰人的地下室里的犹太人，此人告诉了他有关这场火灾的情况。他警告说，农民们已经开始抢劫了，大家都认为佩泽诺维奇家很有钱，所以此刻到他家去会是一个可怕的错误。

这时他才知道他成了耶德瓦布内犹太人被活活烧死的见证人。他为他的两个妹妹祈祷，11 岁的西珀拉·费加和 7 岁的查亚·谢娜，她们没有在他成功地设法逃脱的那些人群中。他为他的父母的命运感到恐惧，最后一次见到他们是 7 月 8 日。

"我们找到了几个人，有两个是来自维兹纳的，"柯乔回忆道，"我们在麦地里坐了两天。我们中的一个，一个面包师，偷偷地去一些波兰朋友家要食物。农民们在田野里到处寻找藏匿的人，所以我们决定每个人都自己设法前往沃姆扎。我希望能在那里找到我的父母，在我叔叔的家里。"

波兰人必须有通行证，而犹太人则根本不被允许旅行。阿维格多看到德国人正在纳雷夫河上一座桥头检查交通状况。他能够在晚上游过河，但他不想冒着黑暗在一个陌生的城市里走来走去。他注意到士兵们没有让马车停下来。某个农民下了车，牵着马步行过桥。阿维格多穿过去正好走在他身后，假装是和那个农民一起的。那是他冒充波兰人的首次亮相。

一旦到达沃姆扎，他就直奔叔叔的家，但他没有在家里找到他。他意识到这一天是 Tisha B'Av，是纪念耶路撒冷圣殿两次被毁的纪念日。他在院子里看见一个祈祷班，他的叔叔是十个正在祈祷的犹太人中的一个。还没有人听说过耶德瓦布内发生的大屠杀事件，因为没有多少人会去那里，消息流传得非常缓慢。人们听他讲述自己的经历时，都认为他好像是疯了。

/ 292

阿维格多·柯乔，当时叫阿维格多·涅瓦维茨基，16 岁的目击者，1941 年 7 月 10 日从一群被押送去屠杀的犹太人中逃脱，在以色列居住了半个多世纪，但是他的波兰话说得非常好，只是在他问我冬夏之间的那个季节是用哪个词时，我才意识到波兰语对他来说已经有多么遥远了。

他给我看了一张照片，旁边加了说明"1937 年维兹纳，塔布特学校五年级"——塔布特是一个活跃在东欧的犹太复国主义组织，为将要前往巴勒斯坦谋生的年轻人提供培训。最能吸引人的目光的是那个最小的男孩，眼睛从歪戴着的校服帽子下面机灵地向外瞧着。就是他。他是最小的男孩，因为他跳过了一级。在波兰，做一个犹太人变得越来越困难，一年后，有四个家庭带着孩子离开了维兹纳去了乌拉圭、美国和巴勒斯坦。他们不得不解散掉四年级，较差的学生重读三年级，而像阿维格多那样出类拔萃的学生则直接跳到五年级。希伯来语是课堂上教学使用的语言，但他们也用波兰语教文学、历史和地理，因为这所学校里的学生被允许在波兰学校继续接受教育。波兰教育当局的承认能够确保该校得到政府的拨款。然而，越来越高涨的反犹太主义浪潮导致议会在 1937 年做出决定废除给予犹太学校的补助金，结果在维兹纳，每个月的学费涨到了 6 个兹罗提。

"我们班上有三个人幸存了下来,"柯乔回忆说,"大卫·彭久赫,底下一排中间那个,设法去了巴勒斯坦;他的姐姐在耶德瓦布内被烧死。右边那个,克朗,在波苏战争中幸存了下来。还有我。在照片中还有扎尔曼·门奇科夫斯基,1943 年我原本要同他一起前往普鲁士的,但是他没有出现在我们约定的见面地点。他在巴勒斯坦有家人,所以我认为他没能活下来,否则战后他会联系他们的。除非他留在波兰,但那是不可能的——他是一个犹太复国主义者。"在塔布特学校,他们学了哈依姆·纳赫曼·比亚利克写的一首诗,并被要求背诵下来,柯乔把这人称为"我们犹太人的密茨凯维奇"。

他最著名的一首诗是 1903 年基什尼奥夫大屠杀之后写的《在屠戮之城中》,诗中诗人指责犹太人在大屠杀发生时未能进行反抗。

那时你可以逃到院子里,察看那里的土墩。
土墩上躺着两具尸体,都被割掉了头——
一个犹太人和他的猎狗……
同一把斧子砍中了他俩,他俩都被扔到了
同一堆土上,猪在那里拱着粪球;
……………………………………………

在那里七个蛮徒把一个妇女摔倒在地,
女儿在母亲面前无能为力,
母亲在女儿面前无能为力
……………………………………………

千万不要放弃注意,
在那个黑暗的角落,在那个木桶后面
蜷缩着丈夫、新郎、兄弟,从裂缝中窥视,
看着在下面挣扎的神圣身体

那兽性的呼吸，

吞噬着她们的血液，在淫猥中喘息！

……………………………………

她们的男人怎么能够忍受，怎么能承受如此羞辱？

他们从洞里爬出来，逃往耶和华的殿堂，

他们向神表示感谢，说的话甜如蜜糖。

……………………………………

来吧，现在，我带你去他们的巢穴

茅坑、粪堆和猪圈，在那里躺着

哈斯蒙家族的继承人，双膝颤抖着，

躲藏着，畏缩着，——马加比家族的后人们！

圣徒的子孙，狮子的后裔！

他们，全都挤在他们的耻辱的庇护所里，

如此圣化了我的名字！

他们逃跑时快得像老鼠在飞窜，

蟑螂的蹿行也同他们一样；

他们死得像狗一样，他们都死了！

……………………………………

你的死死得枉然；我不知你也不知

为什么你会死，为什么，为谁，根据哪条法律；

你的死毫无理由；你的生也无缘无故。

荣耀的神是怎么说的？在隐藏它的云彩中

在耻辱中，在痛苦中独自忍受……[1]

1　摘自 *Complete Poetic Works of Hayyim Nahman Bialik*, Israel Efros, ed. New York, 1948。

　　许多年以后，柯乔在海法见到了他的一位老师，她在战前已经移居巴勒斯坦。她的丈夫，以色列总工会的一位高级官员，问他是如何幸存下来的。他回答说，他不想受到比亚利克诗中那样的蔑视，即使上帝对受害者是怜惜的。

　　"那种犹太复国主义的教育，"他对我重复说道，"给了我力量，不要成为一头温顺地被牵去宰杀的羊。"他说："当我在以色列的军队里时，他们给你施加压力让你把你的名字改为希伯来语名字。毕竟，如果我和一个摩洛哥犹太人在同一个部队单位，他将永远无法正确念出涅瓦维茨基这个名字。我有家人，所以我决定和他们一起选择一个名字。我的堂兄，后来在1967年的第三次中东战争中阵亡，选择了布纳亚这个名字。我不喜欢这个名字，就走我自己的路。我找到了我母亲的一些亲戚，他们的姓叫斯特恩，就是'星星'；在希伯来语中，也就是柯乔。他们就这样成了柯乔家族，因为当时的风气是要加一个波兰语的尾音。但我不想要那种尾音。"

　　根据家族传说，阿维格多家族在波兰使用的姓氏涅瓦维茨基是来自于他的高祖父，他在涅瓦维茨曾经短暂拥有过一块土地。那是在华沙公国和拿破仑法典的时代，犹太人被允许拥有土地。在出售家产后，他搬到维兹纳，在那里他建了一栋很大且很坚固的房子。"有一次，我的父母在修补房子，"他记得，"他们在油漆下发现了一行题词：1812年，涅瓦维茨基。我带全班同学去我家，给他们看看这栋房子在我们家里的历史有多久。"

　　那就是阿维格多出生的地方，那就是在他的生命的最初几年里同他的父母以及他的祖父梅厄·赫什·涅瓦维茨基一起共同生活的地方。祖父在同沙俄军队所做的各种军需品生意上赚了不少钱，然后就在耶德瓦布内附近的普热舍拉买了块地。阿维格多的父亲伊扎克·涅瓦维茨基是13个孩子中的一个；在1920年对布尔什维克的战争中，他是一个步兵，曾经为保卫华沙而战。他的姐姐麦奴哈·帕雷尔在她的侄子阿维格多出生前就死了。有一天，她碰到了一些喝醉了的波兰小伙。其中一人说："我要杀一个犹太人"，然后用一把刀刺死了她。第二天他们拿到了他们的征兵卡，他们就是这样逃避法律惩罚的。

1936年在波兰中部普拉佐图克的大屠杀之后，犹太人接受了自卫训练（他们甚至拥有了枪支），从而能与农民进行斗争。阿维格多的一位叔叔约书亚，人们叫他谢耶克，决定把维兹纳的犹太人组织起来保护自己，并囤积了一些刀具和斧头。他认为他们应该战斗，大屠杀也不应该只是因为犹太人的死亡而为人所知。听了他的话，小阿维格多决定停止学习波兰语，因为不管怎样他都要去巴勒斯坦。他不再做功课，也不肯在黑板前用波兰语回答问题。他的母亲说服他，多学一门语言是永远不会有害的，而且不管怎么样，如果一所希伯来学校里不教授波兰语的话是不会被认可的。

在家里他们说意第绪语，但是他的父母也懂波兰语、希伯来语、德语和法语。

"当我同附近的农民说波兰语的时候，妈妈还纠正我：'不要摆手，那是犹太人说话的方式。'后来当我假装是波兰人的时候，这点还救了我"，柯乔回忆道。

"1929年，议会通过了土地改革法案，要求犹太人出售他们的土地，"他说道，"我祖父卖掉了他的家产，并把钱借给了扬泽沃、克热沃、布洛努夫和博泽耶沃的地主们。他们需要资金，因为随着改革下达了一条改善土壤的命令。不久，当我的祖父来收取他借出款项的利息的时候，他们就开始解开狗链放狗咬人了。只有地主特伦纳，一个在博泽耶沃的德国人，才会以分期付款的方式定期偿还借款。"

他所认识的所有犹太人都想移居巴勒斯坦。就连他的叔叔毕科莱尔也是如此，他曾经在 uhlans 部队服过役，就是波兰轻骑兵部队，那支部队是爱国主义歌曲的一个传统主题，并且——当他的祖父还有自己的土地时——喜欢在农场工人中驾着一辆马车到处跑。他父亲对自己的兄弟要去巴勒斯坦付之一笑，戏谑地说到那里去后他的工作也会像一个贵族一样驾着一辆马车四处巡视。

"我们全家都在等待移民，而我是心情最迫切的一个。"柯乔说道，读完七年级后的他此时在一位邻居那里当木工学徒。这家邻居没有走，因为他们从债务人那里收不到钱。要移民到巴勒斯坦去，你必须证明在银行里每人有一千英镑的金额，另外还要有一千英镑作为旅途费用。

祖父斯特恩，一家磨坊主，在诺沃格鲁德附近的胡德涅为他的女儿迪娜买了一栋大房子作为嫁妆。他的女婿把房子出租给了某个叫波德戈尔斯基的人。"他们一开始付租金给他，但是当人们开始说世界上所有的邪恶都归咎于犹太人的时候，他们就停止不付了，"柯乔回忆道，"父亲把这件事告上法庭。一份租赁合同有效期是多年的，所以在法院裁定之前我们不能出售房产。就在战争之前，我们在最高法院赢得了这场官司，但是不管怎样我们都收不回我们的钱。"

关于苏联占领时期，柯乔记得最清楚的是，突然间，大家都变得非常穷。他父亲去看望特伦纳，他有一半德国血统，按照苏德协议他正准备与妻子一起去德意志帝国。特伦纳给了柯乔的父亲两头奶牛，并往他的马车上装满了食物。"如果我们能够活下去，"分手时他说道，"我们还会见面，到时候再来算一算我还欠你多少。"

斯大林与希特勒开战的第二天，柯乔的出生地维兹纳就遭到了轰炸。攻击的目标是苏联人正在纳雷夫河上架设的一座浮桥。市场所在的广场也被炸毁了，但涅瓦维茨基祖父的房子幸存了下来。城里的居民们都分散到周围的田野里去了，阿维格多的父亲把一些家产装上了一辆马车——他们要在乡村躲一阵子。

"我们环顾四周，看到不少囚犯从苏联监狱中被释放出来，喝得醉醺醺的，四处找犹太人寻衅滋事，"柯乔叙述道，"抢劫者追上了我们。他们用棍子打我们，抢走了马和马车。我们的亲戚费布绪·莱曼和我们在一起，他又老又病，因为挨了打，两天之后就死了。我们看到铁匠伊兹拉尔·梅厄·德姆尼茨基的一个侄女在野地里遭到了强奸。他本人是个 70 多岁倔强的农民，当其他犹太人纷纷逃离时，他说，'我不害怕，我认识这个城里的每一个人，'并留了下来。当暴徒们来到时，他正坐在门廊上。'抓住这个犹太人！'他们大叫。只要他们发现一个犹太人，他们就会打他直到打死为止。"

他们回到了维兹纳，那里的犹太人住房都被自己家房子被炸毁了的居民们占据了。犹太人挤进了留给他们的几栋房子里。涅瓦维茨基全家都藏在阿维格多爷爷的阁楼里。小城此时被"狂热分子"所控制，柯乔是这样称呼他们的，他们在苏联占领期间曾经被关进监狱或者躲藏起来。现在他们在街上殴打犹太人，并警告波兰人不要把食物卖给犹太人，也不要把他们留在家中。

"德国人把他们当作帮手，"柯乔继续说道。"我记得国家党的一个小伙子，他的名字叫布若佐夫亚克。他总是追赶犹太人，大喊'*Juden arbeiten!*'（犹太人去干活！）我祖父涅瓦维茨基就是老被他追逐的人之一。德国人把所有被布若佐夫亚克抓到的犹太人都赶出了城，并开枪打死他们。第二天，德国人出现在斯雷布罗夫斯卡大街上，许多犹太人都躲在那条街上的铁匠蒙科那里。德国人命令这些人在院子里挖个洞，然后也开枪打死了他们。德国人没有去碰女人们。但是当他们杀死了戈德曼父子时，他妻子和母亲乞求他们：'把我们也杀了吧。'他们就杀了。当他们射杀克朗的时候也是一样，他的妻子查娜求他们杀了她，他们就把她杀了。"

当维兹纳的村长在空袭和火灾后宣布镇上没有地方容纳犹太人后，很多犹太人就去了沃姆扎，另外一些人去了比亚韦斯托克，但是大部分人都去了耶德瓦布内。阿维格多的父母亲伊扎克和迪娜·涅瓦维茨基，以及他们的孩子都躲在他们的亲戚艾利·佩泽诺维奇的家中，他们家有一个磨坊，就在耶德瓦布内城外，在去拉齐乌夫的路上。1941 年 7 月 8 日，星期二，伊扎克决定回到维兹纳去问一个波兰朋友要回一些财物，他妻子决定和他一起去。他们将在两天后返回。周三晚上，表哥德沃拉·佩泽诺维奇的一个同学跑过来警告他们："明天他们要杀光犹太人，你们必须赶快逃跑。"于是马上召开了一个家庭会议，但是几个年长者低估了来自波兰人的威胁。

为了以防万一，阿维格多决定在野地里过夜，他的两个表兄弟也加入了，约瑟夫·莱布和本亚明·佩泽诺维奇。家里其他人都睡在家里。这是一个寒冷的夜晚，所以没有人能睡着觉，两个表兄弟都抓狂了。天还没亮，表兄弟就动身去德国人的警察局——他们在那里干活，喂马，劈柴烧炉子，因此他们必须在黎明时就到那里。一大早，阿维格多就被马车发出的嘎嘎声吵醒了。这使他感到诧异，因为那天不是集市的日子。然后他听到窗户被打碎的声音和女人尖叫的声音。他立刻明白这是一场大屠杀，他马上向维兹纳跑去，提醒他父母快避开。有几个少年开始追逐他。因为怕睡觉时会冻坏，他穿了三条裤子和几件衬衫，所以他跑不过他们。他们开始殴打他，其中一人说，"为什么要把他带到市场上去，让我们在路上就干掉他"。但此时走过来一位年长的女人，她说："你们抓到了一个犹太人，现在把他带到其他人那里去，把他们所有人都一口气干掉！"

就是这样，1941 年 7 月 10 日，阿维格多·涅瓦维茨基被赶到了耶德瓦布内的集市广场上，挤在一大群即将遭到屠杀的人中。当他到达那里时，犹太人正在清除鹅卵石之间的杂草，一边还唱着，"战争是我们犹太人的错"。波兰人手中都拿着棍子、木棒和刀子。他看到一张熟悉的面孔——来自维兹纳的马车夫，郝奈克·库布赞斯基。

"他拒绝去扛列宁塑像，他正在和他们对打。他们用铁棒打他，直到他被打得失去了知觉"，柯乔告诉我。

他们被命令四人一排列队沿着一条通往城外的道路走去，谷仓正好在耶德瓦布内的城郊。阿维格多试图留在队伍中间，以免挨打。因为每个人都试图用同样的方式来保护自己，所以队伍就膨胀起来，塞满了整条路。

"我们已经离开了耶德瓦布内，"他继续说道，"这时我想到，不管怎样他们会杀了我。但我要设法逃跑。"

他逃走了，成功地逃到了沃姆扎犹太人居住区。

有一天，从维兹纳附近来了一个友好的农民，名叫平科夫斯基，是来寻找涅瓦维茨基家人的。他带了黄油和鸡蛋。阿维格多曾经敦促他的家人把他们的家产存放在这个人的家里，因为只有放在波兰人家里才是安全的。

"平科夫斯基曾经拒绝过，说他不知道什么时候才能把我们的家产交还给我们，而且利用这个机会来买下这些东西的话，他会为此而羞愧"，柯乔说道，对他来说，绝不忘记他认识的为数不多真正帮助过犹太人的波兰人的名字是非常重要的。"在那个时候，人们赶着自己的马车去犹太人的家，随心所欲地拿走所有的东西。他们在沃姆扎设立犹太人区，传言说你只能随身携带 20 公斤的行李。在我们搬去犹太人区之前的那一天，我把我们全家的东西全都拿到了平科夫斯基家。在通往犹太人区的路上，人们站在路边，一边抢夺包裹，一边嘲笑。犹太人自己安慰自己：'我们会在犹太人居住区里得到和平，我们会以某种方式生存下去。'"

耶德瓦布内的少数犹太人幸存者直到抵达沃姆扎犹太人居住区之后，才了解到究竟发生了什么。那时，阿维格多意识到，当他躺在谷物上时，传到他耳朵里的噪声是大家在死亡之前共同发出的祷告声，*Shma Israel, Adonai elohenu, Adonai echad*（"以色列啊，你要听……"）。在整个历史上，犹太人殉难者面对死亡都会念这句来表达信仰。

和他的两个表兄约瑟夫和本亚明一起——他们是因为在警察局度过了一天而幸存下来的——阿维格多开始评估家中的损失。一个波兰人告诉他们，他曾在谷仓里见过艾利·佩泽诺维奇和他的妻子与女儿。阿维格多明白这意味着他再也见不到他的姊妹西珀拉和查亚了——她们那天晚上是在她们舅舅家过的夜。他在这个地区到处询问打听，每见到一个人就问起他父母的下落。在赞布鲁夫的家中没有他们的消息。从皮安蒂尼察来沃姆扎犹太人居住区的犹太人也没有见到过伊扎克或迪娜·涅瓦维茨基。

一开始，他和他的亲戚们挤在一个房间里，总共有30人，但德国人开始挑选出一部分人驱逐出境，不久之后房间里就只剩下10个人。Judenrat（犹太委员会）组织了工作任务的分配。他们每星期一外出，到工地上施工，并排睡在什么地方，然后在周末返回犹太人居住区。他们得不到任何报酬，每天只给一顿饭吃。没有人密切地看守他们。德国人知道犹太人把犹太人居住区看作是一个相对安全的地方，在外面他们几乎没有生存下去的希望。

当柯乔在德罗斯多夫和维兹纳之间干活时，他短时间离开了工地去见平科夫斯基，平科夫斯基见到他时激动得流下了眼泪。他建议阿维格多下班后来他家睡觉，并答应去问警方他自己是否可以雇这个男孩到农场干活。平科夫斯基的妻子和儿子都不停地说，"你看起来根本不像一个犹太人，而且你讲波兰语就和我们中任何一个人一样"。正是他们启发了他去假扮波兰人生存下去的想法。平科夫斯基立即抓住了这个计划："我们会告诉大家你从维兹纳来，因为我有家人在那里。你可以帮助我们去收土豆，直到战争结束。"当时他们认为德国人会失败，而俄国人即将回来。

他几次潜入犹太区，因为他"需要和犹太人谈话"，他还给他的家人带去了食物。尽管受到威胁，但是这个地区的犹太人还是分享了信息。他在犹太人区听说有几个犹太人仍住在维兹纳，在为德国人工作。他听说他的叔叔毕科莱尔活了下来，就是喜欢扮演贵族的那个，他是在战前从巴勒斯坦回来的。有人告诉他，在耶德瓦布内大屠杀之后，某个波兰人看到过他的父母，而且生活在维兹纳的蕾佳·莱亚知道这个波兰人是谁。这一点也得到了蕾佳·凯泽的证实，她同她的女儿一起设法逃离了耶德瓦布内的集市广场。

有一天，他冒险前往维兹纳，蕾佳·莱亚告诉他如何找到那个说见过他父母的波兰人邻居。他找到了这个人，此人证实了在大屠杀结束后他见过伊扎克·涅瓦维茨基和他的妻子及女儿们。他描述了他们穿的衣服，说他们正前往赞布鲁夫，然后去沃姆扎。

在很长一段时间里，阿维格多一直拒绝放弃希望，也没有为他的父母做祈祷。当我遇见他时，他仍在考虑着他们死亡的各种版本。第一种是 7 月 10 日之后，他父母在从赞布鲁夫到沃姆扎的途中遇难。第二种是他们死在维兹纳和耶德瓦布内之间的野外，丧生于正在潜入这个地区醉心于杀人的暴徒之手。最后，第三种可能性是，他们实际上是在被赶到谷仓去的人群中，因为他觉得他母亲的脸曾经在市场上一闪而过。他怀疑自己的消息来源肯定是与其他什么东西混杂了起来，因为搞不清楚那几个女儿怎么就会出现在她们父母身边；女孩子们原来都是待在佩泽诺维奇家里的。

另一天，阿维格多望着维兹纳的一栋房子，有几个犹太人家庭曾经住在那里。索科洛维奇两兄弟当时是德国警方的司机；战前他们有一个奶制品加工场，生产黄油供出口。他听说他的叔叔约书亚躲在一个农民家里；在维兹纳，他们正在发放新的身份证件，因为市政大楼被烧毁了，他们正在试图重新建立居民户口登记。当时他认为，最好还是要有犹太人的证明文件，总比没有好。

"有谣言说，每个隐藏了犹太人的基督徒都会被处决，"柯乔叙述道，"平科夫斯基的妻子和女儿都被吓坏了：'我们害怕他们会杀死我们的丈夫和父亲；我们可以帮助你，但是用另外一个方式。'我正指望和他们一起过冬，所以我觉得好像有人在我脸上打了一拳。"

他不想回到犹太人区，他认为那是不安全的，所以他决定尝试一下冒充波兰人。他穿过田野出发前往维兹纳，找到了有关部门，在那里他找了一个不认识他的官员。"姓名？维克托·米尔尼茨基。父亲名字？

伊格纳齐。母亲名字？欧根尼娅。"在宗教一栏下面那位官员自动填写了：天主教。

"这是一份临时文件，没有照片。但至少这是我能随身携带的一份证明材料。我听说克拉姆科沃附近有一个农民拥有一个大农场，但他的儿子们被送到俄罗斯去了，所以他正在找一个农场工人。我很快向他出示了我的证件。他答应我打工换取食物。我不需要别的任何东西，但我问道：也许你能不时地给我一些东西让我带给我母亲好吗？我总是谈到我的母亲、我的祖父，还有兄弟，因为从这点上就可以区别波兰人和犹太人，因为他们有家庭。他答应每个月给我一次面粉和火腿。"

尽管这样，肯定还是有人认出了阿维格多，因为有一天德国人来了。那是 1941 年到 1942 年的冬天。他猜到谁来了，因为他听到了雪橇铃声，而波兰人是不允许装车铃的，他躲在干草堆里。他听到老板解释说："我雇了一个男孩为我干活，我对他什么都不知道，你们必须得自己检查。"他们用草叉搜查了他头顶上的干草，但是他们没有找到他藏身的地方，这是他早就准备好了的。他们一走，他就跑了。

他找到了他的叔叔约书亚，叔叔躲在一个农民的阁楼上度过了整整一个月，还以为除了他所有的犹太人都被杀死了。他向他的侄子抱怨说，如果整个冬天他留在那里的话他的房东会大声嘀嘀咕咕地折磨他。

"要我的叔叔去冒充波兰人是不可能的，虽然他的样子看上去比我更像雅利安人，"柯乔说道，他解释了为什么他们不躲在一起，"他是一个真正的犹太复国主义者。"阿维格多从一个村庄走到另一个村庄。每一次谈话开始和结束时，他都会说一句，"赞美主"。他总是会讲他的故事：他正在找活干，因为他曾经被送往普鲁士强迫做苦工然后逃走了。他通常在马厩里或谷仓里搭一张床，这样他就可以准备一个藏身之处和一条逃生路线。有一次，他听到农民在谈论犹太人在沼泽地里建了一个地堡，并躲在那里。当他找到他的舅舅毕科莱尔时，从他那里听说，他们的亲戚扎哈热维奇一家——阿维格多的祖母，她的娘家姓是扎哈热维奇，有三个兄弟，沙雅、亚伯拉罕和伊兹拉尔——都躲在沼泽地里。

　　他设法渡过了别布扎河。他发现了那个地堡，里面有 30 个年轻的犹太人——年纪大的和小孩都已经被杀了。他们有一些钱，用来从波兰人那里买食物，他们还有两把左轮手枪。他们梦想加入一些游击队组织，但在这些地方，没有哪个组织会接受犹太人。

　　"我不想留在他们那里，因为我认为他们无法生存下去，"柯乔说道，"知道犹太人躲在沼泽地里某个地方的当地人太多了。再说，他们也没有邀请我留下来，因为他们的生活已经极其贫穷了。"

　　沙雅·扎哈热维奇的儿子叫丹尼尔，阿维格多和他非常熟悉，因为在维兹纳上学时阿维格多就住在他家里，他看上去百分之百是个波兰人，说波兰语也像任何一个农民那样。阿维格多对他说，"跟我来，你唯一的机会就是冒充波兰人"。他拒绝了，但是建议阿维格多去找他的姐姐，他姐姐在战前已经受过洗礼并嫁给了一个波兰人，他的姐夫是一个善良的好人。阿维格多就去找他们，他姐夫给他找到了一份活干。

　　"他让一个从蒂科钦那里来的犹太人，一个被德国人允许在这个地区干活的皮匠，推荐我作为一个波兰人去打短工，"柯乔回忆说，"我们和波兰农民家庭一起吃同一锅饭，我作为波兰人跟农民家人一起坐在桌旁，他作为犹太人就坐在旁边吃剩饭。他从没有泄露出他知道我的身份。星期六他回到犹太人区去，而我则留在那个农民家里。"

　　他遇到了一个从克莱佩达附近一个德国人的农场逃跑的男孩，男孩告诉他所有的男人都上前线去了，农场里的女人需要一个帮手。他告诉他的同学扎尔曼·门奇科夫斯基，他的外表也很像雅利安人，也冒充波兰人在一个磨坊干活，"我的证明文件算不了什么，至少在附近周边地区，因为我离家太近，为什么我不去弄一份永久的证明呢？我们一起去普鲁士吧，自 1939 年以来他们还没有在那里见到过一个犹太人，他们不会记得别人长得是什么样子，而且波兰人大多数都逃离了，因为对他们来说要干的活太费力了"。他们同意 11 月 5 日去普鲁士。但是在

1942年的万灵节那天，德国人决定要清除城里剩下的所有犹太人，并把他们带到沃姆扎犹太人区去。

"就在前一天我和村里的小伙子们一起喝了酒，那时我已经学会了喝伏特加，"柯乔叙述着，"我晚上回来时已经喝醉了，没有躲到我的藏身之处去，我甚至都没有把梯子拉上去。天快亮的时候。我突然听到有个声音在我上面说，'一个犹太人，一个犹太人。'我假装睡着了。有人踢我：'快起来，你这个犹太狗屎！'我回了一句，'见鬼，你们是不是把我当作犹太人了？我可是有着高贵的波兰血统。'我翻过身到另一边，假装又沉浸在醉酒后的酣睡之中。我的房东说，'如果他是个犹太人，就把他带走。'从他们所说的话中我明白，他们应该是要抓走这个地区的所有犹太人。他们把我带到村长那里。我不知道迫害我的人是怎么发现我是个犹太人的，但我知道我面临的将是死刑。在那里有两名年龄较大的从沃姆扎犹太区来的犹太人，他们是被人雇来打工的。我朝房间里另一边的长凳子走去，说道，'我不和那些犹太人坐在一起。'

"看守我的警卫只剩下了一个，"他继续说道，"我对他说，'他们要带我去做苦工，而我刚刚从普鲁士逃出来。我不是犹太人。'我开始解开裤子。他说，'是德国人要检查的，不是我。'我讲了一些关于犹太人的故事，然后问他：'你，我的波兰兄弟，怎么能这样对待我？'但没有什么帮助。我尝试了另一种方法。我假装睡着了，脑袋还在一点一点的，他也在打瞌睡。我的双手和双腿都是自由的，我想反正不管怎样我都是一个死，但也许我可以趁人不注意逃跑。我跳起来朝门跑去，穿过了村子。他在喊叫，'抓住那个犹太人！'有个男孩追上我，抓住我的手；我回头看了看，认出他是我前一天一起喝过酒的小伙之一。我就说，'斯坦尼斯瓦夫，放我走，我不是犹太人，他们只是想把我送到普鲁士去。'他让我走了。他们开始向我射击。我穿过了一个院子，里面有四条狗，其中没有一条叫的。我对狗总是很好的。"

他在沼泽地里度过了一夜。早晨，他遇到了一位他认识的从沃姆扎犹太区来的女人，是克热沃村里的法勒伯罗维奇的女儿，她的丈夫被枪杀了。她两个儿子和她生活在一起。她对他说，"阿维格多，我知道你在假扮波兰人，把我的小什穆埃尔带走吧"。

"但是，你知道，小姐，我不能把他带走。他的波兰语太糟糕了。"柯乔在讲述他的故事的时候，这是唯一的一次他直接对我说话，好像在把我当作他的法官。

后来我们在以色列大屠杀纪念馆中来自维兹纳的伊兹拉尔·勒温的证词中得知发生在拉什卡·法勒伯罗维奇身上的事。她的丈夫在清洗行动中被枪杀在犹太人区，当时他正躺在病床上。她同孩子们一起躲了起来——勒温从他认识的波兰人口中得知——直到她自己淹死在一个池塘里。德国人杀了她的孩子们。

扎尔曼并没有在商定的见面地点露面，所以柯乔决定独自设法渡过纳雷夫河到对岸去。他把母亲的文件和信件藏在野地里的一块石头下。他只带了一张她的护照照片，因为这张照片上她戴着一条黑色的珊瑚项链——表示对她父亲的哀悼——项链上珠子垂下来的样子很像一个十字架。

/ 304

"我一登上渡船，就帮着去把船从岸边推开，因为我知道如果我这样做，就不会有人问我任何事情。我游泳游得很好，我会骑马和滑雪，我还能够划船，所有这些都对我有很大的帮助。我很快就找到了活干，给房屋基础砌石块，一天挣两个马克。干这活我原本可以不要工钱，但我不能告诉他们。两周后，那个农民来告诉我说，他们正在寻找从赞布鲁夫逃走的犹太人，他们会检查身份证件。我很快又跑了。纳雷夫河两岸都结了冰。我脱下衣服，把我的鞋子和衣服顶在头上。最初有冰，但很快就破了，我朝下游游了一两公里。我被冻坏了，几乎不能再穿上衣服。"

他再次去寻找活干，说他是从给一个德国农民干活的地方逃出来的。他告诉自己要假装在口袋里翻找什么东西，然后他从维兹纳得到的波兰人证明文件意外地掉了出来——这意味着他不是一个犹太人。他给自己买了手工织的衬衫，就像农民穿的那样。他去了一些乡村农场。他仔细聆听那些去过普鲁士的当地人讲的故事，特别注意去记住那些名称。他用所听到的有趣的故事来点缀他自己的冒险经历，再去讲给喜欢听人经历的房东或主人。他学会了念祈祷词和唱颂歌，以免与波兰人不一样。

他花了几个月的时间才走到了普鲁士，在科尔诺附近他越过了边界。

"那里有很多德国殖民地，但你也能遇到波兰人，"他叙述着，"有些地方有沼泽地，你可以在晚上躲在那里。我会在黎明时分爬到一所房子前面，如果我听到有人说'他妈的动一动'，我就知道是一个波兰人在挤牛奶时对他的母牛在说话，于是我就进门去找活干。我说我是从克莱佩达逃出来的，我总是告诉他们有关逃跑的一些有趣的事情，这样他们就会给我东西吃，我就会留在农场上帮忙。"

他在这里待几天，在那里待几天。他以牧场上母牛的牛奶为食，他还到地里去挖大头菜和甜菜。

他开始喜欢上一个农庄上的人们，一个果园环绕着他们偏僻的房子；他开始梦想待在那里直到战争结束。他希望他们相信他，所以他告诉他们他要让母亲知道他找到了工作，那样她就不会为他担心。他认为有关他母亲的故事会保护他免于被人怀疑他是一个犹太人。他在那个地区四处流浪了十天，没有食物，天寒地冻。

"我回来时全身冻僵了，又饥又渴，但肯定是个波兰人。"

他巧妙的计划仅仅确保给了他几个星期的相对的和平与安宁。

"那个农庄本来是会留我到战争结束的，但事实证明，他们正开着车到处检查证件。甚至已经不光是针对犹太人了，而是各种逃犯，而我却没有真正的证件。"

他还是回到了自己的家乡。有一次，他从一位农民那里听说，"有一个小犹太人在这儿流浪"。他在一个果园里发现了这个男孩，同阿维格多的年纪相仿，衣衫褴褛，胡子拉碴，脏兮兮的。柯乔感到喉咙哽塞了，已经有很长时间没见过另一个犹太人了。早些时候，他遇到过一个来自俄罗斯的犹太人，吹着口哨，调子是犹太复国主义的圣歌（后来成了以色列的国歌）——"Ha-Tikva"（希望曲）。这时阿维格多哼唱起"Ha-Tikva"，立刻发现那个男孩知道这个旋律。阿维格多对他说，"Ani Yehudi"（我是一个犹太人）。男孩用意第绪语回答了他。男孩的名字叫赖布尔·卡德什，来自斯塔维斯基。他一直躲在树林里。他的父亲认识这个地区的很多农民，所以他偶尔会得到一块面包。他每天都在寻找一些游击队员的踪迹，以便参加进去。

"我们听到了苏联的大炮声，感觉到战争已经临近了，"他回忆道，"德国人正在准备撤退；我告诉他，'要小心点，因为这里有一支党派武装部队，国民军，他们会很乐意地杀掉你的。'我帮他换上了更好些的衣服，叫他假装是波兰人。我们同意在以色列圣地再见面。"

阿维格多在标德瑞村庄找到一户好人家，他们像对待自己儿子一样对待他。一天晚上，已经是 1944 年 3 月了，院子里有人走动，他听到有人说："我们是波兰军队。"这些人以这栋房子为基地待了一个月。有一次，他们问阿维格多，他是否可以带他们去普鲁士，因为他们想在那里得到武器。他不相信他们。他确信他们猜到他是一个犹太人，想要杀死他，只是不想在一家波兰人的后院里杀人。但是他还是和他们一起去了。因为他没有选择余地。他指给他们看一个穿越普鲁士边界的地方，那里有一些劳工，包括一个法国人、一个白俄罗斯人和一个乌克兰人，只有一名德国人看守着他们。他们伏击了那些人，释放了那几个劳工。然后他们把德国人绑起来，夺了他的枪。直到那时，阿维格多才相信这些人是真正的游击队员。

/ 306

"他们自称是波兰家乡军，我之前没有听说过这个名字，"他说道，"他们的目标是把波兰从德国人手中解放出来，并建立一个独立的非共产主义政府。我想加入他们，但他们的领导人回答说，他的部队里有知识分子和学生，是那种不得不躲在森林里的人。'我们宁愿像你这样的人留在家里作为一个支持者。''但是我没有家，'我说道，'我从普鲁士逃出来，德国人正在找我，我想要为祖国而战。'这样我就留下来了。他们中有些人是反犹主义者，但他们并没有那种从我的家乡那里获知的对犹太人那么深的仇恨。其中只有一个人告诉我们，他杀了一些犹太人。其余的人则只是开开犹太人的玩笑，或是唱唱反犹歌曲。"

阿维格多记得，1944 年秋天当华沙起义失败的时候，下达了一道命令要他们解散并埋藏他们的枪支。阿维格多又是一个人了。他偶然发现卡德什已经死了。农民们抓住了他，他挣脱了他们，他们追赶他，他从他们手中夺下了一把枪，但是他不知道怎么用。他寡不敌众。他们把他绑起来并杀了他。

"我们曾经相互约定：如果你没能活下来，我会为你报仇，你也会为我做同样的事，"他回忆着，并补充说，"我找到了那个村庄，在那里停留了一个多月，直到我实现了我的诺言。"

我无法从他口中得到更多的细节。只知道后来在那个地区流传着有一个犹太人从坟墓里出来复仇的故事。

他害怕在维兹纳露面，认为一旦有人认出他，他就是一个死人了。因此他转而去了沃姆扎，想找一个犹太人，不管是谁。有一次，他跟着一个人，因为他以为那人是犹太人。当那人回到家，有两个孙子跑出去迎接他时，他明白自己犯了一个错误。他意识到此地已经没有犹太人家庭了。此时他已满 18 岁，在这个世界上却完全是孤零零的一个人。

大屠杀生存者的每一个故事都是由数以百计幸运的闪电般迅速的决定构成的。许多人谈到本能、直觉和天意。在柯乔的故事中最能打动人的是他钢铁般的意志，凭着这种坚强的毅力他实现了他的生存计划：假扮成波兰人。他在风险分析上非常出色，在估计自己的机会方面无懈可击，而他却只是一个青少年。他试图加入红军，知道军事技能在巴勒斯坦迟早能派上用场，但是他被拒绝了。他向波兰军队报到，结果受到了热烈的欢迎，他说："波兰现在是共产党的，甚至一个犹太人也能成为一名飞行员。"

"我带着调动文件上了火车，"他说道，"车上我遇到了两个士兵，我认出他们是犹太人。他们告诉我，在新的亲苏联的波兰军队中，也有着和地下的波兰家乡军同样多的反犹太主义分子。'我们只是在等待合适的时机离开这个国家。所有犹太人都在比亚韦斯托克聚集。口令是 Am Cha（我们的人民）。'"

1945 年 5 月 11 日，柯乔来到了比亚韦斯托克。他站在市中心，说 "Am Cha"，立刻就有人走到他面前，告诉他犹太人委员会在哪里。在那里，他为他在战争期间的生活做出了证词。又来了另外两个人，也作了证词：一个是曾经冒充过俄国人的来自科尔诺的犹太人，另一个是来自什丘琴的金发碧眼的家伙，他曾经冒充过波兰人。

那个假装成俄国人的犹太人告诉他说，他所在的波兰家乡军宣布将清洗波兰的犹太人和共产党人时，他们已经可以听到苏联大炮的声音了。当有人通知他们说，有一些犹太人躲在别布扎河东面的沼泽地里，他们就去了那里，发现了那个地堡，往里面扔了个手榴弹，把里面的人全都赶了出去。他们逼着那些人挖洞，然后连伤员一起开枪射杀了。他还记得那些犹太人的样子：一个是留着胡子的金发高个子，一个是皮肤黝黑的矮个子。他们就是要那个皮肤黑的用土覆盖尸体，然后把他也枪杀了。从此人的故事中，阿维格多意识到就是他在 1941 年至 1942 年的冬天所发现的那个地堡，还有扎曼·扎哈热维奇，他是扎哈热维奇家族中唯一一个皮肤黝黑的成员。

在犹太人委员会里，人们张贴启事，寻找家人。柯乔也写了一张："我还活着。我 5 月 19 日来到这里——阿维格多·涅瓦维茨基。"没有人回应。不过，他在布告栏上看到，一位 1940 年出生的来自斯蒂奇考夫的扎哈热维奇小姐还活着。他就去寻找这个小女孩，她是那整个大家族中唯一幸存下来的成员；他在波兰各地四处打听，但一直没有找到她。直到 1953 年，他才在以色列查到她的踪迹，她住在海法附近的一个集体农场里。

在比亚韦斯托克期间，阿维格多加入了 Bricha——他称之为犹太复国主义地下组织。有一个立陶宛女孩被委托给他照顾，他们一起坐飞机。他们的第一站是在西里西亚的本津，在那里他们建立了一个集体农场——犹太人在那里一起劳动，为在巴勒斯坦的集体农场生活做准备——在一处原先的犹太人的楼房里。他们发现了一个很大的图书馆，藏有大量意第绪语和希伯来语的书籍，其中许多书籍都被撕毁了。他们把这些撕坏的书粘贴并缝合起来，再分类编目。那里还有波兰语书籍，就是在那里，阿维格多第一次遇到了波兰文学的经典。等下一次他手上拿一本波兰语书籍时已经是在半个世纪之后了——扬·格罗斯的《邻人》。

18 岁的阿维格多已经是集体农场的老成员之一了。红军里的犹太逃兵给了他们枪支。他在炉子后面布置了一个藏枪的地方，每晚都组织一支武装警卫队。

"我预见到了后来在凯尔采大屠杀中发生的事情，"他说，"当发生这种事情的时候，我已经在巴勒斯坦了，我告诉自己，那恰恰就是我们每天晚上准备应对的情况。无论如何我们是会死的，但是我们会打响第一枪。"

他们以希腊犹太人的身份用伪造的护照离开了这个国家。第一个联系点是在布拉迪斯拉发的波德耶莱涅姆旅馆，然后在荷兰，犹太旅将他们带到法国马赛。有一天晚上，他们被装上一艘船，挤得就像装在桶子里的鲱鱼一样，总共有 750 人。在海法附近，他们被英国人抓住了，但又奇迹般地设法登了陆。英国人在塞浦路斯扣押了数百名犹太人。

到了 1946 年 3 月，阿维格多已经身处巴勒斯坦。他加入了地下武装哈加纳（Haganah，犹太复国主义组织），后来作为一个正式战士参加了以色列所进行的所有战争。一开始他住在一个集体农庄里，但当他结婚生子后，他违背了集体农庄的戒律，戒律规定孩子们要离开父母，分开养育，他和妻子开始走自己的路。他在一家农业机械厂当机械师，然后在以色列航空公司当飞机修理工。

1968 年，柯乔给以色列大屠杀纪念馆作了长达 48 页的证词。记录员在抄写完他的证词后指出，"他的回忆如行云流水一般顺畅，不必由我来提问帮助他回想。他一口气能说好几个小时，就好像在念一篇摊开在他面前的文章，一篇写得非常精确的文章。他说话中气很足，语音清晰，并不时为他所叙述的事情感到痛心"（30 年后，他对我讲话时也丝毫未变）。记录员继续说道："他声称来自他的家乡维兹纳村庄的大多数犹太人都是在耶德瓦布内被烧死的，而且这是得到德国人许可的，但是他们是死在波兰人的手中。"这名记录者加了一句："这个部分我弄不明白。"

日 记

2001年7月11日—11月30日

2001 年 7 月 11 日

早晨，我带着安东宁娜·怀赞考斯卡去华沙的犹太教堂参加晨祷仪式。拉比迈克尔·舒德里奇在仪式上向安东宁娜表示感谢，并赠送给她一个烛台。

"怀赞考斯基太太庇护了耶德瓦布内的七个犹太人，她的事迹提醒了我们所有人，我们应该怎样过好我们的生活。"

"根本就不是，"安东宁娜的儿子在我耳边低语，"一个好人的生活就像一条狗。"

我开车将安东宁娜和她的儿子送到米兰努韦克。

"你可以扔掉他们给你的东西，妈妈，"她的儿子说，"就像你救过的后来去了佛罗里达的那些人一样，邀请你到犹太教堂去就只是献给你一束干花。难道他们就不能往信封里塞一百美元吗？"

我从安东宁娜手里接过在犹太教堂里送给她的大烛台，连同来自她邻居家花园里的一袋核桃，三罐腌蘑菇——一罐上面贴了一张标签，说明醋里面加了蜂蜜——这是产自耶路撒冷的一个图标，还有给主耶稣的两份祷告词。自从我认识她以来，安东宁娜已经给了我大量礼物，她还喜欢在礼物上添加一些具有犹太标志的东西或者希伯来文字。她把接受的令她尴尬的礼物处理掉了之后，也就安心了。

/ 311

下午，去位于帕克瓦大街的一家政府酒店拜访拉比雅各布·贝克。我带了一份耶德瓦布内地图：我想让他帮我弄清楚谁住在什么地方。但拉比的视力很差，他什么都看不清。我试图了解他昨天在耶德瓦布内与奥尔沃夫斯基神父见面的情况——对此，媒体给予了极大的关注。

"我们不会谈论这件事的，"拉比的妹夫莱斯特·米勒说道，他也是一位拉比，"我们来这里是为了传播和平和爱。"

2001 年 7 月 12 日

我和盖瓦一家人一起去耶德瓦布内。我们坐的是一辆属于哥伦比亚广播公司的小面包车，他们正在拍摄"60 分钟"节目的报道。

雅科夫·盖瓦（原来姓佩泽诺维奇）一路上都在讲故事，眼睛也熠熠放光。"我觉得我回到了 20 岁的时候"，他宣称。他想起了一个在接受心理治疗的病人，在忍受了一些精神创伤之后，终于开启了通向美好回忆之门。

他的三个女儿，蕾佳、查亚和拉赫尔，都在 40 岁上下，精力充沛，温暖人心，说话时争先恐后。拉赫尔告诉我她父母的故事。

他们是 1947 年在塞浦路斯见面的，试图非法进入巴勒斯坦的犹太人都被关押在那里的一个集中营里。

"他们俩都是孤身一人，没有家人，感觉除了彼此之外这世界上他们就没别人了。就是在那里爸爸获悉波兰人烧死了他的家人。妈妈在俄国失去了她的丈夫和小女儿。她出生在华沙，大学毕业。在家里全家都讲波兰语。她不懂意第绪语或希伯来语，他们唯一的共同语言是波兰语，但是爸爸不想和她说波兰语。"

"我甚至都没有从嘴里漏出一句波兰话",雅科夫补充说。

"父亲教母亲说意第绪语,他们生活中的一切全都用这种语言交流,"拉赫尔继续说道,"他们周围的人都在尝试说希伯来语,但父亲坚持说他在家里说的语言。他们都受着往事的折磨。妈妈再也不能觉得幸福了,生活在我们家中是很不容易的。我们不想像我们的父母一样,也不想再听他们遭受过的苦难。当我7岁的时候,我就会在枕头下面放纳粹的标记。我们想和其他人一样,感受到强大,感受到一个有着自己的军队和集体农场的新兴国家的力量。我们那时为我们的家感到羞耻,因为我们的父母说意第绪语,因为他们作为父母年纪太大了,而且穿的衣服和集体农场的人都不同。我们梦想有着出生于集体农场的父母。已经患上阿尔茨海默病的妈妈,在她生命的最后几年里只记得波兰语。我们从波兰找了一个女人来照顾她。我们担心父亲的反应。但是芭芭拉太好了,她会吻妈妈,叫她'亲爱的'。以至于爸爸都开始和她讲波兰语了。"

"现在我们都为爸爸的幸存而感到骄傲",蕾佳插进一句话。她的姐妹们都重复了这句话,对我用的是英语,对她们父亲用的是意第绪语。

当我们到达耶德瓦布内时,雅科夫·盖瓦像一个农民一样指给我们看他的土地。他想和街上的邻居聊天。不是关于7月10日发生的事件,而是关于保存在他的记忆中的他的城市。"我们养了火鸡、鸭子、鹅和鸡。我们买了一头小母牛,每天给它吃三顿粮食,还有土豆和干草——一个半月后,我们就有了可供吃一整年的猪油和香肠",他说道,在寻找波兰语词汇上没有任何困难。"妈妈一直在厨房里,每当有人来家里的时候,她都会拿出些吃的招待他们。在粮食收获之后,爸爸就会让附近的一个波兰妇女去拾留在地里的麦穗。我们是耶德瓦布内最富有的人家之一。在耶德瓦布内富裕意味着什么呢?这意味着你能像一个人一样生活。但不是你拥有一辆车。当时城里只有一辆汽车,属于库罗帕兹瓦,他在耶德瓦布内和沃姆扎之间开车接送人,以此赚钱。我们在家里有我们需要的一切，即使在我们周围每个人都想逃离这块地方，我们也没有想到过要移民。"

我们此刻来到了耶德瓦布内的旧市场，沿着什科尔纳大街走着，这条鹅卵石街道上曾经矗立着那座犹太教堂。今天在那个原址上却是一个猪圈。

戈德莱夫斯基在市议会大楼里接待了盖瓦一家。我和一位市政府官员进行了交谈。"纪念仪式上的保安比客人还多。他们在办公室里换了服装，检查了他们的枪套是否会从身上穿的西装里顶出来。他们告诉我们：'我们也是被迫的。'我对这个事件本身没有意见，但是我认为应该完成这项道路工程了，因为犹太人在这里待四个小时就会离开，而沥青路面仍然在这里，是我们的，不是犹太人的。我听说魏斯大使也在市场上，他是个好人，即使他是一个犹太人。他说，他仍然对波兰有思乡情结，在这个国家里犹太人已经生活了八百年。我不想为任何人辩解，但你也必须明白，八百年对于一次访问来说是很长的时间，而且不是每个人都会喜欢的。"

我们开车继续走。在谢杜尔斯加大街的尽头，曾经是盖瓦——或者说是佩泽诺维奇——家的房子和磨坊，现在是一家加油站。一名年轻女子靠在隔壁房屋的围墙上。

"就在这里我们曾经有过一个磨坊"，雅科夫·盖瓦以一种闲聊的方式开始搭话，带着一种非常羞涩的微笑。

"现在最受罪的是我们这些当年没有住在这里的人"，那个女人回答。

"通往墓地的路在那里。而且这条路是我们私有的路。"盖瓦用手指着，仍然带着微笑。

"为什么我们的孩子要为此受苦？"她生气地打断了他。

"房子全是木头造的，就一层，很长，然后那里是粮仓和榨油机。我有四个兄弟和两个姐妹。先是约瑟夫、弗鲁姆卡、摩西，然后是我来到了这个世界，接着是萨拉和耶农·乔恩。"

靠在篱笆墙上的女人现在恼怒起来："我不知道那栋房子里发生了什么事。我们自己造了一栋新的。"

居住在耶德瓦布内的大多数人都是从别的地方搬到这里来的，他们没有困扰当地居民的棘手问题，但是当指责落到他们头上时，他们确实有一种被冤枉的感觉，这是可以理解的。将这两者联系起来的是他们拒绝或不愿同情犹太人遭受到的痛苦。

盖瓦还记得邻居戈什泽斯基家。我们走进他家院子，敲了门。一个50岁左右留着八字胡的男子打开了门。雅科夫·盖瓦以他原先的姓佩泽诺维奇介绍自己。我们听到一声大叫："从这里滚出去，现在！"门"砰"的一声关上了。盖瓦再次按响了门铃，认为对方有某种误解。同一个中年男子打开了门。

"安泰克·戈什泽斯基曾经住在这里，"盖瓦解释说，"我们住在一起，是最好的邻居。"那个男人回答："他是我的父亲，但他病得很重。请关掉相机！不要写任何东西！我必须要把那个笔记本拿走，小姐！我们已经受够了诬告，就是我们从总统嘴里听到的那种。拉比贝克是我父亲的邻居，现在他说是波兰人干的。他这样还算是一个邻居吗？是谁把波兰人列在驱逐到西伯利亚去的名单上的？所以不要这么嚣张。"

我们朝市场走去。盖瓦认出了一栋房子，他的表兄弟西诺维奇一家曾经住过的地方。我还没有来得及干预，他就敲了门。这里现在是沃伊切赫·库布拉克的房子。我不愿去想象我们会在这里得到什么样的迎接。更糟的是，库布拉克的岳母出现在门口。伊雷娜·赫扎诺夫斯卡通常住在比亚韦斯托克。我从好几个人那里听说过她在比亚韦斯托克一家书店为《邻人》举办的一次发布活动中对格罗斯的攻击："我否认你所说的！"她大叫着。"耶德瓦布内到处都是德国人。他们手执鞭子向波兰人走去！"她说她隔着房子大门从缝隙里看到了这一切。但是，此时此地的伊雷娜·赫扎诺夫斯卡，是一位甜美的像天使一般的老太太。"请进来，我把这栋房子所有的文件都整理好了。我拿来给你们看。"

她得到了证明一半房产转让合法的文件——另一半早在战前就属于她家了——是从西诺维奇的继承人手中得到的，战后某个时候，此人从孟买回来办的手续。"我们安排好让他免费办理了手续，因为他逐渐喜欢上了我们。"

赫什·西诺维奇的详细资料可以在日本驻科夫罗领事杉原千亩发表在互联网上的名单里找到。西诺维奇是通过杉原发放的去日本的过境签证而获救的 2139 名犹太人之一。这就是西诺维奇去了孟买的原因，在那里他成为犹太社区的一个领导者。

在《耶德瓦布内回忆录》这本书中，西诺维奇描述了战后他对耶德瓦布内的访问。从孟买到耶德瓦布内距离遥远，如果不是 1957 年波兰总理率领的波兰代表团对印度进行正式访问的话，那么西诺维奇可能永远都不会成行。作为犹太社区的领导者，西诺维奇被邀请与总理会面。波兰总理对一个波兰犹太人占据如此显著的位置印象深刻，便提议西诺维奇在华沙犹太区起义十五周年之际访问波兰。不久之后，波兰大使馆通知他有份签证在等着他。仪式结束后，配了一辆带司机的政府车给他使用。"我们开车到了马库夫、奥斯特罗文卡和沃姆扎。我在任何地方都没有看到犹太人"，他回忆说。在一个部队指挥官的陪同下，他去看了他父母的房子，以及曾经属于他表兄弟佩泽诺维奇家里的磨坊所在地的地方。"我还去了墓地，"他回忆说，"希望至少能找到我祖先的坟墓以及被活活烧死的那些人的骨灰。但是，那些非犹太人已经把这块地方犁过了一遍，所以没有留下大屠杀的任何痕迹。我非常沮丧地离开了耶德瓦布内。"

雅科夫·盖瓦和伊雷娜·赫扎诺夫斯卡开始了一段关于过去时代的谈话。

"我的叔叔西诺维奇种蔬菜，他的地还挺多的。"

"只有三英亩，"赫扎诺夫斯卡回应道，"还有一匹马和一头牛。"

"两头母牛，"盖瓦纠正了她。

"一头母牛和一头小牛。"赫扎诺夫斯卡指出。

雅科夫喜不自禁——终于有人分享了他的记忆。看来，他似乎没有听到赫扎诺夫斯卡冲着我说的话是多么尖锐，告诉我不要记笔记。

赫扎诺夫斯卡没有在大屠杀这个话题上过多细说。他们回到了战前的回忆，交替说起了邻居们的名字。她记得很清楚谁住在哪里："瓦瑟斯滕住在沃姆金斯卡大街的拐角处，过去点是比永卡家的商店，然后是阿特拉索维奇、库勃赞斯卡、铁匠洛耶夫斯基，接下来是一栋住了七家人的楼房，包括诺谢克一家。科诺维奇在广场上有一家商店，伊布拉姆则开了一家男子服饰用品店，还有一个女儿叫尤迪卡，长得非常漂亮。"

然后，她开始讲述一个关于她的家庭当时隐藏了一个犹太女人的故事。她提到她从议会得到了一些文件，文件上说允许波兰人让犹太人留在自己的家中，当他们来抓那个女人的时候，她出示了这些文件。盖瓦深受感动，走到她面前紧握住她的双手。我怀疑，不知她是否用同样的虚假故事，去哄骗西诺维奇在1958年从孟买短暂来访时，无偿地在把房子转让给她的文件上签了字。

如果你相信这些故事——在1949年的审判中，嫌疑人和证人也编造了这些谎言，那么耶德瓦布内的居民似乎唯一一关心的就是怎样去藏匿犹太人。最让我印象深刻的是，他们是如何说出他们当时所救犹太人的名和姓的。我知道真正营救了犹太人的人是不敢承认的。只是当我发现德国人允许波兰人在耶德瓦布内和后来的沃姆扎犹太区雇用犹太人——那些在大屠杀中幸存下来的——是为他们无偿干农活时，我才明白所有那些生活在波兰人家里的犹太人是从哪里来的。

我把盖瓦一家带到沃姆扎去看两位当地青年在市文化中心举办的题为"致我们的邻居"的展览。他们收集了很多战前的照片（我给了他们从梅厄·罗内和艾萨克·勒温那里得到的照片）以及战争刚一结束后的照片，包括一张1946年由一位环保主义者拍摄的在市场上铺路面石块的照片。他是否意识到他拍的这张照片会使得一个地点永垂青史？1941年7月的一个炎热的日子里，耶德瓦布内的犹太人在前往他们的受难地的旅程中此地就是那条不归路的第一站。还有一张照片拍的是战后一个疯狂的聚会，一张长桌，一群笑脸。其中两个参加者是杀人犯，在1949年的审判中受到指控。也许这是他们返回家中后的庆祝活动？

"我来自谢杜维，离耶德瓦布内不远。"展览组织者之一普热梅斯瓦夫·卡尔沃夫斯基说道，他回答了有关为什么他会产生举办这个展览的想法这个问题。"我的祖父是一名警长，退休后开了一家商店和犹太人做生意。当我的祖母去耶德瓦布内市场购买商品时，她碰到了两个犹太姐妹，都是她的朋友。后来她们结婚了，一个成了科诺维奇太太，另一个是斯托拉尔斯基太太，她们都生了女儿。1941年7月，祖母到市场去，那两姐妹都吓坏了，不敢离开家，他们恳求我祖母救救她们的女儿。"

"我的祖父母住在一栋楼里，有些邻居是耶日·塔纳基的亲戚，此人从一开始就与德国人合作，并且在德国警察部队里做事。我祖母很害怕，但她答应她会在离谢杜维不远的一个定居点给女孩子们找一个安全住址。她没能及时做到，两天之后，她们全都死了。"

"谢杜维距耶德瓦布内10公里，但他们一路上都能闻到那可怕的恶臭。祖母一直处于一种绝望状态。在我的家庭里，总有一种可悲的感觉，就是我们的犹太邻居已经离开了，但从来没有人谈起过是谁烧死他们的。我从格罗斯的书中了解到了真相。"

斯坦尼斯瓦夫·米查罗斯基和他的家人来到这个展览会迎接盖瓦一家。

我同他的女儿卡莎·切尔文斯卡到一旁谈话，她是耶德瓦布内一所学校的波兰教师。

"我在这儿再也忍受不了了，"她说，她告诉我反犹太人的笑话成了学校里每天的一个典型部分，她因为不加入这种嘲弄，结果受到了令人不快的对待。

2001 年 8 月 5 日

我在离耶德瓦布内 120 公里的一个湖边度假。晚上我开车去见克齐斯茨托夫·戈德莱夫斯基市长。今天市议会召开了一次会议，会上人们反复高喊："我们的市长戈德莱夫斯基和议长米查罗斯基无权出席纪念仪式。他们只代表他们自己。"议会议员们接受了戈德莱夫斯基的辞呈。

"会后，那个该死的反犹分子布贝尔来到我面前，"这位现在的前任市长告诉我，"他说，'你本来能够享有英雄的荣耀，可是现在呢？你为犹太人做了他们想要的事，而现在他们却抛弃你了。'"

我们坐下来，一边喝伏特加，一边回想过去的一年，对我们俩来说都很难。"还记得那时你告诉我你是犹太人吗？哦，我相信你明白……"克齐斯茨托夫说道。我无法理解为什么仅仅因为我有犹太血统他就会怀疑我些什么；在我还没能告诉他我不明白之前，克齐斯茨托夫已经结束了他的话"……然后我看到——你是一个波兰女人，能媲美她们中最好的！你真是个好姑娘！我非常喜欢你，安娜！"

2001 年 8 月 6 日

耶德瓦布内。我听说了有关昨天市议会会议的更多细节。布贝尔伸开手脚坐在前排。戈德莱夫斯基的辞职换来了欢呼声。当斯坦尼斯瓦夫·米查罗斯基宣布他也将在下次会议上辞职时，也爆发了一阵掌声。

"布贝尔走向他在议会里的朋友，并对他们发号施令，"米查罗斯基告诉我，"看着他那张沾沾自喜的脸，我明白是谁赢得了这里。"

我安排去见皮厄特勒·纳鲁斯基，被选为下一任市长的一位农民。

"耶德瓦布内的居民们从今年的事件中学到了些什么？"

"人们团结起来共同反对。他们表现非常出色。他们没有参加纪念仪式就表明了他们的态度。"

在沃姆扎的齐特诺维奇家。扬为我收集了当地媒体所有涉及耶德瓦布内的报道。这一次有篇东西的内容是非常罕见的：当地报纸对沃姆扎的斯蒂芬内克主教进行了一次采访——这是以往犹太人在此地一起劳动并为将来在巴勒斯坦的集体农庄生活做准备的地方——主教警告说，要是犹太人不冷静下来的话，波兰人会奋起抵抗的。这些是他说的话！他说耶德瓦布内的屠杀是德国人策划和执行的，"巧妙地让当地居民卷入了进来"。他对波兰人持同情态度。

"我们所需要的是对那些被卷入这一罪行的人表示一种修复创伤的姿态。"这位主教说道："因为一直没有这样的姿态，伤口已经加深了。在美国，我们的许多同胞被指控来自一个种族灭绝的国家。这是一个必须解决的问题。否则，波兰人会实施自卫，而在自卫中你就不能估量这种打击的力度了。"

这位主教提供了有关屠杀事件的他的版本。他们只烧死了共产党人："这不是一次彻底的种族灭绝，只是一种牺牲，是从留在城里没有和红军一起逃跑的那部分犹太人社区中挑选出来的。"是德国人干的。他谈到了"波兰人的悲剧，作为占领军的俘虏，他们看着自己的邻居走向死亡……同时，也忍不住伸手帮一把"。

2001 年 8 月 8 日

与斯坦尼斯瓦夫·拉莫托夫斯基谈话。他感觉病情逐日变差，医生决定告诉他，他的肺癌已经不能动手术了。作为他的习惯，他的反应是反叛的。

"怎么可能会那样？所以我很迷惘，我没有比上帝指定的更长的第二次生存机会？"

2001 年 8 月 20 日

假期结束，我返回华沙，然后去看望拉莫托夫斯基。他呼吸已经越来越难，他需要一个氧气罐。"现在只剩下上帝赐予我的时间了，"他说，"我离开你，让你像现在这样独自一个人，这的确很难。"

莱谢克·杰齐茨从美国寄来一封信："如果你有些时间来描述一下这个纪念仪式，我们将非常感激。特别是父亲，他每天都像热锅上的蚂蚁一样在等邮差，希望收到你的来信。他非常抱歉，他没在那里。"

2001 年 8 月 28 日

回到耶德瓦布内。我听说"没有人再去谈论犹太人了。"或者是："他们过完了他们犹太人的节日，我们没有参与，现在我们太平无事了，谢天谢地。"

也许和耶德瓦布内的居民在 1941 年 7 月 10 日以后所感受到的和平与安宁是一样的：犹太人问题已经烟消云散了。

我试图找到参加了 7 月 10 日纪念仪式的耶德瓦布内的人，我知道他们的人数可以用一只手的手指来点。我同斯坦尼斯瓦夫·米查罗斯基一起看了一段录下来的纪念仪式的电视报道。他从人群中挑出了几个熟悉的面孔：一个来自耶德瓦布内附近的村民、一位教师、一位女清洁工，还有一位办公室职员。

我依次拜访了他们每个人。没有人同意提到他或她的名字。那位教师解释说："生活在这里已经够难了。"另一位参加者，一个大约 40 岁的男人，告诉我说："我想，无论会发生什么事情，就让它发生吧。我在袖子里藏了一把刀。当我从墓地回来的时候，人们嘲笑我：'你们的那些卷卷毛在哪里？''你们什么时候去以色列？''你他妈的到那里去干什么？'"

2001 年 8 月 30 日

拉莫托夫斯基请我给他拿一个汤锅和一个平底锅。

"他们在这里给我们吃得很好，但是我想在煎锅里煎几个鸡蛋，在汤锅里熬一些肉汤。谁会来给我做两面都煎透的鸡蛋呢？"

他告诉我一个很长的故事——虽然谈话对他来说是很痛苦的——说

的是在玛丽安娜之前他喜欢的一个犹太女孩。

"她来自翁索什。姓司克罗布拉吉，家里开了一家布料店；我一路骑着自行车去看她。我安排了在一座桥上和她见面，然后带她骑一会儿自行车，她坐在横梁上。有一次，她把我带到她家的店里，我看着她从一卷布料上给我剪了一段布料，可以做一件外套，因为我穿的衣服袖子完全磨破了。她父亲沃尔夫·司克罗布拉吉在店里，但没有反对。当我再次见到她的时候，是 1941 年的夏天。我骑着自行车在去什丘琴的路上，她朝着翁索什走去。她告诉我说，当她在什丘琴看望家人时，波兰人用斧头杀害了她的父母，她准备回家去让他们把她也杀了。她不想没了父母还继续活着。我试图阻止她，我和她争辩说：'我已经藏了一个人，我可以藏另一个；你们两个在一起会感到更放心。'她拒绝了，连连说'不，不，不。'于是我们就分开了。战前我喜欢我的玛丽安娜，但我更喜欢那个女孩。"

我问他那个女孩的名字。

"最糟糕的就是这里。我每天都在后悔没有救她。到了晚上，我躺着但睡不着，记不起她的名字了。"

下一个故事是关于他和他的妻子如何在战争的头几年里遵守犹太教规和过安息日的。

"我家里装奶和装肉的盘子是分开的。玛丽安娜给我解释了这一点，我很高兴能够接受这一点。我们过星期五是跟别人不一样的。我们会点上蜡烛，穿上漂亮衣服。我们周六不干活。但后来她逐渐忽略了，我们找了一个女孩来帮忙做家务，我们就无法保持下去。玛丽安娜是不会让猪肉进家门的，但是当我们在别人家里做客时，她会确保没有人注意到她不吃猪肉的。"

今年我去见他的次数都快有一百次了，似乎他也已经告诉了我一切。他为什么在知道自己快要死了的时候还把这个故事告诉我一个人呢？

"你妻子是否让你发誓不会告诉任何人？"我问道。

拉莫托夫斯基笑了起来，我明白我击中了要害。

2001年9月11日

当我在伦敦停留几个星期期间，我获知了有关美国的恐怖袭击的消息。

在一处郊区，我拜访了牛津大学波兰—犹太研究所的创始人之一拉菲尔·沙夫。他在克拉科夫上过希伯来大学，然后在战前去了英国。我告诉他，我不理解为什么拉凯拉·芬克尔斯泰因，当时叫玛丽安娜·拉莫托夫斯卡，战后不离开波兰。她在美国和巴勒斯坦都有亲戚。也许她觉得她的犹太人家庭绝不会接受她的非犹太人丈夫，此外，还是一个没有受过教育的人呢？

"战后对于异族通婚来说并不是个好时机"，沙夫说道，他告诉了我他自己的故事：他梦想的地方是巴勒斯坦。但战争爆发了，他留在了英国。他的英国妻子知道，当她嫁给他后，只要一有机会，他们就会尽快前往以色列圣地。战争结束后，她说："我们走吧。"但是他明白，他不可能对她这样做，在以色列她永远只是那里的一个异族人，当她进入房间时他的朋友们都会降低他们的说话声。所以他们就留在英国。他们只是会去以色列看看。

在波兰，沙夫属于亚博廷斯基的犹太复国主义—修正主义党的一个学生分支；他被亚博廷斯基的魅力迷住了，所以他到以色列后的第一步就是去了特拉维夫的国王乔治大街，那里是他们那个党的大本营（那时亚博廷斯基已经死了）。在他到达的那一刻，梅纳赫姆·贝京也进来了——从学生时代起他们就是党内同志，而且还是朋友。但他不愿意握沙夫的手。他说道，没有针对某个特别的人，"喂，看这里，费莱克·沙夫作为一个游客来到这里"。然后他吐了一口口水。这位老先生告诉我这些的时候脸上带着一种非常痛苦的表情，好像谈话就发生在昨天一样。

"我在伦敦住了60多年，"他说道，"但在这里我依然觉得自己是个陌生人。以色列永远是我内心向往的地方，每当我阅读报纸的时候，我总是从以色列的新闻开始看起，那就是我的世界。但是在这件事情上我不能责怪我的妻子，她不是犹太人。"

2001年10月1日

回到华沙。我立即就前往康斯坦钦。拉莫托夫斯基感觉非常糟糕。他已经没有力气招待我，并让我告诉他那个已经从我口中听到多次的故事，故事是有关一个乌克兰男孩的，是我姨妈的朋友。每次讲这个故事的时候，我都会添油加醋，增加一些新的细节。

在斯克黑钦时，我的家人生活在波兰人和乌克兰人中间，我告诉他，但是只有一个男孩，名叫沃戴克·库卢克，会弹三弦琴，能被我未来的阿姨和叔叔的小圈子所接纳。在30年代，我的姨妈艾达·梅尔赞将一个关于斯克黑钦的故事，名为"我和我的山羊"，投稿给雅努什·科尔扎克的《小小评论》（*Mały Przegląd*）上发表，科尔扎克建议她去位于克罗赫曼纳大街上的孤儿院工作，不久，她就带着沃戴克去了华沙。他在奥特沃茨克的一家孤儿院为残疾儿童工作（战后成为著名的科尔扎克学者的艾达姨妈告诉我说，当孩子们看到一只狗的时候，他们就会问是犹太人的还是雅利安人的，因为他们还无法把握这整个世界并不是都要根据种族来分成两类的）。

1939年9月1日早上，第一批落在华沙上空的炸弹击中了奥特沃茨克孤儿院。沃戴克·库鲁克带着大量的孩子和他一起去了华沙，并同他们一起搬进了一支友好的警卫队的外屋去住。但是把一群只会讲意第绪语的孩子留在被占领的华沙，这不是一个好主意，所以库鲁克把他们又带到已经在苏联占领下的比亚韦斯托克（像大多数儿童教养院的工作人员一样，也令科尔扎克博士烦恼的是，库鲁克对共产党有同情心）。孩子们进入了一个儿童教养院，而他则被征召入伍。因为他身材高大，相貌英俊，又是一头金发，所以被调到莫斯科，成为一名仪仗队队员。我的一位姨妈伊达·科瓦尔斯卡是一名共产党员，在战前是一名政治犯，她在新成立的波兰爱国者联盟的办公楼前认出了正在站岗的库鲁克。战争结束后，我姨妈的工作就是把共产主义引进波兰，一旦在波兰建立起共产党组织后，她就把库鲁克从苏联带回来加入其中。他一回来，就马上开始在布列查的框架内寻找犹太儿童，当时是非法组织的布列查在试图把犹太人幸存者送到巴勒斯坦去。他将作为监护人同他们一起去。

火车离开三天后，伊达姨妈发现，在车站检查证件的时候，查出库鲁克不是一个犹太人，这看起来很可疑，于是他被送到了位于苏哈大街的秘密警察那里。她去找一些副部长代表他进行交涉。"怎么能这样，"她问道，"当一个犹太人认为他是一个波兰人的时候，他可以成为一个部长，但是当一个波兰人认为他是一个犹太人的时候，你们就逮捕他？"他们就释放了他。但时间已是1948年了，他错过的列车是载着犹太人离开波兰的最后一趟列车。

直到1956年以后，我的叔叔皮尼奥·罗滕伯格才把库鲁克带去以色列。皮尼奥毫不怀疑以色列是唯一适合犹太人的地方，他还把这个原则延伸到库鲁克身上。库鲁克在特拉维夫创办了一家动物园，这成了家族史上的传奇。无论如何，他是在那里工作。直到第三次中东战争爆发，摩萨德（译者注：以色列情报机关）的两位先生出现在他的家中，给了他48小时的时间离开以色列。

故事的这一部分我没有告诉斯坦尼斯瓦夫，他把自己等同于库鲁克，他把听到的库鲁克在以色列的生活故事看作是他自己的替代和期望的命运。摩萨德很可能怀疑一个想在以色列生活的非犹太人是个苏联间谍。至少这是库鲁克于70年代在华沙动物园偶然碰到我的一位姨妈时告诉她的，当时她带领着一群小学生正在实地考察。回到波兰后，他没有表明他想回去看看我们家的任何人，他从未写信给皮尼奥，20年后，当我叔叔告诉我这件事时，这仍然是令他伤心的根源。

2001 年 10 月 5 日

与朋友们交谈耶德瓦布内事件对议会选举结果的影响程度：Unia Wolności（自由联盟）是唯一一个派出成员出席了 7 月 10 日耶德瓦布内纪念仪式的后团结工会党派，该党没能进入议会；然而另外有两个党派，其成员公开表达了反犹主义的观点——一个是 LPR（波兰家族联盟），是雷齐克神父和玛利亚电台的政党，还有一个是民粹主义的 Samoobrona（自卫党）——却第一次进入了议会。有个突出的右翼政治人物，在《选举报》采访他问及这个问题时，回答说耶德瓦布内事件对他们的联盟的受欢迎程度有着间接的影响："有一种信念越来越被大众接受，那就是陌生人——政客、记者、历史学家以及海外力量——决定了从我们中制造出凶手。"

2001 年 10 月 7 日

耶德瓦布内。我来旁观 10 月的市议会会议。由于克齐斯茨托夫·戈德莱夫斯基被迫辞了职，因而必须选举一名新市长。现在有两个候选人，一个是农民，另一个是兽医。在走廊里，我听说那个农民有很好的机会，因为他得到了教区牧师的支持。但是那个兽医也有很强的地位。在牛奶容器上盖"纯奶印章"的就是他，允许人工授精的也是他，所以没有哪个农民会投票反对他。

我开始和一位女议员聊天。

"戈德莱夫斯基是一个好市长，你说不出任何东西来反对他，"她说道，"他是第一个正派体面的人士；在他就任之前，我们总是遇到些骗子、胡作非为之徒、喜欢操纵别人的政客。但就他而言，所有问题的产生，都是由于犹太人，因为是他让他们来了。"

"他应该不让他们来吗？"

"没有好的解决办法。我私下告诉你我的想法：犹太人也是人。当德国人出来杀人的时候，那些波兰家庭不应该加入。只是，小姐，请别提我的名字。"

雅努什·齐卢克在大厅里。半年前我曾匆匆记下了我与他的谈话，那是与伊格纳季耶夫一起在一次居民会议上。他走到我身边，挨得很近，用一种咄咄逼人的语气对我说话，我退缩了。"你还准备写更多的谎言吗？""我也可以写下你们的真相，先生，并且由你授权发表声明"，我礼貌地回答，但他只是咆哮地回应我，"我不跟你说话"。我把这件事情告诉了莱谢克·杰齐茨，莱谢克认定他是雅努什·齐卢克。他没有在耶德瓦布内住过很多年，只是会经常回来，他父亲参与了大屠杀。

在下一次议会会议上他再次向我走过来："我的父亲在战后被捕。当他从监狱里出来时，他的后背被打得青一块紫一块的，而且很快就死了。在梦中你就像一个恶兆一样来找我。你为什么这么讨厌波兰人？"在接下来的休息时间里，他又来说："我知道波兰人也参与了。当人们说每个人都杀了人时，伤害会很大，因为当时有三种群体：一种是想去杀人的，另一种是被迫杀人的，还有一种是旁观的。"当我告诉杰齐茨这些话时，他说雅努什·齐卢克是少数受到良心折磨的人之一，他不知道该怎么面对此事，如果周围有人把脑袋用灰土埋起来的话，那就是他了。当我离开议会会议厅时，雅努什·齐卢克转身对我说："你能给我一本犹太法典吗？"

斯坦尼斯瓦夫·米查罗斯基没有出席会议，他在医院里。我到心脏病科病房去看他。他受到了布贝尔施加的政治迫害的严重影响，或者说是那么多人都愿意相信布贝尔的罪恶行为这个事实影响了他。米查罗斯基家族在这里居住了好几代人，他的祖父母在集市广场上有一家餐馆，他们家是一个知名的、受人尊敬的家庭。就像他以往一样：在成立了一家建筑公司之后，他现在管理着一个市场。在卷入大屠杀纪念碑事件之前，他是耶德瓦布内最成功和最受尊重的公民。以前没有人质疑过他的立场。

2001 年 10 月 9 日

我打电话给雅努什·齐卢克，告诉他 64 卷本的犹太法典没有波兰语译本，但我的一个朋友有英文四卷版，可以借给他。

"我明白。有些事情他们不想让别人知道"，齐卢克回答说。

他肯定读过很多关于犹太法典的书。他说的这句话是反犹太出版物中的关键词。在战前的天主教报纸中，他们写道，"希伯来信仰纯粹是虚构的东西，意图是使其他信仰的天真人士感到困惑，而真正的犹太宗教是基于犹太法典和其他所谓的'宗教经典'之上的，关于这一点检察官将无疑比教授们有更多的话要说。"

显然，齐卢克是夹在他从周围人那里听到的和从反犹太主义网站那里看到的这两者之间难以抉择，现在正在折磨他，令他忧心忡忡的——是一种对所犯罪行的意识。

"这里没有一个人，"他对我说，"可以看着自己的家人然后说他的良心上没有任何压力。也许是因为从沼泽吹来的有毒空气，也许是因为教会的影响。他们在 60 年代竖起了一座纪念碑，上面刻着犹太人受难处。盖世太保和纳粹警察活活烧死了 1600 个犹太人。之后，人们为了好玩，从纪念碑铭文上凿掉了受难处这几个字，使其看起来像是犹太人的盖世太保。这是一个愚蠢的小城。他们甚至都没有意识到他们是在劫难逃的。我再也不认识这里的人了，大家都搬走了。我去了墓地。我用我自己的方式做了犹太人的祷告，并放了一块鹅卵石。关于这个事件的来龙去脉，我只问了我妈妈一次，但是她非常害怕。她现在已经去世了。没有人想告诉我我父亲究竟做了什么。你已经查阅了案件文书。其中有没有涉及我父亲的内容？如果你发现了什么的话，请告诉我。"

2001 年 10 月 26 日

我试图复原出一张战前的小城地图；我所记下的犹太人的叙述是相互矛盾的，我知道，如果不另外借助波兰人的记忆的话，复原地图是不可能的。我找到了生于 1909 年的扬·戈尔斯基，自从战前以来，他就一直居住在耶德瓦布内。

"我可以在你的地图上标出波兰人家庭居住的地方，"戈尔斯基彬彬有礼地说道，"但是犹太人呢？城里到处都有很多的犹太人。你为什么要知道这个呢？"

我同 1923 年出生的安东尼·拉科夫斯基谈了话，他是当时年轻人中的一个，就像莱昂·杰齐茨一样，大屠杀后也被命令去埋葬烧焦的遗体。

"我住在耶德瓦布内城外两公里的罗斯基。在我们村里我们说，'波兰人，犹太人，或者淘气鬼，每个人都是一个人'。没有一个来自罗斯基的人曾参与其中。当我们在埋葬尸体的时候，我不忍去看：一个犹太男孩，可能已经十岁了，临死前挣扎着紧紧抓住地上的土。我没有去参加纪念仪式。我知道人们嘲笑总统亲吻了犹太人。"

复原地图的工作我很难继续进行下去："你放过我吧。我是记得，但我不会告诉你。"这是一个真正的禁忌，要得到凶手的名字还更容易些。但也许这不足为奇，因为牧师一直在说，格罗斯之所以写那本书是因为那些想要把房子弄回来的犹太人出了钱。"犹太人即将到来，他们要拿走属于他们的东西。"一直有人在跟我说这句话。

2001 年 10 月 27 日

耶德瓦布内。在纪念碑前，我看着满地被捏碎的蜡烛、腐烂的花束、被扯掉的本来用以连接晚上照亮纪念碑的灯光的电线。我听说这个城里的卫生局长不敢去清理，因为新任市长可能因此而解雇他，而且在这个地区找工作是很难的。

我给他打电话。一个好兆头：局长对我的名字没有过敏反应。他解释说，清理墓地不是他的公务的一部分，他必须得到一份书面指令。我问他是否在等书面指令，然后才会将天主教墓地前面的地面清理干净。"有时候，在没有指令的情况下，我们也会提供这些服务的。"他承认道。

"当我还是一个小孩的时候，"他告诉我说，"我们曾经在'小坟墓里'捡核桃，他们是那样叫的，意思是在犹太人的墓地里，但是从来没有人说起过犹太人这个话题。当大家开始讨论这个问题的时候，耶德瓦布内的人们得到了工作，他们给道路铺设新的路面，资金是从财政部来的，作为挖掘墓地的准备工作，还提前做了考古发掘。小城因此而得到很多好处。只有瞎子才看不到这些。另一方面，应犹太人的要求，有关方面做出了结束挖掘墓地的决定，这是波兰当局对犹太人的尊重，但这令我感到吃惊。现在就是犹太人在用金钱来统治世界。"

2001 年 10 月 28 日

耶德瓦布内。我到神父宅邸登门拜访。神父和我谈到了目前正在进行中的调查。神父说他拥有一些文件，这些文件能为伊格纳季耶夫的调查提供新的线索。

"我有那些文件，但我不能透露，因为我受到告解室隐私的约束。但是，我可以复原事实。那次大屠杀是由切哈努夫来的盖世太保执行的。从柏林下达的命令，经过比亚韦斯托克、奥斯特罗文卡和苏瓦乌基，要求必须清洗犹太共产党人。德国人已经确定，有 60 支犹太人部队在与苏联内务部共同作战。德国人决定和他们开战。在耶德瓦布内的集市广场上，他们宣读了对共产党人执行死刑的法令。比亚韦斯托克的犹太人委员会（*Judenrat*）把即将在耶德瓦布内以及周边地区共计 27 个城镇要清洗的共产党人的名单交给了盖世太保。犹太人委员会与共产党人有些冤仇，因为犹太人委员会的一些成员与盖世太保合作而被共产党人割掉了他们的耳朵和生殖器。此外，瓦瑟斯泰因在他的证词中清晰地描述了犹太人攻击犹太人的方法，撒谎说是波兰人，耶德瓦布内的居民，针对犹太人干的。你不能说这是专门针对犹太人的，那不是德国人追逐他们的原因，原因在于他们一直在同苏联内务部并肩作战。而且德国人有这样的观点，就是你必须把敌人消灭至第三代，这就是那些共产党人的家属也遭到围捕的原因。他们和列宁的头像埋在一起这个事实，就是他们是作为共产党人而不是作为犹太人而死的证据。毕竟，我们知道，整个墓地挖掘工作就是为了去除那个标记，留着它会提醒人们犹太人被杀的原因。除此之外，在挖掘过程中没有干任何其他事情。"

这位牧师在军事方面非常出色。

"有三批部队来到耶德瓦布内：突击部队、摩托化部队和空中支援部队，这支部队驻扎在靠近切哈努夫的地方，并且穿蓝色制服。就是他们从普扎斯内什的机场带来飞机燃料罐的。还有一辆从马祖里开来的装满平民的车，他们认为自己是德国人，但说的是波兰语，穿的是便装，使他们看上去更像是波兰人。"

"曾经有一个来自美国的记者来找我说，'我是个犹太人，'我便说道，'我也是这样想的。'他问如果犹太人没有加入共产党的话，他们是否能够在耶德瓦布内生存下来。我说他们本来是会活得更长久的，因为他们不会在 1941 年 7 月作为共产党人被烧死。那些是历史事实。这一行动是由盖世太保指挥官马赫尔上尉领导的。他原先是苏瓦乌基的犹太人沃尔德马·马琴珀沃夫斯基。他背叛了犹太人的抵抗部队，并且因为他背叛了自己的人民，希姆勒提拔了他，任命他为负责整个东部情报的上尉。德国人抗议说他接受过割礼，但是希姆莱说，谁是犹太人，谁是帝国的朋友，他会作出决断。这就是事实。"

发表了一通狂人呓语之后，这位牧师的脸上散发出幸福和信心。

"我已经做了七次肠癌手术，切除了 27 厘米，我还活着。这显然是上帝的旨意。在我身上施加的诅咒越多，我越能恢复健康。因此真相能够大白于世。最重要的是我的教区的教友们都有着良好的德行。谎言会造成痛苦的创伤，但不会使他们屈服。我为耶德瓦布内的居民感到自豪。"

2001 年 10 月 30 日

天主教月刊《纽带》（*Bond*）上发表了伊兹拉尔·古特曼的文章《他们和我们》，驳斥了历史学家托马什·斯特泽博斯有关犹太人和苏联人"默默地合作"的论点。古特曼是在耶路撒冷写的这篇文章，揭示了斯特泽博斯引以为其主张的依据的原始资料中的薄弱之处。例如，发生在格罗德诺的一次"犹太人叛乱"据说可以由一位教师的陈述来加以证实，这位教师于 1939 年 9 月 17 日目睹了戴着红色袖章的犹太人站在露台上向大街上的人们射击。"这些犹太人是多么聪明啊，他们在红军入侵波兰的那一天，9 月 17 日就准备好了红袖章和步枪，"古特曼评论道，"这里有点不可思议，他们怎么会向居民射击，据统计，一半居民都是犹太人呀。"

"那些可怜的犹太人，"他继续说道，"大多数是信仰宗教的民众，对于他们来说，武器是令人恐怖的，人血飞溅也是不可想象的。"

2001 年 11 月 9 日

耶德瓦布内。经过多次尝试后，我终于设法安排了一次与约兰达·卡尔沃夫斯卡的会面，他是耶德瓦布内的两位教师之一，去年 7 月参加了华盛顿特区大屠杀博物馆举行的为期两周的项目。对于那次旅行，学校里有好几个月都争论不休。首先，牧师表示不赞同，也没有人敢出面，直到最后，他批准了两位候选人。

一栋维护良好的大房子的大门打开了，开门的是一位眼神冷淡长得很漂亮的年轻女子。我以前听说过她，她参加了捍卫耶德瓦布内声誉委员会的第一次会议。我问她对大屠杀博物馆的印象如何。

"我希望波兰人能以同样的方式保护他们的利益。你不能把全部历史限制在大屠杀的历史上。"

"那次旅行是否能让你反思在这个地区发生过的事情？"

"要理解耶德瓦布内的困惑并不容易，所以很多人都纠结于此。波兰人在 1918 年赢得了独立，但享有独立却只有 20 年。他们拥有土地，他们还想保留自己的土地。1939 年，其他国家的人，俄国人、德国人，都在虎视眈眈，窥伺时机，要摧毁独立的波兰。有鉴于此，波兰人不得不自己来保护自己的利益。穷人们能够做什么呢？犹太人是这里的客人。他们觉得与这块土地没有多大关系。他们所指责的人都是些普通人，每个人都有感情，都有一颗心。我们知道对于那些没有执行命令的人将会有什么厄运在等着他们，德国人不会让任何人扰乱他们的计划。"

"你读过格罗斯的书吗？"

"看过一些章节。那本书太极端，如果我看全书的话，我会觉得恶心的。我可能会一晚上睡不着觉。"

"我知道你正在写一篇硕士论文，题目是'耶德瓦布内的天主教社区：1939-1945'。你会怎样描述天主教社区在 1941 年 7 月 10 日的行为呢？"

"7 月 10 日不在我写作的范围之内。所有人谈论的都是 7 月 10 日，而其他日子则几乎被每个地方都忽略了。这就是为什么我要描述其余的日子。这是一个关乎真实而客观的历史的问题。"

"如果你当时在乡下，你会去参加纪念仪式吗？"

"他们所想的不就是从耶德瓦布内捞钱？"她回答。"他们在谈论着波兰人应该支付的赔偿。难道这不就是问题的症结吗？如果查明结果果然是波兰人干的，那么他们就有依据提出经济要求了。"

"你有没有听到过你的学生的反犹太言论？"

"我们学校不存在反犹太主义的问题。"

"你会接受民族纪念研究会的结论吗？"

"我可能仍然会持怀疑态度。既然我们知道德国人有多聪明，那么我们又怎能知道在平民中没有任何乔装打扮的德国人呢？"

"你有没有和你班上的学生谈过这个话题？"

"有过，但我们并没有试图解决谁是受害者、谁是肇事者这个问题。"

我去拜访了耶德瓦布内学校，在那里有一块献给耶德瓦布内历史的公告牌给我留下深刻印象。在一个显眼的地方，有一张旧的纪念碑的照片，碑上刻的文字说盖世太保杀害了犹太人。我看望了一位待我很友善的老师，想知道这可能是怎么回事。我告诉她我拜访了卡尔沃夫斯卡。

"她是这么说的，在调查结果未公布之前，我们不能去换掉公告牌，到时候我们再来瞧。这是一个姿态，表明了在这件事情上学校应该对孩子们说些什么。"

我又去了一趟教堂，这样做我已经形成习惯了，目的是去收集最近的反犹太新闻。

/ 330

2001 年 11 月 11 日

比亚韦斯托克。我打电话给扬·索科沃夫斯基，在《邻人》出版之后，他给报纸的编辑们写了一封信，说斯莱赞斯基，就是犹太人被烧死在其中的谷仓的主人，战后受到报复被殴打致死。斯莱赞斯基的女儿贾尼娜·比德齐奇卡让他撤回他的陈述，因为记者们找到了她，询问了详情。他又发出了一封信，解释说他发现了格罗斯卑劣的暗示："在描述 B. 斯莱赞斯基先生的死亡事件时，我是在转述我听说的一些事件的版本，称犹太人因为他提供了烧死犹太人的谷仓而杀害了他。结果发现这是一个谣言。我在试图捍卫耶德瓦布内城中居民和当地人的荣誉，反对《邻人》一书出版后在大众媒体中释放的'耶德瓦布内风暴'。这本书是由犹太人扬·托马斯·格罗斯撰写的。值得一读，从中可以了解犹太人是如何撒谎的。"

索科沃夫斯基热情地邀请我去访问。

我聆听了他对历史的不符实际的描述。

"7 月 10 日上午，德国人坐着几辆卡车到达了。我自己看到了七个德国人。他们坐在卡车里的长凳上，伸出头来，所以我就能够看到车里有多少人。一群犹太人朝着池塘的方向逃跑，后面紧跟着身穿黑色军装拿着手枪的部队。一些当地人也加入其间。必须要说，库布什涅茨基确实对犹太人有偏见。但我建议你研究一下这个问题——看看出生日期，你就会立即明白凶手们的真实背景是什么。杀人凶手中最残酷的都是1920年出生的。这就是当时的情况。在波苏战争期间，犹太人没有为争取波兰的自由而出门去战斗，没有来自耶德瓦布内的犹太人，只有波兰人自己。这些波兰人的妻子留在家里，如果她们的丈夫原先没有土地而只是受雇于他人，此时她们的生活就没有任何依靠。于是她们就去犹太人家庭帮工。这些波兰妇女同犹太人一起干活，有些因此而怀了孕。"

"你只要看看那些老照片，你就可以马上辨别出塔纳茨基一家和卡利诺夫斯基都是犹太男孩。他们得不到他们犹太人父亲的承认，因为他们的母亲是波兰人。你会对他们的恶劣态度感到惊讶吗？"

听这种愚蠢的言论对我来说实在是难以忍受，虽然我尽量不流露出来，但我可能没有设法去找到适当的语调，因为过了一会，索科沃夫斯基开始仔细地盯着我看。我意识到他眼中所期待的肯定是完全不同的人。当他开始对我大喊大叫的时候，我赶紧走了出去，正好及时避免了他对我身体上的攻击和撕掉我的笔记本。

2001年11月16日

斯坦尼斯瓦夫·拉莫托夫斯基感觉非常糟糕，已经无法起床了。他觉得呼吸困难，好像被压在水下一样。但是他连一句诉苦的话都没有说出来。你只能从他把脸转向墙壁并且一声不吭的情形中判断出他正在忍受痛苦的折磨。他不得不假装还好，否则，已经如此习惯于他的悉心照料的妻子，就会站在他的床边哭泣，"斯坦尼斯瓦夫，快起来，你不能丢下我不管"。

2001年11月20日

拉莫托夫斯基闭着眼睛躺在医院里。一个医生来到床前谈论着他的病情，好像他已经是一个多余的对象了。我指出他是一个活生生的人。似乎已经不省人事的斯坦尼斯瓦夫，伸手抓住我的手，吻了一下。在他生病的整个期间，他的行为举止一直是一个英国绅士的典范，幽默，且沉默寡言。

卡齐米日·劳丹斯基给亚当·米奇尼克的第二封公开信被登在一份反犹太人的小报上，标题是"如果我们共享一个祖国"。"你的朋友和同事把波兰当作一个邪恶的继母来对待，"他在信的开始写道，他告诉米奇尼克，格罗斯"的书充满谎言，他正在试图使波兰成为世界人民眼中的可憎之国"。而现在，"那位天才记者 A. 比康特正准备出版一本内容相似的书"。

在他们为了生存而苦苦挣扎的过程中，劳丹斯基兄弟很可能会准备写信给魔鬼。在苏联占领时期，他们曾经给斯大林和苏联内务部写过信，战后又给安全部长和波兰共产党中央委员会写过信。卡齐米日·劳丹斯基告诉我，他最近写了封信给主教大人。显然，劳丹斯基兄弟认为现在到了该给《选举报》的主编写信的时候了。

我把这份剪报插入了恰当的活页夹中——我总共有 23 个活页夹，这个活页夹的标记是"耶德瓦布内 / 凶手"——我看了一眼劳丹斯基兄弟之前的信件和声明，身上不禁一阵战栗。在一份当地的报纸上，我注意到一句话，这句话一直逃过了我的关注，直到现在。耶日·劳丹斯基说："瓦瑟斯泰因作证说，他看到有 75 个人因为年轻力壮而被选中去扛列宁纪念像，这些人被命令去挖一个洞，然后被杀死了。事实上，列宁像是由十几个人扛的，这些人后来被带到斯莱赞斯基的谷仓里去了。"

墓地发掘结果表明，有 30~40 个年轻犹太人扛着列宁纪念像被杀害在谷仓里面，而不是外面。这是一个意外的发现，没有人提到它，大部分的叙述都提到了第一批犹太人被赶进了墓地。

因为伸长脖子看热闹的和一些帮凶紧跟在被赶到谷仓去的人群后面，所以目睹犹太人被烧死的见证人有许多，但目睹谷仓内第一批犹太人被屠杀的唯一见证人就是谋杀者本人。不难想象，耶日·劳丹斯基是杀害第一批犹太人的凶手之一。

2001 年 11 月 22 日

同玛尔塔·库尔科夫斯卡—布扎一起到罗兹去见马雷克·埃德尔曼。

我联系了玛尔塔，因为埃德尔曼希望和她谈话。一年前，他在一次历史研讨会上与她见过面，谈论了格罗斯的书。在那里有个女孩走到他面前，说她是克拉科夫的雅盖隆尼安大学一年级学生，并向他透露，"因为我是波兰人，而且来自耶德瓦布内，所以我总觉得我背负着一个可怕的秘密。我是在玩沙坑游戏的时候听说那件事的，爸爸还告诉我说，永远不要承认你是从耶德瓦布内来的"。

至少这就是埃德尔曼所记得的。玛尔塔可能看起来像一个女孩，但她有一个历史博士的学位。而且，她似乎根本就不像某个因自己家乡小城有过不光彩的过去而受到折磨的人。她能勇敢地面对历史。利用自己的渠道，她记录下了同耶德瓦布内居民关于大屠杀的谈话。当她还在读一、二年级的时候，有位朋友告诉她一个大秘密，那就是波兰人在耶德瓦布内烧死了犹太人，然后到谷仓去寻找珠宝和金牙。玛尔塔永远不会忘记这件事，虽然"犹太人"这个词对她来说并不意味着什么。许多年以后，她考虑过她的博士论文就写 60 年前在她家乡小城里发生的事情，但是，她所咨询的专家学者告诫她不要写这种敏感话题。在她博士毕业后，她又回头重新就这个话题展开研究。她开始把采访录制下来。这时，格罗斯的书出版了。玛尔塔正在考虑继续做一个博士后项目，这个项目将分析三个背负着沉重的创伤记忆的小城。她最近组织小学生开展了一次旅行活动，从耶德瓦布内到克拉科夫。她告诉我说，"只有两个学生不肯跨过犹太教堂的门槛"。

"她是多么的坚强啊"，埃德尔曼在厨房里对我说，他的声音里略带着轻微的责备，怪我给他带去了一个不是他所记得的隐瞒自己是来自耶德瓦布内这个事实的胆怯的女孩。

在火车上，玛尔塔和我谈论起围绕着大屠杀而逐渐形成的各种神话。我们每个人都听到了有关凶手遭到报应的没完没了的故事：一个人酗酒而亡，另外某个人倒地而死，还有一个死于致命事故，还有的生下了残疾孩子。斯坦尼斯瓦夫·拉莫托夫斯基一次又一次地重复说着，或迟或早凶手肯定会受到上帝的惩罚。"所有积极参与大屠杀的人，"他宣称，"不久之后都死掉了，大多数都死于非命。我记得有一个是被树压死的，另一个死于肺结核，还有第三个疯掉了。"

玛尔塔和我都听到了这么一个故事，说的是在耶德瓦内集市广场旁一个公园的铺路石之间长出来的草一度长成了一个十字架形状，被人割掉之后，又长成了同样形状。那块地方就是有个犹太妇女和她的婴儿一起在广场上被杀害的现场（虽然在我所听说的那个版本中，这个女人和她的孩子是在战争结束后被一伙暴徒杀死的）。玛尔塔也知道一个关于罪犯的故事，这个罪犯淹死了一个裹在皮大衣里面的富有的犹太人——鉴于当时是炎热的夏天，这就说明了神话是如何与现实脱节的——当他们把尸体从水中拖出来时，尸体是裸露的，皮草和贵重物品都消失了。在玛尔塔眼中，所有这些故事都是在避免为一个事件做出合理解释的情况下试图化解对该事件的创伤性记忆。

当地居民对玛尔塔的自卫性反应自然比起对我的要少得多，玛尔塔记得有个当地的波兰人说话中用了一个意第绪语的词语，另有一个波兰人给她唱了一首犹太歌曲。

/ 334

2001 年 11 月 23 日

上午我在医院陪斯坦尼斯瓦夫·拉莫托夫斯基。我不知道他是否意识到了我的存在。

下午接到电话：拉莫托夫斯基先生下午 5:45 去世了。

2001 年 11 月 24 日

我开车到康斯坦钦去告诉玛丽安娜。"是几点钟发生的?"她问道。"因为就在昨天 6 点前,我突然有一种奇怪的感觉。"

斯坦尼斯瓦夫的遗体将被带到他家人居住的地方。晚上我给他在克拉玛切瓦的侄女打电话,听她说葬礼将在明天举行。马上就埋葬? 在星期天? 这根本就不是天主教的传统。很可能,这样的安排就是为了不让华沙这边的人能够前往参加葬礼。

2001 年 11 月 25 日

我和我的一些通过我认识了斯坦尼斯瓦夫的朋友分乘三辆汽车出发。我们到了一栋村舍。男人们在厨房里,坐在带进来的长椅上,斯坦尼斯瓦夫的遗体躺在厨房旁边的餐厅里,穿着黑衣的女人们围着他在唱歌。

在墓地里,牧师做了一个平淡乏味的演讲,其中让我们明白的是斯坦尼斯瓦夫一生唯一的成就就是生活在这里。"你必须说些什么",我的一个朋友敦促我。我拿起麦克风,讲述了斯坦尼斯瓦夫的故事,他如何救了一个犹太人家庭,而在他周围的其他城里的居民却正在杀害犹太人或躲藏起来,以免作为大屠杀的见证人。

"你似乎不了解情况,"他的侄子后来对我说,"斯坦尼斯瓦夫在这里曾经是一个受人尊敬、被人喜欢的人,然后当你把我的叔叔带走了,把这一切都公开了之后,瞧瞧都发生了些什么? 现在,人们把我叫做'犹太佬'。请理解我,小姐,我没有任何反对犹太人的意思,但你不得不承认这是令人不愉快的。而且,把我的叔叔下葬是多么麻烦的一件事! 在所有这一切中,我的损失是最大的。"

2001 年 11 月 28 日

我尝试通过电话联系什穆埃尔·瓦瑟斯泰因的儿子艾萨克,以便和他确认一下我的到来。我已经安排好在哥斯达黎加同他见面。我被告知他在波士顿他女儿家。我打电话到那里，发现他在波多黎各他的另一个女儿那里，这个女儿的孩子很可能早产，所以他可能会留在那里直到孩子出生。但我却正要飞往美国，而且我有一张从纽约到哥斯达黎加首都圣何塞的票，当然是廉价票，是不能改签的。

2001 年 11 月 29 日

耶德瓦布内已经选出了新的市长，那个兽医。他有着全都正确的观点——他不喜欢犹太人。

在我前往美国之前，我把我的一篇关于克齐斯茨托夫·戈德莱夫斯基的文章留给了《选举报》。我想以新的市长选举来结束这篇文章。当然，他们是结束了小城生活中的一个时代，一个有着双方冲突的时代。现在只剩下一方在主宰一切。但是我的电话找不到任何一个人，只有他们的妻子接电话。新市长的选举是一件头等大事，那天没有一个人回家时是冷静的。

2001 年 11 月 30 日

我的航班是早上 9 点。我从机场打电话给戈德莱夫斯基。他的声音是忧郁的。"投票时没有人弃权，"他告诉我，"这意味着他们都同意了，我再也不是他们的市长了。""你是什么意思，所有人？"我问道。"斯坦尼斯瓦夫·米查罗斯基呢？"沉默。"你是什么意思，斯坦尼斯瓦夫没有辞职来声援你吗？"

我打电话给米查罗斯基，他解释说他想要辞职，但是议会从议程中删除了这个议题，或许这样做会更好，因为他帮助克齐斯茨托夫找到另一份工作会更容易些。我没有被说服。我们的对话进行得如此激烈，以至于最后当空姐指示我关掉手机时才告结束。

九

拼命地寻求正能量

或，耶德瓦布内前市长
克齐斯茨托夫·戈德莱夫斯基的独白

"在我的办公室里，我发现来自乌拉圭首都蒙得维的亚的一封信，这是格罗斯的书出版前一年：

"'我，埃丝特·米格达尔，出生于耶德瓦布内。1937 年，我去了乌拉圭。我，我的姐妹们和兄弟们，以及我的妈妈。我的奶奶查娜·燕达·瓦瑟斯泰因留在那里。我很抱歉，因为我不太记得波兰语，已经有 62 年没有说过波兰语了。我知道波兰人杀死了全城的犹太人，他们杀了我奶奶她的女儿们——全家人，占了房子，现在他就住在那栋房子里。你们是暴徒。你们是罪犯。你们的牧师说了什么？现在你们没花一分钱有了房子，你们可以跳舞。我的奶奶做过什么坏事？先生，请写下你们是如何杀死全城犹太人的。'

"我的第一反应是愤怒。我想把这封信扔掉，但是我犹豫了。我想写封回信，但我不知道该说什么。这封信让我心绪不宁。当我看了《邻人》后，我感到有些事情必须要去做。

"我明白这是一个残暴的行为，而且想要掩盖它是卑鄙可耻的。但

克齐斯茨托夫·戈德莱夫斯基在耶德瓦布内纪念碑前，2001。（格热戈日·东布罗夫斯基 /
新闻报社）

/ 九　拼命地寻求正能量 /

是我也想到，其他人会跟随我，我们会向犹太人表明这是一个事件，是由破坏性的因素造成的，我们是一个友爱的民族，我们会对他人的痛苦表示同情。斯坦尼斯瓦夫·米查罗斯基和我于 2000 年 7 月 10 日去祭扫了纪念碑，我们带了一面横幅，上面写着纪念耶德瓦布内被杀害的犹太居民，并以此告诫世人。来自社区。我们是以市政府代表的身份出面做的，但是我们是用自己的钱支付了做旗子的费用。不知何故，我们可以预料到市议会是不会批准这笔支出的。但是我相信这只是一个时间问题。

"我开始回忆自己小时候偶尔听到的谈话，尽管孩子们通常会在人们谈论这种话题的时候被打发走。有时候有人会说某个邻居'当犹太人被烧死时他就在谷仓里'。但是对于当时的我来说，'犹太人'这个词仍然完全是一个抽象概念。

"我能理解，当耶德瓦布内被人们看作是一个凶手之城的时候，让居民们去忍受这种观念是多么的艰难。我有一个想法，可以扭转这种观念。我们这个城市应该向世人说明，在耶德瓦布内确实有几个暴徒，但是我们也有救了犹太人的波兰人。我想提议耶德瓦布内的学校以安东宁娜·怀赞考斯卡的名字命名。我在市议会会议上提出这件事，但没有得到很好的响应。

"耶德瓦布内需要她的人民去展现自己最好的一面，就像鱼需要水一样。我的一个朋友对我说，'你说得对，如果你说声对不起，你的乌纱帽不会从你的头上掉下来'，这让我的内心感到很温暖。我在拼命地寻求正能量。我告诉人们，'我不是一个检察官。让我们去做可以做的事情，如果事实证明真相是不同的话，那也只会是好事'。我一次又一次地反复说，'我只是说大屠杀已经发生了，我们必须向受难者表示我们的敬意'。在市议会会议上我解释说，'我们所要做的就是任何一个基督徒都应该做的，确保他们能有一个有尊严的安息地'。最重要的是，来参加纪念仪式的受害者的家属应该能看到发自我们内心的热情。然后他们就会明白，有罪的只是一小撮人，而不是整个社区。

"我已经能想象纪念仪式的情景了。我想让拉比贝克的孙子和某个凶手的孙子握手。或者至少是我来拥抱那位拉比。不是那种华而不实的欢迎，而是那种可能会让人情不自禁热泪盈眶的欢迎，能够深深打动人的内心，使他们席地而跪。我想对他们说，'犹太人兄弟，你们出生在这里，作为我们的客人，我们深深地感激你们的到来。'

"我在当地一个电视节目中坦陈了我的希望：有时候，新婚夫妇会去墓地献花，人们在卡廷就是那样做的，因为苏联人在那里杀害了数千名波兰军官。而这座纪念碑将成为苦路十四处之一（译者注：Stations of the Cross，摆放在教堂墙壁处的 14 个十字架，纪念耶稣受难旅途的 14 个阶段）。我在议会中说，出于发自内心的需要，我将前去参加这个仪式。许多居民认为这是一种侮辱。我感到有人以怨恨的眼光看着我。有个男人在我前往参加仪式前拦住了我：'哪个人敢践踏我的麦地我就他妈的开枪打他。'

"大部分居民都知道波兰人参与了大屠杀。但是他们争辩说，'我们不能承认，因为犹太人会要求赔偿，这不是我们的孩子能负担得起的'。如果他们从他们的牧师那里受到这样的鼓动的话，又如何去说服他们改变看法呢？

"我试图建立一个游说议员的团体，但没能如愿。有一位议员告诉我他记得的从他家人和邻居那里听到的故事，是关于他们如何以及在哪里杀害犹太人的。但是当他的签证被美国拒绝之后，他开始说这是因为屠杀的缘故，从而彻底改变了他的语调。我不断地听到有人说要波兰人负责是不对的，也有人说我们不应该让这件事一直拖下去，因为犹太人会利用我们来掠夺整个波兰。他们说，'克齐斯茨托夫，小心点。你不要说一些你不应该说的话。你可能会受到伤害的'，但这不是好意，这是一个威胁。我听到的最好心的意见是这样的，'你为什么去做这件事？你会失去一份好工作的'。在沃姆扎地区的一次议员和市长会议上，当我说'你好'时，有人用希伯来语的你好（Shalom）来回答我，每个人都笑了起来。在商店里，我听到有人在我背后把我称为'那个犹太人戈德莱夫斯基'。其他的熟人，我本来是不会对他们有所期望的，也试图告诉我这是一个犹太人的阴谋，归根结底就是为了得到赔偿。有关我父亲的谎言也开始流传起来，他因为参加过波兰家乡军而曾在弗隆基监狱待过几年；人们说他也参加了杀人事件，他砍掉了一个犹太人的头，而我住在美国的岳母则嫁给了一个犹太教士。

"我一直都在寻找恰当的说法。我想通过去想一想十年前我是个什么样子来试图为我的波兰同胞辩护。我曾经是反犹太人的。我收到过一本关于犹太人想要买下整个波兰并且把我们当作奴隶的书，我相信了。在学校里，我接受了宣传。我相信苏联人是我们的朋友而美国人是帝国主义者。在 12 岁的时候，我第一次听到可怕的描述这起暴行的谈话，但当时我还没有理解是我的邻居干的坏事。那是一个无情的反德宣传的时期，我知道德国人不好，苏联人好，所以我无法理解与德国人合作的人。当一个同学告诉我关于苏联人在卡廷屠杀波兰军官的罪行时，我也不想去相信他。后来我改变了我的观点，因此我相信每个人都会有这个机会。我一直在想，在纪念仪式开始之前也许会有一个突破。

"7 月 10 日，有个议员从她家在市场旁边的窗户的窗帘后面观看纪念仪式，就在我开口说话之前，她咆哮道：'去欢迎他们吧，他妈的去欢迎他们，明天你就不会再有工作了。'第二天，我去上班，就在前面的台阶上，一位来访者用这样的话向我打招呼，'还在波兰？犹太人还没有把你带到美国去吗？'我无法治愈他们。我已经受够了。人们继续在说我们从中赚钱，犹太人在支持我们。他们确信斯坦尼斯瓦夫·米查罗斯基和我是叛徒，我们肯定从中得到了好处。

"对于我来说，就耶德瓦布内事件展开的辩论不能简单归结为波兰人与犹太人的关系；它迫使作为天主教徒的我们去问自己一些困难的问题——关于诚实、正派，关于我们之中有多少人帮助了那些需要我们帮助的人。为什么当时具有正义感的非犹太人会那么少呢？为什么犹太人被指控要为我们历史上每一个不好的时期负责呢？所以，我勇敢地站出来面对大多数市民。

"最让我伤心的是，当斯坦尼斯瓦夫·米查罗斯基和我提出辞呈时，没有人为我们辩解。我非常沮丧，我会坐上火车去任何地方。我从没有故意要冒犯任何一个人。

"在过去的一年里，我一直在做的事情与市长的职责没有任何关系，对此我也没有做好任何准备，不论是在精神上还是在职业上。你当市长是要去修桥铺路，去改善健康中心的工作方式，而不是去教人相爱，为他人的死亡而哭泣。20 年来，我计划着要离开这个小城，我在考虑如何离开，现在我知道我为什么会留了下来。我很高兴命运赋予了我参加 7月 10 日纪念仪式的荣誉。毕竟，人是可以轻易地过完一辈子而不留下丝毫痕迹的。

"今年给了我很大的力量。对于受难、痛苦和宽恕我想了很多。有一次，我惊恐地醒来，梦见自己正在燃烧的谷仓里。也许，如果我没有见到你，还有格罗斯，我就不会是今天的我。我不知道我是如此固执。我不知道我的好朋友是如此少。我不再是同一个人了。我曾经是那些男孩中的一个，但我与他们疏远了。

/ 341

"我的创伤很可能会持续很长时间，因为——尽管很难承认——这些创伤是我亲爱的人造成的。我认为任何一个正派的人都会做我所做过的事情，我很伤心，我原先的朋友对我持怀疑态度。我宁愿独自去舔我的伤口。"

日 记

2001年12月1日—12月30日

2001年12月1日

纽约。我女儿奥拉和我同朋友一起去市中心在9月11日悲剧的现场放了一块石块作为悼念。

2001年12月2日

在背包里放了一本《耶德瓦布内回忆录》，奥拉和我沿着过去两个世纪里从拉齐乌夫和耶德瓦布内大批来到美国的犹太人的路线走了一遍。"在纽约登陆的来自耶德瓦布内的犹太人，"我们在书中读到，"大部分都是以前从来没有在陌生的房子里睡过，或在陌生人的一张桌子边上坐过的人。他们到那里去不是为了寻欢作乐，而是为了给他们自己以及留在大洋彼岸故乡的犹太人小村子里的亲人们挣钱买面包。"

在拥挤的船舱里经过数周的海上旅行之后，他们终于在地平线上看到自由女神像隐隐呈现在眼前，此时他们仍然不得不通过设在埃利斯岛的边境管制站。这座现在已经改为博物馆的小岛，当时是成千上万逃离贫困和宗教迫害的难民等待其命运的地方。他们排成队等候好几天，甚至几个星期，才能等来决定：或是被送回原地，或是被接纳进入这个新的世界。那些留在纽约的人都前往下东区，那里当时是地球上人口最稠密的地区，一个房间里要睡几十个人，而院子里的厕所是整栋建筑的唯一一个卫生间。渐渐地，他们艰难地过起了七拼八凑的生活，每天在血汗工厂工作 12 小时以上。在那里，移民们复制了犹太人小村子的生活。在波兰故乡，耶德瓦布内和拉齐乌夫之间的距离超过了 16 公里，但两地之间关系密切，并由无数的婚姻而得到强化。在纽约，耶德瓦布内和拉齐乌夫的犹太教堂之间只隔了一条街，社区之间由于思乡之情而联系在一起，这导致了双方频繁的会面。当来自拉齐乌夫的卡尔曼·拉斯基到达美国时，他加入了耶德瓦布内的名为 Chebra Par Israel 的组织，并且，作为一个拉齐乌夫人，多年来他一直被选为该组织的主席。

拉比雅各布·贝克属于第二代越过大西洋的耶德瓦布内人。"1938年 2 月中旬，当波兰轮船巴托里号把我带到纽约时，"他写道，"我的第一个愿望就是——根据约瑟来到示剑时说的话（创世纪 37:16）：'我找我的哥哥们'——去参观位于犹太人贫民区亨利街 216 号的美丽的犹太教堂，这是来自耶德瓦布内的同胞们建造的。一跨过这座建筑物的门槛，我就遇到了许多惊喜，其中第一个是耶德瓦布内意第绪语那熟悉的韵律，最突出的特点是辅音l的发音。"

从旅行指南中，我们了解到 20 世纪初在纽约下东区有五百座犹太教堂。我以前在书上读到过雄伟壮观的耶德瓦布内犹太教堂是 19 世纪建造的。1891 年，围绕这座教堂组织起来的社区在纽约州以"俄国耶德瓦布内的 Chebra Par Israel"的名字做了登记。同样，在纽约成家立业的拉齐乌夫的犹太人也在位于迪维辛大街的拉齐乌夫犹太教堂聚会。我们一走出地铁，就首先到了那里。这天是星期六，一个世纪以前，这条街上的所有商店都会在今天关门停业，各家各户都会带着孩子穿着最好的衣服前去参加晨祷。现在的迪维辛大街则和这个街区所有街道一样，都有着两种语言的路牌：英文和中文。数以百计的小商店都开门营业，到处都能听到中国的迪斯科音乐。那里已经没有拉齐乌夫犹太教堂的痕迹了。就像我们没有发现耶德瓦布内犹太教堂的痕迹一样；在原址上建起了新的学校，成百上千的黑人孩子从学校里像潮水般地涌了出来。

2001 年 12 月 3 日

我已经安排好了去会见拉比贝克。我在曼哈顿坐上了地铁，然后在布鲁克林的国王大道出了地铁——这里是一个完全不同的世界。这条大街上的语言是俄语和乌克兰语。商店都挂着双语招牌，"出售空调"用西里尔语是 *KANDISHONER Y PA NIZKIM TSENAM*，而用英语则是 *AIR CONDITIONERS ON SALE*。我经过许多犹太百吉饼的招牌和一个卖俄语禾林言情小说的书摊。我数了数有几十种俄语的期刊，有两种期刊是意第绪语的，并且有英文版，它们是《犹太新闻》和《犹太周刊》；波兰裔美国人看的《新日报》(*Nowy Dziennik*) 也能买到。从地铁站到拉比贝克居住的略微高雅些的那部分国王大道，我走了很长一段路。

拉比和我讲英语，但他时不时地抛出些波兰语词：*maliny*（覆盆子）、*jagody*（蓝莓）、*grzyby*（蘑菇）、*szkoła powszechna*（小学）、*widły*（干草叉）等。哈希姆（HaShem），是上帝的委婉称呼（译者注：因为上帝的名讳非常神圣，不能用于祷告和读经，所以要用委婉方式来提及），则几乎每隔一句话就会出现。

"当我还小的时候，拉比阿维格多·比亚沃斯托茨基就告诉我说：'我已经对你将来的成就感到羡慕啦。'在美国，我继续学习，想当一个犹太人的屠夫。我在明尼苏达州的明尼阿波利斯市度过了我人生中的很长一段时间。每周我都有固定的时间出售犹太人吃的肉食。后来，凭借犹太法学博士身份，我有足够的生活来源了，就不再当 *shochet*（屠夫）了。我就像独唱歌手一样唱歌。我有 5 个孩子和 19 个孙子。美国为其犹太儿童而自豪。"

他并不是很坚定地扎根于现实世界。他的视力很差，看东西只能看到轮廓。他不读书不看报，也不看电视。所有这一切都促进了他与他的祖先在精神上的交流。他的生活根据的是两本书：《摩西五经》和《耶德瓦布内回忆录》。当我问他有关他记忆中的耶德瓦布内时，他告诉了我马车夫库罗帕兹瓦的故事，此人宁愿自己和家人被判处被烈火烧死，也不愿放弃他的拉比职位；还有伐木工诺伊马克的故事，他从最残忍的一个凶手手中夺过斧头，劈开了谷仓门，把家人救了出去。拉比叙述这些故事时就像是在描绘生动的引人入胜的场面一样；他的语言丰富多彩，颇有质感。

对他来说，要回到那些真正属于他自己的记忆中去是不容易的。他很久以前就离开了，已经有 60 多年了。他离开了一个世界，那个世界在某种意义上是——尽管反犹太主义日益增长——相对安全的，因为它是熟悉的也是可预见的。他认识城里的每一个犹太人，也认识 20 公里范围内的许多其他人。他总是会思念那个世界：在那艘把他带到新的国家去的船上，在美国的各个省份，在他年老的时候迁入的位于布鲁克林的舒适的公寓里。这种强烈的思乡之情倾注在《耶德瓦布内回忆录》一书之中。"我用一根手指敲出来的，"他写道，"我没有资金聘请打字员。每当我想到烈士的伟大，我的泪水就润湿了书页。"

"他们怎么能说犹太人和苏联人合作？"拉比感叹道。"在耶德瓦布内，没有一个犹太人是共产主义者。"

我向他指出，在耶德瓦布内有一个共产主义小组，而且在梅厄·罗内的记忆里留下了他的五个同乡的不好的印象，他们全都是苏联当局的热情合作者。贝克怀疑地摇了摇头。我开始逐一说出他们的名字，当我刚提到第一个名字宾斯坦因时，他马上就提醒我，这个人从小就惹是生非，后来因为强奸了一个犹太女孩而坐了牢，而且他从来不去犹太教堂。换句话说，在拉比的理解中，他这个人已经把自己排除在犹太社区之外了。

这位犹太教士也免不了有些虚荣心。在提到《耶德瓦布内回忆录》时，他不断地说，"我是有关耶德瓦布内的第一本书的作者"。当他提到格罗斯的书时，他称之为"那本书是出自我的书的"。

那本贝克兄弟的书（朱利叶斯·贝克，也是一位拉比，已去世）完全符合被用希伯来语称为 *Pinkas zikaron* 和用英语称为"Yizkor"的那类书的模式。这类书的宗旨是把一个已经不复存在的人或世界从遗忘中拯救出来，源自中世纪早期的传统，在祈祷期间读出长长的死于大屠杀中的人的名单。在大屠杀之后，这样的书对于同胞协会来说成了一件共同要去做的事，以至于在以色列诞生了一个新的职业——回忆录编辑。

每一本回忆录都蕴含着一个关于起源的神话——一个关于第一批犹太人定居者的故事——一个特定的社区的历史，有价值的人的概况，如挑水夫或城里古怪的人，然后是描述大屠杀期间发生的事情，并记录下纪念被害者的仪式。一般来说，耶路撒冷希伯来大学的奥尔加·戈德贝克-穆尔基维奇指出，这些回忆录不符合历史专著的要求，但是它们通过展示创建幸福的犹太小镇这个神话的过程为文化人类学家提供了宝贵的资料。在奥尔加·戈德贝克-穆尔基维奇研究过的 300 本回忆录中——包括《耶德瓦布内回忆录》在内——有 100 本包括了根据记忆手绘出的地图。

我仔细查看了附在《耶德瓦布内回忆录》一书开篇位置的耶德瓦布内全城草图。这张图具有非凡的魅力：用苹果树标出了花园，杉树标出了周围的森林。街道的名字用的是希伯来语；只有诺瓦大街，因没有犹太人居住，用波兰语标了出来。天主教堂比犹太教堂要小得多，但事实上却是相反的。尽管这幅草图画的是战前的耶德瓦布内，但也有一个在燃烧着的谷仓。

根据戈德贝克-穆尔基维奇的说法，回忆录通常反映出特定的捐助者的观点。因此，我们经常看到有些东西被吹嘘得不合情理，某些话题

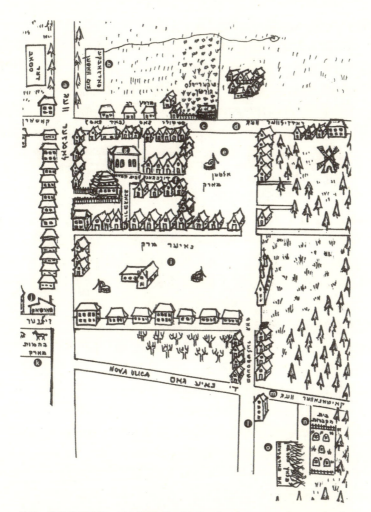

战后，拉比朱利叶斯·贝克根据记忆画出的耶德瓦布内地图，当时他已经生活在美国。以下是拉比贝克标记的希伯来文地名的译名：（a）通往沃姆扎的道路；（b）池塘；（c）谢杜尔斯加大街；（d）通往拉齐乌夫的道路；（e）老市场；（f）银行；（g）读经室；（h）通道；（i）新市场；（j）锯木厂；（k）马市场；（l）普热舍尔斯加大街；（m）通往卡耶坦诺夫的道路；（n）犹太人公墓；（o）发生烧人事件的广场。（由拉比雅各布·贝克提供）

被给予了特别的重视。这就是这本关于耶德瓦布内的书会那么关注犹太人的屠宰业的原因——其作者，两位都是犹太教士的贝克兄弟，大半辈子从事的都是这个行业。

拉比贝克告诉我有关他的师傅屠夫孟德尔·诺恩伯格的故事。"这份活不容易干。按犹太方式宰杀鹅还不太难，但宰杀鸡鸭的话，就有很多东西要学。我听说在谷仓里发现了一把刀，我很好奇是不是他的刀。我能够一眼就认得出来，因为诺恩伯格总是把他的刀夹在他的牙齿之间，所以刀上肯定有痕迹。"

2001 年 12 月 4 日

我离开波兰时带了一些原先住在耶德瓦布内现在住在芝加哥或者附近地区的波兰人的电话号码。我从华沙提前给他们打了电话，如果有哪个目击者同意和我谈话的话，我就准备去他那里。

"我的岳母最终还是不同意，"其中一位亲戚告诉我，"她说恐惧一直没有离开过她。当时她还是个 11 岁的女孩。她的家人在凌晨 5 点就躲到麦地里去了，以此逃避参与杀人，她被叮嘱待在家里，不许外出。但是她和一些女孩子一起跑了出去，想看看究竟发生了什么事。她看到一群小伙子用耙子攻击一个犹太男孩；当他试图逃跑时，他们抓住了他，使劲打他。她听到一个年轻的犹太人在野外被刺了一刀，尖叫着，乞求说，'杀了我吧'。'他们没有杀死他，'她说，'他们还给他留了一口气，让他再遭受一些痛苦。'"

2001 年 12 月 5 日

哥斯达黎加圣何塞。令人高兴的是，什穆埃尔·瓦瑟斯泰因的儿子艾萨克在家，他给了我一本他父亲自费出版的日记。我正在夜以继日地阅读，标出一些段落，这些段落安娜·胡萨尔斯卡，来自波兰的一位记者兼翻译家，答应了会为我做出合乎专业的翻译。她是来这里参加人权会议的。

在描述犹太人被围困在市场上时，什穆埃尔引用了波兰人向犹太人抛掷的各种诽谤。有趣的是没有人把他们叫做共产党人！但波兰人确实称他们为"战争奸商"。显然，当地人的头脑中仍然充满着被苏联人灌输了半年的宣传。

2001 年 12 月 6 日

在安娜·胡萨尔斯卡和出席同一次会议的维克托·奥夏滕斯基教授的陪同下，我动身去参观火山。我们租了一辆带司机的车，奥夏滕斯基教授坐在前面，我和安娜坐在后排，她口头把瓦瑟斯泰因的日记摘录翻译给我听。我们的车缓慢地穿行在高高的群山中，那里的山坡上开满了紫色和红色的鲜花，群猴在各处跑来跑去，安娜读出了大屠杀的真实细节，"孩子们被砍成碎片，死在他们母亲的怀里"，"脑袋都被压成血肉模糊的一团"。"他一定是从《旧约》中抄来的"，奥夏滕斯基教授试图开玩笑，我觉得我有点过头了，在他休假的时候用这样的材料打扰了他。于是我选择一些更令人愉快些的片段来翻译。这一类书中有很多。

瓦瑟斯泰因说，这本书是他的遗嘱，其目的是要提醒后代耶德瓦布内的犹太人的毁灭，但他的书中也包括了许多关于他的职业的故事。

他的一生中有一半献给了出售鞋类的生意，而且把他在古巴取得的业绩归功于他在胶底鞋上赢得的利润。他讲述了一个不可证实的故事：战争结束时，一些乌克兰犹太人还有 2500 万双军用胶底鞋的存货。很可能，那时在古巴几乎没有哪个人没有碰到过什穆埃尔打折促销胶底鞋的。他的书里充满了鞋商的实用销售技巧。例如，向香蕉种植园的雇工赊销鞋子是不值得的，因为他们的工期短暂，而且向他们追讨第二笔付款很困难。

我给了安娜一部分内容来翻译，什穆埃尔在这一节中叙述了他到达哥斯达黎加之后在安息日做些什么：

"我们的一家服装店开在一个街区，晚上有妓女在那里拉喝醉酒的客人做生意；周五晚上那里的交通极其繁忙。我突然有了一个主意，我可以在那里摆一个货摊出售女性内衣。正如你们现在说的那样，我做了市场调查。在那个街区的老主顾青睐的是红色和黑色的性感内衣。在一个同乡的商店里，我买了六条红色和黑色的女性内裤和每种颜色的六个胸罩。星期五晚上我把这些货物摆出来销售。晚上 10 点，第一个女人同她此刻的男人一起走过来。抚摸着男人的头，这个女人要他买下红色的内裤和一个带褶边的胸罩来让她高兴。他掏出了钱，那个女孩就成了这些物件的所有者。这个消息在圣何塞的红灯区周围像野火一样蔓延开来。到了凌晨 1 点，我结束了营业，只剩下两条内裤和两个胸罩。我们在设法让这个夜间销售点长期开下去。"

这段摘录给了我一些希望，即瓦瑟斯泰因家人会同意在明天开始的安息日与我见面，还会让我记笔记，通常虔诚的犹太人是不允许在安息日这样做的。

要把日记中的真相与编造出来的或添油加醋的内容区分开来并不容易。下面的影片中的场景真的发生过吗？在 1946 年瓦瑟斯泰因前往古巴之前，他必须先要退役。在华沙，他以某种方式通过了安检，经过秘书见到了最高级别的将军，并宣称："你的一生中可能碰到过一些问题，但这些都是很小的问题。而我的问题是巨大的。波兰人杀了我全家。耶德瓦布内的土地就像一块吸饱了犹太人血液的海绵。你可以当场射杀我，但是我不能再留在波兰军队里了。"然后他被解除了军役。

我安排了下午去见他的遗孀。在一道六英尺高的围墙后面，这位独居寡妇居住的地方由两个手持棍棒又矮又胖的保安守卫着。前厅里搁着一把躺椅，躺椅下面的垫子的形状像是一幅摩西五经的卷轴。我们踩在一块非常厚实而蓬松的地毯上，我们的鞋子似乎也消失在其中。在客厅里，许许多多的装饰物品被仔细地摆放在陈列柜里，还有镶金边的华丽的镜子，精心制作的水晶吊灯，一只瓷器贵宾犬带着几只瓷器小狗，以及高高的衣着优雅的维也纳淑女雕像。在其中一个的旁边，站着手持十诚的摩西，他的一只手羞怯地牵着他的长袍的边缘，露出一只陶瓷的脚，脚上飞落下两只鸽子。

什穆埃尔回到波兰去的时候遇见了拉凯拉，是在波德拉谢地区的别尔斯克市，当时他在为战争期间曾给他提供藏身之处的女人安东宁娜·怀赞考斯卡买房子。他记得立刻就注意到拉凯拉迷人的身材。拉凯拉告诉我们，"我立即爱上了他。在你 14 岁的时候是很容易坠入情网的"。

到达古巴后，他偶然发现拉凯拉在纽约，就马上联系上了她。"我的哥哥不喜欢我找她，"什穆埃尔在他的书中写道，"他试图背着我找一个更配得上我的；他认为对拉凯拉我可以做做白日梦，因为这会是一个甜蜜的梦，但一个大屠杀的幸存者应该务实行事。他劝告我应该娶一个美丽、聪明、有资本的古巴犹太女人。他把我的详情告诉了犹太商人们，他们建议他可以把他的弟弟介绍给他们美妙可爱的女儿们。"但是什穆埃尔却不肯让步。他把拉凯拉带到古巴，很快他们就结了婚。

拉凯拉属于一类对波兰极端厌恶的犹太人，没有丝毫怀旧思乡之情。她躲在一个波兰农民家里而在大屠杀中幸存了下来，这家人是为了钱而收留犹太人的。"每个月我们付给他们金币换取住在他们家的一个猪圈里；他们家的那个男人不知道我们把钱藏在哪里，所以我们得以幸存下来。战争结束后，波兰人杀害了那些返回家乡的犹太人。他们杀了我母亲的兄弟。"

像许多幸存者一样，他们交流时从来不说波兰语。他们用的是意第绪语，有时也用西班牙语。拉凯拉用西班牙语对我说话，尽管我从怀赞考斯卡那里知道她的波兰语也还过得去。当我问她丈夫日记里几个不太清楚的片段时，她帮不了我。

我在读瓦瑟斯泰因的古巴历险记，直到深夜。他描述了 50 年代许多犹太商人是如何谨慎地开始支持菲德尔·卡斯特罗的，因为他们不喜欢巴蒂斯塔的镇压政策。什穆埃尔也不喜欢巴蒂斯塔。革命后，他认为应该坐下来耐心看一看，暂时搁置了所有业务。他相信一个更宽松的政权应该会到来，结果是事情变得越来越糟。"家产和商铺都被政府接管了。菲德尔打击了中产阶级。我看到买肉的人都在排队。我开始四处寻找尽快出走的方法。拉凯拉理解不了。她变得精神沮丧，经常哭泣。她以为这一切都会过去的。"

一开始，他们把一个儿子送出了古巴，就是和我通过电话的那个——艾萨克，这样他就"不会被洗脑"。他到达美国时才 11 岁，被托付给一个在费城的犹太家庭。

当时有许多儿童离开了古巴，这是美国中央情报局"彼得潘"行动的一部分，其宗旨是保护年轻的心灵以免接受共产主义的灌输。这些孩子现在都已经是成年人了，他们都熬过了突然被从父母身边分开的痛苦时期——有些是几年，也有一些是他们的一生——现在已经有了一些叙述他们的经历的书。

2001 年 12 月 7 日

我安排了与艾萨克的会面。我们坐在一个狭窄的小房间里谈话，旁边的箱子堆到了天花板；艾萨克的公司出售药物。我对什穆埃尔回忆录的各个方面都有很多问题，但是他一个问题都回答不了。他的父亲曾经不断地告诉他有关耶德瓦布内的事情；他能记得受过苦难，除此之外就不记得了。

在回来的路上，我告诉出租车司机我是从波兰来的，因为关于一个从哥斯达黎加来的犹太人在国内有很多争议。他自豪地点点头，仿佛我们在谈论自然资源："哦，是的，我们这里有很多出名的犹太人：交通部长、文化部长，还有一个副总统候选人。"

我了解到这里的犹太人被称为"Polacos"（波兰人）。动词 *polaquair* 也用于旅行推销，是由东欧犹太人引入这里的。我在瓦瑟斯泰因的日记中找到了一句话："在做生意的时候，他们叫我'Polacos'，但其实这无所谓是好是坏，因为在哥斯达黎加，他们真的不在乎你是谁。"

我被邀请参加在拉凯拉家里举行的光明节聚会。她的儿子艾萨克和索尔都在那里，还有两个孙子以及拉凯拉的朋友玛丽亚·维尔尼克。两个哥伦比亚仆人，身穿白色花边围裙相当肥硕的黑人女性，给我们拿来了食物——犹太薯饼、甜甜圈和带酸奶油的薄饼，都是拉凯拉和什穆埃尔在他们老家过光明节吃的同样的东西——至少看上去是一样的，因为这些食物的味道简直太可怕，尤其是太甜腻。

/ 352

我终于可以送出我的礼物了——一本摄影专辑，上面我题了字，我仍然看到他们的面孔：波兰犹太人的照片。非常高兴，今天早上，我在此地逗留的最后一天，我的那个在尼加拉瓜被错误地卸下的手提箱被送还给了我。

"他不去犹太教堂，"维尔尼克这样说什穆埃尔，"但是有什么东西需要修理的时候，是谁第一个从口袋里掏钱的呢？什穆埃尔。犹太教士、律师、医生，他们都很了解他，并尊重他。"

艾萨克开车送我回家。车子沿着圣何塞的主干道中央大街行驶，我们经过了什穆埃尔开的一些鞋店，现在都由他的儿子经营。这些店每家都有不同的名字：Pompile，Zapatos，Fantasia。没有连锁店，就只是几十家小店铺。

"我有一个问题要问你，"艾萨克说，"犹太人怎么会生活在波兰？"

我试图做出解释，但也许没能解释清楚，因为艾萨克继续说道："当我在华沙的时候，我去犹太教堂问犹太人同样的问题，没有人能回答我。"

我记得我和拉莫托夫斯基谈论过耶德瓦布内唯一一个犹太人——海伦娜·赫扎诺夫斯卡——在城中心过着天主教徒的生活。"一个人怎么能过这样的日子呢？"斯坦尼斯瓦夫很惊讶。"这同我们大不一样，我们生活在郊外，外出时我看到的是门前的小溪，而不是凶手们的脸。"

就我自己来说，我无法理解为什么海伦娜·赫扎诺夫斯卡或拉莫托夫斯基会愿意继续生活在杀人犯之间。从艾萨克·瓦瑟斯泰因的观点来看，耶德瓦布内、克拉玛切瓦和华沙之间没有任何区别——整个波兰就是一块墓地。

2001 年 12 月 12 日

布鲁克林。同拉比贝克的第二次会面。话题转到了扬·格罗斯身上。"他是一个诚实的人，一个浪漫的人物，"拉比说道，"但他不是犹太人。"

对于一个虔诚的犹太人来说，只有母亲才是重要的，而格罗斯太太曾经是个波兰地主。她加入了波兰家乡军，并参加过救援犹太人的行动。在《邻人》出版之后，扬·格罗斯意外地发现，当时叫做维斯卡的沃姆扎地区的第一个地主，是他母亲这边的祖先，名叫安杰伊·怀齐加。他半开玩笑地说："在耶德瓦布内，我的农民屠杀了我的犹太人。"

2001 年 12 月 13 日

我前往新泽西州同拉比的兄长赫舍尔·贝克见面，他出生于 1911 年。我们说的是英语，但他不时地会插入一句完美的波兰语句子。他善良温和，非常有魅力，他的个人经历极其不同寻常。战前，他在波兰一切都很顺利，在苏联人占领期间他躲了起来，在德国人占领期间他也躲了起来，但仍然还在设法从事贸易。

"那些老犹太人相互之间说的是意第绪语，在市场上，他们把两种语言，波兰语和意第绪语，非常协调地混在一起说"，他怀旧地回忆起耶德瓦布内，他是 1931 年离开去他妻子家乡的。"我们与我们的波兰邻居保持了密切的联系。同我关系最友好的是我们邻居的儿子弗朗西斯泽克·锡拉瓦。我们经常去对方家中，一起玩棒球。在波兰学校毕业后，我们去犹太教学校学习，但是当父亲去世后——我 16 岁那年——我开始干活养活全家，我的弟弟们继续上学去当犹太教士。我的孩子们的第一语言是波兰语。我们知道他们要上波兰学校，所以当他们小的时候，我们在家里讲波兰语，而不是意第绪语。我们知道他们将在犹太儿童宗教学校学习意第绪语和希伯来语，我们也希望他们能学好波兰语。否则，他们如何能够在那里生活？"

"你觉得波兰是你的家乡吗？"

"当然。我出生在那里，生活在那里，生意也做得红红火火——制作和销售男女服装——同每个人的关系都很好。我从农民手里收取土豆和粮食作为付款，因为他们没有钱。我雇用了很多波兰人。"

"到了30年代末，来纠缠我们的暴徒已经太多了，能够得到一张船票几乎是每个犹太人的唯一梦想。但我不是。暴徒们守在我的店铺的前门——到1938年时，没有一个客户会从前门进来，但是他们确实会从后门来，因为他们宁愿和我做生意，而不愿和波兰人做生意。他们到我这里可以买到更便宜的东西，我从来不会要价过高。当人们手头有了一些钱的时候，他们会委托我来投资，从而得到更多的钱。因为我不愿离开，结果我失去了一切——我的妻子和我们两个四岁和六岁的儿子，都死在特雷布林卡。"

在苏联占领期间他不得不躲藏起来，因为他处于被当作"资产阶级分子"而驱逐出境的危险之中。"我和我认识的农民们生活在一起。战前，我借钱给他们，我不得不多次登门拜访他们才能把钱要回来，所以我们相互之间已经非常熟悉了。当德国人到达时，我短暂地回了一趟家，然后我不得不再次借助那些熟人。"

/ *354*

当德国人来到时，贝克兄弟（当时叫皮耶卡绪）的母亲和她的兄弟佩泽诺维奇一家一起住在耶德瓦布内。皮耶卡绪神父已经死了，他的两个兄弟，现在叫朱利叶斯·贝克和雅各布·贝克，都住在美国。学校校长在屠杀前一天告诫他们，第二天他们务必要躲到城外去。7月10日黎明时分，皮耶卡绪夫人听见马车轰隆轰隆地驶入城里，后来就听到尖叫声，于是就跑到了戈尼翁兹的儿子那里。她穿得像一个波兰女人，说着一口不带口音的波兰语，这有助于她在路上混过去。最终她和赫舍尔以及他的妻子和孩子们来到了犹太人区。当犹太人被驱逐出犹太人区时，只有赫舍尔设法隐藏了起来。

"我整整躲藏了三年。我会在一大清早去见我认识的农民，五六点钟左右。我会问：你们最需要什么？他们会说：黄油、土豆、奶酪、衣服、粮食——好的粮食很贵！我一直试图找到最好的货物。我在这个地区大概给 40 家人供货，他们都是实物交易。"

我问他把货物存放在哪里。

"货物没有专门的库房，而是藏在野外、阁楼、贮藏马铃薯留下来的土槽等地方。等到深夜，每个人都睡着了之后，我就到某个谷仓里睡觉，这样农民们就不会注意到了。我还要赶在他们起床之前起来。如果我从北边来，我就假装我是从南边来。我知道我必须永远不要说的太多，永远不要说你要去哪里以及你从哪里来。有时候当我在别人的谷仓里时，我听到有人在说犹太人的事，我害怕极了。但是他们并没有说我的坏话，他们很害怕，但是很友好。有时候有人会带我进他家去待一会儿。我同一个村长和他的姐姐住在一起，他姐姐是个修女；她照顾我，并且试图说服我改变信仰。"

"战争结束后，我从戈尼翁兹骑着自行车去耶德瓦布内。我遇见了斯坦尼斯瓦夫·锡拉瓦。我还不知道他是凶手之一。'赫谢克，你还活着？'他说，我听出他的声音中带着威胁。他们家是个好人家，很穷，有五个男孩和一个女孩，他们没有固定的工作，他们会为犹太人打工。像他们一样的人有更多，有足够的同情心，但是当机会出现时，他们就变成了凶手。我去看望我母亲的一个老朋友。她建议我，'不要留在这里过夜，这是不安全的。不要再走你来时的同一条路，因为他们可能在等着你'。那天晚上我离开了耶德瓦布内，从此再也没有踏上那块土地。再也没有到那里或者波兰的其他地方去过。"

1946 年他踏上了美国的土地，从事制衣业，并经营房地产。在移民之前，他把自己的房屋所有权移交给了庇护他时间最长的那位修女的兄弟。"反犹太主义者因为他救了一个犹太人而殴打他。他不得不收拾行装，带着他的妻子和两个孩子一起逃跑。他们定居在格丁尼亚。我每个月都会给他寄几美元钱。当他去世时，他的孩子们写信给我，比如，他们会说他们想要一条带条纹的黑色裤子，我就会买了寄给他们。"

2001 年 12 月 14 日

与雅各布·贝克会面，这是我在返回波兰之前的最后一次。今天我决定和这位拉比交谈一下保存在《耶德瓦布内回忆录》中的有关 7 月 10 日的证词，探讨一下哪些是真实的，哪些是虚构的。我仔细地研究了它。根据现在已经即将结束的一代人所记载的文字，这本回忆录收录了从别人口中听到的令人感动的个人经历和故事，但这些书面记录还是比较粗糙；一方面是因为其中有些内容是刻意粉饰过的，另一方面是因时间的久远而变得模糊不清。这本书不仅可用于还原过去的事件和大屠杀发生的那个时期，而且最重要的是可以保存对于犹太人居住的小镇的回忆，这种回忆大都已经被弃之脑后了，仅仅作为童年时代的神话天堂而出现在回忆中。

"首先，我必须回答一个根本性的问题，"拉比雅各布·贝克写道，"就是说：我是否应该哀悼我的人民的毁灭，赞美童年记忆的美丽和灵性，抑或是应该召集我的社区散落在各地的剩余人员，帮助他们改变生活，成为我们宝贵传统的永恒代表？我得出这样的结论：我们的基本目的是要让死难者永垂不朽，复原有关他们的生活的真相，从而使我们——以及我们的后代——能够了解到道德力量的精髓，我们的祖先就是凭借这种道德力量塑造了一代又一代自豪的耶德瓦布内犹太人，直到 1941 年 7 月 10 日，犹太历 10 月 15 日。凶手们不仅羞辱和屠杀了他们的受害者，还想要抹掉关于他们的一切记忆。凶手们杀害了他们两次，首先实际上是把他们碾磨成了尘土，然后还试图避免承担他们所犯罪行的责任。忘记我们的受难者就是成为他们谋杀的帮凶。"

那么，该如何保存他们的记忆呢？通过完美的表述，这本回忆录的写作惯例有点让人联想到我所珍视的拉美作家的魔幻现实主义。事实与虚构交织在一起。其中的故事不受逻辑规范的制约，而是旨在揭示事件的隐含意义。尽管书中偶尔引用了一些关于这个或那个犹太教士的善意的笑话，但整体上的描述是一致的。这座城市里居住着宗教信仰虔诚的犹太人，他们生活在对上帝的敬畏之中，按照摩西五经的戒律行事，随时准备为社区英勇地牺牲自己。在遭受到无情的迫害时，他们表现出极大的勇气。当他们面对死亡的时候，他们与拉比们一起祷告去迎接。

赫舍尔·贝克写道："整个犹太社区与拉比比亚沃斯托茨基在一起，相互拥抱并亲吻，一起念着犹太教祈祷文，一起在烈焰中死亡。"但我们知道，那个拉比是被迫走在扛着列宁纪念像碎片的人群的前面，并且在焚烧之前，就同那些人一起被杀害了。

在《耶德瓦布内回忆录》中，有一个关于耶德瓦布内的马车夫的故事，此人名叫库罗帕兹瓦，贝克在 7 月 10 日的演讲中也提到他："他曾经从俄罗斯人手里救下了一个波兰飞行员，所以那些刽子手说他不必和其他人一起去谷仓。他朝他们的脸上吐口水，鄙视他们的怜悯。他不想要那些杀人犯赐给他生命。他高呼着：'我的拉比去哪里我也去哪里！'他的妻子和女儿试图劝说他，如果他服从了那些人，他们就都有可能侥幸逃脱留下性命。库罗帕兹瓦宣称他的决定是最后的决定，他会和他的拉比一起去，她们可以去做她们喜欢的事情。他的妻子和女儿向他扑了过去，亲吻着，哭着要和他一起走，他们全都手挽手，跑到前面，冲进了那些即将被烧死的人之中。在拉比的带领下，他们都开始祈祷。他们都被一种共同的入迷的信念所控制，认为他们的纯洁的牺牲绝不会被任何一个意外的想法所玷污。"

这本书的作者之一茨乔·扬克尔·纽马克（在波兰时叫伊塞克·扬克尔·诺伊马克）把犹太人被赶进谷仓的那一刻描述如下："斯坦尼斯

瓦夫·锡拉瓦站在门口，手持斧头，随时准备砍掉任何试图逃跑的人的脑袋。突然爆发的火热的力量把门冲开了。我看到锡拉瓦挥舞着斧头，我设法从他手中夺走了斧头。我抓住了我的姐姐，她5岁的女儿和她的儿子。我看到我的父亲被火焰吞噬了。"

　　这个英雄般的场面对于那些说犹太人像羔羊一样遭到屠杀的人而言绝对是一种不顾一切的驳斥。但是也有目击者记得那个搬运工诺伊马克早些时候就躲藏了起来，那天并没有在耶德瓦布内。

　　诺伊马克还讲述了他在1920年的波苏战争期间所做出的一个壮举，那时波兰军队的士兵据说组织了一次挑衅行动：他们杀死了一个自己人，然后将尸体扔在拉齐乌夫拉比家的房子外面。作为报复，下了一道命令，要处死10名拉比和另外50名有名望的犹太人。要确保他们的生存，唯一的机会就是给沃姆扎主教写一封信，恳求他的干预，而这项危险的使命被托付给了诺伊马克，他骑马去见主教大人，躲过了一次伏击，获得了主教的青睐，并设法借助主教大人的信件避免了死刑的执行。由于幸存下来的拉比们的祝福——我们可以在书中读到——诺伊马克后来能够成功地逃离耶德瓦布内燃烧着的谷仓，并在集中营中幸存下来。

　　如果《耶德瓦布内回忆录》中的一系列回忆和叙述构成了事实与想象的混合体，那么关于诺伊马克从恶魔般的波兰士兵手中拯救了60名犹太人免于死难的故事就是彻头彻尾虚构出来的。这个故事中仅有的可能是真实的一部分就是对1920年战争期间波兰军队的暴行的回忆。在《耶德瓦布内回忆录》中，他的故事被赋予同其他证言相同的地位。诺伊马克在奥斯维辛集中营和"死亡之行"中幸存了下来。他和他在集中营遇到的妻子一起移民去了澳大利亚。正是她为这本书记录了他的故事。诺伊马克本人则一生都是文盲。

　　在奥斯维辛博物馆的档案文件中，我发现他出生在1910年。如果他在1920年真正实现了他的第一个英雄壮举，那么当时他就只有10岁。

关于库罗帕兹瓦的故事也绝对是一个传奇。耶德瓦布内的波兰居民没有一个人能够加以证实。

我既无心也无勇气去和拉比说，他的故事不过只是有教育意义的能起到道德说教作用的童话而已。所以我只好再听一遍马车夫库罗帕兹瓦的勇敢的故事。还有那些我已经很熟悉的故事，是关于他自己如何以一个犹太学校学生的身份冒着失去生命和护照的危险按照犹太人的方式宰杀了一头小牛，并且就在警察局旁边的牛棚里杀的。他眼睛里闪着光问我道，"我是否已经告诉过你我曾经是怎么救活过一个快要饿死的虔诚的犹太人的？"

2001 年 12 月 15 日

就在与拉比会面之后，我动身前往马萨诸塞州的劳伦斯去拜访杰齐茨一家。他们移居美国已经有 6 个月了。他们在一栋房子的一楼租了一间小公寓，看起来很开心。

"我上床睡觉后，"莱谢克告诉我，"在我的梦里我仍然还在耶德瓦布内，我无法摆脱。当我幸运地醒来时，我又回到了美国。但是，每天晚上我都会再一次梦见耶德瓦布内。"

"感谢上帝和我们正在设法相处的犹太人，"他宣称，"在耶德瓦布内，他们说犹太人能解决问题，从某种程度上说，他们是对的，因为如果你没有帮助我们，我们就不能够离开。"（当他在给全家人申请美国签证时，我为他拿到了亚采克·库仑尼和马雷克·埃德尔曼的推荐信）

莱谢克坐在电脑前与在线的反犹太分子争论。他们的儿子皮厄泰克决定要在学校里拿到全 A 的成绩，以此告诉耶德瓦布内的每一个人，杰齐茨一家全都是好样的。

2001 年 12 月 20 日

回到华沙。

在民族纪念研究所昨天召开的新闻发布会上，很清楚，没有证据表明耶德瓦布内谷仓里的犹太人是被德国人杀害的。春天时，他们就所发现的东西大呼小叫——一颗从配发给德国军官的 9 毫米手枪里射出的子弹——证明了德国人不仅在犯罪现场，而且还向受害者开枪。经过专家分析，结果证明大部分的弹壳——至今最重要的证据——都是出自第一次世界大战时期的俄国的枪炮。其中一些是二战时使用的步枪发射的，但都是直到 1942 年大屠杀之后才被引进使用的。它们应该被称为"由锡和一种有色金属合金熔合制成的不明来源的金属容器"，这就是专家们所说的。

像往常一样，耸人听闻的材料——德国人在耶德瓦布内犯下了暴行——就登在报纸的头版，然而这种没有吸引力的事实在媒体上没有得到任何特别的关注。

2001 年 12 月 21 日

在沃姆扎拜访了齐特诺维奇夫妇。我从我的笔记中复原了扬的人生故事，与他一起核对了细节。

那是 1928 年，他才 4 岁。一辆马车停在奥斯特罗文卡他母亲家前面，一些人把他抱到马车上。下令绑架他的人是他的父亲雅库布·齐特雷诺维奇，他遗弃了他的犹太人妻子又娶了一个波兰女人，并决定他的儿子应该和他们一起生活在维兹纳，并按基督徒的方式接受抚养。

从那个时候开始，他的名字就改为扬了。有一次，一些奥斯特罗文卡的犹太人来到维兹纳，他们是受他母亲的委托要把他从他父亲那里带回去的，但是雅库布叫来了他的朋友，国家党支部的一些成员，这些人走过来打破了犹太人家里的窗户，强行把他从母亲委托的人手中夺下了。

"他的父亲与他的第一任犹太人妻子相处得不好，"扬·齐特雷诺维奇的妻子佩拉贾说，"但是他同他前妻一共有五个孩子。其中四个都像犹太人，因为她怀孕时他不在家，第五个是个女孩，是在他成为一名天主教徒并前往奥斯特罗文卡做生意后生的。他就是那样一种人。"

雅库布·齐特雷诺维奇后来又拐跑了他的另外两个儿子。这次他聘请了一个挨家挨户给人拍照的摄影师。雅库布答应给他 20 个兹罗提，要求他去抓住年纪最大的男孩和女儿萨拉，萨拉已经被他父亲设法接受过洗礼，因为扬记得在父亲家里大家叫她伊雷娜。但是摄影师带走了两个男孩，其中一个还太小，不会走路。对于这个错误，齐特雷诺维奇从给摄影师的费用中扣除了 10 个兹罗提。

我问扬·齐特雷诺维奇是否和维兹纳的犹太人孩子交朋友。

"情况是这样的：犹太人把我看成是一个非犹太人，而波兰人把我看成是一个改变了信仰的叛依者。因为我受过洗礼，所以我没有犹太人朋友。只要我和我的波兰人朋友相处得好，那就没有什么区别，但是当我们吵架的时候，我就会被他们骂：'你这个犹太佬'，'割了鸡巴的'，'因为你有犹太人血统'。当有人开犹太人的玩笑时，他们就会盯着我，看我是否和他们一起笑。"

扬和他的继母一起帮他父亲干活，学做皮革这一行。"我的继母是一个善良、高尚的女子，"他回忆说，"她对我们比一般的母亲对许多孩子都要更好。而我们却老是在折磨她。父亲会说，'去给你们的继母添点麻烦'。我们就会照他的话去做。她对他也百依百顺，因为她爱他，屈服于他。她养育了我们，此外她还在他的工作间里从黎明到黄昏整天干活。"

一过 13 岁，他父亲就允许他去奥斯特罗文卡看望他的母亲。他去过一次，还记得逾越节薄饼的味道，但他不想再去了。他记得他兄弟们的洗礼，他的第一次圣餐，以及他的坚信礼。他是一个祭坛助手，他父亲在教堂管弦乐队里演奏乐曲。

我告诉扬，我在以色列同阿维格多·柯乔谈起过他，柯乔与他的一个兄弟上学时是同班同学。柯乔记得孩子们管齐特雷诺维奇家的男孩叫"割了鸡巴的"。温切蒂·多布科夫斯基接着又回忆起扬的父亲在犹太人的赎罪日那天在市场上走来走去，手上还拿着一根插着猪鼻子的棍子，去侮辱犹太人。

"胡说"，扬·齐特雷诺维奇说道。

但是，佩拉贾加入了这场论战："你难道不能说你父亲一点好话吗，否则我会很生气的。"

"我父亲是怎样就是怎样，但是他不会让任何人随意摆布他，"齐特雷诺维奇说道。"他同那些民族主义分子一起到处嚷嚷反对犹太人，但他从来没有加入对犹太人的生意和服务的抵制，因为那样做的话他会吃亏的。他的胡子是让犹太人弗洛伊姆剃的。他从犹太屠夫那里能以低廉的价格买到小牛腿，因为他们不知道如何从牛腿上去除一根静脉，所以那肉就不是合适的犹太教食物了。他的皮革工场里有五个工人，能买到那些小牛腿使他养那五个工人花费就更少了。"

佩拉贾打断了他的话："我真的很想知道他们什么时候吃过这些小牛腿的。早晨，他们准备好一盆土豆和加牛奶的麦粥，这就是想让全家和工人们吃了对付整天的。他自己则独自一人躲在他的房间里吃一些好吃的东西。我知道这些，是因为我的阿姨，就是扬的继母，在战后和我们住在一起的时候告诉我的。"

"我不赞成他的行为，"扬承认，"从他加入一个民族主义组织开始，他就和他们一起到处走，到处大声喊叫，'去欺负犹太人'。我们住在一栋两层楼的房子里。楼下是我们住的公寓和作坊，恰皮茨基一家住在楼上。他们做糖精生意，他们的儿子哈依姆是一个犹太复国主义组织的成员。他们会在家里开会，有时还会在家里举行晚会。父亲总是和他们争吵，有一次他喝醉了，就上楼去大闹；他想去打一架，结果是他自己被打了一顿。为了泄恨，他告诉恰皮茨基，他要向海关告发他们非法跨越边界出口糖精到普鲁士去。为此，他们把他当作是一个'边防协警'而给了他5个兹罗提。"

这一事件发生在战争爆发前夕。苏联人一来，一个临时政府和警察部队就在维兹纳成立了。哈依姆·恰皮茨基为这个临时当局工作。扬·齐特雷诺维奇认为这是他父亲被苏联驱逐出境的原因。恰皮茨基肯定在官方文件中找到了那张 5 个兹罗提的收据，并告发了他的父亲。当他把面粉走私到比亚韦斯托克去的时候，他们抓住了他。他被作为"危险分子"判了五年徒刑，并被驱逐到车里雅宾斯克附近的某个地方。

扬报名迁居去沃乌科维斯克（现在属于白俄罗斯）。他在一家水泥厂工作，并在这家工厂的附属技校里学习。当德国人来到后，他们关闭了学校，他生活在贫困之中，只能在这个朋友家住两天再到另外一个朋友家住两天。有一次，他在一列火车上，一个波兰人铁路警察识别出了他的犹太口音。"我本来应该到更加偏远的乡村去，那里有白俄罗斯人、立陶宛人、鞑靼人等，因为那里有很多不同国籍的人，每个人又都有自己的口音，要挑出一个犹太人就更难了。"

他被送上一辆去沃乌科维斯克犹太人区的车。那是在 1941 年到 1942 年的冬天，他才 16 岁。他不会说意第绪语，还受过洗，是犹太人中的一个波兰人。"不是说他们捉弄我，或者指责我。而是你感觉到像是飘浮在空中，没有一个人愿跟我说话。"

他在屠宰场工作，剥牲畜的皮。有一天在运东西到犹太人区的时候发生了骚乱，他趁机逃跑了。他说他活了下来，是因为他独自一个人。对他来说逃跑并不难，但他的同龄人在犹太人区里有姐妹、母亲和祖母，要下决心丢下家人自己逃跑是不容易的。扬的同学们帮助他躲藏起来。他在街上看到一张布告，上面说任何人把一个犹太人抓到警察局去都会得到一公斤的食糖。有一次，他看到一个有着闪米特人特征受到惊吓的男孩被一个男人拖走了。要在城里找到某个人住上一晚已经变得越来越困难了，在这种情况下，他开始朝维兹纳的方向流浪。在去格朗迪的路上，他设法找到了活干，在一个德国人家的厨房里劈柴火。当德国人知道战争即将结束时，他们征用了牛和马，把他当作马车夫，叫他把这些牲畜朝西边方向赶去。到了 1944 年的 5 月底或者 6 月初，走在前面的人来到别布扎河河边停了下来，他意识到他已经到了拉齐乌夫附近，战前他曾经去过那个地方，于是他逃跑了。他躲在那个地区，再次为德国人干活，在野战厨房里。

战争结束时，他在耶德瓦布内找到了他的继母。1947 年，他的父亲回到家中。他曾经在苏联担任过一个皮鞋工场的主任，同时还做一些黑市生意挣外快。他干得很不错：他在衣服内衬里藏着金卢布和黄金。"我的父亲很快又找了一个新的女人，他说服了约佐克去为他作证，说他的继母在战争中勾结德国人。这样她就不会在离婚中得到任何东西。"

约佐克是兄弟中最小的一个，还不会走路就被从他妈妈那里偷走了，在整个战争期间他一直是和继母一起生活的。在战争最初的几天里，他们家在维兹纳的房子就被炸掉了，他们的继母就带着约佐克一起搬到了耶德瓦布内，因为在那里"比较容易找到住房"。有人向当局告发说约佐克是犹太人，警察就来抓他了。他们给他穿上厚厚的衣服，把他当作训练狗的物品。他们一喊"犹大"狗就会攻击他。如果他的继母没有用非法酿造的烈性酒和猪油去贿赂占领期的市长的话，他就不会幸免于难。市长向德国人宣布，约佐克·齐特雷诺维奇是一个波兰人的孩子，雅库布·齐特雷诺维奇在和一个怀孕了的寡妇结婚时只给他起了一个名字。他的话起了作用。他们释放了他，还雇他在警察局当马童。

在他父亲离开他的继母之后，扬还继续和她一起生活，同时和他父亲一起在一家皮革工场工作。他们之间争吵越来越频繁。"父亲眼里只有父权。他希望我服从他，但我想结婚，过我自己的日子。"

佩拉贾说道："他们为我而争吵。当我和扬结婚的时候，他再也没有对我说过一句话。现在你说出全部真相，扬。我的公公想出了些多么可怕的事情啊，他还会毫不犹豫地去做。他喜欢与人发生纠纷，他总是与人不和。你有没有告诉她，他是如何把自己的儿子送去坐牢的？"

1989 年之后，扬·齐特雷诺维奇与犹太人社区取得了联系，现在经常同两个居住在沃姆扎的有犹太人血统的人见面。

"有时我甚至一点都不会因为我是一个犹太人而感到羞愧，就像我和你在一起时一样"，齐特雷诺维奇带着几分惊奇说道。

我突然意识到我还不知道他的犹太名字以及他父亲和兄弟的犹太名字。这让他费了一些力气才回想起来。他的父亲叫沙伊萨，达德克是什穆埃尔，但他不记得约泽夫的原名了。

"你呢？"

"耶西奥。"

他似乎被他自己大声说出的犹太名字吓了一跳。

"我告诉你的是非常隐秘的事情，我从来没有告诉过任何人。所以我还告诉你一件事。战前，当我母亲到我们父亲家来看我们的时候，我会感到非常羞愧，我不会为了任何事情去找她。因为她是犹太人。事情就是这样：一个犹太人被人家提醒他是一个犹太人，他就会感到恐惧和羞愧。"

我在波兰经常遇到因自己身为犹太人而感到羞耻的现象。我记得，对于波兰著名作家马里安·布兰迪斯来说，这也是一个多么令人困扰的问题，我在他已经80多岁的时候代表《选举报》采访了他。我知道他的父亲战前在针对犹太银行家的政治迫害中遭到逮捕。我问他在战前波兰作为犹太人的经历。这些问题对他来说是痛苦的。马里安曾经对我说起过一桩不平凡的事情："我不以我的背景为耻，但谈论它会令我痛苦。"我告诉他，我的女儿们，奥拉和马纽哈，曾经被送到一家犹太人的幼儿园，她们告诉我在那里学到的有关犹太人的习俗和假期的知识。令他吃惊的是，会有人出于自己的自由意志想成为犹太人，他还担心我可能会给我的孩子造成伤害。

我问他，对他来说，作为一个犹太裔波兰人最困难的是什么。他回答说："当我在瓦尔登堡的一个军营里见习的时候，本地的波兰人军官要求犹太人军官分开住各自的营房。"

在那里，告发者帮助军营的领导人识别出犹太人。在犹太人营房中，有相当一部分波兰人是来自好几代前就已经同化了的家庭，其中有些人当时只是发现了他们的根源。在波兰人营房里，有一群军官根据德国人提供的材料组织了反犹太人的会议。布兰迪斯觉得他无法忍受要去证明自己是波兰人的屈辱，并决定正式皈依犹太教。历史对他来说是身份的基础，因此他请一位朋友，一个希伯来文学的学者，给他讲述犹太人的国王。他上床的时候还充满着学习犹太人历史的良好意愿，但是当他早上醒来时，他意识到他一点都不记得了，并且直到他生命的尽头都是这样，不管是分配给他住什么样的营房，他记得的国王仍然是波兰国王洛基泰克，而不是大卫王，并且在他的家乡讲的都是波兰语。

他把自己的一本书献给了他在瓦尔登堡度过的岁月，但一次都没有提到犹太人的营房。

2001 年 12 月 30 日

去拜访安东宁娜·怀赞考斯卡，祝她新年快乐。

我问她从瓦瑟斯泰因的书中了解到的各种事情。但是，像以往一样，安东宁娜小姐不记得了。我给她念了一段内容，描述了藏在她家的一个女人生孩子，安东宁娜是怎样拿了一把剪刀帮助剪断了脐带。怀赞考斯卡原本可以成为一个优秀的女演员。她的眼睛睁大了，她不能相信什穆埃尔会编造出这样的东西来。她的样子真的是很令人信服，要不是因为安东宁娜的丈夫亚历山大在 60 年代给以色列犹太大屠杀纪念馆的一封信中提到过这件事，我几乎会把这个发生在什穆埃尔藏匿起来的时期中的可怕的情节看作是他的另一个幻想。

十

只有我才知道那里藏了七个人

或，安东宁娜·怀赞考斯卡的故事

　　如果不是因为她的话，那么他就根本无法在战争中幸存下来。如果不是因为他的证词的话，那么关于耶德瓦布内的真相就永远不会大白于天下。安东宁娜·怀赞考斯卡和什穆埃尔·瓦瑟斯泰因两人相见时就像十来岁的少年。她甜美、漂亮、开朗，直到生命的尽头，她都是一个非常好看的女人，只要她咯咯地笑起来，就是一个活脱脱的少女。他则是一个犹太人，相貌平常，一头红发。第一次，是命运使他们意外相逢，然后又把他们分开了。

　　怀赞考斯卡从未告诉过她的孩子或其他任何人在耶德瓦布内发生的事情。她也不想告诉我。我不得不慢慢地从她身上挖出真相，将其建立在我已经知道的基础之上。

　　"你是在扬泰弗考，"我问道，"立刻就知道了是谁杀死了耶德瓦布内的犹太人，是吗？德国人还是波兰人？"

　　"到今天为止，我都不知道是谁干的。毕竟，我不在那里。"

　　"有没有人提到过任何一个凶手的名字？"

伊兹拉尔·格朗多夫斯基（战后改名为约泽夫·格朗多夫斯基）。在他旁边是他的妻子法佳，还有他们的儿子：亚伯兰·亚伦、鲁文和埃马努埃尔。耶德瓦布内，20世纪30年代。伊兹拉尔是得到安东宁娜·怀赞考斯卡救助的犹太人之一，也是全家人里在战争中幸存下来的唯一一个。（由拉比雅各布·贝克提供）

扬凯·库勃赞斯基（战后改名为杰克·库布兰），被安东宁娜·怀赞考斯卡所救的犹太人之一。他是站在凳子上的那个小男孩；他的母亲布罗谢·库勃赞斯卡搂着他。在他们旁边，他的曾祖母抱着他的妹妹吉特尔（右）和表妹尤姿。他的阿姨，尤姿的母亲，阿特瓦索维兹，搂着她的另一个女儿马尔卡。耶德瓦布内，20世纪20年代。（由拉比雅各布·贝克提供）

"我怎么会知道这种事情呢？"

"安东宁娜小姐，你知道得很清楚……"

"我的孩子，你想再喝点茶吗，或者来一块姜饼，也许？"

我们就此谈了很多次，但她说话总是非常小心翼翼。她试图给人留下的印象是她什么都不知道，什么都不记得。只是偶然地，特别是当我不记笔记时，她会流露出一些什么东西来。

"你可以看到浓烟，听到尖叫声，这可是在离耶德瓦布内 5 公里的扬泰弗考。很快我们就知道发生了什么事。我哭了，我的母亲哭了，我们的一个邻居也哭了。扬泰弗考有很多人没有哭，因为他们把犹太人视为敌人。切霞·沃尔多沃夫斯卡带着麻袋从家里到耶德瓦布内来回跑了好几趟。她带回来了皮衣，直到她使劲运回来的东西伤了她自己，不久之后就死了。"

又有一次，她叹了一口气，然后说："战前，当教堂正在建造的时候，我替我父亲白天在那里干活，那时我应该感觉在教堂就像是在家里一样。但是，战后当我看到妇女们穿着属于犹太人的毛皮大衣来到教堂的时候，我再也没有像在家里一样那种轻松自在的感觉了。"

另外一次，她坦白地说："那时你比其他任何人都更害怕邻居。如果有人猜测到我们藏匿了犹太人的话，我们谁都活不到今天。而且直到现在我还会担心，因为那些在战后因我藏匿了犹太人而殴打过我的人——有三个还活着。"

"他们是谁？"

"这么多年了，我怎么还会记得呢？"

她出生于 1916 年，居住在耶德瓦布内附近的一个名叫扬泰弗考的小村子里——也就是十来间农舍，挨着路边。她的父亲名叫弗朗西斯泽克·卡沃斯基，他的时间都花在干活、祈祷和帮助别人上。他从不发誓。他从来都不会错过周日的弥撒。当他的一个邻居偷走了他的东西时，他祈求主原谅他，因为这个邻居不知道他自己做了什么。安东宁娜的母亲约瑟法骂他："你这个笨蛋，祈祷的声音更大些，这样他们就能把我们所有的东西都拿走了。"安东宁娜上了二年级之后就辍学了。她的父亲"贿赂"了耶德瓦布内的校长，让他的女儿在接受强制教育的年级未结束之前就离开了学校，因为需要她去干活。

"至少我会签我的名字"，安东宁娜说道。

16岁的时候，她被父母嫁给了门前马路对面的一个邻居，名叫亚历山大·怀赞考斯基。

扬泰弗考没有犹太人。安东宁娜到耶德瓦布内的市场去，有时候，在她给母亲送布料去的路上，会在那里碰到什穆埃尔，也有时候，她会让在父亲工场里干活的雅库布·库勃赞斯基给她修自行车。后来她救了他们两个人的性命。

"在犹太人被烧死在谷仓里后，"怀赞考斯卡回忆道，"有一次我丈夫看见什穆莱克坐在他家门前的台阶上，就问他是否想来和我们一起干活；那时波兰人可以雇用犹太人，然后把工钱付给德国人。什穆埃尔马上就跳上马车，他们一起驾车来到扬泰弗考。从那时起，他就一直在地里帮我们干活。"

他在我们家干活是获得正式批准的——安东宁娜的丈夫设法与德国人任命的市长马里安·卡罗拉克一起安排好，什穆埃尔不必每星期都去耶德瓦布内的警察局报到。但是他们不会让很多人知道什穆埃尔正在给他们干活。怀赞考斯基夫妇和瓦瑟斯泰因一起同犹太人居住区做生意，赚钱支付给德国人换取雇用犹太人的权力。他们一般在星期天去犹太人区，这一天交通最繁忙，因为在农场干了一周活的犹太人都会回家。当时有很多人在同犹太人区做生意，大多是以低价购买任何有价值的东西，一条面包就可以换一个戒指。在这方面，怀赞考斯基夫妇和什穆埃尔是个例外——他们不得不赚一点钱，但他们主要还是在设法给那些饿肚子的人搞到粮食。

"扛着一大包一大包的黄油，扁平的那种，但都是大块的，我的背都快被压弯了。"怀赞考斯卡告诉我说。"我们有一个指定的墙洞供我们出入，但有时什穆埃尔会安排我们赶着马车通过大门，我们就把面粉和面包送进去。只是在你尽快穿过大门时，必须别上一个写着'犹大'的标志。我也有一个，所以我可以在犹太人居住区里面到处走动而没有风险"，她说着，语气中暗示着这是世界上最普通的事情似的。

"我第一次看到安东宁娜的时候，她正在通过带刺的铁丝网把土豆和甜菜交给我们"，莱娅·库布兰说道，她原来叫库勃赞斯卡，因为躲在怀赞考斯基家里而从战争中幸存了下来，我是在美国遇到她的。"有一回，我在犹太人区再次遇到她，她胸前别了一个黄色的标志。我从来没有听说过有任何其他波兰人会带着这样的标志到处走的。如果他们抓到她，就会被当场枪杀的。"

什穆埃尔很快成了怀赞考斯基家里的一员。他睡在孩子们的房间里。

"他习惯了我们称他为斯塔谢克，"怀赞考斯卡说，"他跟我们一起去参加 5 月祷告仪式，我记得他唱了我们的波兰歌曲，还有教堂歌曲。他的发音很纯很好听，虽然在他说话的时候他的发音并不怎么好。"

"弗朗西斯泽克是天底下最好的男人，他不仅救了我的生命，还救了我的灵魂，他把这当作他人生的目标，"多年以后，什穆埃尔·瓦瑟斯泰因回忆起安东宁娜的父亲时这样说，"他因为我是一个犹太人而伤心；犹太人不能去天堂。每天晚上他都会给我讲耶稣。"瓦瑟斯泰因同意接受洗礼。"对于这件事我没有觉得有什么特别的问题，我们相信的是同一个上帝，我将会得到拯救，这使得弗朗西斯泽克非常高兴。"

怀赞考斯卡记得她父亲将圣水洒在什穆埃尔身上，但除了家人之外没有人出席洗礼仪式。

1942 年秋天，当纳粹正在执行犹太人居住区的清理行动并围捕住在犹太区外面的犹太人时，瓦瑟斯泰因设法避免了被围捕。但是怀赞考斯基家的房子成了这个地区最不安全的地方，因为德国人知道他在那里生活和干活。所以怀赞考斯基夫妇要求安东宁娜的兄弟安东尼·卡沃斯基替他把瓦瑟斯泰因藏几个星期，直到他们在家里为他准备一个更好的藏身之处。然后摩西·奥尔谢维奇和他的兄弟贝雷克出现了。

"1941 年，我和我兄弟逃过了一次大屠杀，我们一起去了沃姆扎犹太人区，后来我们的父母和姐姐也在那里和我们会合了，"1975 年，摩西·奥尔谢维奇从布宜诺斯艾利斯写给犹太大屠杀纪念馆大屠杀研究所的一封信中写道，"我们在犹太人区待了一年。在德国人清洗的时候，盖世太保包围了犹太人区，我们知道最后的日子到了。我们爬过带刺铁丝网的篱笆，在暴风雪带来的刺骨寒冷中四处游荡，直到我们觉得无法再忍受了。这时，我想起了一位基督徒女子。我们去找她，问她要一块面包。她丈夫不仅给了我们面包，而且还有热牛奶和别的食物。我简直无法形容他们的善良。我们整整一个晚上都留在那儿，早上，我们该走了，这时候她丈夫又说道，'别走了，你们也是别人的孩子，如果我们有吃的东西的话，你们也有。我们所得到的你们也将会得到。我们不能让你们落入凶手们的手中。'他的妻子同意他的每一句话。"

"奥尔谢维奇是藏身处的建造者，他把一切都安排得非常妥当，好像他是有个工程学学位似的，"怀赞考斯卡非常尊敬地说起他，"我丈夫说他要去耶德瓦布内的市场，当他回来时，这两个犹太人一定要藏好，要让他找不到他们。然后他们就可以留下来了。我丈夫回来后，果然找不到他们；他故意大声喊道，'你们见鬼去吧，你们再也不要留在这里'。"

当藏身处建好后，他们让什穆埃尔住进去。然后，在得到他们允许的情况下，摩西还带来了他的未婚妻，埃尔克。接下来，斯鲁尔·格朗多夫斯基出现了，什穆埃尔是在大屠杀之后遇到了他并且给了他怀赞考斯基家的地址。最后一个来到的是扬凯·库勃赞斯基。

"库勃赞斯基是在沃姆扎犹太人区完蛋后来的，"怀赞考斯卡叙述道，"天气很冷，他这个可怜的家伙，身上只穿着一件薄薄的外衣，就像是里面衬着空气的那种。'怀赞考斯基太太，你见过我们的什么人吗？'于是我给他看了藏身之处。'快跳进去吧。'我告诉我的丈夫，库勃赞斯基到家里来打听过其他的犹太人。他对我告诉他的事很感兴趣，但我可以从他的脸上看出他不想再收留更多的犹太人了。不想再收留是因为食物，要养活五个人是不容易的。除了我们给他们的东西外，他们什么都没得吃。所以我没有告诉他，我已经让雅各布·库勃赞斯基躲到藏身处去了。"

如果怀赞考斯基夫妇被人发现他们收留了犹太人的话，他们可能无法想象他们家会发生什么情况。他们有两个小孩子，七岁的海伦卡和两岁的安托什。

"只有我才知道那里藏了七个人，"怀赞考斯卡说道，"因为那两个——库勃赞斯基立刻还叫来了他的未婚妻——他们藏在那里得由我自担风险了。我丈夫认为我们是藏匿了五个。当躲藏的时间一结束，库勃赞斯基立即就在我家里露了面，假装是顺道来访，因为我们在战前就认识他。我的丈夫说，'你为什么不来找我，我会把你藏起来的'。我确信我丈夫肯定会这样做的，但是为什么还要让他过多担心呢？"

有一天，另一个犹太人出现了，是斯鲁尔·格朗多夫斯基的亲戚。

"他是一个从集中营逃出来的小男孩，"安东宁娜回忆道，"我给他吃的食物比我自己吃的还更好，还拿出了我们家里所有的药，但他只活了几天。我丈夫把他运到科纳戴之外的一个地方。在冰冻的地面上挖掘坟墓很难。我不知道他叫什么名字，我也不知道其他人的姓氏，只知道什穆埃尔和库勃赞斯基的姓。"

库勃赞斯基夫妇和奥尔谢维奇夫妇这两对共享了猪圈下的一个藏身处，什穆埃尔、格朗多夫斯基和贝雷克的藏身处是在鸡舍下面。他们可以在晚上出来呼吸些新鲜空气的时候，相互联系一下，因为猪圈、鸡舍的屋顶都是相连的。但他们很少接触，因为出于安全考虑，最好每次只出来一个人。

怀赞考斯卡记得当时她家最大的问题是要在两年半的时间内多养七张嘴。那时候一切东西都要凭配给卡购买。家里每个成员都有一张卡，凭借这张卡可以把20公斤的谷粒磨成面粉供自己吃。这个量是不足以做面包给每个人吃的，所以怀赞考斯卡的父亲用两块石头来碾碎小麦。

"有个邻居问我为什么烤这么多面包，妈妈就解释说是用来做面包干的。战争可能会变得更糟，所以你必须储存食物。另一个邻居问我们为什么要煮这么多土豆。'真讨厌，'妈妈说，'我们养的就是那种猪。它们别的都不吃，就只会吃土豆，土豆，想想看，土豆还要削皮。'"

"我们一直都吃不饱，尽管安东宁娜很努力，"莱娅·库布兰说，"德国人实行食物配给，她们家本身就没有太多吃的。但是我们从来没有受过凉，因为藏身的地方很小，从几张嘴里呼出的气就可以加热了。"

从耶德瓦布内的警察局派出了两个德国人去监视扬泰弗考，他们住在同一个院子里，离安东宁娜家的猪圈大约一百米远。

"我们有一个室内地下室，很干净，周围砌了砖，是德国人要求这样做的，"怀赞考斯卡告诉我说，"他们睡在一边，在另一边有一个储藏室，在储藏室里面他们为耶德瓦布内的全部警察部队熏制并保存咸肉。正因为如此，我们家的犹太人就不能去任何地方，哪怕是在晚上。猪圈是用墙围起来的，有一个木板做成的房顶。他们用刀挖开了一个小小的窥视孔，当他们看到德国人离开去了某个地方时，他们就爬上来，呼吸点空气，伸伸腿，在一个罐子里排泄放松自己，过后我会去倒掉，整个冒险就是这样。在这样的条件下，他们没有足够的空间让每个人都能躺下来。他们只能坐着打发时间，然后一个人把双腿放在另一个人的胸前。我经常到鸡舍里去看看，我给什穆埃尔、贝雷克和格朗多夫斯基带去和我们吃的一样的食物。每天一次，我会把土豆或荞麦粥带到猪圈里，假装是喂猪，然后在晚上我还会带一些面包给他们。"

"安东宁娜不能直接给我们带来食物；她拿着一个喂猪的盆，这样就不会有人看到这是给人吃的，"莱娅·库布兰告诉我，"她还必须得选择恰当的时机把盆子交给我们。许多次在晚上我们会说，'不值得去麻烦这么多'，但是新的一天又会开始。"

1942 年的冬天，有传言说德国人要把波兰人组成一支军队来对付苏联人。怀赞考斯基发现他的名字在草拟的名单上，就去藏在邻居家的棚子里。一天，怀赞考斯卡的兄弟跑到他的藏身处，告诉他有消息说德国人会带着狗来他家追捕犹太人。他跑回家，感觉在这种情况下，他不能让妻子独自一人去对付。

"村子里有一个人，"怀赞考斯卡的侄子斯坦尼斯瓦夫·卡尔沃夫斯基说，"他挨家挨户去卖非法酿制的烈酒，他们叫他沃伦蒂，有一次他注意到有个犹太人在我婶婶家里，并且告诉了某个有女儿在警察局工作的人。这人的女儿立即带着警察过来了。一起来了四个警察，骑着马，带着狗。"

"警察把我按在墙上，其中一人用枪对着我，他们叫我们交出犹太人，"怀赞考斯基在他写给以色列犹太大屠杀纪念馆的证词中写道，"他们说如果我把犹太人交给他们，我什么事都不会有，他们只会射杀犹太人。我告诉他们我家一个都没有。我跪了下来，哭了很久，祈祷上帝留住我的性命，拯救我的家人和那些人。"

怀赞考斯基表现出极大的镇定。当德国人看到在谷仓里有被踩踏的麦秆时，他解释说是他睡在那里，因为他们的房子太窄小了。当他们要焚烧那些麦秆来检测他说的话时，他恳求他们不要烧，因为大火将吞噬掉他们家整个农舍。

"我不知道是谁告诉我的，因为我没那么聪明自己来想出这个办法，"怀赞考斯卡说道，"但是我每天都会在猪圈周围喷洒汽油。德国人用狗来搜查犹太人，但是在喷了汽油的地方，狗就会丧失嗅觉。上帝也来帮助我们，现在他还在帮助我们，因为他们中有四个还活着。"

"当警察来到时，"莱娅·库布兰叙述道，"我们都做好了自杀的准备；我们拿着剃须刀刀片，准备割我们自己的血管。当他们离开的时候，我们确定我们的主人会让我们离开，因为他们下次可能逃脱不了了。怀赞考斯基敲了敲门，拥抱了我的丈夫，说道，'我亲爱的，如果他们这次没有找到你们，他们就永远找不到你们了——你们就留在我们家里，直到战争结束。'"

怀赞考斯卡不仅救了七个犹太人，还救过一个德国人。

"有一次住在我们街对面的警察中有一个被独自留下了。他患了病，我发现他躺在地上痛苦地扭动着。我给他喝苏打水和醋，我们一直把这些当作药物来用的，但是没有起作用。我去找躲在猪圈里的我的人，问他们用德语怎么说'你们的伙伴生病了'，我套上一辆马车，去了警察局，对他们说，'Kamrad krank。'"

幸运的是，警察局里没有人意识到，怀赞考斯卡对他们说的话与其说是蹩脚的德语还不如说是流利的意第绪语。

"他们马上来找他。当他恢复后，只要别的德国人或者其他人没有看到，他就会帮助我打谷。在我们这里另外还有几个好心的德国人，他们会给孩子们糖果吃，当战争快结束的时候，他们说，'希特勒完蛋了'。"

当前线推移后，德国人不得不撤离扬泰弗考，怀赞考斯基夫妇在土豆地里另外准备了一个藏身之地，因为他们担心前线可能爆发的战火也许会活活烧死躲在猪圈的每一个人——晚上，他们带着棍子和板子出门去，在地里挖出一个洞作为藏身之地。当俄国人于 1945 年 1 月 23 日来到后，犹太人就从藏身之处出来了。

"当我们从猪圈里被解放出来的时候，天还没有亮，"摩西·奥尔谢维奇在写给以色列犹太大屠杀纪念馆的信中写道，"我们出来了，进入了明亮的世界，充满着空气和阳光。我们身体虚弱，精神崩溃。他们看着我们苍白的面孔，我们瘦弱的手臂和腿，我们视力受损的眼睛，他们用温暖的话语使我们重获新生，给我们拿来了他们最好吃的东西。"

"恢复自由的第一天，没有人能够自己站起来，"莱娅·库布兰回忆说。

库勃赞斯基两口子和奥尔谢维奇很快搬到沃姆扎去了。斯鲁尔·格朗多夫斯基受了洗，留在了耶德瓦布内。什穆埃尔继续与怀赞考斯基一家生活在一起。

有一天，安东宁娜的兄弟绝望地来到扬泰弗考，警告他们，他听说有六个波兰人在策划要杀害瓦瑟斯泰因。家里两个男人马上就躲了起来，剩下安东宁娜一个人独自带着两个孩子和年迈的父母。

"我的兄弟参加了这个策划者的聚会，"怀赞考斯卡说道，"他立即来到我们家：'我决定告诉你们，否则就太可惜了，他们毕竟经历了这么长时间的苦难，你们也同他们一样遭受了那么多罪。'"

莱昂·杰齐茨的兄弟也参加了那次策划会议，他肯定那次会议是波兰家乡军在当地组织召开的。

怀赞考斯基暗中希望，这只是"那帮家伙要算旧账"，安东宁娜是个女人，她是会安全的。但是袭击者对女性也毫不同情。

"晚上，"怀赞考斯基告诉我说，"那帮狂热分子来找犹太人，他们希望犹太人能被交出来，这样他们就可以杀了他，然后他们就不会再打扰我们了。我的妻子告诉他们犹太人已经离开了，他们狠狠揍了她一顿，在她身上没有留下一块白色的皮肤，全都是青一块紫一块的。"

"她是一位虔诚的基督徒，我原以为他们不会伤害她的，"什穆埃尔·瓦瑟斯泰因回忆道，"半夜时分，又来了六个男人，他们都曾经参与了耶德瓦布内的大屠杀。他们殴打了老弗朗西斯泽克和安东宁娜，把他们打翻在地上，踢他们，打他们，试图找出我的藏身之处。他们抢走了他们看中的所有东西。他们迫使那个勇敢的女人套上马车，载着他们和被他们掠夺的财物赶到耶德瓦布内去。她只是要求他们不要再去折磨她生病的父亲。当她回来的时候，天已经亮了，她从马车上下来，就昏倒在地。她的脸上有很多伤口，背上也全是留下的被殴打过的痕迹。孩子们看到了这一切。"

"他们命令我躺在地板上，然后他们用棍棒打我，"怀赞考斯卡回忆道，"他们打我打得非常狠，我被打得遍体鳞伤。他们叫骂道，'你们是犹太人的走狗，你们藏起了犹太人，他们把耶稣钉在了十字架上。告诉我们你们把犹太人藏在哪里。'我说，'犹太人早就离开了'。那时他们都已经离开了，除了什穆埃尔还在我那里，躲在邻居家土豆地里的一个洞里。他们伤害了我的父亲，他们拿走了我们所有最好的东西。我没有屈服。我甚至还套上马车把他们送了回去。"

第二天，怀赞考斯基夫妇找到了奥尔谢维奇夫妇和库勃赞斯基夫妇，他们在沃姆扎郊区的某个地方。怀赞考斯卡还记得去扬泰弗考的一次夜间冒险经历——为了得到一头母牛以便用牛奶来勉强充饥——这是她一生中最痛苦的时刻。那时候有很多黑帮分子在乡村游荡，即使在大白天也不能安全地牵一头牛回来；假如他们在夜间遇到任何暴徒的话，就意味着必死无疑。

后来，他们搬到比亚韦斯托克去了。他们并排睡在地板上，什么吃的都没有。

殴打怀赞考斯卡的事件最终上了法庭。"1945 年 3 月 13 日至 14 日的夜晚，十个波兰家乡军武装恐怖分子殴打了公民怀赞考斯卡，沃姆扎地区扬泰弗考村的居民，原因是其在德国占领期间藏匿了犹太人，并且目前还与他们保持良好关系"，法庭上有个人念了比亚韦斯托克安全部门的报告，标题为"AKO 帮派在报告期间内的典型恐怖行为"（该地区的 AK，或称为家乡军，那时已经将其名称改为 AKO，或公民家乡军）。这些文件表明，安东宁娜·怀赞考斯卡于 4 月 9 日向沃姆扎的安全部门作证说，她遭到一伙人的殴打。她说，"我不能住在这里了，他们会杀了我"。她给出了打手的名字。他们大部分都属于盘踞在森林中的武装力量，他们也都没有回应法庭的传唤，但我们知道，他们中至少有一个被定了罪，此人名叫安东尼·翁多沃斯基。

怀赞考斯卡决定越过"绿色边界"逃跑——偷偷越过边界离开家园——与什穆埃尔、库勃赞斯基夫妇和奥尔谢维奇夫妇汇合。奥尔谢维奇夫妇途经布达佩斯前往意大利。其他人则在春天快结束的时候到了林兹附近的一个奥地利难民营。"我们走的路比坐车更多",莱娅·库布兰告诉我。

"那里只有犹太人,我是唯一的波兰人。我离开了我的孩子,每当我在街上看到一个孩子时,我就觉得我无法忍受这样的痛苦,"怀赞考斯卡说道,"几周后我回家了。"

在给犹太历史委员会的第一次证词中,什穆埃尔声称他"已经娶了那个救了他的女人"。怀赞考斯卡不想谈论这件事,当然没有举行过正式的婚礼。

他们是什么时候坠入情网的?是在什穆埃尔躲起来之前,他们一起驾车到犹太人居住区的时候?还是在他藏匿期间呢?或者之后?在她从奥地利的难民营回来后,怀赞考斯基夫妇的婚姻状况是怎么样的呢?就怀赞考斯基而言,我只知道他是一个高尚的人,一个英俊的男人,但战后他却成了一个醉汉。

"我和什穆埃尔多次谈起过这件事",耶德瓦布内的哈依姆·斯罗希科告诉我,他现在住在以色列。1945年他在比亚韦斯托克遇到了什穆埃尔,并一直与他有密切的联系,直到他去世。"有一次他告诉我,他意识到他没有权利要求一个女人离开她自己的孩子来跟他。他决定和安东宁娜一起回波兰,帮助她确保能安全返回她的家。"

库勒赞斯基夫妇在奥地利的一个流离失所者营地中几乎居住了四年,然后于1949年获得了去美国的签证。

当安东宁娜回到她丈夫和孩子们身边后,他们全家搬到了波德拉谢地区的别尔斯克。瓦瑟斯泰因给他们在那里买了一栋房子和一个农场,用的是他在古巴的一个兄弟寄给他的钱。对于他们所救助过的其他犹太人后来的情况,他们一无所知。在安东宁娜同他们分别之前,她答应了他们所有人的要求,只要他们有机会幸存下来,他们就会设法与她联系,但是上帝禁止了他们写信。她害怕收到犹太人的来信,而事实上,斯大林主义时代很快就来到了波兰，那时，收到外国的来信是会带来危害的。

有时候会发生这样的情况，在离耶德瓦布内不远的别尔斯克，怀赞考斯卡会遇到曾经迫害过她的人。他们威胁她，嘲笑她。她一直生活在恐惧之中。她的丈夫——亚历山大——开始喝酒了，因此，最终什穆埃尔·瓦瑟斯泰因给他们买下的这个农场就所剩无几了。20世纪60年代初，他们从别尔斯克搬到了米兰努韦克。安东宁娜记得，这次搬家他们得到了斯齐蒙·达特纳的帮助。在那里，安东宁娜每天坐车往返华沙，因为她在一所华沙的学校做看门人。亚历山大在他们搬家后不久就去世了。

安东宁娜在经济上还接济她的女儿海伦娜和她的儿子安东尼。海伦娜开始在一家商店工作，安东尼在当地政府里找到了一份工作。

"你说你的孩子们对你藏匿犹太人的事情一无所知。但是当他们长大后，你把这件事情全都告诉他们了吗？"

"我为什么要告诉他们呢？根本就没有时间告诉他们这些事情。我工作很累，最糟糕的是在冬天清除积雪。我还接了额外的打扫卫生的活。即使在安息日，我也要去人家家里清洗窗户。"

"每一天，年复一年，妈妈都在凌晨4点5分坐火车离开米兰努韦克，晚上10点3分才回到家中。"安东尼说。

在70年代，接到库勒赞斯基夫妇的邀请，怀赞考斯卡第一次前往美国，当时他们正去看望库布兰。他们在迈阿密的机场等待她的到来，来的还有奥尔谢维奇夫妇，他们是特意从阿根廷赶来的（库布兰夫妇在佛罗里达度过了夏季）。他们把怀赞考斯卡带到犹太教堂去，在那里他们特意为她预订了一场感恩祷告仪式。瓦瑟斯泰因也从哥斯达黎加来到那里看望她们。

/ 377

"我很久没有见到什穆莱克了。差不多30年。"

"她第一次来看我们住了三个月，然后是一年，"莱娅·库布兰回忆道，"在新伦敦有很多犹太人和波兰人。安东宁娜在这里有她的一个喜欢说些家长里短的圈子，她们一起在岸边散步。我们这个城里每年都会举行一次波兰周的活动，举行活动时，他们会准备波兰菜肴并播放波兰歌曲。当我的丈夫还活着的时候，他会和安东宁娜一起接连好几个晚上跳波尔卡舞。"

第二次在美国期间，怀赞考斯卡嫁给了一个波兰裔美国人。

"婚礼结束后，我的丈夫对我说：'现在我们要去法庭，向你藏匿过的犹太人索赔，他们毁了你的健康。'于是我对那个老傻瓜说你见鬼去吧。"

她结了三次婚，再次在美国，再次又是波兰裔美国人。

"他是一个鳏夫，一个吝啬、狡猾的人。他会在商店里买最肥的鸡，因为在美国，什么东西越肥，什么东西就越是便宜。他年龄比我大，所以有一次我对他说：'斯塔谢克，你不应该留下一份遗嘱吗？这样，万一你死了，你的孩子就不能把我赶出门去。'他跟我一起去找了律师，他们是用英文写的遗嘱，本来是要我签字的。我曾经把它交给一个朋友看过。她念给我听：当我去世的时候，她会得到我拥有的一切，而我的孩子则被剥夺了继承权。我收拾好行李，去芝加哥住在我的一个孙女家里，然后起诉离婚。我每天为在谷仓里被烧死的犹太人祈祷，有时也为我的第三任丈夫的第一任妻子祈祷。我从来没有见过她，但是我会想到她和他一起生活了 27 年！"

什穆埃尔·瓦瑟斯泰因开始每年冬天都邀请她去哥斯达黎加。

"我喜欢冬天在那儿住上两三个月，那里冬天非常温暖。他的儿子们仍然还邀请我，但是没有人可以交谈了。我不懂他们的语言。"

怀赞考斯卡最后一次去是在 1999 年到 2000 年的冬天。

"什穆埃尔耳朵听不见了，几乎完全聋了。"她告诉我说。"他看电视，因为他能很好地根据口型读懂意思，当我直接对着他耳边说话的时候，他也能听到我的声音。我们经常回忆起他的听力曾经是多么好，他能听到大门吱吱作响，在警察还没进门之前就能躲进藏身之处。那天，他的妻子拉赫尔到迈阿密去看他们的女儿了。她问她是否应该留下，因为什穆埃尔感到很虚弱，但他还是让她去。我和斯塔谢克——我总是用他的波兰名字叫他——一起看了一遍我的圣地之旅的录像带。下午，他叫我上楼去，因为他想打个盹。当我正在读我的祈祷书时，突然听到一声叫声。他坐在椅子上，死了。我尽可能挽救并延长了他的生命，但是现在我无法再帮助他了。"

安东宁娜喜欢把时间花在祷告上。

"我有一本印着圣安东尼的祈祷词的小册子，我每天都会念。当我担任看门人的那个学校闹鬼的时候，我就会带上我的圣安东尼圣像和一些圣水。我会点燃一支蜡烛，鬼魂就会消失了。"

她把她的时间分配给了波兰和她孙女住的美国。在任何地方她都没有自己的空间。当她在波兰时，她和儿子和儿媳妇住在一起，他们给她一间小小的卧室，他们自己就睡在客厅里。当我去拜访她的时候，我们就坐在沙发床上——那里没有空间再放一把椅子——聊起她救下来的那几个犹太人是如何说波兰语的。

"莱娅说得最好，米耶泰克·奥尔谢维奇知道很多波兰的笑话"，她说道，用的是摩西的战争时期的波兰名字。突然，她做了一个手势，让我们安静下来。刚才有人来看她的儿子，他可能会听到我们在说什么。

"我把我的东西都放在沙发床上和手提箱里，衣柜里塞满了他们的东西。我把我的照片都藏了起来。谁还想要去看它们呢？"她说着，一边把她在美国拍的照片从被子下面拿出来。

我要求她给我看看瓦瑟斯泰因、库布兰夫妇和奥尔谢维奇夫妇写给她的信。

"我一封都没有留下。一看完信，我就把它们撕了。米耶泰克·奥尔谢维奇写信给我说布宜诺斯艾利斯有波兰人俱乐部，他们踢足球，但是他没有参加，因为他再也无法忍受见到波兰人。"她很赞赏摩西·奥尔谢维奇总是小心翼翼不让任何人怀疑她和犹太人有联系:"他从未在信封背面写过'摩西',总是写'米奇斯瓦夫'。"

在安东宁娜荣幸地在犹太教堂被授予犹太烛台之后,我开车送她和她的儿子回家。一路上我都在听她的儿子的谩骂。

"因为活了下来,犹太人便从德国人那里拿到了钱。但是我问你,小姐,是谁帮助他们活下来的?难道不是我的母亲吗,她冒着自己和她孩子的生命危险。他们每个月能拿到500美元,就是2000兹罗提,就在你的面前,你可以再乘以7个人和12个月。加起来这就是一笔可观的金额,对吧?而我只有一辆开了20年的菲亚特,破得一塌糊涂。你不能否认我母亲救了那些人,这是事实。我很高兴我母亲的行为。但是我姐姐认为最好不要承认,因为我们都会被人割断喉咙的。我不得不说,我姐姐的态度是消极的。在我工作的市政府办公室,他们解雇了最老的工人,因为他们知道的太多。他们也解雇了我,而我却什么也没有说过,那不是我的风格。我只是转过身去,装作什么都没看到。我总是对我的母亲说:'不要害怕,你没有说出任何人的名字,你也没有看到发生了什么,因为你不在谷仓里。'这里,有个犹太佬在米兰努韦克买了一家杂货店。我和我的朋友们聊起这件事。他们担心犹太人会搬到我们这个小小的镇里来。我告诉他们:'犹太佬黎明就起床,做了他们需要去做的所有事,他们甚至还互相帮助。而波兰人做了什么?他们会帮忙吗?他们会努力吗?他们喝得醉醺醺的,还去嫉妒别人。最终,犹太佬会拥有米兰努韦克的一半。'我对他们说,'而我们只会给他们擦皮鞋'。"

"我姐姐是一个反犹太主义者。但我没有任何事情可反对犹太人的。如果她发现我母亲去过犹太教堂,她肯定会大吵大闹的。你几乎不能够责怪她。她得了病,却买不起药,她知道犹太佬欠了妈妈多少。"

我转向安东宁娜,"他们多次邀请你,他们是肯定会帮忙的吧?"

她儿子说:"但他们没有一个人想过直接给点现金。"

安东宁娜轻轻地抗议："当我需要药物的时候，什穆埃尔给过我钱。"

还有一次，在我去看望安东宁娜的时候，她担心她会再次遭到女儿的痛骂。

"我不知道海伦卡在哪里看到了我去见过总统。'你到那里去究竟为了什么？'她大喊大叫，并且挂断了我的电话。我不会感到太惊奇，因为整个这件事情也给我的孩子们造成了麻烦。当我的儿媳妇去办公室时，他们说：'怎么？你还在这里工作？如果你婆婆藏了七个犹太人的话，你肯定有很多很多钱！'"

我问怀赞考斯卡，在她一生中她总共告诉过多少人她隐藏过犹太人。

/ 380

"我本来是可以告诉我信得过的人的，但是因为你感到害怕，一般来讲你就不会到处吹嘘这件事了。那些打过我的人不害怕。我很高兴我救过犹太人的生命。但是人们带着怀疑的眼光看着你。也许，如果我藏起来的是黑人，他们看待我的方式就会不一样了。你知道你居住的国家是什么样的，所以你告诉我有多少人会乐意去听我藏匿了犹太人？十分之一，这还是在不会怪罪他们的情况下。老实说，如果你有一个犹太人朋友，波兰人就会是你的敌人。为什么会这样呢？我不知道。当我得到这个奖章的时候，就是这个国际义人奖章，我的海伦卡马上就把它扔到垃圾桶里去了。这样做还更好些，因为我能把它展示给谁看呢？我告诉芝加哥的一位牧师，我救过犹太人，我还每天都为他们祈祷。他没有告诉我这是错的，显然这就不是一个罪过。但这样的事情我是永远不会告诉波兰牧师的。不会的，无论如何都不会。"

十一

我，什穆埃尔·瓦瑟斯泰因，警告你

或，从耶德瓦布内到哥斯达黎加的路途

　　瓦瑟斯泰因告诉他的出生在另一个半球的孩子们，他必须从遗忘中挽救出发生在他的祖国的暴行，作为对子孙后代的告诫。在他生命的尽头，他聘请了一位当地的记者，把他自己的人生故事告诉了那位记者。他的听觉和视力都已经很差了，他也无法去读他所口述的内容。他想要纪念那些遇难者并且把那些凶手钉在耻辱柱上，但是这位讲西班牙语的记者却把犹太人和波兰人的名字弄得乱七八糟，以至于没办法分清谁是谁。只有对什穆埃尔的生活有所了解之后才有可能猜测出"维雅希伊考夫斯基"（Viashilikowski）一家原来是安东宁娜和亚历山大·怀赞考斯基。什穆埃尔带着一丝乡愁回忆起他童年时代的风光，然而作为他的听众的那位记者却随意地添油加醋，明明是麦地却插进去橘子树林。其结果便是一本超过四百页的厚厚的书：《告发：1941 年 7 月 10 日》（*La Denuncia: 10 de Julio de 1941*）。在他父亲去世之后，什穆埃尔的儿子艾萨克于 2000 年自费出版了这本书。

　　扬·格罗斯的《邻人》也是在同一年出版的，书中引用了瓦瑟斯泰

什穆埃尔·瓦瑟斯泰因和安东宁娜·怀赞考斯卡，1945。（作者的私人收藏）

左起，前排坐着的是：安东宁娜·怀赞考斯卡、什穆埃尔·瓦瑟斯泰因、莱娅·库勃赞斯卡。站在后面的是：扬凯·库勃赞斯基和也是来自耶德瓦布内的摩西·洛什科。库勃赞斯基夫妇、什穆埃尔和安东宁娜是偶然遇见洛什科的。奥地利林兹难民营，1945。（由何塞·古斯坦提供，www.radzilow.com）

因的证词。因此，他存放在华沙犹太历史研究所档案中的证词也开始公开传播起来。瓦瑟斯泰因的话激起了许多人的恐惧和怀疑。然而，在他去世之后，他的证词却真正掀起了一场轩然大波，一方面是由此引发的一波又一波的否认和反犹太人的攻击，另一方面也唤起人们去勇敢地面对事实真相。

我们在瓦瑟斯泰因的日记中读到的内容非常接近希罗宁姆斯·博希（Hieronymus Bosch）（译者注：希罗宁姆斯·博希，荷兰画家，怪诞派绘画大师）的启示性的幻象，而不全是对实际所犯罪行的描述。在市场上，瓦瑟斯泰因看见"老年犹太妇女，她们的脸上血迹斑斑"，"赤裸的女人们试图用些布条子来掩饰她们的羞耻感，她们的大腿被用剃刀划开了很多口子。到处充斥着鲜血、诅咒和死亡"。在克门塔纳大街上，他看到"一堆尸体"，"有两个年轻女人，她们的肚子被用刀子割开，肠子也流在外面"，"一个漂亮的六岁小女孩，喉咙已经被人用剃刀割开了"。这整个一幅血淋淋的强奸、杀戮的场面肯定是在他大脑中逐渐产生并混合成形的。

在这本完全未经编辑的书中，对残暴行径的令人恐怖的描述和对宇宙本质的崇高的反思以及对瓦瑟斯泰因自身英勇行为的言过其实的叙述全都并列在一起。我发现这是令人震惊的，然而仅仅一会儿之后，我马上就意识到我本人对瓦瑟斯泰因的期望未免有些荒谬：他应该是一个聪明而高尚的人。我越是让自己沉浸在他的故事中，我就越会被什穆埃尔的回忆所打动，然而什穆埃尔本来就没有注定要成为一个悲剧性英雄。

"1941年炎热的夏天就像一场瘟疫一样落在波兰大地上，"什穆埃尔开始了他的回忆。"耶德瓦布内就像一个火炉一样在熊熊燃烧。土地龟裂了，植物枯萎了，池塘干涸了，世上的一切全都像是引火柴一样——只要有一点火花和一阵狂风，就能爆发起一场大火并迅速蔓延开来。"

然后他开始回溯往事，描述了他的出生和他母亲分娩时的辛苦："难道烧红了她的太阳穴的高热不正是她被耶德瓦布内的基督徒波兰人谋害烧死的那堆柴火上的火焰的预兆吗？难道她在精神错乱状态中看到的试图把我从她怀中夺走的那只手不就是那只试图把我从大地的表面抹去的死神之手吗？在我母亲生我的时候，那只张开爪子，跳到窗台上，使劲摇晃窗子的猫——难道不就是预示着一项复仇计划将跳进我的大脑中的那一刻的到来，这场报复将把天主教堂和杀害我母亲、兄弟和其他城里的犹太人之后又去赞美上帝的虔诚的虚伪之徒打得粉碎？"

整个故事都是用这种风格写成的。炫耀的描述伴随着充满了痛苦的反思（因对大屠杀的否认和对犹太人墓地的亵渎而感到震惊，他写道："我，什穆埃尔·瓦瑟斯泰因，在哥斯达黎加作证并告诫你：一个针对犹太人的阴谋正在世界范围内酝酿着"），从他的话里，只有一个顽强的读者才可能挖掘出耶德瓦布内悲剧的任何有意义的细节，并将其与什穆埃尔战后的叙述进行比较。

1945 年，他作证说，1941 年 6 月 25 日，波兰人用砖头把雅库布·卡茨砸死了，还用刀刺死了埃利亚什·克拉维茨基——"他们挖出了他的双眼，割掉了他的舌头，他遭受了长达 12 个小时的极端痛苦，然后才断了气"——还有两个年轻女人，查亚·库勃赞斯卡和巴夏·宾斯坦因，朝一个池塘走去，"她们宁愿选择和自己的孩子一起淹死，也不愿落入暴徒的手中"。在淹死孩子之后，"巴夏·宾斯坦因跳进水里，直到水底，而查亚·库勃赞斯卡则在水中挣扎了好几个小时。那些聚集在周围的暴徒就眼睁睁地在旁边看着"。

"我是亲眼看到的"，他说道。但是在他半个世纪后的回忆中，情况看起来略有不同。7 月 2 日，他看到一群暴徒在折磨雅库布·卡茨："他们推他，辱骂他，殴打他的脸，踢他。有个家伙用一根粗棍子打在他的头上。这个老人曾经是我父母的朋友，被打得脑浆四溅，倒在人行道上。"暴徒们继续走到库勃赞斯卡和宾斯坦因住的房子那里。"她们拼命抵抗，但是她们的孩子被从她们身边抢走了。没有人在乎他们正在驱赶着被剥去了衣服的妇女们，因为那些人全都是懦夫，就只是站在那里，视而不见，听而不闻。那些妇女被赶到了到处都是泥坑的野外，那些泥坑在雨季里都积满了水。他们下令要那些妇女淹死自己的孩子。她们拒绝了。然后，他们抓住孩子们，把他们的脑袋按进发出恶臭的沼泽里。大地把他们吞噬了。现在轮到了那些已经遭受过殴打并且几乎快要发狂的妇女们。有一个暴徒搬来了沉重的石头，他们把石头绑在姑娘们的脖子上。她们的身体沉了下去，烂泥上涨到了她们的嘴边，又涨到了她们的鼻孔，最终她们被淹死了。"

卡茨被用石头砸死，克拉维茨基被折磨致死，两个母亲和他们的婴儿被淹死以便供围观的暴徒们取乐——这些事实都得到了其他证人的证实（耶德瓦布内的一个妇女告诉我说，"我母亲的姐姐看到两个犹太妇女被迫淹死自己和她们的孩子。她流着眼泪回了家"）。查亚·库勃赞斯卡和巴夏·宾斯坦因是姐妹俩，她们的丈夫都与苏联人有合作关系。1941 年的夏天确实是非常干燥炎热，沿着沃姆扎通往耶德瓦布内的路两边有不少池塘，池塘里的淤泥比水还多，所以她们不能很快地淹死自己。

当我开始与证人们交谈时，瓦瑟斯泰因在 1945 年的证词中所描述的大部分事实都得到了证实，他的证词后来存档在犹太历史研究所里。但是，只有在阅读了他的日记之后——在日记中对事件的描述更为具体——我才意识到，他不可能是他所描述的一切事件的目击者。这是非常自然的：一个证人，尤其是一个意识到自己是极少数幸存者的证人，会想要告诉人们与所发生的事件相关的他所知道的一切，不管他是亲眼看到的还是后来从别人那里听到的。

我们首先来看看那两个被淹死的妇女的情景。瓦瑟斯泰因不可能记得的事实真相是一回事，然后他多年后告诉别人时又是另一回事。更有可能的是，他试图从信息碎片中拼凑出事件的原貌——有人看到两个女人带着她们的孩子一起陷在泥坑里，而当地的暴徒们站在旁边围观，还有人发现他们泡肿了的遗体。在 1945 年的时候，他说这个事件是发生在 6 月 25 日，但在他的书中他又说是 7 月 2 日。关键问题倒不是日期上的差异，因为在这么多年之后他也很容易犯错。从目击者的叙述中可以看出，折磨和杀戮的场面在很多天里均有发生。另一方面，正是因为什穆埃尔的叙述，雅库布·卡茨对我来说不再是一个无名的大屠杀受害者，而成为一个手工制作马具的皮匠，把他的全部心血都用在每一件作品上。

　　幸亏有了瓦瑟斯泰因的证词，多年以后又被扬·格罗斯的书昭告天下，不然的话，发生在耶德瓦布内的暴行有可能被永远湮没在尘埃之中。通往真相的路径被一个证人的证词清理了出来，但这位证人的证词又引起了人们某种程度的怀疑，这真是一个悖论。但是我们可以想象一下另一种情景。比如说，瓦瑟斯泰因在 1945 年就受到了有力的质疑，而且留在档案中的文件清楚地区分了证人亲眼所见和他道听途说的二手信息。那么问题就是，他的叙述是否有足够的力量促使格罗斯去写一本关于耶德瓦布内的书，而这本书又导致了民族纪念研究会就此而展开的调查呢？

　　只要与其他证人的叙述做一比较，那么是可以从瓦瑟斯泰因的描述中挖掘出事实来的；他的证词也唤起了对那些日子的气氛的追忆。苏联人撤退后的最初的那些日子肯定和什穆埃尔在他的日记中所描述的相差无几：

/ 386

　　"市政当局颁布了一项法令，规定犹太人必须打扫城里的街道，无论是鹅卵石铺成的街道还是满是烂泥的土路。每个家庭都被分配了一段要打扫的路。他们必须要打扫人行道、清除马粪、保持水沟清洁、清洗公共建筑物、运走垃圾等。如果他们拒绝去做，就会受到鞭打。犹太人还被迫关闭了他们的店铺。人们不再从我母亲那里购买衬衫。储存的食物消耗得很快。土豆也成了宝。在夜幕的掩护之下，暴徒们成群结队从窗外投掷石块，大喊大叫'滚到巴勒斯坦去'。许多商人因没关闭店铺而遭到殴打。喝的醉醺醺的帮派统治着这个城镇。反犹太主义创造了一種氛围，在这种氛围中，连那些卑鄙无耻之徒都可以自称为'社区的捍卫者'。大屠杀接连在好几个地方都发生了。杀人、抢劫、强奸、破坏犹太人的财产等恶行随处可见。在这世上，我们就像是匆匆掠过的阴影一般。"在他 1945 年的证词中，他所提到的一帮挨家挨户殴打和抢劫犹太人的暴徒中包括了瓦茨瓦夫·博罗夫斯基和米奇斯瓦夫·博罗夫斯基两兄弟，他们"演奏手风琴和单簧管，借此来淹没女人们和孩子们的尖叫声"。

接下来时间到了 7 月 10 日，在这一天里邻居们变成了施暴的一方："我们从小就和他们的孩子在一起玩耍。我们给过他们很多好处，给他们土豆皮去喂猪。现在，他们的声音听起来是那么决绝：'所有的犹太人居民都要立即到市场上集合，不得拖延。'从德国人抵达小城的那一刻起，我们在他们眼里就成了垃圾。妈妈去寻找我们的摩西五经。一个邻居粗暴地抓住她的胳膊，把她从房子里推了出去，一边大声喊道：'你不要玩弄我，小姐，否则我会忍耐不住的。'我们试图带着某种尊严走出去，但是他们中有些人用削尖的木杆戳着我们的背，把我们赶出来，咒骂着我们：'犹太狗'，'婊子养的'，'奸商'，'该死的杀死基督的混账'。"

这些场景中有许多是无法证实或否认的，因为它们很可能没有目击者——除了受害者和迫害者之外，其中许多人后来谈到了所发生的事情。"在萨多瓦大街上，有两个几乎全裸的女孩被一帮暴徒强奸了。萨拉，索斯诺夫斯基的女儿，被强行从她儿子身边分开，并在一个粮仓中遭到五个男子的轮奸。他们压垮了她苍白、光滑的身体。他们知道她在银行工作，就折磨她，要她告诉他们钱藏在哪里。"他的邻居萨拉，哈娜和曾德尔·索斯诺夫斯基的女儿，是真的就是这样被折磨死的吗？

什穆埃尔记得向一个叫"马夏尔科"的同学提出做一笔交易来救自己（他实际上确实是和塔德乌什·穆夏莱克一起去上学的）：如果能把他从市场里救出来，什穆埃尔就会给他几公斤烟草，他把烟草藏在他家房子附近。当他们离开市场的时候，据说瓦瑟斯泰因告诉他的同学他没有烟草，但他必须活下去，因为必须要有一个证人向全世界揭露此地正在发生的疯狂的暴行（很难相信，拥有如此强烈的自我保存本能的什穆埃尔，竟然会提出这种说法，要知道这种行为很可能激怒那个人而杀死他的）。他说，经过一番短暂的扭打，他逃掉了，躲藏在犹太人墓地的一个敞开的坟墓里，用草盖住自己。

在他1945年的证词中有这样的内容："他同意救我出去，但我的兄弟不行，我的兄弟是在瘸子迪耶维兹奇领头的那群人里面。我乞求他，但是他说那个瘸腿的家伙是不会受人愚弄的。他伸出一根手指划过我的喉咙：'闭嘴，所有犹太人都将在下午4点被杀掉。'我的心一紧。他们都注定会死得毫无价值：我的母亲，我的小弟弟。某个人必须要活下去，也许以色列的神会帮助我制止这种不公正行为。马夏尔科气得发抖，眼中充满了仇恨，就像两团火一样。他向我吐口水，辱骂我，走到我跟前要扭断我的脖子。他跑去求援，我逃到了墓地。离我父亲的坟墓20米的地方，我看见一个敞开的坟墓。"

只是犹太人墓地并不在瓦瑟斯泰因家房子的方向，而且穆夏莱克也没有理由把他引到那条路上去。

那片墓地当时（像现在一样）并没有覆盖着榛树树林，而且那里是城里最危险的地方之一，那一天在那里发生了许多杀人事件，如果什穆埃尔真是躲进了那片墓地的话，他就必须把自己很巧妙地隐藏在坟墓里——那么从那里他又能看到多少真相呢？

然而，他声称他看到了第一批犹太人被带到谷仓附近。那个装了假腿的凶手肯定就是跛脚斯坦尼斯瓦夫·锡拉瓦（哥斯达黎加的那位记者称他为"迪耶维兹奇"），据说他用斧头砍下了遇难者的头颅；他的帮凶们用刀子刺他们，然后他们把已经被杀死的和垂死的受害者堆在一个事先挖好的坑里。但是瓦瑟斯泰因不可能看到锡拉瓦杀死犹太人，因为——正如挖掘墓地时所发现的那样——被迫扛着列宁雕像的第一批犹太人是在谷仓内被杀害的。另一方面，在第一批人群中的犹太人却被描述为是被集中在一处，然后用斧子和刀子杀死的。城里肯定流传着这样的说法，而什穆埃尔肯定是在大屠杀之后从波兰人那里听到的。

在犹太历史委员会从什穆埃尔·瓦瑟斯泰因那里得到的第一次简要的证词中，我们读到："证人躲在灌木丛里。他听到了尖叫声，有128个男人，最强壮的男人，被一起杀死在发出尖叫声的地方。"他肯定听到了尖叫声，却没有意识到声音是从谷仓里发出的。战争一结束，他就告诉他的朋友哈依姆·斯罗希科，他曾经藏在墓地里。他还告诉了一个在比亚韦斯托克遇到的犹太人，此人在1947年向犹太历史委员会作证时提到了什穆埃尔告诉他的情况，什穆埃尔不仅听到了而且"藏在坟墓之间，看到了一切"。此人肯定说服了自己去相信什穆埃尔的故事是真实的。

他描述了在焚烧犹太人之后随即发生的事件："妇女们和儿童们都出门去挨家挨户地抢劫。男人们被杀之后，他们的女人和孩子都遭到抢劫。"当他在80年代回波兰探访时，从一位老熟人那里听说："什穆莱克，我知道谁拿走了你母亲的东西。"但他不想知道拿的人是谁。

7月11日黎明时分，他听到两个年轻的犹太人的声音，他们同他一样活了下来。他们一起设法去了一个朋友的家，然后又去了另一个朋友的家。在朋友家里，朋友们给了他们食物和饮料，一起为死难者流下伤心的泪水，却不敢收留他们。朋友家中的家长发现德国人已经禁止了进一步杀害犹太人。什穆埃尔回到位于普热舍尔斯加大街上的家中，希望在那里找到他的母亲或兄弟。结果发现家中已经被掠夺一空，缝纫机和储藏的食物都没了。他坐在门槛上，泪流满面。

一个路过的德国人把他带到了警察局。已经有16个逃脱的犹太人在那里了，根据他的描述，后来德国人拒绝把犹太人交给波兰人。"我们需要他们"——据说他们是这么说的——"为我们清洗我们的马匹和刷皮鞋"。这些犹太人搬到了一所原先就是犹太人住的房子里，然后每天早上去报到并接受要干的话。有一次，他们中的一个遭到醉酒警察的强奸，回来时直肠都被撕裂了。什穆埃尔第二天没有去干活。他回到自己那被抢劫一空的家中伤心地哭泣。

就是在那里，亚历山大·怀赞考斯基看到了他，并把他带到扬泰弗考的农场去干活。什穆埃尔写到，7月10日的凶手还到那里去找他。当他们去扬泰弗考的农场到处搜查他时，他就躲到地下室和粮仓里去。他成功地逃脱了他们的搜捕，因为他比他们更会寻找藏身之处。

1942年的秋天，德国人下令要围捕在农场干活的犹太人，警察到处巡逻，随时逮捕逃亡者，这时瓦瑟斯泰因设法逃过了追捕，他藏在杰齐茨家的一个谷仓里，几天后，杰齐茨把他带回到怀赞考斯基的家。

什穆埃尔记得，那天开始下雪了，怀赞考斯基看到了通向马厩的足迹。在马厩里，他发现了雅库布·库勃赞斯基和米耶泰克·奥尔谢维奇以及他的兄弟贝雷克，两个他们在犹太区遇到的女孩，莱娅和埃尔克，还有年纪更大些的斯鲁尔·格朗多夫斯基。在他的书中，他写道："怀赞考斯基很害怕，但他在他们面前没有流露出来，他拥抱了他们。他跑到他妻子跟前说，'我们又多了六个犹太人'。夫妻俩给他们拿来了面包和水。这几个犹太人都已经忘记了还可能受到这么善意的接待，他们含着眼泪吃下了面包。怀赞考斯基说，我们人数太多了，他和他的家人会因此而被枪杀。我意识到我应该感谢他们，毫无怨言地离开，再去寻找另一个解决办法。我说我要离开，去分享我兄弟们的命运。我们在考虑穿过沼泽地去白俄罗斯。"

第二天，怀赞考斯基出现了："作为一个基督徒，我不能让你们去送死，但是我也不能让我自己的家人为你们而死。一开始我累了，我以为我别无选择——你们必须离开农场。但后来我想到了一个更好的解决办法。我和我的妻子正要去耶德瓦布内的市场。我们会离开家好几个小时。什穆莱克，你知道我很熟悉我家里的每一寸地方。如果你能找到一个我们无法找到你们的地方，我保证会养活你们，直到上帝能确保你们生存的那一天。但是，如果我找到了你们的藏身处，那么今晚将是你们在这里的最后一晚了。我会给你四天的水和食物，还有衣服和一把猎刀。什穆莱克，听清楚了吗？"

他们全都在农场上四处寻找，但无法找到一个好的藏身之所。最后，什穆埃尔疲惫地坐在猪圈的边上。然后，他身体一摇晃，倒在一堆猪粪里。他愤怒地站起来，用脚踢地面。"神的方式多神秘啊，"他写道，"就有了光（译者注：引自《圣经·创世纪》）。我在鞋尖上看到的是一大块红黏土。"他想出了挖掘坑道和地下藏身洞的主意。

"我把其他人都叫过来。我说：'我们就住在两平方米的洞里，呼吸猪粪和羊尿的骚气。我们需要干草、肥料和新鲜的牲畜屎尿。'下午5点，一切都完成了。女孩儿们找到了很好的东西来覆盖我们的地下墓穴：两块硬纸板、七块质地不错的木板、干的谷粒、半袋鸡毛，还有一盏旧的灯——我们把这些宝贝都拿到地下去了。我们把洞外面所有的痕迹都清扫干净了，我们感觉就像生活在地里的蠕虫。"

"我们用一个喂猪的食槽盖在我们藏身的洞口。我们听到亚历山大和安东宁娜从家里住人的房子走到谷仓，再从谷仓到猪圈。他们在厕所、烟囱、鸡舍、粮仓、野地里、花园里到处找我们。他们进了工具房，把所有的工具扔了出来，敲打墙壁，翻看羊毛堆下面。他们哭了，请求上帝宽恕他们让犹太人沿着被雪冻住的道路逃往白俄罗斯，这样他们很可能永远到不了那里。我们在地下的第一晚过得很不容易。很难形容猪屎的恶臭味。猪尿又骚又酸，还有腐败的粪便释放出的氢硫化物——那种自然过程令我们感到呼吸困难。"

瓦瑟斯泰因描述了他如何在早上8点戏剧性地走进怀赞考斯基家的屋子。他说，他们的藏身之处将经得起盖世太保的迫害和搜查，亚历山大回应道："我会信守我的诺言。你们每天会有一顿饭吃。不论白天晚上，都必须有人轮流值班看着，在一切都很平静的时候，可以一次从牲畜棚里出来两个人。只有什穆埃尔可以在黑夜的掩护下到屋里来。什穆莱克，现在你应该对我们的孩子说声再见，告诉他们你要走了。我会给你们拿水来每星期洗两次澡。我会给你们一个罐子装排泄物。安东宁娜会和女人谈谈如何处理月经的事。从现在开始，你们的生命取决于我们，而我们的生命也依赖于你们。我们会给你们洗衣服，还会熨烫和修补你们的衣服，修剪你们的指甲，我还要给你们一本《旧约》，因为我的岳父为了什穆埃尔告诉过我，这是犹太人的《圣经》。"

事实上，是怀赞考斯基向摩西·奥尔谢维奇提议让他建一个藏身之处的，奥尔谢维奇就建了一个。当时什穆埃尔并不在，他躲在安东宁娜的兄弟家里。"当什穆埃尔来的时候，一切都已经就绪了"，在与我的谈话中，莱娅·库布兰回忆道。瓦瑟斯泰因肯定从奥尔谢维奇口中多次详细听说了建造这个藏身之处的故事，因为太熟悉了，以至于他感觉到就像是他自己的故事一样。

"最初的日子就像是一场噩梦，"什穆埃尔写道，"我记得当埃尔克发现了一条5厘米长的蛔虫时吓得歇斯底里地尖叫。当一只叫作奶酪蠕虫的、头部褐色的白色虫子笔直地落入斯鲁尔的嘴里时，他呕吐了起来。我们遭受了极大的痛苦，我们都吐得要命，但随着时间的推移，我们开始适应了环境。我们逐渐习惯了通过裂缝来观察世界。我们的嗅觉变得更加敏锐了。烤面包的香味伴随着恶臭飘到我们身边。我们不再是什穆莱克、莱卡、埃尔克、摩西、贝雷克、斯鲁尔和扬凯。我们是猪圈里的兄弟。就像法国作家大仲马笔下所写的那样：人人为我，我为人人。在蠕虫和尘土之中，我们都变成了一种多细胞动物，一个长着十四只手、十四个耳朵、十四个眼睛和十四个鼻孔、七个脑袋、七张嘴、七个屁股、五条阴茎和两条阴道的地下的怪物，只为了一个需要：生存下去。我们相互间不得不完全放弃感情，彻底放弃自己的个性。除了女人之外，一切东西都相互分享。埃尔克和莱卡喜爱男人中的两个。虽然我们其他人也有我们的性需求和不安分的老二，但我们应该感谢上帝，我们有力量来控制我们的性欲望。"

瓦瑟斯泰因描述了有一天德国人是怎样来到扬泰弗考寻找一个扎营的地方。他们选择了怀赞考斯基的农场。他们有两辆卡车，他们搭了一个帐篷，在帐篷里面设了一个厨房，然后把谷仓作为住处。

"当德国人住在我们上面的谷仓里时，我们中的一个女人快要分娩了，"他写道，"安东宁娜带来了一张床单、一把剪刀和酒精。她给那个女人讲解了应该怎样用力挤和呼吸。之后不久，德国人就牵着狗出来了。他们大笑不止，我们知道他们喝醉了。他们开始打鼾。晚上，那个女人发动了。她的嘴里咬着一块抹布，以防止尖叫。我告诉我的朋友，在德国人住得如此近的情况下把一个孩子带到这个世界上是会害死安东宁娜的，我让他凭良心来做决定。我在他眼中看到他在考虑这个迫切的问题。他轻声地跟他的女人说话。这位地下的母亲痛苦地扭曲着身子，她使劲咬着抹布，血都从她嘴里流出来了。孩子开始出来了，当小小的脑袋一出现，那位父亲马上就用手捂住婴儿嘴巴，不让它哭叫。他一直捂着，直到婴儿全身变成蓝色；那位母亲失去了知觉。他继续捂着婴儿，直到婴儿的身体变硬。我们剪断了脐带。当母亲醒过来时，她用希伯来语做祷告，一边抚摸着死去的孩子，一直哭到自己也睡着了。父亲亲吻了孩子的前额。当德国人出门去巡逻时，他把婴儿尸体拿出去，埋在一堆粪便下。还有多少个月我们还得继续蹲在那里，在恶臭之中呢？而现在我们一想到那个为了我们能够活下去而被牺牲了的孩子，我们的心就感到特别痛苦。"

这样的证词有着真诚的激情和绝望。但是什穆埃尔不可能直接见证孩子的生死——事实上，安东宁娜家中有两个避难处，什穆埃尔是躲在另一个避难处的。睡在他们头顶上谷仓里的一支额外的德国部队也是没有的。

他在地下度过了两年多的时间。"有一天早上，"什穆埃尔写道，"安东宁娜来到我们面前：'德国人走了，你们可以出来了。我希望你们还能记得站直身子是怎样的感觉。'比起太阳、光线、食物和自由，一个人更需要的是运动。我们开始跳舞，蹦蹦跳跳，舒展四肢，向天空举起双臂。脸皮粗糙、散发着伏特加气味的红军士兵捅了捅我们，大笑着，给我们喝伏特加，但是也把我们保持在他们的视线之内。我们一看见蓝天，马上就哭了起来——我们不再是鼹鼠了。"

瓦瑟斯泰因动身去耶德瓦布内。一路上——根据他的描述——到处是血迹斑斑。到处散布着德军士兵的尸体。波兰人从他们身上拿走了一切有价值的东西。一开始，眼前的景象令他感到可怕，但后来他看着自己穿的破破烂烂的衬衫和裤子，用绳子绑起来的有漏洞的鞋子，就决定他有权利寻找更好的东西。他设法收集了一顶带耳套的军帽、一双军官的靴子、一副手套和一件皮革制成的军用外套。他和伊兹拉尔·格朗多夫斯基偶然碰到了一支苏联部队。"好消息，"一位军官说道，"我们今天正在消灭德国人。我相信你们会喜欢的。"他们很快就继续前进了。

瓦瑟斯泰因知道他会离开波兰，但他想确保怀赞考斯基一家的物质保障。"他们家的房子是在贫穷的时代建造的。我认为我有权选择某栋原来属于富裕的犹太人家的房子，然后把他们的家搬到扬泰弗考去。那里有一栋很不错的木头建造的房子，被一个波兰人占据了。我走进去，叫他滚蛋，因为那是我的房子。他打算同我打一架，但是苏联的卡车恰好经过，我向一位军官打招呼。那个波兰人被吓到了，就跑到后面去了。"

他没有设法搬到那栋房子里去。当天晚上，他被人警告说，暴徒想要杀死他们，于是他逃走了，首先去了沃姆扎，然后再到比亚韦斯托克。他和怀赞考斯基夫妇搬到了一个郊区去住，晚上并排睡在地板上。他开始去做买卖。他会到罗兹去买布和线，然后在比亚韦斯托克卖掉。为了避开在火车上搜捕犹太人的一些打手小队，他躲在铁轨附近，在火车开始启动的最后一刻跳上去。"我记得，"他写道，"有人在谈论从罗兹贩来的布匹卖得非常好。我拿钱买了一张票，两包布匹，还剩半个兹罗提买些吃的东西。一位不讨厌犹太人的铁路官员告诉我，铁路沿线有四个地方经常有波兰法西斯在那里杀犹太人。"

在什穆埃尔详细的叙述中，没有一个字提到有关他带着安东宁娜·怀赞考斯卡到奥地利去，把她从丈夫和孩子身边强行拉走的情况。但无论如何我们知道，当怀赞考斯卡决定回到自己的家中去时，是什穆埃尔把她带回波兰的。

他在波兰待了短暂的一段时间，然后又去做买卖了。通过联合分配委员会，他在古巴找到了大哥莫斯泽，自1938年以来他大哥一直生活在古巴。自从邻居哈娜·索斯诺夫斯卡在1933年的拉齐乌夫大屠杀中丧生以后，什穆埃尔的母亲查亚·萨拉一直不停地担心他们在波兰的未来，于是全家以多年的贫困为代价，花了一大笔钱为莫斯泽买通了一条移居国外的路径。

莫斯泽拍了一封电报："什穆莱克，别到任何地方去，等我的信。"什穆埃尔回应说，那些藏匿过他的农民为此而失去了他们的农场和他们拥有的一切，因此他发誓，在没有确保他们的安全之前绝不离开波兰。他的哥哥汇给他足够的钱，去为怀赞考斯基夫妇在波德拉谢地区别尔斯克买下了一栋房子、一匹马、一匹带着两只小马驹的母马、两头母牛、一台收音机和一些家具。

什穆埃尔乘飞机经过斯德哥尔摩离开了这个国家（"以色列的神啊，我从来没有见过这么多的食物，如此优雅的女人，如此漂亮的衣服"）。从哥德堡起，他乘船前往安的列斯群岛的阿鲁巴岛（"我第一次看到一个黑人。有人站在码头上，手持用波兰语、希伯来语和意第绪语写的牌子：'如果船上有犹太人，请到我们这里来。'那里还有阿鲁巴犹太人照顾我们"）。1946年11月15日，他降落在哈瓦那机场。他没有看到一个他能认出是他哥哥的人，于是他就大声叫道，"我是什穆埃尔·瓦瑟斯泰因"，突然发现自己已经被抱在一个哭泣着的人的怀里，他哥哥不停地说着，"什穆莱克，什穆莱克"。全家人中，只有他们两个活了下来。但是他看到哥哥眼中还有着几分不确定，是否他真的是他的弟弟。于是，"我问他：'还记得吗，摩西，那头带白色斑点的黑色小母牛能比那头浅色的母牛给我们产更多的牛奶？还记得妈妈为此缝制的衬衫吗？还记得我们有四公顷的粮食吗？还记得你去古巴的时候把那些短裤送给我了吗？还有我们烧木炭的熨斗？还记得在我们的面包炉里掉了的砖头吗？'当我说了这些话后，他可以确定我就是他弟弟了。"

他马上开始做生意。他哥哥给了他六打做马裤的皮料，然后他带着这些皮料去了古巴内地。"我告诉西恩富戈斯镇的一个农村人我是如何幸存下来的，还有有关犹太人被谋杀的情况。他为我感到难过，就买下了三打皮料，他还给了我另外八个犹太商人的地址。每次我都不得不告诉他们有关大屠杀的故事，每次他们都会订购皮鞋。我的事业就是这样起步的。"

什穆埃尔很快意识到这是一个了不起的营销策略。"就像一张在手摇唱机上播放的破旧唱片一样，我一次又一次地讲述了发生在 1941 年到 1945 年间的事件，然后以达成一笔 700 美元的交易而结束，"他以十分坦率的笔触写道，"像我一样走遍古巴的古巴人并不多。哈瓦那是个生机勃勃的城市，到处洋溢着音乐和歌声，情侣们一对对在滨海大道上拥抱着，沐浴在海浪掀起的泡沫中。我夜以继日地做着买卖。到 1947 年底，我已经赚到了 25000 美元。"

1948 年，他与在波兰结识的拉凯拉·戈德瓦塞尔结了婚。他的业务不断增长，他的妻子日复一日地从早到晚同他一起辛苦工作。他们开办了一家生产网球鞋的工厂，并且节省下了一大笔钱。到 60 年代初，他们成了富有的古巴公民。

在菲德尔·卡斯特罗上台执政后，瓦瑟斯泰因一家设法离开了这个岛国。他们失去了全部的财富。他们来到了美国费城，却听不懂这里的语言，也不知道该靠什么生活下去。他们非法汇到美国的钱都不翼而飞了。孩子们饥饿难忍，拉凯拉也哭了。有一天，什穆埃尔在一份当地犹太人的过期报纸中读到了对哥斯达黎加的描述：壮观的火山、一个由犹太人主宰的很大的中产阶级、一个民主的政府，还有美丽的女人。这一切听起来很诱人，所以他在地图上找到了哥斯达黎加。然后他找到了在费城的哥斯达黎加领事，这位领事先生竟然是个犹太人，这在他看来是个好兆头。他写道，他花了一美元买了一把雨伞，因为那位领事先生已经警告过他，哥斯达黎加经常下雨。

"他是星期天到的，到星期一他就有了自己的商店"，拉凯拉在哥斯达黎加的一个朋友玛丽亚·维尔尼克告诉我说。

瓦瑟斯泰因描述了他最初迈出的几步，当时他还是孤零零的一个人。一大早，他在圣何塞的商业区散步时，看到一块招牌上写着：店铺出售。"这是一家小店，却堆满了鞋子，恰好正是我所熟悉的行业。"尽管他没能设法说服店主他会用赚到的钱来支付店面费用，但他确实说服了顺着这条大街的下一家店的老板。他打电话给妻子："我有 30 双鞋，你可以来。"不久，这一次是在哥斯达黎加的风光背景下，他恢复了战前在犹太人小镇的风俗习惯。他在崎岖不平的道上行走，寻找能涉水过河的小路，然后挨家挨户地去做生意。每到一家他先敲门，然后拿出他的货物：可以赊账购买的鞋。

"我成了一个受人尊敬的人。每天我都会去索达宫喝杯咖啡"，什穆埃尔在哥斯达黎加的金融精英中赢得一席之地后写道。在 1997 年录制的他的波兰之行的录像中可以看到，当他登上飞机时，他骄傲地宣布："我们正坐在头等舱里旅行！"

放学后，孩子们帮他卖鞋子。但他很用心地给他们一个良好的教育。艾萨克是个药理学博士，他拥有一个生产药物的实验室并担任主任。索尔是一名医生，而什穆埃尔的女儿丽贝卡则在法学院上学。

"他促使我们努力学习和工作，"索尔告诉我说，"他总是在说，上帝给了犹太人一颗会做生意的脑袋，因此他们可以给别人提供工作。在他的鞋厂里工作的人有 1200 个。他的内心充满骄傲，多亏了他，这么多人才能够养家糊口。对他来说，做一个好人就意味着努力工作，给别人工作，并支持慈善事业。"

当别人家的男孩子在踢足球、去海滩，或者去纽约游览的时候，瓦瑟斯泰因家的男孩子们正在帮助他们的父亲。他们在工作之外都见不到他。他们的父母深夜才回家，那时他们都已经入睡了，当孩子们醒来时，他们的父母已经出门了。索尔的个子甚至还没有达到桌面的高度时，他父亲就告诉他，"你和其他孩子不同：他们有叔叔，有祖父，而你没有。你的叔叔和祖父都被波兰邻居杀死了。你是以你叔叔的名字命名的，他在 12 岁的时候，脑袋就被人用斧头劈开了"。

"我的父亲会把世界上任何有关暴行的消息都和耶德瓦布内联系起来，"哥哥艾萨克说道，"他认为他应该警告世界，因为如果让世界了解耶德瓦布内的话，邪恶就不会再发生。他想让他所爱的人们知道这件事。他痴迷于此。我不得不几百次地听他讲大屠杀的事。一个孩子，要想成为一个快乐的人，必须在成长过程中信任别人。一而再再而三地听到犹太人被他们的波兰朋友杀害，我已经失去了这种信任。为了继续生活，我必须在我内心深处阻止那些回忆。当这种回忆回到我身边时会令我沮丧。我的弟弟索尔也承受着同样的痛苦，但不管怎样，我们仍成功地生活和工作着。我们的弟弟杰拉尔多患了精神分裂症。我们家原先一直都没人得精神病的。耶德瓦布内给我们留下了深深的烙印。"

他们经常想知道为什么他们的父亲不能表现出温情的一面，从不拥抱他们，从未亲吻过他们，也从不带他们出去吃冰激凌、参加比赛，或者看电影。也许，因为他生性多愁善感，所以他是在外表上试图表现出坚强？也许他所有的感情都在那一天在谷仓里被烧毁殆尽，以至于他不再有什么柔情了？

什穆埃尔教育他的儿子要尊重以色列。"人们尊重我们，是因为我们有自己的国家，"他说，"他们以前不尊重我们。"他订阅了以色列的报纸——《耶路撒冷新闻报》（*Yehuod Hamot*）。他的每一天就以读这份报纸开始。他平时不去犹太教堂——就是一年一次，在赎罪日那天。那天也是一年中唯一的他不工作的一天，但是在日落时分，赎罪日一结束，他马上跑去打开他的商铺店门。

"我想成为和父亲不同的人，"索尔告诉我说，"以此表明做一个好人还会有其他方法。这就是我成为一名医生的原因。但是当我父亲开始有健康问题的时候，我就和他一起参与了生意上的管理工作。"

瓦瑟斯泰因开的店铺有些是售卖 schmattas（译者注：劣质廉价货）的，或者卖衣服和鞋子，他还拥有一家鞋厂。当市场上充斥着中国产品时，他的工厂开始亏损了。索尔终于成功地说服他的父亲关闭了自己的鞋厂。他们一起共同经营了 20 年。他们家的一个朋友告诉我，他们斗得很厉害，有时候还会动拳头。

"我们会争吵得很激烈，多数是他想投资土地，但我知道那样做没有回报，"索尔说，"犹太人想要的是教育他们的孩子和拥有自己的土地，从而他们期望能借此获得一个安全感，在战前的波兰，他们不能购买土地。当我父亲去世后，我意识到我和他真的还没有太大的区别。我星期六不工作，但这只是因为我的妻子禁止我去工作。还因为我妻子的坚持，我才会去度一两个星期的假。但是，我仍然会从黎明到黄昏经营我的业务。我在全国各地拥有 71 家鞋店。你知道吗？最近我一直在投资地产。"

波兰之行的录像显示，瓦瑟斯泰因跪在地上，哭泣着，吻着谋杀现场附近的土地。他指给儿子们看："这是我逃亡走过的路。我在这块石头后面躲过。这个池塘就是他们淹死女孩儿们的地方。"还有，"几百年来，他们和我们居住在一起，互为邻居，然后他们却把我们拖出家门，把我们杀死在斯莱赞斯基的谷仓里，在下午 3 点钟"。他开始祷告，"亲爱的妈妈，亲爱的兄弟，这么多年来没有你们，这日子过得是多么艰难啊。我每天都在想你们"。

早些时候在耶德瓦布内，我听说过这次访问。瓦瑟斯泰因回来了，想给每个人一百美元，因为他对他说过的谎言感到羞愧。我还听说了他又是怎样去了耶德瓦布内郊区的扬泰弗考，就是他藏身过的地方，他在那里大哭一场，一有人沿着街走过来时，他就掏出一张十美元的钞票。居住在耶德瓦布内的安东宁娜·怀赞考斯卡的侄子斯坦尼斯瓦夫·卡尔沃夫斯基告诉我说，"我很不好意思告诉你，这么多年后他回来时给了我多少钱：就 40 美元。但邻居们告诉大家是 3000 美元。"

"耶德瓦布内的每一块土地都留在他的记忆里。在这里有一个孩子摔倒了，在那里他听到了尖叫声，在这里，牧师锁上了教堂的门"，艾萨克说道。

在耶德瓦布内的市场上，他们被告知："不要问任何问题，请快点离开这里。"他们原本计划停留较长时间的，但他们立刻离开了。

当扬·格罗斯在哥斯达黎加拜访什穆埃尔时，已经再也不能同他有任何沟通了。什穆埃尔病得非常严重。我到达圣何塞时，刚好是在他去世后不久，那是 2000 年的 2 月。

在他生命的最后几个月里，他几乎听不到任何声音。他告诉他的儿子们，他听到他的母亲的声音——她正在谷仓里向他呼喊，求他帮忙。

当他成为攻击和讽刺的目标时，他已经离开人世了，也许这样对他来说还更好，免得去听那些污言秽语。对于所有那些否认波兰人在耶德瓦布内屠杀犹太人的人来说，他成了一只替罪羔羊。格罗斯的书刚一出版，城里的人们就开始声称，当波兰人被驱逐到西伯利亚去时，瓦瑟斯泰因曾经持枪在一辆卡车上。

/ 398

"他是一个年轻的小伙子，因为他的父亲在战前就已经死了，于是养活母亲和弟弟的担子就落在了他的肩上。"拉凯拉记得她丈夫讲过的故事，"他从一个村庄到另一个村庄去买肉，然后到黑市上卖掉。他尽量设法生存下去。他一点都不懂俄语，他对苏联人敬而远之。"

拉凯拉的话与我从以色列的梅厄·罗内处所听到的是一致的："我从上学开始就认识什穆埃尔了，我们叫他'Pietruszka'（公鸡），因为他长了一头红发。在苏联占领期间，他没有把时间用来同那些支持新秩序的白痴搅和在一起。"1939 年，当苏联人来到时，他还不到 17 岁。

比他小一岁的朋友都接受过苏联的教育，比他年龄大一岁的则成了苏联军队的征兵对象，会被送去学俄语和马列主义。他夹在中间恰好两者都避免了。

普热舍拉的莱昂·杰齐茨从那个时候就记住了他："我在苏联占领期间经常见到他，因为他在做买卖肉的生意，而在我们的谷仓里——普热舍拉的谷仓很平静——他会在里面屠宰牲畜并剥皮。有时候他也会杀一头猪，但他是偷偷摸摸地杀的，不仅要避开苏联人，而且还要瞒着其他犹太人，因为对他们来说这是一种罪过。"

在耶德瓦布内居民与检察官伊格纳季耶夫的公开会议上，谷仓拥有者斯莱赞斯基的女儿贾尼娜·比德齐奇卡问道，"为什么那个犹太人给自己署名为瓦瑟斯泰因，而他的原名是卡尔卡？我也有一个名字，但我从来不改变我的名字。如果他没有通敌的话，他会改名吗？"事实上，瓦瑟斯泰因在战前并且直到他去世都一直叫瓦瑟斯泰因这个名字。在苏联占领期间，那时所有耶德瓦布内居民都被迫接受苏联护照，护照上要求每个人都填一个父亲这边的姓，他可能写下了"卡尔高维奇"作为他的姓。他父亲的名字是毕卡因，或者是卡尔卡——这就是当怀赞考斯基为他们干活时，自称为斯塔谢克·卡尔卡的原因了；在那个时候，这样的名字听起来远比什穆埃尔·瓦瑟斯泰因好得多。

在2001年的冬天，托马什·斯特泽博斯教授广泛地传播了这样的消息，"经各方确认卡尔高或卡尔卡就是瓦瑟斯泰因，而且战后他是沃姆扎安全部门的特务"。对此，教授自己也坚信不疑。天主教新闻社也引用了这条消息。

"我写下了我能证明瓦瑟斯泰因在战后立即离开了波兰这个事实，"我从他在耶德瓦布内的一个朋友哈依姆·斯罗希科那里听说，"我要求他们发表一个更正，但没有反应。"

在右翼报刊和关于耶德瓦布内的几本书中，同样的措辞不断地在重复着，把斯特泽博斯教授所引用的作为一种权威："特务瓦瑟斯泰因"，

"犹太人暴徒"，"特务邻居"，"这不是第一次，也不是最后一次，犹太特务机关的特务对着他们的受害者讲道德"。耶德瓦布内那些热衷于阅读反犹主义报纸的人很快就开始重复这些话了。

"瓦瑟斯泰因在秘密警察的监狱里拷打了我的父亲，这就是有关耶德瓦布内的真相"，一个居民冲着我大叫。我问他那是什么时候。据说是发生在 50 年代。当然，那时候什穆埃尔早已离开波兰了。

我问什穆埃尔的儿子们，他们是否告诉过任何人关于他们父亲的经历。伊扎克说："生活在太平洋岛国的人永远不会明白这种事情。"艾萨克回答说："有一次，我告诉这里一位著名的知识分子我父亲正在口述的一本书是讲什么的，他认为那是一部虚构的作品。"

什穆埃尔写书的目的是要记住并告诫其他人，而且，尽管发生了这一切，还要给人以启示。这就是为什么他的书中提供了人们带着尊严去面对死亡的描述。

"一个虔诚的犹太人，看起来像是刚从一本先知书中走出来，裹着一条祷告时用的披巾，用他的身体遮盖住一本五百年的摩西五经，向上天高举起一本祈祷书，并且，用希伯来语宣告着上帝的力量，一步一步迈向烈焰。此刻，一切都安静了下来。那些怪物们在他的犹太信仰的力量面前惊慌失措，他们默默地看着他的祷告披巾散发出巨大的火舌。"

"有个人拽着一个漂亮犹太女孩的头发把她拖出来，她叫泰尔莎。他走到我藏身的墓地边缘，迫使她躺下，说他想要她。她不停地抵抗，直到最后，她说道：'停止屠杀，我就把自己交给你。'这个男人不寒而栗，仿佛有人打了他的头。他狂暴地大喊一声，用力抽打那个女孩。从那张那个男人梦寐以求看作是沙漠绿洲的口中，再也没有发出一丝声音。他把女孩抓起来，然后把她扔进了燃烧着的谷仓里。"

他还叙述了从一个波兰人口中了解到的他 12 岁的弟弟临死前的情况，那个波兰人"没有亲手杀死过任何人，但他的沉默和被动也使他成了一个罪犯"。他的弟弟一直在谷仓附近被斧头砍死的那群年轻犹太人

/ 400

中间。"他长得很结实也很英俊。犹太人被带到那个瘸子跟前，他用斧头砍死他们，再用他的拐杖把他们推到一个坟墓里去。他们把我的弟弟几乎留到了最后。他试图用一把铁锹来抵抗。而他们则试图用棍棒把他打死。他们那样打是会打死任何一个其他人的，但是索尔同其他任何一个人都不一样。他跌倒了，流血了，但又站了起来。他们打他的头，他又站起来。那个瘸子拿着斧子向他走去。索尔第三次站起来，虽然他的头已经脱离了他的躯干，他朝着屠夫走了几步，那家伙掏出一把第一次世界大战时的刺刀，刺了他三次，然后把他扔进了坟墓。"

在和沃姆扎犹太区幸存者的交谈中，在和一起藏匿在怀赞考斯基家中的难友们的交谈中，还有在和波兰人目击者的交谈中，瓦瑟斯泰因肯定是深深地在他的脑海中铭记了大屠杀的每一个细节。后来，所有的事实交织在一起，并且不断增加着，日日夜夜折磨着他，形成了他自己所说的一种"血腥狂欢"。他的故事已经被他讲了好几百遍，直到故事变成了神话。

他一定是把自己看作是保留了有关耶德瓦布内大屠杀真相的最后一个储藏室。数十年来，相关的报道没有渗透进人类的意识之中。因此，他的书是用鲜血写成的。他是在 1995 年开始口授的，于 1999 年 12 月完成。他是希望有一天会有人去听这个故事吗？这不过同一个被遗弃在无人居住的荒岛上的人一样，他把一个瓶子扔进大海，希望有人找到它并把他的命运铭记在心。

日 记

2002年1月1日—2月25日

2002年1月1日

在罗兹参加马雷克·埃德尔曼的生日晚会。我和他的画家儿媳妇索菲雅·利佩卡谈起了她在耶德瓦布内的装置作品展。位于乌雅朵夫斯基城堡的华沙当代艺术中心即将予以展出，就在出现问题时，一切都还在照常进行。她的电子邮件仍然没有得到答复，最终结果是没有资金可用于她的作品展。

马雷克·埃德尔曼在一个名叫邦德（Bund）的组织中很活跃，这个党派宣称犹太人的家就在波兰，他们应该为所有人争取社会正义，而不是移民到巴勒斯坦去寻找所谓的应许之地。他的一生都忠于这个观点（战争结束后，邦德的成员曾前往火车站试图阻止潮水般逃离波兰的犹太人）。但是在1968年，反犹主义得到了政府的支持，他的两个孩子，阿尼亚和亚历山大，每天放学回家都眼泪汪汪，这时，他认为从孩子们的角度考虑，最好是和他们的母亲一起移民法国。阿林娜·马尔戈利斯—埃德尔曼邀请阿尼亚的一个好同学索菲雅·利佩卡来家里过复活节，索菲雅就留在他们家，并在法国完成了学业。阿林娜是个儿科医生，她现在随着无国界医生组织正在从事人道主义工作。她曾在越南帮助船民逃离，她还去过萨尔瓦多、乍得和波斯尼亚。阿尼亚成了一名化学家，亚历山大是一个生物物理学家，索菲雅·利佩卡是个画家也是亚历山大的妻子。

索菲雅的装置作品展示了在几个监视器上的一些人物的脸部特写，这些人正在聆听什穆埃尔·瓦瑟斯泰因的证词。其中有像格罗斯这样的公众人物，还有朋友、熟人，以及完全随机的人，总共有 75 个人。"他们中有些人正在专心地倾听，另外一些人则在哭泣"，索菲雅说道，她念给他们听，并记录下他们的反应。"我边念边像婴儿一样多次哭了，"索菲雅告诉我，"听众中有波兰人、犹太人、法国人，有一个中国妇女和一个阿尔及利亚妇女，还有一个越南妇女听到有关犹太人遭受残酷迫害的描述令其回想起了越南战争，另外有个听众是我所在的文化中心的黑人女清洁工，她后来试图安慰我，说我虽然是个波兰人，但真的不必为此感到如此内疚。"

2002 年 1 月 3 日

我延长了我在《选举报》请的假，因为我只完成了我的书的一半。

我正在试图复原约泽夫·格朗多夫斯基的生活轨迹，他是得到安东宁娜·怀赞考斯卡救助的七个犹太人之一，以前叫伊兹拉尔或者是斯鲁尔。我在《耶德瓦布内回忆录》这本书中看到了一张他的战前照片。一个戴着夹鼻眼镜的高雅的男人，同他漂亮的穿着低胸礼服的妻子法佳在一起，身边还有三个健壮的男孩，亚伯兰·亚伦、鲁文和最小的埃马努埃尔。照片是在露天拍摄的，背景是田园风光，这在那个时代是罕见的。我在耶德瓦布内了解到了他的情况，我在审判文书和瓦瑟斯泰因的日记里都看到了有关他的记载。我同很多人谈论过他，在美国同雅各布·贝克和赫舍尔·贝克兄弟俩以及莱娅·库布兰，在以色列同雅科夫·盖瓦，最近是同安东宁娜·怀赞考斯卡。

我能够重构 1941 年 7 月 10 日发生在他身上的事情。早上，有三个拿着棍棒的波兰人强行闯入他的家，他认识他们——首先是住在同一栋楼里的费利克斯·齐卢克。他们把全家老少都拖到广场上去。有一个来自法佳的家乡什丘琴的波兰人把他们从广场上带走了。格朗多夫斯基从来没有透露过他的名字。

他和他妻子以及他们的两个儿子搬到了耶德瓦布内的临时犹太人居住区。 1942 年秋天，德国人要求所有的犹太人都必须到警察局报到，格朗多夫斯基非常担心，因为他们没有被告知要带上任何工具。他认为既然他们不是被召去干活的，就该尽快逃跑。他设法到了扬泰弗考的怀赞考斯基夫妇家，之后就一直藏在他们家里，直到战争结束。

在他家其他人身上究竟发生了什么一直不得而知。格朗多夫斯基说他的妻子和孩子被警察抓住后就被带到赞布鲁夫的犹太人聚居区去了。然而，莱昂·杰齐茨声称格朗多夫斯基的两个儿子是在耶德瓦布内附近的普热舍拉遇害的。他们躲在一块地上的干草堆里，这块地是属于杰齐茨家一个邻居的。那时是 11 月，天寒地冻，这两个孩子还没来得及到周围去找一个更好的藏身之处就被一个女人看见了，这个女人向村长做了汇报。村长又转告了警察，警察一来就找到了他们，并当场开枪打死了他们。

战争结束之后，斯鲁尔·格朗多夫斯基去了什丘琴，希望家中会有某个人能够在那里幸存下来。什穆埃尔·瓦瑟斯泰因陪着他；一路上危机四伏，看来两个人在一起开车的话似乎要更安全些。他们没有找到任何人。斯鲁尔差不多已到 60 岁，比怀赞考斯卡救下的其他六个人差不多要大两代人的年纪，他已经没有气力再跟他们一起偷越边界了。他在耶德瓦布内找到了他的老家。他去接受了洗礼，然后娶了一位战前在他家干过活的波兰妇女。他想融入周围环境，所以他把自己的名字改为波兰名字。他不想再去同那些幸存下来的犹太人取得联系，他也没有去找地区犹太历史委员会提供证词。他干的是某种中间人的营生，去收购原先犹太人的房屋，为所谓的亲属提供虚假的证词。

拉比贝克，当时叫雅库布·皮耶卡什，是沃姆扎犹太学校的一个学生，他战前就认识艾萨克。他曾经给格朗多夫斯基的儿子教过希伯来文，得到的报酬是一双鞋子，这双鞋他整整穿了一个学年。"当时他是耶德瓦布内最好的人之一，"贝克回忆说，"但后来伊兹拉尔变成了约泽夫，他们准许他生存下去，但条件是他要放弃别人的生命。那是不能得到宽恕的。"

这位拉比依赖的是《耶德瓦布内回忆录》一书中蕾佳·福盖尔的叙述："在那个不幸的时代，伊兹拉尔·格朗多夫斯基亵渎了上帝的名字。就在犹太人被烧死的那一天，他和他的家人跑到教堂去，跪在牧师的脚前，请他为他施洗。他以这样的方式，救了自己的命。他就是那个转而反对自己兄弟的人。大约有125个犹太人设法躲藏了起来，逃脱了被烧死的厄运。然而这位新皈依的基督徒把他们的藏身之地出卖给了波兰人。"

我知道这是不真实的。格朗多夫斯基受洗是在1945年8月（耶德瓦布内教区记录簿中的记录证实了这一点）。那里甚至都没有一个幸存的犹太人可以供他去出卖。他们自己已经从自己的藏身之地搬到了犹太人聚居区，在他们看来，那是最安全的地方——在波兰居民下了毒手之后——因为那里是德国人看守着的。

另一方面，雅科夫·盖瓦告诉我的是真实的：战后，格朗多夫斯基试图欺骗已经移民到美国和巴勒斯坦去的原先住在耶德瓦布内的一些家庭，告诉他们，他们的亲属幸存了下来，然后试图从他们那里拿到钱。

莱娅·库布兰记得格朗多夫斯基在战后给她们写过信——当时她和丈夫一起在奥地利的一个流离失所者营地——要求她们送他一个犹太人的日历。后来他们发现，他写信给大洋另一边的耶德瓦布内犹太人，告诉他们他仍然觉得自己是一个犹太人，以挂在他的墙上的犹太历来作证。然后他就会问他们要钱。

赫舍尔·贝克也告诉了我这件事。战争一结束，他就拜访过格朗多夫斯基。"他的妻子打开门，说道，'他不跟任何犹太人说话'。我说，'请叫他一下'。她当着我的面'砰'的一声关上了门。他当时在家，一定听到了我们的谈话，因为当他问他妻子'是谁呀'时，我听出了他的声音。当我离开波兰时，我通过一个临时难民营用邮件与我的兄弟们取得了联系。他们写信告诉我，我妈妈和其他耶德瓦布内犹太人幸存了下来，他们是从伊兹拉尔·格朗多夫斯基那里听说的，他们后来把钱汇给他请他转交给家人。但是我早就清楚地知道他们都已经死了。他不是一个诚实的人。"

似乎是从别人手中为明知已经死了的人拿钱这种罪还远远不够，《耶德瓦布内回忆录》中还增加了一条更为可怕的罪行，那就是背叛他的犹太人同胞。以便永远地把他从虔诚的犹太人社区中排除掉。

1947 年，来自乌拉圭的卡尔卡·米格达尔在给波兰犹太人中央委员会的一封信中提到了他（就是这封信引发了耶德瓦布内的审判）："那个仍然活着的人是斯鲁尔·格朗多夫斯基。我们不想过多地问他，因为他是独自生活在那么多非犹太人中间，他可能害怕说出真相。请调查一下斯鲁尔·格朗多夫斯基是否值得我们援助。他曾经是我们的邻居。我们无法理解就这么一个孤独的犹太人是怎么能够在这么多出手帮助毁灭这个城里所有犹太人的波兰人中间得以幸存的，他是如何面对那些人的呢？"

事实上，他还设法住在那里，是因为他像拉齐乌夫的玛丽安娜和斯坦尼斯瓦夫·拉莫托夫斯基夫妇一样，代表凶手出庭作证。作为证人，他一直说是德国人执行了大屠杀，他宣称那些被告是无辜的。

为约泽夫·齐卢克，这个把他和他的家人赶出家门去市场的人，格朗多夫斯基作的证词是："我的命是齐卢克救的。"

为亚历山大·雅诺夫斯基作的证词是："我怀疑他是否参加了焚烧

犹太人的行动，因为他是一个诚实的人，名声非常好。"

为罗曼·戈斯基作的证词是："当我们在市场上时，他来找我们，想要把我的家人藏起来，但是他的女儿来叫他，因为他的妻子生病了。"

为瓦迪斯瓦夫·米丘拉作的证词是："那天我被带到警察局，米丘拉和我在那里干了一些木工活……我从没见过米丘拉离开警察局。"

法庭对出现互相矛盾的证词这种情况并不感兴趣，因为根据被告人的需要，格朗多夫斯基一会儿是在集市广场，一会儿是在官员办公室，一会儿又在警察局里了。

约泽夫·格朗多夫斯基和其他市民一道签署了一些信件，声称那些已经被定罪的男人是正直的公民。齐格蒙特·劳丹斯基在就其判决提出的上诉请求中也提到，格朗多夫斯基是可以证明他无罪的人。

然而，此时此刻，已经到了他决定说实话的时候了。"当犹太人遭到围捕的时候，我是一个犹太人，"1953年12月11日，他在比亚韦斯托克地方法院大楼的审判室中就约泽夫·索布塔的案件宣称，"我认识索布塔，而且看到他在集市广场上手中拿着一根棍子追赶犹太人。"但是在1954年对索布塔的第二次审讯中，他却说道："他不应该被定罪，因为那些已经死去的人不会因此而复生。在调查期间，我没有谈到索布塔在大屠杀中的作用，因为我害怕，我知道警方不会在耶德瓦布内保护我，但在审判中，我说的都是所发生的事，因为我已经宣过誓，无论如何，我都要说出真相。"

格朗多夫斯基告诉法庭："在烧死犹太人的过程中，一个犹太小孩从一个棚子里爬出来，一个波兰人看到了这个孩子，抓住了他，把他扔到了火堆上；他是一个坏人。相反，我收养了一个波兰孤儿，而且我把他当作自己亲生孩子来抚养，丝毫不去考虑波兰人给我造成的伤害。"

法院裁定他的证词不可靠。然而，法院确实听取了索布塔的妻子关于格朗多夫斯基的证词，他索取两百兹罗提为索布塔出庭作证，但没得到钱。在1967年发起的一项调查中，格朗多夫斯基再次接受询问，那一次他说出了所发生的真实情况，但是后来又撤回了。

　　"早上 8 点左右，费利克斯·齐卢克、安东尼·索罗维兹基和（安东尼）格日玛拉来找我……他们拿着铁棍和木棒。"他在同安东尼·格日玛拉对质的时候坚持自己的说法，但是六个月后，在随后的讯问中，他改变了自己的立场，说这三人把他和他的家人藏在齐卢克家的房子里，而犹太人则是被"我不认识的、穿着便服、戴着口罩、用波兰语对我们说话的人"赶到市场上去的。

　　格朗多夫斯基死于 1972 年，享年 82 岁。十多年以后，沃姆扎的一份期刊《交际》采访了他的妻子，她同意接受采访，但条件是不得使用任何人的名字，不管是她的名字还是其他人的名字。但是要破解出她所谈论的人是很容易的。战争结束后，费利克斯·齐卢克又一次成为格朗多夫斯基的邻居："我的丈夫从来没有责怪他参加了大屠杀，并强行将他从家里拖到广场上……我的丈夫非常虔诚，可能只是因为这个原因，他才会受到各种侮辱。"

　　看来他在人生的最后一刻之前变得不那么唯唯诺诺了。莱谢克·杰齐茨记得当有人开始讲犹太人的坏话或骚扰他时，格朗多夫斯基有一句话在等他："那么为什么你还在教堂里吻那个犹太人的脚？"

　　格朗多夫斯基夫人继续说道："费利克斯·Z. 在埃尔克为他的孩子们建造了一栋房子。在某一次回他自己家乡时，他听说了我丈夫的死讯。他愤慨地来找我，怪我没有通知他参加葬礼。当时我实在忍不住回敬道：'如果我邀请你，我丈夫会在他的坟墓里翻身起来的。'而现在费利克斯也在坟墓里了，我的时间也快要到了，没有人还会记得那些不公平和艰难。"

　　他的妻子比他多活了四分之一个世纪，于 1996 年去世。在耶德瓦布内，我好几次听说了同样的故事，说的是格朗多夫斯基是如何收养一个男孩的，但上帝因他虚假的皈依而惩罚了他，他的名叫耶日的养子，变成了一个流浪汉，最后喝酒喝死了自己。耶日的寡妻告诉我，这些都是无稽之谈——他死于严重的疾病，她说。

安东宁娜·怀赞考斯卡依然非常珍视对斯鲁尔，就是后来的约泽夫·格朗多夫斯基的美好回忆。当她从扬泰弗考搬走后，她很少再回老家，但是只要她回去，她总是会去看望他的。

"他开了一家殡仪馆。"她告诉我，"耶德瓦布内还有另外一个人也干这一行，每当那家殡仪馆的老板听说有人去世时，他就会到那人家里去说，'我希望你不会去那个犹太人开的殡仪馆吧？'但是格朗多夫斯基又是什么样的犹太人呢，既然他很久以前就皈依了而且还娶了一个信天主教的妻子？当他们领养那个男孩的时候，那个孩子根本就不是犹太人，但是还是有人会因为他生活在犹太人家里而纠缠他。约佐克一直保留着他的意第绪语口音，直到他的生命结束，当他看到我时，他会说，'怀赞考斯基夫人，我没有忘记你为我所做的一切。当你父亲去世的时候，我会免费给他一口棺材。'可是格朗多夫斯基去世了，我父亲却又活了十年，一直活到他95岁的生日。"

2002年1月5日

只要我有片刻的自由，我就会去乡村看望我的阿姨哈尼亚·拉诺塔。她在为我翻译拉齐乌夫的查亚·芬克尔斯泰因的回忆录。这本回忆录是用意第绪语写的，其中有些片段用的是希伯来语，偶尔还有一两句德语句子。对哈尼亚而言这都没有什么区别。她大声流利地为我翻译，就好像她在念给我听一本波兰语写的书。

2002年1月27日

我在阿姨家又度过了一天，她继续给我翻译查亚·芬克尔斯泰因的回忆录。她对大屠杀的描述是一篇新闻报道的杰作。查亚有着敏锐的观察力和洞察力，叙述时感情充沛，层次分明，善于利用细节。

因此，7月7日上午，她看到一名盖世太保军官和市议会秘书斯坦尼斯瓦夫·格兹姆科夫斯基透过破烂的窗户在看贝特·米德拉西家的房子。在拉齐乌夫犹太人被烧死后，查亚意识到她亲眼看到了他们在寻找行刑的地方，他们很可能否定了市中心的犹太教堂，因为担心火势会蔓延到附近的建筑物。很可能是格兹姆科夫斯基提出的建议，利用那个空置未用、与城里隔着一段安全距离的谷仓；根据查亚的说法，谷仓主人已经去了阿根廷，所以他不可能提出抗议。

问题是缺少名字；查亚或者是根本不给出姓名，或者是只给出名而没有姓。她的叙述是如此扎实和精确，如果能将她所描述的行为配上相应的人的姓氏那就十分完美了。

2002 年 2 月 9 日

给所有那些否认波兰人有罪的人提供了证明的斯特泽博斯教授被《团结周刊》(*Tygodnik Solidarność*) 评为"2001 年年度人物"，对此给出的评语是："当自由主义左派正在寻求'有关当代波兰人的祖辈和父辈的一种可怕见闻'以便支持他们的关于'这个国家'的道德贫困的自以为是的理论的时候，当某些新闻媒体无休无止地互相攀比着抹黑和伤害波兰的时候，托马什·斯特泽博斯却在为她寻求真相。"

2002 年 2 月 10 日

耶德瓦布内。在宗教教育大厅举行了一次居民大会。牧师讲述了有关犹太人主动地自杀和自相残杀的情况，这些老调子我已经十分熟悉了。当牧师提到互相协调的德国部队的时候，许多年长的人，其中有一些肯定是当时发生的事件的见证人，随着牧师的话一起点头称是。

我要求牧师就民族纪念研究会的声明谈谈他的看法，声明说在谷仓里发现的弹壳里射出的子弹不是在 1941 年发射的，因此没有证据表明德国人当时在现场。"真相会大白的。"他冷静地回答，"市民们还有其他弹壳，他们藏在自己家里。"

2002 年 2 月 19 日

哈尼亚·拉诺塔为我翻译了查亚回忆录的另一部分。

当犹太人仍然能够生活在犹太人聚居区之外，同那些付钱给德国人换取犹太人劳力的农民在一起的时候，芬克尔斯泰因一家住在拉齐乌夫附近的一个村庄里。"父亲一生中第一次学着捆麦秆，"查亚伤心地写道，"我的侄女和我一起用犁耕地，原本只知道怎样背一包书的梅纳赫姆，在干农活的时候双手都出了血。"

哈尼亚尖锐地评论说，这部分殉道史完全可能发生在任何不习惯乡村生活的城市居民身上。她本人是在华沙长大的，但是在战前与我们的家人一起在斯克黑钦度过了很多一段时间，在田野里干活。那些在这片土地上干活的犹太人，其中有许多我要叫阿姨和叔叔的，后来在以色列的集体农场里都成了非常了不起的农场工人。很明显，哈尼亚不怎么喜欢查亚，她觉得查亚太严厉了。确实，她对人的判断是十分犀利的。但是，在她的辩护中，我必须要说她对犹太人往往同样强硬。

1942 年秋天，当德国人要求犹太人回到犹太人聚居区的时候，芬克尔斯泰因一家人躲藏了起来。哈尼亚·拉诺塔自己也是从华沙犹太人区逃出来，然后躲到雅利安人那边去的，她给我念了凶手们是怎么来到这个村庄，要求交出查亚全家的细节，她一直在说："这是骇人听闻的！在华沙，人们害怕敲诈勒索者，但是我可以走在大街上，我有战前就认识的朋友，我去过他们家的房子。这个女人就像住在一种动物园里，里面的野兽都被从笼子里放了出来。"

给查亚提供了藏身之处的那家人告诉她，在沃姆扎犹太人聚居区前面停了一些马车，这些马车是用来把犹太人送上最后一段旅程的，农妇们已经从犹太妇女手中抢走了包袱，还剥光了她们的衣服，只剩下内衣。在我全家被赶到犹太人聚居区之前所住的斯克黑钦村，这类事情是否也发生了？有一天，斯克黑钦的农民被命令驾车去犹太人聚居区，把犹太人运到火车旁，再由火车直接把他们运送到一个死亡集中营去。他们被他们认识多年的农民们所驱赶。那些被迫的死神助手是怎样表现的呢？他们有没有跟他们说话？他们保持沉默了吗？他们向对方道别说再见了吗？也许他们夺取了犹太人的财物，因为"他们不再需要它们了"？

2002 年 2 月 20 日

耶德瓦布内的每个孩子都"知道"在耶德瓦布内一案的审判中，讯问、定罪和判决都是犹太人主导的。与此同时，从 1949 年的法律文书中可以清楚看出——民族纪念研究会正在分析这些文书——案件调查是由一个波兰民族的人主持的，对被告人的讯问是由八个波兰民族的人和三个白俄罗斯人主持的（完全就像在 1953 年的审判中，一个波兰人主持了调查，审讯则由四个波兰人和一个白俄罗斯人主持）。

我试图找到当时的检察官。

帕维乌·塔拉瑟维奇在 1950 年升为埃尔克的秘密警察头子，现在住在比亚韦斯托克，他对我说："我不知道，我什么也没有看到，当时我并不负责，我已经不记得这个案子了。"

沃齐米日·沃乌科维斯基当时是个年轻职员，现居住在波德拉谢地区的别尔斯克，他说："我多次去过耶德瓦布内，会见过很多人，我很想帮助你，但是我什么都记不起来了。"斯特凡·库利克，现在住在华沙，他声称从一开始这就是一个错误。当我把法庭文书中的个人资料念给他听时，他记起来一些事情，但是当我进一步问他一个在调查中打人的问题时，他再次什么也记不起来了。"我的耳朵有毛病，当时在医院里治疗，这就使得我很难去记住事情。"

2002 年 2 月 24 日

我阅读了战后涉及耶德瓦布内和拉齐乌夫附近城镇当地人犯下的针对犹太人的犯罪案件的法庭文书。

民族纪念研究会的雇员现在正在追踪调查那些案子，而且案子的数量还不少。实际上几乎每个城镇都有犹太人被杀的案例。还有几个案例告诉我们发生在 1941 年 6 月下旬和 7 月上旬的大屠杀浪潮之后发生的屠杀事件，那些杀戮是从 1941 年夏末或秋季开始的，当时犹太人已经被围在犹太人聚居区内，只是偶尔被德国人雇用去为波兰农民无偿干活时才能离开聚居区。

斯坦尼斯瓦夫·扎莱夫斯基承认了在1941年8月犯下的谋杀罪（他于 1950 年被判处死刑）。受害者是 20 个犹太女性，15 岁至 30 岁不等，都是从什丘琴犹太人聚居区中受雇到布楚拉庄园里的花园去干活，这个庄园距离什丘琴不远。"我们骑自行车去那里，"扎莱夫斯基说，"早些时候，我们去了庄园的铁匠铺，把棍子的两端镶嵌上钢铁，这样能够更好地用来杀人。一个小时后，两辆装干草的马车从布楚拉庄园抵达，其中一辆是由克雷盖尔赶的，另一辆是由亨利克·莫泽莱夫斯基赶的。当大车被赶到房子前面的时候，我们把犹太姑娘从地窖里赶了出来，叫她们上车。我们驾车把她们送到了博奇科夫斯基森林，那里已经挖好了一个坑。在那里，我们吩咐犹太姑娘脱下她们的衬裙和短裤，只有两个年轻犹太女孩没有被迫脱掉，是因为穿的衣服太旧。我们开始把她们一次一个地带到坑里，然后用棍子把她们打死。特卡奇杀害了四个犹太姑娘。在他们杀死其中一名女孩之前，五个男人轮奸了她。在强奸了那个女孩之后，我拿起了特卡奇的木棍，亲手打死了她，用棍子在她头上打了三下，她就掉进了坑里。我从被杀害的犹太女人身上拿走了拖鞋和一件衣服。三天后，德国警察来找村长，在他们的命令下，我带他们去看了大屠杀的现场。一名警察问我用什么东西杀死她们的，我说用棍子。当我在说这些话的时候，我被一个德国警察打了一警棍，他说：'你们为什么不把她们带回犹太人区？'然后他们告诉我要把她们掩埋好。"

有一个证人对屠杀参与者说："我们全都是在国家党里。"

不久之后，一个名叫马吉克的犹太人在什丘琴郊区遭到毒打。"在1941 年的秋天，"有一位证人作证说，"我母亲卡奇米拉和我在斯卡耶村收获了土豆之后，在回到什丘琴的路上，我清楚地看到科诺普可·弗朗齐歇克拿着一根像一只巴掌那么宽的桦树棒，和拿着同样的一根桦树棒的来自什丘琴的多米耶克·亚历山大一起，把犹太人马吉克赶到犹太人的坟墓去。我认识马吉克，直到 1939 年，他一直在什丘琴生产糖果。当上面提到的那两个人追逐着犹太人来到我们身边时，我听到马吉克在向多米耶克哀求，'放我走吧，奥列克。我喂过你的孩子们，我给了你们很多糖果，没要钱，我有一块金表，我也会给你的'。我看到科诺普可用他的鞋尖从后面踢犹太人马吉克，嘴里说着：'到地狱去吧，你这个狗娘养的犹太人。'"

2002 年 2 月 25 日

我在轮流阅读着拉齐乌夫审判时的法庭文书和查亚·芬克尔斯泰因的回忆录，试图复原在 7 月大屠杀之后城里的氛围。

显然，在某种程度上，生活呈现出了一些新的色彩。人们欣赏着他们的新住房，他们的新羽绒被，他们的新水桶。他们忙碌着修理新近获得的房屋，由于房屋的大部分早已被抢劫一空，就要重新安装窗户，重新安装炉子，重新粉刷墙壁。尽管我们从查亚的回忆录中了解到，他们的满足感比起他们对于那些获得更多战利品的人的妒忌心来说，可能还并不那么强烈。

海伦娜·克利马谢夫斯卡的 1949 年和 1953 年的证词揭示了在房屋产权上的一些冲突。克利马谢夫斯卡是约泽夫·埃克斯朵维奇（随他祖母的名字，被叫做克利马斯或克利马谢夫斯基）的岳母，就是在拉齐乌夫那个谷仓放火的那个年轻人。1941 年 8 月，克利马谢夫斯卡和埃克斯朵维奇的祖母一起从戈尼翁兹来到拉齐乌夫，因为她听说"在清洗犹太人后那里有很多空房子"，而且"戈德莱夫斯基在负责以前的犹太人的房子"。她要求他"让出一栋以前犹太人的房子"。

"你不敢"，费利克斯·戈德莱夫斯基站在他从被谋杀的赞德勒那里夺来的房子的门槛上说道。

克利马谢夫斯卡指着他说，他自己已经处置了四栋房子。

"那跟你们毫无关系。我的兄弟马上就要从俄国来，是苏联人打发他去的，他必须要有栋房子。"

克利马谢夫斯卡坚持要一栋房子。

"当我们不得不清除犹太人的时候，见不到你们一个人，现在却想要房子"，戈德莱夫斯基气愤地说道，他派他的孩子去找附近的警察，再让警察去请亨利克·德齐科斯基（为德国人效劳的大屠杀的领导人之一），作为当局的代表，他应该可以对这个女人讲讲道理。

"如果这位先生不肯把房子给你，你最好离开"，德齐科斯基吩咐道。

海伦娜·克利马谢夫斯卡还记得，当她在和戈德莱夫斯基说话的时候，约泽夫·埃克斯朵维奇的祖母喋喋不休地也在对他说，当他们需要她孙子的时候，就打发他去放火烧粮仓，现在他们甚至连房子都不肯给他一套。

在拉齐乌夫，每星期四市场上仍然会有集市，只是再没有犹太人的摊位了，而且交易大都是以货换货。自从卢布失去价值后，也没有人再相信德国马克了。在大屠杀中幸存下来的犹太人都挤在犹太教堂附近的一个房间里生活。总共大约有 30 人，包括来自科尔诺的两个难民家庭。查亚·芬克尔斯泰因的侄子也在那里。他告诉她，他们已经被置于警方的保护之下，因此他们不再需要害怕会死于波兰人之手，但是他们不得不为德国人去干些毫无意义的苦活，比如把石头从河里捞上来，并且还有一个波兰人看守着他们，以便确保不给他们片刻休息时间。

幸亏有了查亚的回忆录，我才可以在重构拉齐乌夫大屠杀的过程中比我在《选举报》做的更加充分更加完整。在这一点上，我想我可以一个小时接一个小时地把事件描述出来。

在回忆录中一次又一次地反复提到了被盗物品这个主题。我们可以读到在男人们押送犹太人去谷仓时，妇女们则匆忙赶去查亚家掠夺她的财产。查亚描述了在星期天，她躲在一个谷仓里透过篱笆缝隙看到农民的孩子们在去教堂的路上，穿的是从她家偷走的她自己孩子的衣服。从这一栋房子到另一栋房子，到处都能发现犹太人的衣服或家具，因为即使是有些人没有参与偷盗，他们也会通过交换黄油或者蜂蜜时作为支付而得到这类东西。查亚在她的回忆录中所描述的情形，我早就在莎拉·金斯伯格写的一首诗中读过了，她以她的笔名而出名，她的笔名是苏珊娜·金珊卡（Zuzanna Ginczanka）：

> 并非我所有的都会随我而去——我骄傲的财产，
> 绿草茵茵的桌布，如城堡一样坚固的书架，
> 我的波浪般起伏的床单和珍贵的铺盖，
> 我的衣服，我的靓丽的衣服会比我活得更久。
> 当我离开时我没有留下子嗣，
> 所以你的手可以挖出犹太人的所有，
> 利沃夫的霍明诺瓦，勇敢的告密者的妻子，
> 即刻去告发，德国侨民的母亲。
> 愿他们为你和你家人效劳，因为没有理由
> 他们该为陌生人服务。我的邻人啊——
> 我所留下的，既非琵琶，也非虚名一个。
> 我记得你，像你一样，附近的警察，
> 能记住我。并提醒他们别忘记我。
> 愿我的朋友们坐下来，扶起他们的眼镜，
> 喝上一杯，为我的坟墓也为自己的收获：
> 地毯和挂毯、瓷器，还有烛台——
> 祝他们通宵饮酒作乐，直到黎明
> 又开始去寻找宝石和黄金
> 是否在沙发、床垫、棉被和地毯下面。

噢，这些作品将如何在他们手中燃烧，

一团团马毛和一簇簇羊毛，

枕头爆裂出的飞雪，似羽绒的云朵

粘在他们的手上，把双手变成翅膀；

我的鲜血能黏结麻絮和新鲜的羽毛

将凶恶的猛禽突然转化为天使。

  金珊卡藏身在雅利安人那边，首先是在利沃夫，然后是在克拉科夫。她没有芬克尔斯泰因夫妇那么幸运。有人告发了她。我们甚至都不知道她是在什么时候、在什么情况下死的。不知道依靠什么奇迹，这张写着这首预言般的诗的纸条幸存了下来，这首诗是根据斯沃瓦茨基著名的诗"遗嘱"改编的，金珊卡在她临死前写下了这首诗。

十二

他们有着伏特加、枪支和仇恨

或，1941 年 7 月 7 日在拉齐乌夫

发生在拉齐乌夫的大屠杀事实清楚，证据充分，这在很大程度上应归功于芬克尔斯泰因一家的证词。他们是与众不同非常特殊的见证人：那天父母亲和孩子们都在市场上，在大屠杀发生之后他们又曾经藏身在几十个地方，他们听到了藏匿他们的人所说的故事，并在此基础上，能够重构起以小时、以日为时间单位的整个事件的完整过程，他们相信由他们向世人作证的那一天总归会到来的。1945 年，长子梅纳赫姆·芬克尔斯泰因在比亚韦斯托克的地区犹太历史委员会作证。1945 年，父亲伊兹拉尔·芬克尔斯泰因在关于波兰人参与大屠杀事件的首次调查中作证。母亲查亚·芬克尔斯泰因在她于 1946 年写的回忆录中详细叙述了杀戮的过程以及之前发生的事件。2002 年 4 月，在美国堪萨斯城，我见到了最小的女儿也是唯一一还活着的大屠杀犹太见证人并与其进行了交谈。1941 年那年，她七岁。

在 1945 年和 1958 年间举行的审讯中提交的证据和证词提供了很多信息。被指控参与谋杀犹太人的男人有：亨利克·德齐科斯基、约泽

佩莎和伊兹拉尔·古斯坦因的女儿莎拉，以及她的丈夫，雅各布·齐穆诺维奇。拉齐乌夫。
1941 年 7 月 7 日，她们被波兰人杀害，一起遇害的还有他们的八岁女儿，舒拉米特。（由
何塞·古斯坦提供，www.radzilow.com）

拉齐乌夫的佩莎·古斯坦因。当她在 1941 年 7 月 7
日被波兰人杀害时已经 71 岁了。她在迈阿密的曾孙何
塞·古斯坦创建了虚拟的拉齐乌夫犹太人小镇：www.
radzilow. com。（由何塞·古斯坦提供，www.
radzilow. com）

夫·埃克斯朵维奇、费利克斯·戈德莱夫斯基、安东尼·科斯莫切夫斯基、莱昂·科斯莫切夫斯基、路德维克·科斯莫切夫斯基、亨利克·斯塔特克维奇，以及齐格蒙特·司克罗茨基。

我采访了几十名大屠杀的目击者——其中一些人，我不得不认为，不仅是证人，而且作为未成年的男孩，也是杀人罪行的小共犯。

1.

当俄国人在 6 月 22 日至 23 日的晚上逃离拉齐乌夫时，许多犹太人离开家门到外面去等待德国人入侵其他地方后最初几天的结果。镇上的波兰人居民——不论是大多数还是他们中的一部分，现在都很难确定了——欣慰地注视着德国人的到来：在受到憎恨的苏联占领结束之后，在他们看来任何改变都是会改善他们的处境的。有几个波兰人齐心协力准备搭建一座凯旋门；有人从阁楼上找出了一幅积满灰尘的元首画像，1939 年 9 月，这幅画像曾经在市政厅展示过。

梅纳赫姆·芬克尔斯泰因描述了 6 月 22 日清晨，震耳欲聋的炮火唤醒了拉齐乌夫的居民。"镇上八百个犹太居民立刻就明白了形势的严重性。"有些人决定逃到东边去，但在路上他们遇到了"全副武装的波兰法西斯帮派"，他们拦住了犹太难民，抢劫并殴打他们。犹太人试图隐藏在周围的村庄里和田野里，以避免军队进入城里的那个时刻。但农民们不让他们进入他们的院子。"别无选择，他们都开始返回自己的家了。这个地区的波兰人注视着这些被吓坏了的犹太人，嗤之以鼻，并且指着自己的喉咙说：'现在时候快到了——割断犹太人的喉咙。'"

查亚·芬克尔斯泰因看到年轻人在竖起凯旋门，收拾干净后，再用绿草和鲜花在上面加以点缀。梅纳赫姆作证说，他们在上面挂了一个卍字符，同希特勒的肖像在一起，还挂了一条写着波兰口号的横幅：那些把我们从犹太共产党人手中解救出来的人万岁！我采访过的对象都记得同样的事情。弗朗西斯泽克·埃克斯朵维奇看到几根木杆被打入地下，杆子上缠绕着鲜花，木杆之间吊着一条横幅。安杰伊·R.起誓说横幅上的题词很短：欢迎，另一个词他不记得的了，木杆上缠绕着绿色的树枝。

　　德军驾驶着坦克开进小镇。当时才七岁的欧根尼娅·K.看着镇上的人们把鲜花抛向坦克，坦克穿过拉齐乌夫然后继续前进。当时查亚·芬克尔斯泰因穿了一身波兰农妇服装，站在大门口观看，她记得一些人所说的话："基督徒热情地欢迎他们，大声呼喊'你们是我们的救星！你们从苏联人手里救了我们！''瞧他们长得多么英俊，香水的味道在他们身边飘荡，'一个基督徒妇女感情丰富地说着。"看到受了伤的俄国战俘被押着在眼前走过，查亚的心被打动了，然而当地人却向他们投掷石块。

　　有一些胆大妄为之徒跳上坦克去帮助追赶红军强盗。"俄国人正在逃往别布扎河，"一个目击者告诉我说，"有些波兰人坐在坦克上，指给德国人看穿过哪里可以去抓俄国人。"由波兰居民组成了一个临时当局。亨利克·德齐科斯基当时也是其中之一，在审讯他本人的时候，他作证说："和朋友们一起，我开始组织起一个市政府来维持秩序，"他还给出了这个自封的当局的另外八名成员的名字。我从目击者那里听说，他们九个人都参与了大屠杀。他们扛着苏联人留下的步枪，戴着红白袖章，到处耀武扬威。

　　查亚·芬克尔斯泰因描述了小镇在德国人占领下的最初的日子："基督徒们坐在家门前的长椅上，穿着假日服装，满怀着节日的心情。他们都是些我们认识的人。看到他们那么开心，我都不想同他们打招呼。有些年纪非常小的基督徒小孩指着街上的犹太人向德国人喊道：'犹太佬，犹太佬。'他们放狗去咬犹太人，一边大叫：'逮住犹太佬！'"

　　对共产党人和叛徒进行了秋后算账——有些人告诉我，这都是战争的规则。历史的这一部分并没有被掩盖住。

哈利娜·扎莱夫斯卡告诉我，"就在德国人来临之前，曾经有一次大规模的放逐，妇女和儿童都已经被送走了，男人们在解除了被苏联人一直用作基地的老奥索维奇要塞的武装之后，接受了德国人的盘问，然后被他们释放了。所以那些农民怒气冲冲地回到家里，随时准备大打出手"。

安杰伊·R.告诉我，"在德国人到达之前的那次放逐后来被称为黑色星期四。他们不但把人给驱逐了，还告诉留下的亲属来开会，会上向他们解释为什么实施这些放逐是正确的。一个当地的犹太人走出来说，'你们这些呱呱乱叫的乌鸦全都该流放到西伯利亚去'。波兰人在俄国佬离开后立即找到了那个人。那是 6 月 23 日的下午。他们首先在市场上折磨他。他们用绳子把一块扁平的石头挂在他的脖子上，让他去看太阳。只要他一闭上眼睛，他们就用棍子打他的脑袋。在他旁边站着两个人，一个人在一边用一根支柱砸他的头，另一个人站在另一边也用一根支柱砸他的头。同时，波兰人讯问他卡普兰斯基一家在哪里。卡普兰斯基是一个风琴师，他和家人一起都被驱逐出境了。他们押着他顺着沃姆金斯卡大街到了桥边，然后把他扔了下去。水很浅。我看着他们折磨他，直到一切都结束了为止"。

哈利娜·扎莱夫斯卡记得受害者死前已经被太阳光刺瞎了双眼。

查亚·芬克尔斯泰因遇到了一个犹太女孩，是她儿子的一个同学，这个女孩曾经在体育馆里举行的一个仪式上热情地赞扬了苏联人。"她的嘴唇青一块紫一块的，她被她的波兰朋友殴打了一个晚上。"

就在苏联人离开的同一天，当地人朝位于盖夏大街上神殿里的军需品仓库冲去，那里囤积着衣服、食物和步枪。他们从苏联人的商店开始，但是也有成群结队的当地人闯进了犹太人的家——许多犹太人在这最初的几天里离开了这个小镇，或者躲在他们认识的乡下人家里或者睡在附近的野地里。

整个拉齐乌夫都喝醉了。那是因为镇里的酿酒厂被接管了。

切斯瓦夫·C.告诉我，"俄国佬一离开，我们的小伙子们就去了苏契酒厂。酒厂里满满的都是酒。波兰人对伏特加求之若渴，他们中的一些人对犹太人怀恨在心，而这种仇恨情绪是有充分根据的"。

米奇斯瓦夫·库仑高夫斯基告诉我说，"他们从苏契酒厂带回了成桶成桶的伏特加酒，其中有些人在这个过程中死了，因为一间存酒的房子起了火。他们有着伏特加、枪支和仇恨"。

紧随德国坦克到达拉齐乌夫的是一批纳粹德国的国防军士兵。他们粗暴地对待犹太人，还热衷于让波兰人参与其中。他们割掉了年老男人的胡须，用剪刀剪得乱七八糟，并且殴打他们。6月25日，他们导演了一场丑剧，展示了允许波兰人对犹太人肆意妄为的程度。有些当地人快乐地参与其中，我们从犹太人和波兰人两方面的目击者那里了解到。

梅纳赫姆·芬克尔斯泰因描述了德国人如何命令犹太人聚集在犹太会堂里，而波兰人则守在出城的路口，并强行将出城的人们赶回城内的情形。德国人命令犹太人从犹太会堂拿出他们的圣经并烧掉。后来"他们给犹太人套上马车的马具，自己跳上马车，用尽全力鞭打他们，赶着他们拉着马车沿着每条街道奔跑"。犹太人被赶到泥泞的河里，还被命令完全脱光衣服走到水里面去。

安杰伊·R.对这个情景的记忆非常详细。"他们给犹太人套上了马具，用鞭子驱赶他们。马车上还装了一个木桶，德国人穿着游泳裤坐在木桶上，因为6月天气很热。我们站着观看。小孩子们都在笑；毕竟，没有人知道会怎么结束，所以在那些最初的日子里有很多欢笑声。"

查亚·芬克尔斯泰因说："农民不会把食物卖给犹太人，还把他们的母牛牵走。那些把房间租给犹太人的人告诉他们搬出去，因为他们的窗户被人打破了。"

6月27日，德军指挥部离开了拉齐乌夫，但暴力行为却只增不减。

自发形成的城市当局负起了责任，但不时会有小批德国人来到镇上。从查亚·芬克尔斯泰因的证词中可以看出，德国国防军离开这个小镇的同一天，一大批人于晚上到达——他们被形容为"希特勒的狗"——身穿卡其布服装，驾着四匹马拉的用防水油布做伪装的马车。他们强行进入她家中，把家中所有人都打得头破血流，包括儿童在内，并且把房屋内的东西全掠夺一空。周围有当地人看见，前面提到的那个亨利克·德齐科斯基"带他们到房子周围"。第二天，农民们牵走了犹太人的奶牛，把它们赶到市场上，然后德国人又来了——这次是开着卡车来的——他们把母牛装走了。这个迹象表明，即使在镇上没有驻扎德国部队，在附近什么地方也肯定有一个营地。因为犹太人再也买不到粮食，抢走他们的奶牛意味着置他们于饿死之地。

家园遭到入侵，居民遭到殴打，住房遭到毁坏和抢劫的场面每晚都在发生。许许多多的叙述使我们有可能重构属于这些团伙的人物。[1]

/ 421

安东尼·奥尔谢夫斯基告诉我，"暴徒们把犹太人绑在切肖·巴金斯基的马车底部，然后猛地拽马的缰绳。有一次我给他送去一匹病马时，他亲自告诉我这件事。他说，没有人征求巴金斯基的许可，他是一个年轻人，他们只是把他从马车上推下去，然后就对犹太人为所欲为。水塘里水不多，就是一个烂泥池，但足以淹死他们。我从来没有听说过有德国人在那里"。

1　6月23日至7月7日去犹太人家中大肆打砸抢的团伙成员有：扬和亨利克·德齐科斯基两兄弟；亚历山大、费利克斯和斯坦尼斯瓦夫·戈德莱夫斯基三兄弟；莱昂和安东尼·科斯莫切夫斯基两兄弟；路德维克·科斯莫切夫斯基，保林的儿子（如此称呼是要区别于另一个路德维克·科斯莫切夫斯基）；扬·科瓦莱夫斯基；斯坦尼斯瓦夫·莱什采夫斯基；齐格蒙特·玛祖卡；布罗尼斯瓦夫和莱谢克·米查罗斯基；扬、安东尼和费利克斯·莫达希维契三兄弟；亚历山大·尼特基奇；约泽夫·帕科斯基；温切蒂·皮厄特罗斯基；亚历山大·波尔考夫斯基；安杰伊·伊格纳齐和约泽夫·拉莫托夫斯基三兄弟；齐格蒙特·司克罗茨基；米奇斯瓦夫·斯特策尔莱基和他的妹妹欧根尼娅；以及约泽夫·苏勒夫斯基，又名尼捷考夫斯基。

查亚·芬克尔斯泰因写道："夜晚非常糟糕。波兰人不分年轻年老都在跑来跑去。他们从我们邻居家中把衣服、床单、棉被、枕头一起拽了出来。他们从我们的一个皮货商邻居家抢走了羊皮，我们听到打破窗户的声音和咆哮声。每天晚上我们都听到可怕的尖叫声和求助声。犹太人躲藏在阁楼上的藏身处和地窖里，或者是可以搬一个衣柜把门隐藏起来的房间里。他们从众多家庭中抓走作为一家之主的父亲，殴打他们直到失去知觉，把他们带到其他地方接着打，最后再把浑身血淋淋的他们扔回他们的家门。当女人们哭着看她们的丈夫遭受殴打时，他们说道：'闭嘴，否则我们也会这样对付你们。'那样的折磨持续了两个星期。"

哈利娜·扎莱夫斯卡告诉我说，"每天晚上都有事情发生。我母亲对那些暴徒说，'不管怎样，赶快结束吧，老是听着这种尖叫声和嚎哭声我都没法睡着觉'"。

梅纳赫姆和他的父亲伊兹拉尔·芬克尔斯泰因作证说，抢劫往往伴随着强奸。当扬·司克罗茨基给他的表姐哈利娜·扎莱夫斯卡引用梅纳赫姆的证词中有关犹太妇女被强奸的一段时，她竭力反对，却没有注意到她的话其实证实了梅纳赫姆的证词："那些犹太母牛。什么样的男人会想要她们。只有科斯马切夫斯基兄弟才会去强奸，莱昂和安东尼，还有住在花园另一边的莫达希维契。卡丘克·莫达希维契要了埃斯特拉，裁缝斯齐蒙的妻子，给我们洗衣服的那个，和她一起做了他喜欢的事情。他领她到玛特拉克河泥泞的河岸上，把她带到水坝后面，然后让她滚来滚去。她乞求我们为她出面干预。我的父亲甚至打算上前去，但那些暴徒砰的一声砸在门上，喊道：'如果你为犹太人说话，你就会第一个被烧死。'咳！他们就把埃斯特拉和其他人一起烧死了。"

7月6日星期天，可怕的消息传来了，波兰人已经杀死了附近翁索什的所有犹太人。正如梅纳赫姆·芬克尔斯泰因所描述的那样，中午，很多波兰人从翁索什来到了拉齐乌夫。当地人没有让他们进来，但他们也不允许犹太人离开。

"在所有进出小镇的道路上，都有很多农民，男人和女人，注视着犹太人的一举一动，"查亚·芬克尔斯泰因写道，"我们听到农民大声叫喊着，他们正在践踏粮食，这样一来，就没有哪个可怜的人能够藏在里面。"查亚的弟弟去找多文戈夫斯基神父，请他出面调解："我弟弟哭泣着恳求牧师，但是他只是怒斥和责骂，其他什么都不愿做。"

2.

7月7日，从清晨开始，一辆接一辆的卡车装着周围村庄的男人，拿着棍棒，来到拉齐乌夫。

斯坦尼斯瓦夫·拉莫托夫斯基说："7月6日至7日的晚上，天还是黑的，他们就开始坐在卡车上开进拉齐乌夫来镇压犹太人。"

早上7点左右，两三辆汽车出现在市场上。这确实是一批来自秘密警察和赫尔曼·沙佩尔领导的安全部门的官员，他们是帮助这些地区"绥靖"的小股德国部队之一，并且参与了（除了其他方面之外）当地居民针对犹太人的"自我清洗"。沙佩尔是来自切哈努夫的一名盖世太保军官。民族纪念研究会设法找到了91岁的沙佩尔，检察官伊格纳季耶夫在2002年4月试图对他进行审讯。但他什么都不愿意说，以他健康不佳为借口。

谋杀拉齐乌夫的犹太人是什么时候计划的呢？是谁计划的呢？事先就已经知道他们正在准备当天的一场大屠杀。我们可以假定这个安排是在沙佩尔和拉齐乌夫的临时当局之间于前一天做出的，尽管没有任何一个证人记得德国人召开过任何会议或早些时候来访过。当然，很可能没有人会记得有一两个德国人乘坐私家车来访的。我们不知道这些交易是如何达成的。沙佩尔是否下过屠杀犹太人的命令呢？他是否鼓励这样做呢？抑或是他仅仅表示了他的同意？

黎明时分，当农民们前去参加大屠杀时，一些个别的谋杀已经发生了。摩西·佩卡尔被殴打致死。佩卡尔的一个女儿，16岁，半死不活地蹲在她死去父亲的身边。农民们挖了一个坟坑，把她扔进去，与她的父亲在一起。查亚·芬克尔斯泰因是在早上 7 点钟从她们以前的司机那里听说的。"他非常难过，"她说道，"他诅咒那些凶手：'婊子的儿子！把一个女孩给活埋了！'"

安杰伊·R. 告诉我说，"有三个德国人乘坐一辆敞篷车来到这里。我站在附近。他们说，'这里的犹太人很臭。我们过几天再来，确保再闻不到这样的气味'。他们指着费利克斯·莫达希维契，他站在附近——这是他的责任。'我该怎么去做呢？'他问道。然后，他们从车里拿出了五支步枪，那种只能发射单发子弹的长枪"。

哈利娜·扎莱夫斯卡告诉我，"有四个德国人乘坐两辆吉普车来到市场，他们戴的帽子上有骷髅的标记，他们带来了步枪要分发给大家。年轻人特别愿意去听德国人的话。德国人告诉他们，'你们这里的犹太人是有罪的，他们的罪就是使你们的家人冻死在俄国。用一个去给路面拔草的借口，把他们全部召集到市场上去'"。

安东尼·K. 告诉我说，"那里有五个德国人和一个司机。白帽子，白手套。很多人聚集在那里，我也在那里。一个德国人走了出来，说道：'把所有的犹太人带到市场上去除草。我们要去耶德瓦布内的市场，然后我们会回来看看你们干了些什么。如果你们没干，那你们就完蛋了。'"

当安东尼·K. 被问到，当时聚集在那里的人们是如何听懂德国人说的话时，他停顿了一下之后回答说那个德国人讲的是波兰语。这可能是对的——我们知道沙佩尔懂波兰语。把犹太人赶到市场上去——这个行动可能是由自行任命的当局按照来访的盖世太保的指示协调的——组织得很好。所有的犹太成年人和青年都被围困起来。一部分波兰人被分配去看守道路，因此犹太人无法逃脱。斯坦尼斯瓦夫·拉莫托夫斯基在能俯瞰市场的一个阳台上看到了一个德国人，此人正在拍摄被围困起来的犹太人的照片。

哈利娜·扎莱夫斯卡告诉我说，"他们一家家走过犹太人住的房屋，说：'犹太人，我们的波兰市场上草长得很乱，快点除草去。'哦，哦，他们快乐地去了，犹太人，他们带去了刮刀，情况原本可能会更糟的。在市场上，我们的人们挑选了最坏的共产党人。当某人对什么人怀恨在心的话，他就在市场上找到那个人，然后就去与他算账。犹太人躲在烟囱里，波兰人就把他们拉出来。有一个人，一个共产党人，害怕得要死，结果就用一把裁缝用的大剪刀剪断了自己的喉咙"。

亨利克·德齐科斯基说（1953年的审讯笔录）："我们开始把居住在拉齐乌夫市区的所有犹太人都赶到市场上去，不论性别和年龄，我积极参与了这个行动。有一个盖世太保官员任命我为负责清算犹太人的一个小组的负责人，并且指定我们可以用刀子砍犹太人，并用斧子砍死他们。我们小组中参加过屠杀犹太人的一个人说，这样去杀犹太人会导致双方身上都沾满鲜血，然后有一名盖世太保军官告诉亚历山大·戈德莱夫斯基（现在在狱中）：'你们有一个谷仓，你们可以把他们全部烧死。'在盖世太保军官说出上述话之后，我开始在我所有的朋友帮助下，把犹太人按四人一组集中起来。当我们把他们排列成队之后，我站在队伍的前头，带领他们从市场向谷仓走去。"

把所有的犹太人全都围起来足足花了好几个小时。他们被逼着去唱苏联歌曲《我的莫斯科》。

查亚·芬克尔斯泰因描述了扬·瓦莱夫斯基，绰号叫"美国人"（因为他在美国待了很多年以后才回来），是如何殴打一个站在她儿子身边的犹太人的，一直打到他倒在地上，鲜血从喉咙和耳朵里喷涌而出。她看见一个她自己的女性朋友怀里抱着一个三个月大的赤裸裸的婴儿——有人把包裹婴儿的毯子抢走了。盖世太保从他们的汽车里拿出了葡萄酒和零食。当着被围困起来的犹太人的面，他们美餐了一顿，然后开始殴打犹太人。一个德国人把一块石头绑在一个犹太人的脖子上，用棍子抽打他，逼他转着圈跑。过了一会儿，盖世太保离开了。然后波兰人吩咐犹太人沿着皮耶克纳大街走。当他们被赶到谷仓时，周围已经没有德国人了。

安杰伊·R.告诉我说，"我跑回家去告诉我母亲正在发生什么事情。我喂了兔子，吃了午餐，当我回到市场上去时，犹太人正在排成一个纵队。我看到学校里的同学们在院子里玩耍"。

哈利娜·扎莱夫斯卡告诉我说，"他们被赶着沿皮耶克纳大街往前走，经过我们家的窗户，一个是我们邻居的犹太女人说，'扎莱夫斯基先生，你是那么一个受人尊敬的、正派的人，请拿走我们的东西，救救我们。'但是那些年轻人手里拿着弹簧折刀。这个犹太妇女抱着她的小儿子，另一个紧紧地牵着她的腿，有一个波兰人——他肯定是从另一个小镇来的，因为我之前或之后都没有见过他——赶着她往前走，用棍子抽打她，她的孩子的脑袋被打破了。爸爸刚好从窗帘后面看了一眼，他哭了起来"。

亨利克·德齐科斯基说（1949年的审讯笔录）："犹太人没有试图逃跑，至少我没有看到他们有过尝试。他们就像驯服的羊一样去了。有一个犹太人开始逃跑。费利克斯·莫达希维契赶上了他，用手中拿着的一根杆子打他的头，打得很重，出了血，那个犹太人只得转身朝谷仓走去。"

3.

谷仓的墙是由石头砌成的，门是木门。为了不让犹太人逃跑，用了很多根棍子来顶住门，还搬来了一些大石头堆在谷仓门外，使得大门无法打开。

住在格丁尼亚的贾尼娜·斯坦纽斯卡是扬·司克罗茨基的表妹，她说："那时我12岁。有几个人藏在农作物里面，凶恶的暴徒正拿着棍棒在田野里搜寻。我正从玛特拉克河另一边的草地上回来，我刚给一个为我们家放牛的男孩送去了食物。那是傍晚时分。我朝前面看了一眼，只见一个人手拿棍子朝我跑来，一边喊道：'你是个犹太女人。'他把我带到谷仓去。在那里，主啊，他们正在把人活活地烧死，他们试图逃跑，爬上屋顶，又跳下来。住在我们家附近的两个邻居为我挺身而出：'她不是犹太人。你想要从司机的女孩那里得到什么？'他们那样叫我是因为我父亲是个司机。然后他们解释说那些农民是从翁索什来的，这就是他们不认识我们的原因。之后，我总是害怕经过那个地方。"

毫无疑问，我们知道谷仓是谁放火烧的：约泽夫·埃克斯朵维奇（或者叫克利马斯或克利马谢夫斯基）。许多目击者都记得这一点。汽油罐是绝对被用了的。那些试图逃跑的人都被枪杀了。

哈利娜·扎莱夫斯卡告诉我说，"约泽夫·克利马斯又胖又矮，因此他的朋友们不得不助他一臂之力"。

安杰伊·R.告诉我说，"我亲眼看到约泽夫是怎样把汽油倒在谷仓里的。然后，他追赶着一个设法跳出谷仓的女孩。他抓住了她，然后杀死了她"。

约泽夫·埃克斯朵维奇，又名克利马谢夫斯基说（1948年的审讯笔录）："暴行的策划人和主要执行人是：德齐科斯基、戈德莱夫斯基和科斯马切夫斯基兄弟。他们配备了步枪，他们让我把汽油倒在谷仓上面。他们帮了我一把——另一个纵火犯是从附近卡尔沃瓦村来的一个小伙子——我们爬到屋顶上，然后把汽油也倒在屋顶上。"

/ 426

亨利克·德齐科斯基说（1949年的审讯笔录）："说当时未成年的克利马谢夫斯基去放火烧谷仓是被迫的，这是不正确的，他是自愿去干的。当汽油被倒在房顶上并用火柴点着后，房顶像闪电一样燃烧起来。过了一会儿，有人从燃烧着的房顶铺的茅草里摔了下来，衣服上全是火。站在我旁边的米奇斯瓦夫·斯特策尔莱基用步枪对他射击。当枪声响起时，这个男人痉挛地扑倒，又跳了几下。"

在谷仓那里有很多人——凶手和伸长脖子傻看的人。

博莱斯瓦夫·齐谢夫斯基告诉我说，"我看到他们被赶到那里去了，我看见火烧着了。哀号声惊天动地！他们中大多数都是小孩和老人。婴儿被扔在上面"。

"你为什么去那里？"

"我是出于好奇。很多人都是出于好奇心去的，大多是年轻人，也有些女人。其中有些人拿了武器，都是些棍子和木棒。有一个犹太男孩穿过泥沼地跑掉了。有个家伙，醉得像只黄鼠狼，他用一把毛瑟枪瞄准他，你简直不会相信，小姐，像他那样喝得烂醉，居然还打中了。"

哈利娜·扎莱夫斯卡告诉我，"我悄悄溜出家门，看到他们被烧死了。我听说过拉凯拉·瓦瑟斯泰因——她是我姐姐佐西亚旁边那个村子里最漂亮的姑娘，她的婴儿被扔在了屋顶上。我刚刚还见过她。她最近刚生了孩子，他们把她和她的婴儿从她生孩子的床上带走了。她从我们家的窗户外面经过。她抱着她的宝贝一边走，一边哭"。

拉凯拉的丈夫，拉齐乌夫的贝雷克·瓦瑟斯泰因，当天不在拉齐乌夫，他去了比亚韦斯托克，并且设法活到了战争结束，加入了一支苏联游击队。他在审讯中作证说，他从一个他认识的波兰妇女那里知道了他的妻子拉凯拉的死讯："我的妻子躲起来了。当他们找到她的时候，就把她带到了谷仓里。莱昂·科斯莫切夫斯基要她和她的孩子一起进去，因为火焰烧得很高，他们还给她架了一把梯子。我妻子开始求他们至少留下那个婴儿，她才刚满十天。科斯莫切夫斯基抓住婴儿的腿，把她扔到屋顶上，然后用刺刀刺死我的妻子，也把她扔进火里去了。"

遭到毒打的沃尔夫·施拉巴克躺在家里，不能动弹，同他的小儿子和生病的母亲在一起。

哈利娜·扎莱夫斯卡告诉我，"米奇斯瓦夫·斯特策尔莱基先把施拉巴克的所有珠宝都从他身边拿走，然后把他射杀在他自己的床上"。

查亚·芬克尔斯泰因写道："施拉巴克和他七岁的儿子被米奇斯瓦夫·斯特策尔莱基杀死在床上，此人曾经给施拉巴克当过司机。"

芬克尔斯泰因也听说过因行动不便而无法去市场的一些老人的情况——其中一人是因上了年纪而从美国回来的，因为他想被葬在他出生的国土上——他被杀死在床上。还听说过有些邻居开始时同意隐藏一家犹太人，但是后来，在抢劫了他们之后，又把他们交给凶手，甚至还有自己动手杀死他们的。

那些从队列中逃出来藏在谷物里的人都被穷追不放。

安杰伊·R. 告诉我说，"夜幕降临后，镇上没有一家犹太人的房子还有人居住。到处都有人在跑来跑去，到处都有人在争吵谁拿了什么东西。犹太人的房子里没有剩下什么东西了，因为犹太人已经把他们的财产交给了他们信赖的邻居，请他们代为保管。屠夫萨维茨基，他在科希切尔纳大街上开了一个廉价屠宰场，在 6 月就把所有最值钱的东西装在一辆干草车上搬走了，后来我看到他和他的妻子以及大女儿一起被赶到谷仓去了"。

哈利娜·扎莱夫斯卡告诉我，"德国人在日落时来了，带来了更多的弹药，并命令他们核查一下看看最重要的羊是否被带走了。他们指的是犹太教士"。

其他目击者都不记得当天德国突击队是否又来过。查亚·芬克尔斯泰因声称他们只是在三天后才出现的。

4.

听说要被围困在市场上，许多犹太人纷纷藏在地窖里和阁楼上。暴徒把他们拖出来，当场把他们杀死，或者把他们带到冰坑去。冰坑是一个长方形的坑，有几米深，在去谷仓的路上，坑里保存了冬天从河里凿下来的冰块。在那里，他们开枪射杀他们，用斧子砍死他们，或者把他们活活地扔进坑里，坑里装满了尸体。他们驾车拉来了石灰桶，把石灰洒在每一层受害者身上。

追捕幸存者、将他们当场杀死或在冰坑上杀死他们，这样的行为在接下来的三天里一直没停过，直到 7 月 10 日。犹太人证人和波兰人证人双方的叙述都证实了这一点。

伊兹拉尔·芬克尔斯泰因说（1945 年审讯的证人）："此后搜捕还在继续进行，无论是谁只要被抓就会被杀害。当他们的步枪弹药用完了后，他们就开始用铁锹和其他类似工具来杀人。"

哈利娜·扎莱夫斯卡告诉我，"他们杀死了那些没有被烧死的人，把他们扔进制酪场附近存放黄油和奶油奶酪的坑里，再用石灰盖住。我在黄昏的时候曾经去过那里，盖在坑上面的土还在动，半死的人想要爬出来，还想活，但是石灰使他们彻底完蛋了"。

安杰伊·R. 告诉我说，"我看到了德罗兹多夫斯基一家和德齐科斯基兄弟俩，扬和亨利克，还有瓦迪斯瓦夫·杜津斯基在冰坑旁向犹太人开枪。周围有很多人都跃跃欲试想开枪。当他们的子弹打完后，他们就把犹太人活活地扔进坑里。坑上的土连续三天都在移动。我看到安东尼·科斯莫切夫斯基和赫涅克·德齐科斯基把整整一家人带到冰坑前——一个煤矿和炼铁厂的老板，他的妻子和两个孩子，他们躲在自己家的阁楼里一个藏身处看到了谷仓里烧死犹太人的大火"。

查亚·芬克尔斯泰因写道："盖世太保给了波兰人三天自由行动的时间。他们搜索了每个角落和缝隙，每一个犹太人可能隐藏的地方。到了第三天，盖世太保驱车前往那些躲起来的犹太人被杀的地方，一个八岁的男孩从尸体中爬出来了。他们不让人把他杀掉，他后来一直活到对剩余犹太人进行清洗的时刻。然后他可怕的痛苦就结束了。"

在梅纳赫姆·芬克尔斯泰因的证词中，在被告和之前审讯中的证人的证词中，在我进行的采访谈话中，实施大屠杀的主要罪犯的相同名字得到了证实：扬和亨利克·德齐科斯基兄弟俩；亚历山大和费利克斯·戈德莱夫斯基兄弟俩；埃德蒙·科尔萨克；安东尼、约泽夫和莱昂·科斯莫切夫斯基；米奇斯瓦夫·斯特策尔莱基。

安杰伊·R. 说，有一个躲在城外一间房子里的犹太人被暴徒发现了，然后从附近的拉齐博尔被带到了拉齐乌夫。他们把他绑在马车上的一块木板上，用锯树的锯子砍掉了他的头。"我没有亲眼看到砍掉他脑袋的行为，"他说，"但是我看到了躺在一条沟里的无头尸体。"

安东尼·奥尔谢夫斯基当时才三岁半。他声称在他的记忆中像一张照片一样深深留下了一个印象：他自己的脚踩在埋了一个犹太男孩尸体的土上，这个犹太男孩的年纪不比他大多少，是被邻居们杀害的。"在焚烧事件过去一段时间后，我看到在我们家的卷心菜地里有一顶血淋淋的帽子。他们拖出了一个藏在附近的孩子，把他打死了。妈妈对他们尖叫着，要他们把他埋深点，不然我们家的猪会把他扯出来。大人们用泥土盖住他，我和约佐克·希莫诺夫使劲在上面踩脚，把土踩结实。一直到今天我都还记得我的踩踏行为，我可以告诉你那块地方在哪里。"

哈利娜·扎莱夫斯卡告诉我说，"那种恶臭和油气——是人的脂肪——飘浮在房子周围，好几个星期都迟迟不散"。

安杰伊·R.告诉我说，"扬·埃克斯朵维奇是个第一次世界大战的退伍老兵，失去了双臂，他领养了两个孩子，还马上就让他们接受了洗礼。但不久之后有人告发了他，警察就把孩子们带走了。"[1]

5.

在拉齐乌夫的谷仓里烧死了多少犹太人？梅纳赫姆·芬克尔斯泰因给出的数字是1700个犹太人被赶入了市场，另外一次他说是1000个。但是，犹太人的证词通常会过度夸大受害者的人数。在审讯文书中，最常见的数字是600个。有多少人在冰坑里或者在他们被抓的现场被害，那就更难说了；300这个数字是反复被提到的，但考虑到拉齐乌夫的犹太人可能不会超过600个这个事实，那么这个数字一定是太大了。如果

/ 430

1　教区的记事本有一条登记注明：扬·埃克斯朵维奇，35岁，拉齐乌夫的一个农民，于1941年7月30日上午8时到达，带来两名十岁儿童受洗：扬·格林格拉斯，什穆埃尔和莱扎·布尔什丹的儿子以及斯坦尼斯瓦夫·维日巴，希麦克和雷夫加（赫谢克的女儿）的儿子。

说谷仓里大约烧死了 500 个人，还有大约 100 人，甚至可能 200 人，成为个别谋杀案的受害者，这似乎是比较合理的。

那里总共有多少凶手？查亚·芬克尔斯泰因写道，"镇上几乎所有的基督徒"都聚集在市场上，形成了密集的人群。"如果其中有哪个犹太人意识到即将到来的是什么，然后试图逃跑，并且足够幸运地穿过人群的话，"梅纳赫姆·芬克尔斯泰因写道，"站在周围好像在看某种演出的波兰妇女和儿童就会拦住他，把他送回去。""整个拉齐乌夫都参与了围捕犹太人，也有人在观看"，约泽夫·埃克斯朵维奇作证说（作为 1951 年审讯的证人）。"几乎所有的人都参与了围捕犹太人。有男人、女人和孩子"，亨利克·德齐科斯基作证说（1949 年对他的审讯笔录）。

"你能说清楚我们拉齐乌夫的波兰人有多少参与了吗？"扬·司克罗茨基问扬·R.。

"你要问我有谁不在那里，那样会比较容易统计。但是人们参与的方式有所不同。有些人很积极，也有些人不那么积极，还有些人则只是呆呆地看着。我记得有一个妇女跟在犹太人后面，一路哭泣着。"

日 记

2002年2月27日—6月17日

2002 年 2 月 27 日

纽约。我到这里计划把两个月的时间用在我的书的写作上。这一切都要归功于劳伦斯·韦斯勒，他已经到纽约大学纽约人文学院任职，并成功地在办公大楼里找到一间由他支配的办公室。我现在稍事休息一段时间，暂时告别一下出于我自己的意愿扮演的角色——社会工作者，而缩小到来自耶德瓦布内及其周边地区的少数正派人士的小圈子里。

2002 年 2 月 28 日

在查亚的回忆录的基础上，我在描述芬克尔斯泰因家族的历史，并且，我梦想着能找到她的女儿查娜，对于她，我只知道她住在美国。我没有能够设法从梅纳赫姆的遗孀处得到她的联系信息。我给特拉维夫的什穆埃尔叔叔打电话，让他再试一次。假如她没有她小姑子的地址，或许她有可能知道某个其他人会有。什穆莱克回了电话给我，告诉我他得到了以下答复："她住在堪萨斯的某个地方，我不知道地址，我们没有联系，另外，查娜有记忆障碍，因此同她会面是不会有多大收获的。"

　　既然我现在知道她在堪萨斯，而我现在也在美国，无论如何，我都会尽力在那里找到她。

2002 年 3 月 1 日

　　在《选举报》的网站上，我阅读了议会会议的记录，民族纪念研究会的会长莱昂·基尔斯就该研究会的活动向议会作了汇报。来自波兰家庭联盟这个党派的议员像一个战斗队一样攻击他。"因为你们的操纵、沉默和默许，基尔斯会长，"一位议员尖声说道，"世界犹太人和总统克瓦希涅夫斯基于 2001 年 7 月在耶德瓦布内一次肆无忌惮的表演中念了犹太教祷告词。我们什么时候可以期待你辞去研究会会长的职务，以便让一个关心波兰历史真相并且热爱波兰人民的波兰人能够当选？"其他议员也攻击了该研究会，说研究会是"被绑上了战车去反对波兰"。其中一位议员宣称，克瓦希涅夫斯基总统所做的演讲是"向波兰人民投掷石块达到的高潮"，而基尔斯则扔出了第一块石头。这些表演获得了掌声的回报。主持会议的议会副议长和任何一个国会议员都没有回答。基耶尔解释说，他是作为一名波兰爱国者进行调查的，他来自一个波兰家庭。注意：他不是一个犹太人。

2002 年 3 月 15 日

　　今天是我购买我所预订的前往布宜诺斯艾利斯的机票的最后一天。我要去那里会见摩西·奥尔谢维奇，他和未婚妻埃尔克曾经一起藏在怀赞考斯基家的猪圈下面。同阿维格多·柯乔一起，他是耶德瓦布内大屠杀的最后一位见证人。我曾经写信给他，但徒劳无功，所以我决定向安东宁娜·怀赞考斯卡求助。她写了一封信给奥尔谢维奇夫妇，就在我飞往纽约的前一天，我去向她道别，并请她用我的手机给摩西打电话，以防万一。

"安娜是我的朋友,她为我做了很多,"我听安东宁娜对埃尔克·奥尔谢维奇说,"我没有问你要过任何东西,将来也不会。就请你们接待一下安娜。"

我想确保奥尔谢维奇夫妇能和我见面,所以我打电话确认日期。我听到埃尔克不耐烦的声音:"为什么在这么多年后还要来刨根究底呢?谁还会需要这个东西呢?请不要再打电话了。"听筒被猛的撂下了。

2002 年 3 月 30 日

我设法打通了埃利亚什·格朗多夫斯基的电话,我在他的电话机上留下过无数的留言。他今年 80 岁了,在布鲁克林还拥有一家自行车修理店。1941 年,他从耶德瓦布内的文化中心偷走了一台电唱机,这个行为反而救了他一命——他被流放到西伯利亚去了。尽管在大屠杀时他不在耶德瓦布内,但他在 1949 年的审讯中还是作为目击者出了庭。他是波兰人收购后犹太人财产中伪造合法文件的主要人物之一。他提到了安东宁娜·怀赞考斯卡,自从他在布鲁克林偶然遇到她以来,他和她一直是朋友。

"你在这里干什么?"他问她。

"我在等公交车。你又在这里干什么?"

"我也在等公交车。"

他现在对我的回应是气呼呼的:"到现在为止,在安东宁娜身上你已经利用得够多的了。在美国,你要花好几千美元才能得到她给你的那种采访机会。她应该有一栋别墅,但相反的倒是记者从中发了财。你因此而得到了多少?"这种论点和耶德瓦布内的是一样的——整个耶德瓦布内事件就是为了钱。而且电话被挂断时的声音也是一样的。

与莱谢克·杰齐茨谈话。出于某种原因,他对他在美国的生活不那么热情洋溢了。很难从他口中得知究竟发生了什么事。

"我在为我的兄弟工作,因为我还没有得到我的证明文件,但他的妻子和我在有关犹太人的问题上观点不一,我们吵了架,现在我失业了。"

2002 年 4 月 4 日

泰·罗杰斯告诉我,作为耶德瓦布内受害者家属的律师,他事先向波兰驻纽约的领事提交了一份应该被邀请参加 2001 年 7 月 10 日纪念仪式的人的名单。他被告知瓦瑟斯泰因夫妇不能被邀请。"你知道,你懂的","这在华沙是个微妙的话题","我们知道瓦瑟斯泰因是个什么人"。由于对这样的谈话很不习惯,他继续追问到底是什么问题,直到有人最后说道,好吧,瓦瑟斯泰因曾经被秘密警察雇用了,是吧?

我打电话给波兰领事馆,就瓦瑟斯泰因所谓的与秘密警察有关系一事,想听取另一方有关泰·罗杰斯与领事之间谈话的说法。我在说些什么呀,他们说,根本就没有这样的谈话。我于是向领事施加压力,说美国律师不可能发明这样的东西,这时我才获悉,"事实上,这样的建议很可能来自波兰,显然传达给了罗杰斯先生"。

一切都出自含沙射影。战后,瓦瑟斯泰因根本就没有为秘密警察效劳。但是,如果他为秘密警察出力了又怎么样呢?难道那就会减少他母亲被烧死在谷仓里的恐怖?

2002 年 4 月 12 日

与查娜·芬克尔斯泰因的女儿吉赛尔电话交谈。查娜还活着,她一切都还记得,并愿意和我说话。她很高兴有人在 60 年后还会对她的故事感兴趣。总算松了一口气!我的痴迷般的询问,没完没了的电话,以及强制性的互联网搜索,这一切终于得到了回报。

我预订了一张飞往堪萨斯城的机票。我颇有兴趣地想知道,查娜是否知道她母亲有本日记。

2002 年 4 月 18 日

与伊雷娜·格鲁金斯卡·格罗斯和乔纳森·谢尔共进午餐。和我一样，谢尔全神贯注于一本书的写作。我告诉他有关过去的鬼魂，他告诉我关于未来的幽灵——他正在写的与原子能威胁有关——我们相互之间的理解非常完美。

下午飞往堪萨斯城。吉赛尔·维德曼在机场接我。这个城市有400万居民。乍看上去，我们开车去的郊区同其他所有郊区都没有区别，除了每扇门上都挂了一个门柱圣卷。在吉赛尔居住的街道上，房地产的价格取决于离犹太教堂的距离。这里的犹太教堂是正统的，所以在安息日不允许任何人开车。

2002 年 4 月 19 日

吉赛尔把她母亲从她所住的养老院接了回来。一个可爱、精致、衣着优雅的女士，穿着一双金色的拖鞋。我们说着英文。我准备了56个问题。不幸的是，查娜，现在叫安·沃尔特斯，正如她在以色列的嫂子所说的那样，有着严重的记忆问题。

即使面对疾病，她也是一位风度十足的女士。

"我很抱歉，我能看到我眼前的形象，但是当我想要描述它的时候，它就会消失。如果我重复了，就请阻止我"，她说道，告诉我她最后的童年的美好回忆，这已经是第十遍了。那是在苏联占领期间，因为苏联人会照顾有才能的孩子，所以她被挑选出来到耶德瓦布内参加演出。她扮演一条被鱼线捉住的小鱼，为渔民跳舞唱歌，乞求自由。

这些演出肯定是和耶德瓦布内的一个女人告诉我的演出是同样的："在十月革命纪念日，会在改为俱乐部的原先的天主教堂里组织这个地区的各个学校参加一场戏剧比赛。我当时在合唱队演唱俄国歌曲。拉齐乌夫学校获得了第一名，这所学校里有很多犹太女孩。"

查亚在她的回忆录中几乎没有提到过小查娜的表演。她不想让女儿参加苏联人组织的活动，但波兰老师说服她同意了。可是，她自己没有去看女儿的表演。

查娜，或香奈儿，这是她以前的名字，只能零零碎碎地记得这些事情。

战前，她的兄弟什朗凯是怎么浑身血淋淋地回到家里的，因为孩子们向他扔石头，还大叫"犹太佬"！还有邻居的波兰女孩原先来她家和她一起玩，后来不来了，因为其他孩子们会取笑她们。

在大屠杀发生之前，俄国人刚刚离开小城之后，波兰人是如何一大早就在房屋上用石灰画上十字，这样德国人一来，马上就可以看出哪些房子是基督徒的，哪些是犹太人的。

1941年7月7日，她看到长着一头金色卷发的她的犹太人女朋友——她不记得她的名字了——是怎么被人打了，血顺着她的脸颊往下流。

牧师是如何在7月7日以后她为了受洗必须参加的宗教指导班中说那个可爱的婴儿耶稣是被犹太人残酷地杀害的，为此他们遭到了诅咒，这就是为什么这么多灾难落在他们的头上。

在她受洗之后，她的教父教母是如何向她保证，他们会把她全家——如果他们在战争中幸存下来的话——带到琴斯托霍瓦去感谢圣母玛利亚，因为圣母使他们皈依了真正的信仰。但她从母亲那里知道，他们只会成为虚假的天主教徒。

在她们藏匿起来的那段日子里，她母亲是如何在晚上把她唤醒的，因为她在睡梦中说意第绪语。

安低声地说道："在躲藏过之后，这种低声抱怨一直纠缠着我们四个人。"

下午吉赛尔带我去犹太学校接她的儿子。她愤怒地告诉我这里所存在的敌视。德国犹太人把东欧犹太人视为劣等人。那些在战前设法逃离德国的人的后代自称为"水晶之夜大屠杀的幸存者"（译者注：

"Kristallnacht"水晶之夜,1938年11月9号,纳粹党卫军和德国人在这天开始攻击生活于德国及奥地利的犹太人。许多犹太教堂和犹太人商店、住宅被摧毁,许多犹太人遭到杀害),但不把她母亲看作是一个幸存者,因为她没有在集中营待过。

学校坐落在一个巨大的犹太社区中心,里面有会议厅、咖啡馆和商店,中间是玻璃墙的图书馆,其中有关大屠杀的文献非常突出。图书馆还拥有"幸存者"的纪念册,但安并没有出现在其中。我被介绍给了图书馆馆长和中心主任。我此次来访应该去采访一下当地的报纸,并且应该去加强一下吉赛尔在这个社区的地位。

一个健壮的年轻人,戴着小圆帽,穿着一条超大号军裤,朝我们走过来。原来这就是安的孙子,他的存在应该归功于他曾祖母的英雄主义。

安息日晚餐是在一大群被邀请的客人的陪伴下享用的。谈话用的是英文。一位上了年纪的绅士朝我弯下身子,指着一对年长的夫妇,用波兰语低声说:"他们是一对伟大的夫妇,谁会想到她是来自匈牙利的?因为这里的其他人都是来自波兰的。"

2002年4月20日

安很高兴有我来当她的故事的听众。她会犯错,她会重复,但她也不断从她的深层记忆中找回了一些片段。她总是会想起一个农妇,是这个农妇收留了她,直到战争结束,那时她脏兮兮的,身上都是跳蚤,还生了病,但她把她当作自己的孩子一样对待,给她洗澡,把她抱到外面去,因为她身体虚弱,自己站不起来。"我不记得她的名字了,但我很想记住的。"我答应她,我会去她们藏身的地方,并尽量找出答案。

解放后,她在一所波兰学校上了两年学。"我在那里没有朋友,只是集中精力隐藏我经历过的事情。从情感上来说,我们已经在巴勒斯坦待了很多年了,但是当我们最终到达那里的时候,我感到和在波兰的学

/ 437

校一样我们都是外国人。我观察孩子们玩耍，试图模仿她们，这样就没有人会注意到我与众不同。我同我的母亲和我的妹妹雅法（在波兰，她被叫作谢伊纳）最亲近，但是我们从来没有谈过我们的经历，我们不想互相伤害。我可能在这个问题上保持沉默或不加思考做得有点过分，由于这个原因，当我在记忆里搜索的时候，在我的脑海中我看到的是一张白纸。"

她结了婚，迁往堪萨斯与丈夫在一起，在他的珠宝业务上助以一臂之力，却从未对此感兴趣。十年前，他要求离婚，这对她来说是一种解脱。她不能跟她的丈夫谈论她所经历的苦难。

"他曾经被关押在一个集中营，他的家人死在毒气室里。他好像把这种事情当作一块招牌似的到处炫耀：'我的父母死在集中营，我也在地狱里走过一遭。'他向我明确表示，我的经历没他那么糟，因为他的经历更加凄惨。要想在集中营生存下来，你必须要足够聪明。他成功了。但他并不热情，他没有同情心，他非常咄咄逼人。"

我们往海法打电话，与查亚·芬克尔斯泰因的外孙女施罗米德取得联系。查亚的女儿雅法是她的妈妈，雅法已经去世了。"妈妈从未告诉过我们她遭受过的罪，"施罗米德告诉我说，"这可能是波兰文化的一部分，闭上你的嘴，不要告诉人们令人心痛之事。也许这就是为什么当她临死之时，在她身上出现那么多的痛苦。在她临终时，她只能说波兰语，在最后几个月里，她好像处于恐惧之中一直颤抖着，重复着我们谁也听不懂的相同的波兰话。"

2002 年 4 月 21 日

在当地的犹太社区中心，安和我看了几年前的一个录像，讲述的是她们躲过大屠杀的故事。那时和现在，在她和我的交谈中，安常常提到"奇迹"这个词。

"这是一个奇迹，当那伙人来打我们的时候，妈妈把我藏在床下，我居然就逃脱了。""在拉齐乌夫的犹太人被烧死之后，我们在路上行走，这时发生了一个奇迹：一个认识我们的农民喊我们去躲在黑麦中——我记得那种想要更深地躲在地底下去的感觉——结果没人发现我们。""这真是一个奇迹，毕竟，因为那个藏匿我们的人被吓坏了，我们被赶出了藏身之所，我们在夜里穿过村子，狗冲着我们大声吠叫，却没有人向窗外观望。第二次，又发生了同样的奇迹——两个德国警察走进院子，让我们躲在那里的那个人告诉我们立刻从后门离开；我们身上的一切都会暴露我们，最重要的是我们的肤色，那时是夏天，而我们却像鬼一样苍白，但是我们还是逃走了。"然后谈到她的兄弟时说："这的确是一个奇迹，梅纳赫姆没有死，即使是他的血液感染了，还因为发烧而昏厥。那只猫一定是从家里的主妇那里偷了一块猪油，然后受到惊吓，没有吃掉，妈妈就把那块猪油放在他的手臂上，再轮流用冷敷布替换。""我们设法混过了改信基督教，这又是一个奇迹。他们自己说，通过改变我们的信仰然后拯救我们，他们也为自己开辟了一条通向天堂的道路。""在我们藏身的谷仓里发生了一个奇迹：在那儿我们有一盏煤油灯，煤油洒了，眼看要发生一场火灾，但是爸爸把火扑灭了。发生了这么多的奇迹来拯救我们，上帝对我们非常眷顾。还有一些基督徒也是。许多波兰人敌视我们，但不是全部。"

查亚·芬克尔斯泰因的回忆录是一个女人在面对历史性的大灾难时像一头母狮一样捍卫家庭的故事。"我像钢一样坚硬，像铁一样冷静"——这句话她重复了很多次。在与安一起度过了这几天之后，我意识到查亚为了保护自己的孩子免受外部世界的威胁而建造的墙是多么的伟大。

首先是查亚死于老年痴呆症。然后，安的哥哥梅纳赫姆也患上了同样的疾病，最后轮到的是她的姐姐雅法。这的的确确是一个奇迹，多亏了这么一个家庭，一个被一种损害记忆力的痼疾深深缠上的家庭，竟然保存下了对拉齐乌夫大屠杀的回忆！

2002 年 4 月 22 日

今天，我离开此地前往新伦敦去见莱娅·库布兰，安东宁娜·怀赞考斯卡曾经藏匿过她。

她的丈夫杰克·库布兰——在波兰时名叫扬凯·库勃赞斯基——幸存下来是因为 1941 年 7 月 10 日他被带到德国警察局去干活，当天那里是耶德瓦布内最安全的地方。莱娅和父母住在附近的什丘琴。她幸免于难，原因是她碰巧在街对面她的朋友埃尔克的家里。她的表弟设法从窗口跳了出来，告诉她，他们的邻居们，同他们很友善的农民们——她父亲曾经经常把自己的自行车借给他们——是怎么突然冲进他们家的。这些人用斧头谋杀了家中所有人。莱娅有六个兄弟和四个姐妹。

她小的时候，母亲曾经给她念过一句预言，说会有一场战争降临，然后每个家庭只能有一个人存活。莱娅回应说："我想成为那个人。""我活了下来，因为那就是我的命运，"她说道，"我遭受了苦难，经历了各种风险。"

在什丘琴大屠杀之后，她和埃尔克设法到沃姆扎去找埃尔克的家。奥尔谢维奇夫妇，埃尔克未来的岳父母，早已经在那里露营了，因为担心大屠杀，他们及时做出了决定，搬到了一个更大的城市去。不久之后，其余的难民也从耶德瓦布内抵达了：奥尔谢维奇夫妇的儿子摩西和他的朋友扬凯·库勃赞斯基。他们讲述了可怕的几乎没有人想去相信的经历，那就是在那里的所有犹太人都被烧死了。

莱娅知道波兰人 1941 年 7 月 10 日来找过她未来的丈夫，当时他正在德国警察局干活，但是警方不让他们把他带走。德国人说："你们已经有足够的犹太人了。"晚上，他们要犹太人离开："走吧——我们不会再保护你们了。"

在耶德瓦布内的审讯中，一个行凶者卡罗尔·巴登作证说："有几个人到警察局的院子里，试图带走三个在劈柴的犹太人。这时警察局里的头头出来对他们说：'八个小时还不够你们去处置犹太人吗？'"库勃赞斯基肯定是这三个人中的一个。

不久之后，每个人都不得不离开那所房子，因为它位于正在形成的犹太人聚居区的边界之外。但他们暂时还一直在一起。莱娅同扬凯一起在清洗犹太人聚居区的前一天逃离了。他们躲在一个农民家里，但是有人告发了他们。

"那个农民冲进猪圈大声喊道，'快跑，警察要来抓你们了'"，莱娅·库布兰叙述说，"我们开始逃跑，那是1942年的秋天，但是已经下过大雪。他们抓住了我们，把我们带到村长那里。他们殴打我，我额头上仍然有块伤疤。为了庆祝抓到犹太人，德国人和村长一起喝酒喝醉了，他们告诉那个农民他们将要用马车把我们送到镇上的警察局去。那个农民把我们装上他的马车。那个农民把扬凯的手和我的手绑在一起，两个警察坐在后面，农民坐在前面。他们将带我们走上我们的死亡之路。那两个警察完全喝醉了，他们在寒冷中睡着了，那个波兰农民就对我们说，'趁他们睡着了，快逃吧。等你们跑到看不见了，我再去叫醒他们'。"

莱娅暂停了叙述来给我们准备晚饭。当她说英语的时候，她带有很重的意第绪语口音，但是她的波兰语是很地道的耶德瓦布内口音。她和怀赞考斯卡一样，口中不停地说 *Bogudzięka*（感谢上帝）（"感谢上帝，我的女儿得到了很好的教育"）。

"我们跑了很长一段距离，"她继续讲述她的故事，"这时那个波兰人大声喊叫起来，以便让我们能够听到，'他们逃走了！他们逃走了！'他们殴打那个波兰人，还踢他，把他赶走了。我们找到一个谷仓，在干草堆里挖出一个洞，我们的手仍然绑在一起。扬凯在寻找避难处的路上经过安东宁娜的家。我们知道什穆埃尔·瓦瑟斯泰因在那里干活，我们可以指望安东宁娜的帮忙。她告诉扬凯，奥尔谢维奇夫妇已经在她家里了。他在她家住了一个晚上。我躲在纳雷夫河边一个我认识的农民家里，他告诉过扬凯他不会让我留下来的，"莱娅继续说

/ 440

道，"但是我在他不知道的情况下躲在他的谷仓里。我父母亲在我睡梦中来找我，告诉我要做什么，然后我觉得我父亲好像在伸手帮我，这样我就可以自己爬到谷仓的顶端。扬凯答应要为我们俩寻找一个地方，假如结果是我们不得不分开的话，那么我们就要在战争结束后找到彼此——如果我们能够幸存下来。11 天过去了，也许 12 天。我想，我会为扬凯再等一天，然后我就会溺水自杀。我一直哭到睡着，第二天，我听到了声音。他没有找到另一个地方，所以他回到了安东宁娜家，她让他把我也带去。"

战后，当他们从藏身处出来后，他们住在库勃赞斯基夫妇的家中。时间不长。

"波兰人居住在那里，"莱娅继续她的故事，"但是我们向他们保证，我们只是想住几个晚上就离开，所以他们的表现还不错。有天晚上，一些反犹分子来了。奥尔谢维奇不在，他正在沃姆扎寻找一个住的地方，因为我们已经知道在耶德瓦布内是不安全的。一瞬间，扬凯就站到了沙发上，向上拉长身子，沙发上方有一扇活动天窗，肯定有天使在引导他做出这些动作。我说家里没有男人，其中一个就打了我一耳光，说我在撒谎。他们走出屋外，我听到他们在同他们的头说话，'没有男人，就只有两个女人，我们拿她们怎么办？'但是他们没有对我们做任何事情，当天晚上我们就徒步逃到沃姆扎去了。"

在抵达美国之后，库勃赞斯基夫妇定居在康涅狄格州。莱娅养大了三个孩子，然后就在一所犹太学校做厨师，在当地举行的竞赛中有两次凭借她的巧克力蛋糕获得一等奖。扬凯，此时已经改名为杰克，最初在一家乳品店当守夜人，然后是一个乳品工人，最后升职当了一名领班。

奥尔谢维奇夫妇定居在阿根廷。"埃尔克和摩西开了一家公司，"莱娅告诉我，"他们用皮革和塑料缝制袋子，是你用来购物的那种，不是上剧院看戏带的。这个生意很好做，因为之前在布宜诺斯艾利斯没有类似的袋子出售。摩西有很好的商业头脑，他完全可以当商业部长。还在犹太人聚居区里时，他就想方设法做些事情来避免去干那种强制性的劳动。他既买又卖，在犹太人区和雅利安人之间来回倒腾。他常常喜欢说，'只要你有两个人，你就可以做买卖'。"

莱娅和扬凯共同生活了50多年，就像埃尔克和摩西一样。只有在我和莱娅交谈时，我才意识到她和埃尔克去躲避迫害时只有15岁左右，贝雷克·奥尔谢维奇也一样，其他人甚至也还没到18岁。

2002年4月24日

我乘坐的飞机几乎刚刚在华沙机场降落，我的手机就响起来了。我被告知玛丽安娜·拉莫托夫斯卡被送进了医院。我从机场直接去看她。我的第一个电话就打给了伊格纳季耶夫。这种时候特别能使我充分意识到我对耶德瓦布内痴迷的程度有多深。

2002年5月3日

耶德瓦布内。去年春天市长和市议会议长向政府机关发的一封为准备7月10日的纪念仪式而要求提供援助的信件被影印了数十份，在全市流传。据推测，新任市长在前任的办公桌上发现了这封信，并决定予以公开。城里的居民都将其称为"这封可耻的信"。奥尔沃夫斯基神父所钟爱的反犹太主义的小报把这封信印了出来，并冠之以"背叛的证据"这样的通栏标题，借此机会来抨击议会议长米查罗斯基将城里居民的情绪通知"犹太人群"："最近——小心谨慎地，在家中，而不在是在他的办公室——他与《选举报》的主要的犹太人诽谤者比康特交谈了好几个小时。这个阴险的记者通过在《选举报》的页面上刊登谎话连篇造谣生事的文章而已经频繁地出了名。愿耶德瓦布内的波兰人知道是谁告发他们。"

我试图就此事同米查罗斯基开玩笑，但是我随即意识到他没有笑的心情。

我拜访了一位老太太，施密托娃小姐，她住在一所僻静的小房子里，养了很多猫和狗，但是没有自来水和煤气。

在一段什穆埃尔·瓦瑟斯泰因录制的录像中，我看到了耶德瓦布内给他的欢迎："斯塔丘莱克！"她哭了——这个爱称是战争期间他们用在他身上的。"斯塔丘莱克，进来吧。"在什穆埃尔的回忆录中，我找到了有关多年前他如何踏上他父母家门口台阶时的描述——那是 1941 年 7 月 11 日，她以同样的惊讶和喜悦来迎接他："什穆莱克，我还以为你已经不在人世了呢。"当什穆埃尔告诉她们他的母亲和兄弟都被烧死了时，她和她的母亲都哭了。她们都害怕留下他，但是她的父亲驾车去了耶德瓦布内，了解到犹太人可以安全地回家了，因为德国人已经禁止了进一步的杀戮。

当莱谢克·杰齐茨还在波兰时，他曾经试图劝说施密托娃小姐同我谈话，但徒劳无益。

"你瞧，她一个人住在那么偏僻的地方，"他说道，试图解释她为什么会拒绝我。"有人跑到她家窗口往里扔石头也不会引起人注意。"

到她家登门拜访，尽力让她愿意和我交谈，一起用肮脏的玻璃杯来喝茶，这已经不是第一次了。她喜欢我的来访。但我还是没有让她的态度有所改变。

"我没有去围捕过任何人，我会很快拿面包给他们吃的。我不知道是谁去围捕了犹太人。我不想去记这些事，所以我脑子里没有印象。我只知道我这一生中经历过一些艰难的日子。"

她否认曾经听说过什穆埃尔·瓦瑟斯泰因这个人。

2002 年 5 月 4 日

耶德瓦布内。我开车到弗朗西斯泽克的家，他是安东宁娜·怀赞考斯卡的侄子，以前，我曾经跟他谈过一次话。

他显然没有认出我，还以为我是奥尔沃夫斯基神父派来的。牧师派记者来找他作为他在瓦瑟斯泰因问题上的专家。毕竟，1942 年 11 月，瓦瑟斯泰因和他的父亲一起在扬泰弗考躲了好几个星期。然而，他的儿子却一直在兴高采烈地说什穆埃尔·瓦瑟斯泰因是一个诽谤波兰的恶棍。很可能他没有意识到他究竟在告诉我什么。

"为什么怀赞考斯卡会给犹太人提供藏身之处？"贾尼娜·比德齐奇卡曾经问过我。我对她说，"为什么你们让他们逃脱了？如果你们没有的话，那就不会有人要去躲藏起来了。"

2002 年 5 月 8 日

米兰努韦克。去看望安东宁娜·怀赞考斯卡。我向她打听她侄子弗朗西斯泽克的事。

"弗朗西斯泽克写信给我说，他儿子买了一辆破烂的拖拉机，期望我找克瓦希涅夫斯基总统来修好它，因为弗朗西斯泽克买不起零部件。家里还有人问我认识电视里的什么人，因为我肯定有一些很好的关系。我回信写道，我认识一些打扫街道、管理学校衣帽间的人，如果这对他有什么用处的话，我可以给他联系方式。"

在分手时，安东宁娜将这一切归结成一句话："这就是一种古老的生活习惯，也是我们的生活习惯，我的天使。"

2002 年 5 月 9 日

我打电话给克齐斯茨托夫·戈德莱夫斯基，一个月前他去了美国。"耶德瓦布内根本无法与芝加哥相比，"他抱怨说，"当地的波兰裔侨民报纸正在刊登题为'耶德瓦布内——千禧年之谎言'的系列文章，我经常听到关于犹太人和火葬场的笑话。《锡安长老会纪要》成了本基本读物。我不承认我就是那个戈德莱夫斯基，耶德瓦布内的市长。"

2002 年 5 月 29 日

总统夫人约兰达·克瓦希涅夫斯卡的基金会邀请我去耶德瓦布内出

席她与高中生的一次会面。在克瓦希涅夫斯卡基金会的支持下，由美国扬·卡尔斯基教育基金会组织 20 名文科高中的学生前往美国游学。我之前听说过这次旅行。早在秋季，学校里就传遍了有关谁的孩子会有机会去美国的各种说法。最吸引人的是将要去迪士尼乐园。早期的报名工作是由约兰达·卡尔沃夫斯卡负责的，这位教师曾经去过华盛顿特区大屠杀纪念馆。

"孩子们像崇拜偶像一样崇拜她，并且接受她所说的一切，"一个教师朋友告诉我，"她说，她要去美国查清楚犹太人的反应。而且她是不会被他们欺骗的。她手上拿着一张她在大屠杀纪念馆参观时遇到的一位女士的照片在学校里到处展示，就是这位女士的基金会现在邀请她和孩子们一起前往美国。她把照片给大家看：'这是卡娅小姐，背景里有一架钢琴，钢琴上方是圣母玛利亚画像。她是一个天主教徒。我是不会接受犹太人的邀请的。'"

我与总统办公室进行联系干预此事，以防止他们把这些孩子置于学校里一个主要反犹分子的照顾下带往美国去。不管是干预的结果还是另有其他原因，让人松了一口气的是那个老师不再是要带队去美国的人了。

在去耶德瓦布内的路上，我同为克瓦希涅夫斯卡基金会工作的女士们谈了话。她们给挑选出来参加这次旅行的学生布置了一些下面就要谈到的作业。学生们必须准备一些有关在该地区存在的宗教或民族问题的项目。我问道，在一所学校里，如果反犹太言论都变得司空见惯，那么这样一所学校会如何对待犹太人呢？是的，这是一个问题。就这样，在基金会插手干预了几次之后，犹太人和犹太教这样的主题才被采纳了。

我同基金会的女士们分享了我的怀疑。她们告诉我，她们肩负着彻底消除种族偏见的重任。"要根除反犹太主义需要与孩子们一起开展相当系统性的工作，"我说道，"难道不应该给他们一些更为可行的任务，比如和孩子们一起重构战前的犹太人耶德瓦布内社区，或者清理墓地？也许，在此基础上再奖励他们到迪士尼乐园旅行就会更有意义？"但是，基金会的女士们认为她们正在提出一项很好的教育计划：建立一座理解的桥梁，这在前南斯拉夫的儿童营中已经被证明是富有成效的。

我们到达了学校，礼堂已经被装饰一新，学生们也都穿上了盛装。卡莎·切尔文斯卡（议长斯坦尼斯瓦夫·米查罗斯基的女儿）和乔安娜·戈德莱夫斯卡（克齐斯茨托夫·戈德莱夫斯基的妻子）亲吻我的脸颊以示欢迎。我明白这样做可以在这里表现出一种极大的重要性。我所认识的第三位老师随口对我说："当然，我们必须假装我们彼此互不相识。"

年轻人被要求给我们讲述他们的项目。关于立陶宛人，我们了解到他们在这个地区有着很深的根源，关于鞑靼人我们知道了他们住在格但斯克，而且你可以在那里看到他们的清真寺。关于犹太人，听起来好像他们是来自另一个星球的生物。

学生们还挂出了一些表格："耶德瓦布内的昨天"。学生们拟出了两个有关他们自己城镇的历史项目，其中一个甚至都没有提到"犹太人"这个词，即使在 19 世纪末，犹太人占了这个城镇人口的 80% 多，此后也占了相当大的一部分；另一个项目中有一张老纪念碑的照片和一张"今日耶德瓦布内"的照片。还有一张彩色照片反映了近年来发生在耶德瓦布内所有最重要的事件，例如主教大人为学校祝福，以及一张从互联网上下载的黑白照片。这张照片显示的是克瓦希涅夫斯基总统在纪念碑上摆放了一个花圈。这个镜头是从上往下拍摄的，如此一来他所戴的圆顶小帽就处于最显著的位置（市长戈德莱夫斯基在仪式结束后告诉我，"总统戴了一顶圆顶帽子，我知道我也应该戴圆顶帽，因为这是一个宗教仪式，但是我承认我退缩了——我担心他们会烧掉我家的房子"）。圆顶小帽在居民眼中是 7 月 10 日仪式的象征：这是犹太人的纪念日。我走到坐在桌前的小女孩跟前，问她是否知道 1941 年 7 月 10 日在耶德瓦布内发生了什么事。

"有人犯下了一桩罪行，"她像背诵似的很快就作出回答，"我们不知道是谁犯下的，但是我们也没有感觉到对犹太人的厌恶。"

"那头犹太母牛想从我们的孩子那里得到什么？"我听到一个老师对另一个说道。

我获悉学校为去美国旅行的孩子们和他们的父母组织了一次与教区牧师的会面。牧师告诉他们说，犹太人正试图收买年轻人。他谈到了犹太人向苏联内务部告发了波兰人，谈到了犹太人想要向波兰人栽赃以便要求赔偿，然而在 1941 年 7 月 10 日，来到城里的是数百个德国人和 2500 个马祖里来的人。学校里的历史老师就坐在牧师旁边，但一句话都没说。学校校长向人们保证这次旅行是为了旅游，而且"与任何仪式或犹太人无关"。现在，只要遭到那些他们的孩子没有被幸运地挑选出来参加旅行的人的攻击时，每个家长都会鹦鹉学舌地说："我们的孩子是以旅游为目的去的。"

2002 年 6 月 3 日

与耶德瓦布内的校长克齐斯茨托夫·门克通电话，他即将陪同孩子们去美国。我问起与牧师的会面情况。

"神父不希望年轻人毫无准备。这将是一次观光之旅。"

我问他，为什么没有人想到过去邀请耶德瓦布内的女英雄，救了七个犹太人的安东宁娜·怀赞考斯卡到学校里来？

"在那桩事件突然爆发之前，我从来没有听说过怀赞考斯卡的名字"，校长回答说，有点偏离话题。自他出生以来，他一直住在耶德瓦布内，他的父母在战争期间也住在这里。

"但是你曾经听说过她吧？"

"我不想把孩子们牵扯到这个问题上来。耶德瓦布内生活很平静。反而是以色列人和巴勒斯坦人在搞什么名堂呢？"

2002 年 6 月 14 日

我将要同扬和波什娜·司克罗茨基一起去拉齐乌夫。我和他们一起受邀参加来自夏斯基的一个农民的孙子的婚礼，这个农民在苏联占领期间庇护了扬。我刚刚把民族纪念研究会发现的另一次审讯的案卷给了扬。被告是安东尼·科斯莫切夫斯基，莱昂·科斯莫切夫斯基的兄弟。他作证说，他杀死了 17 岁的多拉·多罗戈依，以此报复她与苏联内务部的合作，并且他是同齐格蒙特·司克罗茨基一起干的。1941 年 6 月，他们是在光天化日之下距离有人居住的楼房 150 米处犯下的这一罪行。

"我对多拉·多罗戈依充满仇恨"，科斯莫切夫斯基在审讯中申明，并解释了为什么。 1940 年 4 月 13 日，她坐在苏联内务部的卡车上到他家来，把他抓走了。他在监狱里被关了四天后才被释放。

"当德国军队在 1941 年进入我们地区时，"科斯莫切夫斯基继续说道，"而红军撤退了，我开始寻找多拉·多罗戈依向她报仇。我发现她有时会去在她们苏契定居点的科帕因切克的家……然后，我去对科帕因切克说：'不要可怜她，但是当她来找你的时候，派一个人通知我——我，安东尼·科斯莫切夫斯基，告诉我——她在你们家。'大约两天后，科帕因切克就派了一个人到拉齐乌夫来找我，我不知道他的名字，告诉我多拉·多罗戈依在他们家里。那时，我就直接去找齐格蒙特·司克罗茨基，他是住在拉齐乌夫的一个裁缝，他也一直在寻找多拉·多罗戈依。我们出发去科帕因切克的家，多拉·多罗戈依在他家里削土豆皮。当我们进入他的家门时，多拉·多罗戈依认出了我们，非常害怕。司克罗茨基要她收拾好她的东西然后出来到院子里去。当我们一走到院子里时，司克罗茨基立刻就在院子里用棍子打她，因为她很固执，拒绝走。司克罗茨基在院子里发现了一把铁锹，就把它交给多拉扛着。她开始乞求说：'我知道我要去哪里。'司克罗茨基回答说：'你应该知道的。'离开科帕因切克的家，我们走了 150 米——我想这是科帕因切克家的一块地——司克罗茨基和我吩咐她挖一个洞。当她挖好了一个 60 厘米深 80 厘米长 50 厘米宽的洞后，我们开始殴打多拉·多罗戈依。齐格蒙特·司克罗茨基用一根棍子打她，就像在用连枷打麦子一样。我，安东尼·科斯莫切夫斯基，用我手里抓的一块石头来打她。就这样我们一起打她，直到把她打死为止。我们杀了她后，就把她埋在那个洞里。"

没有对被害女人的遗体进行过搜查。并且当科斯莫切夫斯基在同一审讯中撤回他的证词，司克罗茨基也拒不承认有罪后，法庭宣布因缺乏证据而释放了他们。

"他们在沼泽地里杀了她，砍掉了她的头"，哈利娜·扎莱夫斯卡告诉我。梅纳赫姆·芬克尔斯泰因作证说："凶手认定一个女孩不值得一颗子弹，所以他们就砍掉了她的头。"

多拉被杀几天后，多罗戈依一家都被烧死在拉齐乌夫的谷仓里。只有她父亲摩西和一个儿子阿齐瓦逃脱了。查亚·芬克尔斯泰因在她的回忆录中写道，1941 年 7 月 7 日之后，德国人让他们住在他们自己的家中，因为他们需要一个鞋匠，多罗戈依曾经在他们家有过一个工作间。"他们请牧师给他们施洗，"她写道，"但是牧师拒绝了。"

当德国人将其余的犹太人驱逐出拉齐乌夫时，多罗戈依家的父子俩逃走了。

"我从战前开始就认识多罗戈伊一家，"斯坦尼斯瓦夫·拉莫托夫斯基告诉我，"他们住在纳德桑塔纳大街上的一座红砖房子里。他是一个鞋匠，但是最穷的一个。我知道他们也躲了起来，因为多罗戈伊家的老大有一次偷偷溜到我母亲家的房子里去，试图来找我，但那时我自己也已经躲藏起来了。他们躲了起来，但是有几个人知道他们。"

他们设法把鞋匠要用的基本工具都随身带走了，然后通过做鞋子来养活他们自己，做好的鞋子村里会有人来收，然后再卖掉。

"我曾经看过一眼他们在战争中幸存下来的那个地窖，"安杰伊·R.告诉我，"那是一个在地下挖出来的地堡，上面覆盖着石头，这些石头都是农民从地里清理出来扔在石头堆里的。在 1945 年的春天，那里还有一堆鞋匠做鞋子剩下的边角碎料。"

在同一次审讯中，安东尼·科斯马切夫斯基承认在战后杀死了多罗戈依父子俩。每一个年长的拉齐乌夫居民都知道科斯马切夫斯基兄弟参与了这个罪行。

根据科斯马切夫斯基的证词，1945 年 2 月，据说他从苏契的农民那里听说多罗戈依父子已经从藏身之地出来了，搬到了那里的一个农场上，并且威胁说，当苏联红军到达后，报应的时候一到，他们就要用他们的那把 9 号七发手枪击毙科斯马切夫斯基。科斯马切夫斯基证实了他是如何杀死他们的："第二天晚上，我坐上一辆我兄弟约泽夫·加布里埃尔·科斯马切夫斯基的马车，约泽夫和我赶着车去找瓦尔斯基。我告诉他说，俄国人快要来了，那个犹太人多罗戈伊正在威胁要杀死我和齐格蒙特·司克罗茨基，以便为他的女儿多拉·多罗戈依报仇，他女儿是我们一起杀掉的。我向瓦尔斯基暗示说，在我口袋里有一公升伏特加酒，我将要去向那些犹太人道歉，以便与他们和解，并要求他们宽恕我杀死了他的女儿。听说我带了伏特加时，瓦尔斯基就听信了我的话，以为我真的会去道歉。他就到犹太人所在的萨莫乌基去，然后把他们带回他家的院子里……我拿了一把斧头站在过道里，藏在窗帘后面……老多罗戈依一进入过道，脑袋就被我用斧头钝的那一头击中，甚至都没有叫一句他就倒在地上了。一看到这个情景，那个小多罗戈依尖叫着拔腿就跑。我赶上并绊倒了他，他就躺在地上，很快，我就用斧子往他脑袋砍了两下，还是用钝的那头，就把他打死了……杀死了那两个犹太人之后，我叫来了我的兄弟约泽夫，他在约 10 米远的地方，还叫来了费利克斯·莫达希维契，他是拉齐乌夫的居民，但那时在苏契。当他们来到后，我们把犹太人装上雪橇，把他们拉到苏契的森林里面，把他们扔在雪地里，就留在地面上没有掩埋。在那里，我还搜了他们的身，但没有发现武器。"

2002 年 6 月 15 日

夏斯基。新郎家充满了喜庆的气氛，但扬·司克罗茨基宣布，"作为我的朋友，我希望你们知道为什么安娜和我将要去拉齐乌夫，还有我发现的我父亲的事情。"他无视婚礼上人们兴奋的心情，给他们念了我刚刚交给他的描述："齐格蒙特·司克罗茨基用一根棍子打她，就像在用连枷打麦子一样……"只是当引导新郎入场的婚礼仪式开始后，他才停止不念了。

我们浩浩荡荡排成了一个车队驾车前往教堂，然后在耶德瓦布内的一家餐厅参加婚宴。我简短地和朋友们聊了几句。他们仍无法相信这个事实，在这个地区会有人有足够的勇气邀请我参加这样一件大事："在耶德瓦布内，每个人都害怕有人会烧掉他家的房子。"

2002 年 6 月 16 日

同司克罗茨基夫妇一起，我去看望弗朗西斯泽克·埃克斯朵维奇，此人曾经是司克罗茨基的一个熟练工。扬念给他听科斯马切夫斯基的证词。

"那个杀人的不是你父亲。"埃克斯朵维奇提出异议。"我向你发誓。科斯马切夫斯基和你父亲闹翻了，所以他就指责你父亲。"

"我知道他没有说实话，"我们离开后，扬对我说。

我问他的妻子波什娜，在有机会接受"更简单的事实"的情况下，扬怎么不加以利用呢。

"你自己看到弗朗西斯泽克没有真正在注意听，他在厨房里走来走去，但是当多罗戈依这个名字冒出来的时候，他愣住了。他知道这是事实，扬也知道这一点。从某种意义上说，扬一直是知道的，但只是因为现在他在从事这项研究，他终于自己也承认了。他的母亲曾经愤怒地对他父亲说，'我过的是什么样的生活，我独自一人——你杀了一个犹太女孩要去坐牢。'还有为什么他的父亲要和全家人分开，直到临终？在此之前，还为什么从来不想去见拉齐乌夫来的任何人，甚至一个以前的熟练工，就住在不远的奥特沃茨克？他是在逃避自己的回忆。"

2002 年 6 月 17 日

　　更多我之前听说过的人出现在查亚·芬克尔斯泰因回忆录的页面上。

　　首先是莱泽·赞德勒，在苏联人统治下，他当了国有化了的原先芬克尔斯泰因家的磨坊老板，对周围的人指手画脚，还针对以前的老板，所谓的"吸血鬼"，进行宣传攻击。我从拉莫托夫斯基那里知道了他的其他经历，拉莫托夫斯基在德国占领期间遇到过他，当时他正打算想办法到苏联去参加那里的共产党游击队。

　　接下来是玛祖卡医生，被查亚形容为在德国人到达后村里最重要的人物之一，仅次于牧师和村长：同样是个老绅士，他还是拉莫托夫斯基母亲的老朋友。正是在他的督促下，拉凯拉才受了洗，玛祖卡还成了她的教父，并且作为见证人，出席了她与斯坦尼斯瓦夫·拉莫托夫斯基在教堂举行的婚礼。

　　其次是科诺普基的马里安·科奇考夫斯基，他参与了那场暴行，但是也把芬克尔斯泰因一家从集市广场带了出来。他的名字多次出现在对拉齐乌夫凶手的审讯中。约泽夫·埃克斯朵维奇作证说，马里安·科奇考夫斯基当时是个协警，是他命令他放火烧谷仓的。如果科奇考夫斯基当时是个协警的话，那么芬克尔斯泰因一家是能够在他允许的情况下离开集市广场的。那天他是镇上主宰一切的人物。他一定是为了钱而救了芬克尔斯泰因一家的。

　　还有一个是沃尔夫·施拉巴克，他是芬克尔斯泰因全家的朋友，也是一个犹太复国主义活动家，他在波兰到处旅行，筹集资金去巴勒斯坦买地。他应该是要去美国的，但是在战争爆发之前他没有去。斯坦尼斯瓦夫·拉莫托夫斯基还记得战前的施拉巴克，那时他常常在市场上的铁匠铺里见到他："高大，帅气，他看起来像是某种领袖人物一样与众不同。"

　　查亚描述了战前犹太复国主义者是怎样从以色列邀请使者来到镇上

的。那些使者在拥挤的犹太教堂里谈论巴勒斯坦。共产党人试图驱散他们的集会，沃尔夫·施拉巴克就叫来了警察。查亚强调说，他没有提到扰乱和平集会的人是共产党人。

这种集会肯定与我在内政部报告中看到的集会是相同的："1932 年 5 月 2 日，在什丘琴市法院对亚伯兰·斯恰尔卡和另外 12 名犹太人，拉齐乌夫佩雷茨犹太图书馆协会的共产党成员，进行了审判，指控他们扰乱镇上犹太教堂的公共安全。法院判处每名被告人罚款 30 兹罗提或入狱七天。"

沃尔夫·施拉巴克于 7 月 7 日被杀害，比他的犹太人同胞被烧死在谷仓里要早几天。哈利娜·扎莱夫斯卡告诉了我这件事："米奇斯瓦夫·斯特策尔莱基首先拿走了施拉巴克的贵重物品，然后把他枪杀在他自己的床上。"

当我这次和扬·司克罗茨基一起在拉齐乌夫的时候，我们到拉齐乌夫的市场上去看了施拉巴克家的老房子。房子是原木建造的，直到今天仍然没有改变，只是略微有些松散，对于一个有钱的商人来说也不那么豪华。

房子现在由斯坦尼斯瓦夫·莫达希维契占着。斯坦尼斯瓦夫·拉莫托夫斯基不断地提醒我不要把这个人和凶手莫达希维契的家人混淆，因为他是一个非常正派的人。他肯定战前就在当地居民中特别突出，因为 1945 年以后，当沃尔夫·施拉巴克的兄弟来到镇上时（他因为被流放到苏联而活了下来），他主动向莫达希维契提出以低廉的价格把沃尔夫的房子卖给他。

斯坦尼斯瓦夫·莫达希维契知道杀死施拉巴克的凶手把他埋在他自己的院子里。他把遗体挖掘了出来。他用一张床单包好遗体，放在他的马车上，然后将遗体埋在犹太人的墓地里。他没有把此事告诉任何人，因为不然的话，他就无法在镇上生存下来。

十三

查亚·芬克尔斯泰因的梦想

或，拉齐乌夫一个磨坊主全家人死里逃生的故事

　　拉齐乌夫的波兰居民和德国人正在围捕犹太人，逼他们排成双人纵队，从犹太学堂延伸到教堂，几乎占了整条街道。他们用棍棒和枪托打犹太人。芬克尔斯泰因一家——查亚，她丈夫伊兹拉尔和他们的孩子，梅娜希卡、什洛姆考、谢伊纳和查娜——悄悄地离开了他们家住的房子去躲避迫害者。他们好像隐身人一样溜走了。但是他们看到德国人和波兰人猛地拽犹太人的胡须，一边还哈哈大笑，笑到嘴巴都合不拢。全家人偷偷地贴着房屋的墙壁走着，墙上涂抹着出自德国小报《先锋报》的讽刺犹太人的漫画。但是，前面没有了房子，正在逃跑的全家人不能再躲在墙后面了。他们站在教堂的围墙旁边。他们绝望地决定躲在那里。查亚拉开铁门的门闩，接着……醒来了。

　　这是查亚·芬克尔斯泰因的第一个预兆般的梦，陪伴着她直到战争结束，这个梦指引着她的步伐，给予她力量，振作她的精神。

　　芬克尔斯泰因一家曾经是镇上最富有的家庭之一。查亚的丈夫是一个磨坊主。他们认识当地的农民，他们把粮食带到磨坊来加工。他们很

查亚和伊兹拉尔·芬克尔斯泰因的结婚照。拉齐乌夫，1921。（由何塞·古斯坦提供，www.radzilow.com）

查娜，查亚和伊兹拉尔·芬克尔斯泰因夫妇的第四个也是最小的孩子。拉齐乌夫，1937 或 1938。（由何塞·古斯坦提供，www.radzilow.com）

注意保持良好的睦邻关系。伊兹拉尔给面粉过称，同时往面粉里扔进一些小礼物给农民的孩子们。

他们的磨坊矗立在从拉齐乌夫出来通往耶德瓦布内的路边上。当苏联人来到后，他们征用了这家磨坊，并且不久之后他们就把磨坊主赶了出去。查亚在战争一结束马上就动笔写的回忆录中回忆道，"有个富有同情心的基督徒"，租给了他们一个生活的地方。怀着沉重的心情，他们烧毁了自 1917 年以来他们的犹太复国主义活动的档案材料。苏联人基于两个理由对查亚和伊兹拉尔采取了镇压行动：一是他们被看作是"资产阶级分子"；二是他们是犹太复国主义者。伊兹拉尔多次被带去受审。每天晚上他们都因害怕被驱逐出境而战栗不安。查亚为这种可能性做好了准备，在知道货币可能会一天比一天不值钱的情况下购买了大量布料，而布料则始终是现成的货币。幸亏查亚有效地贿赂了苏联官员，他们才成功地避免了被驱逐出境的后果。他们要回了他们的房子，虽然多了一个警察作为房客。他们透过窗户看到了磨坊的新的管理人是怎样安顿下来的，其中包括裁缝莱泽·赞德勒，一个战前共产党的同情者，还有波兰人马林诺维奇。

当查亚提议请一个来自克伦基的犹太难民来教孩子们时，她丈夫惊呼起来，"我在做梦吗？现在还仍然有犹太人认为有必要学习希伯来语和犹太法典？"他们关闭了家里的百叶窗，秘密地开始了学习。

1940 年犹太人的赎罪日那天，受雇于本来属于他自己的磨坊干着体力活的她的丈夫，将时钟的指针往前拨快了两个小时，以这种方式去做晚祷。犹太人现在得去犹太学堂做祈祷，因为苏联人把犹太教堂改成了仓库。

1941 年 1 月，在磨坊被国有化后的周年之际，举办了一场名为"没有老板的一年"的庆祝活动。"之后，有几个我们的基督徒老工人来找我们，"查亚写道，"他们告诉我们，庆祝会是以长篇讲话开始的，说是共产党人通过摆脱吸工人血汗的资本家而给工人们带来了幸福。他们诅

咒了我们。莱泽·赞德勒滔滔不绝地把各种诽谤和污秽一起往我们身上
发泄。我们自己家也有人加入了。我们把他抚养成人，教他学会了怎么
养活自己，然后他却选择了一条追随假先知的新路。我曾经给他指出，
他应该记住他的过去，他曾经是一位教犹太人如何为移居巴勒斯坦做准
备的讲师，他对共产主义的看法是错误的，共产主义是不会解救犹太人
的，一旦风向吹向俄国人自己，我们过去的 pogromchiks（大屠杀凶
手），就会让犹太人鲜血四溅。'一个以色列国是我们唯一的希望，'我
对他解释说。他开玩笑道，'也许你想要一面带有一颗星的蓝白旗帜？
如果你不闭嘴，你最终会被关到阿尔汉格尔斯克的古拉格里去。'"1941
年6月，有人警告他们说大规模驱逐出境行动即将开始，并且他们也在
被驱逐者名单上。但是就在那天晚上，苏德战争爆发了。

　　弗朗西斯泽克·罗戈夫斯基，一个来自离拉齐乌夫四公里远的夏
斯基的富裕农民，很快就来看望他们。"他属于士绅阶层，他的兄弟们
一个是一名医生，另一个是名牧师，其他三个还是学生。他与他的父
亲和一个兄弟管理着农场。他想表达他的同情心。我们要求他藏匿我们
的财物。一开始他很害怕，然后他同意了。他建议他也可以带走我们的
母牛。如果有必要，我们可以躲到他家里去。但是他只愿意藏我们一家
人，而且他只能是在邻居们都没有看见我们到他家的情况下才能给我们
提供藏身之处。"

　　他们把早已经收拾好的框子和手提箱运往夏斯基，这些东西在农场
占了整整一个棚屋。但是当他们在德国人入侵之后去罗戈夫斯基家，以
便观察德国人占领后最初几天的动向时，我们就不受欢迎了："我们从
他们的脸上看出他们对我们的财物更感兴趣。他们的大儿子假装很友善
地邀请我们坐下来，告诉他妈妈给我们拿面包和牛奶。那个女人，曾经
和她们家其他人一样对我们很友好，现在却改变了态度。她几乎一句话
都没说。她冷漠地邀请我们上桌。我们没有被这个荣幸所感动。我告诉
孩子们吃些东西。但他们也感受到了寒意。我们的小儿子因为疲惫而睡

着了，当他醒来时，他开始哭闹，要我们离开，因为他们要杀了我们。他看出他们为了占有我们的东西已经做好了杀人的准备。"

第二天，查亚决定回家，因为她担心留在农场的鸭子和鹅。她穿上鞋子，在头上围了一条围巾，假扮成一个乡村妇女，动身前往镇上。当拉齐乌夫的居民们热情地迎接入侵的德国人时，她就站在旁观者人群中。"我记得他们是怎样在1915年进入拉齐乌夫的，"她后来写道，"同样那么骄傲，同样那么昂着头。但是他们在1918年作为战俘时又是一副怎样的惨相呢？他们遭到拿着棍棒的农民的殴打。我祈祷着他们再次奔跑的那一天快点到来。我确定那一天会来的，但是我们能活着看到那一天吗？"

当她与她的家人团聚时，才知道原来她丈夫因为担心而出去找过她。当他回来时，全身都在发抖。他差点没能够摆脱掉一个来抓他的农民，那个农民拿着一把刀大叫："就因为你们犹太人，他们要把我送到西伯利亚去。"他用了一个小计谋才逃脱了：他故意把外套丢下来，知道那个农民会停下脚步去捡衣服，看看里面是否有钱……

他们听说波兰人已经吩咐不准把货物卖给犹太人，也不准任何人给他们提供庇护。镇上的一切都已经平静下来了，所以芬克尔斯泰因一家可以回家了。他们的房子已经被德国军官占了，但是德国人还了房子的一部分。他们在德国人乱扔在屋子里的一份德国小报《先锋报》上看到，英国人曾经提议在巴勒斯坦的领土上建立两个国家：犹太人的以色列和阿拉伯人的阿拉伯。一时间，他们感到很高兴。

6月27日，驻扎在芬克尔斯泰因家里的德国人与其他部队一起离开了拉齐乌夫。查亚写道："我意识到，安息日几乎近在眼前，我需要为星期六做好准备。我之前藏起了一只鹅，其余的家禽都已经被偷走了。我通过小巷子把鹅带到了 *shokhet*（译者注：按照犹太惯例屠宰的屠夫）那里。他病了，躺在床上，还没有从亵渎圣殿里的圣经这一行为中恢复过来。他自己的地方已经被他认识的基督徒掠夺并抢劫一空。他的女儿是我的一个朋友，泪流满面地告诉我，她试图抵抗，但他们殴打了她，喊道：'愚蠢的犹太奶牛，这有什么区别，谁还会来为你们保护它？'"

那是拉齐乌夫的波兰人和德国士兵接连伤害犹太人的第二天，他们抢劫殴打犹太人，逼他们烧毁神圣的摩西五经经卷。覆盖着伪装网的四匹马拉的马车就停在芬克尔斯泰因家的房子边上。查亚从窗户里看到一些穿着伪装服的德国人从车上跳下来。"农民们和他们的妻子，无论老幼，都跑出来迎接德国人，为他们赶跑苏军而高兴。波兰人还指给德国人看镇上哪些房子是属于犹太人的。"

突然间有几十人闯了进来，都是德国人和波兰人。领头的是亨利克·德齐科斯基。"我大声叫了他的名字，"查亚写道，"我认识他，他曾经很多次来过我们家。他的父亲在战前是一名警察，他本人在苏联占领时期在邮局工作。我问他，他凭什么来反对我们。他回答说，所有的犹太人都是一样的：'当我们被驱逐到西伯利亚去时，没有人可怜我们，现在也没有人会来同情你。'"

他们将架子和餐具柜上的所有东西都扔在地上，用靴子践踏，砸碎瓷器，倒出粮食并把汽油浇在上面，还打破窗户。"在一阵疯狂的暴行中，他们用橡胶棍子砸碎了吊灯。他们在屋里跑来跑去，搜查每间房间，然后把掠夺到的物品交给站在房子前面的农民暴徒。他们的狂吼声'犹太佬'震耳欲聋"，我们从查亚写的回忆录中得知，她勇敢地冲向攻击者，帮助她的丈夫逃走。她听到他们向他开枪，但不知道他是否被击中，是否活着逃脱了。

他们还殴打孩子，查亚像一头母狮那样保护他们，对攻击者又踢又咬，自己承受下大部分的殴打。她冲进地窖，有一个入侵者试图强奸她的女儿谢伊纳，她把女儿从他的魔爪中抢了出来。到了午夜时分，房子里已经被抢劫一空，而家中伤得最重的查亚，则躺在血泊之中。她倚靠在窗前，等待黎明后去找她的丈夫。她站着但又睡着了，就在此时此刻，她梦见所有的拉齐乌夫犹太人都被赶到一个地方去了。

"我明白这是一个征兆，我们必须找到一个藏身的地方，"她写道，"我身上被打得青一块紫一块的，头上也被打出了几个口子，但我的大脑在冷静地思考着，试图找到一个解决办法。我对牧师的人情毫无信心。然而，也许尽管发生了这一切，我们是否还应该在那里寻求帮助，在那个所有毒药和最强烈的毒液的源头？"伊兹拉尔在黎明时分返回了，没有受到伤害。随着精力的恢复，查亚不顾自己的伤口又忙碌起来，试图在一个充满敌意的社区中为她的家人找到某种安全的保证。

查亚决定不畏艰险，直接去找那些负责大屠杀的人。她想问他们："为什么？"要求他们约束当地人不要再去折磨犹太人，要求他们不要再去帮助德国人。她首先去找莫达希维契，他的两个儿子都参与了对犹太人的骚扰。他告诉她，他们只是做了上司要求他们做的事，而且他不能给她任何帮助。

/ 458

"如果情况是这样的话，莫达希维契先生，"查亚回答说，"请指示我我该去找谁。"他提到战前的村长斯坦尼斯瓦夫·格兹姆科夫斯基。查亚立即就去见他。"他用客气的微笑遮盖住看到我时的怒容，"她叙述着，"他在房间里踱着步。每次经过餐柜时，他都会切一小片面包，铺上一片猪油，然后平静地吃下去。他听着我的故事，没有流露出丝毫的同情心。他肯定知道这次袭击事件，也许甚至是他下达的命令。我问他：'为什么要这样对待我们呢？难道有人能够指责我们同共产党交朋友吗？你难道不知道我们在他们手中遭受的折磨比我们的波兰邻居厉害得多吗？'"

听她说了这句话后，他的态度软化了一些，然后把她送到玛祖卡医生那里去，因为——如他所声称的那样——"他的等级更高，他说的话更有分量"。

玛祖卡的儿子是那天晚上攻击犹太人的那些人中的一个，看见查亚来找他，玛祖卡对她抱怨说，他一直在为犹太人包扎伤口。但他也想不

出办法来帮助查亚，就建议她去找牧师。于是查亚就去了她梦中告诉她
去的地方。

在神父的住宅里，她看到了犹太人用来洗熨衣服的铜壶，这个物
件肯定是作为战利品来到此地的。她给牧师看了她头部受的伤，肿胀的
脸部，从颈部往下的瘀痕，并说她的整个身体都被打成了这个样子。她
说："作为他们属灵的神父，你应该从讲道坛上告诉他们，他们不应该
去帮助德国人，因为这样做会玷污波兰人的良好声誉，而且仅仅是德国
人就给犹太人造成了很多伤害。"牧师紧张地回应道，他不会为犹太人
说一句好话的："虽然我是个大个子，"——他身材高大肥胖——"在我
的教堂会众面前我是很小的。我不敢确定他们不会当场杀死我。他们以
后可能会后悔，但是在那个群情激昂的时刻，他们会杀死我的，他们对
犹太人的仇恨实在太深了。每个 12 岁至 60 岁的犹太人都是共产党人。"

查亚尽力解释说，犹太人中的那些坏分子已经和红军一起逃跑了，
而留下来的犹太人是无辜的，但是牧师坚持认为所有的犹太人都是共产
党人。

查亚在谈判中拥有非凡的直觉，对于人她也有着敏锐的洞察力。
"也许你不能接受我为所有犹太人作的担保，但你必须接受我为我全家
的担保。"她对牧师说道，"我敢肯定，没有任何一个共产主义者和我
家里有联系。"之后牧师承认芬克尔斯泰因一家都是正派人，并称赞他
们的孩子在学校里拒绝戴共产主义的红领巾。他建议她在这段最糟糕的
时期到乡村去避避风头。他承诺，"我无法直接帮助你，但是我会间接
给你帮助"。她的回忆录告诉我们，牧师的承诺确实保证了他们几天的
安全。查亚也去找了一个友好的犹太复国主义者，沃尔夫·施拉巴克。
"施拉巴克与当地民族主义团体的领导人保持着联系，他们向我们保证，
我们不必担心我们的房屋或财物。他不知道我们前一天晚上遭到袭击。
他很惊讶我会去找牧师求助。'他是一个反犹太主义者。我们认为凶手
们是听从他的话的。''这就是我去那里的原因，'我回答道。"

　　施拉巴克想出了一个主意，由他以整个犹太社区的名义尽量尝试进行谈判，并出面组织收集金钱和贵重物品来换取他们的安全。

　　那个星期六，在芬克尔斯泰因家干活的女佣没有上门来干活，查亚在她一生中第一次没有遵守安息日的禁忌，自己点燃了火，为孩子们的安息日晚餐热了汤。她去找她的嫂子看有没有要加热的食物。"当她发现我自己点燃了火时，她的下巴都掉了下来。她开始指责我，说我是造成犹太人所有这些不幸的人之一。我回答说，对生命的威胁取代了安息日的神圣。而且如果我不得不继续面对威胁的话，我会每周六都在厨房里点火烧饭的。我现在仍然还能看到她的那张充满愤怒的脸。她无法原谅我。但孩子们很高兴地吃了一顿热饭。我确信我已经尽力了。"

　　傍晚，她将她的儿子梅纳赫姆送到施拉巴克家。结果发现暴徒也闯进了他家的房子，把藏在他家里的女人都拖出来殴打，还警告施拉巴克，说只有他和他的家人才受到保护。虽然如此，犹太人仍然决定继续收集金钱和珠宝。"这并不容易，因为即使过条马路也是很危险的，"查亚评论道，"但是我们和帮派领导人接触过的消息迅速传了开来，人们相信这多少提供了一些希望。"

　　当查亚晚上把孩子们哄上床睡觉后，她就和丈夫一起坐在窗边，注视着是否有暴徒上门来。由于窗户已经被打破了，再去把门拴上实际上已经没有任何意义。他们整夜都听到邻居家传来的尖叫声。早晨，德齐科斯基出现了。"他是来道歉的。他说他喝醉了酒。我们可以看出是有人派他来我们面前低声下气的。"第二天晚上，当他们坐着再次听到尖叫声时，一些暴徒来到窗前，喊道："上床睡觉！不会有什么不好的事情发生在你们身上！"

/ 460

　　与此同时，人们将房子里的家具、床上用品、衣服、银器和瓷器都运到施拉巴克家的房子里去，用于存放赎金的房间几乎已经堆满了。然而，暴徒们闯了进来，抢走了一切，还殴打了施拉巴克。"他妻子说他出血了，他的肺部被打伤了。她让我去看看他。我没有心思去，但我无法拒绝。我收拾一下自己的心情，然后进屋去探望一个曾经相信凶手会给予他足够的尊重并与他做交易的人。我经过餐厅，他的孩子和难民以及邻居的孩子都坐在那里，他们都像花一样甜美，却又非常伤心。施拉巴克全身用绷带包扎了起来，躺在床上，他的脸变黑了，从绷带下面向外看着。我静静地离开了，因为我找不到安慰的话来说。"

日子一天天在过去，那些暴徒一到晚上就挨家挨户去打人、哄抢、强奸，但他们一直都远离芬克尔斯泰因的家。查亚和她的丈夫打着瞌睡，守在他们熟睡的孩子们的床边。

有一次，查亚打了一会儿瞌睡，梦见凶手们又破门而入，抢走了一切。在她的梦中，她非常生气，她事先没有先把那瓶干邑白兰地倒出来，只是把它埋了起来，现在可能会落入那些杀人犯手中。"我跑到地窖里，那里有一个破碎的瓶子，在洒满干邑的地方长出了勿忘我草，蓝色的花中间有着黄色的花心。"查亚把她的这个梦告诉了一个犹太人邻居，然后听她说花是一个好兆头。另一方面，不好的是那些花都生长在同一块地方。她决定保持警惕，并准备逃离该镇。

7月6日是个星期天，在战前看管他们的磨坊的那个波兰看守人来看望他们。她告诉他们，有很多农民从翁索什前来帮助拉齐乌夫人杀害他们这里的犹太人。她希望在别人出现之前拿走芬克尔斯泰因家的财物（"让我来拿走总比让别人来拿走更好"，她解释说）。过了一会儿，翁索什的一个犹太会计师的妻子带着一个小孩子突然来到查亚的家，那个会计师战前曾经为查亚家工作过。"她的脸色非常慌乱。她要了一块面包。杀手们告诉她，她在翁索什的全家都像宰杀小牛一样被屠杀了。他们提到了她的已经遇害的姐妹和兄弟的名字。她疯狂地喊道：'快跑！逃跑！'"

查亚给孩子们穿好衣服，他们偷偷溜往夏斯基的罗戈夫斯基家，但罗戈夫斯基不敢让他们进屋，只允许他们睡在他们家的地里。黎明时分，芬克尔斯泰因一家回到家中。但不久之后，消息传来，说盖世太保已经到达，并命令犹太人去市场除草，芬克尔斯泰因全家被他们的波兰邻居赶出了家门。那是 1941 年 7 月 7 日上午。

这道命令不包括儿童在内，但一些狂热分子赶走了整个家庭。查亚的回忆录让我们不仅可以详细地重构暴行的过程，还可以通过她的眼睛看到它。

他们站在炎热的太阳底下，周围是由邻居组成的一道厚厚的人墙，以确保没有人能够逃脱。有些犹太人遭到殴打，流着血：是那些不愿意去市场的人。母亲们手里抱着孩子站着，其他人担心着他们留在家里的孩子会发生什么事情。所有人都因为两个星期来的噩梦和饥饿而疲惫不堪，因为抵制犹太人的行为非常有效，他们无法从波兰人那里购买到任何东西，而他们储存的食物则被夜间狂暴的帮派团伙抢光了。盖世太保和波兰人喜欢打谁就打谁，他们折磨着犹太人，拔掉犹太老人的胡须。许多犹太人在悄悄地祈祷——人们可以听到轻轻的柔和的祈祷词"以色列啊，你要听。"

"现在会发生什么事，查亚？"一位女性朋友问她。

"死人是肯定的，"她回答，"只是不知道会怎样到来。"

突然，非常出人意料，希望又回来了。盖世太保上了车，开走了。

片刻之后，正在和其他犹太人一起除草的芬克尔斯泰因全家人，被一个在战前受雇于他们家给麦子脱粒的农民带着离开了市场，然后让他们逃走了。查亚没有提到他是如何拯救了他们并保护他们免受其他波兰人伤害的。牧师的安全通行保证肯定是不够的，她一定是买通了那个农民。在离开市场的路上，他们被那道人墙挡住了，但是有人喊道，"让他们通过。他们获得自由了"。人墙就分开让他们过去了。

他们看到犹太儿童在四处寻找他们的父母。他们留在家里的两个孩子，谢伊纳和查娜，正在安慰其他哭泣着的孩子。谢伊纳的同学跑到窗前喊道："你知道犹太人会发生什么事情吗？他们会把犹太人烧死在一间谷仓里。"谢伊纳放声大哭了起来，但她的父母不肯相信。当他们

/ 462

正在屋子里设置些障碍时，一群小伙子在他们家洗衣女工的儿子的带领下突然闯了进来。这些男孩子们把他们带出了房子，当查亚想锁门的时候，他们试图从她身上把钥匙拿走，因为"她再也用不上它们了"。她解释说他们刚刚已经被释放了，可是他们不肯相信。但是当他们看到烟雾的时候，这些攻击者对他们说他们很幸运，可以回家了。

他们的返回让邻居们感到很震惊，因为他们已经把查亚家里的财产都从房子里搬了出去。查亚告诉他们可以拿走他们想要的东西，然后全家人，包括查亚的侄女在内，都离开了这个小镇。他们遇到了一群农妇，听了他们的不幸遭遇，她们都泪流满面，拧着双手。突然一个他们认识的，以前还曾经雇来挖泥炭的农民大声喊道："快钻进麦子地里去！快藏起来！"一个骑马的人正沿着马路走着。他们听到他说，所有的犹太人都被烧死了，只有磨坊主和他的家人一起逃走了，他正在找他们。他问那个农民是否见过他们，那个男人说他没有。此时，烧焦的尸臭和焚烧的头发、衣服的气味正在飘向他们。

在离大路很远的科诺普基村，伊兹拉尔看到一个他认识的农妇，就叫她的名字。她吓坏了，因为她听说没有哪个犹太人幸免于难，而且由于她相信犹太人的灵魂受到了诅咒，她还以为磨坊主的灵魂出现在她的家门口了。他们去找村长博莱斯瓦夫·萨瓦祖基，他很高兴见到他们。"我为你感到很难过，"他对伊兹拉尔说，"我是苏联人领导下的 *predsiedatel*（主席），我的处境很艰难，但是如果你们能够皈依我们的信仰，也许我们可以设法去说服某人。"他派人找来了他的姐夫和邻居。当他们正在考虑如何藏匿这个家庭的时候，一个嫁到科诺普基来的拉齐乌夫的农妇过来了，这个女人是凶手米奇斯瓦夫·斯特策尔莱基的妹妹。她曾是查亚侄女的同学，而且查亚的兄弟已将自己的东西交给了她的父母保管。"她的眼中骤然闪过某种邪恶的神情，"查亚写道，"我的侄女立刻明白了，说道：'佐西亚，我不再需要那些东西了，我不会再从你们那里拿回去了。'"然后那个女人说道：'是呀，为什么还要自找麻烦呢？不管怎么样，他们都会找到你们再杀掉你们的。'"

村长的兄弟告诉他们，那些隐藏起来的犹太人都被从各种庇护场所拖了出来，被浇上汽油，然后放火烧死，或者被射杀在谷仓附近。他曾经赶着他的马车去拉齐乌夫抢回一些他们的财产，但那里的居民不会让他进去。"后来发现他确实是个好人，"查亚写道，"但是对犹太人的仇恨是如此之深以至于没有什么事情会让他感到惊奇了。他实事求是地告诉了我们这个故事。"

把他们从市场里拉出来的马里安·科奇考夫斯基出现在村长的房子里。当他看到查亚的侄女也在那里时，他怒不可遏。他大叫道，只有查亚的直系亲属才有"权"获得解救。"你可以从他眼中的愤怒看出他已经干出过什么可怕的行为"，她写道。他吹嘘说，他已经割破了30个犹太人的喉咙，还开始在厨房里磨刀子，尖叫道："我也得割破她的喉咙。"只是因为村长的抵制和女人的哭泣，才使得他打消了杀人的念头。

查亚从她认识的波兰人那里得知了施拉巴克全家的遭遇。受到残忍毒打的沃尔夫·施拉巴克没有去市场。"曾经为施拉巴克当过司机的米奇斯瓦夫·斯特策尔莱基把他和他七岁的儿子杀死在床上。他把他们的尸体埋在房子后面垃圾堆旁的一个坑里。他生病的母亲被从床上拖出来，扔到一辆马车上，马被赶得一路飞驰。她无法继续抓住马车，就跌倒在轮子底下，她的睡衣被什么东西挂住了，结果她一直被拖在路面石头上，直到身上除了血淋淋的腿骨之外，其他什么都没有剩下。"

7月10日，芬克尔斯泰因夫妇看到火光出现在地平线上。这是耶德瓦布内塞满犹太人的谷仓在燃烧。后来，他们听说在整个地区杀戮都在进行着，在格拉耶沃、斯塔维斯基、沃姆扎、科尔诺、什丘琴，以及任何发现有犹太人的地方。

村民们都匆匆赶去看有谁被杀了。然后他们相互议论谁被他们认出来了、谁被烧死了、谁是窒息死的、谁只是头发被烧焦了。他们说小孩子们没有被火烧到，因为他们的母亲用自己的身体保护了他们。你可以发现几乎每个犹太人都在城里遇害；在面对死亡时他们是怎样表现的，或者是乞求饶恕，或者只是祈祷。他们说屠夫的妻子已经被杀害了，尽管她试图让凶手相信，她知道犹太人的上帝已经抛弃了他们，她会跑到教堂去请求牧师给她施洗。有一个泥水匠告诉他们，他目睹了查亚弟弟被杀，这个泥水匠战前为芬克尔斯泰因家干过活，而且每次干完活后都会为给波兰人提供工作的犹太人敬酒。他解释说，"只要我说一句话，他就可以得到幸免的，但是我想：他的全家都被杀了，他为什么要活下去呢？"

夏斯基的农民去找拉齐乌夫的牧师，告诉他芬克尔斯泰因全家都想成为天主教徒。"牧师告诉我们把我们的孩子送去接受和波兰儿童一样的宗教教育。上完第一次课后他们回到家里。他们认出了同学们身上穿的犹太人的衣服。当牧师赞扬他们的进步时，甚至连曾经是我们敌人的那些人也开始到村里来看望我们。所有的谈话涉及的都是相同的内容：谁抢劫了多少，犹太人是如何富有。他们说施拉巴克家有一整个房间里面装满了各式各样的物品，他们从那里拿走了一箱银餐具送给牧师，还附带其他一些牧师的管家能用得上的东西。凶手们吹嘘着自己的英雄气概，描述了犹太人是怎样尖叫的，他们是如何折磨女孩的，他们模仿着受害者的痛苦表情"，查亚写道，概述了她在村里听到的各种故事。

查亚也认出了自己的财物，但是她从不说出口。有一个夏斯基的农妇向她抱怨说，拉齐乌夫人不肯把犹太人的衣服给农民，因为他们在杀人期间不在那里，由此试图让她也卷入关于谁应该得到受害者财产的争论。那个女人说，"我的看法不同。我们没有杀人，所以我们应该得到属于犹太人的东西。我们更加受之无愧"。

他们住在科诺普基，在田地里干活。"我们的房东一直在跟我们谈论我们皈依天主教是多么美好。正因为如此，我们才能上天堂，而不用像其他犹太人那样变成尘土。我们会看到犹太人看不到的光明。他们告诉我们有一个叫戴维的犹太人，不断地在问时间，尽管他在盯着太阳看。'因为犹太人把基督钉死在十字架上，这就是为什么黑暗会降临在他们身上，为什么他们在正午却看到黑暗。'听到这些话，我们都觉得几乎透不过气来。"

拉齐乌夫的教区纪事显示，7月21日上午举行了一次洗礼。芬克尔斯泰因一家在一大群人的陪同下来到镇上。查亚的名字换成了安娜，伊兹拉尔——博莱斯瓦夫。梅纳赫姆变成了约佐克，谢伊纳——玛丽莎，什洛莫——雅内克，还有查娜——雅佳。同一天早晨，50岁的博莱斯瓦夫按照天主教仪式与47岁的安娜结了婚。

一本分发给各个村庄的反犹太小册子也落入他们的手中。在小册子里，他们读到一个僧侣的故事，他在每个星期五都听到一个孩子在教堂里哭泣。有一天，他躲在讲道坛后面，看到牧师一手抓着一个怪物，另一只手拿着一根针。他用针刺怪物，血从那个怪物身上喷射出来，然后就听到一个小孩的哭声。这个神父被逮捕了，结果发现他是个犹太裔。"我们明白，之所以在村里分发这本小册子，目的就是防止那些淳朴又盲目虔诚的村民们帮助我们，"查亚写道，"但他们继续关照我们。他们很可能以为我们有很多财富。"

直到1942年秋天，他们一直住在科诺普基。查亚没有提到这一点，但是直到那时他们肯定一直经德国人的手正式受雇于他们的房东（德国人把犹太人"出租"给波兰人去干没有报酬的农活），而实际上他们自己得到了报酬。1942年11月，当犹太聚居区遭到清洗时，村长通知他们应该收拾好他们的东西，因为他们要被送到警察局去。他们说服了村长让他们躲起来。后来他们听说，农民被告知驾着他们的马车去把犹太人送到博古歇庄园——那里是拉齐乌夫的犹太人在特雷布林卡之前的最后一站。

一个农妇告诉他们，她不忍心去看人们是怎么去对付犹太人的，女人们是怎样从犹太妇女身上抢走包裹和保暖的衣物的，甚至还撕扯她们的裙子。她承认在烧死犹太人之后，自己从拉比家里拿了一本摩西五经和其他一些圣书，因为她听说经书里面会藏着美元，但是她什么都没发现。

芬克尔斯泰因一家躲藏在杜夏村里，但他们被拉齐乌夫的暴徒找到了，他们被赶到一辆货车上带到警察局。他们设法把八岁的查娜留在那个庇护他们的那家人家里。在同德国人打交道时金钱是有效的，牧师的干预也在暴徒那里起到了作用。当芬克尔斯泰因一家从警察局返回时，他们的东西已经被瓜分掉了，他们的小女儿也被交给了一个凶手，这个凶手与他们的房东家吵了一架，说他们收留了犹太人。他们找到了小女儿，但他们的东西都没有了。从那时起，他们就在附近相邻的村庄之间不断奔波：夏斯基、科诺普基、杜夏和库布拉。

他们频繁地替换藏身之处，从不告诉任何人他们从哪家来，又将要去哪家人家，因此，藏匿过他们的人家之间互不相知。他们很担心，因为他们认为他们是大屠杀唯一幸存的目击者。许多当地农民会蒸馏伏特加酒，如果哪个村庄有庆祝活动的话，全家人就会因害怕某个醉鬼会出卖他们而惴惴不安。而且确实发生过村长在喝醉了之后与他们的房东吵了一架，怪房东收留他们太久了。村长说，战争将很快结束，并且因为犹太人，农民会变得过于富裕。他大声说芬克尔斯泰因一家必须离开，否则他会把他们交给德国人。当他清醒过来后，他上门来道了歉。

在这个地区有几个犹太人——有时候他们会跑到窗前要块面包。有些波兰人向他们投掷石块，然后抓住他们交给警察换取一公斤糖。有一个藏匿过芬克尔斯泰因一家的农民告诉他们——没加任何评论——有个村长把一个犹太人交给了警察，警察把这个犹太人按到火炉上，逼问他是谁曾经藏过他，然后他们放狗咬他。但是芬克尔斯泰因夫妇自己总是被告知，牧师经常问候他们，并提醒人们去帮助这个受洗过的磨坊主家庭。

有一次，他们听到有个藏匿过他们的人要求一个农场帮工把他的锤子留给他："你从犹太人那里得到了那么多东西，以前你的工棚里什么都没有，现在你、你的父亲、你的兄弟，什么工具都有了。"那个男人回答说，"牧师告诉我们，这是我们干的活应该得到的，犹太人吸了我们的鲜血。"在另一家的房子里，查亚听到一个农民的母亲在说，"犹太人受到这种惩罚是应该的，因为他们杀死了基督。在美国，他们现在也为犹太人准备了犹太人聚居区。"芬克尔斯泰因夫妇无法做出回应。

有一天晚上，查亚梦见自己正在拉齐乌夫的街上走着，然后遇到一个名叫维西卡·杜宾的熟人，他在烧死人的那条街上跑过来，说道："查亚，我们可以报仇了。"两天后，他们在报纸上看到：德国人在斯大林格勒被击败了。一到晚上，查亚就梦见德国人的失败，而在白天她梦想着巴勒斯坦。

人们越来越频繁地谈论着，战争快要结束了，但是警察们也越来越经常在晚上来村庄里搜查房屋。"许多年轻人都躲了起来，"查亚写道，"但是他们只是在警察靠近的时候才藏起来。否则他们就绕着村子周围游行，醉醺醺地唱着关于华沙沦陷的歌曲。"

/ 467

寻找藏身之地变得越来越困难了。"农民们说，他们不想在战争快结束时因为我们而死去。"他们不得不分开，因为没有人愿意冒藏匿这么一大家子人的风险。"我们决定把我们两个最小的女儿藏在远离我们的一个好地方，因为我们可能无法一起生存下去。我教她们犹太人的历史。我跟她们谈到了西班牙宗教裁判所、马拉诺（译者注：为避免受迫害而改信天主教的犹太人）、斯宾诺莎（译者注：犹太裔荷兰哲学家），还有发生过大屠杀的地方：白俄罗斯的平斯克、摩尔多瓦的基希纳乌、比亚韦斯托克、普拉佐图克、拉齐乌夫，以及犹太复国主义的历史。我一直告诉她们：'当你们安全的时候，不要去相信凶手们说的话，说世上已经没有剩下的犹太人了。在某个地方肯定会有犹太人，你们应该找到他们，并要求他们把你们送到巴勒斯坦去。'"

1944 年春天，他们听说弗朗西斯泽克·罗戈夫斯基已经死了。他们家的东西就是保存在这个人的家里，然后需要的时候就一点一点地去取回。"这真是一个灾难。他是那么一个正派的男人，但他的妻子却真的是非常粗俗奸诈，他们的孩子也受到她的影响。当他还活着的时候，她什么也做不了主。"当芬克尔斯泰因一家没有东西可吃的时候，伊兹拉尔同他们的一个孩子一起去他家。"他们说有人到他们家去搜查过我们的东西，所以他们不得不把我们的东西埋起来，因为我们的缘故，他们受到了监视。我的丈夫只好空手离开。还没过一分钟，罗戈夫斯基的长子就出门来观察我丈夫的去向。我们中没有人再次去过他们家。"

查亚继续回忆道，弗朗西斯泽克·罗戈夫斯基的妻子后来在杜夏村的卡尔沃夫斯基家碰到他们："她把我们的女主人拉到一边。卡尔沃夫斯卡出来时脸色苍白。但我告诉她：'卡尔沃夫斯基太太，你知道我们在哪里住过，你知道我们拥有过的所有东西、长沙发、天鹅绒窗帘、衣服，还有我们为困难时期储藏的东西，我们把这些东西全部交给他们保管，然而在她丈夫去世后，他们却不愿把东西还给我们了。为了占有我们的那些东西，他们不惜置我们于死地。'我哭了起来，她也陪着我掉眼泪。"对于芬克尔斯泰因一家来说，1943 年圣诞节期间能够留在卡尔沃夫斯基家可以说是真正的安慰。只要那个在他们家农场帮工的农民不在，查亚她们就可以继续留在那里。"他们家里的一家之主很热情地接待了我们，就像一个老朋友一样。他在粮仓里给了我们一个睡觉的地方。早晨，他给我们拿来了热牛奶。他眼中含着泪水，向我们保证战争即将结束。他给我们谈起在周围村庄发生的可怕事情，他从来不会想到那些人居然能干出这样伤天害理的事情来。在杜夏村还有一个富有的人，此人的妻子和卡尔沃夫斯基太太经常来陪伴我们，安慰我们。那一个星期给了我们继续生活下去的力量。"

他们不断地变换他们的藏身地点，多达 50 多次。他们生活在污秽、令人窒息的空间里，整天惊恐不安。查亚时不时会偷偷溜进一间小屋，用一口锅煮他们的衣服。孩子们相互间用希伯来语猜谜语，并梦想着拥有一副扑克牌。查亚的儿子梅纳赫姆找到了他们以往用来制作整副扑克牌的卡片。他们在一起玩六十六、一千等扑克牌游戏。"这个村庄有一群游击队员，"查亚写道，"他们能拿到地下报纸，但他们中没有一个人识字能读报，因此知道我们藏在哪里的村里的家乡军指挥官来找我们，他站在水槽边上，让梅纳赫姆把报纸上登的消息念给他听。"

有一天，查亚梦见自己正在野外四处寻找一个藏身之处。她发现有人骑着自行车过来。她认出是马里安·科奇考夫斯基，是他这个凶手把她和她的家人带出了市场的。他说："来找我，我有一个好地方给你们。"这时她醒过来了，意识到科奇考夫斯基此时已远离家乡，在德国做劳工。当她提议全家人前往科诺普基去找科奇考夫斯基的妻子时，家里没有人持不同意见。

在多次恳求并承诺会给予报酬之后，科奇考夫斯卡同意在她的谷仓阁楼上给他们一个地方。但只能住两个人：查亚和梅纳赫姆。他们秘密地带来了查娜，并设法在那里住了五个月。伊兹拉尔带着他们的女儿谢伊纳绝望地来看望她们，他们不知道自己该怎么办，在几天之内他们就换了很多地方藏身，并且连续几天都没吃没喝的。可是查亚和两个孩子也没有东西可吃。她看到她的丈夫变得就像一个 80 岁的老人，满脸皱纹，眼神呆滞。当时才 15 岁的谢伊纳安慰大家，说他们会找到另一个藏身之处，他们会继续活下去，同犹太人在一起，睡在干净的床上。

"我们的女主人马里安卡来查实我们是否真的没有任何东西可以保护我们免受寒冷。她希望我们看起来好像刚刚到达似的，而且她什么都不知道。她对我们说，这不值得她去费心，不管怎样我们都是无法生存下去的；她听到农民在谈论，知道我们一旦从藏身之处出来，他们就会杀了我们。我们只能继续说，我们已经报答了那些帮助过我们的人。马里安卡的婆婆很惋惜，说她的儿子被德国人带走了。她说道：'我不知道我还能不能再见到他，他的良心上有严重的罪恶感，他杀了犹太人，但只是在全村庄的人都促使他去做的情况下他才干的。'为了安慰她，我告诉她，他已经把我们全家人从大火中救了出来，这是对他有利的，而且他还能活下去。确实他做到了。"

在 1944 年冬天，当全家人找不到住所时，他们便去了罗戈夫斯基

/ 469

家。"他们把我们带到了一个可以藏身的地方。为了隐藏一些食物免遭德国人夺去，他们已经准备好了一个藏匿之地。那个地方非常寒冷。晚上刮起了一场暴风雪，雪花从裂缝中钻进来。他们给我们拿来了热的食物。有一次我们去了他们家的厨房，女人们正在织布，她们非常同情我们。这是三年来我们第一次待在一个房间里。他们家的儿子说，对犹太人做出的事情实在是太残忍了。但是他的母亲说，自从我们到了她家，她一直无法入睡。村长知道我们的情况，想要我们离开这个村庄。他在会议上告诉人们，他们不应该去藏匿犹太人，因为他们可能会被杀死。我们一直留在他们家里，直到他们叫我们离开为止。"

此时，已经可以在天空中看到第一批苏联飞机。他们掰着指头在计算离德国人战败还有几天。查亚的下一个梦给了他们新的心理力量：她们正在参加一次犹太复国主义者的会议，每个人都想离开，她们这家人也想离开，但是大门却被锁上了。然后沃尔夫·施拉巴克来告诉他们，要他们静静地等待，他会把钥匙拿给他们。他们认为这是一个好的预兆，他们家的好朋友施拉巴克从另一个世界来帮助他们了。

与此同时，又一场灾难即将到来。由于前线正在朝着他们的方向靠近，拉齐乌夫及其周围地区的居民接到了疏散的命令。芬克尔斯泰因全家留在了被废弃的村庄里，他们躲在一个打谷场里狭窄的藏身洞里，里面还积了水。查亚在洞里遭受着一阵阵幽闭恐惧症的困扰，感觉她们好像被活埋了一样。他们的房东给他们留下了两条半熟的面包和一个生锈的水壶，并告诉他们大头菜保存在哪里。他们吃着发霉的面包，啃着冰冻的大头菜，喝着有红锈的水。查娜常常饿得哭起来，梅纳赫姆说，他只想活到他能吃饱肚子那天就够了。他们都有一个相同的问题，"我们是否还能坐在温暖的房间里观看外面下的雨和飘着的雪花"。查亚告诉他们，他们会活下去，并成功地前往以色列圣地。

当梅纳赫姆手部受到感染并发烧晕倒时，查亚梦见战争结束了，她的儿子被选为出席犹太复国主义代表大会的代表。希望回到了她身边。

她在儿子的肘部上方绑了一根止血带，好几个昼夜给儿子冷敷，用这种方式，她救活了她的儿子。

当前线继续前移时，芬克尔斯泰因全家辗转前往科诺普基的卡尔沃夫斯基家，前一年他们在那里度过了圣诞节。"我不会把你们赶出去的，"卡尔沃夫斯卡承诺。此时，他们遇到的善心要比对获利的渴求少得多了。"我们找到了一颗仁爱的心，这是非常罕见的。在那之前，我好像已经变成了一块石头。"当情况变得太危险时，他们就动身离开了，但他们把憔悴的查娜留在卡尔沃夫斯基家。

1945 年 1 月，他们在克利马谢夫斯基家找到了下一个也是最后一个藏身处。这家有个 16 岁的女儿佐西亚对他们表示了极大的同情，但她患上了斑疹伤寒。查亚描述了佐西亚的母亲不顾她的请求拒绝带她去医院，因为这就意味着要放弃她自己的羽绒被。而且她还担心由于自己还没有亲手埋葬过一个自己的孩子，所以她们没有一个在天上等着她的天使。她带着欣慰的心情去迎接她女儿的死亡。

1945 年 1 月 22 日，当苏军一出现，他们马上就从藏身处出来了。科诺普基村的村长警告他们要继续躲着，告诉他们前一天多罗戈伊父子俩都被谋害了。但是芬克尔斯泰因全家动身前往克内申，再从那里去比亚韦斯托克。"少量幸存下来的犹太人遭到了袭击，"查亚写道，"有人计算出被杀死在该地区路上和村庄里的犹太人共有 70 个。在比亚韦斯托克，危险也很大，晚上你不能出门。有一个团伙袭击了我们附近犹太人面包师住的房子。他们殴打他们，并且要他们停止烘烤面包，否则他们就会被杀害。光天化日之下，有一个犹太妇女在她的商店门口开门营业的时候被射杀。我们就如同坐在灼热的炭火上。"有一次，有人在晚上敲他们的门，他们将自己紧闭在屋里。天亮后，发现来人是民兵组织的。他们狂暴地大喊："可惜希特勒没有把你们都干掉。我们要把你们撕成碎片，我们不会保护你们。"

孩子们到比亚韦斯托克的学校去上学。当谢伊纳先说出她的姓氏的

时候，全班都突然笑了起来。老师让孩子们平静下来，和他们说起了平
等。查亚给她的孩子们找到了一位希伯来语老师。他们离开了此地前往
罗兹，梅纳赫姆在那里当上了一所为犹太人到以色列集体农庄生活做准
备的学校的校长。前往巴勒斯坦生活的梦想即将实现了。

他们带着希腊的遣返文件离开了波兰。一路上，他们遇到了大批经
历过大屠杀之后试图踏上应许之地的犹太人：伪造的文件、非法越境的
冒险队伍、在临时难民营之间奔波、他们乘坐的船在已经可以看到海法
的灯光时遭到逮捕、被拘留在塞浦路斯的一个难民营。终于在 1947 年
来到时，他们全家都相聚在巴勒斯坦。什洛莫渴望加入军队，尽管他还
不满 16 岁。他说："妈妈，还记得我们有多少次梦见与敌人作战吗？而
现在你却告诉我要等他们来召我。你想让别人代我去死吗？"

维兹纳的艾萨克·勒温在战争中与父母一起藏在维兹纳和拉齐乌
夫之间的一个村庄里，从而得以幸存了下来，他在意大利小镇塞尔维诺
的一个营地遇见了什洛莫，他给我讲述了什洛莫的情况："什洛莫比我
更像一个英雄。他的生活中有理想有信念。我不得不同来自我们同一
个难民营的其他小伙子在一起，但是他却马上动身去加入了帕尔马奇
（Palmach）——犹太人地下军队中的精英部队。他们参加的战斗最多，
损失的战士也最多。"

"什朗凯来看我们，"查亚写道，"他没有得到离开军营的许可，但
他爬过铁丝网来看我们，因为我们就在附近。他想要看看他是否长大
了，他比较了留在门上的痕迹，结果证明他长高了几厘米。他希望他能
在逾越节那天请到一天假，那就将是 1941 年以来我们第一次全家团聚
的逾越节家宴。但他不得不在早上 5 点就离开。在他离去的时候，我叫
了他一句'什朗凯'……"

查亚·芬克尔斯泰因就是这样结束她的回忆录的。

什洛莫·芬克尔斯泰因于 1948 年在去耶路撒冷的途中在基亚特阿
纳维姆附近遇害。

"我们抵达巴勒斯坦之后，"查娜，现在叫安·沃尔特斯，告诉我说，"我们的父母在一段短暂的时间里又变得年轻了，他们在晚饭后唱犹太拓荒者的歌曲，但是在什朗凯死后，我们家里再也没有欢乐了。"

查亚成功地引导了她的整个家庭逃离了地狱般的 Shoah（大屠杀），不仅仅是因为他们比较富有，甚至也不是因为他们成功地扮演了虔诚的基督徒的角色（正如她所描述的那样）。他们之所以能活下来，都得归功于她非凡的精神力量。她成功地用希望激励了她的孩子们，并向他们灌输了对一个遥远的国度的爱。最终她也为他们的成功付出了最高的代价：一个儿子的死亡，而且这个儿子正是以一个她教他去爱的国家的名义去牺牲的。

1966 年，从以色列犹太大屠杀纪念馆来了一位女士到海法去找查亚以便记录下她的证词。"她谴责波兰人活活地烧死犹太人，"这位女士指出，"她非常难过，以至于很难理解她在说些什么。她说她留下了 360 页的回忆录，并且等待了很多年，期望有机会能出版。"

查亚的回忆录不但没有出版，而且看来在她一生中似乎也没有人读过。

日 记

2002年6月16日—12月1日

2002 年 6 月 16 日

今天已经是第三天了，三天来我同波什娜和扬·司克罗茨基一起一直在寻找芬克尔斯泰因一家藏身过的地方。对于是否有什么人会从波兰来研究她的回忆录，查亚本来也没抱多大的希望。尽管如此，在大多数情况下她仍然没有提供凶手或帮助者的姓氏，也没有提及村庄的名字，因此，即使对其文本进行细致的分析也难以重现她们的逃难轨迹。但是我们知道，在芬克尔斯泰因一家藏匿过的那些村庄里，有夏斯基，而博拉斯基一家现在正生活在那里。

在夏斯基，我们设法找到了罗戈夫斯基的住宅，当苏联人一到达这里，罗戈夫斯基就去找芬克尔斯泰因夫妇提供帮助。如果没有查亚提供的信息——一个兄弟是医生，另一个是神父，还有三个是学生——我们可能永远都找不到他们，因为——正如我们在博拉斯基家所听到的那样——"在这里，可能你朝任何一所房子扔一块石头，结果都会发现同自己面对面的是一个名叫罗戈夫斯基的人。"

　　我们和年约 50 岁的罗戈夫斯基的孙子利奥波德谈了话。他住在纽约的时间要比住在这里的时间更多。他知道他的祖父帮助过拉齐乌夫的一个磨坊主。我告诉他查亚在她的回忆录中描述了他的家人，并哀悼了他的祖父去世（这一切都正好相符：弗朗西斯泽克·罗戈夫斯基于 1944 年 3 月去世）。她对其祖父的描述充满极其钦佩之心，但对其他家人则有所区别。我建议我只给他念念她对他祖父的描述。"不，不，请都念给我听"，他的孙子说道。所以我还念了有关弗朗西斯泽克的妻子在丈夫去世后不想把芬克尔斯泰因家的东西归还给他们的片段，她是如何到周围邻居家去敦促他们不要为芬克尔斯泰因夫妇保存任何东西的："他们会为了占有这些财物而不惜置我们于死地。"念到这些内容时我感觉很尴尬，但是当我扫视了一眼我们的主人时，我看到查亚的话并没有给他留下太多的印象。当我念完时，他问道，"你家中有没有犹太人？我在美国为一个犹太人工作，他是一个体面的人士。你是否可以帮我在纽约找一份工作？"

　　他不怎么动感情地讲述了他所听到的有关战争的各种故事。"我的叔叔告诉我，有个犹太人警告过他将被驱逐出境，后来当叔叔在谷仓被烧掉之后到那里去时，他看到了那个犹太人，半个身子被烧掉了。"

　　"就我们两个波兰人之间说一句话，"扬·司克罗茨基把他拉过去，"告诉我，你是反犹主义者吗？"

　　"我不喜欢犹太人。"

　　"为什么会这样？"

　　"在纽约他们的住处离我很近，那种卷发、信教的犹太人，我就是不喜欢他们的那种样子。"

　　我非常熟悉的有关上帝惩罚的主题贯穿了我们的对话。于是便提到了一个鞋匠，此人还是一个地主，有一个波兰人追赶他，还帮着将他烧死了。那个波兰人就此住进了鞋匠的家，但是当他在犹太人的羽绒床上睡着后，第二天就再也没有醒过来。或者是关于犹太人凯鲁宾一家的故事，波兰人在夜间把他们一家拖出家门，杀死后进行抢劫，还接管了他们家的铁匠铺，结果这些波兰人后来生下了畸形孩子。

2002 年 6 月 17 日

我们按照查亚描述的路线继续前进。远离高速公路，我们沿着乡村道路到散落在各处的农舍去。每次我与 60 年前发生的事件的目击者交谈时，结果发现他们几乎都可以证实她所提到的每一个细节。但并不是直到我们查访到了他们曾经藏身过的地方，查亚用意第绪语写的回忆录才获得了清晰真实的现实感。

如今，在这个地方你不会再遇到许多原先居民的后代了。在科诺普基，曾经有 19 户家庭居住在那里，现在却只剩下少数几家，许多房屋都被用木板封掉了。杜夏村实际上整个村子都已经人去房空。但是所有留下来的人都仍然记得磨坊主一家。他们不知道磨坊主一家的姓氏或他们的犹太名字，但他们记得查亚的孩子约佐克、雅内克、玛丽莎和雅佳（或者，分别对应梅纳赫姆、什洛莫、谢伊纳和查娜）。

以前，当我拜访曾经藏匿过犹太人的各种家庭时，人们都很紧张，问我是如何找到他们的，并要求我不要提及他们的名字。在夏斯基、科诺普基和杜夏，在战争期间藏匿犹太人成了一种正常的事情，几乎被整个社区所接受，现在人们已经毫不畏惧地谈论此事了。几乎我们与之交谈过的每个人都还记得他的父亲、祖父或叔叔隐藏过一个犹太人——如同芬克尔斯泰因一家一样，还有两个犹太人家庭藏在这些村庄里，也如同芬克尔斯泰因一家一样，他们会在各个不同的房东家庭度过短暂的时期。和我们谈过话的人中只有一个取出了一本《格罗斯的谎言》，这是《认识你的犹太人》系列中的一本小册子，在耶德瓦布内几乎每家每户都有这种标准的文本。

"他们改变了信仰并生活在我们中间，"弗朗西斯泽克·姆罗采科夫斯基说道。"在我们家里有一台留声机，玛丽莎会来跳舞。这个犹太人会一点裁剪，他为我做了顶帽子，他抱怨说帽子做的不是太好，那个形状，但是还挺适合我。为此，我给了他黄油和腌猪肉。这样那些犹太人就得救了。他们认为在他们接受了洗礼后就等同于波兰人，但是希特勒下令要消灭他们，他们就不得不躲藏在一个地堡里。"

弗朗西斯泽克·格拉德基是夏斯基居民中年纪最老的（"我害怕告诉你我出生在哪一年，因为死神正在聆听"），他回忆起约佐克或梅纳赫姆·芬克尔斯泰因时眉飞色舞："他当时18岁。这个犹太男孩曾经和我们一起放牛。是个好孩子。我们给了他一个有宗教含义的吊坠，他就挂在脖子上，但他拒绝了戴念珠。"

这并不意味着对这个犹太人家庭的同情会扩展到全体犹太人身上去。姆罗采科夫斯基自豪地说起自己的兄弟，1933年时他兄弟在拉齐乌夫参加了一次大屠杀："我的兄弟同国家党在一起，这是一个体面的、很好的组织，靠近教会。当一个犹太人从一个阳台上向波兰人射击，并且波兰警察也遭到袭击时，他参与了拉齐乌夫的骚乱。在这些场合出现是强制性的。他们攻击了犹太人"，他笑着说道。

"他们去骚扰犹太人是正确的吗？"我问道。

"波兰人都不太成功。现在一个工人会起来反抗并举行罢工。我认为正确是在那些不太成功的人士的一方，你觉得如何？"

/ 476

没有人知道拉齐乌夫磨坊主一家后来发生了什么事。在描述他们躲藏起来的那段时间时，人们可以借助他们自己的记忆，但是要描述他们的后期历史，人们就只能从反犹太的那一套老调子里去深挖细掘了：犹太人的财富、他们为秘密警察效劳、成为阴谋的一部分。

我答应过安·沃尔特斯，就是以前的查娜·芬克尔斯泰因，我会为她找到曾经把她作为自己的孩子领养并且护理她使她重获生命的那个女人的名字。从查亚的回忆录中我推断出这个女人一定是住在杜夏。我找到了那所住宅。房子是一种漂亮的红砖结构，但无人居住。邻居们告诉我，在战争期间，索菲雅·卡尔沃夫斯卡住在这里。他们不知道她的后代是否活着或者住在哪里。

2002 年 6 月 25 日

在华沙斯卢谢维兹的多米尼加教堂里，理夏德·博萨科夫斯基神父会见了即将前往耶德瓦布内清理犹太墓地的学生。我发现整个团队都陷入了困境之中。他们曾希望当地青年能参与进来。博萨科夫斯基神父与一个学校校长进行过很有希望的谈话，但后来他就无法得到那位女校长的支持了。她的秘书多次告诉他校长有事出去了，直到最后她告诉他把所有的电话都转给教区牧师。然后就挂断了电话。

我打电话给耶德瓦布内的一位熟人，询问一个校长怎么可能会拒绝一个牧师打来的电话。"我知道，我知道，"他的回答明显带着一种嘲笑，"你希望她卷入清理墓地的活动中去，但她会在一个月内就失去她的职位。"

我听说，亚当·米奇尼克和我第一次与之交谈过的那个塔德乌什·S. 告诉人们，他遇见过"那个犹太婊子比康特"，并且他正在学习希伯来语，因为"你必须懂得你的敌人的语言"。

2002 年 6 月 29 日

前往扎布热。在我的一篇文章刊登在《选举报》上之后，我收到了格热戈日·卡尔沃夫斯基（另一个卡尔沃夫斯基，与本书中出现的其他同姓者没有关系）的一封信，内容涉及他在拉齐乌夫地区的家人是如何在战争期间藏匿犹太人的。当我们交换了电子邮件后，我意识到他们家中有一位一定是海伦娜·赫扎诺夫斯卡，当时名叫莎拉·法佳·库贝尔斯卡，就是在耶德瓦布内让犹太人幸存者受洗的那一位，我劝说他在下一次去探望他父亲时务必带我一起去，他父亲现在居住在西里西亚。

我们坐火车前往。路上，我告诉卡尔沃夫斯基在他的家乡我遇到了如此激烈的反犹太主义，以至于我觉得自己几乎像遭到人身攻击一样。反思因"耶德瓦布内事件"引发的所有仇恨的原因，我得出这样的结论，即被遗忘的暴行不知何故沉甸甸地压在现在的居民心头，即使是那些与此无关的人，或者甚至当时并没有住在那里的人。卡尔沃夫斯基有一个不同的假设。他认为波兰的这个贫穷地区的居民通常前往美国去打工赚钱，去的最多的是芝加哥地区，他们在那里遇到了波兰社区狂热的反犹太主义，然后将其带回植入家乡。也许他的话确实有一定的道理。跨越大洋而来的反犹太传单和来自美国波兰社区的支持话语无论如何都是一个重要因素，当小镇成为媒体关注的焦点时能决定其所作所为。

当我们到达那里后，我获悉格热戈日的祖父母不仅藏匿了未来的海伦娜·赫扎诺夫斯卡和她的母亲，而且就在苏联红军到达之前，他们还给"拉齐乌夫磨坊主的一个女儿"提供了庇护。格热戈日的父亲安东尼那时才9岁，他还记得查娜·芬克尔斯泰因："她坐在炉子旁边，非常有礼貌，一言不发。"好像他在谈论我在堪萨斯州遇到的那个查娜。

安东尼并不喜欢格罗斯书上那些大惊小怪的论调。从他的观点来看，即一个其家庭庇护过犹太人的人，格罗斯的言论对波兰是有害的。尽管当我们开始谈论细节时，他毫不怀疑发生了什么："德国人来到了。犹太人把他们的财物托付给比较富裕的农民们，因为犹太人会害怕把东西交给难以相信的穷人。而这恰恰是最严重的耻辱，那些受犹太人以财物相托的农民们并不在乎那些犹太人是否能够幸存下来。可怕的抢劫正在那里进行着。当他们正在烧死犹太人时，我的一个邻居波拉考斯卡去了一个犹太人的住宅，回来时带着被褥铺盖。但是她的丈夫拒绝使用那些东西，他要她把那些东西全部扔到路上并烧掉。"

"海伦娜·赫扎诺夫斯卡的家人，"他告诉我说，"藏在我们家，但也藏在奥努弗雷·科斯马切夫斯基家和克利马谢夫斯基家。可是你不应该因此而认为每个藏匿犹太人的家庭都是出于人道主义的原因。我的父母亲没有利用那些机会，但是当战争一结束，你就可以分辨出谁是为了钱而藏匿犹太人的。杜夏、夏斯基、科诺普奇——所有这些村庄在战争期间都大大地为自己发了一笔财。"

很长一段时间以来，我一直在试图重建海伦娜·赫扎诺夫斯卡的家族史。我知道她的父母亲，库贝尔斯基夫妇，战前居住在库布拉——该地更靠近拉齐乌夫，而不是耶德瓦布内。我和贾尼娜·卡尔沃夫斯卡谈话，她是一位住在那里的退休教师，在苏联占领期间与海伦娜相交甚好。

"当我们在同一个班级上课时，我们就成了好朋友，"她告诉我说，"我常到她家去玩，她会请我去她家吃逾越节薄饼。她家多干净呀！海伦娜的母亲嫁给了一个来自库布拉的铁匠，但她自己是耶德瓦布内人。他们住在村里，周围都是波兰人。他们乐于助人，所以受到人们的喜欢和尊重。"

我知道，农民们7月7日来抓她的父亲，并将他带到了拉齐乌夫的市场上。莎拉当时15岁，她目睹了这件事。我是从莱昂·杰齐茨口中听到这个消息的。但他不知道她躲藏在哪里。

查亚·芬克尔斯泰因的回忆录帮助我追踪到了战争期间发生在她身上的事情。

1941年7月7日，芬克尔斯泰因一家藏身的那个家庭告诉他们，"他们抓住了从拉齐乌夫来的铁匠埃兹拉，他已经死了"。库贝尔斯基家中的母亲和四个孩子则像芬克尔斯泰因一家一样幸存了下来，甚至就在同一村庄里。他们受了洗，然后在德国人收了钱的情况下，尽可能长时间的受雇到波兰家庭干活。查亚·芬克尔斯泰因曾经在一个她认识的农民家里遇到过他们。她在叙述他们时笔下不带热情："那个铁匠的妻子以及她的两个儿子和女儿改信了天主教，她们得到了牧师的保护。不像我们，他们的皈依是认真的，他们真心信仰了他们的新上帝。铁匠的妻子会在晚上醒着躺在床上，手持念珠作祈祷。当我们看到这种情况的时候，我们的心都是痛的。"她向海伦娜的母亲解释说，战争不会永远持续下去，他们是犹太人，战后他们可以去美国或巴勒斯坦。她敦促她不要去关注她女儿的基督徒追求者，因为战争结束后，她女儿可以去嫁给一个犹太人。查亚描述了未来的海伦娜·赫扎诺夫斯卡:"她没有问候我们。她试图表明,他们是真正的非犹太人,他们处于更好的地位,尽管我们也曾经是富人。有一次,她愤怒地问她母亲她是否喂过猪。然后,她向农民们重复了我对她母亲所说的话。"

从1942年10月起,当库贝尔斯基夫妇收到传票要向警察局报到时,他们不得不躲藏了起来。海伦娜的母亲带着海伦娜和她的弟弟伊塞克一起常常变换藏身处,在拉齐乌夫地区转来转去。她们去过赫扎努夫、库布拉、多利维和夏斯基。

海伦娜的哥哥们自己来了。"铁匠的儿子们躲在那些自己也在躲避德国人的波兰人家里,"查亚·芬克尔斯泰因写道,"我知道他们会被出卖。果然,当其中一个兄弟坐在一个农民家的小屋里时,警察从旁边经过了。他们就把他从房子里扔了出去。警察看到他就开枪打死了他,他们还抓走了那个基督徒家庭。"查亚知道这件事情,因为这种消息立刻传遍了整个地区,那个帮她藏身的农民被吓坏了,就要她离开这家人家。

当扬·司克罗茨基和我在夏斯基时,我们找到了来自库布拉的那个铁匠一家的踪迹。我们不断听到一个故事,说的是农民们因为藏匿了犹太小伙子而被带到警察局去。他们的邻居把他们所有的腌猪肉和香肠收集起来,一个星期后他们买通了警察,那些农民才被释放出来。

"海伦娜从来没有告诉我她是如何在战争中幸存下来的,我也从来没有问过她这件事,"贾尼娜·卡尔沃夫斯卡告诉我说,"占领一结束,我记得她母亲带着她和她的兄弟伊塞克就一起去了教堂,她们在那里大声祈祷并哭泣。"

战争刚一结束,她母亲马上就收回了她祖父亚伯兰·克鲁克的房子,就在耶德瓦布内的市场上,然后她和伊塞克一起搬进了那所房子。

战争刚一结束,伊塞克就被杀害了。我是从莱谢克·杰齐茨口中第一次听到这个故事的:"伊塞克在我们附近的田地里放牛,那是他祖父克鲁克留下的地。和他一起放牧的朋友们在玩耍的时候杀了他。"

后来我从几位与我交谈过的人那里再次听到了这个故事,但是没有提到任何名字。

"他们在玩捉迷藏和扔鹅卵石。伊塞克比他们年轻,但玩得更好。他赢了。他们开始向他投掷石块。他只是设法回到了家。那些男孩们是因为输给了一个犹太人而杀了他。当他躺在地上时,他们使劲狠狠地击打他的胸部,以至于伊塞克奄奄一息地躺了两天。他是一个天主教徒,当他觉得自己作为一个天主教徒即将死去时,他要求他们给他一个十字架,让他吻一吻。他们把一个十字架倒过来交给他,他总算有足够的意识把十字架倒转过来并吻了吻。他只是在家里做到了这些。那些年轻的凶手们中的一个的母亲去找牧师,说一个犹太人是不配得到天主教徒的葬礼的。"

我问卡尔沃夫斯卡她对伊塞克的死有什么了解。

当时她在他们的家中。"他躺在那里,处于半昏迷状态,奄奄一息,哭着,哭着直到离开人世。海伦娜告诉我,她哥哥的一个好朋友在他们玩耍时失手打到了他的太阳穴。"

我告诉她,伊塞克是被他那个村子里的男孩们用石头砸死的,而且我已经收集了几个能证实此事的目击者的证词。

"我记得,"贾尼娜·卡尔沃夫斯卡惊讶地说道,"海伦娜说她们没有遗憾,男孩子们在扔鹅卵石,事情的起因就是这样的小石块。她的母亲在那之后不久就去世了,我想那是在同一年。"

我回想起安东宁娜·怀赞考斯卡曾经告诉我的话。她很了解海伦娜·赫扎诺夫斯卡,她们以前常常互相来往。海伦娜在美国写信给她说:"假如我知道我的命运会是什么样的话,那么去挽救这样的命运看来未免太令人遗憾了。"

现在我问安东尼·卡尔沃夫斯基,他是否知道海伦娜的兄弟伊塞克死了。直到我引用了其他目击者所说的话之后,他才准备跟我谈论这件事。他列举了同伊塞克一起放牛的男孩的名字，伊塞克就是那时被殴打致死的：齐格蒙特、格涅克和瓦戴克。据说第一个向伊塞克扔石头的是格涅克。他不想给我这些男孩子们的姓氏，我也就根本无法找到。

我总是向大家询问有关海伦娜·赫扎诺夫斯卡的情况。我现在对她了解得非常多，包括她在战后的生活以及她儿子们的生活。我曾想过在这本书中专门用一章来写她，但是我意识到，我所了解到的情况中有太多的内容都被裹在一层隐秘的裹尸布之中。

2002 年 7 月 1 日

我参加了在克拉科夫为扬·科特举行的葬礼仪式，他是 20 世纪最伟大的戏剧评论家之一，也是我朋友米哈尔的父亲。扬·科特于 2001 年 12 月在加利福尼亚州的圣塔莫尼卡去世，根据他的遗愿，他的骨灰将被埋在克拉科夫。

他出生于一个已经被同化了的犹太人家庭——他的父亲让他受了洗，以便让他扎根于波兰成为真正的波兰人。在他去世前不久写的一篇文章中，他说，在耶德瓦布内事件之后，他父亲的记忆又回到了他的身上。

他的父母亲在战争期间没有戴袖标，他们住在克拉科夫的"雅利安人一侧"。他的父亲在一家咖啡馆里被抓，当时他在那里作为某种交易的中间商，然后遭到逮捕。在监狱里，当他和其他同监囚犯一起洗澡时，他们看到他受过割礼，就告发了他。那天原本他是会获释的。他的妻子也已经在等他了。

耶德瓦布内激起了回忆，还有良知。天主教月刊《纽带》的编辑在某次会议上引用了一位乡村牧师的故事，60 年后有些农民来找他，向他忏悔他们把一些犹太人出卖给了德国人。

2002 年 7 月 10 日

伊格纳季耶夫检察官昨天宣布了他的调查的初步结果："严格地说，

犯罪活动的实施者是耶德瓦布内及其周边地区的波兰居民。"

在天黑之前，我开车驶入耶德瓦布内，在纪念碑前放上一块石头以示悼念。在最近两次周年纪念日，市长戈德莱夫斯基和议长米查罗斯基各自都在那里敬献了花圈。今年就没有了。前市长已经离开了这个国家，议长则没有现身。

2002 年 7 月 16 日

我正在波兰东部塞伊内附近的一个农场上继续我这本书的写作，此地远离尘嚣，遍布着湖泊、丘陵和各种浆果，景色十分秀丽。有一位熟人从耶德瓦布内打电话告诉我，有人在犹太人墓地挂了一只猫，问我要告知哪个部门。我带着这个问题打电话给伊格纳季耶夫，顺便我也告诉了他此地漂亮的湖泊和丘陵。

"景观爱国主义，嗯，这也挺好"，伊格纳季耶夫高兴地说道，我把他作为一种向我的同胞们泄愤的工具了。在这一点上，他勇敢地承担了，但是对他来说这一定是很艰难的。

2002 年 7 月 19 日

从塞伊内返回的途中，我经过了耶德瓦布内。当莱谢克·杰齐茨和克齐斯茨托夫·戈德莱夫斯基离开波兰后，我不再有可以停留的住宅，可以免去在黄昏时四处溜来溜去，尽量躲避他人视线之苦。我知道我总是可以去斯坦尼斯瓦夫·米查罗斯基家的，但我也知道我的拜访并不是他真正需要的。我能理解，毕竟，他是独自孤单地留在此地的。

我去看望了亨利克·巴金斯基，他经常开着他那辆小小的菲亚特到纪念碑前去，去时会带上耙子、塑料袋，有时还有一把大镰刀。他去那里清理碑石，收集残破的烛灯，割除纪念碑周围的杂草。他给我叙述了他在街上与一个邻居的交谈：

"在总统到那里去并承认有罪之后，我们必须赔付六百个亿。"

"不，我们不会，整个波兰也不值那么多。"

"你奶奶是犹太人生下来的，她是！"

2002 年 7 月 20 日

耶德瓦布内。与斯坦尼斯瓦夫·米查罗斯基谈话。"难道报纸真的必须写这种东西吗？"他在谈论颁发给克齐斯茨托夫·戈德莱夫斯基的扬·卡尔斯基奖，授奖仪式是在布鲁克林的一个犹太教堂里举行的。"你不知道城里所发生的事。人们把这事看作是清楚无误的证据，说明戈德莱夫斯基拿了犹太人的钱，从一开始就在操纵市议会。"

起初，我认为耶德瓦布内是一个破旧的小城，它的命运就是要去承担一个不愿面对的事实的沉重负担。对于大多数居民来说，这个负担是不应该承担的——他们既没有参与暴行，也不是土生土长的本地人。有时候我习惯于把它看作是一个邪恶的王国，就像托尔金笔下的魔多一样（译者注：托尔金，英国作家、诗人、哲学家，《指环王》作者。魔多是他创作的奇幻故事中的地名）。我一直在提醒自己，当我在寻找大屠杀的证词时，我只会接触到与我谈话的人们的一小部分灵魂，其中还模糊不清。毕竟，那个允许儿童接受种族仇恨精神教育的校长是个皮划艇旅行的热心组织者。那个因为一个朋友去过了纪念碑而深夜打电话去辱骂（她故意改变了她的声音，但是当警察在电话机上装了个窃听器时，事情就败露了）的年轻女子很可能是一位有爱心的母亲。也许那位发现检察官给证人的传票然后打电话去威胁证人的邮递员过去曾经是、现在一直是，而且将来也会是一个可靠的邮递员。一切都有可能。但是，一段时间来，我每次从耶德瓦布内返回时都会感到不适（我不是在谈论内心不适，而是因为流感、心绞痛、支气管炎而不适），我告诉自己这是我最后一次去那里了。

2002 年 7 月 22 日

与马雷克·埃德尔曼进行了一次交谈。当我离开华沙的时候，他在我的电话答录机上留下了一条信息，说他绝对需要和我谈谈我在《选举报》上刊登的关于什穆埃尔·瓦瑟斯泰因的那篇文章。

"你怎么能去写一个证人明明没有看到，却说自己看到了的事情呢？"他问道。"这样的事情你是永远无法确定的。我知道有的见证人看到了他们从来不可能看到的东西，但结果证明他们确实是真的看到了，这样的证人会少吗？因为他们在奔跑着，一瞬间通过木板上的裂缝窥视到了火车车厢内部，或者是月亮突然照亮了一片野地。在华沙犹太区起义的第三天，通过弗朗西斯卡因斯卡大街 24 号住宅四楼墙壁上裂开的一个洞，我看见雅利安一侧的旋转木马轮子在旋转，女孩子们穿着的红色和蓝色的裙子在风中飞扬。我真的看到了，尽管这种景象我原本是看不清楚的。"

我来到《选举报》的编辑部去查阅我不在时收到的信件。

"在过去的 25 年里，我的心中一直在构思着这封信。你写的关于什穆埃尔·瓦瑟斯泰因的文章让我觉得我必须分享我的想法。妈妈告诉我，在她出生的那个村庄里有一个驼背的女人，名字叫约齐娅，一个犹太人的孤儿，是个很棒的女裁缝。有一个波兰家庭想要庇护她，但其他邻居们先是从她身上得到了钱，然后杀了她。那么，亲爱的同胞们，难道我们不应该为了约齐娅或耶德瓦布内而请求宽恕吗？此外，作为一条旁注：不久之前，我在一个政府部门工作。我在我的办公桌上方挂了一张漂亮的雅努什·科尔扎克的海报。第二天，海报被撕掉了，我也得到了警告，说我不应该'把犹太人挂在墙上'。玛丽亚·赫扎托夫斯卡，华沙。"

我在《选举报》编辑部收到的信件可以分为三类。那些充满辱骂或者有关犹太人同秘密警察一起拷打波兰爱国者（或两者）的故事占了多数。其次是那些列出了藏匿过犹太人的波兰人名字的信件，请求我们写文章赞扬他们。还有的信件同赫扎托夫斯卡女士的信一样，说在这里或那里的一个地方——在路上、在树林里、在一个藏身处，解放后——有一个犹太人，或一个犹太人家庭、一个犹太人孩子，被一个隔壁邻居、某个住在街对面的人、在一个贴近的村庄里，杀死了。有时候，他们甚至会写明出事的小镇的名字和行凶者的姓名。

2002 年 8 月 25 日

我到德国巴伐利亚州去了一趟，在我的朋友纳沃杰卡和尼古拉·洛布科维奇的家中写我的这本书。返回后，来自斯特泽博斯教授的一封回应我的有关瓦瑟斯泰因的文章的信件正在选举报社等着我。斯特泽博斯承认，看来瓦瑟斯泰因实际上从未为秘密警察工作过。另一方面——他写道——"已经证实，在大屠杀的犹太人幸存者中，有两个人——毫无疑问——为秘密警察工作过"。只是这一次为了安全起见，他没有给出他们的姓名。

这位教授似乎没有注意到，通过再三重复小道消息，似乎还将其作为原始材料，他已经大大地降低了他学术上的权威性。整个右翼新闻界一直将斯特泽博斯揭示的所谓真相奉为权威。这位教授应该给他们写一封信，纠正他在瓦瑟斯泰因身上施加的诽谤。

在他看来，瓦瑟斯泰因不是一个人，他是一个犹太人——一个非个别的、集体的概念，从这个意义上说，充当秘密警察的究竟是瓦瑟斯泰因抑或是其他什么人就根本没有什么区别。任何一个犹太人都行。我想知道，如果我写文章披露斯特泽博斯为秘密警察工作，然后发封信解释这不是他，而是另外某个姓氏以 S 开头的波兰人，他会有何感受。

在办公室与亚当·米奇尼克谈了话，我给他看了斯特泽博斯的信。我抱怨了我的国家，仿佛这已经成了我最近的习惯。亚当告诉我要看看周围的国家，看看立陶宛或乌克兰在有关过去的问题上的讨论是怎样的，有关通敌的内情要从法国泄露出去是多么艰难，即使政府和大多数人都参与其中。

2002 年 9 月 1 日

我看了从夏天开始的报纸。我发现针对伊格纳季耶夫的攻击并不只限于处于边缘的、公开的反犹太主义报纸，而且还出现在有广泛读者的天主教周刊《星期天》上。这些攻击性言论受到了斯蒂芬内克主教的教唆："即使像民族纪念研究会这样的权威机构也加入了仇恨实验室。他们根本就没有对耶德瓦布内进行调查，而是一场各种谎言的狂欢。所有调查活动都是假装的，所有尸体发掘程序都是假装的。我最难接受的是民族纪念研究会居然将自己卷进了一个欺骗整个社会的政治运动。"

我和伊格纳季耶夫谈了话。"我再也不去梦想那些被谋杀在谷仓里的人，"他说道，"我感觉我已经很好地履行了我对他们的义务。"

2002 年 9 月 10 日

回到耶德瓦布内。我不断地告诉斯坦尼斯瓦夫·米查罗斯基，我对他在公开宣布他将与戈德莱夫斯基一起辞职之后决定继续担任议会议长感到惊讶。他向我解释说，我对耶德瓦布内的判断太苛刻了，当地部分人的想法与我似乎意识到的完全不同，他觉得他是他们的代表。他正在参加 10 月份的市政府选举，而这次选举将测试出有多少人是像他一样思考问题的。

我听到了城里四处流传的流言蜚语：杰齐茨一家已经定居到以色列；戈德莱夫斯基从一开始就与格罗斯合作写他的书，现在溜到国外去接受出卖耶德瓦布内而获得的 10 万美元的报酬；米查罗斯基也收到了犹太人的钱，只是秘密收取的。

我听说了在总统妻子约兰达·克瓦希涅夫斯卡赞助下组织的那次学生旅行的详细情况。耶德瓦布内的孩子们在佛罗里达州的迪士尼乐园玩得很开心。另一方面——在孩子们父母亲的抗议之后——他们没有去参观大屠杀纪念馆，也没有按初步计划中设想的那样与犹太学校的学生们会面。

我开车去见一个拉齐乌夫附近的农民，我听说这个人"在拉齐乌夫杀害并抢劫了犹太人，当那里不再有剩下的犹太人时，他便动手去杀害并抢劫波兰人，为此，他现在还能以一个国民武装部队战士的身份领取一笔丰厚的养老金"。

他谈话的欲望很强烈。照他所说的，1941年7月7日在拉齐乌夫市场或附近的任何街道上都没有一个波兰人，因为那一天德国人禁止波兰人离开家门一步。他狂妄自大地告诉我有关战后游击队员的情况，有关他在1945年从苏联人手中夺回格拉耶沃的战斗中所发挥的作用。在遭受秘密警察拷打时，他毫不屈服。他在监狱里度过了好几年，然后出来了，而那些招供认罪的人则都被处以死刑。我很快就跟他道了别。欺骗自己去相信能从他身上得到什么东西是毫无意义的。

/ 486

2002年9月13日

纽约。这里的朋友邀请我留下来，以便我能与耶德瓦布内保持一定的距离从而完成我的书的写作。我打算在曼哈顿待两个月。这段时间，我的女儿奥拉在一所美国学校陪同乔安娜和雷恩·韦斯勒的女儿萨拉上学，她告诉我，下课后她对一个朋友说"星期一见"。"星期一？"那个有着爱尔兰血统的女孩惊讶地说道。"在赎罪日？在这里我们这一天都是不上学的。"

我伤心地想到，在波兰，任何人都绝不会想到犹太人要过赎罪日，然而犹太人在波兰领土上纪念这个节日已经长达好几个世纪了。

2002年9月20日

我打电话给在芝加哥的克齐斯茨托夫·戈德莱夫斯基。波兰人是直接罪犯，检察官伊格纳季耶夫的这个发现令他深感震惊。"我必须接受这个结论，"他说道，"因为我遇见过伊格纳季耶夫，我对他的调查的彻底性毫不怀疑。但直到现在，我仍然相信这项调查会说明此事是德国人干的，然后当地的一些最恶劣的歹徒也参与其中，而我们在为他们道歉。"

我给莱谢克·杰齐茨打电话，他在马萨诸塞州的劳伦斯市，我把耶德瓦布内的流言蜚语告诉了他。

"现在没有人告诉我那里发生了什么事情，"他痛苦地说道，"我在耶德瓦布内出生并在那里长大，我在那里度过了 40 年，如果上帝让我长寿的话，那就是我的生命中的一半，而且我找不到任何人可以打个电话然后告诉我最新的消息。"

他的父亲在这里非常想念家乡，以至于每天都宣称他要回到波兰去，因为他想死在家乡。"我给他解释说，'爸爸，你要知道，那里的牧师甚至都不会来给你下葬的。'"

2002 年 10 月 20 日

纽约。莱谢克·杰齐茨来此地面见拉比贝克，我同他一起去并充当他的翻译。

杰齐茨宣称："你，拉比贝克，和我，莱谢克·杰齐茨，都来自耶德瓦布内。我来这里是会见一位邻居。我不会为那些杀人凶手请求宽恕，他们与我不是一类人。但我代表那些当时缺乏勇气帮助犹太人的人请求你的宽恕，拉比。"

"他们认为，'犹太人想要夺走我们的家园'，"拉比说道，"但我们想要的是让凶手们为他们犯下的罪恶感到后悔，而不是要他们的家园。"

"7 月 10 日是和解的一个极好的机会，"莱谢克认为，"但在耶德瓦布内，牧师不会允许这样做。告诉我，先生，为什么会那样呢？我们有着一位共同的上帝，我们接受了你们的信仰，我们向上帝的一个犹太母亲作祷告。某一天，当奥尔沃夫斯基神父站在上帝面前时，难道他不会害怕吗？"

这位犹太教士回答说："我想过问他这个问题，但他是不会有答案的。"

2002 年 10 月 28 日

我打电话给耶德瓦布内的斯坦尼斯瓦夫·米查罗斯基,想了解市政府选举的结果如何。他没有当选。

"这是一次失败,但不是一场灾难,"他说道,"有 128 人投了我的票。"

"你之前得到过多少选票?"

"自上次选举以来,我丢失了 252 票。人们说,'只怪你为什么非要去选择错误的那一方?'这是我对耶德瓦布内纪念仪式的筹备工作所作贡献的报应。牧师对此也脱不了干系。"

我说话的语气尽量不使他听上去像是在说"我早就告诉过你会有这样的结果"(他本来就应该和戈德莱夫斯基一起辞职的)。很明显,我没有成功,因为斯坦尼斯瓦夫补充说道,"我想对你隐瞒这里的人是怎么想的。我很惭愧。但是这里的一切就是这样的。"

2002 年 10 月 29 日

在曼哈顿的一家日本餐厅。来自波兰的几个朋友带来了一个朋友,一个在这里学习的女孩。

"你的书是赞成还是反对格罗斯的?"她问我。

我怒发冲冠。这个问题是我在波兰的随意对话中最常遇到的问题之一,难道这样的问题在曼哈顿也必须找到我头上来吗?对于这样的问题,只有一个理应得到的正确答案,那就是我的书是反对格罗斯的。我宁愿利用朋友们的热情好客而到纽约来写这本书,恰恰就是为了不再会听到这样的问题。顺便说一下,这个女孩没有读过格罗斯的书,但是她有她自己的看法。

2002 年 11 月 24 日

回到波兰。去探望玛丽安娜·拉莫托夫斯卡,她越来越把自己封闭在自己的世界里。这次她没有认出我来。当眼前变得越来越模糊时,往事就会七彩纷呈。因此我问照顾她的人，这个人每天 24 小时都在陪护她，玛丽安娜是否有过对她的童年的回忆。没有。显然，在她的脑海中，对她还是被叫做拉凯拉的那个时代的记忆已经在七重封印之下被牢牢地锁住了。

2002 年 11 月 29 日

我又花了整整一天时间来研究民族纪念研究会的《关于耶德瓦布内》一书，这套厚厚的两卷本是由帕维乌·马塞维奇和克齐斯茨托夫·佩尔沙克编辑的。1500 多页中绝大多数都是文件——共计 440 份——全是在比亚韦斯托克、华沙、埃尔克、耶路撒冷、明斯克、格罗德诺和路德维希堡的档案馆中找到的。民族纪念研究会的这本书为过去几年里在最激烈的争论过程中充斥报刊头条的绝大多数问题都提供了至少大致准确的答案。这是格罗斯的伟大成就，他激起了十多位学者将他们的注意力转向了以前没人碰过的材料。

究竟有多少人积极参与了在耶德瓦布内发生的犯罪活动？克齐斯茨托夫·佩尔沙克对 1949 年和 1953 年的审讯案卷进行了深入分析，排除了模糊不清的证词，计算出了 85 个有名有姓的人。根据他的计算，以某种形式参与了暴行的耶德瓦布内和附近村庄的居民人数远远超过了 100 人。

1949 年审判的裁决是否能被接受？法学教授安杰伊·热普林斯基在一篇犀利的评论文章中指出，犯罪行为已经被最小化了，调查工作也进行得非常低效：不能排除某些秘密警察官员和检察官与被告人有着共同的反犹太偏见。"毫无疑问，"文章写道，"该案件是以尽可能少揭示将导致被告和其他波兰居民入罪的证据的方式审理的。"热普林斯基所相信的，是那些在调查期间指认了凶手但在审判时撤回了他们的陈述的证人的证词。因此，在分析布罗尼斯瓦·卡利诺夫斯卡的证词时（"耶日·劳丹斯基在街上横冲直撞，说他已经杀死了两三个犹太人"），他声明，"她在接受调查时所做的勇敢的证词却在法庭上得到了'纠正'，因为这个年龄较大的女士，我毫不怀疑，更害怕的是仍然逍遥法外的劳丹斯基的家族成员，以及其他受到指控的男子的家人，而不是秘密警察。"

我们能否相信检察官沃尔德马·蒙基奇斯，他声称有 232 个德国人实施了屠杀？不，历史学家克齐斯茨托夫·佩尔沙克回应说，他分析了 1967 年审讯的案件文书。因为这些文档甚至都没有提供可能会导致得出如此结论的丝毫证据。"当时检察官的行为，"我们读到，"只能被认定是在篡改证据和伪造调查结果。"

那么那里究竟有多少受害者？马尔钦·乌里诺维奇试图根据各种相互矛盾的报告来确定这个人数，他认为 1939 年耶德瓦布内的犹太人社区大约有 1000 人。我们不知道 1941 年究竟有多少犹太人住在耶德瓦布内，但不会超过这个数字。他声称，可以相当确定地认定被烧死在谷仓里的人不到 1000 个——已经知道有些人是被单独打死的，用棍棒和斧头，还有些人设法在那天躲了起来，避开了凶手（但他没有把从拉齐乌夫、维兹纳、斯塔维斯基和该地区其他较小的犹太人定居点逃到城里去的难民人数考虑进去）。

德国人是否策划了耶德瓦布内的大屠杀，或者是仅仅为此给出了许可？埃德蒙·德米特罗夫教授在德国档案馆里进行了一丝不苟的查找。他没有找到能使我们确定德国人究竟扮演了何种角色的任何文件。

2002 年 12 月 1 日

我打算复原发生在耶德瓦布内、拉齐乌夫和翁索什这三个地方的事件的全过程，波兰人在这三个地方杀害了他们所有的犹太人邻居。

在比亚韦斯托克的民族纪念研究会里，我读到了发生在翁索什的暴行的记载，在一个夜晚，1941 年 7 月 5 日，所有的犹太居民都被用铁锹、干草叉和斧头杀死了。究竟有多少犹太人死于非命是很难说清楚的，大概有 250 人。7 月的夜晚是短暂的，所以当遇难者的尸体被装在马车上

562 运走时，天已经开始变亮了，每个人都可以从他们的窗帘后面看到所发生的一切。惨案发生在星期六晚上，因此星期天去做弥撒的人们在街上看到了一摊一摊的鲜血。在 1951 年有过一次审讯，但是没有一个人为此而被定罪。

我推迟了翁索什之行，并且我现在意识到我没有力量去面对另一个噩梦。

我开始了我的书的编辑工作。

十四

正派的波兰孩子和流氓恶棍

或，论耶德瓦布内、拉齐洛、翁索什和
周边地区的杀人凶手

1.

在阅读一本有关沃姆扎地区的波兰地下武装的书时，我发现书中提到了什丘琴的一个名叫马克西姆·约恩凯泽斯的人，"一所初级中学的校长，无私的爱国者，在苏联和德国占领期间的第一批游击队员之一，1943 年被枪杀"。可是，我没有立刻意识到此人肯定是同一所学校的校长约恩凯泽斯，根据什丘琴的巴夏·卡茨珀的证词，他在他的家乡小镇领导了大屠杀。

在我刚刚迈出引导我撰写本书的道路上的第一步时，我就在犹太历史研究所读过了卡茨珀的证词。我记得即使在那时我都被她使用的这样的措辞所震撼：那些大屠杀都是由"正派的波兰孩子和流氓恶棍"所组织的。但是，只是在很长一段时间过去了之后，我才充分意识到这句话的令人恐怖之处，同时，还有这句话的精确程度。我必须再次阅读大屠杀幸存者的证词，才能意识到在整个过程中我原有的所有认知全都处于手头卡茨珀的提法的影响之下。

（照片 © 克齐斯茨托夫·米勒 / 选举报社）

当地的教师、邮政所长、警察、医生——在犹太历史研究所中凡是来自杀害了犹太人的斯塔维斯基、亚肖诺夫加以及沃姆扎地区其他地方的证词都表明，这些行业的代表人物，战前在波兰各省份都享有很高的声望，却不仅仅是暴行的挑动者，而且自己还亲自参与其中。当地政治精英在1941年夏天发生的不祥事件中所起的作用就更为明显了。

2.

通常，在波兰这个地区的城镇中的精英分子都是由战前的国家党成员组成的。他们中的许多人在苏联占领期间都被关在监狱中，或者因为参与反苏党派活动害怕被捕而躲藏了起来。

在苏联人撤离且德国人入侵之后，正是这些人倾向于在城镇里定下基调，组织平民守护家园，理论上是在那里维持和平，但在实践中却实施报复行为，首先是反对共产党人，不论是犹太人还是波兰人，但紧接着就针对他们的犹太人邻居。这些临时的平民护卫队和警察小队——之前已经存在过几个星期（直到德国当局任命了他们自己的保安人员为止——德国人还雇用了他们的一些成员作为协警，即 *Hilfspolizei*）——是绝大多数大屠杀惨案的罪魁祸首。

在拉齐乌夫，人们还记得亨利克·德齐科斯基和费利克斯·戈德莱夫斯基戴着平民护卫队的红白两色袖标实施了暴行。战后，亨利克·德齐科斯基试图使法庭相信杀害犹太人是一时起的意；在调查和审判期间，他一再顽固地重复说他曾呼吁当地人不要抢劫，只要烧掉犹太人的财产就够了。他不想让任何东西来玷污他们这种爱国主义行为。

只是在拉齐乌夫的政治精英变得活跃之后，镇上的流氓恶棍和罪犯们才加入了进来。

在耶德瓦布内，国家党成员包括布罗尼斯瓦夫·斯莱赞斯基，他把他的谷仓贡献出来用以烧死犹太人，还有耶日和卡齐米日两兄弟的父亲切斯瓦夫·劳丹斯基，以其所犯之罪行而被定罪。

在许多城镇里，特别是那些较小的城镇，在护卫队基础上组建的协警是代表德国占领的唯一武装力量（然而，许多参与了暴行、与德国人行动一致地对付犹太人的波兰人，很快停止与德国人的合作，其中有些人投奔了地下党派，其他留在协警部队中的波兰人则在暗中帮助地下党）。

在拉齐乌夫有八个人受到参与谋杀犹太人的指控——我从证人那里知道，这八个人事实上都在大屠杀中起到了主导作用——其中六个人在苏联占领期间参与了抵抗活动，并在德国占领期间加入了波兰家乡军，战后，八个人中有几个在波兰的地下活动中表现得非常活跃。一本献给本土家乡军英雄的书，竟然对作为凶手之一的费利克斯·戈德莱夫斯基做了如下描述："从1939年起，一直参与地下抵抗运动。从1944年起，加入了Kedyw（特种部队）。与格热代的第三中队第9步枪小队并肩作战。意志坚定，作战勇敢。战后坐牢多年。"

唯一的问题是，戈德莱夫斯基在谋杀拉齐乌夫犹太人的审判中被判有罪。但在当地人的记忆中，这项判决正是他英雄传记中的另一项内容（在调查过程中，他另外还被指控殴打了与苏联当局合作的一些人士）。

拉齐乌夫屠杀暴行的其他参与者曾经在家乡军中打过仗，这点也是为众人所知的。因此，我们在查亚·芬克尔斯泰因的日记中读到关于齐格蒙特·玛祖卡的下述评论："他是杀害犹太人的凶手之一，但他是一个更聪明的杀人犯。"玛祖卡家族属于当地的知识分子阶层；齐格蒙特的父亲扬是一名医生，他是一位正派的男人，曾照料过那些遭到殴打的犹太人。"儿子确保他父亲有足够的病人供他忙碌"，查亚评论道。齐格蒙特·玛祖卡的代号是"库巴"，他是一名教师（战后他成为一名医生），在拉齐乌夫的家乡军中数他的军衔最高。战后，在该地区最著名的地下组织行动中，他是当地英雄"布鲁兹达"的传奇性的副首领——1945年5月在格拉耶沃指挥攻打了秘密警察总部、民兵指挥部和苏联司令部大楼。

1949 年在耶德瓦布内审讯中因杀害犹太人而受到指控的凶手中有一些后来在地下活动中也很活跃。博莱斯瓦夫·拉莫托夫斯基、罗曼·戈斯基和弗朗西斯泽克·洛耶夫斯基都曾是家乡军士兵（他们于 1947年离开了地下组织）。战后，全国武装部队会议就是在大屠杀的领导人之一约泽夫·索布塔（他在战前参与了拆毁犹太人商店的行动）家的屋子内举行的。

然而，与拉齐乌夫形成对照的是，在耶德瓦布内，参加党派活动和地下行动的凶手们更多的是例外，而非普遍的情况。卡罗尔·巴登在耶德瓦布内市议会中扮演着一个重要角色：他在 30 年代从西里西亚来到该地区（他曾当过机修工，先是在拉齐乌夫查亚·芬克尔斯泰因家的磨坊，然后是在耶德瓦布内赫斯·兹德洛耶维奇家的磨坊）。在苏联占领时期，他曾在苏联政府任过职，并担任过耶德瓦布内市政供应部门的负责人。也许他是一个德国特工，他受到了德国人的代表的对待？在 1941年 6 月下旬和 7 月初，该市在马里安·卡罗拉克市长统治之下。围捕犹太人的行动就是由他指挥的。为什么每个人都会屈从于他？是不是因为，作为战前长期担任市长的沃伦蒂·格拉德基的女婿，他得到了城里精英阶层的支持？

翁索什大屠杀是由九名男子领的头，这一点在 1951 年的调查中得到了证实。所有这九个凶手都是国家党的战前成员。其领袖马里安·雷泽夫斯基是一个国家党成员，战时加入了家乡军，战后则加入了一个地下武装组织。几年后，镇上的居民在当地的周刊《联络》上登的一篇文章中回忆起他："最坏的畜生是后来加入家乡军的那个家伙。人们还记得，他在他的步枪上刻下了每个受害者的标记。"

3.

波德拉谢地区别尔斯克、霍罗什奇、奇热夫、戈尼翁兹、格拉耶沃、亚肖诺夫加、耶德瓦布内、克莱什切莱、克内申、科尔诺、库希尼查、纳雷夫卡、皮安蒂尼察、拉齐乌夫、拉伊格鲁德、索科维、斯塔维斯基、苏霍沃拉、什丘琴、奇恰纳、蒂科钦、瓦西尔库夫、翁索什和维兹纳：战后法庭文书记录了该地区几十个城镇对犹太邻居犯下的罪恶行为。其中有许多地方，德国人都是发起者和执行者，波兰人则参与其中，帮助德国人把犹太人驱赶到市场广场上去，殴打并侮辱他们，有时甚至杀死他们。在其他地方，波兰人是直接的罪魁祸首，而德国人则是煽动者和共同组织者。但是在科尔诺、鲁特基、格拉耶沃和什丘琴，根据民族纪念研究会的资料，反犹太人事件似乎根本不是德国人挑起的，而是具有波兰人挑起的草根农民主动性的性质。为什么在这个地区的大屠杀和杀戮达到了波兰其他地区无法与之相比的程度呢？那些双手沾满无辜受害者鲜血的凶手很快就戴着民族英雄的桂冠出现了——作为家乡军的成员，这样的事情怎么可能会发生呢？从某个时候起，这些问题在我写作这本书时一直伴随着我。在我的各种谈话过程中，我一次又一次地想寻求这些问题的答案。

亚当·多布朗斯基教授是比亚韦斯托克的历史学家和该地区历史的专家，他无意回答这些令人尴尬的问题。他通过向我讲述该地区的历史，尽可能地把我的话题转移了，这本身就是一种间接的回应。

"耶德瓦布内历史上属于沃姆扎省，波兰国家特性和天主教的养育之地。19世纪时，对该地区的描述就是这样的。这是一个小贵族的王国。如果我们谈论起大规模起义的参与者的话，沃姆扎地区就位列前茅。"这块土地之所以如此突出是因为从这里不断地提供了民族主义的国会议员。1905 年，当这个地区属于俄国波兰领地时，国家党赢得了俄国议会选举的所有席位。"这里的小小的贵族政体像海绵一样吸纳了民族主义思想，"多布朗斯基继续说道，"有人感到，这是一个爱国的天主教地区，却有着一个外来因素：犹太人。再加上第一次世界大战后边界的不断变更，导致沃姆扎区成了一块边缘地区，还有 30 年代的经济危机，加剧了这里生活上的停滞和萧条。这些城镇一度没有未来，没有任何进步的动力。当地人遭受到一种文化上的退化，其特点是原始主义，战争又加剧了这种状况，与此同时，对那些曾经为保卫信仰和祖国而战的祖先的记忆却保留了下来。"

听着他的长篇大论，我还没有意识到——很有可能，他也没有意识到——他的论点触及了正在折磨我的那些问题的核心。即使你手头掌握了所有的信息，也很难理解一种随时去杀人放火的意愿和一种随时为祖国献出生命的意愿竟然可能出自同一个来源——但是这个来源在其流经的某一个地方已经被毒化了。

4.

在我第一次访问耶德瓦布内时，我无意中发现了耶日·塔纳基这个名字，此人参与了 7 月 10 日在耶德瓦布内杀害犹太人的行动。和我所交谈过的许多目击者都清楚地记得他：作为战前民族主义阵营的一份子（"他欺负并挑衅年轻的犹太人，并且，只要当犹太教堂里举行婚礼时，他就尽可能地去捣乱破坏"），作为一个臭名昭著的掠夺者（"甚至在他们开始杀害犹太人之前，他就已经在抢劫什穆埃尔·瓦瑟斯泰因家的财产了"），作为驱赶犹太人进入集市广场，并与约泽夫·索布塔一起逼他们摧毁列宁塑像的人（"他殴打犹太人并逼他们唱歌"）。最后，作为一个 *schutzmann*，德国人手下的一个警察（"他比许多德国人还要坏，当德国人的失败已成定局时，他逃进了森林"）。

他在 1949 年的审讯中受到证人的指控（"我亲眼看到耶日·塔纳基是怎么参与杀害犹太人的。他强迫一个犹太人进入市场广场，手中还拿着一根棍子；我不知道他对那个犹太人做了什么，我只是看到他把上面提到的那个犹太人朝起火的方向赶去"）。

从审判文书可以明显看出，他没有被捕，也没有受到审判，因为他躲藏了起来。他被民兵组织搜捕过。

我们知道，塔纳基是科比尔诺荒野中一个党派的成员，战后在反共地下活动中非常活跃。

在描述苏联占领期间犹太人的邪恶作用以及隐藏在科比尔诺荒野中的波兰爱国党派的无私精神的文章中，历史学家托马什·斯特泽博斯提到了他与塔纳基的通信。耶日·塔纳基是科比尔诺那些游击组织中的一个成员，他的名字被提到过，斯特泽博斯写道，"那些人是我设法去寻找的，他们是'最后一个莫希干人'，是战斗的波兰那一代经历过战火考验的战士的残余成员。我在这些人面前深深地低下我的头。"

在民族纪念研究会比亚韦斯托克分会的办公室里，我研究了一份附上了日期标为 1952 年的秘密警察的案卷摘要的缩微胶卷，出自耶日·塔纳基之手（其中有很多错误）。他在其中承诺"切实执行交付给他的所有任务，不会隐匿任何敌视人民的波兰的行为"，"更不要说与任何人的合作，哪怕是最亲近的亲属"，并且"会准时出席安排好的会议"。他还明确表示，他只会与招募了他的雇员合作，并且在任何情况下都不会要求他们到他的家里去。他选择了"诚实"作为他的化名。

那个杀死犹太人并前往德国警察局作为一个 *schutzmann* 为德国人效劳的耶日·塔纳基，那个加入了科比尔诺荒野中的游击队并在家乡军中和反苏地下组织中表现活跃的耶日·塔纳基，最后，那个与共产党的秘密警察勾结的耶日·塔纳基——他们都是同一个人。

5.

因此，参与谋杀犹太人并不会使人失去被接纳加入家乡军的资格。不幸的是，这一点也是绝对毫无疑问的——凶手们可以成为波兰地下军队中的士兵，即使他们在光天化日之下，在城镇的中心，当着许多目击者的面，曾经犯下过难以饶恕的罪行。

在这个地区，每一个地下组织都会容忍犯有杀害犹太人罪行的人员加入其队伍。区别在于，在国家武装部队中，任何救过或帮助过犹太人的人绝对会失去加入资格，而家乡军则是向犹太人的杀害者和保护者双方都敞开大门。属于一个折磨犹太人的帮派的同一个齐格蒙特·玛祖卡，在明知斯坦尼斯瓦夫·拉莫托夫斯基曾救过一个犹太人家庭，娶了一个犹太女人，并一直藏匿着她的情况下，还提议家乡军接纳他。

6.

1943 年秋天，代表驻伦敦的波兰流亡政府中国家党的约泽夫·普齐比斯泽斯基成为比亚韦斯托克地区流亡政府的区域代表。此人与国家党反犹太极右翼党刊《大波兰青年阵营》主编的姓氏相似，我决定核对一下，看看两人是不是同一个。普齐比斯泽斯基被一个战前法庭定了罪，他被指控对 1933 年的"拉齐乌夫大屠杀"负有道义上的责任。结果发现他们确实是同一个人。

在我有关战前时期的笔记中，我找到了普齐比斯泽斯基的一篇纲领性文章《在犹太人问题上我们的立场》的摘录："只要在波兰有波兰人把他们的国家卖到犹太人手中，考虑到把利沃夫卖给乌克兰人或把维尔纽斯卖给立陶宛人，大波兰运动就会持续下去。波兰必须是民族主义者的，而犹太人是不适合同化的一个种族。"还有摘自内政部报告的笔记："1932 年 12 月 13 日，在拉齐乌夫召开了一个约 60 人参加的国家党成员和同情者会议。来自沃姆扎的国家党书记约泽夫·普齐比斯泽斯基发表了一场演讲，声称犹太人是波兰最有特权的人，挤满了波兰的所有学校，变得越来越傲慢，甚至到了杀害波兰同学的程度。他呼吁那些参加了集会的听众抵制犹太商人，并在国家党旗帜下组织起来，而国家党，按他所说，在现任政府倒台后将很快就会在全国掌权。"

为什么在伦敦的波兰流亡政府会选择一个狂热的反犹分子作为他们在该地区的代表？他们知道当地居民与德国人一起参与了迫害和杀戮犹太人的行动。这个地下当局不仅在这一方面拒绝给予支持，而且他们还响亮且清晰地警告人们不要屈服于德国人的宣传。然而，他们显然认为——当然有几分理由——要想在这个地区建立起抵抗网络，只有依靠具有强大的反犹太主义色彩的民族主义运动。在藏身处听到歌声的查亚·芬克尔斯泰因写道，"年轻人在村里游行，歌唱着华沙的沦落。他们的歌声中带着痛苦，同样是这些人却曾经全身沾满了无辜者的鲜血。"

扬·格罗斯在他的书中写道，凶手们"就像其他任何人一样，都是相当普通的人"，他所借用的这句话出自克里斯托弗·布朗宁（译者注：美国研究大屠杀的著名历史学家）。在关于这本书的讨论中，常常提到参与杀戮的是底层阶级这一点。一位著名的社会学家安东尼·苏韦克写道："在暴行中最积极的参与者不是'普通人'，而是来自社会边缘的人，来自社会等级较低的阶层，不安定且不受家庭关系的束缚。不是那种有自己的住宅的人，而是那种希望从犹太人手中获得住房和财产的人；不是想着即将到来的收获的农民，而是游手好闲的乡村里的'青年'，不是为人父亲的人，而是发育过度的小伙子和孤独的人。"

事实上，犹太人是被两种人杀害的，一种是"相当普通的人"（在蒂科钦，如梅纳赫姆·图雷克作证的那样，"犹太人的生命被置于一个原先的牧羊人安泰克·雅库比亚克手中，此人成了新成立的警察部队的指挥官"），还有一种是"边缘人"（比如耶德瓦布内的约泽夫·库布什涅茨基，在战前就以偷盗为生，是当地一个出名的恶棍）。

犹太人是被那些随时愿为任何力量效劳的人所杀害的，就像耶德瓦布内的耶日和齐格蒙特·劳丹斯基两兄弟或亚肖诺夫加的教师瓦迪斯瓦夫·格罗茨基那样。战前格罗茨基就加入了国家党，在苏联占领期间为苏联内务部工作，并且当德国人一开进，立即就开始杀害和抢劫犹太人，然后加入了协警部队（战后他被判处死刑）。

"相当普通的人"中包括了那些有着稳定的生活、配偶和许多子孙后代的人，他们杀害了犹太人——这些可以毫不含糊地从调查报告中看到。

不幸的是，还存在着完整的另外一类人：当地的爱国精英，他们是由国家党的当地机构和他们自己的牧师用民族主义和极端反犹太主义的精神熏陶出来的。

7.

　　我不止一次听说过战后家乡军所召集的会议的故事，会上制订了杀死幸存的犹太人的计划。

　　该地区最出名的案件涉及多罗戈伊一家，莫迪凯和他的儿子阿齐瓦（被叫做伊塞克）。1945 年 1 月 23 日，当苏联人一出现，他们就从藏身处走了出来。但刚到 1 月 28 日，他们就已经被害死了。当地人中的公开的秘密是他们被安东尼·科斯莫切夫斯基所杀害，他早些时候还杀害了莫迪凯的女儿多拉。

　　在审判他的时候，科斯莫切夫斯基声称，他已经得到了他的家乡军上司的许可去杀死多罗戈伊一家，根据他的证词，多罗戈伊威胁要杀死他，以便为被他杀死的多拉报仇。"于是我害怕了，我去找我的连队指挥官，因为我属于非法的家乡军，问他们怎么对付那些犹太人……我的头儿告诉我，'如果你被人看见了，就把他们除掉'。这个头儿的名字叫布伊纳洛夫斯基，他来自拉齐乌夫，但现在他已经死了。"

　　对一个受到指控却解释说他的家乡军上司应对其在战后杀害犹太人负责的凶手该怎样看待呢？

　　我的第一个冲动是不能去相信家乡军会有可能与此事有关系。但是，在这个问题上，民族纪念研究会找到了一份文件。

清洗报告，1945 年 2 月

　　清洗日期：1945 年 1 月 28 日

　　清洗行动的执行者以及执行方式：家乡军巡查

　　被清洗人的姓名和居住地：多罗戈依·莫迪凯，拉齐乌夫

　　清洗原因和敌对活动的受害者：苏联探子，威胁到整个组织的

工作

第二份相同的报告涉及了多罗戈依和伊塞克。

这些文件都是由弗朗西斯泽克·瓦尔辛斯基"瓦韦"中尉和扬·塔博尔朵夫斯基"布鲁兹达"少校签署的，这两人都是这些地区传奇般的英雄人物。

8.

"牧师站在大门口。犹太人来接受洗礼，但牧师站在那里，什么也没说。"这是耶德瓦布内谷仓主人的女儿贾尼娜·比德齐奇卡所描述的场景，她在 1941 年 7 月 10 日亲眼看到了耶德瓦布内的牧师的行为。

战前，沃姆扎地区的牧师经常领导抵制行动，拉齐乌夫的教区牧师瓦迪斯瓦夫·卡明斯基与民族主义打手队一起捣毁了犹太人商店的橱窗。没有发现有关牧师参与 1941 年大屠杀和谋杀的报道，但我们知道他们中的大多数都采取了一个被动的姿态，有时甚至是一种宽容的态度。许多证词指出有一次大屠杀是发生在弥撒之后（"在一个晴朗的星期天，波兰人准备了钉上了尖刺的棍子，用绳子和铁丝绑在一起"，瓦西尔库夫的孟德尔·米尔尼茨基作证说。"从教堂出来后，他们全部都前往犹太人居住区和犹太人的住宅，一场大屠杀开始了，伴随着殴打和抢劫"）。

但是，这里也有一些例外。格拉耶沃的亚历山大·佩扎神父呼吁他的教区居民幡然悔悟，呼吁他们不要与德国人合作或屈从于反犹太人的挑拨（纳赫曼·拉普的证词，1948 年记录在案）。

一位来自鲁特基的牧师，同当地的学校校长一起，试图阻止一群在苏联占领下躲藏起来然后从森林中出来要去和犹太人算账的人（来自鲁特基的证词，出自犹太聚集区地下档案）。

亚肖诺夫加的赛普里安·罗佐夫斯基神父用棍棒去打那些掠夺犹太

人家产的教徒，并以诅咒来威胁他们（耶霍舒瓦·贝纳德的证言，1945年于布达佩斯难民收容所记录在案）。

我们知道一个记录在案的当地精英人士保护犹太人的案例。在克内申，德国人入侵之后，"医生诺瓦科夫斯基、药剂师热希尼基和当地牧师对当局进行了干预，阻止其迫害犹太人。犹太人继续生活在他们一直以来生活的地方。"当有人正在策划大屠杀的时候，克内申的牧师和当地精英人士进行了第二次干预："1941 年 7 月，波兰人中的犯罪分子聚集在一起。他们中为首的是警察施塔赫·比宾斯基。他们在犹太人的住宅外画大卫之星作标记，在波兰人的住宅外画十字架作标记。那天晚上犹太人生活在恐怖之中。第二天一切都很平静，这要感谢当地的知识阶层，是他们遏制了暴徒。牧师亲自赶走了一个即将去砸人窗户的小伙子。这同一位牧师在每周的布道中告诉信徒不要迫害犹太人，而是要帮助他们，因为没有人知道时间将会带来什么"（塞缪尔·苏拉斯基为比亚韦斯托克民族纪念研究会所作的证词，1948 年）。

在 1941 年 6 月和 7 月之交，是否任何当局都能够抑制当地居民的大屠杀狂热呢？这很难弄清楚。事实仍然是极少有地方政府做过这类尝试。那些曾经尝试过的地方当局应该得到更多的赞誉。

日　记

2004年1月10日—7月10日

2003 年 1 月 10 日

　　我听了一盒在比亚韦斯托克教堂外出售的磁带：磁带上录的是一场在琴斯托霍瓦的光明山顶作的演讲，对于波兰天主教徒来说，这是最神圣的地方。

　　"我想与我的牧师同道和我的主教大人分享一些关于天主教—犹太教的对话的思考。因为今天我们正在应对与圣经犹太教毫无共同之处的塔木德犹太教（译者注：Talmud，犹太法典）。犹太人的思想，犹太人的态度都出自那里，出自塔木德。我们在小说《鸟的画像》中可以找到它，在犹太作家艾萨克·巴什维斯·辛格的故事中可以找到它，在最近关于耶德瓦布内的报道中也可以找到它。但这全是编造出来的。"

　　演讲者的名字没有被提及，但我识别出了华沙天主教大学副校长、牧师兼教授沃尔德马·赫罗斯托夫斯基的声音。

　　"尽管已经有了发掘结果，为什么还要去谈论1600人这个数字呢？"

我继续听着。"我们基督徒希望能够复原事实。对于犹太人来说,事实并不重要。我们表示同情,但他们的答案可以归结为:我们能从中得到多少?德国向以色列支付了1000亿马克。当这个来源枯竭后,他们开始在其他地方寻找。我们对这些指控知道的并不很多,这些指控被转化为道德范畴,但随后它们又被转化为650亿的经济补偿。他们试图通过奥斯维辛,通过建在华沙的基督徒业务来实现其目的。当这些行不通时,他们转向了耶德瓦布内,为此准备了三年。我们警告了总统府和总理府,他们不应该让政府向犹太人道歉。因为紧随其后的,就将是金钱的问题了。"

赫罗斯托夫斯基神父是基督徒和犹太人理事会的前副主席,是大主教的关于基督徒和犹太教徒对话的专家。

2003 年 4 月 4 日

在《共和国》报上,斯坦尼斯瓦夫·穆夏尔神父以他在教会中谴责反犹太主义的同样活力,谴责了在伊拉克的战争。他在文章中揭露了犯罪和谎言,并攻击美国的天主教主教支持派遣美国士兵到伊拉克。我也不喜欢这场战争,我为我的女儿奥拉感到自豪,她在放学后去参加纽约的反战示威游行。这只会加剧我的疏离感,因为我在波兰认识的大多数人都赞成这场战争,而且我为之工作的《选举报》也是如此。

2003 年 4 月 29 日

奥尔沃夫斯基神父的葬礼,他在否认波兰人对屠杀事件所负责任方面发挥了至关重要的作用。有两位主教不辞辛劳地来到耶德瓦布内出席葬礼。

2003 年 5 月 1 日

与社会学家伊雷纽什·克热明斯基谈了话,他刚刚完成了一项关于反犹主义态度的研究。他重复了他十年前在 1992 年提出的同样的问题。

只有 14% 的波兰人认为，在 90% 受害者都是犹太人的奥斯维辛，他们杀害的绝大多数都是犹太人。在战争期间犹太人遭受的苦难比波兰人多这一事实被波兰人接受的人数比以前更少——只有 38%。

"这些结论没有留下丝毫可供怀疑之处，"他说道，"在耶德瓦布内事件爆发后，波兰的反犹太人数大幅增加。这是为什么？这是因为耶德瓦布内激化了我们在所受苦难上的竞争意识。"

/ 505

2003 年 5 月 4 日

我正在为耶德瓦布内的照片准备说明文字。

经历过为《我仍然能看见他们的面孔》这册照片集所付出的辛劳之后，我已经熟悉了从遗忘中获取的相互矛盾的信息。我记得，当我在地板上看到数以百计的犹太人的照片的那一刻，我马上意识到我不想再去写委托给我去写的关于原先犹太人住的小村镇的文本。相反，我应该为这些照片去编写说明，尽可能多地去复活这个失落了的世界，不仅要重构照片中人物的命运，还要重构照片本身的曲折经历。

从一开始，在我看来，大部分送来参赛的照片都卷入了其他人的生活之中，各式各样鲜活的生命留存在波兰人邻居的家庭相册内和远方熟人的橱柜抽屉里。碰巧有人在通往布热津卡集中营的铁路轨道旁边发现了一张照片并保存了半个世纪，尽管对发现者而言照片上的人都是陌生人。但是，有时候这种陌生感似乎是严格地被自己强加的。人们往往会在和我的第三次、第五次、第十次面谈或电话交谈中，才向我透露那些照片实际上是家庭照片，是他们的犹太亲戚。

同样的情况也出现在一位女士身上，她向我讲述了一个身穿波兰军队制服的男子的个人经历中的各种细节——他曾是波兰社会党党员，在卡廷惨案中被谋杀——突然间她泪流满面，并承认此人就是她的父亲。"在战争期间我们的邻居出卖了我们，我们只是靠奇迹而幸存了下来，从那时起，"她解释说，"我和我的母亲决定不承认我们是犹太人。"她的孩子们对她们家的来历一无所知。我第二次见到她时，她再次将照片中的男子称为"那位先生"。

同样，有一位出身于一个杰出的犹太人家庭的华沙理工大学教授给了我有关她的祖先的宝贵信息。她几乎知晓她的祖先的一切，并且感觉与犹太社区有着深刻的联系。然而，她从来不向任何人提及她的背景："由于显而易见的原因，那样做是不合适的。"

2003 年 6 月 15 日

根据最近进行的全国人口普查的结果，波兰现在有 1100 个犹太人。

我记得去年一位人口普查员来我家登门造访。人口普查有一个关于民族的问题。但是，要表明自己属于另一个民族，你首先必须对你的民族是不是波兰人这个问题回答"否"。所以我无权感受自己既是波兰人又是犹太人（译者注：因民族和国籍是一个单词）！无论怎样，波兰语言本身迫使我以某种方式定义自己。这种语言没有允许我可以平等地自称为波兰人和犹太人的任何表达方式。

我们在家里进行了讨论。马纽什卡说，她觉得自己是个犹太人，至少有 1/4，源自她的祖母，但在另一方面，她并没有真正明白如果你不信教对于犹太人意味着什么。所以她选择了波兰民族。奥拉毫不怀疑地认为将她置于一个必须做出排他性选择的境地是错误的，因此，如果她必须这样做，她会选择犹太人民族。我也是。

人口普查员不动声色地填了普查表上适当部分的空格。在出门时，她随口说了一句，"我听了两周的培训课程才获得这份工作。他们教我们不要对任何情况感到惊讶"。

2003 年 6 月 24 日

我为《选举报》采访了伊姆雷·凯尔泰斯。他是位被期待已久的匈牙利文学的诺贝尔，但在其本国却不得不落入并不十分知名的作家的境地，因为这位作家将大屠杀作为他的作品的主题，这个事实在匈牙利引发了复杂的情绪。由于匈牙利人参与了杀戮他们国内的犹太人，大屠杀就成了一个黑暗而痛苦的话题，只能被置于遗忘的角落。

除了他的主题之外，凯尔泰斯是个犹太人这个事实也不符合许多匈牙利人的口味。我告诉他有关伟大的波兰已故作家和散文家古斯塔夫·赫尔林·格鲁德钦斯基的一些事情。有一次我为《选举报》采访了他，我试图让他谈谈他的犹太血统。他对我触及这个问题感到非常愤怒，在他授权发表那篇采访之前，他要我彻底删除相关内容。他表现得好像拥有犹太人祖先是某种令他厌恶的东西，会将他排除在波兰作家的圈子之外。最可悲的是，他这种做法还有几分道理。赫尔林·格鲁德钦斯基不是一个孤立的案例，我认识其他一些波兰作家，他们默默地忽略掉他们的犹太血统，有时甚至到了在自传式的作品中伪造自己的童年经历的程度。这是对波兰现代反犹太主义的一个可怕的见证。对于一个有法国祖先的作家来说，他是绝不会想到要隐瞒自己的血统的，也不会有任何人带着猜疑的眼光去看待这样一个作家，好像他是某种青蛙捕食者，而不是我们波兰人中的一个。

与这个主题相关的一个最令人感到震惊的故事之一，是由马雷克·埃德尔曼的妻子阿林娜·马尔戈利斯·埃德尔曼讲述的。在战争期间她躲藏在一个爱国的著名华沙建筑师的家中（他们被告知她是一个被谋杀的波兰军官的女儿）。1943年4月，当犹太人聚居区发生火灾时，她的房东说道，"很遗憾杜维姆没有在那里和他们一起被油炸"。波兰的一位伟大的诗人尤利安·杜维姆也是一个犹太人，这对波兰爱国者来说竟然是一种冒犯。

在耶德瓦布内之前，我认为这种"种族纯洁"的吹嘘与战争的创伤有关。然而，自从由于我自身的背景而经历了被人疏远的那一刻起，我认为那些作家或诗人没有力量去面对他们的读者的怀疑，去承受敌意和排斥的行为，只是因为他们有一些"外国人的血液"。

我告诉凯尔泰斯，我发现他登在《卫报》上的散文《流亡的语言》是多么令人感到安慰，在文章中，他解释了为什么他，一个一年中大部分时间居住在柏林并以柏林为家的匈牙利人和犹太人，感觉到他在匈牙利就像是在访问一样，有点像是一个闯入者。我告诉他，只是在这本书的写作过程中，我才意识到，对于我的许多波兰朋友来说，我就是一个"陌生人"。而且，我越来越频繁地前往纽约，每次回到波兰后，最关心的就是我接下来会听到什么。他的文章帮助我理解到这一显而易见的事实：当你在国外时，这种疏远感并不会困扰你，因为你没有理由认为自己属于那里。只有在你自己的国家里，你才会感觉受到伤害。

"最好是在两者之间的某个地方，在途中的某个地方"，凯尔泰斯建议道。

2003 年 7 月 10 日

耶德瓦布内。我女儿马纽哈和我在纪念碑前虔诚地放上了石块。

2003 年 8 月 7 日

耶德瓦布内。我正在努力为我书中的声明获取授权。亨利克·巴金斯基同意披露他就是定期经常去清理犹太人墓地的人。另一方面，有一个在我的日记中感觉很亲近的人则要求保持匿名，即使是在公开的声明里。

2004 年 1 月 19 日

/ 508

出于完全的自我牺牲，亚采克·库仑尼利用医院的透析治疗和强化治疗之间的时间费劲地看完了我的手稿的第一稿。

"我不知道会有多少人读这本书，"他担心地说道，"理论上我已经做好了准备去应付一切，因为你已经告诉了我这么多事情，但即便如此，每看完几十页，我就不得不停下来，我发现看这本书太难了。"

我还把我的手稿寄给了巴黎的一位好朋友，他的家人在 1968 年的反犹主义运动中被赶出了波兰。"我很担心，"她给我写道，"没有多少人会喜欢你的书。除了排犹者和其他'爱国者'之外，一本这样的书会使得正派和诚实的人感觉不舒服，没有人会喜欢这个样子的。我认为我父亲会失去他对波兰人仍然还有的一点信心，以及除了他自己以外，被任何他人视为波兰人时的一点信念（尽管他肯定会珍视这本书）。所以最艰难的事情还是要来的，但是我相信你知道这一点。"

2004 年 4 月 9 日

马雷克·埃德尔曼在读我的书的手稿时，不断地停下来将书放在一边，哀叹道，"谁会去读这本书？谁将能够读懂它？"而且阅读此书给他带来了几乎是肉体上的痛苦。"对我来说，最难承受的不是犹太人在耶德瓦布内和该地区遭到屠杀，"他说道，"而是屠杀的方式是如此残忍，并且杀戮给他们带来如此多的欢乐。"在读完了前 20 页或 30 页后，埃德尔曼让我知道他已经被这本书深深吸引了。

2004 年 4 月 29 日

玛丽安娜·拉莫托夫斯卡去世了。

这个场合使我真正明白了"临终"这个词的确切含义。斯坦尼斯瓦夫患病之后受到疾病的折磨并与疾病进行了抗争，但玛丽安娜却是安静地温和地离开了这个世界。每次去探望她时，她的病床在我眼里看起来都变大了——她总是又矮小又单薄，但此时她变得更矮小更单薄了，她的皮肤就像羊皮纸一样。

医生向我保证说她去世前没有受苦。

2004 年 4 月 30 日

我要求历史学家达里乌斯·斯托拉阅读我的书，他读完后给了我一些超越事实的评论。他说，当有人以不同于我的方式来对待这件事时，我的反应是神经质的，而且我还经常采用一种指责性的语气。很明显，我身上的痛苦太多了。他还试图引起我的注意，现在在耶德瓦布内所发生的事情有多少正在想象的剧场内上演着。

"同你谈过话的人生活在不断的恐惧之中，总是担心有人会焚烧他们的房子，绑架他们的孩子，把他们打倒在黑暗的小巷子里。但是没有人的身体受到过伤害，对吧？"他要求予以确认。

很有道理。除了有一位被家人殴打过的老太太、夜间打来的令人烦恼的电话、一些孤立的恃强欺弱的事件如在商店里推人导致他们手中的杂货掉在地上和无聊的威胁之外——我的对话者中没有一人受到过伤害。这里有的就只是受到尊重的社区成员，他们有亲戚、朋友、熟人和职位，然而，当他们被敌意所包围并遭到排斥，往往还是被他们自己的家人，他们突然感到被逐出了自己的生活圈子。这难道是琐碎小事吗？我花了整晚的时间通读了我的书，并删除了那些以指责的语气写出的怨恨的、神经质的句子。

2004 年 6 月 15 日

我一直在仔细研究基于战后航空地图制作的战前耶德瓦布内的地图，以及两次当地的调查。我添加了我收集的信息，给出了具体人员的具体地址。

我在沃姆扎市档案馆发现了一份"耶德瓦布内市内被遗弃的战后德国人和犹太人房地产清单"，这对我来说是一种无法估量的帮助。清单是从 1946 年开始的，但它也包括了一些房产和财产的战前所有者的姓氏和地址。幸运的是，该清单还包含了房屋的大小规模的数据。这就使得将某个家庭重新定位在地图上绘制出的他们可能生活过的小块街区内变得更加容易。我已经有一份可供我使用的由茨波拉·罗斯伊德（战前就移居巴勒斯坦）70 年代为《耶德瓦布内回忆录》拟定的清单。从以色列犹太大屠杀纪念馆内有关死于大屠杀中的人的所谓通知报告里，我得到了很多信息。不幸的是，其中包含了数十个含糊不清之处，出现这种情况的原因在于相关表格不仅是由受害者的家属而且还是由他们的朋友和熟人所填并送到纪念馆去的，所以同一个人可能会出现在几个地方，然后出生日期、姓名或子女人数也往往不一致。

对我来说最大的帮助就是梅厄·罗内精确非凡的记忆力。当我于 2001 年 5 月在耶路撒冷遇见他时，他告诉我——每条街道、每栋住宅、每个街坊邻居——只存活在他记忆中的人们的情况。他给出了他们的名字，并且通常还有他们的地址，我把这一切全部记了下来，由此，战前耶德瓦布内的抽象空间开始被细节所填满。

在解读耶德瓦布内居民的地址、家庭关系和财产的工作中，我也得到了特拉维夫附近霍隆的哈依姆·斯罗希科的帮助，我与他保持着经常的电话联系。几年前，只是为了他自己，斯罗希科回忆起了两百多个名字并复原了耶德瓦布内的所有商店，但遗憾的是他找不到记录这些材料的纸张了。后来发现，他就是那个给茨波拉·罗斯伊德口授了出现在《耶德瓦布内回忆录》中的那份名单的人。现在为了我，他不辞辛苦地第三次动手工作。加上他的评论和更正之后，我发现并不是每件事情都能说得通。有时候我必须在他的回忆和梅厄·罗内的回忆之间做出选择。我有这样的一种感觉：有些错误是无法避免的，有些疑惑是无法解决的，在很多情况下，问号将仍然保留着。

我还从各种各样的文件中摘录了耶德瓦布内犹太人的个人姓名和地址，例如有关将战后犹太人房产转让给新的所有人的案件文书，"1939年火灾保险数据"，以及 1929 年国际广告协会出版的一本工商名录的摘录，其中可能没有地址，但商铺和企业的所有者是给出了的。

我要费力去对付的另一个问题是名字和姓氏的拼写。这些姓名中的大多数都是从意第绪语翻译成希伯来语，再从希伯来语翻译成英语的，然后由我将它们翻译成波兰语（有些名字在希伯来语中已经有不同的版本）。有时，"猜测"这个词比"重构"更加合适。在茨波拉·罗斯伊德的名单上有姓斯科茨纳德尔的。在我看来，这似乎是非常不合理的，以至于我不知道是否要把它放进书里去。这时一位朋友的朋友使我意识到这个名字的字面意思是"跳针"，所以这很可能是一个裁缝之家的姓氏。

2004 年 7 月 1 日

我读了检察官的调查结果。我现在有机会将相同的目击者告诉我的情况和他们告诉检察官的情况做一比较。

我们得出了类似的结论，但是在不少地方我的调查更加深入，因为我不受法律调查的严格限制。由于我没有预料到的原因，伊格纳季耶夫的结果让我感到震惊：它们表明了在这种情况中倾向于说谎的普遍性。

伊格纳季耶夫肯定已经把许多目击者视为不可靠而取消了其作为证人的资格。我并不是在谈论与某些细节相关的，甚至是至关重要的，不精确之处——即使是具有优秀记忆力的人也可能犯下错误——而是捏造和谎言。

我的那些反犹太人对话者对犹太人的报纸和向苏联内务部告发波兰人的犹太人做出了大量抨击，但他们很少费尽心思去捏造很明显是虚假的故事。在耶德瓦布内就 1941 年 7 月 10 日的起诉所作的证言中，他们竟然赤裸裸地撒谎。在他们编造的那些故事中，耶德瓦布内的街道上充满了德国人。

根据卡耶坦诺夫的哈利娜·恰扎斯塔的说法，7 月 10 日之前有人说犹太人向警方提交了一份请愿书，要求提供枪支，以便他们能够与波兰人算账。在大屠杀的那天，她本人出发前往耶德瓦布内，在那里她看到一群犹太人扛着列宁半身像在通往墓地的道路上，随后是一辆深绿色的军车，由德国士兵步行护卫着，边上有一些波兰平民，其中有人手拿棍子。她听到很多单发枪声。

据耶德瓦布内附近的斯特凡·博奇科夫斯基所言（他在很多采访中讲过同样的故事），当犹太人被赶往谷仓去时，两三辆装满身穿军装的德国人的军用卡车停了下来。他们从卡车上卸下金属罐子，然后纵火焚烧了谷仓。

据耶德瓦布内的特奥多尔·卢欣斯基（他也为新闻界做了一个很好的表演）所言，清晨4点，一辆吉普车驶入城内，同时来到的还有八辆覆盖着防水油布的卡车，每辆卡车上都载有携带着武器身穿制服的德国士兵。下午4点，这个证人听到通过扩音器发出的德语命令，犹太人必须站在四人一排的队伍里。他看到有人扛着列宁的塑像进入墓地，在一个德国人的命令下，犹太人肩并肩地躺在那里，把他们的上衣拉上去，露出胸膛，然后用交给他们的刺刀相互刺杀。晚上，他还听到一连串的枪声。后来他了解到，幸存的犹太人试图在被烧毁的谷仓前进行祈祷，德军士兵向他们开了火。

据耶德瓦布内附近的贾德维加·科尔多斯所言，两辆卡车在中午时分缓缓驶过市场，车上装的是来自一支特殊部队的武装警察——一支"敢死队"。德国人向逃离市场的犹太人开枪射击，后来向逃离正在燃烧的谷仓的犹太人开枪。第二天，当证人回到耶德瓦布内时，已经有人在传说只有与苏联人合作的犹太人及其家人被杀害了。给证人看病的犹太医生宣称，被烧死的犹太共产党人是罪有应得，因为在苏联占领下，他们曾经把犹太人的庙堂当作茅厕。

来自格朗迪马维的塔德乌什·希维斯考夫斯基看到来了两辆覆盖着防水布的军用卡车。他不在谷仓那里。下午，他到卡耶坦诺夫去看望他的叔叔，因此他只是在远处看到了烟雾。后来他听说有300个犹太人被围困在市场上，其中半数逃掉了，这得益于波兰人的帮助。

塔德乌什·希维斯考夫斯基就是我书中的塔德乌什·Ś.，这位退了休的华沙医生在 2000 年 8 月与亚当·米奇尼克和我见过面，他拒绝将他的名字印出来。在他给我们的说法中，他看到两名骑着摩托车的盖世太保军官进了城。他亲自跟在犹太人后面，看到有三个德国人把大约 1000 个犹太人赶进了谷仓。

伊格纳季耶夫用几句话总结了证人的可靠性。他把斯特泽博斯提到的那些人都算作是不可靠的证人，包括塔德乌什·希维斯考夫斯基。

我阅读了一份在掘尸过程中从灰烬中获得的物品清单：钥匙、数百个苏联占领下使用过的戈比硬币、银币和金币，其中一个有着毕苏斯基的侧面像、牙桥和牙冠、17 个黄金婚戒、三个印章、耳环、纪念章、胸针、塑料和金属纽扣、戒指、一个手镯、项链、手表、一个金色吊坠（形状是一本希伯来文写的打开着的书）、一个披巾别针、弯曲的勺子（用于在市场上除草）、金属鞋尖套和橡胶鞋底、披肩钩、一个拉链拉环、一个安全别针、裤子扣和吊带扣、纽扣、眼镜、一个装着鞋钉的金属盒、一个缝纫机滚筒，以及一个顶针。

2004 年 7 月 10 日

我在被害者纪念碑上放了一块石头。从华沙犹太社区开来了一辆大巴，人们念了犹太教祈祷文。我认为没有人会从耶德瓦布内来此地的。

十五

严格地说，是波兰人干的

或，与检察官拉多斯瓦夫·伊格纳季耶夫的对话

在总结了 1941 年 7 月 10 日罪行的调查结果后，你在裁决书中写道："黎明时分，周围村庄的居民开始抵达耶德瓦布内，意图实施早些时候制订的杀死犹太居民的计划……"这第一个句子真的足以说明问题了，你完全可以把它保留在那里。我认为我不会有胆量如此直截了当地表明这一点。是什么让你如此确信？

在发掘遗骸的时候，在坟墓里发现了许多有价值的物品：手表、珠宝、金卢布等。把这些东西从站在集市广场上的犹太人身上取下来并带出城去并不成问题。在耶德瓦布内，抢劫是在谷仓被点火焚烧之后才开始的。这就是为什么我会认定那些人进城是来杀人的。

你说，"严格地讲，屠杀罪的行凶者是耶德瓦布内及其周围地区的波兰居民——这群人至少有 40 个……他们积极参与犯罪活动，手持棍棒、撬杠和其他工具"。让我们尽量回溯一下在你的最终结果中你对暴行的描述是如何得出的。你看了格罗斯的书……

就是在比亚韦斯托克民族纪念研究会的检察官办公室我们的任期刚

安娜·比康特和民族纪念研究会的检察官拉多斯瓦夫·伊格纳季耶夫。在斯坦尼斯瓦夫·拉莫托夫斯基家的住宅前面,位于拉齐兹夫附近的吉文钦,2001。(照片·克齐斯茨托夫·米勒 / 选举报社)

开始的时候。那时我既是检察官，又是文员、仓库管理员、司机，甚至还是清洁工；工作结束后，我到处打扫卫生，以便让分配给我们的两个房间看上去会很像样。这是我在民族纪念研究会的第一个案子。读格罗斯的书并不轻松，他的书引发了反对意见，并遭到否定。我是在爱国传统中培养成长的。我听说过战争时期的犹太人敲诈者，*szmalcowniks*（走私者），但是，要我相信波兰人谋害了犹太人，我内心是有抵触情绪的。然而，不久之后我就意识到，一个检察官首先应该是一个依赖既有证据的调查官员，他应该撇开自己的信念。

你第一次意识到格罗斯讲的故事确实发生过是在什么时候？

那不是我调查的目的。我不关心格罗斯的书是好还是坏，是真还是假，尽管我经常被人问起这样的问题。

好吧。斯特泽博斯教授阅读了 1949 年的审判案卷，并从中看出了一个受到操纵的斯大林式的调查，在这种调查的过程中，有许多无辜的人被定了罪。那么你呢，你有没有看出些不同的东西？

我很快就明白了 1949 年的诉讼程序是不正确的。

但是你得出的结论与斯特泽博斯的结论是不同的。

他们甚至都没有尝试去确定受害者的个人细节和人数，以及事件的确切过程。证人给出了许多行凶者的名字，但法院对此并不感兴趣。在那次审判中，有 22 个当地人被指控参与将犹太人赶到市场上，然后根据德国人的提议将他们带到谷仓去，仅此而已。尽管从证人证词中可以明显看出，有些肇事者直接参与了谋杀行动。从审讯证据中你能获悉的真相实在是太令人恐惧了——犯罪行动组织得是多么严密：一群人把受害者从他们的家里驱赶出来，另外一群人封锁住通往城外的道路，第三群人则看守着那些聚集在集市广场上的人。

那些都发生在斯大林时代，年轻的家乡军士兵被判处死刑，然而这里有些很明显的杀手却被宣判无罪。你无法从案件文书中辨别出为什么有些人被定罪，而别的人则被释放。你是否认为他们释放的是那些同意

与后来在审判中受到指控的人数相比，遭到逮捕的人数要多很多。在沃姆扎秘密警察的监控和调查文件中，您可以找到一个受到指控的人的信息，然后在起诉书中此人却未被提及，不论是作为被告还是作为证人。在一个涉嫌参与暴行的这样一个男子的案件中，我们发现了可证明他签署了与秘密警察合作的一份协议的证据。

历史学家和记者喜欢提到检察官蒙基奇斯在20世纪70年代的调查结果。

我不想评论那项调查，这会使我感到不舒服。

请尝试一下，这非常重要。蒙基奇斯声明由沃尔夫冈·伯克纳率领的一支232个德国人组成的部队乘坐卡车于1941年7月10日抵达了耶德瓦布内。

没有迹象表明当时在比亚韦斯托克附近伯克纳领导的行动队伍撤退了80公里，特别是在德国人面对着这么多不安全区域的情况下。这是一个凭空产生的推测，没有任何数据可供支持。检察官认定犯罪的实施者是德国人。但是，如果是德国人的话，是哪些德国人呢？当然，除了伯克纳的指挥外，当地还有本地的警察。在结论中，他表明目击者们记住了来自耶德瓦布内的警察的姓氏。关于伯克纳和警察的这一结论被转交给德国当局进行刑事起诉，以帮助他们找到罪犯。蒙基奇斯传送给德国调查人员的信息像回旋镖一样又回到了波兰：这里的人们可以说这桩罪行是德国人干的，因为在德国人的文档中有记录。

现在，蒙基奇斯自己也谈起了波兰纳粹犯罪调查主体委员会给他的指导方针，即他只起诉德国的罪犯。那么启动该调查是否有着消除波兰人参与了犯罪的痕迹这一明确的目的呢？

我能够有把握地说的，就是那项调查工作进行得非常糟糕。但1949年的审判大体上符合了诚实审判的基本原则，因为凡是无罪的人都没有被定罪，尽管并非所有被指控涉案的人都被提起诉讼。

由蒙基奇斯领导的第二次调查花了差不多八年的时间，从 1967 年到 1974 年。在那段时间内，除了讯问 16 个证人之外，其他什么事情都没做。他们没有再现事件的经过，也根本没有迹象可以表明 1949 年和 1953 年的刑事审判曾经被利用过。

与此同时，蒙基奇斯对耶德瓦布内的警方犯下的罪行进行了一项平行的调查。在那些讯问过程中，有人作证说，就在犹太人被烧死的那一天，有个考瑞特基村的村民在把犹太人赶入耶德瓦布内集市广场去的过程中非常活跃。被指控的那个男子被作为证人受到传唤和询问。但他们只问了他 1943 年德国人杀害他的家人的情况！

阅读了这些文件之后，我想到，作为波兰政府雇用的一位官员，并鉴于对那些被谋杀者的纪念，我会在我的权限范围内尽我的所能恰当地展开下一次调查。不幸的是，我们没有设法去确定是否还有仍然活着但未受审的罪犯。这就意味着刑事诉讼被解除了。但是民族纪念研究会的检方调查还有一个目标，那就是要揭示正在研究中的罪行情况的最充分的真相。我的确是付出了巨大的努力，尽可能多地找到在耶德瓦布内所犯罪行的信息。对我来说确定谋杀案受害人的姓名非常重要，这样他们就不会一直无名无姓。可悲的是，我只设法找到了受害人中的一部分名字。

在你接手处理这个案子的时候，报纸上出现过几次误报和虚惊——谷仓里发现了一些弹壳，所以是德国人犯下的罪行……

在新闻界被告知在犯罪现场附近发现了弹壳后，目击者开始作证说他们听到了枪声。在此之前，我只发现一个这样的陈述。

2001 年 3 月，你启动了下一个针对拉齐乌夫的调查。我从对目击者的采访中获知，战后也出现过"为了犹太人"的审判。我给了你被告的名字、唯一能找到这些案件的方式和审判发生的地方——埃尔克。在此之前，没有人曾经想到过，除了耶德瓦布内之外还会有什么地方也进行过审判。

一部分战后审判的案卷得以幸存下来，这要归功于埃尔克的国家档案馆馆长，一个天生的档案工作者。他告诉我，在60年代初，给他下达了一份命令，要他摆脱，也就是说销毁，所有与8月法令相关的案件的档案文件（"关于针对法西斯和纳粹罪犯……和波兰民族的叛徒的惩罚"），只留下少数精选出的文档。这位馆长描述了他是如何去见他所认识的检察官的，他对他们说，"我会给你一个印章以便确认你销毁了那些文件，然后你可以把那些文件束之高阁"。他打电话给埃尔克以外的人，但是他们不认识他或不信任他，后来他们销毁了那些文件。几年之后，一项新的决定又授予他们保留这些文件的权限。我们不知道涉及刑事案件的文件被销毁的比例是多少。某些人的责任问题被移交给了单独的诉讼程序，但是我们没有找到那些案件的文书。审判程序规定我们给予嫌疑人疑罪从无的权利，因此我们不得不作出假定，尽管我们无法找到那些文件，但当时遭到指控的人都已经受过审了。

那些证人，其中包括奥尔沃夫斯基神父，提到了德国军队、摩托车、卡车和射击。这是对遇害者的公开嘲弄，不是吗？当你听到那种胡言乱语时，你有什么感受？

我从不认为证人在嘲弄或有意识地提供虚假证词。

当然，因为那样的话你就不得不打电话给一大堆证人要求他们解释为何提供虚假证词。首先是奥尔沃夫斯基神父。

我不认为奥尔沃夫斯基神父或其他接受询问者有意识地提供了虚假证词。如果证人在听到有关弹壳被发现的消息后告诉我有关枪击的情况，这可能意味着他们将来自媒体的新信息与60年前发生的事件的模糊印象结合起来，然后他们确信他们听到了那些枪声。

每一份证词，即使是出自一个保存了失真的事件印象的人，都会有所贡献，尤其是如果你正在跟踪涉及具体细节的问题的时候。例如，它可以帮助我们排除某些特定情况。我询问了被调查者他们在罪行发生的当天看到的德国人是什么样子的。黑色的军装和马鞍形的帽子、卡其色野战服以及头盔、冲锋队制服、空军制服、装在枪套中的手枪或瞄准目标的机关枪枪管——我得到的是各种部队的截面图，包括在电影中看到的军队。我听说了单发射击、连续射击和机枪的齐射。有人在谷仓里看到穿制服的德国人，而且只看到他们，没有一个波兰人，因为波兰人都吓得躲了起来。或者他们看到德国人跳下卡车。我听说只是在其家庭中有家人被指控积极支持共产党制度的犹太人遭到了杀害，还有拒绝将波兰人、犹太人和俄国人一起烧死在谷仓里的德军指挥官被党卫队枪杀了。其他人看到的是只有波兰人在犯罪。

我依靠的是现有的知识，但在很大程度上还依靠直觉。在其他情况下，我还会关注无意识的题外话，这种题外话往往会就某个特定主题作出长篇大论。你是如何排除不可靠的证据的？

我会提出许多似乎与案件无关或者离题的问题。这些问题的最佳之处就是可以让人对证人的可靠性作出判断，至少可以确定他是否真如他所说的在他所在的地方，并且能够看到他作证所见到的一切。有一个证人，当被问及犹太人是如何遇害时，陈述说他藏匿在集市广场边上，听到了德国士兵开枪射击。在一个比较中性的背景下，我问他当天可能会听到什么声音。他回答说没有听到任何声音。我还核查了接受调查者读过的关于耶德瓦布内的文章。在一个 60 岁的人的案子中，那种被阅读而造成的记忆污染非常显著。很明显，有些证人的陈述涉及的是从媒体上获得的信息，而此类信息提供了关于犯罪过程和罪犯的各种观点。例如，有个证人告诉我他看到了 75 个犹太人扛着列宁塑像。我问他，他怎么知道有 75 个人的。因为他听到他们被一一点过数。但这个数字是格罗斯从瓦瑟斯泰因那里引用的，而且没有人证实过。每当我遇到一个没有读过格罗斯的书或任何其他出版物的证人时，我都会觉得这简直是天降甘露。

证人的陈述彼此完全不同，因此仅仅借助其他证人的陈述去验证某一个证人的陈述是行不通的。我还依靠所谓的物证来加以验证，即通过挖掘尸体确定的事实、档案中的文件和材料、地形的考察、弹壳的研究等。物证是不会撒谎的，因此如果某个证人的说法与物证相抵触的话，我就不得不假定此人遗忘了或者是记忆有误。

那么犹太人证词的可靠性如何呢？你怎么看待什穆埃尔·瓦瑟斯泰因的证词？

瓦瑟斯泰因重构了暴行事件的过程，但在某些地方他的证词也不可靠。我认为在犹太人的回忆中描述的一些场景，包括瓦瑟斯泰因的回忆和《耶德瓦布内回忆录》一书中所记载的——凶手们使用了锯子、用叉子将儿童叉起投入火中、把女孩的头颅当足球踢等——实际上并没有发生。也许有人踢了一个头颅，我不能排除这种可能性，但把一个受害者的头颅用于足球比赛在我看来似乎并不可信。这些事件非常可怕，以至于受害者的家属往往会以一种神话般的方式来加以描述。

那么让我们来重构一下能够被我们所知的情况。

从凌晨起，犹太人就被赶出家门进入集市广场。他们被勒令拔除铺路石之间的杂草。耶德瓦布内及其周边地区的居民用棍棒、撬棍和其他武器武装了起来。一大群男人被迫打碎了列宁纪念像，这座纪念像位于市场边上的一个小广场上。中午时分，他们被命令将一块被砸碎的纪念像扛到集市广场上去，然后再扛到几百米外的谷仓去。他们是用两根木杆扛着列宁像的。拉比也在其中扛着。那些遇难者被杀害了，他们的尸体被扔进谷仓里挖好的一个墓坑里。列宁纪念像的碎片被扔在尸体上面。那个坟坑可能没有被盖住，因为在掘尸时，人们在纪念像的一些碎片上发现了火烧的痕迹。第二批人数更多的犹太人晚些时候也被带到集市广场上，其中包括妇女、儿童和老人。他们被带到覆盖着茅草屋顶的木结构谷仓里去。谷仓四周被浇上了汽油，汽油很可能是从耶德瓦布内原先苏联人的仓库里取来的。在1949年的案件文书中，安东尼·尼布谢多夫斯基表明他从那个商店里发放了八升汽油。这个数量足以将谷仓烧毁。

这是否意味着第二群人在遭遇他们自己的死亡之前，看到了已经被

屠杀了的他们的父亲、兄弟和儿子的尸体？

这是可能的。

你有没有查明耶德瓦布内的犹太人最后的人生路程是什么样的？他们知道他们将要去赴死吗？

与遗骸一起发现了一些日常用品，如一盒鞋匠的钉子、裁缝的顶针、勺子、金币以及数量惊人的钥匙：大门钥匙、房门钥匙、挂锁钥匙、橱柜钥匙等。他们似乎有一种虚幻的希望，即他们行进在一条总有一天他们会返回的路上。

1941 年 7 月 10 日，在耶德瓦布内总共有多少犹太人被杀害？你写到不少于 340 人被谋杀。难道死亡人数不比这个数字更多吗？

不会超过几百人。1600 个受害者或者接近这个数字的人数似乎不大可信。我向所有目击者问了这个问题，其中一人给出了一个令人信服的回答："战争结束后，我在一支部队中服役，我们有一个五六百名士兵的花名册——我联想起我看到的被带出市场时的犹太人，感觉人数差不多。"扛着列宁像碎块的那批人总共有四五十人，在第二群中——几百个，我们可以说差不多就是 300 个人。这就是在两个露天坟墓中发现的受害者的大致数量。但是在犹太人墓地里没有做过任何调查工作。有理由相信在那里可能还会有另一个坟墓。如果有人在他的地下室或花园里杀了一个人，他不会把这个被杀掉的人埋在自己家的后院里，靠近自己家的水井。更加适当的是，既然有一个犹太人的墓地，他们就一定会有组织地把尸体运送到那里去掩埋。我不能排除在其他地方还有单个坟墓的可能性。我们很可能没有找到所有埋葬受害者的地方。但是，即使加上早些时候在其他地方发生的杀人事件，也很难想象被单独杀害的犹太人人数会比后来被烧死在谷仓里的犹太人人数还要更多。

要准确地估算遇难者人数也是不可能的，因为在暴行发生的当天，还有从周边村庄——维兹纳、科尔诺——来的犹太人藏匿在耶德瓦布内。有一些犹太人，也许有几十个，幸存了下来。他们中的大多数后来居住在耶德瓦布内的犹太人聚居区，那是一片与旧市场分隔开的地方。从那里他们又去了沃姆扎犹太人聚居区，但不是全部都去了。有一个目击者说，在暴行发生后，他看到耶德瓦布内的一群犹太人经过沃姆扎郊外的耶日契尔考。这个目击者的父亲是一位农民，他在耶德瓦布内的粮食交易中有一个犹太人中介。那个犹太中介带着他 12 岁的女儿出现在目击者家中，请求他将他们藏起来。那个女孩口中念着基督教祈祷词来证实她可以冒充波兰人。由于害怕被邻居揭发，这位目击者的家人不得不拒绝了。

在耶德瓦布内及其周围地区，我寻找过因未参与杀戮而受到德国人惩罚的波兰人的例子——这可以证明有些人是受到胁迫而行动的。我没有找到任何一个这样的例子。

/ 522

我也不知道任何一个这样的例子。

那么你能否说出这样一道命令，即使不执行它也不会受到处罚？

没有必要采取任何处罚措施，因为那里有些人急不可耐地要动手去抓犹太人。可能是有一道不那么明确的命令，要求对犹太人做些什么，但不是我理解的那样的命令。这样的命令可能是根据党卫军将军和纳粹警察总监莱因哈德·海德里希于 1941 年 6 月底和 7 月初在两份文件中提出的指示下达的。在 1941 年 6 月底增加的一个附录中，海德里希规定，在新占领的土地上应该发动反共和反犹太行动，但不得留下任何德国人参与其中的痕迹。另一方面，1941 年 7 月 1 日向行动部队指挥官发出的一道命令涉及实施"清洗行动"的原则，其意思就是要"平定"被德国人占领的地区。命令提到在那些行动中不包括有反共或反犹太倾向的波兰团体。或者不要伤害他们，因为将来他们可能会被用来伤害他人。

换句话说，德国人起到的作用就是去怂恿当地居民？

怂恿是什么意思？如果那里不具备实施那样的犯罪行为的条件，那么无论怂恿的力度有多大都不会产生任何效果。我们知道在来自北面更远地区的德国人的报告中，表达了对当地居民不肯被鼓动去参与反犹太人暴行的不满。不可否认的是，战前在沃姆扎区就曾发生过针对犹太人的行动，而且在我看来，德国人利用了那里早已存在的强烈的反犹太人情绪。

但是，我们能否确定德国人是不是提出了"像在拉齐乌夫那样清洗犹太人"这个主意，还是仅仅接受并支持了由市政府转达的当地人的倾向？

我不能确定这一点。作为一名检察官，我不会随便作出推测。我得到的信息太少了，出于这个原因，有些情况从未得到澄清。耶德瓦布内的罪行是在德国人的煽动下犯下的。没有德国人的授意，那种规模的行动是不可能发生的。你必须记住，耶德瓦布内紧挨着前线，这个地区处于德国军管之下。如果在镇上出现特别的意外骚乱，占领军会立即做出反应。驻扎在耶德瓦布内的德国警察，以及其他穿制服的德国人，即使是被动地在那里——如果我们承认他们是在那里——在法律的角度来看也是等同于纵容犯罪。所以在广义上应该把刑事责任归咎于德国人。

许多目击者声称，驱赶犹太人进入广场的当地人除了有警察局的警察陪伴之外，还有一些穿制服的德国人。当然只有一小队人马，不是一支强大的军队。德国人要守卫的城镇太多了，他们想要在这些地方"清洗犹太人"。我们有当时的德国人的报告，表明了他们的担心：'我们没有足够的人手去守卫每个岗位。'突然间，在附近什丘琴的警察，总共有五个人，被要求去维持74个城镇的秩序。在苏联领土上的迅速推进意味着在"中央"部队区域的代号为B的特别作战部队的部分部队正在越来越向东作战。他们的身后留下了大片没有机会去"清理"的土地。为此，德国人在6月底和7月初组织了一些行动小队，在苏联边界地区去接替代号为B的特别作战部队执行任务。

我能够声明实施暴行的凶手都是耶德瓦布内及其周围地区的波兰居民，至少有40个人。没有证据表明居民总体上都是行凶者。宣称在耶德瓦布内有一个连的德国兵就像认为整个城镇都发了狂一样令人难以置信。大多数人都表现得很被动。我无法判断被动的来龙去脉。也许有些人对受害者感到同情，但又被凶手的残忍所吓到。其他人尽管可能有反犹太主义的观点，但并不是急迫地想积极参与这种行动。

在谷仓里烧死了几百人，40个凶手——这比格罗斯书中写的要少得多。

这些是我们的发现。在对证据进行分析之后，我们得出了受害者和罪犯的数量。我们无法得到更详尽的数字。例如，在1949年的审讯案卷中，列出了大量与犯罪有关的人的名字。只是这些信息在当时没有被核查。现在，经过这么多年的时间，要让我的团队再进行验证是不可能的。

你出生在比亚韦斯托克，你住在离那里不远的瓦佩。在你所在地区的城镇里，犹太人的生活曾经非常繁荣兴旺。在你参与耶德瓦布内一案之前，你是否了解这一点？

没有，我对此从来不感兴趣。

犹太人在你眼里是否像土著人一样？

这个概念对我来说同样非常遥远。从我着手对耶德瓦布内进行调查的那一刻开始，我就阅读了大量关于波兰人和犹太人的历史和关系的材料和书籍。但即便如此，我并不总是知道该如何行事。我在耶德瓦布内的犹太人墓地遇见了拉比舒德利赫和来自伦敦的另一位拉比。当他们对死者做犹太祷告的时候，我想要念的是天主教的祈祷文永恒的安息，但是，经过再三考虑之后，我只说了句再见。

在我开始致力于耶德瓦布内事件之前，我的感觉是反犹太主义只是一种边缘现象。但自从我参与了耶德瓦布内事件的调查以来，我每天都能碰到它。你也是吗？

我相信——这不是一种普遍的情绪，我深信不疑。但我不得不说，在调查过程中，我遇到了赤裸裸表达出来的反犹太主义。

在调查中你感到最困难的时刻是什么时候？

当我在发掘尸体的过程中看到婴儿的齿胚，然后想象一下，如果我的家人也那样死去，如果那些孩子是我的孩子，我的感受会是什么。

致　谢

　　我感谢我书中的主角们，他们同意打开他们记忆中最黑暗的一页。

　　我感谢所有帮助过我的人：在我茫然寻找证人和文件时，是他们引领我走上正途，是他们审阅了我的手稿，并且当我在撰写这本书的过程中处于人生困难时刻时，又是他们给我提供了支持。

　　特别要感谢乔安娜·什琴斯娜，在此书创作过程中的每一个阶段，她都承担起了编辑职责。

　　我还要感谢我在美国的朋友们。当善意的熟人（以及不那么善意的陌生人）劝阻我去写作一本关于耶德瓦布内屠杀罪行的书的时候，我没有能够很好地接受他们的意见，这就是为什么此书的第一稿是在曼哈顿的咖啡馆，以及——非常感谢劳伦斯·韦斯勒的仁慈——在纽约大学纽约人文学院的客房和纽约市立大学玛尔塔·彼得鲁塞维奇教授的办公室里完成的。在此期间，我得到了安·斯尼托和丹尼尔·古德、乔安娜和劳伦斯·韦斯勒、安娜·胡萨尔斯卡、斯瓦沃米尔·格伦伯格、伊雷娜·格鲁金斯卡·格罗斯和埃瓦·扎德琴斯卡的热情接待。

　　我将在我充满感激的记忆中永远珍视网站 www.radzilow.com 的创建者，迈阿密的何塞·古斯坦的友谊，他同意在书中发表拉齐乌夫一些人士的战前照片，以及布鲁克林已故的拉比雅各布·贝克，他同意发表战前耶德瓦布内的照片和地图。

　　我很难找到恰当的言语来感谢我的美国翻译艾丽莎·瓦莱斯的出色

工作。我还对我的法勒、施特劳斯和吉鲁出版公司的编辑艾琳·史密斯表示感谢和钦佩。艾丽莎和艾琳在我的书中投入了大量时间、精力和技能，我对此深感荣幸。在同该出版公司的每一个部门合作的过程中，我的每一步经历都充满着快乐。我将始终对所有这些人士满怀感激之情。

姓名、地名和专有名词英（波）汉对照表

Aaron Szwalbe	亚伦·什瓦尔贝	Aleksander Dołęgowski	亚历山大·多文高夫斯基神父
Abraham Aaron Ibram	亚伯拉罕·亚伦·伊布拉姆	Aleksander Drozdowski	亚历山大·德罗兹多夫斯基
Abraham Dawid Kubrzański	亚伯拉罕·达维德·库布赞斯基	Aleksander Godlewski	亚历山大·戈德莱夫斯基
Abram Aaron	亚伯兰·亚伦	Aleksander Janowski	亚历山大·雅诺夫斯基
Abram Ibram	亚伯兰·伊布拉姆	Aleksander Kwaśniewski	亚历山大·克瓦希涅夫斯基总统
Abram Kruk	亚伯兰·克鲁克		
Abram Moszek Bursztyn	亚伯兰·莫斯克·布尔什丹	Aleksander Nitkiewicz	亚历山大·尼特基奇斯
		Aleksander Pęza	亚历山大·佩扎
Abram Strzałka	亚伯兰·斯恰尔卡	Aleksander Polkowski	亚历山大·波尔考夫斯基
Abram Zaborowski	亚伯兰·萨堡罗夫斯基	Aleksander Wyrzykowski	亚历山大·怀赞考斯基
Abram Zajdensztat	亚伯兰·宰登西达特	Aleksandra Karwowska	亚历克桑德拉·卡尔沃夫斯卡
Adam Asnyk	亚当·阿斯尼克诗人		
Adam Dobroński	亚当·多布朗斯基教授	Alina Cała	阿林娜·蔡娃作家
Adam Cyra	亚当·锡拉	Alina Margolis-Edelman	阿林娜·马尔戈利斯-埃德尔曼
Adam Kamiński	亚当·卡明斯卡		
Adam Małysz	亚当·马维斯	Alina Żukowska	阿林娜·祖科斯卡
Adam Michnik	亚当·米奇尼克	Alter Marchewko	阿尔特·马尔海夫卡
Adam Mickiewicz	亚当·密茨凯维奇诗人	Alter Wiski	阿尔特·维斯基
Agencja Gazeta	新闻报社	American Polish Congress	美国波兰人代表大会
Agnieszka Arnold	阿格涅斯卡·阿诺德	Andrzej Kamieński	安杰伊·卡缅斯基
Akiwa	阿齐瓦	Andrzej Leszek Szcześniak	安杰伊·莱谢克·什切希尼亚克历史学家
AleksanderBargłowski	亚历山大·巴格罗夫斯基		

Andrzej Rzepliński	安杰伊·热普林斯基	Auhhter Blumert	奥赫特·布鲁默特
Andrzej Wydźga	安杰伊·怀齐加	Avinoa Hadasz	阿维诺·哈达斯
Ania	阿尼亚	Awigdor Białostocki	阿维格多·比亚沃斯托
Ann Kellerman	安·凯勒曼		茨基犹太教士
Ann Walters	安·沃尔特斯	Awigdor Czapnicki	阿维格多·恰皮茨基
Anna Bikont	安娜·比康特	Awigdor Kochaw	阿维格多·柯乔
Anna Husarska	安娜·胡萨尔斯卡记者	Awigdor Nieławicki	阿维格多·涅瓦维茨基
Anna Landau-Czajka	安娜·兰多·齐哈卡	B. Gorfinkiel B.	戈芬凯尔
Anna Mazurkiewicz	安娜·马祖尔凯维奇	Bank Leumi	以色列国民银行
Antek Jakubiak	安泰克·雅库比亚克	Bari	巴里
Antoni Gliński	安东尼·格林斯基农民	Basia Binsztejn	巴夏·宾斯坦因
Antoni Karwowski	安东尼·卡尔沃夫斯基	Basia Kacper	巴夏·卡茨珀
Antoni Kochański	安东尼·科查斯基神父	Becale	毕卡因
Antoni Kosmaczewski	安东尼·科斯莫切夫斯	Becalel	毕科莱尔柯乔舅舅
	基凶手	Będzin	本津地名
Antoni Mordasiewicz	安东尼·莫达希维契	Beit Midrasz	贝特·米德拉西犹太学
Antoni Niebrzydowski	安东尼·尼布谢多夫		堂（house of learning）
	斯基	Bencyjon	本奇扬
Antoni Olszewski	安东尼·奥尔谢夫斯基	Beniamin Pecynowicz	本亚明·佩泽诺维奇
Antoni Rakowski	安东尼·拉科夫斯基	BerekOlszewicz	贝雷克·奥尔谢维奇
Antoni Roszkowski	安东尼·罗什科夫斯基	Berek Jedwabiński	贝雷克·耶德瓦宾斯基
	神父	Berek Szmuił	贝雷克·斯穆尤
Antoni Sułek	安东尼·苏韦克	Biała Piska	比亚瓦皮斯卡地名
Antoni Surowiecki	安东尼·索罗维兹基	Białobrzeski	比亚沃谢斯基
Antoni Wądołowski	安东尼·翁多沃斯基	Białystok commando	比亚韦斯托克突击队
Antonina Narewska	安东宁娜·纳鲁斯卡	Biebrza	别布扎河
Antonina Wyrzykowska	安东宁娜·怀赞考斯卡	Bielecki	别莱茨基警察司令
Antoś	安托什	Bielsk Podlaski	波德拉谢地区别尔斯克
Apolinary Domitrz	阿波利纳里·多米契		地名
Arie	阿里	Bijonka	比永卡
Aron Wein	阿隆·魏因教授	Biodry	标德瑞
Art Spiegelman	阿特·史比克曼	Blubert	布鲁伯特
Atłasowicz	阿特瓦索维兹	Bnaja	布纳亚

Boczkowski forest	博奇科夫斯基森林	Brosze Kubrzańska	布罗谢·库勃赞斯卡
Bogusze	博古歇地名	Bzura	布楚拉地名
Bohdan Poręba	博丹·波雷巴导演	Bruzda	布鲁兹达
Bolek Ramotowski	博莱克·拉莫托夫斯基	Brzezinka	布热津卡地名
Bolek Siedlecki	博莱克·锡德尔基	Brzozowiak	布若佐夫亚克
Bolesław Ciszewski	博莱斯瓦夫·齐谢夫斯基裁缝助手	Bug River	布格河
		Bujnarowski	布伊纳洛夫斯基
Bolesław Dobkowski	博莱斯瓦夫·多布科夫斯基	Burgrafowa	布格拉法娃
		Buzek	布泽克
Bolesław Juszkowski	博莱斯瓦夫·尤绪考夫斯基	Całka Migdał	卡尔卡·米格达尔
		Całka Wasersztejn	卡尔卡·瓦瑟斯泰因
Bolesław Ramotowski	博莱斯瓦夫·拉莫托夫斯基	Całko	卡尔高
		Całkowicz	卡尔高维奇
Bolesław Rogalski	博莱斯瓦夫·罗盖尔斯基	Camp for a Greater Poland Youth	大波兰青年阵营
Bolesław Śleszyński	博莱斯瓦夫·斯莱赞斯基谷仓主	Cardinal Stefan Wyszyński University	红衣主教斯特凡·威索齐因斯基大学
Bolesław Zawadzki	博莱斯瓦夫·萨瓦祖基村长	Chaim Czapnicki	哈依姆·恰皮茨基
Bond	天主教月刊《纽带》	Chaim Józef Prawda	哈依姆·约泽夫·普拉夫达
Borawski	博拉斯基		
Borozowieckis	博罗卓维茨基	Chaim Katz	哈依姆·卡茨
Bożejewo	博泽耶沃地名	Chaim Kosacki	哈依姆·科萨茨基
BożenaSkrodzki	波什娜·司克罗茨基	Chaim Nachman Bialik	哈依姆·纳赫曼·比亚利克
Bracław	布拉茨瓦夫镇		
Bratislava	布拉迪斯拉发地名	Chaim Sroszko	哈依姆·斯罗希科
Brauszejn Gutman	布劳谢恩·古特曼	Chaim Wołek	哈依姆·沃莱克
Bricha	布列查犹太复国主义地下组织	Chaja Finkelsztejn	查亚·芬克尔斯泰因
		Chaja Kubrzańska	查亚·库勃赞斯卡
Bronia Pachucka	布罗尼亚·帕胡斯卡	Chaja Sara	查亚·萨拉
Bronisława Kalinowska	布罗尼斯瓦·卡利诺夫斯卡	Chaja Szejna	查亚·谢娜
		Chana Belbud	查娜·贝尔布德
Bronisław Śleszyński	布罗尼斯瓦夫·斯莱赞斯基谷仓主	Chana Jenta Wasersztejn	查娜·燕达·瓦瑟斯泰因
		Chana Sosnowska	查娜·索斯诺夫斯卡
Bronów	布洛努夫地名	Chanełe	香奈儿

Chaszka Fejga	卡胥佳·费加	Czerwonki	捷沃旺基地名
Chawa Alenberg	哈瓦·阿伦贝格	Czerwony Bór	捷沃旺尼·博尔
Chelyabinsk	车里雅宾斯克苏联地名	Czesia Wądołowska	切霞·沃尔多沃夫斯卡
Cherubin	凯鲁宾	CzesioBagiński	切肖·巴金斯基
Chilewska Chana	基勒夫斯卡·汉娜	Czesław Bartnik	切斯瓦夫·巴特尼克神父
Chilewskis	基勒夫斯基	Czesław Krystowczyk	切斯瓦夫·克里斯托夫齐克
Chiuno Sugihara	杉原千亩日本外交官		
Chłodna	霍德纳大街	Czesław Laudański	切斯瓦夫·劳丹斯基
Chodnicki	科德尼茨基	Czesław Lipiński	切斯瓦夫·利平斯基
Chominowa	霍明诺瓦	Czesław Mierzejewski	切斯瓦夫·米尔泽耶夫斯基
Chona Moruszewski	乔纳·莫鲁谢斯基		
Chona Zeligson	乔纳·泽利格森	Czesław Strzelczyk	切斯瓦夫·斯切尔杰克
Chonek	郝奈克	Częstochowa	琴斯托霍瓦地名
Chonek Kubrzański	郝奈克·库布赞斯基	Czyżew	奇热夫地名
Choroszcz	霍罗什奇地名	Damazy Kiełczewski	达玛斯·凯乌切夫斯基
Chrostowski	赫罗斯托夫斯基	Daniel Szklarkiewicz	丹尼尔·什克拉盖维基
Chrzanów	赫扎努夫地名	Danuta	达努塔
Chudnie	胡德涅	Daria Nałęcz	达丽娅·纳文奇档案馆长
Church of St. Brigid	圣布里吉德教会	Dariusz Libionka	达里乌斯·利比亚卡历史学家
Ciechanów	切哈努夫地名		
Ciechanowiec	切哈诺维茨地名	Dariusz Stola	达里乌斯·斯托拉历史学家
Cienfuegos	西恩富戈斯古巴地名		
Cmentarna Street	克门塔纳大街	Dawid Pędziuch	大卫·彭久赫
Cogito	科吉托	Dawid Sawicki	大卫·萨维茨基
Columbo	神探科伦坡	Dejałe	德亚瓦
Committee to Defend the Good Name ofJedwabne	捍卫耶德瓦布内声誉委员会	Dewora Pecynowicz	德沃拉·佩泽诺维奇
		Diewicszi	迪耶维兹奇
Contacts Weekly	《交际周刊》	Dina	迪娜
Cypora Fajga	西珀拉·费加	Długołęka	杜戈文卡地名
Cyprian Łozowski	赛普里安·罗佐夫斯基神父	Długosiodła	杜沃兴德瓦地名
		Dobkowskis	多布科夫斯基夫妇
Cytrynowicz	齐特诺维奇	Dołęgowski	多文戈夫斯基神父
Czapnik	查皮尼克	Doliwy	多利维
Czerwoniak	捷沃涅克地名	Dominik Grabowski	多米尼克·格拉博斯基

Domiziak Aleksander	多米耶克·亚历山大	Eugeniusz Kalinowski	欧根纽什·卡利诺夫斯基
Dora Dorogoj	多拉·多罗戈依	Eugeniusz Marciniak	欧根纽什·马西尼亚克神父
Dorogoj	多罗戈依		
Downary	唐纳雷地名	EugeniuszSkomski	欧根纽什·斯科姆斯基裁缝
Drozdowo	德罗斯多夫地名		
Dusze	杜夏村名	Eugeniusz Śliwecki	欧根纽什·斯利韦基邮递员
Dwercia Łojewska	杜维恰·洛耶夫斯卡		
Dwojra Kon	德沃耶勒·康	Ewa Lipska	埃瓦·利普斯卡诗人
Dworzysko	迪沃谢斯加村	Ezra	埃兹拉
Dziedzic	杰齐茨	Fabian Mordasiewicz	法比安·莫达希维契
Dziewięcin	吉文钦地名	Fajba Drejarski	法伊巴·德雷亚斯基
EdekKotyński	埃戴克·科滕因斯基	Fajga Grajewska	法佳·格莱耶斯卡
Edmund Dmitrów	埃德蒙·德米特罗夫教授	Fejbusz Lejman	费布绪·莱曼
Edmund Korsak	埃德蒙·科尔萨克	Felek	费莱克
Edward Borawski	爱德华·博拉斯基	Felek Scharf	费莱克·沙夫
Edward Moskal	爱德华·莫斯卡尔	Felek Siedlecki	费莱克·锡德尔基
Edward Orłowski	爱德华·奥尔沃夫斯基	Feliks Godlewski	费利克斯·戈德莱夫斯基凶手
Ejszyszki	艾雪斯基地名		
Eli Krawiecki	艾利·克拉维茨基	Feliks Mordasiewicz	费利克斯·莫达希维契凶手
Eli Pecynowicz	艾利·佩泽诺维奇		
Eliasz Grądowski	埃利亚什·格朗多夫斯基	Feliks Tarnacki	费利克斯·塔纳基
Eliasz Krawiecki	埃利亚什·克拉维茨基	Feliks Tych	费利克斯·特斯教授
Ełk court	埃尔克法庭	Feliks Żyluk	费利克斯·齐卢克
Elke	埃尔克	Finkelsztejn	芬克尔斯泰因
Eluń	艾露恩	Fiska	菲斯卡
Elżbieta	埃尔兹别塔	Fiszman	费兹曼
Emanuel	埃马努埃尔	FranciszekEkstowicz	弗朗西斯泽克·埃克斯朵维奇
Erwin Axer	欧文·阿克瑟		
Estera	埃斯特拉	Franciszek Grądzki	弗朗西斯泽克·格拉德基
Esther Migdal	埃丝特·米格达尔	Franciszek Karwowski	弗朗西斯泽克·卡尔沃夫斯基
Etka Rochla Prawda	艾塔卡·罗克拉·普拉夫达		
		Franciszek Łojewski	弗朗西斯泽克·洛耶夫斯基
Etka Serwetarz	艾塔卡·赛勒沃达西		
Eugenia K.	欧根尼娅·K.	Franciszek Lusiński	弗朗西斯泽克·卢欣斯基

Franciszek Mroczkowski	弗朗西斯泽克·姆罗采科夫斯基
Franciszek Rogowski	弗朗西斯泽克·罗戈夫斯基
Franciszek Sielawa	弗朗西斯泽克·锡拉瓦
Franciszek Warzyński	弗朗西斯泽克·瓦尔辛斯基
Franciszkańska Street	弗朗西斯卡因斯卡大街
Franek	弗拉涅克
Froim	弗洛伊姆
Frunze	伏龙芝地名
Fruma	弗鲁姆
Frumka	弗鲁姆卡
Gabriel	加布里埃尔
Gabriela Szczęsna	加布里埃拉·什切斯纳
Gądecki	戈登茨基
Gdynia	格丁尼亚地名
Gawrychowski	加夫雷霍夫斯基村长
Gazeta Wyborcza	《选举报》
Gdańsk	格但斯克地名
Genek Kalinowski	格涅克·卡利诺夫斯基
General Weekly	《大众周刊》
Gerardo	杰拉尔多
Gęsia Street	盖夏大街
Giełczyn	吉耶辛地名
Giselle Widman	吉赛尔·维德曼查娜的女儿
Giteł	吉特尔
Gitele	吉特勒
Glemp	格莱姆普大主教
Glinki	格林基
Gódlewski	戈德莱夫斯基
Goldman	戈德曼
Goniądz	戈尼翁兹地名
Goszczycki	戈什泽斯基
Goszczyński	戈什琴斯基
Grądy Małe	格朗迪马维
Grądzka	格朗茨卡
Grądzki	格朗茨基
Grajewo	格拉耶沃地名
Grodno	格罗德诺地名
Gruzbowski Square	格鲁兹伯夫斯基广场
Grzędy	格热代地名
Grzegorz Dąbrowski	格热戈日·东布罗夫斯基
Grzegorz Karwowski	格热戈日·卡尔沃夫斯基
Grzymała	格日玛拉
Gustaw Herling-Grudziński	古斯塔夫·赫尔林·格鲁德钦斯基
Gutko Josel	古特科·约瑟尔
Hackerowa	哈克洛娃
Halina Czarzasta	哈利娜·恰扎斯塔
Halina Popiołek	哈利娜·波比奥韦克女
Halina Zalewska	哈利娜·扎莱夫斯卡女裁缝扬·司克罗茨基的表姐
Halinka	哈琳卡女仆
Halutz	哈卢茨犹太拓荒者组织
Hana Sosnowska	哈娜·索斯诺夫斯卡
Hania Lanota	哈尼亚·拉诺塔
Hasidim	哈西典人
Helena Ch	海伦娜·奇
Helena Chrzanowska	海伦娜·赫扎诺夫斯卡
Helena Datner-Śpiewak	海伦娜·达特纳·施皮韦克

Jacob Baker	雅各布·贝克拉比	Jan Szymanowski	扬·席曼诺夫斯基
Jadwiga Bronowiczowa	贾德维加·布朗诺维佐娃	Jan Tabortowski	扬·塔博尔朵夫斯基
Jadwiga Dąbrowska	雅德维加·东布罗夫斯卡	Jan Tomasz Gross	扬·托马斯·格罗斯
Jadwiga Kordas	贾德维加·科尔多斯	Jan Walewski	扬·瓦莱夫斯基
Jadwiga Kordasowa	贾德维加·科尔多索瓦	Janczewko	扬泰弗考地名
Jadzia	雅佳	Janczewo	扬泽沃地名
Jagódko	亚古迪考	Janczyk	扬奇克
Jakob Zimnowicz	雅各布·齐穆诺维奇	Janek	雅内克
Jakow Cofenvel Geva	雅科夫·科芬韦尔·盖瓦	Janek Kalinowski	雅内克·卡利诺夫斯基
Jakub Cytrynowicz	雅库布·齐特雷诺维奇	Janina Biedrzycka	贾尼娜·比德齐奇卡谷
Jakub Kac	雅库布·卡茨		仓主的女儿
JakubKubrzański	雅库布·库勃赞斯基	Janina Karwowska	贾尼娜·卡尔沃夫斯卡
Jakub Pecynowicz	雅库布·佩泽诺维奇	Janina Staniurska	贾尼娜·斯坦纽斯卡
Jakub Piekarz	雅库布·皮耶卡什	Jankele	扬凯拉
JanBłoński	扬·布温斯基	Jankiel Blumert	扬凯·布鲁默特
Jan Chrostowski	扬·赫罗斯托夫斯基	Jankiel Josel	扬凯·约瑟尔
Jan Cytrynowicz	扬·齐特雷诺维奇	Jankiel Kubrzański	扬凯·库勃赞斯基
Jan Ekstowicz	扬·埃克斯朵维奇	Jankiel Piekarski	扬凯·皮卡斯基
Jan Gauze	扬·高泽医生	Jankiel Semborski	扬凯·塞伯斯基
Jan Gietek	扬·吉特克	Janowska	叶诺思加地名
Jan Górski	扬·戈尔斯基	Janusz Korczak	雅努什·科尔扎克
Jan Gross	扬·格罗斯	Janusz O.	雅努什·O. 教师
Jan Gryngras	扬·格林格拉斯	Janusz Żyluk	雅努什·齐卢克
Jan Jabłoński	扬·雅布翁斯基	Jasionówka	亚肖诺夫加地名
Jan Karski	扬·卡尔斯基	Jasna Góra	光明山修道院
Jan Kott	扬·科特	Jedwabne	耶德瓦布内地名
Jan Kowalewski	扬·科瓦莱夫斯基	JedwabneBook of Memory	《耶德瓦布内回忆录》
Jan Kreska	扬·克雷斯卡		
Jan Mazurek	扬·玛祖卡医生	Jehoszua Bernard	耶霍舒瓦·贝纳德
Jan Orzechowski	扬·奥奇霍夫斯基	Jenon Chone	耶农·乔恩
Jan Rogowski	扬·罗戈夫斯基	Jerziorko	耶日契尔考地名
Jan Skrodzki	扬·司克罗茨基	Jerzy Jedlicki	耶日·杰德基教授
Jan Sokołowski	扬·索科沃夫斯基	Jerzy Kalinowski	耶日·卡利诺夫斯基

Jerzy Laudański	耶日·劳丹斯基	Józef Koryciński	约泽夫·科雷钦斯基·
Jerzy Ramotowski	耶日·拉莫托夫斯基	Józef Kowalczyk	约泽夫·科沃尔科齐克
Jerzy Robert Nowak	耶日·罗伯特·诺瓦克	Józef Kubrzyniecki	约泽夫·库布什涅茨基
Jerzy Skolimowski	耶日·斯科利莫夫斯基	Józef Lewandowski	约泽夫·勒万多夫斯基
Jerzy Smurzyński	耶日·斯马齐因斯基	Józef Mrozicki	约泽夫·姆罗齐基
Jerzy Tarnacki	耶日·塔纳基	Józef Niebrzydowski	约泽夫·尼布谢多夫斯基
Jesio	耶西奥	Józef Paszkowski	约泽夫·帕斯基
Joanna Godlewska	乔安娜·戈德莱夫斯卡	Józef Przybyszewski	约泽夫·普齐比泽斯基
Joanna Tokarska-Bakir	乔安娜·托卡斯卡·巴基尔文化人类学家	Józef Ramotowski	约泽夫·拉莫托夫斯基
		Józef Sobuta	约泽夫·索布塔
Jolanta Karwowska	约兰达·卡尔沃夫斯卡	Józef Stankiewicz	约泽夫·斯坦基奇斯
Jolanta Kwaśniewska	约兰达·克瓦希涅夫斯卡总统夫人	Józef Sulewski	约泽夫·苏勒夫斯基
		Józef Szymon Markusz	约泽夫·斯齐蒙·马库斯
Jona Rotszyld	约纳·罗斯柴尔德	Józef Żyluk	约泽夫·齐卢克
Jonathan Schell	乔纳森·谢尔	Józef Życiński	约泽夫·齐辛斯基
Jonkajtys	扬盖泽斯校长	Józefa Burgrafowa	约瑟法·布格拉法娃
Jose Gutstein	何塞·古斯坦	JózekSzymonów	约佐克·希莫诺夫
Josef Lejb	约瑟夫·莱布	Józia	约齐娅
Joseph Malovany	约瑟夫·马洛瓦尼指挥家	Jude	袭德
Josle Cynowicz	乔尔·西诺维奇	Judes	尤姿
Jospa Lewin	约斯帕·勒温	Judka Nadolnik	茱卡·纳多尔尼克
Joszua	约书亚	Judytka	尤迪卡
Józef Bukowski	约泽夫·布考斯基	Julia Sokołowska	朱莉娅·索科洛夫斯卡
Józef Choromański	约泽夫·乔罗曼斯基神父	Julian Tuwim	尤利安·杜维姆
Józef Chower	约泽夫·乔尔	Julius Baker	朱利叶斯·贝克
Józef Chrzanowski	约泽夫·赫扎诺夫斯基	Jurek	尤雷克
Józef Ekstowicz	约泽夫·埃克斯朵维奇凶手	Jutke	尤特凯
		Kądzielnia	卡季尼亚地名
Józef Gawrychowski	约泽夫·加夫雷霍夫斯基	Kajetanów	卡耶坦诺夫地名
JózefGlemp	约泽夫·格莱姆普	Kaliszki	卡利什基地名
Józef Grądowski	约泽夫·格朗多夫斯基	Kalman Lasky	卡尔曼·拉斯基
Józef Klimas	约泽夫·克利玛施	Kamiński	卡明斯基神父
Józef Klimaszewski	约泽夫·克利马谢夫斯基	Kamionowicz	卡缪诺维奇
Józef Kobrzyniecki	约泽夫·考布什涅茨基		

Kapelański	卡普兰斯基	Klenicki	克莱尼茨基犹太教士
Kapice	卡皮萨地名	Kleszczele	克莱什切莱地名
Karaganda	卡拉干达哈萨克斯坦地名	Klimaszewski	克利马谢夫斯基
Karl Strohammer	卡尔·施特罗哈默	Knyszyn	克内申地名
Karol Bardoń	卡罗尔·巴登凶手	Kobielno	科比尔诺荒野
Karolak	卡罗拉克市长	Kokshetau	克科舍套（哈萨克斯坦）
Karpiński	卡宾斯基	Kolno	科尔诺地名
KartaCenter	卡尔塔中心	Kołyma	科雷马地名
Karwowo	卡尔沃瓦地名	Königsberg	柯尼斯堡地名
Karwowski	卡尔沃夫斯基	Konopka	科诺普卡
Kasia Czerwińska	卡莎·切尔文斯卡	Konopki	科诺普基地名
Kaszuby	卡苏贝地名	Konopko Franciszek	科诺普可·弗朗齐歇克
Katyń	卡廷	Konowicz	科诺维奇
Kaya	卡娅	Konstancin	康斯坦钦地名
Kazimiera	卡奇米拉	Kopańczyk	科帕因切克
Kazimierz Kąkol	卡齐米日·卡空	Kopańska	科帕斯加地名
Kazimierz Laudański	卡齐米日·劳丹斯基	Korytki	考瑞特基村名
Kazimierz Mocarski	卡齐米日·莫卡斯基	Kosacki Mendel	科萨茨基·孟德尔
Kazimierz Odyniec	卡齐米日·奥迪妮克	Kościelna	科希切尔纳大街
Kaziuk Mordasiewicz	卡丘克·莫达希维契	Kościuszko	柯斯丘什科波兰民族英
Kielce	凯尔采地名		雄大街名
Kieres	凯雷斯国家纪念研究所	Kosmaczewski	科斯马切夫斯基
	所长	Kosmaczewska	科斯马切夫斯卡
Kiliany	基利亚那	Kossaki	科萨基
Kinneret	基内雷特地名	Kostek Gebert	科什特克·格伯特
Kiryat	基亚特地名	Kovno	科夫罗地名
Kiryat Anavim	基亚特阿纳维姆地名	Kownatki	科夫纳塔基
Kishinev	基希纳乌地名	Kownaty	科纳戴地名
Kiwajek	基瓦耶克	Kozioł	科焦乌
Kiwajkowa	基瓦里科娃	Kozłowski	科兹洛夫斯基屠夫
Kiwi	基维	Kraków	克拉科夫地名
Klaipeda	克莱佩达地名	Kramarzewo	克拉玛切瓦地名
Klemens	克莱门斯	Kramkowo	克拉姆科沃地名

Kresy	克雷西地名	Lea Sosnowska	莱娅·索斯诺夫斯卡
Krochmalna Street	克罗赫曼纳大街	League of Polish Families	波兰家庭联盟
Królewiec	克罗列维茨	Lech Wałęsa	莱赫·瓦文萨团结工会
Kron	克朗		领导人，总统
Krygiel	克雷盖尔	Leja	莱亚
Krynki	克伦基地名	Lejb Szlapak	莱布·施拉巴克
Krystowczyk	克里斯托弗齐克	Lejbko Czerwiński	莱布科·切尔文斯基
Krystyna	克里斯蒂娜	Lejka	莱卡
Krzewo	克热沃地名	Lejzor Gryngas	莱泽·格林加斯
Krzysztof Godlewski	克齐斯茨托夫·戈德莱	Lejzor Zandler	莱泽·赞德勒裁缝
	夫斯基市长	Leokadia Błaszczak	莱奥卡迪亚·布瓦什恰克
Krzysztof Jasiewicz	克齐斯茨托夫·贾西奇斯	Leokadia Dmoch	莱奥卡迪亚·德莫赫
Krzysztof Kamil Baczyński	克齐斯茨托夫·卡米尔·	Leon Dziedzic	莱昂·杰齐茨
	巴克齐因斯基诗人	Leon Kieres	莱昂·基尔斯民族纪念
Krzysztof Miller	克齐斯茨托夫·米勒		研究会会长
Krzysztof Moenke	克齐斯茨托夫·门克校长	Leon Kosmaczewski	莱昂·科斯莫切夫斯基
Krzysztof Persak	克齐斯茨托夫·佩尔沙克	Leon Paszkowski	莱昂·帕科斯基
Kuberski	库贝尔斯基	Leon Wieseltier	莱昂·维瑟提尔
Kubra	库布拉村名	Leopold	利奥波德
Kubran	库伯兰	Lester Miller	莱斯特·米勒
Kubrzyniecki	库布什涅茨基	Leszek Bubel	莱谢克·布贝尔
Kurpiewski	库别斯基	Leszek Dziedzic	莱谢克·杰齐茨农民
Kutschera	库什拉	Leszek Michałowski	莱谢克·米查罗斯基
Kuźnica	库希尼查地名	Leszek Miller	莱谢克·米勒
Kwaśniewski	克瓦希涅夫斯基总统	Leszek Szcześniak	莱谢克·什切希尼亚克
Lajbel Kadysz	赖布尔·卡德什		历史学家
Łapy	瓦佩地名	Leszno Street	莱什诺大街
Łasiewicz	瓦谢维契	Lewin	莱文
Laskowski	拉什科夫斯基	Linz	林兹奥地利地名
Laudański	劳丹斯基兄弟	Loczke	洛齐凯
Lawrence Weschler	劳伦斯·韦斯勒	Łódź	罗兹地名
Lea Horowicz	莱娅·霍洛维奇	Łoje-Awissa	洛耶阿维莎地名
Lea Kubran	莱娅·库布兰	Łomża	沃姆扎地名

Łomżyńska	沃姆金斯卡大街	MariaChrząstowska	玛丽亚·赫扎托夫斯卡
Łokietek	洛基泰克波兰国王	Maria Mazurczyk	玛丽亚·马祖尔杰克
Lower Silesia	下西里西亚省	Maria Sikorska	玛丽亚·西科尔斯卡
Łowicka	沃维茨卡	Maria Wiernik	玛丽亚·维尔尼克
Łucja Chojnowska	露西·乔杰瑙斯卡	Mariak	马里亚克
Łucja Przystupa	露西·普日斯杜帕	Marian Brandys	马里安·布兰迪斯
Lucjan Grabowski	卢茨扬·格拉博夫斯基	Marian Karolak	马里安·卡罗拉克市长
Łuck	卢茨克地名	Marian Kozikowski	马里安·科奇考夫斯基
Łuczyński	卢金斯基	Marian Łojewski	马里安·洛耶夫斯基锁
Ludwigsburg	路德维希堡地名		匠
Ludwik Kosmaczewski	路德维克·科斯莫切夫	Marian Rydzewski	马里安·雷泽夫斯基
	斯基凶手	Marian Szumowski	马里安·斯苏莫斯基神
Ludwika	路德维卡		父
Lvov	利沃夫地名	Marian Wądołowski	马里安·翁多沃斯基
Lisy	利舍地名	Marian Żyluk	马里安·齐卢克
Main Commission for	波兰纳粹犯罪调查主体	Marianna Ramotowska	玛丽安娜·拉莫托夫斯
the Investigation of Nazi	委员会		卡
Crimes in Poland		Mark Timofiejewicz	马克·提莫菲耶维奇·
Magik	马吉克	Rydaczenko	吕达钦高
Maków	马库夫	Marranos	马拉诺
Maksym Jonkajtys	马克西姆·约恩凯泽斯	Marta Kurkowska-	玛尔塔·库尔科夫斯卡 -
Maksymilian Kolbe	马克西米利亚·科尔贝	Budzan	布扎
Małgosia	玛尔戈夏	Marusya	玛露霞
Malinowicz	马林诺维奇	Maryja	玛利亚极右宗教电台
Malinowski	马林诺夫斯基	Marysia Korycińska	玛丽莎·科雷钦斯卡
Małka	马尔卡	Marysia Kruczkowska	玛丽莎·克鲁奇科夫斯
Malke	马尔克		卡
Maniucha	马纽哈	Matylda	玛蒂尔达
Maniuszka	马纽什卡	Matlak	玛特拉克一条小河名
Marchewka	马尔海夫卡	Mazovia	马佐夫舍地名
Marcholl	马赫尔	Mazowsze	马佐夫舍地名
Marcin Urynowicz	马尔钦·乌里诺维奇	Mazurek	玛祖卡
Marek Edelman	马雷克·埃德尔曼	Mazury	马祖里地名

MotłeFarbowicz	莫法·法勒鲍维奇
Mściski	姆西希斯基
Mushałko	马夏尔科
NachmanRapp	纳赫曼·拉普
Nachum Mosze Piątkowski	纳赫姆·摩西·皮亚考斯基
Nachum Radzik	纳赫姆·拉齐科
Nadbory	纳德波利小村
Nadstawna	纳德桑塔纳大街
Nagórka	纳古勒卡
Napoleon Piechocki	拿破仑·皮霍茨基
Narew	纳雷夫河
Narewka	纳雷夫卡地名
National Armed Forces	国民军
National Party	国家党
Nawojka	纳沃杰卡
Nehame Horowitz	内海姆·霍洛维茨
Neighbors	《邻人》杂志
Nicolas Lobkowicz	尼古拉·洛布科维奇
Nieczykowski	尼捷考夫斯基
Nietupski	涅图普斯基
Nieławice	涅瓦维茨地名
Nornberg	诺恩伯格肉贩
Nowa	诺瓦街名
Nowakowski	诺瓦科夫斯基医生
Nowogród	诺沃格鲁德地名
Nowo-Święcane	新斯维查恩地名
Nożyk	诺谢克
Odessa	敖德萨地名
Odyniec	奥德涅茨
Okrasin	奥克拉辛村名
Ola	奥拉
Olek Drozdowski	奥列克·德罗兹多夫斯基

Oleś Wołyński	奥勒·沃伦
Olga Goldberg-Mulkiewicz	奥尔加·戈德贝克－穆尔基维奇
Olsztyn	奥尔什丁地名
Onufry Kosmaczewski	奥努弗雷·科斯马切夫斯基
Orlikowo	奥利考沃
Orlova	奥洛娃女演员
Orłowski	奥尔沃夫斯基神父
Osier Krzywonos	奥西耶·希沃诺斯
Osowiec	奥索维治地名
Ostrołęka	奥斯特罗文卡地名
Ostrów Mazowiecka	马佐夫舍地区奥斯特鲁夫
Ostrowski	奥斯特洛夫斯基
Otto Axer	奥托·阿克瑟
Otwock	奥特沃茨克地名
Parkowa	帕克瓦大街
Parnas	帕尔纳斯
Paul Axer	保罗·阿克瑟
Paulin	保林
PawełMachcewicz	帕维乌·马塞维奇
PawełTarasewicz	帕维乌·塔拉瑟维奇秘密警察头子
Pawiak	帕维克监狱
Pelagia	佩拉贾
Pesia Szuster-Rozenblum	佩西亚·舒斯特·罗泽布拉姆
Pesza	佩莎
Piątnica	皮安蒂尼察村庄
Piechota	皮耶霍塔
Piechowski	皮耶霍夫斯基
Piekarz	皮耶卡绪
Piękna	皮耶克纳大街

Rochla Prawda	罗克拉·普拉夫达	Sachsenhausen	萨克森豪森监狱
Rogalski	罗格尔斯基	Sadowa Street	萨多瓦街
Rogiński	罗金斯基神父	Samołki	萨莫乌基地名
Roman Dmowski	罗曼·德莫夫斯基国家党领袖	Samuel Suraski	塞缪尔·苏拉斯基
		Sara Fajga Kuberska	莎拉·法佳·库贝尔斯卡
Roman Górski	罗曼·戈斯基凶手	Sara Ginsburg	莎拉·金斯伯格诗人
Roman Zawadzki	罗曼·萨瓦祖基	Sara Jankielewska	萨拉·扬季勒斯卡
Romuald Rogowski	罗缪尔德·罗戈夫斯基摄政者	Sara Kuropatwa	萨拉·库罗帕兹瓦
		Saul Friedlander	索尔·弗里德兰德
Ronen	罗内	Schudrich	舒德利赫犹太教士
Rosh Pina	罗什平纳地名	Sejny	塞伊内地名
Rostki	罗斯基地名	Selvino	塞尔维诺意大利小镇
Róża Woźniakowska-Thun	罗莎·沃伊尼亚考夫斯卡－图恩	Serock	塞罗茨克地名
		Shevelyov	舍韦廖夫
Ruta	鲁塔	Sieradz	谢拉兹监狱
Rutki	鲁特基地名	Sikora	西科拉
Ruwen	鲁文	Silesia	西里西亚地名
Rydz-Śmigły	雷兹·希米格维将军	Simon Wiesenthal Center	西蒙·维森塔尔中心
Rydzewo	吕载沃地名	Skaje	斯卡耶
Rydzyk	雷齐克神父	Skarżyński	斯卡尔津斯基
Ryfka	雷夫加	Skocznadel	斯科茨纳德尔
RyśOstrowski	雷希·奥斯特洛夫斯基	Skondzki	司康茨基
Rysiek	雷谢克	Skroblacki	司克罗布拉吉
Ryszard Bosakowski	理夏德·博萨科夫斯基神父	Skrodzki	司克罗茨基
		Skryhiczyn	斯克黑钦村名
Ryszard Malczyński	理夏德·马尔君斯基	Skupniewski	斯库普涅夫斯基教师
Ryszard Ostrowski	理夏德·奥斯特洛夫斯基	Sławomir Radoń	斯瓦沃米尔·拉东
Rywka	蕾佳	Śleszyński	斯莱赞斯基谷仓主
Rywka Fogiel	蕾佳·福盖尔	Słowacki	斯沃瓦茨基
Rywka Kajzer	蕾佳·凯泽	Słucz	苏契地名
Rywka Leja Suraski	蕾佳·莱亚·苏拉斯基	Służewiec	斯卢谢维兹地名
Rzeźnicki	热希尼基	Śmigły Rydz	希米格维·雷兹
Sabina	萨比娜	Smułek	什穆莱克

Szabsa	绍沙	Szymon Datner	斯齐蒙·达特纳历史学家
Szaja	沙雅	Szymon Markusz	斯齐蒙·马库斯
Szajn Binsztejn	沙伊恩·宾斯坦因	Szymon Rudnicki	斯齐蒙·鲁道尼基教授
Szajsa	沙伊萨	Tadek	达德克
Szaserów	夏赛茹夫	Tadeusz Dobkowski	塔德乌什·多布科夫斯基
Szczebrzeszyn	什切布热申地名	Tadeusz Kiełczewski	塔德乌什·凯乌切夫斯基
Szczecin	什切青地名	Tadeusz Konwicki	塔德乌什·康维茨基作家
Szczuczyn	什丘琴地名	TadeuszMusiałek	塔德乌什·穆夏莱克
Szejne	谢伊纳	Tadeusz Nitkiewicz	塔德乌什·尼特基奇斯
Szewach Weiss	谢瓦克·魏斯以色列大使	Tadeusz Ś	塔德乌什·Ś.
Szkolna	什科尔纳大街	Tadeusz Słobodzianek	塔德乌什·斯洛博将内克
Szlapak	什拉巴克	Tadeusz Święszkowski	塔德乌什·希维斯考夫斯基
Szlomke	什朗凯		
Szlomid	施罗米德	Tarnacki	塔纳茨基
Szlomko	什洛姆考	Tatra Mountains	塔特拉山脉
Szlomo	什洛莫	Telca	泰尔莎
Szmidtowa	施密托娃	Teodor Lusiński	特奥多尔·卢欣斯基
Szmuił	什穆尤铁匠	Tereska	泰瑞斯卡
Szmul Horowitz	什穆埃尔·霍洛维茨	Timofiejewicz Rydaczenko	提莫菲耶维奇·吕达钦高
Szmul Wajsztejn	什穆埃尔·瓦希泰因		
Szmul Wasersztejn	什穆埃尔·瓦瑟斯泰因	Tkacz	特卡奇
Szmul Winterszajs	什穆埃尔·温特夏兹	Tocki	托茨基《交际周刊》的总编
Szmulek	什穆莱克		
Szolem Atłasowicz	索莱姆·阿特拉索维奇	Tolkien	托尔金
Sztabińska	什塔宾斯卡	Tomasz Strzembosz	托马什·斯特泽博斯历史学家
Szucha Avenue	苏哈大街		
Szulamit	舒拉米特	Tomasz Szarota	托马什·斯萨罗塔
Szyjek	谢耶克	Tomek	托梅克
Szyma	希玛	Treblinka	特雷布林卡地名
Szymanowski	席曼诺夫斯基	Trener	特伦纳
Szymańska	希曼斯卡	Trzaski	夏斯基地名
Szymborski Abram	申博尔斯基·亚伯兰	Trzciane	奇恰纳地名
Szymek	希麦克	Trzeciak	切怡克牧师

Turek	图雷克	Wincenty Dobkowski	温切蒂·多布科夫斯基
Tuwimer	杜维默	Wincenty Gościcki	温切蒂·戈斯西基
Ty Rogers	泰·罗杰斯	Wincenty Piotrowski	温切蒂·皮厄特罗斯基
Tygodnik Masowsze	《马佐夫舍周刊》	Wiska	维斯卡地名
Tykocin	蒂科钦地名	Wiśka Dubin	维西卡·杜宾
Tzipora Rothchild	茨波拉·罗斯伊德	Wiśniewki	维希涅夫斯基
Uppsala	乌普萨拉地名	Witek Dobkowski	维特克·多布科夫斯基
Urbanowski	乌鲁班诺夫斯基	Wittlich	维特利希地名
Vilnius	维尔纽斯地名	Wizna	维兹纳小镇名
Wacław Borowski	瓦茨瓦夫·博罗夫斯基	Władek Łojewski	瓦戴克·洛耶夫斯基
Wądołowski	翁多沃斯基	Władysław Bielecki	瓦迪斯瓦夫·别莱茨基
Wagów Society	瓦戈学会	Władysław Dąbrowski	瓦迪斯瓦夫·东布罗夫斯基嫌疑犯
Waldek K.	瓦尔戴克		
Waldemar Chrostowski	沃尔德马·赫罗斯托夫斯基教授	Władysław Dudziński	瓦迪斯瓦夫·杜津斯基凶手
Waldemar Maczpołowski	沃尔德马·马琴珀沃夫斯基	Władysław Grodzki	瓦迪斯瓦夫·格罗茨基
		Władysław Kamiński	瓦迪斯瓦夫·卡明斯基牧师
Waldemar Monkiewicz	沃尔德马·蒙基奇斯检察官	Władysław Ładziński	瓦迪斯瓦夫·瓦金斯基
Walenty Grądzki	沃伦蒂·格拉德基市长	Władysław Łasiewicz	瓦迪斯瓦夫·瓦谢维契
Walewski	瓦尔斯基	Władysław Łuba	瓦迪斯瓦夫·卢巴
Wasersztejn	瓦瑟斯泰因	Władysław Miciura	瓦迪斯瓦夫·米丘拉
Wasilewski	瓦西莱夫斯基	WładysławTocki	瓦迪斯瓦夫·托茨基
Wasilków	瓦西尔库夫地名	Władzia	瓦迪娅
Wąsosz	翁索什地名	Włodek Kuluk	沃戴克·库鲁克
Wąsowska	翁索夫斯卡	Włodzimierz Jabotyński	沃齐米日·亚博廷斯基
Wawer	瓦韦	Włodzimierz Wołkowycki	沃齐米日·沃乌科维斯基职员
Welwel	瓦尔瓦尔		
Wiadomości	威德莫希契新闻节目名	Wojciech Kubrak	沃伊切赫·库布拉克
Wiesław Chrzanowski	维斯瓦夫·赫扎诺夫斯基司法部长	Wojciech Noszczyk	沃伊切赫·诺斯杰克
		Woldenberg	瓦尔登堡地名
Wiktor Mielnicki	维克托·米尔尼茨基	Wolf Ber	沃尔夫·贝
Wiktor Osiatyński	维克托·奥夏滕斯基教授	Wolf Szlapak	沃尔夫·施拉巴克
Wilno	威尔诺地名	Wolf Zimny	沃尔夫·齐姆尼

Wolfgang Birkner	沃尔夫冈·伯克纳	Zamek Ujazdowski	乌雅朵夫斯基城堡
Wołkowysk	沃乌科维斯克地名	Zamenhof	柴门霍夫大街
Wrocław	弗罗茨瓦夫地名	Zandler	赞德勒
Wroniszewski	弗龙尼谢夫斯基	Zanklewo	赞克莱瓦地名
Wronki	弗隆基	Zaręby Kościelne	扎尔比·科奇切内尔地名
Wschodnia	绍德涅	Zawady	扎瓦达地名
Wyrzykowski	怀赞考斯基	Zbigniew Herbert	兹比格涅夫·赫伯特
Wysokie	维索凯地名	Żebry	泽波瑞地名
Wyszonki-Kościelne	韦桑基科希切南	Zejer	泽耶
Yad Vashem	以色列犹太大屠杀纪念馆	Zenona Kurkowska	塞诺纳·库尔科夫斯卡
Yaffa	雅法		女议员
Yehud	耶胡德地名	Zitkowski	齐特考夫斯基
Yevrey	"耶夫莱"犹太自治州	Zofia Karwowska	索菲雅·卡尔沃夫斯卡
Yotam	尤坦姆大街	Zofia Lipecka	索菲雅·利佩卡画家
Zabrze	扎布热地名	Zosia	佐西亚
Zajdel Rozenbaum	蔡德勒·罗泽博姆	Zundel Sosnowski	曾德尔·索斯诺夫斯基
Zajman Zacharewicz	扎曼·扎哈热维奇	Zuzanna Ginczanka	苏珊娜·金珊卡诗人
Zakrzewo	扎克谢沃村庄	Zygmunt Klukowski	齐格蒙特·克卢库斯基
Zalewski	扎莱夫斯基司克罗茨基	Zygmunt Laudański	齐格蒙特·劳丹斯基
	的舅舅	Zygmunt Mazurek	齐格蒙特·玛祖卡
Zalman Męczkowski	扎尔曼·门奇科夫斯基	Zygmunt Skrodzki	齐格蒙特·司克罗茨基
	柯乔同学		凶手
Zambrów	赞布鲁夫地名		

索　引

（此部分页码为原书页码，即本书边码）

Page numbers in *italics* refer to illustrations.

图书在版编目（CIP）数据

罪行与沉默：直面耶德瓦布内犹太人大屠杀 /
（波兰）安娜·比康特（Anna Bikont）著；（美）艾丽莎·
瓦莱斯（Alissa Valles）英译；季大方汉译. -- 北京：
社会科学文献出版社，2018.10
书名原文：The Crime and the Silence:
Confronting the Massacre of Jews in Wartime
Jedwabne
ISBN 978-7-5201-3083-7

Ⅰ.①罪… Ⅱ.①安… ②艾… ③季… Ⅲ.①纳粹大
屠杀-史料 Ⅳ.①K152

中国版本图书馆CIP数据核字（2018）第154842号

罪行与沉默：直面耶德瓦布内犹太人大屠杀

著　　者 / 〔波兰〕安娜·比康特（Anna Bikont）
英　　译 / 〔美〕艾丽莎·瓦莱斯（Alissa Valles）
汉　　译 / 季大方

出 版 人 / 谢寿光
项目统筹 / 段其刚　　　　　　　责任编辑 / 黄　丹　周方茹
出　　版 / 社会科学文献出版社·独立编辑工作室（010）59367151
　　　　　　地址：北京市北三环中路甲29号院华龙大厦　邮编：100029
　　　　　　网址：www.ssap.com.cn
发　　行 / 市场营销中心（010）59367081　　59367018
印　　装 / 北京盛通印刷股份有限公司
规　　格 / 开　本：787mm×1092mm　1/16
　　　　　　印　张：40.25　字　数：559千字
版　　次 / 2018年10月第1版　2018年10月第1次印刷
书　　号 / ISBN 978-7-5201-3083-7
著作权合同
登 记 号 / 图字01-2015-6684号
定　　价 / 98.00元